J'apprends les maths CE2

Guide pédagogique

Sous la direction de
RÉMI BRISSIAUD
Maitre de conférences de psychologie expérimentale

ANDRÉ OUZOULIAS
Professeur agrégé

FRANÇOIS LELIÈVRE
Professeur des écoles

PIERRE CLERC
Instituteur

RETZ
www.editions-retz.com
9 bis, rue Abel Hovelacque
75013 Paris

Sommaire

ISBN : 978-2-7256-3479-1

Direction éditoriale : Céline Lorcher
Correction : Gérard Tassi
Maquette : Anne-Danielle Naname
Mise en page : STDI
Illustrations : Guillaume Trannoy
Photos : Shutterstock

N° de projet : 10233764
Dépôt légal : juin 2016

Achevé d'imprimer en France en février 2017
sur les presses de l'imprimerie Jouve, 53100 Mayenne.

FSC www.fsc.org MIXTE Papier issu de sources responsables FSC® C022030

Présentation

Depuis l'édition précédente de *J'apprends les maths CE2*, de nouveaux programmes pour la rentrée 2016 ont été publiés et une Conférence de consensus, qui s'est tenue en 2015, a émis des recommandations concernant les apprentissages numériques à l'école élémentaire. Les choix didactiques de la collection, et notamment ceux de *J'apprends les maths CE2*, s'en sont trouvés confortés. C'est pourquoi les trois chapitres de cette présentation sont restés inchangés. On y trouve en effet l'explication des évolutions récentes*. Examinons les principaux choix didactiques nouvellement apparus dans le programme :

- Dans le programme 2016, il est recommandé au CE2 de n'étudier les nombres que jusqu'à 10 000. La justification avancée est la suivante : « l'absence de mot spécifique pour désigner le groupement suivant correspondant à 10 000 (explique) ce palier ». La précédente édition de *J'apprends les maths CE2* avait anticipé cette recommandation en n'abordant les nombres au-delà de 10 000 que dans la dernière leçon. Il a suffi d'enlever cette séquence pour que l'ouvrage soit conforme au programme. (Voir, dans le chapitre 1, la section : « Comprendre l'écriture des nombres ».)
- La Conférence de consensus a souligné que « le calcul mental et le calcul en ligne doivent être privilégiés par rapport au calcul posé » et qu'ils « devraient être travaillés avant le calcul posé ». Or, dès sa 1re édition, *J'apprends les maths CE2* a fait de l'accès au calcul mental et au calcul écrit en ligne des objectifs prioritaires. C'est ainsi que dans *J'apprends les maths CE2*, au sein de chaque période, l'apprentissage des stratégies de calcul mental et de calcul en ligne pour une opération donnée est privilégié avant d'aborder, dans la période suivante en général, la technique écrite de cette opération (voir le chapitre 1 de la présentation).
- Dans le nouveau programme, il est spécifié qu'en fin de cycle, les élèves doivent savoir « obtenir le quotient et le reste d'une division euclidienne par un nombre à 1 chiffre et par des nombres comme 10, 25, 50, 100 ». Ce dernier objectif est justifié du fait que des divisions telles que 132 : 10 ? sont très simples et qu'elles aident les élèves à

---

* On en trouve une explication plus théorique dans trois textes :

Brissiaud, R. (2002). Psychologie et didactique : choisir des problèmes qui favorisent la conceptualisation des opérations arithmétiques, *in* J. Bideaud & H. Lehalle (Eds), *Traité des sciences cognitives – Le développement des activités numériques chez l'enfant*, 265-291, Paris, Hermes.

Brissiaud, R. & Sander, E. (2010). Arithmetic Word Problem Solving : a Situation Strategy First Framework. *Developmental Science*, 13 (1), 92-107.

Brissiaud, R. (à paraitre). Situations, interprétation, stratégies et conceptualisation : le cas des opérations arithmétiques. *Numéro spécial du Bulletin de Psychologie* en hommage à Jean-François Richard.

comprendre l'écriture décimale des nombres. Or *J'apprends les maths CE2* est la seule collection à avoir, dès sa 1re édition, traité l'ensemble de ces divisions dès le CE2. (Voir le chapitre 2 de la présentation.)

- La Conférence de consensus a également rappelé que les enfants, s'ils n'allaient pas à l'école, apprendraient quand même à résoudre de nombreux problèmes. Ils le feraient à l'aide de leurs connaissances quotidiennes de la signification des verbes *ajouter*, *retirer*, *partager*, de leur connaissance de la signification du mot *fois*, de l'expression *de plus*, etc. En revanche, en l'absence de scolarisation, ils échoueraient massivement aux problèmes qui nécessitent l'usage de propriétés dites conceptuelles (on qualifie ainsi, par exemple, la propriété de la division qui autorise à reformuler cette opération sous la forme : « *a* partagé en *b* » ou encore « en *a* combien de fois *b* ? » Or, cette édition de *J'apprends les maths CE2*, comme la précédente, consolide les connaissances quotidiennes des élèves (la réussite des plus fragiles en dépend) et elle fait de la rencontre avec les propriétés conceptuelles de la soustraction, de la multiplication et de la division un évènement dans leur vie d'écolier. C'est l'un des moyens les plus surs pour que les élèves comprennent ces opérations arithmétiques. (Voir dans le chapitre 1 la section « Les 2 faces de la compréhension des opérations arithmétiques.)

Quatre nouveautés sont introduites dans cette édition :

1°) La place plus importante qui est accordée aux opérations « à trous », ce qui favorise le lien entre l'addition et la soustraction et entre la multiplication et la division.

2°) L'utilisation de la droite numérique pour enseigner le calcul mental « en avançant » et « en reculant » d'une soustraction, alors qu'au CE1 les élèves utilisaient une file de boites de Picbille.

3°) Un usage des « unités de numération » : centaines (c), dizaines (d) et unités (u), dans des exercices du type « 23 d + 13 u = ? », afin de consolider la compréhension de l'écriture décimale des nombres.

4°) On insiste plus sur le fait que le dm est une centaine de mm et le cm une dizaine de mm pour mieux faire le lien entre la mesure et la numération décimale.

Par ailleurs, parmi toutes les techniques existantes de la soustraction en colonnes, nous avons choisi, au CE2, d'enseigner celle où l'on gère la retenue en ajoutant 10 (ou 100) aux deux termes. C'est celle que les élèves devront utiliser pour faire des divisions par des nombres à 2 chiffres sans trop de surchages graphiques, et il est temps, au CE2, de l'adopter.

Rémi Brissiaud

Chapitre 1

Progresser en arithmétique élémentaire : le calcul mental pour résoudre des problèmes, comprendre et mémoriser

Les 3 sortes de connaissances en arithmétique élémentaire, le rôle central du calcul mental

Être compétent en arithmétique élémentaire, c'est savoir mobiliser ses connaissances arithmétiques pour résoudre des problèmes arithmétiques variés. La question se pose évidemment de préciser la nature de ces connaissances. Or, il est classique de distinguer :

1°) La connaissance de relations numériques (on parle aussi de « savoir que… ») : savoir que « neuf plus quatre égale treize » ; savoir que « quatre fois huit, trente-deux », par exemple.

2°) La connaissance de procédures (on parle aussi de savoir-faire) telles que : savoir compter, savoir mettre en œuvre des stratégies de calcul mental, savoir poser et exécuter les opérations arithmétiques…

Les chercheurs et pédagogues anglophones distinguent une troisième sorte de connaissances, qu'il ne faut pas mettre sur le même plan que les autres parce que c'est en créant des liens entre diverses relations numériques et diverses procédures qu'on y accède : elles sont qualifiées de « conceptuelles ».

Voici un exemple de définition de ces connaissances[1] :
« *conceptual knowledge is defined as implicit or explicit understanding of the principles governing a domain.* »

Ainsi, le mot « conceptuel » renvoie-t-il à l'idée de « compréhension » (*understanding*). L'un des principaux objectifs de ce chapitre sera évidemment d'essayer de préciser ce que sont ces « connaissances conceptuelles » ou encore d'essayer de préciser ce que signifie comprendre une opération comme la multiplication, la soustraction ou la division euclidienne, ou encore ce que signifie comprendre un nombre tel que 236, par exemple.

C'est à cette distinction de trois sortes de connaissances (procédures, relations numériques et connaissances conceptuelles) que se réfèrent, par exemple, les chercheurs d'une commission du département de l'Éducation des USA[2] qui étaient récemment chargés de rédiger une synthèse des connaissances disponibles concernant les apprentissages arithmétiques à l'école. Ils insistent sur le fait que :

Comprendre les opérations arithmétiques, disposer de procédures de calcul automatisées et avoir bien mémorisé les principales relations numériques sont les trois ingrédients qui, ensemble, participent à la formation de la compétence en résolution de problèmes[3].

Mais a-t-on vraiment progressé lorsqu'on a défini ainsi la compétence à résoudre des problèmes d'arithmétique élémentaire ? En effet, tout le monde sera vraisemblablement d'accord avec le fait que celle-ci résulte à la fois de l'appropriation de procédures, de la mémorisation de relations numériques et de la compréhension ; en revanche, la façon dont on conçoit l'articulation entre ces différents facteurs est plus problématique. Or, c'est évidemment la question cruciale.

Penser l'articulation entre ces différentes connaissances

On remarquera que les chercheurs américains, lorsqu'ils énumèrent les diverses connaissances qui fondent la compétence en résolution de problèmes arithmétiques, commencent par « *conceptual understanding of operations* ». En fait, *la compréhension est incontournable* ou, du moins, une dose importante de compréhension est incontournable. Sans compréhension des opérations, en effet, l'apprentissage des procédures ne peut se baser que sur des règles (« il faut d'abord faire ça ; puis continuer ainsi… »). Et cela ne concerne pas seulement l'apprentissage des procédures : l'absence de compréhension de l'écriture des nombres conduit, elle aussi, à une pléthore de règles (« Pour savoir quel est le *chiffre* des dizaines, il faut… ; pour savoir quel est le *nombre* de dizaines, il faut… »). Cette sorte d'apprentissage échoue presque systématiquement parce que, lorsqu'ils sont confrontés à de trop nombreuses règles qu'ils ne comprennent pas, les élèves les plus fragiles oublient ces règles ou bien ils en mélangent les conditions d'application et leur comportement est de moins en moins approprié, jusqu'à apparaitre absurde. C'est pourquoi nous commencerons par aborder le thème de la compréhension, d'abord des opérations arithmétiques, ensuite de l'écriture des nombres.

L'idée-force qui sera défendue dans ce chapitre est que les compétences en calcul mental sont celles qui révèlent et favorisent le mieux la compréhension. Et ceci est vrai, qu'il s'agisse de la compréhension des opérations ou de celle des nombres. De plus, de bonnes compétences en calcul mental favorisent la mémorisation des relations numériques élémentaires. D'où le titre de ce chapitre : le calcul mental, parce qu'il aide à comprendre et à mémoriser, est le facteur essentiel du progrès en arithmétique élémentaire.

Cela est attesté par de nombreuses recherches. L'une d'elles a récemment été menée par des sociologues de l'éducation[4]. Entre 1989 et 2008, les écoliers français passaient des évaluations nationales au début du CE2 et de la 6e. Ces chercheurs ont comparé les performances des mêmes élèves à ces deux niveaux de la scolarité. Ils ont notamment étudié s'il est possible d'isoler certaines compétences particulières qui, lorsqu'elles apparaissent en CE2, permettent de pronostiquer un niveau général élevé en mathématiques en 6e. Les résultats sont clairs : les compétences qui permettent le meilleur pronostic relèvent du calcul mental.

1. Rittle-Johnson, B., & Siegler, R.S. (1998). The relation between conceptual and procedural knowledge in learning mathematics: a review. *In* C. Donlan (ed.), *The development of mathematical skills* (pp. 75–110). Hove, UK: Psychology Press.
2. National Mathematics Advisory Panel (2008). *Foundations for Success : The Final Report of the National Mathematics Advisory Panel*, U.S. Department of Education : Washington, DC.
3. « Conceptual understanding of mathematical operations, fluent execution of procedures, and fast access to number combinations together support effective and efficient problem solving. »
4. Suchaut, B. (2007). *Apprentissages des élèves à l'école élémentaire : les compétences essentielles à la réussite scolaire* (collab. S. Morlaix). Note de l'IRÉDU, 07/1.

Ainsi, avoir de bonnes compétences en calcul mental constitue-t-il une sorte de passeport pour une scolarité réussie en mathématiques. Reste à comprendre pourquoi il en est ainsi. Ce sera l'objet de ce chapitre. En effet, il est important pour un enseignant de comprendre pourquoi l'apprentissage du calcul mental est si bénéfique : cela permet de profiter au mieux de l'effet de levier vers la réussite que crée cet apprentissage.

Enfin, une dernière idée expliquant le mode d'exposition adopté ici est que tout enseignement s'effectue sous le contrôle de ses *conditions d'évaluation*. Enseigner, évaluer est évidemment un couple incontournable, et ceci quels que soient les choix pédagogiques des enseignants : si un pédagogue veut mettre l'accent sur la compréhension, par exemple, il doit être capable de répondre à la question des critères qui assurent que tel ou tel enfant comprend effectivement. Ainsi, dans ce chapitre, nous serons constamment confrontés à des questions telles que : « *Comment évaluer qu'un enfant comprend telle ou telle opération ?* » ; « *Comment évaluer qu'un enfant comprend l'écriture des nombres à 3 chiffres ?* », etc.

Les 2 faces de la compréhension des opérations arithmétiques

On commencera dans cette section par rappeler la définition classique de la compréhension des opérations et la façon classique dont on évalue cette compréhension (le paradigme « problèmes avec des petits nombres *vs* problèmes avec des grands nombres ») avant de présenter une autre définition, liée à un autre paradigme dans lequel la compréhension des situations et des opérations est évaluée à partir d'une tâche de calcul mental. Nous verrons enfin que ces deux cadres théoriques n'offrent pas les mêmes perspectives pédagogiques.

Comprendre une opération (1) : en maitriser les différents sens ou usages

Qu'est-ce que comprendre une opération arithmétique ?

Comprendre une opération comme la soustraction, par exemple, c'est avoir acquis « le sens », ou plutôt « les sens », de cette opération. Illustrons cette pluralité des sens d'une même opération en prenant pour exemple la soustraction. On sait que la différence entre 2 grandeurs (entre 2 collections, entre 2 longueurs, entre 2 aires, etc.) peut se définir comme « ce qui dépasse lorsqu'on met en correspondance ce qui est pareil dans les 2 grandeurs ».

Deux collections, deux nombres…

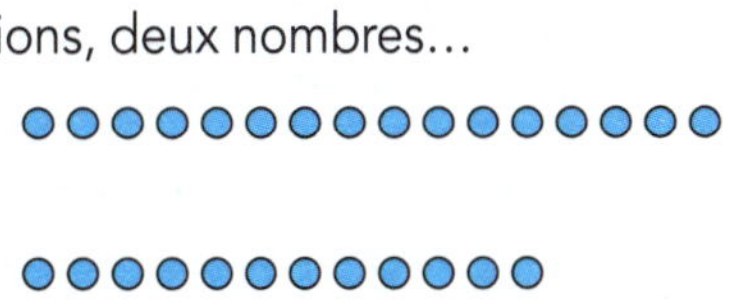

… et leur différence :

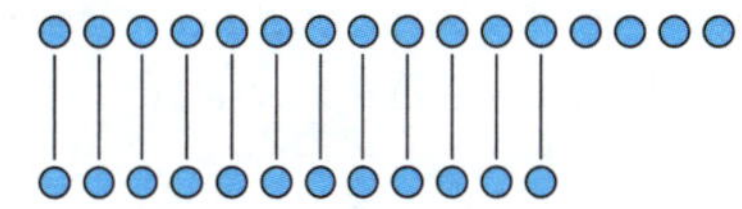

Mais la différence, c'est aussi ce qu'il faut ajouter au petit nombre pour obtenir le grand :

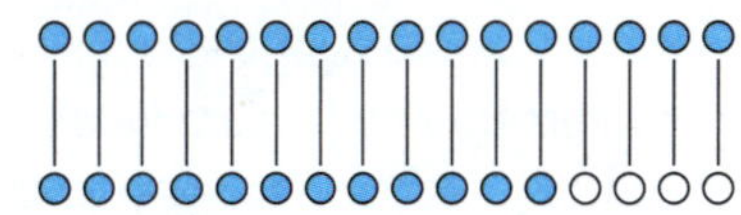

C'est aussi ce qui reste quand on retire le petit nombre au grand :

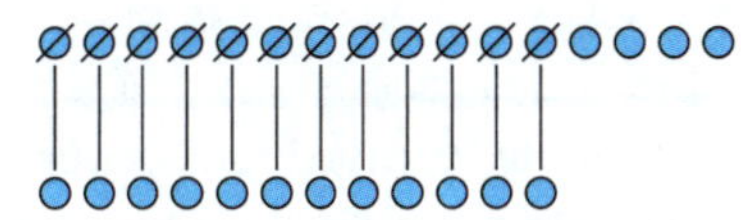

Grâce à cette mise en correspondance, on comprend que « ce qui est différent » est à la fois ce qu'il faut ajouter à la petite grandeur pour obtenir la grande et ce qui reste lorsqu'on retire la petite grandeur à la grande. Comprendre cela, que ce soit explicitement ou de manière intuitive, conduit à l'idée que la soustraction permet à la fois de :
- comparer deux grandeurs (lorsqu'on cherche ce qui est différent),
- déterminer le complément qu'il faut ajouter à la petite grandeur pour obtenir la grande,
- déterminer ce qui reste lorsqu'on retire la petite grandeur à la grande.

On a là les trois principaux « sens » de la soustraction arithmétique, ou encore les trois principaux usages.

De même, la division *a* : *b* ? permet de résoudre deux sortes de problèmes qui apparaissent *a priori* très différents :
- des problèmes dits de partition où l'on cherche la valeur d'une part lors d'un partage équitable ou, plus généralement, la « valeur à l'unité » : *4 objets identiques valent 248 €. Quel est le prix d'un objet ?*, par exemple. Ce dernier problème se reformule de manière encore plus générale sous la forme : 248 est égal à 4 fois combien ? La division-partition de *a* par *b* est ainsi celle où l'on cherche : « *a* est égal à *b* fois combien ? » ;
- des problèmes dits de quotition où l'on cherche « En *a* combien de fois *b* ? » : *Si l'on veut faire un 10 000 m autour d'une piste de 368 m, combien de tours faut-il faire ?*, par exemple.

La partition et la quotition sont donc les deux principaux sens de la division arithmétique.

Qu'en est-il des propriétés conceptuelles de l'addition et de la multiplication ? La principale de ces propriétés, commune à ces deux opérations, est la commutativité : « $a + b = b + a$ » et « $a \times b = b \times a$ ». Avoir acquis la commutativité de l'addition conduit, par exemple, à savoir que 10 ans après l'an 2000, ou 2000 ans après l'an 10, sont deux façons différentes de désigner la même année. Pour calculer 10 + 2000, on peut effectuer un autre ajout que celui qui correspond au déroulement temporel de l'« histoire » ou un autre ajout que celui correspondant à une lecture de gauche à droite de cette addition. De même, avoir acquis la commutativité de la multiplication conduit à comprendre que le nombre 2 répété 28 fois (2 + 2 + 2...) conduit au même résultat que 28 répété 2 fois : 28 + 28 (on peut donc effectuer une autre répétition que celle dont on parle dans un énoncé de problème). Ainsi, dans le cas de l'addition et de la multiplication, la pluralité des sens de ces opérations renvoie pour l'essentiel à *la pluralité des sens de leur utilisation* : on peut calculer dans un sens ou dans l'autre.

En résumé, la compréhension des opérations arithmétiques renvoie à l'utilisation de ce qu'on pourrait appeler leur « aspect couteau suisse » : une seule opération (la soustraction, par exemple) a des usages très différents (la comparaison, la recherche d'un complément et celle d'un reste). D'une manière générale, en psychologie, conceptualiser, c'est réduire la diversité du monde qui nous entoure, c'est percevoir ce qui est pareil au-delà des différences.

Les situations de recherche de la valeur d'un complément et de recherche du résultat d'un retrait, par exemple, sont « pareilles » au sens où elles peuvent être traitées par la soustraction. Et pourtant, elles apparaissent bien différentes puisque les premières parlent d'un ajout et les secondes d'un retrait. L'élève qui a compris la soustraction a réduit la diversité des situations qu'il est susceptible de rencontrer.

Les principaux sens des 4 opérations

L'addition
Ses 2 sens de calcul ($a + b = b + a$)

La soustraction
La comparaison
La recherche d'un complément
La recherche d'un reste

La multiplication
Ses 2 sens de calcul ($a \times b = b \times a$)

La division $a : b$?
La partition (a *est égal à* b *fois combien ?*)
La quotition (*En* a *combien de fois* b *?*)

Remarquons que l'un des principaux reproches que l'on pouvait faire aux programmes de 2002 (ceux qui précédaient les programmes de 2008) et aux textes pédagogiques qui les accompagnaient est de ne pas suffisamment souligner cette propriété des opérations arithmétiques. À l'époque, l'ensemble constitué des programmes des cycles 2 et 3 et de leurs documents d'application formait un document de 108 pages. Or, nulle part il n'était dit que la propriété essentielle de la division est d'être un traitement commun aux problèmes de quotition et de partition. Nulle part il n'était dit, en s'exprimant de façon moins générale, que la division par n est un traitement commun aux problèmes de groupement par n et de partage en n parts égales[5].

5. Brissiaud R. (2006). Calcul et résolution de problèmes : il n'y a pas de paradis pédagogique perdu. Texte mis en ligne sur *Le Café pédagogique* : http://www.cafepedagogique.org/dossiers/contribs/brissiaud2.php

Les conceptions naïves des opérations

Quand quelqu'un sait résoudre les trois principaux types de problèmes qui donnent sens à la soustraction, on peut dire de cette personne qu'elle dispose d'une première compréhension de cette opération. Des chercheurs comme Gérard Vergnaud ont insisté sur le fait que certains problèmes de soustraction, plutôt ésotériques, restent mal résolus en dernière année de collège. Il s'agissait de montrer qu'une compréhension approfondie des opérations arithmétiques est un processus de longue haleine. Cependant, ce sont évidemment les débuts de la conceptualisation de ces opérations qui intéressent prioritairement les professeurs des écoles. Or, lorsqu'une personne sait utiliser la soustraction pour déterminer à la fois un reste, un complément et pour procéder à une comparaison, cela atteste du fait que, pour elle, l'usage de la soustraction ne se réduit plus à la seule recherche d'un reste. Il faut insister sur le fait que cela ne va pas de soi ; ainsi, considérons le problème de recherche d'un complément suivant :

« *Léo a 17 euros dans sa tirelire ; il ajoute d'autres euros et maintenant il a 41 euros dans sa tirelire. Combien a-t-il ajouté d'euros ?* »

Aux USA[6], à l'âge du CM2, il y a encore 20 % d'échec à ce type de problème du fait que les enfants calculent 17 + 41. Comme l'énoncé parle d'une quantité d'argent qui croît, ces élèves pensent qu'il faut utiliser une addition !

En effet, derrière la notion de « connaissance conceptuelle d'une opération », il y a l'idée fondamentale que, pour chacune des opérations arithmétiques, l'un des sens est plus saillant que les autres et qu'il risque d'empêcher l'accès aux autres sens : de nombreux élèves pensent longtemps que la soustraction ne s'utilise que dans un contexte de retrait. *Or, il n'y a pas de début de compréhension d'une opération sans accès à au moins un autre sens que celui qui est saillant.* Ainsi, l'addition arithmétique n'est pas un simple ajout, la soustraction arithmétique n'est pas un simple retrait, la multiplication arithmétique n'est pas une simple répétition d'un ajout à l'identique (on parle souvent d'*addition réitérée*) et la division n'est pas un simple partage. L'élève qui penserait cela pour l'une ou l'autre de ces opérations disposerait seulement de ce que certains chercheurs appellent une « *conception naïve* » de cette opération, conception qu'il convient tout aussi bien de qualifier de « stéréotypée » parce que le mot « naïf », en l'occurrence, renvoie à l'idée d'une élaboration insuffisante.

C'est évidemment dans le fonctionnement quotidien des mots « additionner », « soustraire », « multiplier » et « diviser » que les conceptions naïves trouvent leur origine[7]. Si, face à une assiette de gâteaux, vous demandez à quelqu'un de diviser le tas de gâteaux par 4, la personne

6. Riley M. & Greeno J. (1988). Developmental Analysis of Understanding Langage About Quantities and of Solving Problems, *Cognition and Instruction*, 5(1), 49-101.
7. Rémi-Giraud, S. (2008). Mots courants et connaissances scientifiques. *In* J. Lautrey, S. Rémi-Giraud, E. Sander & A. Tiberghien (Eds) : *Les Connaissances naïves*, 154-195. Paris : Armand Colin.

fera systématiquement 4 parts égales ; jamais elle ne se mettra à grouper les gâteaux par 4. Et pourtant, la division par 4 permet tout autant de savoir combien de groupes de 4 gâteaux il est possible de former (quotition) que de les partager en 4 parts égales (partition). L'école a évidemment pour responsabilité de mettre l'accent sur les sens des opérations qui ne sont pas portés par le langage quotidien : sur les sens « complément » et « comparaison » de la soustraction, sur le sens « quotition » de la division et sur la commutativité de l'addition et de la multiplication.

C'est d'ailleurs là un autre reproche qu'on pouvait faire aux programmes de 2002 et aux textes pédagogiques qui les accompagnaient : ils n'étaient pas suffisamment attentifs à la responsabilité d'éviter que les élèves s'enferment dans une conception naïve des opérations arithmétiques[8]. En prolongeant la métaphore du couteau, favoriser la compréhension des opérations arithmétiques, c'est éviter que les élèves les considèrent comme des couteaux à une lame plutôt que comme des couteaux suisses.

La façon classique d'évaluer la compréhension des opérations

Il est important de souligner que pour être crédité d'une connaissance conceptuelle de la multiplication, par exemple, il n'est pas nécessaire qu'un élève connaisse le mot « commutativité », ni qu'il sache définir cette propriété : l'essentiel est qu'il l'utilise de façon ordinaire lors des résolutions de problème. Rappelons la définition qui a été avancée des connaissances conceptuelles : « *conceptual knowledge is defined as implicit or explicit understanding of the principles governing a domain* ». Il n'est donc pas obligatoire que l'élève sache verbaliser cette sorte de connaissance pour la lui attribuer ; lorsque ce n'est pas le cas, on dit de cette connaissance conceptuelle qu'elle est implicite.

Ainsi, utiliser la soustraction pour résoudre aussi bien des problèmes de comparaison, de détermination d'un reste ou d'un complément, utiliser la division pour résoudre aussi bien des problèmes de quotition que de partition, c'est-à-dire, plus généralement, faire usage de l'aspect « couteau suisse » des opérations arithmétiques, tous ces comportements révèlent l'usage de connaissances conceptuelles.

Classiquement, c'est ainsi qu'on évalue la compréhension des opérations chez les élèves : on leur propose des problèmes variés, en étant particulièrement attentif à proposer d'autres types de problèmes que ceux qui correspondent aux sens typiques des opérations. En effet, si l'on veut diagnostiquer les élèves qui n'ont qu'une conception stéréotypée des opérations, il est nécessaire de proposer des problèmes qui mettent en échec leur résolution à partir d'une telle conception.

8. Brissiaud R. (2006). *Ibid.*

Distinguer la compréhension des situations et celle des opérations : le paradigme « petits nombres vs grands nombres »

Pourquoi il faut distinguer la compréhension de la situation de celle de l'opération

Mais tous les élèves échouent-ils dans la résolution de tel ou tel problème parce qu'ils n'ont pas compris l'opération ? On entend souvent les professeurs des écoles dire de tel ou tel élève qu'il échoue en résolution de problèmes parce qu'il n'en comprend pas les énoncés ou encore parce qu'il ne cherche pas à les comprendre. Ce comportement est en effet fréquent : de nombreux élèves dysfonctionnent gravement parce qu'ils fondent leur choix d'une opération sur des indices superficiels (l'opération qui vient d'être étudiée en classe, par exemple), sans chercher à comprendre la situation décrite dans l'énoncé.

Soyons plus précis en considérant à nouveau le problème de recherche d'un complément :
« *Léo a 17 euros dans sa tirelire ; il ajoute d'autres euros et maintenant il a 41 euros dans sa tirelire. Combien a-t-il ajouté d'euros ?* »

Lorsqu'un élève calcule de manière erronée 17 + 41, il est possible qu'il ait effectivement lu l'énoncé et compris la situation au sens où il a construit une représentation mentale de celle-ci sous la forme d'une quantité initiale connue, d'un accroissement inconnu et d'une quantité finale connue. Dans ce cas, l'échec provient d'une mauvaise compréhension de la soustraction (et de l'addition !). Mais il se peut aussi que l'élève n'ait lu que très superficiellement l'énoncé et qu'il ait choisi l'addition parce que c'est l'opération… qu'il sait le mieux calculer en colonnes ! Dans ce cas, l'échec provient avant tout d'une mauvaise compréhension de la situation.

Une façon d'essayer de surmonter cette difficulté consiste à évaluer séparément la compréhension de la situation et celle de l'opération en proposant deux versions de ce problème : l'une avec des très petits nombres (5 euros au départ et 7 après l'ajout, par exemple) et l'autre avec de grands nombres (17 et 41, par exemple). C'est ce qu'on appellera le paradigme « petits nombres *vs* grands nombres ».

L'enfant qui donne la bonne réponse au problème avec des petits nombres prouve en effet qu'il a compris la situation. En revanche, cette réponse s'obtient facilement soit par comptage mental, soit en évoquant la relation numérique : « 5 + 2 = 7 ». Répondre n'exige pas de penser à la soustraction. Or, nous avons vu que c'est le fait de *penser à un retrait dans une situation de recherche d'un complément* qui est caractéristique de la compréhension de l'opération. D'où l'intérêt de proposer à la fois le problème avec des petits et des grands nombres : c'est seulement lorsque l'enfant utilise la soustraction pour résoudre le problème avec des grands nombres qu'on juge positivement sa compréhension de l'opération.

Une autre façon d'apprécier la compréhension de la situation consiste à utiliser les nombres 17 et 41, mais en invitant les élèves à faire un schéma analogique avec des collections organisées. L'élève a alors la possibilité de représenter les 17 euros par des points, par exemple de la façon suivante :

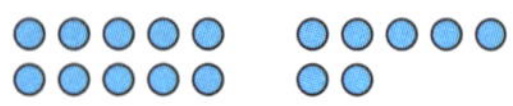

Il peut alors ajouter d'autres points jusqu'à en avoir 41, mais il doit être attentif à séparer d'abord les 17 premiers points afin que ceux qu'il ajoute apparaissent en tant que tels :

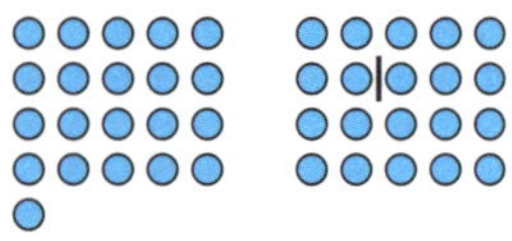

En effet, une erreur fréquente consiste à répondre par le nombre total de points, 41, du fait que l'enfant n'a pas anticipé la nécessité de séparer le complément.

Là encore, lorsqu'un élève résout le problème à l'aide du schéma ci-dessus, on est sûr qu'il a compris la situation ; en revanche, on voit que l'usage d'un tel schéma analogique permet d'accéder à la solution numérique sans penser à l'opération arithmétique : l'élève simule l'ajout dont parle l'énoncé et, à aucun moment, il n'a besoin de penser à la soustraction 41 – 17 ; à aucun moment il n'est nécessaire d'avoir à l'esprit un quelconque retrait pour accéder à la solution numérique.

Cela ne signifie pas que cette pratique pédagogique est sans intérêt : l'usage de problèmes avec des petits nombres comme l'usage de schémas analogiques avec de plus grands nombres constituent d'excellentes pratiques pédagogiques lorsqu'on souhaite mettre l'accent sur la compréhension... des situations. *J'apprends les maths CE2* en fait grand usage dans ce que nous avons appelé les *Problèmes pour apprendre à chercher* (ils sont présentés plus loin dans ce *Guide pédagogique*). En revanche, cet usage de problèmes avec des petits nombres comme l'usage de schémas analogiques ne permettent pas d'apprécier si les élèves maitrisent les propriétés conceptuelles des opérations. C'est pourquoi les pédagogues ne peuvent pas s'en contenter.

Les insuffisances de la comparaison « petits nombres vs grands nombres »

C'est principalement concernant l'évaluation de la compréhension des opérations que ces insuffisances apparaissent. Lorsqu'un pédagogue utilise cette méthodologie, il est en effet conduit à proposer des problèmes variés avec de grands nombres, en interdisant l'usage de schémas analogiques. Il propose, par exemple, un problème de recherche d'un complément avec de grands nombres afin d'avoir une réponse à la question : l'enfant va-t-il poser une soustraction pour résoudre un problème dont l'énoncé parle d'un ajout ? En cas de réponse positive, même si l'élève fait une erreur de calcul, l'enseignant pourra considérer que l'élève a compris le sens « complément » de la soustraction.

La limitation majeure d'une telle méthode est son manque de sensibilité : en effet, nous allons montrer qu'avec cette méthodologie, des enfants apparaissent comme n'ayant pas compris une opération alors qu'ils l'ont comprise ou, du moins, alors qu'ils sont sur le point de la comprendre.
À cet effet, considérons cette version du problème de la tirelire, qu'on ne pense pas à utiliser dans le cadre de la comparaison « petits nombres *vs* grands nombres » parce qu'elle apparait mixte : le nombre final d'euros est un grand nombre, mais le nombre initial, lui, est un très petit nombre : « *Léo a 3 euros dans sa tirelire ; il ajoute d'autres euros et maintenant il a 41 euros dans sa tirelire. Combien a-t-il ajouté d'euros ?* »

Ce problème a été proposé à des élèves de début de CE2 dans des conditions où ils ne peuvent pas faire un schéma (ils devaient donner la réponse en moins d'une minute). Il conduit à 51 % de réussite lorsqu'on demande seulement aux élèves de donner la solution numérique, sans écrire une égalité qui explique comment ils l'ont trouvée[9].

Mais lorsqu'on demande aux élèves ayant trouvé la bonne solution numérique d'écrire l'égalité qui leur a permis de trouver ce nombre, 20 % d'entre eux ne savent pas le faire. Parmi ces élèves qui trouvent la bonne solution numérique, mais échouent à produire une égalité correcte, certains commencent par écrire la bonne soustraction : « 41 – 3 = 38 », mais ils la barrent ou l'effacent ensuite : ils ne comprennent pas comment une soustraction aurait pu les conduire à une réponse correcte alors que la somme d'argent augmente dans la tirelire. Ces élèves ont fait une soustraction mentale, mais, l'ayant écrite, elle leur apparait en contradiction avec le fait que l'énoncé dise qu'on ajoute des euros dans la tirelire ; ils préfèrent barrer la soustraction. Ces élèves commencent par faire un usage implicite de la soustraction et on peut donc les créditer d'un début de compréhension de la soustraction, même si, finalement, ils n'assument pas explicitement l'usage de cette opération.

Jean Piaget, le grand psychologue genevois, a écrit un beau livre dont le titre est : *Réussir et comprendre*[10]. Il y a en effet des réussites qui précèdent et annoncent la compréhension. Celle qui vient d'être analysée est de celles-là : être capable de donner la solution numérique à la suite d'un calcul mental, même si l'on est incapable d'expliciter ensuite comment elle a été obtenue, est l'amorce de la compréhension.

Le phénomène précédent, celui d'enfants qui, par leur comportement, manifestent qu'ils ont commencé à conceptualiser la soustraction, ne peut pas apparaitre lorsque les données du problème sont deux grands nombres : 17 et 41, par exemple. En effet, avec ces nombres, la solution numérique ne s'obtient pas facilement par un calcul mental et les élèves ont besoin de poser explicitement une opération pour obtenir la solution numérique : cet usage de deux grands

9. Brissiaud, R. & Sander, E. (2010). Arithmetic word problem solving : a Situation Strategy First Framework. *Developmental Science*, 13 (1), 92-107.
10. Piaget, J. (1974). *Réussir et comprendre*. Paris : PUF.

nombres interdit une utilisation implicite de la soustraction, il oblige à ce qu'elle soit explicite.

La situation semble sans issue : soit on évalue avec des petits nombres ou en préconisant l'usage des schémas et, dans ce cas, on évalue la compréhension des situations, mais pas celle des opérations arithmétiques, soit on utilise des grands nombres, en interdisant l'usage de schémas, et la compréhension des opérations arithmétiques est alors évaluée de manière très grossière : seuls les élèves ayant très bien compris les opérations ont une évaluation positive. En fait, l'exemple du problème de la tirelire montre qu'en utilisant une tâche de calcul mental, il est possible de surmonter cette difficulté.

Utiliser une tâche de calcul mental pour évaluer la compréhension des situations et des opérations : un premier exemple

En effet, tout un ensemble de recherches ont permis depuis près de 20 ans de sortir de ce dilemme, et *J'apprends les maths* a constitué une sorte de « laboratoire pratique » pour ces recherches. Elles ont conduit à *une analyse plus fine de la compétence à résoudre des problèmes arithmétiques*. Elles ont notamment permis de sortir de l'idée préconçue selon laquelle la taille des nombres serait systématiquement source d'une plus grande difficulté. Ainsi, considérons cette autre version du problème de la tirelire où les données numériques sont deux grands nombres, mais qui sont très proches l'un de l'autre :

« *Léo a 38 euros dans sa tirelire ; il ajoute d'autres euros et maintenant il a 41 euros dans sa tirelire. Combien a-t-il ajouté d'euros ?* »

Ce problème a, lui aussi, été proposé aux mêmes élèves de début de CE2[11] dans des conditions où ils ne pouvaient pas faire un schéma. Le taux de réussite est de 64 % alors qu'il n'était que de 51 % avec les nombres 3 et 41. C'est donc le problème avec les plus grands nombres (38 et 41) qui est le mieux réussi ! L'analyse des stratégies utilisées par les élèves pour chacun des deux problèmes (celui avec 38 et 41 et celui avec 3 et 41) permet de comprendre ce phénomène.

- Avec les nombres 38 et 41, il suffit pour accéder à la solution de simuler mentalement l'ajout décrit dans l'énoncé. Soit les élèves procèdent par essais-erreurs en calculant des additions : « *38 + 2 = 40, c'est pas assez ; 38 + 3 = 41, la solution est 3* » ; soit ils simulent l'ajout par un comptage où ils lèvent un nouveau doigt à chaque fois qu'ils disent un nouveau nombre, en commençant par dire la somme présente dans la tirelire au départ : 38, 39 (1 euro ajouté), 40 (2 euros ajoutés), 41 (3 euros ajoutés). Il n'est nul besoin de penser à la soustraction pour résoudre un tel problème.

Nous dirons de ce problème qu'il est un **Si-problème** de recherche d'un complément, où le préfixe « Si » renvoie à « situation » ou à « simulation ». En effet, avec ces valeurs numériques, la simulation de la situation décrite dans l'énoncé conduit facilement à la solution numérique.

11. Brissiaud, R. & Sander, E. (2010). *Ibid.*

- Considérons à nouveau le même problème avec les nombres 3 et 41 :

« *Léo a 3 euros dans sa tirelire ; il ajoute d'autres euros et maintenant il a 41 euros dans sa tirelire. Combien a-t-il ajouté d'euros ?* »

Même avec ces nombres, il est fréquent d'observer des élèves qui utilisent la stratégie de comptage au-dessus du premier nombre, 3. Ils lèvent là encore un nouveau doigt à chaque fois qu'ils disent un nouveau nombre, en commençant par dire la somme présente dans la tirelire au départ : 3, 4 (1 euro ajouté), 5 (2 euros ajoutés), 6 (3 euros ajoutés), 7 (4 euros ajoutés)..., mais ils s'arrêtent évidemment bien avant de trouver la solution parce qu'ils ne savent plus combien ils ont levé de doigts (il faudrait continuer jusqu'à avoir levé 41 doigts !). Ce type de comportement est une preuve du fait que pour comprendre un énoncé, il faut dans tous les cas simuler mentalement la situation qui y est décrite (on en a bien d'autres preuves). Mais, avec ces valeurs numériques, la simulation de la situation décrite dans l'énoncé ne suffit pas pour accéder à la solution numérique (ce n'est pas un Si-problème). En fait, la quasi-totalité des élèves qui trouvent la solution et qui savent expliquer comment ils l'ont trouvée disent avoir fait une soustraction. Ces élèves utilisent une soustraction pour résoudre un problème de recherche d'un complément, ils utilisent donc des connaissances conceptuelles concernant cette opération.

Nous dirons de ce problème qu'il est un **CC-problème** de recherche d'un complément, où « CC » renvoie à « Connaissances Conceptuelles »[12], parce qu'avec ces valeurs numériques, si la simulation de la situation décrite dans l'énoncé ne conduit pas à la solution numérique, l'usage de connaissances conceptuelles conduit à une soustraction simple : 41 – 3.

Il vaut la peine d'insister sur le fait que l'énoncé du CC-problème précédent décrit la même situation que celui du Si-problème, qu'il utilise les mêmes mots et, surtout, que l'une des données numériques y est plus petite que dans le Si-problème (3 au lieu de 38). Pourtant, ce CC-problème est plus difficile que le Si-problème parce qu'il nécessite des connaissances conceptuelles de l'opération (51% de réussite contre 64%). En fait, lorsqu'on s'intéresse aux données numériques d'un énoncé de problème, l'important

12. Dans des écrits antérieurs, dont les précédentes versions de ce *Guide pédagogique*, d'autres façons de qualifier ces 2 types de problèmes ont été utilisées. Ainsi, dans de nombreux articles, ces problèmes ont été distingués en parlant de concordance *vs* discordance entre la représentation initiale d'un problème et l'économie de sa résolution numérique (les cas de concordance correspondent aux Si-problèmes, ceux de discordance aux CC-problèmes). Dans d'autres articles ou chapitres de livres, ils sont distingués en parlant de Q-problèmes parce qu'ils peuvent être résolus à l'aide de concepts Quotidiens et de E-problèmes qui, eux, ne peuvent être résolus qu'à l'aide de concepts appris à l'école. Chacune de ces façons de qualifier ces deux types de problèmes est intéressante : quand une notion est riche, on hésite sur les qualités qu'il convient de mettre en avant. Les dénominations retenues ici présentent l'avantage de permettre une liaison facile avec l'analyse de la compétence arithmétique en 3 sortes de connaissances : celles qui sont spécifiquement relatives aux relations numériques et aux procédures, et des connaissances plus complexes à analyser : les connaissances conceptuelles. En effet, ce dont les pédagogues manquent vraisemblablement le plus est un cadre théorique unifié, et ce texte est une tentative pour en fournir un.

est moins la taille de ces nombres que *la façon dont cette taille interagit avec le processus de compréhension de l'énoncé*.

En examinant d'autres exemples, nous allons voir qu'il vaut mieux baser l'évaluation des compétences d'un élève et l'élaboration de progressions pédagogiques sur *la comparaison des réussites aux Si-problèmes et aux CC-problèmes* plutôt que sur une comparaison des réussites aux mêmes problèmes avec des petits nombres et des grands nombres, comme le faisait la pédagogie traditionnelle. En effet, comme dans l'exemple précédent, les CC-problèmes permettent d'apprécier les connaissances conceptuelles indépendamment de la connaissance des techniques en colonnes et, donc, de manière plus précoce et plus fine que lorsqu'on emploie des grands nombres.

Évaluer la compréhension dans une tâche de calcul mental : Si-problèmes *vs* CC-problèmes

Les résultats de la recherche que nous allons présenter maintenant n'ont pas été obtenus avec des écoliers, mais avec des enfants non scolarisés qui vivent de petits commerces dans les rues de Récife, au Brésil. Dans ces conditions, les différences de performances à un Si-problème et à un CC-problème sont spectaculaires, ce qui favorise une bonne compréhension du phénomène[13].

Le calcul mental pour évaluer la compréhension des situations et des opérations : un 2e exemple, concernant l'addition réitérée

Considérons les 2 problèmes suivants :
Si : « *Quel est le prix total de 3 objets à 50 cruzeiros l'un ?* »
CC : « *Quel est le prix total de 50 objets à 3 cruzeiros l'un ?* »

Le Si-problème est résolu correctement par 75 % d'une population d'« enfants de la rue » d'environ 10 ans, qui n'ont aucune connaissance de la multiplication puisqu'ils n'ont jamais été scolarisés.
Le CC-problème, lui, est résolu correctement par... 0 % de la même population d'« enfants de la rue » !

Ces résultats s'expliquent ainsi. Pour résoudre le premier problème, les enfants imaginent la situation décrite dans l'énoncé : ils imaginent les 3 objets avec leurs étiquettes « 50 cruzeiros » et ils simulent l'achat de ces objets en comptant de 50 en 50. Ils disent : 50 (1 objet acheté), 100 (2 objets achetés), 150 (3 objets achetés). Il s'agit là d'une procédure élémentaire accessible à des enfants n'ayant pas été scolarisés, mais qui ont eu la nécessité de manier de l'argent pour leur commerce. Il leur suffit donc de comprendre la situation décrite dans l'énoncé pour réussir ce problème : il s'agit bien de ce que nous avons appelé un Si-problème (où Si renvoie à « situation » ou à « simulation »).

Soyons encore plus précis : comme il n'est nullement nécessaire d'avoir étudié la multiplication pour accéder à la solution de ce problème (75 % de réussite chez des enfants qui n'en ont jamais entendu parler !), il vaut mieux dire qu'il s'agit d'un **Si-problème d'addition réitérée** plutôt que de dire qu'il s'agit d'un Si-problème de multiplication. En fait, il s'agit d'un « pseudo-problème de multiplication » ou bien d'un « semi-problème de multiplication », dans la mesure où ce problème emprunte à la multiplication la principale des situations qui donnent sens à cette opération, mais ne nécessite pas l'usage de la propriété conceptuelle qui est caractéristique de cette opération : la commutativité.

Analysons maintenant les résultats au 2nd problème :
« *Quel est le prix de 50 objets à 3 cruzeiros l'un ?* »

Nous avons dit qu'il est résolu par 0 % de la même population d'« enfants de la rue ». Cela s'explique du fait que la stratégie de simulation, basée sur la situation, échoue. Lorsque les enfants imaginent la situation, c'est-à-dire les 50 objets avec leurs étiquettes « 3 cruzeiros », et lorsqu'ils simulent l'achat de ces objets en comptant de 3 en 3 : 3 (1 objet acheté), 6 (2 objets achetés), 9 (3 objets achetés), 12 (4 objets achetés)..., il se révèle fastidieux, sinon impossible, de mener à son terme cet ajout de 50 fois 3. Dans le cas de ce problème, il ne suffit plus d'en comprendre l'énoncé (ce n'est pas un Si-problème), il faut de plus utiliser une propriété conceptuelle de la multiplication : l'énoncé parle de 50 fois 3, mais on n'accède à la solution numérique qu'en calculant 3 fois 50. Nous dirons qu'il s'agit d'un **CC-problème d'addition réitérée** (où CC signifie « Connaissances Conceptuelles »). Comme il est absolument nécessaire d'avoir étudié la multiplication pour résoudre un tel problème, on peut en dire qu'il s'agit d'un « authentique problème de multiplication ». Ce problème ne se contente pas d'emprunter à la multiplication la principale des situations qui donnent sens à cette opération, il nécessite de plus l'usage de la commutativité.

On remarquera que les deux sortes de problèmes apparaissent aussi faciles les uns que les autres à n'importe quelle personne scolarisée : pour résoudre le CC-problème, elle utilise ses connaissances conceptuelles en remplaçant, sans même s'en rendre compte, le calcul de 50 fois 3 par celui de 3 fois 50.

Si-problèmes et CC-problèmes conduisent à des différences de performances spectaculaires lorsqu'on les propose à des enfants qui ne sont pas scolarisés. Chez les enfants scolarisés, les résultats sont moins spectaculaires, mais la différence de performances reste forte et elle va dans le même sens, même après l'enseignement de la multiplication[14].

Ainsi, lorsqu'on propose les Si- et CC-problèmes précédents à des élèves de début de CE1 et de début de CE2, le Si-problème est bien mieux réussi que le CC-problème (47 % contre17 % en début de CE1 et 78 % contre 53 % en début de CE2). Et l'étude des stratégies utilisées par les élèves le confirme : les Si-problèmes sont résolus par une stratégie basée sur la situation alors que les CC-problèmes nécessitent l'usage de la multiplication.

13. Schliemann, A.D., Araujo, C., Cassundé, M.A., Macedo, S. & Nicéas, L. (1998). Use of multiplicative commutativity by school children and street sellers. *Journal for Research in Mathematics Education*, 29, 422-435.

14. Brissiaud, R. & Sander, E. (2010). *Ibid.*

L'explication de cette différence entre les performances aux versions Si et CC est simple. En effet, les élèves scolarisés peuvent se répartir en 3 catégories :

– *Ceux qui échouent au Si-problème et au CC-problème.* Le fait qu'ils échouent au Si-problème prouve que ces élèves ne comprennent pas la situation ; leur échec au CC-problème est lui-même une conséquence de cette incompréhension : on ne peut pas résoudre un problème quand on ne comprend pas la situation décrite dans son énoncé !

– *Ceux qui réussissent au Si-problème, mais pas au CC-problème.* Le fait qu'ils réussissent au Si-problème prouve qu'ils comprennent la situation ; concernant le CC-problème, deux faits doivent être pris en compte : ces élèves échouent au CC-problème bien qu'ils comprennent la situation décrite dans l'énoncé (c'est la même que pour le Si-problème !) et bien qu'ils maitrisent une procédure permettant d'accéder à la solution numérique (c'est la même que pour le Si-problème, le comptage de 50 en 50). Cela prouve qu'ils n'ont pas encore compris la commutativité de la multiplication.

– *Ceux qui réussissent au Si-problème et au CC-problème* : ceux-là comprennent à la fois la situation et l'opération.

La répartition des élèves entre les 3 groupes évolue de la manière suivante. Avant l'apprentissage de la multiplication à l'école (début de CE1), l'échec au CC-problème est presque total et les enfants se répartissent dans les deux premiers groupes (comme les enfants sont plus jeunes, il y a plus d'échecs aux Si-problèmes). Après l'apprentissage de la multiplication à l'école, ce n'est évidemment pas du jour au lendemain qu'on observe une réussite totale au CC-problème : il ne suffit pas d'enseigner la multiplication pour que tous les enfants la comprennent et c'est progressivement que les élèves des deux premiers groupes sont de moins en moins nombreux, alors que ceux du troisième groupe le sont de plus en plus.

Le calcul mental pour évaluer la compréhension des situations et des opérations : un 3e exemple concernant la recherche du résultat d'un retrait

Pour montrer que la possibilité de construire des Si- et des CC-problèmes concerne chacune des situations correspondant aux principaux sens des opérations, intéressons-nous maintenant à un autre sens de la soustraction, son sens typique : la recherche du résultat d'un retrait. Considérons les 2 versions suivantes d'un même problème :

Si : « *Il y a 32 personnes dans un autobus. À un arrêt, 3 personnes descendent. Combien reste-t-il de personnes dans l'autobus ?* »

CC : « *Il y a 32 personnes dans un autobus. À un arrêt, 29 personnes descendent. Combien reste-t-il de personnes dans l'autobus ?* »

Lorsque ces problèmes sont proposés à des élèves de fin de CE1, le score est de 78 % au Si-problème contre 38 % au CC-problème[15], et l'étude des stratégies de résolution montre que :

– *pour résoudre le Si-problème de recherche du résultat d'un retrait*, les élèves qui comptent le font à rebours (ils comptent *en reculant sur la suite des nombres*) : ils baissent un nouveau doigt à chaque fois qu'ils disent un nouveau nombre, en commençant par dire le nombre de passagers présents au départ : 32, 31 (1 passager retiré), 30 (2 passagers retirés), 29 (3 passagers retirés). Il s'agit bien d'une stratégie de simulation de la situation décrite dans l'énoncé ;

– *pour résoudre le CC-problème de recherche du résultat d'un retrait*, les élèves qui comptent à rebours échouent. Ceux qui réussissent adoptent *un comptage en avançant sur la suite des nombres* : ils lèvent un nouveau doigt à chaque fois qu'ils disent un nouveau nombre, en commençant par dire le nombre de passagers qui sont descendus : 29, 30 (1 unité ajoutée), 31 (2 unités ajoutées), 32 (3 unités ajoutées). Ainsi, ces élèves résolvent ce problème comme s'il s'agissait d'un problème de recherche d'un complément : celui où l'on cherche combien de passagers sont montés lorsqu'il y en avait 29 avant l'arrêt et 32 après. Or, le fait qu'on puisse calculer le résultat d'un retrait par recherche d'un complément est l'une des principales propriétés conceptuelles de la soustraction. Ce problème est donc bien un CC-problème. On remarquera d'ailleurs que cela n'a rien d'évident d'expliciter les entités physiques correspondant aux différentes unités ajoutées.

Il vaut la peine de souligner que lorsqu'un élève compte à rebours pour trouver le résultat d'un Si-problème de recherche du résultat d'un retrait, il n'utilise pas réellement la soustraction en tant qu'opération arithmétique. Et cela même si, quand on lui demande d'écrire une égalité, il écrit 32 – 3 = 29. En effet, on ne peut pas considérer cet usage du signe « – » comme un authentique usage de la soustraction : dans un tel contexte, l'élève se contente d'apparier le symbole « – » de cette opération avec la situation typique qui lui donne du sens, celle où l'on cherche le résultat d'un retrait ; à aucun moment il n'utilise une propriété conceptuelle de cette opération. Dans ce cas, le symbole « – » est une simple abréviation sténographique du verbe « retirer ».

Ceci est très général : lorsqu'un problème arithmétique relève de la signification typique d'une opération (recherche du résultat d'un retrait pour la soustraction, partage équitable pour la division), la réussite à un Si-problème n'assure pas de l'usage d'une propriété conceptuelle de l'opération, c'est-à-dire d'un authentique début de compréhension de cette opération, même dans les cas où l'enfant utilise les signes opératoires. Ce sont des cas où l'usage du signe opératoire crée une illusion.

Comment, de façon générale, créer des Si-problèmes et des CC-problèmes

Ainsi, pour chacune des situations dont nous avons dit qu'elles définissent les différents sens des opérations arithmétiques, il est possible de construire deux sortes de problèmes dont les énoncés sont rédigés avec les mêmes mots, en variant la taille des nombres de sorte que :

15. Brissiaud, R. & Sander, E. (2010). *Ibid.*

– Les **Si-problèmes** sont réussis *dès que l'élève comprend la situation* décrite dans l'énoncé. Dans ces problèmes, les valeurs numériques et l'ordre dans lequel elles sont utilisées sont choisis pour que l'accès à *la solution ne nécessite que des procédures ou des relations numériques élémentaires.* Dès que l'enfant comprend la situation, il peut résoudre le problème à partir d'un calcul mental simple. Il est fondamental, en effet, que l'enfant puisse accéder mentalement à la solution numérique sans *aucune connaissance conceptuelle* concernant les opérations.

– Les **CC-problèmes** sont rédigés avec les mêmes mots et leur solution numérique s'obtient, elle aussi, mentalement : les procédures ou les relations numériques nécessaires à leur résolution doivent être tout aussi élémentaires que celles permettant de résoudre les Si-problèmes. En revanche, la résolution des CC-problèmes, contrairement à celle des Si-problèmes, *exige des connaissances conceptuelles* concernant les opérations.

Concernant l'addition et la soustraction, pour obtenir un Si-problème ou un CC-problème, on est conduit à choisir un couple de nombres tantôt composé d'un grand nombre et d'un très petit nombre (32 et 3 ou 41 et 3 ou 53 et 4…), tantôt de deux grands nombres qui ont la caractéristique d'être très proches l'un de l'autre (32 et 29 ou 41 et 38 ou 53 et 49…). Comme on n'est pas dans le cadre du paradigme « petits nombres *vs* grands nombres », on ne choisit jamais deux très petits nombres, ni deux grands nombres quelconques, c'est-à-dire dont l'écart n'est pas très petit.

Concernant la multiplication et la division, on utilise là encore la dissymétrie entre la taille des nombres pour créer des Si- et des CC-problèmes : 4 fois 100 est plus facile à calculer en se laissant porter par la sémantique du mot « fois » (100 + 100 + 100 + 100) que 100 fois 4 (4 + 4 + 4 + …). Dans le cas de ces problèmes, il est cependant nécessaire que les multiples de l'un des deux nombres soient faciles à calculer mentalement : 4 fois 187 et 187 fois 4 sont en effet tous les deux difficiles à calculer mentalement. Ce nombre aux multiples simples peut être 10, 50, 100…, mais il peut également être 15 ou 25, nombres dont les premiers multiples sont au programme du cycle 3.

En fait, pour un enseignant souhaitant créer des Si- et des CC-problèmes, le mieux est de se rapporter aux différents exemples donnés ici :

- Un exemple de problèmes de chaque sorte a été donné pour la multiplication, beaucoup d'autres seront donnés dans la suite de ce chapitre. Concernant l'addition, il suffit de s'intéresser à un très petit ajout (29 + 3, par exemple) et, suivant que cet ajout correspond ou non à l'ordre temporel de l'énoncé, on est face à un Si- ou à un CC-problème.
- Concernant la soustraction, des exemples ont été donnés pour la recherche du résultat d'un retrait et la recherche d'un complément. Concernant le dernier des principaux sens de cette opération, la comparaison, une petite différence est plus facile à trouver qu'une très grande différence.
- Concernant la division, des exemples de Si- et de CC-problèmes de quotition et de partition seront donnés dans le prochain chapitre.

Comprendre une opération (2) : en maitriser les différentes stratégies de calcul mental

Au début de ce chapitre, nous avons rencontré une première face de la conceptualisation des opérations. Comprendre une opération, avons-nous dit, c'est en maitriser les différents usages, c'est-à-dire Reconnaitre les principales situations qui lui donnent du sens. C'est savoir que face à *des situations différentes* (celles de recherche du résultat d'un retrait et de recherche d'un complément, par exemple) on peut utiliser *la même opération* (la soustraction, par exemple).

C'est une deuxième face de la conceptualisation des opérations arithmétiques que le paradigme Si-problèmes *vs* CC-problèmes révèle : face à *la même situation* (la recherche du résultat d'un retrait, par exemple), on peut tantôt utiliser une stratégie où l'on simule ce retrait (cas d'un Si-problème : *Il y a 32 personnes dans un autobus. À un arrêt, 3 personnes descendent…*), tantôt utiliser une stratégie de recherche de la valeur d'un complément (cas d'un CC-problème : *Il y a 32 personnes dans un autobus. à un arrêt, 29 personnes descendent…*). Face à *la même situation*, donc, on peut utiliser *des stratégies différentes.*

La première face de la conceptualisation est sa face catégorisante, celle qui réduit la diversité de l'ensemble des problèmes arithmétiques qu'une personne est susceptible de rencontrer. Cette diversité se trouve réduite par la création de la catégorie des problèmes d'addition, celle des problèmes de soustraction, de multiplication, de division. La seconde face est la face stratégique de la conceptualisation : c'est celle qui permet, lorsqu'on est confronté à une situation donnée, d'adapter son comportement aux particularités des données numériques.

Le paradigme Si-problèmes *vs* CC-problèmes et le calcul mental des opérations

Pour qualifier des tâches telles que celles où l'on demande aux élèves de compléter 3 x 50 = ? ou 32 – 4 = ?, par exemple, les Anglo-Saxons continuent de parler de « problèmes » : nous dirons que ce sont des problèmes dont l'énoncé se présente d'emblée sous forme symbolique. Montrons que la seconde face de la compréhension des opérations arithmétique est celle qui rend compte des compétences en calcul mental lorsque les problèmes sont présentés d'emblée sous forme symbolique et non sous forme d'énoncés verbaux comme cela a été fait jusqu'ici.

Ainsi, concernant la soustraction, il suffit d'interroger un adulte cultivé pour s'apercevoir qu'il n'utilise pas la même stratégie de calcul mental pour déterminer 102 – 6 et 102 – 94. Pour calculer 102 – 6, la plupart des adultes rapportent qu'ils procèdent par retraits successifs, c'est-à-dire en reculant sur leur file numérique mentale ; ils font : (102 – 2) – 4 = 96.

En revanche, pour calculer 102 – 94, ils rapportent qu'ils calculent par compléments successifs, c'est-à-dire en avançant sur leur file numérique mentale : à partir de 94, il faut 6 pour aller à 100 ; et encore 2 pour aller à 102, il faut 8 en tout.

Le paradigme Si-problèmes *vs* CC-problèmes permet de comprendre un tel phénomène : face à des écritures telles que 102 – 6 ou 102 – 94, le signe « – » est interprété dans sa signification typique, c'est-à-dire comme renvoyant au calcul du résultat d'un retrait. Or, nous avons vu que ce type de problème, avec les nombres 102 et 6, est un Si-problème : sa solution s'obtient facilement en simulant le retrait, alors qu'avec les nombres 102 et 94, il s'agit d'un CC-problème : sa solution s'obtient facilement en calculant un complément.

Des recherches[16], où l'on mesure le temps nécessaire pour donner la réponse plutôt que la performance en termes de réussites / échecs, ont même montré que l'analyse précédente vaut pour les calculs respectifs de 12 – 3 (Si-problème) et de 12 – 9 (CC-problème) : les adultes obtiennent le résultat de 12 – 3 en calculant un retrait et celui de 12 – 9 en calculant un complément. Ainsi, même pour les soustractions élémentaires, celles qui conduisent à un résultat inférieur à 10, savoir calculer mentalement une telle soustraction, c'est adopter la stratégie qui conduit à un calcul économique lorsqu'on décrit le comportement à l'aide du paradigme Si-problèmes *vs* CC-problèmes.

Ainsi, le paradigme Si-problèmes *vs* CC-problèmes permet de comprendre que la compétence à résoudre des problèmes arithmétiques et la compétence en calcul mental constituent les 2 faces d'une même entité : *la conceptualisation des opérations arithmétiques*. On comprend mieux que de bonnes performances en calcul mental s'accompagnent de bonnes performances en résolution de problèmes. Précisons mieux encore certaines médiations possibles, susceptibles d'être exploitées par les pédagogues, afin de renforcer le rôle positif du calcul mental sur la résolution de problèmes arithmétiques.

Les problèmes dont l'énoncé se présente d'emblée sous une forme symbolique et qui peuvent s'interpréter comme des Si- ou des CC-problèmes

Lorsque l'énoncé d'un problème est de cette forme (3 x 50 = ? ou 32 – 28 = ?), c'est-à-dire sans unités et avec des signes arithmétiques plutôt qu'avec des mots, la situation n'est pas exactement la même que face à un énoncé verbal. Il est intéressant de réfléchir à ces différences. Or, la principale différence est *la liberté d'interprétation qu'offre l'écriture symbolique*.

Dans une multiplication, par exemple, on peut décider que c'est tel nombre et non tel autre qui exprime le « nombre de fois » (on qualifie souvent ce nombre de « multiplicateur », l'autre étant le « multiplicande »). Ainsi, on peut décider que dans 13 x 2, le multiplicateur est le nombre « 2 », ce qui conduit à calculer 13 + 13 et non 2 + 2 + 2 + … En revanche, dans 3 x 100, on peut décider que le multiplicateur est le nombre « 3 », ce qui conduit à calculer 100 + 100 + 100 et non 3 + 3 + 3 + … On remarquera que dans le cas de 13 x 2, le calcul économique est celui où l'on décide que le multiplicateur est à droite alors que dans 3 x 100, c'est celui où l'on décide qu'il est à gauche. L'exercice de cette liberté correspond à l'usage de la commutativité. Dans le cas de la multiplication, les élèves s'en emparent si facilement qu'assez rapidement ils utilisent cette même propriété dans le cadre de la résolution de problèmes verbaux : la commutativité de la multiplication n'est pas la propriété conceptuelle qui pose le plus de difficultés aux élèves. C'est là un premier exemple du fait que le calcul mental d'une opération à partir d'écritures symboliques favorise l'appropriation d'une propriété conceptuelle de cette opération et, donc, la résolution de problèmes.

Donnons un second exemple, concernant la soustraction et une propriété conceptuelle dont l'acquisition résiste beaucoup plus. Pour enseigner le calcul d'une soustraction comme 101 – 98 = ? (CC-problème dont l'énoncé se présente d'emblée sous forme symbolique), on peut demander aux élèves d'imaginer des objets numérotés jusqu'à 101 (les cases d'une file numérique, par exemple) et leur faire découvrir combien il est économique de décider que les 98 numéros qui sont retirés sont… les premiers numéros de la suite des nombres. En effet, si l'on retire les numéros 1, 2, 3… jusqu'à 98, il reste les numéros 99, 100 et 101, c'est-à-dire 3 numéros en tout ; d'où le résultat de la soustraction. On remarquera que le résultat de cette soustraction est alors calculé en avançant sur la suite des nombres, c'est-à-dire… par complément. Cette stratégie est évidemment bien préférable à celle où l'on retire les 98 derniers numéros (les numéros 101, 100, 99, 98, 97…) qui, elle, correspond à un comptage à rebours et qui ne conduit pas facilement au résultat !

Dans *J'apprends les maths*, c'est seulement au niveau du CE2 que cette stratégie est enseignée en s'appuyant sur une file numérique : l'un des principaux choix pédagogiques de cette collection est en effet de toujours recommander aux élèves l'usage d'autres stratégies que celle où l'on compte 1 à 1, parce que les élèves les plus fragiles s'enferment dans ces stratégies de comptage 1 à 1. Au CE1, elle est enseignée en s'appuyant sur une « file de boites de 10 jetons ». S'il s'agit de calculer 32 – 26, par exemple (CC-problème), les 26 premiers jetons sont barrés à travers les boites.

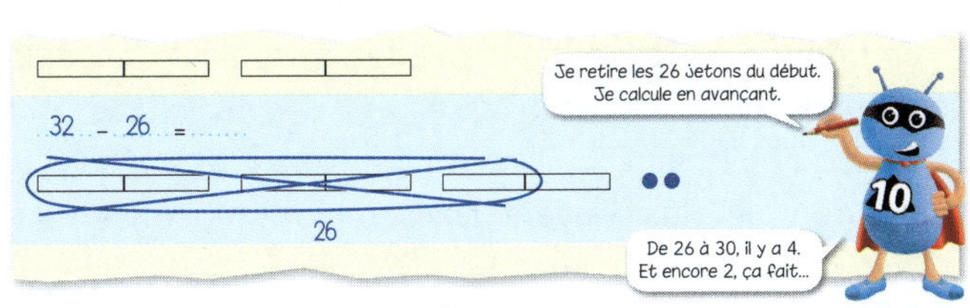

Cela incite à utiliser une stratégie où l'on s'appuie sur la dizaine supérieure : « 26 pour aller à 30, il faut 4 et encore les 2 jetons que l'on voit : le résultat est 6. »

16. Torbeyns, J., Desmedt, B., Stassens, N., Ghesquière, P., & Verschaffel, L. (2009). Solving subtraction problems by means of indirect addition. *Mathematical Thinking and Learning*, 11, 79–91.

En enseignant le calcul mental d'une soustraction par une stratégie de complément, on enseigne une propriété conceptuelle de cette opération et, évidemment, on favorise le progrès dans la résolution des problèmes de soustraction : l'élève qui a appris à calculer une soustraction par complément sera moins surpris qu'on puisse résoudre un problème de recherche d'un complément en posant une soustraction. De bonnes compétences en calcul mental ne font pas que révéler de bonnes compétences en résolution de problèmes, elles les *favorisent*.

Le paradigme Si-problèmes *vs* CC-problèmes et l'élaboration de progressions pédagogiques

Pour toutes les situations qui fondent les différents sens des opérations, nous avons vu que le paradigme Si-problèmes *vs* CC-problèmes permet de répartir les élèves en 3 groupes :

- Ceux qui échouent à la fois au Si-problème et au CC-problème : ceux-là ne comprennent pas la situation.
- Ceux qui réussissent au Si-problème et échouent au CC-problème : ceux-là comprennent la situation, mais pas l'opération.
- Ceux qui réussissent à la fois au Si-problème et au CC-problème : ceux-là comprennent à la fois la situation et l'opération.

Avant tout enseignement d'une opération, les élèves se répartissent pour l'essentiel dans les 2 premiers groupes : il y a ceux qui comprennent les situations et ceux qui ne les comprennent pas. Très peu d'enfants réussissent les CC-problèmes et, donc, appartiennent au 3e groupe. Le fait qu'un enfant soit dans le 1er ou le 2e groupe dépend évidemment de son expérience de vie (A-t-il déjà rencontré ce type de situation ?), mais aussi de ses compétences langagières (Connait-il les mots utilisés pour décrire une telle situation ?).

L'objectif initial de toute pédagogie des opérations arithmétiques devrait évidemment être que tous les élèves comprennent les différentes situations qui donnent sens aux opérations arithmétiques. Comment peut-on espérer enseigner à des enfants les propriétés conceptuelles des opérations alors qu'ils ne comprennent même pas les situations qu'il faut nécessairement utiliser pour enseigner ces propriétés conceptuelles[17] ?

Un 1er moment : utiliser des Si-problèmes pour faire comprendre les situations

Il nous faut commencer par préciser ce que signifie « comprendre une situation ». En effet, il est plus difficile de comprendre une situation lorsqu'elle est décrite verbalement que lorsqu'on la vit. D'où l'intérêt des situations « vécues ». Cependant, le plus souvent, ces situations ne conservent un intérêt pédagogique que lorsque l'enseignant les présente sous la forme de *situations d'anticipation du résultat d'une action*. Considérons, par exemple, cette situation : *8 jetons sont dans une boite opaque. On y met 4 nouveaux jetons. Combien y a-t-il de jetons en tout dans la boite ?* Il faut anticiper le résultat du dénombrement de la collection. La même situation, si les jetons étaient visibles, conduirait les élèves à les compter, perdant de ce fait tout intérêt. Les utilisateurs de *J'apprends les maths* retrouvent là une constante de la collection : créer des situations d'anticipation, en utilisant le masquage notamment.

Il est cependant important de souligner qu'à terme, les élèves doivent comprendre les situations à partir de leur seule description verbale et que les énoncés de problèmes verbaux sont donc incontournables : si l'on devait, à chaque fois que l'on évoque une situation en classe, recréer les conditions matérielles de cette situation plutôt que de la décrire verbalement, tout manquerait : le matériel nécessaire, la place dans la classe, mais, surtout, le temps nécessaire. C'est la magie du verbe que de permettre une sorte de présence à ce qui ne peut pas être effectivement présent.

Revenons à la question qui nous préoccupe ici : comment faire comprendre aux élèves les situations qui fondent le sens des opérations arithmétiques, que ces situations soient décrites verbalement ou présentées sous la forme d'une situation d'anticipation ? Le meilleur moyen d'atteindre cet objectif est d'apprendre aux élèves à résoudre les Si-problèmes correspondants. En effet, comme l'accès à leur solution numérique peut se faire mentalement (il nécessite des connaissances arithmétiques élémentaires du point de vue des procédures et des relations numériques), l'attention des élèves, face à ces Si-problèmes, peut se porter quasi exclusivement sur la compréhension de la situation.

Concernant la multiplication, par exemple, les élèves apprennent dans la séquence 14 à résoudre des Si-problèmes aussi variés que :

Combien y a-t-il de mouchoirs en tout dans 3 paquets de 15 mouchoirs ?

Combien y a-t-il d'élèves en tout dans 4 classes de 25 élèves ?

Quel est le prix total de 8 objets à 10 € l'un ?

Quelle est la longueur totale de 3 segments de 50 mm mis bout à bout ?

Il s'agit, dans tous les cas, de Si-problèmes d'addition réitérée. Au passage, on remarquera que cela permet aux élèves de développer leur connaissance de relations numériques dont on peut considérer qu'elles doivent être connues en fin d'année (elles sont d'ailleurs au programme !), à savoir la connaissance des premiers multiples de 15, 25 et 50, et que cela renforce la connaissance de la numération décimale en faisant mobiliser les multiples de 10.

Une question se pose cependant : les élèves ont déjà étudié la multiplication au CE1 où ils ont déjà été confrontés à des Si-problèmes et des CC-problèmes. Ils ont même été confrontés à des problèmes dont la solution ne s'obtient pas

17. C'est là un autre des principaux reproches que l'on peut faire à la pédagogie dite traditionnelle, celle qui était pratiquée avant 1970, lorsque les 4 opérations étaient au programme du CP : on voulait enseigner très précocement les opérations, sans s'être assuré que les enfants comprennent les situations qui donnent sens à ces opérations.

par un calcul mental (la technique de la multiplication par un nombre à 1 chiffre est au programme du CE1). Faut-il, dès lors, commencer à nouveau l'année de CE2 en proposant la résolution de Si-problèmes ? S'il s'agit d'un premier moment au CE1, ce n'est plus vraiment le cas au CE2.

Nous pensons qu'il faut quand même répondre affirmativement à cette question. Rappelons qu'à l'entrée au CE2, le score de réussite aux Si-problèmes d'addition réitérée est de 78 %. Tous les élèves sont loin de rentrer au CE2 en ayant compris la situation qui fonde le sens de la multiplication. En choisissant de mettre l'accent sur la résolution de Si-problèmes en début d'année de CE2, comme cela est fait dans *J'apprends les maths*, l'enseignant offre la possibilité aux élèves qui ne comprennent pas encore les situations de ce type de progresser, et il crée de meilleures conditions pour qu'ils comprennent la multiplication. Lorsque l'école offre une plage de temps réduite pour acquérir telle ou telle connaissance, seuls les élèves qui apprennent vite s'en sortent bien.

Remarquons cependant qu'une précaution importante est prise : en utilisant les multiples de 15, 25 et 50 pour créer ces Si-problèmes, on évite dans *J'apprends les maths* de proposer les mêmes activités qu'au CE1 (ces multiples n'y sont pas travaillés), ce qui assure l'intérêt de tous les élèves, y compris de ceux qui ont déjà tout compris au CE1 quand les multiples utilisés pour créer des Si-problèmes étaient plutôt ceux de 5 et de 10.

Un 2e moment : utiliser des CC-problèmes pour faire comprendre les opérations

Faire comprendre les opérations, c'est enseigner leurs propriétés conceptuelles. Là encore, le meilleur moyen d'atteindre cet objectif est d'apprendre aux élèves à résoudre les CC-problèmes correspondants. En effet, comme l'accès à leur solution numérique peut se faire mentalement (la résolution nécessite des connaissances arithmétiques élémentaires du point de vue des procédures et des relations numériques), l'attention de l'élève peut se porter quasi exclusivement sur la compréhension de l'opération.

Concernant la multiplication, par exemple, les élèves apprennent à partir de la séquence 27 à résoudre des CC-problèmes tels que ceux-ci :

Combien y a-t-il de mouchoirs en tout dans 15 paquets de 3 mouchoirs ?

Combien d'élèves en tout dans 25 équipes de 3 élèves ?

Quel est le prix total de 10 objets à 8 € l'un ?

Quelle est la longueur totale de 50 segments de 3 mm mis bout à bout ?

On remarquera comment ces CC-problèmes d'addition réitérée sont construits à partir des Si-problèmes utilisés précédemment : on s'est contenté d'intervertir l'ordre des nombres. Une question se pose, cependant : avant tout enseignement de la multiplication, ce type de problèmes conduit à un taux d'échec important ; comment fait-on pour que ce ne soit plus le cas ? Il faut créer des situations permettant aux élèves de se convaincre que le calcul de *a* fois *b* conduit au même nombre que celui de *b* fois *a*. La pédagogie dispose de moyens classiques à cet effet, dont le principal, en l'occurrence, est la disposition des éléments à dénombrer en *a* lignes et *b* colonnes. En effet, selon que les éléments sont dénombrés ligne par ligne ou colonne par colonne, on a déterminé *a* fois *b* ou *b* fois *a* ; ces deux façons de faire conduisent au nombre total. Mais, là encore, le paradigme Si- *vs* CC- problèmes permet une amélioration sensible des pratiques pédagogiques existantes. Il suffit que l'un des nombres soit très petit et que l'autre ait des multiples simples à calculer pour que la situation pédagogique se trouve transformée.

Ainsi, considérons ce CC-problème (il s'agit de calculer 50 fois 3), dont l'énoncé s'accompagne d'un schéma réaliste (extrait de la séquence 63 du CE1) :

Pour aller de France en Grande-Bretagne, on peut traverser la Manche en montant sa voiture sur un bateau qu'on appelle un *ferry-boat*.

Ci-dessous, des voitures attendent sur le quai avant d'entrer dans le *ferry-boat*...

... les voitures vont monter sur le bateau 3 par 3.
Il y a 50 rangées de 3 voitures qui attendent sur le quai.
Combien y a-t-il de voitures sur le quai ?

Des voitures vont monter 3 par 3 sur un bateau.
50 rangées de 3 voitures attendent sur le quai pour monter sur le bateau.
Combien y a-t-il de voitures sur le quai ?

Le calcul de 3 + 3 + ... ne menant pas à la solution numérique, les élèves sont invités à imaginer comment l'image se prolongerait vers la droite. Ce qui permet d'expliciter l'organisation en lignes et colonnes. Ils peuvent ainsi accéder à un autre mode d'énumération des unités : dans l'image prolongée, il y a 50 voitures en haut, 50 au milieu et 50 en bas, 150 voitures en tout.

Qu'apporte l'usage de ce CC-problème par rapport aux situations plus classiques utilisant une organisation en lignes et colonnes ? La possibilité, dès que l'on a pensé à l'autre mode d'énumération de l'ensemble des voitures, d'accéder à la solution numérique *à l'aide d'un calcul mental*. L'accès à la solution se traduit ainsi par une sorte de phénomène d'« illumination » ; les psychologues parlent d'ailleurs d'« insight problème » ou encore de « ha-ha problème ». Face à un tel problème, peu d'élèves en trouvent la solution, mais beaucoup d'élèves, dès que la solution est collectivement explicitée, s'interrogent sur le mode « Comment se fait-il que je n'y ai pas pensé ? ». Et c'est ce qui compte après tout : il est fondamental que quand la solution d'un problème surgit au sein de la classe, elle soit comprise par un maximum d'élèves.

Bref, avant tout enseignement des opérations arithmétiques, les CC-problèmes sont massivement échoués parce que leur résolution nécessite l'usage de propriétés conceptuelles caractéristiques des opérations arithmétiques. Mais il existe des façons d'énoncer certains de ces problèmes qui les transforment en « insight problème » : le pédagogue s'est arrangé pour qu'en changeant de point de vue sur la situation décrite dans l'énoncé, une sorte d'illumination conduise à la solution.

D'un point de vue pédagogique, il est intéressant de choisir ce genre de moment pour, au CE1, introduire le signe opératoire « x » en classe, ou pour revoir ce signe au CE2. En effet, ce signe apparait alors de manière très explicite comme le symbole de la commutativité de la multiplication. L'enseignant peut théâtraliser cette propriété en disant, par exemple : « *Les hommes, pour ne pas oublier que le calcul de 3 fois 50, par exemple, conduit au même nombre que celui de 50 fois 3, ont inventé une opération arithmétique, la multiplication, et un signe, le signe "x". On peut écrire 3 x 50 = 150 ou 50 x 3 = 150.* »

Dans le prochain chapitre nous verrons qu'il existe de même un « insight problème » de partition dont la résolution permet un enseignement très explicite en classe de la principale propriété conceptuelle de la division : on peut remplacer une stratégie de partition (*a* est égal à *b* fois combien ?) par une stratégie de quotition (en *a*, combien de fois *b* ?).

Un 3e moment : apprendre les techniques opératoires pour résoudre les problèmes avec des nombres quelconques

Enfin, dans un dernier moment, après que les élèves aient résolu mentalement des Si-problèmes (pour s'assurer de leur compréhension des situations), puis des CC-problèmes (pour s'assurer de leur compréhension de l'opération), il convient de leur enseigner les techniques opératoires afin qu'ils puissent résoudre les problèmes qui ne peuvent pas être résolus mentalement.

En effet, il est raisonnable de n'enseigner une technique opératoire que lorsque la quasi-totalité des élèves comprennent les situations dans lesquelles ils seront conduits à l'utiliser ; il est de même raisonnable d'éviter le plus possible que l'enseignement des techniques opératoires soit seulement celui de la mise en œuvre de règles dont les élèves ne maitrisent pas les raisons et, pour que ce ne soit pas le cas, il est raisonnable que le plus grand nombre possible d'élèves maitrisent les propriétés conceptuelles qui justifient ces règles.

Calcul mental et opérations posées : l'organisation en 5 périodes de *J'apprends les maths CE2*

Ainsi, dans *J'apprends les maths CE2*, l'apprentissage du calcul mental précède-t-il systématiquement celui de l'opération posée. L'organisation retenue est exposée à la page 5 du fichier et à la page 49 de ce *Guide pédagogique* à l'aide d'un tableau synoptique : pour chaque opération (addition, soustraction, multiplication par un nombre à 1 chiffre, division et enfin multiplication par un nombre à 2 chiffres), le calcul mental précède le calcul en colonnes.

Comprendre l'écriture des nombres

Après la compréhension des opérations arithmétiques, intéressons-nous à la compréhension de l'écriture des nombres. Comme dans le cas de la compréhension des opérations arithmétiques, nous allons commencer par définir ce que signifie « comprendre l'écriture de 358 », par exemple.

Qu'est-ce que comprendre l'écriture d'un nombre à plusieurs chiffres ?

Qu'est que comprendre l'écriture d'un nombre comme 358 ? La réponse qui vient immédiatement à l'esprit est la suivante : c'est savoir que le chiffre « 3 » désigne des centaines, le chiffre « 5 » des dizaines et le chiffre « 8 » des unités. Cependant, lorsqu'un enseignant entraine ses élèves à répondre aux questions portant sur ce que désignent les différents chiffres (« Quel est le chiffre des dizaines ? », par exemple), certains enfants fournissent les réponses attendues sans réellement comprendre les écritures correspondantes. En fait, à force d'entrainement, même les élèves les plus faibles arrivent à répondre correctement à ce type de questions. Mais ils le font seulement pendant les périodes où ces questions sont d'actualité dans la classe, et, dès que ce n'est plus le cas... ils oublient quelles sont les « bonnes réponses ». Par ailleurs, ces « bonnes réponses » restent purement verbales au sens où elles ne sont reliées à aucun savoir-faire (on parle souvent de « verbalisme[18] »). C'est pourquoi il vaut mieux définir la compréhension de l'écriture des nombres à partir de savoir-faire plutôt que de réponses verbales. Avançons une première définition de la compréhension de l'écriture d'un nombre à plusieurs chiffres.

Comprendre l'écriture 358, c'est savoir qu'il existe plusieurs façons de construire une collection ayant 358 objets :

- Il est évidemment possible de compter les objets 1 à 1 jusqu'à entendre le mot « trois cent cinquante-huit », mais ce sera long !
- En fait, il vaut mieux commencer par grouper les objets par 100 (10 groupes de 10), puis « compter des cents » plutôt que de « compter des uns » : « 1 cent, 2 cents, 3 cents ». Et lorsqu'il ne reste plus assez d'objets pour compter des cents, plutôt que de se remettre à « compter des uns », mieux vaut continuer en « comptant des dix » : « ... 3 cents et 1 dix (trois cent dix), 3 cents et 2 dix (trois cent vingt), 3 cents et 3 dix (trois cent trente)... ». Enfin, lorsqu'il reste moins de dix objets, cette procédure s'achève en « comptant des uns » :

18. Brissiaud, R. (2005). Comprendre la numération décimale : les deux formes de verbalisme qui donnent l'illusion de cette compréhension. *Actes du Congrès scientifique international de Toulouse : Comprendre*. Numéro spécial de *Rééducation orthophonique*, 223, 225-238.

« trois cent cinquante et un, trois cent cinquante-deux… trois cent cinquante-huit ».

Comprendre l'écriture de ce nombre, c'est donc s'être forgé la conviction que la procédure consistant à compter 1 à 1 trois cent cinquante-huit objets et celle consistant à compter d'abord 3 cents, puis 5 dix et enfin 8 uns conduisent à des collections qui ont la même taille, et qu'on peut donc à loisir remplacer une façon de faire par l'autre. Remarquons que cette définition de la compréhension de l'écriture des nombres est proche de celle que nous avons avancée p. 13 concernant la compréhension des opérations : dans un cas comme dans l'autre, comprendre c'est s'être forgé la conviction que des procédures différentes conduisent au même résultat : pour calculer une soustraction, par exemple, on peut chercher le résultat d'un retrait ou la valeur d'un complément. En fait, depuis les travaux de Piaget, on peut considérer que la conceptualisation arithmétique se fonde toujours dans ce type de propriétés des actions, qu'il s'agisse de comprendre des opérations, des nombres ou, comme nous le verrons plus loin dans ce chapitre, des relations numériques comme « 8 plus 4 est égal à 12 ».

Une connaissance fondamentale : savoir que 35 dizaines, c'est 350 et que 358, c'est 35 dizaines et 8

En fait, la première définition que nous avons avancée de la compréhension des nombres à 3 chiffres est très insuffisante : lorsque des nombres sont supérieurs à 100, il est important de savoir que l'écriture d'un nombre renseigne sur la façon dont on peut le former en utilisant seulement le groupement par 10. Ainsi, il ne suffit pas de concevoir 100 comme 1 centaine, il faut aussi le concevoir comme 10 dizaines. Et, à la suite, il faut concevoir 110 comme 11 dizaines, 120 comme 12 dizaines, 130 comme 13 dizaines… 190 comme 19 dizaines, 200 comme 20 dizaines, 210 comme 21 dizaines… 350 comme 35 dizaines, etc.

Ainsi, l'écriture des nombres à 3 chiffres reflète-t-elle le fait que 3 stratégies d'énumération des unités conduisent au même résultat. Nous avons vu les deux premières : construire une collection de 358 en comptant 1 à 1 et compter 3 cents, 5 dix et 8 « uns ».

En isolant le dernier chiffre (8) de 358 et en s'intéressant à ceux qui précèdent (35), on se rappelle que cette écriture reflète aussi une troisième stratégie possible : on peut aussi compter 35 groupes de dix et 8 « uns ».

$$\underbrace{3\ 5}_{\text{groupes de 10}}\ 8$$

Or, la lecture typique de l'écriture « trois cent cinquante-huit » masque cette dernière possibilité. En effet, l'oral établit une correspondance terme à terme entre chaque chiffre et des informations concernant respectivement les centaines (trois cents), les dizaines (cinquante) et les unités (huit). On est fortement conduit à penser que, dans l'écriture 358, seul le chiffre 5 est porteur d'information concernant les dizaines. Ce qu'on entend en oralisant 358, « trois cent cinquante-huit », fait ainsi obstacle à l'interprétation du chiffre « 3 » comme « trente dizaines » et du nombre « 35 » comme désignant des dizaines.

Mais est-ce utile de s'intéresser à cette façon de former des collections ? Oui, car la compréhension de nombreuses règles de calcul en dépend.

Comprendre les retenues, la multiplication et la division mentales par 10, la division posée…

Imaginons le calcul de la multiplication 171 x 5 posée en colonnes. Au rang des dizaines, on est conduit à calculer 5 fois 7 dizaines, c'est-à-dire 35 dizaines. Comprendre la retenue (« *Je pose 5 dizaines et je retiens 3 centaines* »), c'est savoir que 35 dizaines, c'est 350. Il en va de même de la retenue d'une addition : si l'addition des chiffres dans la colonne des dizaines conduit à 14 dizaines, par exemple, comprendre la retenue (« *Je pose 4 dizaines et je retiens 1 centaine* »), c'est savoir que 14 dizaines, c'est 140. De même, quelle que soit la technique opératoire d'une soustraction que l'on choisit, il serait facile de montrer que cette même propriété y est sollicitée.

La multiplication par 10 la sollicite tout autant : calculer 42 x 10, par exemple, c'est chercher le nombre total correspondant à 42 dizaines : celui qui sait que 42 dizaines c'est 420 accède directement au résultat.

Il en est de même de la division par 10. La recherche du quotient et du reste de la division de 639 par 10, par exemple, se fait par quotition : on cherche « *En 639, combien de fois 10 ?* » ; ce qui revient à chercher combien il y a de dizaines dans 639 : la réponse est 63 (c'est le quotient) et il reste 9.

Et lorsqu'il s'agit de calculer une division comme 358 divisé par 6 en la posant avec la « potence », le calcul commence en cherchant à partager les 3 centaines en 6 parts égales. Comme ce n'est pas possible, on partage… les 35 dizaines en 6 parts égales. Encore faut-il savoir que 358, c'est 35 dizaines et encore 8 !

Bref, cette connaissance permet de comprendre un grand nombre de règles de calcul. Lorsque cette connaissance fait défaut, ces règles sont apprises isolément, sans lien les unes avec les autres, ce qui conduit certains élèves à être submergés par un tel nombre de règles à mémoriser. L'absence de compréhension de l'écriture des nombres est très certainement une des principales causes de l'échec en mathématiques.

Un matériel de numération qui favorise l'appropriation de cette propriété : l'intérêt du masquage

En fait, le matériel de numération utilisé dans *J'apprends les maths* est particulièrement bien adapté à cet enseignement ; en amenant les élèves à ranger 10 groupes de 10 jetons dans une valise dont ils « ferment le couvercle », on leur permet d'adopter un double point de vue sur le groupe de 100 jetons : c'est 1 centaine, mais les élèves peuvent aussitôt se rappeler l'action qui les a conduits à former cette centaine, à savoir la réunion de 10 groupes de 10 jetons. Ils voient 1 valise, mais peuvent aisément se représenter les 10 boites de 10 jetons qu'elle contient.

Considérons une collection de 126 jetons organisés avec le matériel :

Le masquage empêche de voir l'ensemble des groupes de 10, mais il aide à le concevoir : il y a les 10 groupes de 10 « qu'on ne voit plus », mais qui sont là, derrière le couvercle de la valise, et les 2 groupes de 10 qu'on voit encore (le même raisonnement pourrait être tenu concernant la « caisse de mille ») ; ce faisant, la compréhension du fait que 126, par exemple, contient 12 groupes de 10 et encore 6 unités s'en trouve facilitée.

Une écriture chiffrée aide à concilier ces deux points de vue : dans « 137 », par exemple, sans négliger qu'il y a 1 groupe de 100 noté par « 1 », il suffit de s'intéresser aux deux premiers chiffres pour se rappeler que 137 contient 13 groupes de 10.

$$\underbrace{1\ 3}_{\text{groupes de 10}}\ 7$$

Il est cependant fondamental que les élèves soient capables de contrôler l'usage d'une telle règle en se référant au matériel structuré : dans 137, il y a 13 groupes de 10 parce qu'il y a 10 groupes de 10 qui sont cachés dans la valise et 3 groupes de 10 qu'on voit encore. L'enseignant devra régulièrement s'assurer que les élèves sont capables d'interpréter la règle portant sur les écritures chiffrées en se référant au matériel. C'est la garantie d'une authentique compréhension.

Une activité, de ce point de vue, est particulièrement importante. Les élèves sont confrontés à une configuration de valises et boites comme celle-ci :

On leur demande combien il y a d'unités en tout (la réponse 260 est facilement accessible) et combien il y a de groupes de 10 en tout. Mais comme certains enfants apprennent à répondre en utilisant une règle qu'ils ne comprennent pas, il est très important, dès que l'on a le moindre doute sur la « bonne réponse » (26) qu'a fournie tel ou tel élève, de ne pas s'en contenter et de s'assurer qu'il comprend les raisons d'une telle réponse en le questionnant : « *Mais je ne vois pas les 26 groupes de 10, je n'en vois que 6 !* » L'élève doit être capable d'expliciter l'emboitement des groupes de 10 dans le groupe de 100. Cette contre-suggestion (l'enseignant feint de ne pas comprendre qu'il y a 26 groupes de 10 en tout) est le meilleur moyen de s'assurer que c'est le cas.

Mettre d'emblée l'accent sur cette propriété : l'importance des « premières rencontres »

Dans *J'apprends les maths CE2*, lors de la première dictée de nombres à 3 chiffres, l'enseignant dit : « *Écrivez en chiffres le nombre que je vous dicte : 14 dizaines et 3 unités.* » Les élèves écrivent « 143 » (ils ont appris à le faire lors de la leçon !) et l'enseignant poursuit : « *Comment se dit habituellement ce nombre ?* »

De même, lors de la première dictée de nombres à 4 chiffres, l'enseignant dit : « *Écrivez en chiffres le nombre que je vous dicte : 27 centaines et 51 unités.* » Les élèves écrivent « 2 751 » (ils ont appris à le faire lors de la leçon !) et l'enseignant poursuit : « *Comment se dit habituellement ce nombre ?* »

Cela se justifie aisément : la première rencontre des élèves avec un nouveau concept arithmétique (au CE2, la première rencontre avec les nombres à 4 chiffres, par exemple), ou la première fois qu'ils étudient à nouveau un contenu de connaissance récent dans la mesure où il n'a été abordé que l'année précédente (la première fois qu'ils revoient les nombres à 3 chiffres en début de CE2, par exemple), sont des moments importants. Ces jours-là, les élèves sont en général particulièrement attentifs. C'est pour eux une sorte d'évènement (Ça y est, on étudie les nombres à 4 chiffres !). Cet évènement, en tant que tel, favorise la mémorisation et l'apprentissage. C'est pourquoi nous avons choisi, lors de cette première rencontre, de mettre l'accent sur les significations les moins typiques, celles qui ne sont pas véhiculées par le langage quotidien : « deux cent soixante, c'est 26 groupes de 10 » et « quatre mille deux cents, c'est 42 groupes de 100 ».

Mémoriser les résultats d'opérations élémentaires

Parmi toutes les relations numériques qu'il est nécessaire qu'un élève mémorise, les résultats d'opérations élémentaires (6 + 9 = ? ; 13 – 6 = ? ; 4 x 8 = ? ; 27 : 3 = ?) figurent évidemment en bonne place.

Cela peut surprendre, mais l'accès à la connaissance d'une relation numérique telle que « cinq plus sept, égale douze » est un processus psychologique extrêmement difficile à étudier. Il suffit d'avoir vu des enfants de maternelle qui savent précocement réciter que « un et un, deux ; deux et deux, quatre ; quatre et quatre, huit » alors qu'ils ne savent pas ce que signifient les mots « quatre » et « huit », pour prendre conscience qu'un apprentissage purement « par cœur » est susceptible de conduire à un comportement qui donne seulement l'illusion d'une telle connaissance. La seule association verbale des mots ne conduit pas à une authentique connaissance des relations numériques.

Mémorisation, appropriation de procédures et... compréhension

En fait, pour qu'on puisse parler d'une authentique connaissance numérique, il faut que l'enfant soit capable d'interpréter en termes d'actions ce qu'il énonce verbalement : concernant « quatre plus quatre égale huit », par exemple, cela signifie que si je réunis une collection de 4 objets à une autre ayant elle aussi 4 objets, et si je dénombre le tout, je trouve le même résultat que si j'avais dénombré d'emblée une collection de 8 objets. Réunir, dénombrer, c'est mettre en œuvre des savoir-faire… En mathématiques, la connaissance verbale des relations numériques garde donc partie liée avec des procédures.

Avançons une définition des relations numériques : elles sont l'expression verbale et condensée du fait que des procédures différentes conduisent au même résultat. « 4 fois 8, 32 », par exemple, signifie que si je réunis 4 collections de 8 unités et si je dénombre le tout ainsi formé, j'obtiens le même résultat que si je forme différemment une collection de 32 unités (en comptant 1 à 1, par exemple). Ainsi, la connaissance de relations numériques renvoie au fait qu'il existe une pluralité de stratégies pour résoudre telle ou telle tâche numérique.

Précédemment dans ce chapitre, nous avons vu que la compréhension des opérations arithmétiques renvoie au fait qu'un enfant dispose d'une pluralité de stratégies, que la compréhension de l'écriture d'un nombre renvoie elle aussi à la possibilité d'une pluralité de stratégies de construction d'une collection ayant ce nombre d'éléments. Concernant les relations numériques, leur compréhension renvoie également au fait que des stratégies différentes conduisent au même résultat. Le fait de disposer de plusieurs stratégies, c'est-à-dire le fait d'être dans un rapport stratégique aux tâches apparait ainsi comme une caractéristique très générale de la compréhension.

Mémorisation et compréhension ayant ainsi partie liée, il n'est guère étonnant qu'une des principales caractéristiques des élèves en difficulté grave et durable dans leurs apprentissages numériques soit… qu'ils ne mémorisent pas les relations numériques les plus élémentaires, à savoir les résultats des additions dont chacun des termes est inférieur à dix[19]. Toutes les études sur la difficulté en arithmétique élémentaire montrent en effet que les élèves en difficulté grave et durable dans leurs apprentissages numériques sont des enfants qui ne disposent que d'une procédure pour trouver le résultat d'additions élémentaires : le comptage 1 à 1. On peut considérer que, chez ces élèves, l'absence de mémorisation est en grande partie le résultat d'une absence de compréhension.

Un tel phénomène concerne évidemment les enseignants de CE2 : parmi les élèves qu'ils reçoivent dans cette classe, certains sont des enfants « compteurs invétérés » et l'une de leurs priorités doit évidemment être de permettre à ces élèves d'accéder à d'autres stratégies. Or, les recherches dans le domaine tendraient à prouver que cela s'effectue différemment dans le cas de l'addition / soustraction et dans celui de la multiplication.

19. Geary, D.C. (2005). Les troubles d'apprentissage en arithmétique : rôle de la mémoire de travail et des connaissances conceptuelles. *In* M.-P. Noël (Ed) : *La Dyscalculie*. Marseille : Solal.
INSERM (2007) *Dyslexie, Dysorthographie, Dyscalculie – Bilan des données scientifiques*. Paris : Les éditions Inserm.

Plus d'association verbale pour la multiplication que pour l'addition et la soustraction

Lorsqu'on interroge un adulte cultivé à brûle-pourpoint : « *quatre fois huit ?* », la réponse, « 32 », fuse ; lorsque la question posée est « *onze moins trois ?* », la réponse est rapide, mais elle l'est moins. On a l'impression qu'il y a plus d'association verbale dans le cas de la multiplication que dans celui de la soustraction. Et lorsque la question posée est « *huit plus quatre ?* », on a, là encore, l'impression que la réponse ne s'impose pas d'emblée comme le fait « 32 » après l'interrogation « *quatre fois huit ?* ».

Ce n'est pas qu'une impression : les psychologues, en se basant sur divers moyens d'investigation expérimentaux tels que la mesure des temps de réponses, ont montré que les résultats élémentaires d'additions et de soustractions, d'une part, et de multiplications, d'autre part, semblent stockés différemment en mémoire. Ils parlent de *connaissances procédurales automatisées* dans le cas de l'addition et de la soustraction, de *connaissances déclaratives* dans celui de la multiplication[20].

Dire que les résultats d'additions et de soustractions élémentaires sont des connaissances procédurales automatisées signifie qu'ils sont reconstruits à chaque fois. Mais ils le sont de manière si fulgurante et cela est si peu couteux en ressources cognitives que nous n'avons même pas conscience de cette reconstruction.

Un phénomène d'automatisation familier est celui de la conduite automobile. Souvent, un conducteur débutant ne supporte aucune distraction, il ne supporte même pas qu'on lui parle quand il est au volant ; en revanche, cette activité de parole devient facile et ordinaire lorsque la conduite est plus automatisée. Ce qu'on appelle le processus d'automatisation d'une procédure renvoie donc à l'idée suivante : avec l'exercice, son exécution nécessite de moins en moins de ressources cognitives, laissant ainsi la possibilité de faire autre chose en même temps.

Avec l'exercice, donc, le calcul des additions et des soustractions élémentaires s'automatise, du moins lorsqu'il s'agit réellement d'un calcul, c'est-à-dire lorsque l'élève n'est pas obligé de retrouver le résultat en comptant 1 à 1. En effet, toutes les procédures ne s'automatisent pas au point de permettre un accès rapide au résultat.

20. Fischer, J.P. (1992). *Apprentissages numériques : la distinction procédural/déclaratif.* Nancy : Presses universitaires.
Fanget M., Thevenot C., Castel C., Fayol M. (2011). Retrieval from memory or procedural strategies for addition problems : The use of the operand-recognition paradigm in 10-year-old children. *Swiss Journal of Psychology*, Vol 70(1), 35-39.

La clé de la mémorisation des résultats d'additions élémentaires : l'usage de stratégies d'appui sur 10

Un appui exclusif sur le comptage n'aide pas, voire empêche la mémorisation des résultats d'additions.

Un grand nombre d'élèves entrent au CE2 sans avoir mémorisé les résultats des additions et des soustractions élémentaires. Confrontés au calcul de « neuf + sept », par exemple, ils comptent au-dessus de neuf. Ils disent : neuf, dix (1 doigt est levé), onze (2), douze (3), treize (4), quatorze (5), quinze (6), seize (7). Or, pour mémoriser le résultat de cette addition, il faut relier directement « neuf plus sept » et « seize » ; l'élève qui compte 1 à 1 au-dessus de neuf prononce 7 mots-nombres différents (de neuf à quinze) entre l'énoncé du calcul « neuf plus sept » et son résultat « seize ». Cela a pour conséquence que l'énoncé du problème a disparu de ce qu'on appelle sa « mémoire de travail » quand le résultat y figure enfin : tous les mots prononcés entre « neuf plus sept » et « seize » sont autant de parasites verbaux à la mémorisation.

En fait, même lorsque le résultat d'un calcul est mémorisé sous la forme d'une procédure automatisée, on peut considérer qu'un minimum d'association verbale est nécessaire entre l'énoncé du calcul et son résultat. Le comptage 1 à 1 ne l'autorise pas. Par conséquent, il ne conduit pas à la mémorisation. Une preuve de ce phénomène est évidemment le cas des élèves en difficulté grave et durable dans leurs apprentissages numériques : des stagiaires à l'IUFM ont observé que 3 élèves sur 4 environ n'ont pas mémorisé les résultats d'additions élémentaires en sixième de SEGPA. Ces élèves ont reconstruit des centaines, voire des milliers de fois les résultats des additions élémentaires, mais ils l'ont fait par comptage 1 à 1, ils ne les ont pas mémorisés.

Une première condition de la mémorisation : inclure des relations numériques connues dans une procédure de comptage

Si les résultats d'additions et de soustractions élémentaires se mémorisent en automatisant des procédures et si celles-ci ne sont pas des procédures de comptage 1 à 1, une question se pose : de quelles procédures s'agit-il ?

Il s'agit de procédures où l'on s'appuie sur 10 pour trouver le résultat, telle la stratégie que l'on appelle un « passage de la dizaine » : $9 + 7 = 9 + 1 + 6$ ou $7 + 4 = 7 + 3 + 1$.

Cette stratégie permet une association beaucoup plus directe entre l'énoncé du calcul et son résultat. Lorsqu'un enfant dit : « neuf plus sept égale… neuf plus un… dix et encore six, seize », il prononce beaucoup moins de ces mots-nombres dont nous avons dit qu'ils sont des parasites verbaux : ceux qui se situent entre les données du calcul et son résultat.

Une preuve du fait que l'automatisation de cette procédure conduit, elle, à la mémorisation des résultats d'additions élémentaires réside dans la précocité de cette mémorisation chez des élèves qui en font un usage massif, parce que leur langue favorise son emploi et parce qu'elle leur est systématiquement enseignée : les élèves asiatiques.

Une deuxième condition de la mémorisation : utiliser la commutativité de l'addition

Une autre condition de la mémorisation consiste évidemment à ne pas calculer $4 + 9$, mais $9 + 4$ parce que le résultat est le même (propriété qu'on appelle la « commutativité » de l'addition) et parce que $9 + 4$ conduit à un calcul beaucoup plus rapide, favorisant mieux l'association verbale. Il est évidemment possible d'obtenir le résultat en cherchant le complément de 4 à la dizaine supérieure ($4 + 9 = 4 + 6 + 3$), mais cela nécessite l'accès à deux décompositions qui ne sont pas immédiatement disponibles : $4 + ? = 10$ et $9 = 6 + ?$. Les décompositions utilisées après l'emploi de la commutativité ($9 + ? = 10$ et $4 = ? + 3$) sont beaucoup plus disponibles chez un élève parce qu'elles reflètent une propriété fondamentale de la suite numérique : le nombre suivant un nombre donné exprime le résultat de l'ajout d'une unité.

Le choix de *J'apprends les maths* : enseigner et automatiser la stratégie de passage du 10

Remarquons que ce choix pédagogique, favoriser l'emploi de stratégies de passage par la dizaine, plutôt que celui de stratégies de comptage 1 à 1, fut longtemps celui de l'école française avant que, vers 1990, de nombreux pédagogues ne préfèrent, au contraire, centrer leur enseignement sur l'apprentissage du comptage 1 à 1. Dès 1990, une spécificité de *J'apprends les maths* fut de perpétuer cet aspect de la culture pédagogique française : ne jamais favoriser le comptage 1 à 1 chez les élèves en leur proposant systématiquement des stratégies alternatives. Rappelons certaines caractéristiques essentielles de la progression permettant aux élèves de s'approprier la stratégie de passage de la dizaine en commençant par l'apprentissage d'un prérequis à la mise en œuvre de cette stratégie : celui des compléments à 10.

Apprendre les compléments à 10 dans des situations d'anticipation du résultat d'une action

Donnons d'abord un exemple d'une telle situation d'anticipation :

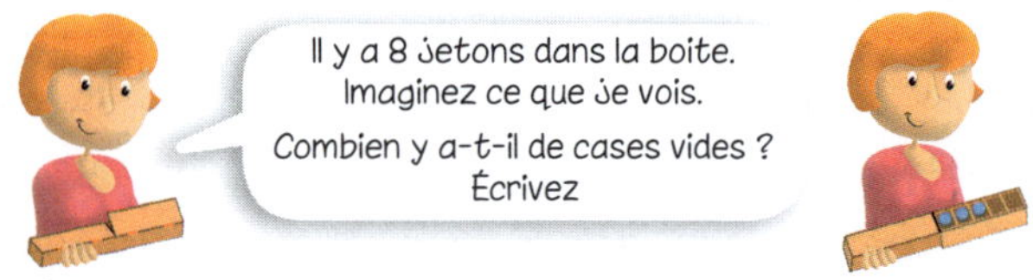

Phase d'anticipation.

Phase de validation : l'enseignant bascule la boite.

Dans ce cas, il s'agit d'anticiper le nombre de cases vides d'un cadre matériel de 10 cases (avec deux compartiments de 5) lorsque 8 d'entre elles sont remplies. Ou encore : il s'agit d'anticiper le nombre de jetons qu'il faudrait ajouter pour qu'il y en ait 10. Il s'agit donc d'anticiper le résultat d'une action.

Il est important d'analyser ce type de situations parce que, comme cela a déjà été signalé, on demande fréquemment aux élèves qui utilisent *J'apprends les maths* d'anticiper le résultat d'une action (voir, par exemple, la situation d'introduction de la division euclidienne dans le chapitre 2 de cette présentation). Les élèves y prennent conscience de la différence entre l'activité mathématique et la devinette : contrairement à la devinette, l'élève qui raisonne correctement réussit systématiquement. Par ailleurs, la situation est auto-corrective : comme l'enjeu du raisonnement arithmétique est d'anticiper le résultat d'actions avant qu'elles ne soient effectivement réalisées, il suffit de procéder à ces actions (ici, ajouter 2 jetons et observer que la boite est pleine) pour valider ou non l'anticipation.

Dans ce type de situation pédagogique, les enfants prennent ainsi conscience que l'enjeu des tâches arithmétiques se situe dans les transactions avec le monde des objets. Il ne s'agit pas seulement, comme le pensent tant d'enfants en difficulté, de deviner la réponse verbale qui ferait plaisir à l'enseignant.

La simulation mentale d'un passage de la dizaine que le maitre réalise de façon masquée

Mais les situations d'anticipation utilisant la boite de Picbille favorisent l'apprentissage du calcul mental pour une autre raison, plus fondamentale encore. Considérons, par exemple, la situation utilisée pour enseigner le « passage de la dizaine » : 8 + 4 = (8 + 2) + 2. L'enseignant commence par mettre 8 jetons dans la boite sans que les élèves en voient l'intérieur. Puis il annonce :

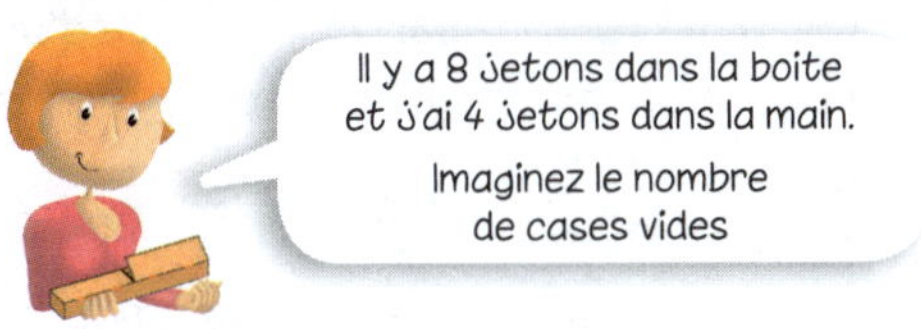

L'enseignant réalise alors l'ajout, mais toujours de façon à ce que les élèves ne puissent voir l'intérieur de la boite ni le contenu de sa main gauche :

Il interroge alors les élèves sur le résultat de son action :

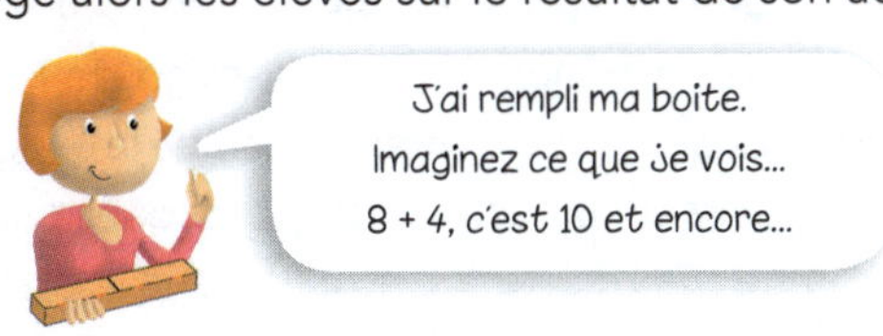

Les élèves sont ainsi conduits à simuler mentalement l'action que l'enseignant a réalisée de façon masquée. Or, les recherches en neuropsychologie[21] montrent que l'apprentissage repose grandement sur ce type de processus mentaux. Au-delà des travaux scientifiques, on en comprend bien les raisons en considérant la phase de validation :

Phase de validation : l'enseignant reconstitue la situation initiale tout en basculant la boite et en ouvrant la main. Il peut ensuite réaliser l'action de manière visible.

Lorsque les élèves sont seulement confrontés à une situation comme celle qui est utilisée ici pour la validation, c'est-à-dire une situation où le complément à 8 est d'emblée visible, où la collection ajoutée est elle aussi visible et donc facilement décomposable, la plupart d'entre eux se trouvent en grande difficulté dès que le matériel n'est plus présent.

Simuler mentalement l'action que l'enseignant a réalisée de manière masquée oblige à reconstituer mentalement les données correspondant aux différentes étapes de la procédure :

– Que faut-il ajouter pour remplir la boite de 10 ?

– Combien restera-t-il dans la main ?

De plus, cela oblige à gérer mentalement l'enchainement de ces étapes. Devenir capable de le faire rend autonome dans la mise en œuvre de cette procédure.

La mémorisation des additions et des soustractions : des processus proches

Comme nous l'avons déjà vu, un adulte n'utilise pas la même stratégie de calcul mental pour déterminer 102 – 6 et 102 – 94. Pour calculer 102 – 6, les adultes procèdent généralement par retraits successifs, c'est-à-dire en reculant sur leur file numérique mentale ; ils font : (102 – 2) – 4 = 96. En revanche, pour calculer 102 – 94, ils calculent par compléments successifs, c'est-à-dire en avançant sur leur file numérique mentale : à partir de 94, il faut 6 pour aller à 100 ; et encore 2 pour aller à 102, il faut 8 en tout.

Cela reste vrai concernant les soustractions élémentaires ; l'adulte qui a automatisé les calculs correspondants ne s'en rend plus compte, mais, à son insu, son activité mentale est différente. De même que la mémorisation des résultats d'additions élémentaires résulte à la fois de l'usage de la commutativité et de l'automatisation de la stratégie d'appui sur 10, la mémorisation des résultats de soustraction résulte à la fois de l'appropriation des deux grandes stratégies de calcul possibles (retraits successifs et compléments successifs) et de l'automatisation de ces stratégies lorsqu'elles sont mises en œuvre en s'appuyant sur 10. Le mode de représentation des nombres comme Picbille est particulièrement bien adapté pour cet enseignement.

Le calcul de 14 – 6, par exemple, est enseigné de la manière suivante (*cf.* séquence 3) :

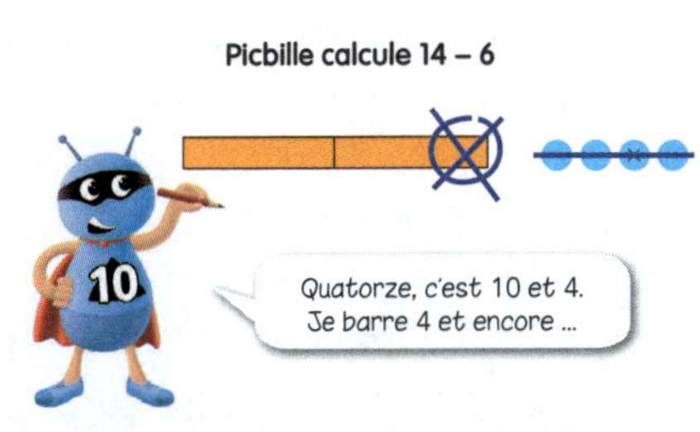

21. Voir, par exemple, Rizzolatti, G. & Sinigaglia, C. (2008), *Les Neurones miroirs*, Paris, Odile Jacob.

Et celui de 13 – 9 ainsi (*cf.* séquence 8) :

Picbille calcule 13 – 9

Vérifie et complète. 13 – 9 = ...

Comme dans le cas de l'addition, une activité de simulation mentale d'un retrait que l'enseignant réalise de manière masquée favorise le progrès.

Rappelons que dans *J'apprends les maths* ces deux types de stratégies sont enseignées dès le CP. En revanche, dans de nombreuses méthodes, on retarde cet enseignement pour privilégier la stratégie où le résultat est obtenu en reculant 1 à 1 par comptage à rebours ; les élèves les plus fragiles s'enferment dans cette stratégie et il conviendra donc, au CE2, de consacrer une partie du temps d'aide individualisée à leur appropriation.

La clé de la mémorisation des résultats de multiplications : un apprentissage moderne des tables traditionnelles

À la base de tout choix pédagogique concernant la mémorisation des résultats des multiplications élémentaires, il y a la prise en compte du fait que celle-ci mobilise grandement l'association verbale.

C'est ce qui a conduit certains psychologues à penser qu'un apprentissage basé sur la seule association entre les différents calculs et leurs résultats pourrait constituer la meilleure méthode d'apprentissage. Ils appellent une telle méthode un apprentissage par « drill ». Dans ce cas, l'enseignant écrit un calcul quelconque au tableau (4 x 8, par exemple), et les élèves doivent écrire le résultat sur leur ardoise. L'enseignant attend quelques secondes et écrit lui-même la réponse au tableau. À aucun moment il ne favorise la reconstruction d'un résultat qui ne serait pas encore connu. Les psychologues qui défendent une telle approche préconisent souvent de commencer la mémorisation par les faits les plus difficiles (ceux qui concernent les grands nombres, notamment) pour que leur mémorisation s'effectue sur une plus longue durée.

Les méthodes s'opposant à celle-ci sont celles où l'enseignant favorise l'emploi d'une stratégie de reconstruction d'un résultat lorsque celui-ci n'est pas encore connu par cœur. C'est ce qui a été préconisé pour l'addition avec l'emploi d'une stratégie comme le « passage de la dizaine ». On parle souvent dans ce cas d'apprentissage « conceptuel » : l'élève, en effet, est conduit à choisir une stratégie parmi celles qui sont possibles et, donc, l'apprentissage est bien « conceptuel » au sens où nous avons défini ce mot.

Pour un pédagogue, il peut paraitre surprenant que des psychologues défendent l'idée de la supériorité d'un apprentissage par « drill » sur un apprentissage conceptuel. Cependant, l'usage de stratégies de reconstruction n'a pas que des avantages : les élèves sont susceptibles de se tromper dans la mise en œuvre de ces stratégies, et s'ils se trompent plusieurs fois de la même manière concernant un résultat, le risque est grand qu'ils mémorisent l'erreur correspondante. Les recherches ont montré qu'avec la multiplication, c'est effectivement ce qu'on observe : les erreurs consistent très souvent à proposer le résultat d'une multiplication proche[22]. Ce phénomène est très pénalisant parce que cette sorte d'erreur, lorsqu'elle est installée, interfère avec la réponse correcte : l'enfant hésite entre les deux réponses. De plus, un enfant qui subit de telles « interférences » risque de les subir toute sa vie durant. Jamais il ne sera sûr de lui dans la connaissance du répertoire multiplicatif, ce qui le handicapera grandement dans l'exécution d'un grand nombre de calculs mentaux.

Pour autant, aucun résultat expérimental n'a, à ce jour, prouvé une quelconque supériorité d'un apprentissage par « drill ». On comprend mal, par ailleurs, la façon dont un enseignant pourrait s'y prendre pour que les enfants apprennent seulement par « drill » : est-il réellement possible d'empêcher un élève de chercher à reconstruire un résultat lorsqu'il ne le connait pas encore par cœur ?

C'est pourquoi, plutôt que d'abandonner l'idée d'un apprentissage où l'on abandonne toute idée de reconstruction d'un résultat, il convient de s'interroger sur la possibilité d'un apprentissage qui risquerait moins de conduire au phénomène d'interférences parce que la reconstruction, quand elle est nécessaire, se fait d'une seule façon, toujours la même. Or, un tel apprentissage existe : il repose sur un enseignement « moderne » des tables de multiplication traditionnelles. Montrons-le en comparant les deux principaux scénarios didactiques utilisés aujourd'hui dans le système scolaire français pour favoriser la mémorisation du répertoire multiplicatif :

– un premier scénario, vraisemblablement le plus fréquent, repose sur l'usage d'une table de Pythagore (damier de 10 cases sur 10 cases avec les résultats à l'intérieur : 24, par exemple, se trouve à l'intersection de la 4e ligne et de la 6e colonne ainsi qu'à l'inter-section de la 6e ligne et de la 4e colonne – ces deux cases sont symétriques par rapport à la diagonale des carrés) ; nous allons montrer que ce scénario ne favorise guère la mémorisation ;

– un second, celui que *J'apprends les maths* a introduit vers 1990, et qui consiste en un usage pédagogique repensé des tables de multiplication traditionnelles.

Un 1er scénario : l'usage d'une table de Pythagore

Dans ce scénario, tous les résultats sont travaillés d'emblée en utilisant une table de Pythagore (damier de 10 cases sur 10). Le pédagogue n'organise donc pas l'apprentissage en deux phases dans lesquelles l'enfant apprend d'abord les faits numériques comportant un petit nombre

22. Campbell, J. (1994) Architectures for numerical cognition, *Cognition*, vol 53, 1-44.

(tables de 3, 4 ou 5), puis ceux qui comportent un grand nombre (tables de 6, 7, 8 ou 9). En revanche, il s'agit d'un apprentissage conceptuel ; il s'agit même d'une forme « extrême » d'apprentissage conceptuel au sens où toutes les stratégies permettant de retrouver un résultat sont elles aussi enseignées d'emblée. Pour retrouver 4 x 6, par exemple, on enseigne à l'élève qu'il peut le retrouver de deux façons différentes en mettant en relation le résultat cherché avec celui qui correspond à « une fois de moins » :

Première stratégie : 3 x 7, c'est 3 fois 7. C'est donc 2 fois 7 et encore 1 fois 7 : 14 et 7, 21.

Deuxième stratégie : 3 x 7, c'est 7 fois 3. C'est 6 fois 3, 18 et encore 1 fois 3, 21.

A priori, on est conduit à penser qu'il est nécessairement bénéfique de mettre à la disposition des élèves plusieurs moyens de reconstruire un même résultat, comme cela se fait dans ce scénario. Considérons cependant les erreurs de raisonnement du type : 3 x 7 = 3 x 6 + 6. L'élève qui commet cette erreur amorce son raisonnement en utilisant la première stratégie et l'achève en utilisant l'autre. Comme le nombre qu'il obtient (24) fait partie des résultats possibles (il correspond à 3 fois 8), l'élève ne dispose d'aucun signal d'alerte concernant son erreur et il risque de la mémoriser. Ainsi, ces erreurs fréquentes et très pénalisantes que sont les « interférences » trouvent-elles souvent leur origine dans un dysfonctionnement du scénario didactique consistant à enseigner une pluralité de stratégies de reconstruction d'un résultat qui n'est pas encore connu par cœur.

Face à une multiplication telle que 4 x 6, par exemple, le choix de la stratégie la plus simple est encore plus complexe parce qu'aux deux stratégies précédentes (*Vais-je me ramener au calcul de 3 fois 6 et encore une fois 6 ou à celui de 5 fois 4 et encore une fois 4 ?*) s'en ajoute une troisième : l'élève peut également calculer 4 x 6 en cherchant le double de 2 x 6. Le choix de la stratégie la plus économique ne va pas de soi. En effet, c'est seulement après s'être engagé dans le raisonnement qu'on est susceptible de savoir si une procédure est plus économique qu'une autre. L'élève qui, face à 4 x 6, commence par s'interroger (*Vaut-il mieux m'appuyer sur 3 fois 6, sur 5 fois 4 ou doubler le résultat de 2 fois 6 ?*) a « trop raisonné » entre le moment où il lit les données et celui où il accède au résultat pour qu'il se produise de l'association verbale entre les deux. Une autre façon de le dire est la suivante : dans le cadre d'un tel scénario didactique, l'élève doit être trop attentif à la signification de chacun des termes du calcul qu'il effectue pour que cela permette un accès futur au résultat indépendamment d'une nouvelle réflexion. Ce scénario pédagogique ne favorise pas l'association verbale dont on sait qu'elle est à la base d'une bonne mémorisation.

Un 2nd scénario : un enseignement « moderne » des tables traditionnelles

Dans ce scénario, les résultats sont appris progressivement, par table (table de 5, puis de 3 et 4 ; puis, bien plus tard dans l'année, tables de 6, 7, 8 et 9). Les tables enseignées sont les tables de multiplication « traditionnelles » (ce choix est justifié plus loin) :

Table de 5 : « 5 fois 1, 5 », « 5 fois 2, 10 », « 5 fois 3, 15 », « 5 fois 4, 20 »...

Table de 3 : « 3 fois 1, 3 », « 3 fois 2, 6 », « 3 fois 3, 9 », « 3 fois 4, 12 »...

Table de 4 : « 4 fois 1, 4 », « 4 fois 2, 8 », « 4 fois 3, 12 », « 4 fois 4, 16 »...

Rappelons en effet que les tables traditionnelles, celles que l'on trouve fréquemment au dos des cahiers de brouillon, sont telles que, dans la table de *n*, toutes les lignes commencent par *n* fois... On remarquera d'ailleurs que, pour différencier les deux sortes de tables possibles, il vaut mieux qualifier différemment celles qui correspondent à l'autre possibilité : 1 fois 5, 2 fois 5, 3 fois 5..., par exemple, pour la table de 5. Il vaut mieux dire de cette table qu'elle est une table des *multiples de* 5 plutôt qu'une table de multiplication par 5.

Dans le 2nd scénario, les élèves apprennent d'abord à réciter la table de multiplication par 5 dans l'ordre, en utilisant le fait que dans cette table les résultats vont de 5 en 5 : « 5 fois 1, 5 », « 5 fois 2, 10 », « 5 fois 3, 15 », « 5 fois 4, 20 »...

Il est essentiel de remarquer que pour déterminer « 5 fois 3 », par exemple, l'élève ne calcule pas 3 + 3 + 3 + 3 + 3 parce qu'il est bien plus facile d'ajouter 5 au résultat de « 5 fois 2 » (dans la table de 5, les résultats vont de 5 en 5). L'élève ne s'appuie donc pas sur la signification du mot « fois », il s'appuie sur une règle d'organisation des résultats à l'intérieur de la table. Il est important de souligner ce fonctionnement « asémantique » du mot « fois » dans le processus de mémorisation des tables traditionnelles parce que lorsque la restitution d'une expression se fait sans être obligé d'en interpréter les termes, cela favorise l'association à un niveau phonologique plutôt que sémantique ; à terme, le résultat sera donné « sans réfléchir ».

Il est judicieux de commencer par la table de 5 (avant celles de 3 et 4) parce que la suite correspondante des résultats est simple (5, 10, 15, 20, 25...), et cela permet d'autant plus facilement de s'appuyer sur cette suite plutôt que sur la signification du mot « fois », pour énoncer les résultats.

Pour apprendre à réciter les autres tables, les élèves apprennent de même que, dans la table de 3, les résultats vont de 3 en 3 et qu'ils vont de 4 en 4 dans la table de 4. Il ne s'agit pas d'un simple entrainement, dans la mesure où il est assez simple de justifier cette propriété des différentes tables en s'aidant de collections organisées en lignes et colonnes (*cf.* séquence 30).

Jusqu'ici, ce qui vient d'être décrit correspond à l'apprentissage traditionnel des tables. Cependant, on peut parler d'un enseignement moderne lorsque deux conditions supplémentaires sont remplies :

1°) Lorsqu'on s'appuie sur une technique pédagogique moderne, le « jeu du furet », pour aider les élèves à mémoriser la suite des expressions. L'enseignant interroge les élèves au hasard. Le 1er dit « 5 fois 1, 5 » ; le suivant : « 5 fois 2, 10 »... Après « 5 fois 10, 50 », on redescend : « 5 fois 9, 45 »... On remarquera que l'élève interrogé commence toujours par dire « 5 fois... », il ne se contente pas de donner le résultat de la multiplication : en obligeant ainsi les élèves à énoncer dans leur entier les différentes relations numériques, on favorise les associations verbales et, donc, la mémorisation.

2°) Lorsque l'enseignant est attentif à prévenir le principal dysfonctionnement qu'on pourrait observer avec un tel processus d'apprentissage : que certains élèves soient obligés de réciter la table depuis le début lorsqu'on les interroge sur un résultat de la « fin de table » (3 fois 6 ?, par exemple).

Table de 3
3 fois 1, 3
3 fois 2, 6
3 fois 3, ...
3 fois 4, ...
3 fois 5, ...
3 fois 6, ...
3 fois 7, ...
3 fois 8, ...
3 fois 9, ...
3 fois 10, ...

Là encore, une technique pédagogique « moderne » permet d'éviter cet écueil. Pour « 3 fois 6 ? », par exemple, il suffit de faire remarquer aux élèves que le résultat figure au 6e rang dans la table de 3, juste après « 3 fois 5, 15 ». Dans un premier temps, l'usage d'une table incomplète peut servir de support au raisonnement :

Comme, dans la table de 3, les résultats vont de 3 en 3, le résultat cherché est : 3 fois 5, 15 (5e rang) et encore 3, 18.

S'il s'agit de déterminer « 3 fois 9 ? », par exemple, le résultat figure juste avant « 3 fois 10, 30 » dans la table de 3. Comme dans cette table les résultats vont de 3 en 3, le résultat cherché est 30 moins 3, 27.

Lorsqu'on interroge les élèves par écrit (4 x 7 ? ou 7 x 4 ?, par exemple) et lorsqu'un résultat n'est pas encore connu par cœur, l'enseignant *favorise cette même procédure de reconstruction du résultat* :

1°) Il faut déterminer dans quelle table le résultat cherché se trouve : s'il s'agit de trouver le résultat de 4 x 7 ou 7 x 4, par exemple, celui-ci se trouve dans la table de 4.

2°) Pour retrouver le résultat dans cette table, on utilise là encore le fait que dans la table de 4, les résultats vont de 4 en 4. Comme le résultat de 4 x 7 ou de 7 x 4 se trouve au 7e rang dans la table de 4, il est situé deux rangs après « 4 fois 5, 20 », c'est donc 24 et encore 4 : 28.

Les 5 raisons qui conduisent à choisir les tables traditionnelles plutôt que celle de Pythagore

Résumons les points forts du second scénario (usage « moderne » des tables traditionnelles, lorsqu'on le compare au premier – usage de la table de Pythagore) :

1°) Un premier argument en faveur du second scénario réside dans le fait que les tables permettent d'organiser ce que les élèves ont à mémoriser, au sein d'une progression où ils peuvent se concentrer dans un premier temps sur les tables de 5, 2, 3 et 4, dans un deuxième temps sur le début des tables de 6, 7, 8 et 9 et, enfin, sur ces mêmes tables complètes. Les élèves n'ont pas tout à mémoriser en même temps. Or, on sait qu'un apprentissage réparti, tel que celui-ci, conduit à de meilleurs résultats qu'un apprentissage « massé ».

2°) Un autre argument en faveur de l'usage de tables renvoie aux caractéristiques du moment du rappel plutôt qu'à celles du moment de la mémorisation. En effet, lorsque les expressions à mémoriser sont organisées en tables, chacune de ces tables étant indexée par son numéro (la table de 3, par exemple), celui-ci sert d'« *indice de rappel* ». Les psychologues utilisent cette notion pour rendre compte de phénomènes tels que celui-ci : lorsqu'on sait qu'un mot qu'il convient de se rappeler appartient à telle ou telle catégorie (c'est un mot italien ou encore le mot contient telle ou telle sonorité), le rappel s'en trouve fortement facilité. Plus généralement, on appelle *indice de rappel* toute caractéristique de ce qu'il convient de se rappeler permettant, au moment du rappel, de restreindre le champ des possibles. Or, lorsqu'on sait qu'une expression multiplicative qu'il convient de se rappeler figure dans telle table, le rappel s'en trouve facilité. Le numéro des tables est un puissant indice de rappel.

3°) L'usage des tables traditionnelles conduit à apprendre les expressions à mémoriser au sein d'une même table, dans l'ordre. Or, on sait, depuis les travaux des philosophes grecs, que l'ordre est une mnémotechnique. De plus, l'usage « moderne » de ces tables, qui vient d'être décrit, permet d'éviter tout phénomène de dépendance à cette récitation dans l'ordre.

4°) Alors que dans les deux scénarios, les élèves sont conduits à raisonner pour reconstruire un résultat qu'ils n'ont pas encore mémorisé, le second scénario (tables traditionnelles), contrairement au premier, les conduit à raisonner toujours de la même manière. Le second scénario est moins susceptible de provoquer le phénomène d'interférence qui, souvent, résulte de la confusion entre diverses manières de raisonner. De plus, le côté systématique du mode de raisonnement en réduit à la fois la longueur et le temps qu'il est nécessaire d'y consacrer ; cela favorise l'association verbale entre les termes du raisonnement et le résultat.

5°) Le second scénario, contrairement au premier, conduit les élèves à accéder aux expressions à mémoriser à partir du seul *pattern* phonologique du mot « fois », sans traiter sa signification. En effet, nous avons vu que dans la table de 4, et dans une expression telle que « 4 fois 7, 28 », par exemple, les données 4 et 7 servent respectivement d'index vers la table et d'index vers une ligne de celle-ci : le nombre « 4 » permet de savoir dans quelle table on se situe, alors que le nombre « 7 » donne le rang auquel se trouve le résultat cherché. Le mot « fois », lui, ne fait que séparer et ordonner ces deux informations. L'énoncé « 4 fois 7 » n'a donc pas à être considéré comme une expression qu'il convient d'interpréter pour en déduire un traitement numérique. L'élève n'a pas besoin de réfléchir, cela favorise l'association verbale.

Une remarque s'impose : certains des arguments précédents conduisent à préférer n'importe quel scénario d'apprentissage dans lequel les expressions à mémoriser seraient organisées en tables, et ces arguments valent donc tout autant lorsque ces tables sont les tables de multiples (celles où la table de *n* se dit 1 fois *n*, 2 fois *n*, 3 fois *n*...) que lorsqu'il s'agit des tables traditionnelles (*n* fois 1, *n* fois 2, *n* fois 3...). Une question se pose donc, à laquelle nous n'avons pas encore répondu : pourquoi choisir les tables traditionnelles plutôt que les tables des multiples ?

Les 3 raisons qui conduisent à choisir les tables traditionnelles plutôt que celles des multiples

1°) Une première raison réside dans le fait qu'avec les tables traditionnelles, le numéro de la table est le premier mot de l'expression qu'il s'agit de se rappeler : si l'interrogation porte sur « 3 fois 8... », le résultat se trouve dans la table de 3, dont tous les éléments commencent par « 3 fois... ». Or, il n'y a pas meilleur indice de rappel d'une expression que les mots par lesquels elle commence. On a tous l'expérience d'un tel phénomène : lorsqu'on a oublié une expression, il suffit souvent de se rappeler que « ça commence par... » pour y accéder dans son entier.

2°) Il suffit de se réciter l'une quelconque des tables de multiples (pour 4, par exemple : « 1 fois 4, 4 », « 2 fois 4, 8 », « 3 fois 4, 12 », « 4 fois 4... ») pour prendre conscience qu'avec ces tables on est beaucoup plus tenté qu'avec les tables traditionnelles de traiter la signification du mot « fois » pour accéder au résultat suivant. Avec les tables de multiples, donc, on procède à un traitement sémantique du mot « fois », on réfléchit, ce qui ne favorise pas l'association verbale.

3°) Enfin, un dernier argument, mais qui n'est pas le moins important, est le suivant : la forme traditionnelle des tables est celle qui permet le mieux de résoudre les problèmes de partage équitable par un petit nombre (2, 3, 4 ou 5) en s'appuyant sur la connaissance des tables de multiplication. En effet, le partage de 27 objets entre 3 personnes se simule facilement en imaginant les 3 personnes et en cherchant ce que chacune doit avoir pour que le total soit 27. Cela conduit à se demander : « 3 fois combien font 27 ? » L'ordre des nombres est bien celui de la table de 3 traditionnelle : « 3 fois 9, 27 ». Comme ce scénario de partage est celui qu'il convient de mobiliser pour les divisions par un petit nombre (voir le chapitre 2), les tables traditionnelles sont celles qui permettent le mieux de s'appuyer sur la connaissance des tables de multiplication pour retrouver les résultats des premières divisions apprises.

Dans une recherche déjà ancienne, l'examen de manuels publiés entre 1850 et 1970 avait montré que, pendant plus de 100 ans, les pédagogues ont constamment préféré l'usage des tables traditionnelles à celui des tables de multiples[23]. On comprend mieux aujourd'hui ce phénomène qui, de prime abord, peut paraitre surprenant.

La mémorisation des résultats d'additions et de multiplications : une comparaison

Nous avons commencé cette section consacrée à la mémorisation de relations numériques en soulignant une différence entre la façon dont les résultats d'additions élémentaires et les résultats de multiplications élémentaires sont stockés en mémoire : les premiers le sont sous la forme de résultats de procédures automatisées et les seconds sous la forme d'associations verbales. Cependant, au terme de l'examen de ces deux processus de mémorisation et des conditions pédagogiques les favorisant, ils apparaissent avoir plus de points communs que cela semblait le cas de prime abord.

En effet, dans les deux cas, l'automatisation de procédures est nécessaire : celle du passage de la dizaine pour l'addition, celle permettant de retrouver les résultats de la deuxième partie des tables (4 fois 6, c'est 4 fois 5, 20 et encore 4, 24, par exemple) pour la multiplication. De même, dans les deux cas, un minimum d'association verbale est nécessaire entre l'énoncé du calcul et son résultat : c'est évident concernant la multiplication, cela reste le cas concernant l'addition et c'est même ce qui explique qu'une procédure telle que le comptage 1 à 1 ne conduise pas, par automatisation, à la mémorisation.

Finalement, une différence reste : il n'existe pas, pour l'addition, de contexte de récitation des tables comme il en existe pour la multiplication. En effet, réciter une table d'addition de 3, par exemple, conduit à dire : « trois plus un, quatre ; trois plus deux, cinq ; trois plus trois, six ; trois plus quatre... ». Or, le résultat resté en suspens, « sept », s'obtient comme le suivant de « six ». Il suffit donc de savoir dire le suivant d'un nombre pour savoir réciter une table d'addition. C'est trop facile ! Cela est d'emblée trop automatique pour permettre l'association verbale nécessaire. C'est, vraisemblablement, la raison pour laquelle l'école française n'a jamais accordé aux tables d'additions l'importance qu'elle accorde aux tables de multiplications. Il est très probable que la différence observée par les psychologues dans la façon dont les additions et les multiplications élémentaires sont mémorisées ne soit, finalement, qu'une conséquence de ces contextes différents dans les conditions d'apprentissage.

23. Brissiaud, R. (1994). Penser l'usage du mot « fois » et l'interaction oral/écrit lors de l'apprentissage initial de la multiplication. *In* M. Artigue, R. Gras, C. Laborde & P. Tavignot (Eds), *Vingt ans de didactique des mathématiques en France* (pp. 195-202). Grenoble : La pensée sauvage.

Conclusion : le calcul mental, moteur du progrès

Évaluer à partir du calcul mental, fonder le progrès sur lui : les apports du paradigme Si- *vs* CC-problèmes

Ces apports se situent dans un domaine qui inclut la résolution des problèmes arithmétiques, la compréhension des opérations arithmétiques et le calcul mental. Faisons-en un récapitulatif. Ils sont, pour l'essentiel, au nombre de cinq :

- Le paradigme Si-problèmes *vs* CC-problème permet d'évaluer le progrès des élèves dans la résolution des principaux problèmes arithmétiques en leur proposant *des tâches de calcul mental*. Plus précisément, lorsqu'on propose, pour chacun des principaux sens d'une opération, un Si-problème et un CC-problème correspondants, on a la possibilité d'évaluer à la fois la compréhension de la situation correspondante et celle de l'opération. On a de plus la possibilité de distinguer les élèves qui échouent parce qu'ils n'ont pas encore compris la situation de ceux qui l'ont comprise, mais n'ont pas encore compris l'opération. Enfin, l'évaluation de la compréhension de l'opération s'effectue de manière fine au sens où la tâche proposée permet de repérer un début de conceptualisation.
- Le paradigme Si-problèmes *vs* CC-problème permet de construire des progressions pédagogiques dans lesquelles l'enseignement respecte un ordre qui semble incontournable : on ne peut guère enseigner à des élèves une opération arithmétique lorsqu'ils ne comprennent pas les situations qui lui donnent sens. Dans les progressions correspondantes, l'enseignant utilise d'abord des Si-problèmes pour favoriser la compréhension des situations (1er moment), puis des CC-problèmes pour favoriser la compréhension des opérations (2e moment). Dans chacun de ces deux moments, la solution des problèmes peut être obtenue à l'aide de calculs simples, pouvant être conduits mentalement. Les élèves apprennent ensuite les techniques opératoires qui permettent de généraliser l'usage des opérations aux situations décrites avec de grands nombres quelconques (3e moment).
- Certains CC-problèmes, que nous avons appelés des « insight CC-problèmes », ont des caractéristiques qui conduisent à en privilégier l'usage au tout début du 2e moment, celui où l'enseignant souhaite définir explicitement l'opération arithmétique en explicitant aux élèves ses propriétés conceptuelles (*a* fois *b* et *b* fois *a* conduisent au même nombre, par exemple). Un « insight CC-problèmes » est un CC-problème et, donc, sa solution peut s'obtenir à l'aide d'un calcul simple. Cependant, en ce début de 2e moment, un obstacle important s'oppose à la réussite : l'absence de connaissance conceptuelle (les élèves ne savent pas encore que *a* fois *b* et *b* fois *a* conduisent au même nombre, par exemple). Mais les « insight CC-problèmes » ont la particularité qu'en changeant de point de vue sur la situation, la solution surgit (*cf.* le problème du ferry-boat). Ce changement de point de vue peut être considéré comme un précurseur de la connaissance conceptuelle et l'enseignant peut l'utiliser pour enseigner cette dernière. Un exemple en a été donné concernant la multiplication, un autre en sera donné dans le prochain chapitre concernant la division.
- Considérons ces problèmes qui se présentent d'emblée sous forme symbolique : 3 x 50 = ? ; 50 x 3 = ? ; 32 – 29 = ? ; 32 – 4 = ? et, comme nous le verrons dans le prochain chapitre, 150 : 3 ? ; 150 : 50 ? Ces problèmes offrent la liberté d'interpréter comme on le veut chacun des termes du calcul : on peut choisir lequel des 2 nombres est le multiplicateur, par exemple. Cela a pour conséquence que leur résolution est une activité favorisant l'apprentissage du calcul mental d'une opération, donc sa conceptualisation et, finalement, la résolution des problèmes correspondants.
- Parce que leur énoncé se construit en employant deux grands nombres proches ou un grand nombre et un très petit nombre (cas de l'addition et de la soustraction), ou bien un grand nombre qui est un multiple simple d'un petit nombre (cas de la multiplication et de la division), les Si- et CC-problèmes conduisent à s'approprier des relations numériques qui vont au-delà des relations numériques élémentaires habituellement travaillées en classe : les élèves, par exemple, s'approprient les multiples de 10, 15, 25, 50, 250... Il n'y a pas de recherches scientifiques sur le sujet, mais quiconque a exercé le métier de professeur des écoles a l'impression que l'échec en mathématiques s'accompagne d'une profonde méconnaissance de ces relations numériques. Les travailler en classe ne peut être que bénéfique.

Calcul mental, compréhension et mémorisation

Trois thèmes ont été successivement abordés dans ce 1er chapitre : la compréhension des opérations, celle de l'écriture des nombres et la mémorisation des relations numériques élémentaires.

Concernant la compréhension des opérations, nous venons de récapituler toutes les raisons qui expliquent que le calcul mental favorise cette compréhension et de rappeler des aménagements pédagogiques susceptibles d'accentuer encore ce rôle bénéfique.

Concernant la compréhension de l'écriture des nombres, nous avons vu qu'elle se fonde non seulement sur la compréhension de la décomposition canonique liée à ces écritures (432 = 4 x 100 + 3 x 10 + 2), mais aussi sur la compréhension des relations du type 432 = 43 x 10 + 2. Et nous avons vu que cette compréhension est liée à des compétences en calcul mental : le calcul mental d'une multiplication ou d'une division par 10 notamment.

Concernant la mémorisation des relations numériques élémentaires, nous avons souligné le rôle des stratégies de calcul mental d'appui sur 10 pour mémoriser celles d'addition et de soustraction. Et nous avons finalement montré que la mémorisation des résultats de multiplication, même si elle s'appuie sur la récitation de tables, nécessite l'usage de stratégies de calcul où l'on s'appuie sur les repères 5 et 10 pour retrouver les résultats de la fin des tables.

Ainsi, qu'il s'agisse de la compréhension des opérations, de celle des écritures ou de la mémorisation des relations numériques élémentaires, nous avons explicité de nombreuses raisons qui expliquent que le calcul mental joue un rôle moteur dans le progrès. Comme ces trois domaines couvrent ensemble l'essentiel des connaissances à acquérir en arithmétique élémentaire, on s'explique mieux un phénomène bien établi par diverses recherches récentes : de bonnes compétences en calcul mental constituent une sorte de passeport vers la réussite en mathématiques.

Par conséquent, il convient évidemment d'accorder beaucoup d'importance au calcul mental à l'école élémentaire. Mais la portée des analyses proposées ici va bien au-delà d'un tel conseil qui est devenu banal aujourd'hui. C'est en effet le conseil que donnent de nombreux inspecteurs, tout en sollicitant les professeurs des écoles de leur circonscription afin qu'ils construisent des « progressions en calcul mental ».

Avouons-le : nous serions bien en peine de répondre à une telle demande. En effet, telle que cette demande est exprimée, une progression en calcul mental semble conçue comme venant se juxtaposer aux progressions concernant les opérations, la résolution de problèmes... alors que nous avons essayé de montrer que le progrès en calcul mental et le progrès dans les autres domaines ne sont le plus souvent que les deux faces d'une même réalité : la compréhension ou encore la conceptualisation arithmétique. C'est constamment que l'on doit viser le progrès en calcul mental, et pas seulement dans une progression d'activités qui viennent se juxtaposer aux autres. C'est le cas lorsqu'on adopte, comme nous l'avons recommandé, une progression en trois temps, successivement centrés sur l'apprentissage de la résolution des Si-problèmes, celui des CC-problèmes et enfin la résolution des problèmes avec des nombres quelconques, à l'aide des techniques opératoires.

Signalons à ce propos que ce n'est pas parce que nous recommandons d'enseigner les techniques opératoires dans un 3e moment seulement que nous considérons cet enseignement comme peu important. Pour se convaincre du contraire, il suffit de remarquer qu'entre 1996 et 2008, *J'apprends les maths* était la seule méthode à enseigner la division posée dès le CE2. Utiliser une technique opératoire impose de se remémorer les relations numériques élémentaires (les résultats de divisions par 2, 3, ... 9, par exemple) et cela consolide la connaissance de ces relations numériques. Il ne faut pas différer cet enseignement au-delà de ce qui est raisonnable.

Une comparaison avec d'autres choix pédagogiques

Un autre moyen de montrer que toute pédagogie qui inclut des activités de calcul mental ne correspond pas à ce qui est recommandé ici consiste à comparer nos propositions pédagogiques aux deux autres propositions qui, aujourd'hui, ont une certaine influence : celle qui correspond à ce qu'on peut appeler la « pédagogie traditionnelle » et celle correspondant à la pédagogie qui était préconisée dans les programmes officiels de 2002 et dans leurs documents d'accompagnement. Cette comparaison a déjà été esquissée au cours de ce chapitre. Rappelons-en les principaux points déjà abordés, sachant que d'autres développements ne sont guère possibles dans le cadre de ce *Guide pédagogique*.

Lorsqu'on souhaite analyser l'évolution des pratiques pédagogiques concernant les apprentissages numériques à l'école, 3 grandes périodes peuvent être distinguées :

• La période 1880 - 1970 (date de la réforme dite des « mathématiques modernes »), période pendant laquelle les maitres enseignaient d'emblée les 4 opérations avec de petits nombres, puis les techniques opératoires afin d'étendre aux grands nombres ce qui avait été appris avec les petits.

Une des caractéristiques de cette pédagogie était d'introduire très tôt les signes arithmétiques dans les situations typiques (soustraire = retirer, diviser = partager), au risque d'enfermer les élèves dans ces significations. Une autre caractéristique était d'enseigner très tôt les techniques posées, sans s'être auparavant assuré que les enfants comprennent les situations et se sont approprié les propriétés conceptuelles des opérations.

Signalons quand même que cette pédagogie ne manquait pas de points forts, notamment concernant la mémorisation des relations numériques.

• La période 1970 - 1990, celle qui a suivi la réforme des mathématiques modernes de 1970. L'influence de cette réforme est, en effet, restée assez forte pendant une vingtaine d'années. Elle a été très critiquée, et, pourtant, des recherches récentes[24] montrent qu'en 1987, soit plus de 15 ans après la réforme des mathématiques modernes, les écoliers français calculaient encore bien, bien mieux qu'aujourd'hui en tout cas. Une analyse circonstanciée des points forts et faibles de cette réforme reste à faire, mais il semble bien que le tournant majeur expliquant la baisse des performances en calcul se soit produit en 1990 (et non en 1970). C'est l'époque en effet où l'on a assisté à une réhabilitation d'une forme de comptage qui a des effets délétères sur les élèves les plus fragiles : le comptage où l'on insiste sur la correspondance 1 à 1 entre les nombres et les objets comptés[25].

24. DEPP (2009). *Lire, écrire, compter : les performances des élèves de CM2 à vingt ans d'intervalle* 1987-2007. Note d'information 08.38.

25. Brissiaud, R. (2011). *L'évaluation, le comptage mécanique et la dégradation des performances en calcul.* Entretien mis en ligne sur le site du SNUipp : www.snuipp.fr/IMG/pdf/EvaluationComptageDegradation.pdf

• La période 1990 - 2008, qui se caractérise par l'influence de deux grands courants d'idées. Le premier, largement diffusé par les ouvrages de la collection ERMEL[26], a trouvé son manifeste dans les programmes officiels de 2002 et leurs documents d'application. Au-delà de la réhabilitation d'une forme de comptage honnie depuis près de 50 ans, ce courant d'idées se caractérisait par une attention extrême à ce que les programmes appelaient les « procédures personnelles » des élèves et par un manque d'attention manifeste à la conceptualisation des opérations arithmétiques.

Rappelons que nulle part dans les programmes de 2002 il n'était dit que la propriété essentielle de la division est d'être un traitement commun aux problèmes de quotition et de partition. Dans ces programmes toujours, il était explicitement recommandé, au CP et au CE1, d'enseigner le calcul d'une soustraction par la seule stratégie où l'on recule sur la suite des nombres, alors qu'enseigner à la fois le calcul en avançant et en reculant est un des meilleurs moyens pédagogiques de favoriser la conceptualisation de cette opération. Bien d'autres exemples pourraient être avancés de ce manque d'attention à la conceptualisation des opérations.

Mais pendant la même période, de nombreux enseignants ont choisi d'utiliser *J'apprends les maths*, c'est-à-dire de se référer à un cadre théorique sensiblement différent : celui qui est exposé ici dans sa version la plus récente. Ce cadre théorique, articulé autour de la problématique de la conceptualisation, est évidemment très différent de celui qu'on trouvait dans les ouvrages de l'équipe ERMEL. Il l'est tout autant du cadre théorique traditionnel qui s'articulait autour du paradigme « problèmes avec de petits nombres *vs* problèmes avec de grands nombres ». Concernant la compréhension des opérations arithmétiques, on ne peut guère douter du fait que l'approche présentée ici est préférable à celle de la pédagogie traditionnelle.

Et concernant la mémorisation des relations numériques élémentaires ? Nous avons dit que c'était un des points forts de la pédagogie traditionnelle. C'est d'ailleurs ce qui explique que de nombreuses personnes, dont certaines sont à l'origine des programmes de 2008, prônent un retour à ce cadre théorique. Cependant, même dans le domaine de la mémorisation des relations numériques, nous avons essayé de montrer ici qu'avec les connaissances scientifiques disponibles, on peut aujourd'hui faire mieux que la pédagogie traditionnelle. Surtout lorsqu'on n'hésite pas à utiliser certains de ses outils, les tables de multiplication, par exemple.

26. ERMEL signifie : Équipe de Recherche en Mathématiques Élémentaires. Les ouvrages évoqués ici ont été publiés à partir de 1990 aux éditions Hatier.

Chapitre 2

De l'étude scientifique du progrès à l'élaboration d'une progression : l'exemple de la division

PLAN DU CHAPITRE

- **Les résultats expérimentaux concernant la quotition et la partition sans reste**
- **Le début de la progression : faire comprendre la quotition et la partition avant d'introduire les mots *division, quotient*...**
  - En début d'année, résoudre des Si-problèmes de quotition et de partition sans reste
  - Le choix de ne pas enseigner les écritures du type « 27 : 3 = 9 »
- **Les résultats expérimentaux concernant la quotition et la partition avec reste**
- **La suite de la progression : introduire les mots *division, quotient, reste* et leur notation**
  - Les premières divisions avec reste : des Si-problèmes de quotition par 10, 15, 25, 50...
  - Un « insight CC-problème » qui permet de faire le lien avec la partition
  - Apprendre la division avec reste dans le cas des divisions élémentaires : « 13 : 2 ? », « 26 : 3 ? », « 21 : 4 ? », etc.
  - Apprendre la division avec reste d'un grand nombre par 2, 3, 4, 5...
- **Conclusion : une progression qui favorise la compréhension et le calcul de la division**

Dans le premier chapitre, nous avons analysé la façon dont les enfants progressent dans leur compréhension des opérations arithmétiques en nous appuyant principalement sur des exemples de problèmes de soustraction et de multiplication.

Nous avons montré que pour chacun des principaux sens de ces opérations, on peut définir deux sortes de problèmes dont les énoncés sont rédigés avec les mêmes mots et qui ont en commun de pouvoir être résolus mentalement par un adulte cultivé. Ce sont :
- des Si-problèmes dont les données numériques sont choisies afin qu'il suffise de Simuler mentalement la Situation pour accéder à la solution numérique ;
- des CC-problèmes dont les données numériques sont choisies de sorte que la solution numérique puisse toujours s'obtenir à l'aide d'un calcul mental, mais qui diffèrent des problèmes précédents parce qu'on n'accède à ce calcul mental de la solution qu'en utilisant des connaissances conceptuelles : la commutativité dans le cas de la multiplication, le fait que la recherche d'un complément et celle du résultat d'un retrait soient substituables dans le cas de la soustraction.

Nous avons montré l'intérêt d'une progression où l'enseignant distingue 3 temps :
– Un 1er temps basé sur la résolution de Si-problèmes qui vise à ce que les élèves comprennent les situations correspondant aux principaux sens des opérations.
– Un 2e temps basé sur la résolution de CC-problèmes qui vise à ce que les élèves s'approprient les propriétés conceptuelles des opérations.
– Un 3e temps où l'on apprend une technique opératoire et qui permet d'étendre les compétences acquises précédemment aux problèmes avec des nombres quelconques.

Nous avons enfin donné des exemples de situations-problèmes que nous avons appelées « insight CC-problèmes », qui visent à ce que le plus grand nombre possible d'élèves découvrent les propriétés conceptuelles des opérations. Leur usage pédagogique se situe en début de 2e temps.

Concernant la soustraction, pour calculer 32 – 29, par exemple, on crée une situation où, face à 32 jetons, il faut en retirer 29. Mais les 32 jetons sont organisés linéairement en 10 + 10 + 10 + 2 (dans une « file de boites de Picbille », par exemple). Cela « oriente » la représentation des jetons ; ils sont comme numérotés. Il suffit alors d'imaginer que les 29 jetons que l'on retire sont les 29 premiers (10 + 10 + 9) pour que cela conduise à calculer le résultat par une procédure de complément : 29, pour aller à 30, il faut 1 ; et encore 2, le résultat est 3.

Concernant la multiplication, si, dans un problème, les objets sont décrits comme organisés en 50 colonnes de 3 objets, il suffit de favoriser un changement de point de vue sur cette situation pour s'apercevoir qu'on peut également considérer qu'il y a 3 lignes de 50 objets.
Ces problèmes sont appelés des « insight problèmes » parce que, bien que leur résolution ne puisse pas être considérée comme simple, lorsqu'on accède à cette solution ou lorsqu'on

nous l'explique, elle acquiert d'emblée un statut d'évidence (on parle aussi de ah-ah problèmes).

Les questions posées dans ce chapitre sont donc les suivantes :

1°) Dispose-t-on pour la division de résultats expérimentaux prouvant qu'on peut définir des Si-problèmes et des CC-problèmes pour chacun des 2 principaux sens de cette opération : la quotition (en *a* combien de fois *b* ?) et la partition (*a* est égal à *b* fois combien ?).

2°) Et si on dispose de tels résultats, que deviennent les 3 temps pédagogiques distingués avec les autres opérations, sachant que la situation est plus complexe dans le cas de la division : lorsque *a* est un multiple de *b*, la plupart des pédagogues considèrent que les problèmes à résoudre sont plus faciles que lorsque ce n'est pas le cas. Lorsque *a* est un multiple de *b*, on parle souvent de « division sans reste », mais on pourrait tout aussi bien parler de « division avec un reste nul ». L'une des deux façons de présenter ces situations aux élèves est-elle préférable ?

3°) Au cas où le cadre théorique présenté dans le chapitre 1 resterait valable pour la division, en l'adaptant au besoin, existe-t-il un insight CC-problème dont la résolution permettrait d'enseigner la principale propriété conceptuelle de la division, à savoir que les procédures de quotition et de partition sont substituables ?

Les résultats expérimentaux concernant la quotition et la partition sans reste

Rappelons que lorsque la simulation de la situation décrite dans un énoncé de problème conduit à calculer 3 fois 50, il s'agit d'un Si-problème d'addition réitérée. On peut donc faire l'hypothèse que les problèmes de quotition et de partition construits à partir de la relation numérique 3 fois 50, 150, sont également des Si-problèmes. Pour la quotition, il s'agit des problèmes qui se reformulent sous la forme : « En 150, combien de fois 50 ? », et pour la partition, ceux qui se reformulent sous la forme : « 150, c'est 3 fois combien ? ».

De même, lorsque la simulation de la situation décrite dans un énoncé de problème conduit à calculer 50 fois 3, il s'agit d'un CC-problème d'addition réitérée. On peut donc faire l'hypothèse que les problèmes de quotition et de partition construits à partir de la relation numérique 50 fois 3, 150, sont également des CC-problèmes. Pour la quotition, il s'agit des problèmes qui se reformulent sous la forme : « en 150, combien de fois 3 ? », et pour la partition, ceux qui se reformulent sous la forme : « 150, c'est 50 fois combien ? ».

Des problèmes correspondant à ces différents cas ont été proposés en début de CE2, avant tout enseignement de la division[1]. La question posée est évidemment la suivante : les taux de réussite observés confirment-ils qu'on a affaire à des Si-problèmes dans un cas et à des CC-problèmes dans l'autre ?

Si-problème de quotition

On a 150 objets et on fait des paquets de 50 objets. Combien de paquets peut-on faire ? R = 64%

CC-problème de quotition :

On a 150 objets et on fait des paquets de 3 objets. Combien de paquets peut-on faire ? R = 11%

Si-problème de partition :

On partage 150 objets en faisant 3 parts égales. Combien y a-t-il d'objets dans chaque part ? R = 58%

CC-problème de partition :

On partage 150 objets en faisant 50 parts égales. Combien y a-t-il d'objets dans chaque part ? R = 17%

Pour les problèmes de quotition et de partition sans reste, c'est-à-dire les problèmes relevant des 2 principaux sens de la division sans reste, il semble donc possible de construire des Si-problèmes et des CC-problèmes en utilisant les mêmes triplets de nombres que pour la multiplication, à savoir : (3, 50, 150) ; (8, 10, 80) ; (4, 25, 100) ; etc.

Analysons ces résultats en remarquant tout d'abord qu'ils montrent que certains problèmes dits de division sont très bien réussis avant tout enseignement de cette opération et que cela ne dépend pas de la grandeur des nombres. On observe en effet que c'est un problème avec 150 et 50 qui est le mieux réussi (Si-problème de quotition). Une fois de plus, ces résultats prouvent que la taille des nombres, en elle-même, ne crée pas nécessairement plus de difficulté. C'est la façon dont le processus de compréhension de l'énoncé et le processus d'obtention de la solution numérique interagissent qui importe.

Conformément à la théorie utilisée ici (le paradigme Si- *vs* CC-problèmes), les problèmes faciles sont ceux pour lesquels une simulation mentale de la situation décrite dans l'énoncé conduit assez directement au résultat. Concernant le Si-problème de partition, par exemple, l'élève imagine 3 personnes et cherche ce qu'il faut mettre devant elles pour faire 150 en tout : 3 fois... égale 150. La solution, 50, est mentalement activée.

De même, l'échec aux CC-problèmes s'explique du fait qu'en début de CE2 les élèves ne connaissent pas encore la propriété conceptuelle fondamentale de la division : les stratégies de quotition et de partition sont substituables parce qu'elles conduisent au même résultat. C'est cette propriété qui autorise à reformuler la division sous la forme : « a *partagé en* b *ou encore : en* a *combien de fois* b ? »). En effet, un adulte qui résout le CC-problème de quotition, par exemple, ne se contente pas de chercher « En 150, combien de fois 3 ? » (ce que l'énoncé conduit à faire), il trouve le résultat en *partageant* 150 en 3 parts égales. Il sait en effet qu'il peut remplacer la quotition par la partition.

Mais ces résultats montrent aussi que plus d'un tiers des élèves échouent les Si-problèmes de quotition

1. Brissiaud, R. (2002). Le phénomène de concordance/discordance entre la représentation initiale d'un problème et l'économie de sa résolution numérique : le cas de la division euclidienne. Texte présenté au *Colloque cognitique : Les apprentissages et leurs dysfonctionnements*. 17-18 juin. Paris.

et de partition (une autre expérience montre qu'on obtient le même résultat lorsqu'on remplace 150, 50 et 3 par 30, 10 et 3 !). Les élèves qui les réussissent sont de toute évidence mieux préparés pour apprendre la division : comment pourrait-on enseigner à des élèves que les procédures de quotition et de partition sont substituables alors qu'ils ne comprennent pas les situations de quotition et de partition ?

Le début de la progression : faire comprendre la quotition et la partition avant d'introduire les mots *division, quotient...*

En début d'année : résoudre des Si-problèmes de quotition et de partition sans reste

Deux tiers des élèves qui réussissent les Si-problèmes de quotition et de partition, en début de CE2, ce n'est pas suffisant. C'est pourquoi, en début d'année, les élèves sont systématiquement confrontés à ces types de problèmes. Conformément aux résultats expérimentaux précédents, les Si-problèmes de quotition apparaissent dans le cadre d'activités où l'on se demande combien de fois des « grands nombres » (10, 15, 25, 50 et 100) sont contenus dans le nombre de départ et les Si-problèmes de partition apparaissent sous la forme de problèmes de partage en un « petit nombre » de parts égales (2, 3, 4 ou 5 parts égales). Dans les deux cas, il n'y a pas de reste.

Les multiples de 10, 15, 25... pour résoudre des Si-problèmes de quotition

Le point de départ de l'activité (*cf.* le fac-similé dans la colonne de droite) consiste à se demander s'il est possible de former la somme de 180 centimes avec des pièces de 50 centimes seulement. Cela permet d'introduire la notion de multiple d'un nombre : 180 n'est pas un multiple de 50 parce que ce n'est pas un nombre exact de fois 50. En effet, quand on calcule successivement 50 x 1, 50 x 2, 50 x 3, 50 x 4, on « saute » le nombre 180.

Dans les séquences qui suivent, les élèves vont régulièrement être confrontés à la tâche où il s'agit de dire si 60, 80, 90, 95, par exemple, sont des multiples de 15, puis de répondre en entourant et en complétant, si besoin est, cette ligne réponse :

Multiples de 15 ou non ?	60	oui, 60 = 15 x ... non.
	80	oui, 80 = 15 x ... non.

Montrons que cette tâche conduit bien à résoudre des problèmes de quotition. Elle conduit à calculer la suite

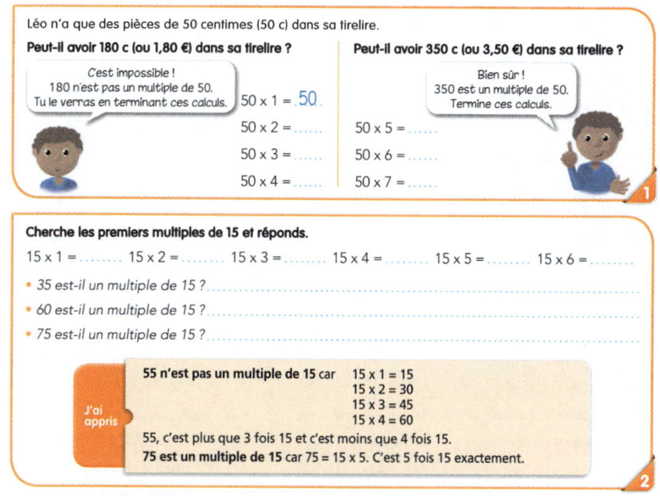
Léo n'a que des pièces de 50 centimes (50 c) dans sa tirelire.

Peut-il avoir 180 c (ou 1,80 €) dans sa tirelire ?

C'est impossible !
180 n'est pas un multiple de 50.
Tu le verras en terminant ces calculs.

50 x 1 = 50
50 x 2 = ...
50 x 3 = ...
50 x 4 = ...

Peut-il avoir 350 c (ou 3,50 €) dans sa tirelire ?

Bien sûr !
350 est un multiple de 50.
Termine ces calculs.

50 x 5 = ...
50 x 6 = ...
50 x 7 = ...

1

Cherche les premiers multiples de 15 et réponds.

15 x 1 = ... 15 x 2 = ... 15 x 3 = ... 15 x 4 = ... 15 x 5 = ... 15 x 6 = ...

- *35 est-il un multiple de 15 ?* ....
- *60 est-il un multiple de 15 ?* ....
- *75 est-il un multiple de 15 ?* ....

J'ai appris

55 n'est pas un multiple de 15 car 15 x 1 = 15
15 x 2 = 30
15 x 3 = 45
15 x 4 = 60
55, c'est plus que 3 fois 15 et c'est moins que 4 fois 15.
75 est un multiple de 15 car 75 = 15 x 5. C'est 5 fois 15 exactement.

2

Fac-similé de la séquence 43, p. 63 du fichier.

des multiples de 15 et à s'arrêter, soit quand on a atteint ce nombre (réponse « oui »), soit quand on l'a dépassé sans l'atteindre (réponse « non »). De plus, quand *a* est un multiple de *b*, il faut exprimer le « nombre de fois ». On a donc bien cherché : « en *a*, combien de fois *b* ? ».

On remarquera que, dans le cadre de cette tâche, lorsque *a* n'est pas un multiple de *b*, les élèves ne sont pas conduits à s'intéresser à la valeur numérique de ce qui constituera le reste de la division de *a* par *b*. La tâche est donc plus simple que lorsqu'il faut calculer ce reste. Mais on voit bien qu'en interrogeant ainsi les élèves sur l'existence d'un éventuel reste, on prépare le futur calcul de ce reste.

À partir de cette séquence, les élèves sont régulièrement conduits à résoudre des problèmes tels que :

Il y a 100 enfants et on veut former des équipes de 25 enfants...

On a un ruban de 75 cm et on veut découper des morceaux de 15 cm...

On a 80 fraises et on veut remplir des paniers de 10 fraises...

Ils répondent au premier de ces Si-problèmes en écrivant que 100 = 4 x 25 ou 100 = 25 x 4 et en rédigeant une « phrase-réponse » comme : « *On peut former 4 équipes de 25 enfants.* »

Les tables de multiplication par 2, 3, 4 et 5 pour résoudre des Si-problèmes de partition

Le point de départ de l'activité (*cf.* le fac-similé dans la page qui suit) est un problème de partage d'une collection de 27 stylos en 3 parts égales. Nous avons vu que ce type de problèmes se résout en imaginant les 3 parts et en cherchant : « 3 fois combien font 27 ? »

Dans la fiche, Léo cherche le nombre inconnu en faisant des essais. On peut essayer « 3 fois 6, 18 », par exemple, puis essayer « 3 fois 7... ». L'objectif de la séquence est de prendre conscience qu'on gagne du temps en se référant à la table de multiplication par 3. En effet, on trouve directement que « 3 fois 9, 27 » et, donc, qu'il y a 9 stylos dans une part.

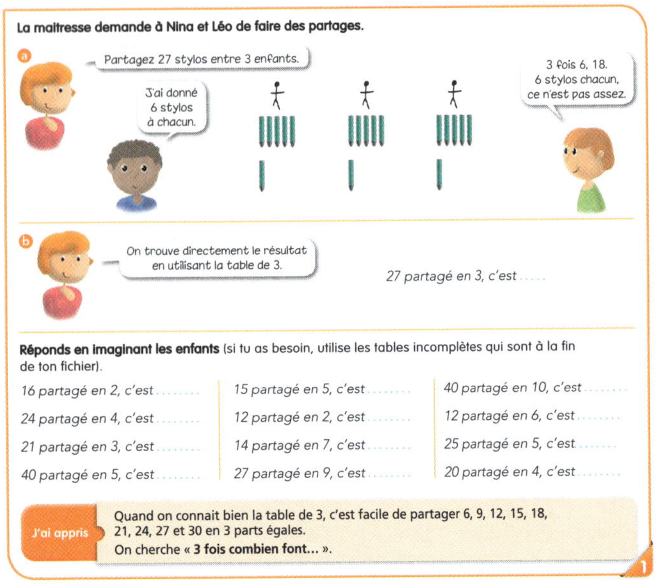

La maitresse demande à Nina et Léo de faire des partages.

a

b

27 partagé en 3, c'est .....

Réponds en imaginant les enfants (si tu as besoin, utilise les tables incomplètes qui sont à la fin de ton fichier).

16 partagé en 2, c'est	*15 partagé en 5, c'est ....*	*40 partagé en 10, c'est ....*
24 partagé en 4, c'est	*12 partagé en 2, c'est ....*	*12 partagé en 6, c'est ....*
21 partagé en 3, c'est	*14 partagé en 7, c'est ....*	*25 partagé en 5, c'est ....*
40 partagé en 5, c'est	*27 partagé en 9, c'est ....*	*20 partagé en 4, c'est ....*

J'ai appris : Quand on connait bien la table de 3, c'est facile de partager 6, 9, 12, 15, 18, 21, 24, 27 et 30 en 3 parts égales.
On cherche « **3 fois combien font...** ».

1

Fac-similé de la séquence 47, p. 68 du fichier.

À partir de cette séquence, les élèves sont régulièrement conduits à résoudre des problèmes tels que :

On a 36 gâteaux et on les répartit dans 4 assiettes pour que chacune ait le même nombre...

On a 28 € et on les partage équitablement entre 4 personnes...

On a un ruban de 30 cm et on découpe 5 morceaux de même longueur...

Ils répondent au premier de ces Si-problèmes en écrivant une « phrase-réponse » et une égalité comme : « *Chacune des 4 assiettes aura 9 gâteaux parce que 4 x 9 = 36.* »

Développer la compréhension des situations de quotition et de partition et développer... la connaissance des relations numériques

Il est important de remarquer que l'enjeu des activités pédagogiques précédentes n'est pas seulement de développer la compréhension des situations de quotition et de partition avant d'enseigner la division en tant que telle, il est aussi de développer la connaissance de relations numériques extrêmement importantes : d'une part, la connaissance des multiples de 10, 15, 25, 50 et 100, et, d'autre part, la connaissance des tables de multiplication. En effet, utiliser les tables de multiplication pour résoudre des problèmes simples de partage est vraisemblablement l'un des meilleurs moyens de consolider leur connaissance. C'est la raison pour laquelle l'activité consistant à chercher le résultat de « 12 partagé en 2 », « 32 partagé en 4 »... est régulièrement proposée ensuite dans les calculs de haut de pages.

Avant de présenter la suite de la progression, c'est-à-dire la façon dont on introduit en classe la division avec reste, commentons certains choix pédagogiques de ce début de progression, notamment le fait que nous ayons choisi de ne pas introduire la notion de « quotient exact » et de nous abstenir d'utiliser des écritures comme :

« 75 : 25 = 3 »   ou   « 27 : 3 = 9 »

Le choix de ne pas enseigner les écritures du type « 27 : 3 = 9 »

Rappelons d'abord que dans chacune des activités précédentes, les problèmes proposés sont des Si-problèmes. Il suffit donc de simuler la situation décrite dans l'énoncé des problèmes pour accéder à leur solution numérique ; l'usage de la division n'est pas nécessaire à leur résolution. Nous avons dit dans le chapitre 1 que les Si-problèmes d'addition réitérée, par exemple, sont des « pseudo-problèmes » ou des « demi-problèmes » de multiplication ; de même, les Si-problèmes de quotition et de partition sans reste sont des pseudo- ou des demi-problèmes de division.

Mais, de plus, le pédagogue qui choisirait d'utiliser une écriture telle que « 27 : 3 = 9 » a l'obligation de penser à la façon dont cette écriture s'articulera ultérieurement avec celle qu'il utilisera pour noter une *division avec reste*. Il nous faut donc préalablement répondre à la question : quelle écriture convient-il de choisir pour désigner une division avec reste ?

Quelle écriture pour désigner une division avec reste ?

Noter par écrit une division ainsi que le résultat de cette opération présente une difficulté du fait que ce résultat n'est pas composé d'un seul, mais de deux nombres : le quotient et le reste.

Avant la réforme des « mathématiques modernes » (1970), de nombreux pédagogues adoptaient les deux points superposés (« : ») pour noter une division et ils écrivaient, sans état d'âme, que :

35 : 8 = 4 (reste 3)

Les réformateurs de 1970 ont critiqué ce choix car le signe « = » ne s'emploie que lorsqu'il y a la même quantité de part et d'autre de ce signe. Ainsi, l'égalité 35 : 8 = 4 + 3/8 est correcte, mais elle n'est pas à la portée d'élèves de CE2. En revanche, l'égalité 35 : 8 = 4 (reste 3) est tout à fait incorrecte. Son emploi habituerait les élèves à un usage non mathématique du signe « = ». Au niveau du collège, ils risqueraient d'être en difficulté dans l'apprentissage de l'algèbre, parce qu'il est très important, à ce moment de la scolarité, d'avoir une bonne compréhension du signe « = ».

Aujourd'hui, de nombreux pédagogues n'utilisent les deux points superposés (« : ») que dans le cas de la division exacte, lorsque le reste est nul. En effet, il est alors parfaitement correct d'écrire que 27 : 3 = 9.

Mais est-il raisonnable de commencer par dire aux élèves que la division se note en utilisant deux points superposés et le signe «=», de noter ainsi les divisions durant toute la période où les élèves ne sont confrontés qu'à des problèmes sans reste, pour ensuite, dès que la division a un reste, interdire aux mêmes élèves d'utiliser le signe « = » ? Encore une fois, ce sont les élèves qui font preuve de peu de « souplesse d'esprit » qui se retrouvent en très grande difficulté devant ce type d'injonctions successives apparemment contradictoires. Que faire ?

Pour noter la division avec reste il suffit de remplacer l'usage du signe « = » par celui du point d'interrogation, en questionnant les élèves sous la forme :

107 : 25 ?

Les élèves répondent en écrivant :

q = 4 et r = 7 car 107 = (25 x 4) + 7.

Pour qu'ils s'approprient ce format de réponse, les premières interrogations prennent d'ailleurs la forme suivante :

80 : 25 ?	q = ... r = ...	car 80 = (25 x ......) + ...

En toute rigueur, il faudrait préciser que le reste trouvé est inférieur à 25, mais nous verrons que la nécessité d'un reste inférieur au diviseur est intégrée à la définition de l'opération, dès son introduction.

Ne pas noter la division sans reste… quand on n'est pas obligé de le faire

Après avoir précisé ce que sera la notation d'une division avec reste, revenons à la question initiale : comment noter ce qu'on appelle les « divisions sans reste » ? Il faut être conscient que ces divisions sont en fait des divisions avec reste, mais dans le cas particulier où ce reste est nul. Ainsi, avec la notation donnée ci-dessus, il n'y a aucun problème pour écrire le résultat de la « division sans reste » 75 : 25 ?

75 : 25 ?	q = 3 r = 0	car 75 = 25 x 3

Dès que la division avec reste a été enseignée, les divisions sans reste apparaissent donc naturellement comme des cas particuliers de divisions avec restes et l'enseignant dispose d'un moyen de noter ces divisions. Mais comment faire pendant la période où la division avec reste n'a pas encore été enseignée ? En fait, durant cette période, rien ne contraint l'enseignant à utiliser une notation spécifique puisqu'il se contente de proposer des Si-problèmes à ses élèves. La solution numérique des problèmes correspondants s'obtient mentalement et l'usage de la multiplication permet de justifier le résultat trouvé.

Achevons cette partie dédiée aux différents moyens de noter une division en signalant qu'au CM1 les élèves se mettront à utiliser les deux points en conjonction avec le signe « = » pour noter une division. Mais il faut souligner que cette division sera de nature différente de celle qu'ils auront envisagée jusqu'alors : ce sera une division « où l'on partage le reste », ou encore une division « que l'on pousse après la virgule ». Ils écriront ainsi :

23 : 5 = 4 + 3/5 ou encore : 23 : 5 = 4,6

Avant de revenir à la présentation de la suite de la progression, et avant, notamment, de présenter comment la division avec reste est introduite en classe, examinons les résultats expérimentaux qui expliquent nos choix pédagogiques.

Les résultats expérimentaux concernant la quotition et la partition avec reste

En s'adressant toujours à des élèves entrant au CE2, avant tout enseignement de la division, les mêmes problèmes que ceux qui avaient été proposés avec le triplet de nombres (3, 50, 150) ont été proposés en changeant 150 par 152. Nous nous interrogions de nouveau de la façon suivante : les taux de réussite qui seront observés vont-ils montrer que, dans ces cas avec reste, on a toujours affaire à des Si-problèmes ou à des CC-problèmes[2] ? On trouve ci-dessous les taux de réussite observés ; ils montrent que deux des problèmes considérés peuvent être analysés en tant que Si- et CC-problèmes, alors que ce n'est pas le cas pour les deux autres.

On a 152 objets et on fait des paquets de 50 objets. Combien de paquets peut-on faire ? R = 53%

Nous allons voir qu'il s'agit d'un authentique Si-problème de quotition.

On a 152 objets et on fait des paquets de 3 objets. Combien de paquets peut-on faire ? R = 0%

Nous allons voir que ce problème de quotition se révèle ne pas être un CC-problème de quotition.

On partage 152 objets en faisant 3 parts égales. Combien y a-t-il d'objets dans chaque part ? R = 13%

Nous allons voir que ce problème de partition se révèle ne pas être un Si-problème de partition.

On partage 152 objets en faisant 50 parts égales. Combien y a-t-il d'objets dans chaque part ? R = 2%

Nous allons voir qu'il s'agit d'un authentique CC-problème de partition.

Commentons ces résultats en commençant par ceux qui s'analysent le plus facilement : les résultats au premier et au dernier problème.

Un authentique Si-problème de quotition

Lorsqu'on remplace 150 par 152, parmi les 4 problèmes proposés, il n'en reste qu'un qui est assez bien résolu avant tout apprentissage de la division :

On a 152 objets et on fait des paquets de 50 objets. Combien de paquets peut-on faire ?

Il s'agit d'un authentique Si-problème : en simulant mentalement la situation, l'enfant est conduit à compter de 50 en 50 et à dire : 50 (1 paquet formé), 100 (2 paquets formés), 150 (3 paquets formés) ; il s'arrête à cette étape parce qu'il est évident qu'en continuant ainsi, il dépasserait 152 dès la prochaine étape.

Le fait qu'il y ait 152 objets et non 150 ne crée pas beaucoup de difficulté supplémentaire (R = 53 % contre R = 64 %). Le pourcentage de 53 % de réussite est d'autant plus

2. Brissiaud (2002). *Ibid.*

remarquable qu'il a été observé chez des élèves qui n'avaient pas travaillé les multiples de 50 à l'école. Avec des élèves ayant travaillé ces multiples, la réussite aurait été plus importante et nombreux sont les élèves qui, ayant mémorisé la relation « 3 fois 50, 150 », n'auraient même pas eu besoin de compter de 50 en 50.

Nous allons voir que ce type de problème joue un rôle important dans la progression : comme c'est le seul qui est d'emblée bien résolu, il servira à donner aux élèves une première définition de cette opération (la division permet de résoudre les problèmes de quotition) ; c'est à la suite de la résolution de ce type de problème qu'on va définir aux élèves les mots « division », « quotient », « reste » ainsi que la façon dont on note par écrit cette opération et son résultat.

Un authentique CC-problème de partition

Intéressons-nous au dernier problème proposé :

On partage 152 objets en faisant 50 parts égales. Combien y a-t-il d'objets dans chaque part ?

Nous venons de voir que de nombreux élèves savent d'emblée résoudre un problème où l'on cherche «en 152, combien de fois 50 ?». Il suffirait donc que ces enfants pensent à résoudre ainsi ce problème de partition pour qu'ils accèdent à sa solution numérique.

Ainsi, ce problème est-il un authentique CC-problème de partition, c'est-à-dire d'un problème mal résolu quand les enfants n'ont pas encore la connaissance conceptuelle nécessaire (résoudre un problème de partition comme si c'était un problème de quotition), mais qui est résolu mentalement dès qu'ils l'ont.

Nous allons voir que ce type de problème joue lui aussi un rôle important dans la progression : comme c'est le seul authentique CC-problème, c'est ce problème dont nous allons aménager les conditions de présentation afin qu'il fonctionne comme un « insight CC-problème » permettant aux élèves de comprendre pourquoi la division permet de résoudre à la fois des problèmes de quotition et des problèmes de partition.

Des problèmes qui se révèlent ne pas pouvoir être analysés en tant que Si- ou CC-problèmes

Considérons l'autre problème de partition, celui qui est bien résolu lorsqu'on utilise le nombre 150 mais s'avère mal résolu ici :

On partage 152 objets en faisant 3 parts égales. Combien y a-t-il d'objets dans chaque part ?

Le taux de réussite, 13 %, n'autorise pas de le considérer comme un Si-problème ; il ne suffit pas de simuler mentalement la situation correspondante pour trouver la solution numérique.

On comprend pourquoi il en est ainsi. Considérons un élève qui simule mentalement la situation. Il imagine les 3 parts et s'interroge : « 3 fois combien font 152 ? ». Aucune relation numérique n'est activée dans la tête de l'enfant parce qu'à partir des nombres 3 et 152, on ne pense pas à 50.

Dans le cas de ce type de problème, il n'y a pas de Si-problème parce qu'il n'y a pas de problème facile à résoudre mentalement.

Comme le problème précédent ne peut pas être considéré comme un Si-problème, le dernier des problèmes restant à analyser (*On a 152 objets et on fait des paquets de 3 objets. Combien de paquets peut-on faire ?*) ne peut pas non plus être considéré comme un authentique CC-problème de quotition.

En effet, ce problème conduit à chercher « En 152, combien de fois 3 ? ». Imaginons qu'un enfant possède la connaissance conceptuelle lui permettant de substituer à cette recherche celle de « 152, c'est 3 fois combien ? ». Nous venons de voir que cela ne lui permettrait pas d'accéder mentalement à la solution numérique.

La conséquence est évidemment qu'aucun des deux types de problèmes précédents ne joue de rôle décisif dans la progression pédagogique que nous avons construite afin que les élèves s'approprient la propriété conceptuelle de la division.

Pour autant, ces résultats mettent en évidence un phénomène important que les pédagogues doivent impérativement prendre en compte : alors qu'il est assez facile pour un élève de calculer le résultat de 21 partagé en 3, par exemple, le résultat de 23 : 3 ? est beaucoup plus difficile. Dans le cas où le nombre qu'il faut diviser ne figure plus dans les résultats de tables, la gestion du reste crée une difficulté supplémentaire importante. C'est ce qui explique que nous consacrons toute une leçon (séquence 69) et de nombreux entrainements à ce type de divisions, qu'un enfant doit savoir calculer pour mener à bien une division posée en colonnes.

Il est temps de présenter la suite de la progression : l'introduction en classe de la division avec reste.

La suite de la progression : introduire les mots *division*, *quotient*, *reste* et leur notation

Les premières divisions avec reste : des Si-problèmes de quotition par 10, 15, 25, 50 et 100

Quand le reste est non nul, les résultats expérimentaux présentés plus haut montrent que les Si-problèmes de quotition par 10, 15, 25, 50 et 100 sont les seuls problèmes dont la solution s'obtient facilement par un calcul mental. Il n'y a donc aucun doute : le jour où le pédagogue annonce à ses élèves qu'il va leur enseigner la division et les notions de quotient et de reste qui vont avec, il a tout intérêt à définir cette opération à partir de ce type de problèmes, surtout s'il a précédemment travaillé avec eux les multiples de 10, 25, 50 et 100.

C'est ainsi que, dans *J'apprends les maths CE2*, les élèves apprennent que pour calculer la division 163 : 25 ?, par exemple, on se demande : « En 163, combien de fois 25 ? », que « le nombre de fois » s'appelle le quotient et que, le plus souvent, il existe un reste. On trouve ci-dessous un fac-similé de la séquence 63 dans laquelle la division, son signe opératoire, le vocabulaire qui l'accompagne (les mots *quotient*, *reste*) sont introduits.

Pour comprendre le choix de ce problème (Combien de fois un petit segment de longueur l = 25 mm est-il contenu dans un grand segment de longueur L = 163 mm ?), il convient de préciser que les élèves, avant cette leçon, ont été de nombreuses fois confrontés à des problèmes semblables qu'ils résolvaient par l'action. En effet, les deux segments étaient donnés par leurs tracés, sans aucune mesure de longueur et il s'agissait de reporter avec une bande de papier ou avec le compas la petite longueur ℓ sur la grande longueur L autant de fois que possible. La réponse était donnée sous la forme d'un nombre (le « nombre de fois ») et d'un petit segment (le reste).

Cette activité géométrique préalable a une conséquence importante : dans la séquence 63, pour les élèves, il s'agit de raisonner sur des nombres pour prévoir le résultat d'un procédé géométrique qu'ils connaissent. Encore une fois, donc, les élèves sont confrontés à un problème qui se présente sous la forme d'une situation où il faut anticiper le résultat d'une action et, bien entendu, lorsque le « nombre de fois » et la mesure du reste ont été trouvés à partir d'un calcul numérique, le procédé géométrique permet un contrôle de ce calcul.

À partir de cette séquence, les élèves apprennent à calculer de la même manière les divisions du type 48 : 15 ?, 64 : 10 ?, 218 : 50 ?, 437 : 100 ?, etc. Toutes ces divisions ont en commun :

1°) que c'est la quotition (En *a* combien de fois *b* ?) qui conduit à un calcul simple ;

2°) que les multiples du diviseur sont connus par cœur ou presque ;

3°) que leur quotient est à 1 chiffre.

À partir de cette séquence, les élèves sont régulièrement conduits à résoudre des problèmes tels que :

Il y a 132 enfants dans une colonie de vacances et on veut former des équipes de 25 enfants…

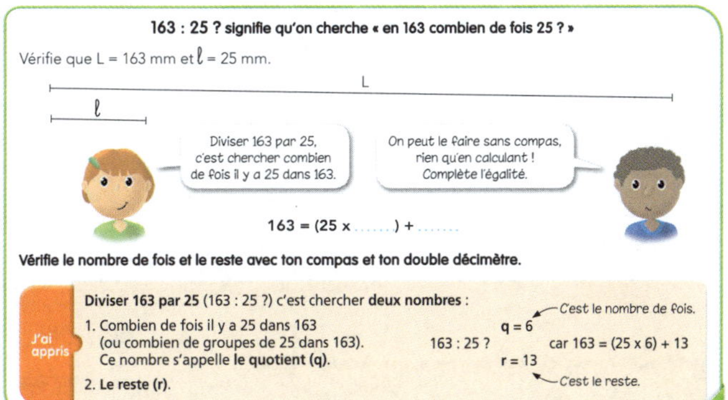
163 : 25 ? signifie qu'on cherche « en 163 combien de fois 25 ? »

Vérifie que L = 163 mm et ℓ = 25 mm.

163 = (25 x ……) + ……

Vérifie le nombre de fois et le reste avec ton compas et ton double décimètre.

J'ai appris

Diviser 163 par 25 (163 : 25 ?) c'est chercher **deux nombres** :

1. Combien de fois il y a 25 dans 163 (ou combien de groupes de 25 dans 163). Ce nombre s'appelle **le quotient (q)**.
2. **Le reste (r)**.

163 : 25 ? **q = 6** (C'est le nombre de fois.) **r = 13** (C'est le reste.) car 163 = (25 x 6) + 13

1

Fac-similé du début de la séquence 63, p. 92 du fichier.

On a un ruban de 78 cm et on veut découper des morceaux de 15 cm…

On a 87 pêches et on veut remplir des paniers de 10 pêches…

Ils répondent désormais en écrivant une division. Concernant le premier de ces Si-problèmes, ils écrivent :

132 : 25 ? q = 5 et r = 7

Et ils rédigent une « phrase-réponse » comme : « *On peut former 5 équipes de 25 enfants et il restera 7 enfants.* »

À ce moment de la progression, les enfants se sont donc approprié l'une des deux stratégies de calcul mental d'une division avec reste : la quotition. Explicitons ce qu'ils ne savent pas encore :

1°) ils n'ont pas encore vu en classe que la division permet également de résoudre des problèmes de partition ;

2°) ils ne savent calculer une division avec reste que lorsqu'elle est par 10, 15, 25, 50 ou 100 ; ils ne savent pas encore faire une division avec reste par 2, 3, 4…

Un « insight CC-problème » qui permet de faire le lien avec la partition

Les enfants doivent donc apprendre que le même symbolisme *a* : *b* ?, dont ils savent qu'il permet de résoudre les problèmes où l'on cherche « en *a*, combien de fois *b* ? », permet aussi de résoudre des problèmes où l'on se demande : « *a* est égal à *b* fois combien ? ».

Comme cela a été annoncé lors de l'analyse des résultats expérimentaux, on utilise à cet effet un CC-problème de partition, du type :

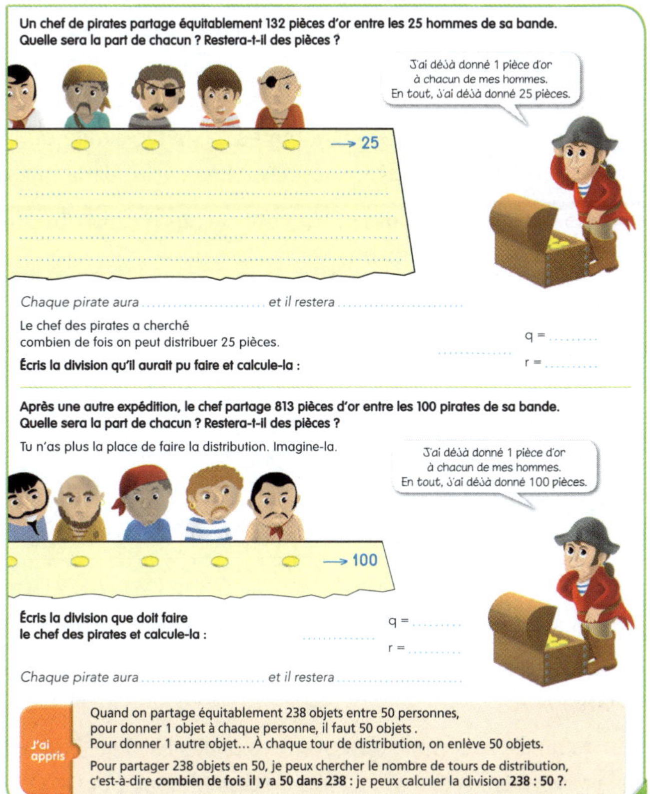
Un chef de pirates partage équitablement 132 pièces d'or entre les 25 hommes de sa bande. Quelle sera la part de chacun ? Restera-t-il des pièces ?

Chaque pirate aura …… *et il restera* ……

Le chef des pirates a cherché combien de fois on peut distribuer 25 pièces.

Écris la division qu'il aurait pu faire et calcule-la : …… q = …… r = ……

Après une autre expédition, le chef partage 813 pièces d'or entre les 100 pirates de sa bande. Quelle sera la part de chacun ? Restera-t-il des pièces ?

Tu n'as plus la place de faire la distribution. Imagine-la.

Écris la division que doit faire le chef des pirates et calcule-la : …… q = …… r = ……

Chaque pirate aura …… *et il restera* ……

J'ai appris

Quand on partage équitablement 238 objets entre 50 personnes, pour donner 1 objet à chaque personne, il faut 50 objets.
Pour donner 1 autre objet… À chaque tour de distribution, on enlève 50 objets.

Pour partager 238 objets en 50, je peux chercher le nombre de tours de distribution, c'est-à-dire **combien de fois il y a 50 dans 238** : je peux calculer la division **238 : 50 ?**.

1

Fac-similé du début de la séquence 67, p. 98 du fichier.

On partage 152 objets en faisant 50 parts égales. Combien y a-t-il d'objets dans chaque part ?

ou encore :

On dispose de 132 objets et on les partage équitablement entre 25 personnes…

Ces CC-problèmes de partition conduisent à se représenter un partage, celui qui est décrit dans l'énoncé, mais c'est par la quotition, en cherchant « en 132, combien de fois 25 ? » (cas du 2e problème) qu'on obtient facilement la solution numérique. L'idée qui va guider le pédagogue est la suivante : il faut amener l'enfant à imaginer que le partage s'effectue par distribution 1 à 1 des 132 objets à chacune des 25 personnes. Lors du 1er tour de distribution, pour donner 1 objet à chaque personne, il faut 25 objets. Pour donner 1 autre objet, il faut… Ainsi, à chaque tour de distribution, on enlève 25 objets du stock initial.

Pour connaitre la valeur d'une part, il faut savoir combien on peut faire de tours de distribution : il faut donc chercher combien de fois il y a 25 dans 132, c'est-à-dire (illumination !)… faire la division de 132 par 25.

Les élèves ont ainsi la possibilité de prendre conscience qu'un problème de partition peut se résoudre en cherchant « un nombre de fois » et, donc, en faisant une division.

On trouve dans ce *Guide pédagogique* (*cf.* la présentation de la séquence 67, p. 144) la description d'une activité préliminaire dans laquelle le partage s'effectue entre les élèves eux-mêmes (il s'agit donc d'une situation vécue). Dans cette activité, le partage est seulement amorcé : on fait seulement 1 tour de distribution et il s'agit d'anticiper ce que chaque enfant recevra quand on achèvera la distribution (il s'agit donc d'une situation d'anticipation du résultat d'une action). La séquence se poursuit en résolvant les problèmes du fichier dans lesquels un chef de pirates partage d'abord 132 pièces d'or entre ses 25 hommes (*cf.* le fac-similé de la page précédente), puis 813 pièces d'or entre ses 100 hommes.

À partir de cette séquence, les élèves sont régulièrement conduits à résoudre des problèmes tels que :

On a 106 gâteaux et on les répartit dans 25 assiettes pour que chacune ait le même nombre…

On a 48 € et on les partage équitablement entre 15 enfants…

On a 85 fleurs et on les partage entre 10 personnes pour que chacune ait le même nombre…

Ils répondent au premier de ces CC-problèmes en écrivant la division :

106 : 25 ?   q = 4   et   r = 6

Ils écrivent également une « phrase-réponse » comme : « *Chacune des 25 assiettes aura 4 gâteaux et il restera 6 gâteaux* ».

Dès qu'un élève semble éprouver des difficultés, l'enseignant lui fait évoquer les différents tours de distribution : pour mettre 1 gâteau dans chaque assiette, il en faut 25 ; pour en mettre 1 autre… Il faut chercher combien on peut faire de tours de distribution, il faut chercher combien de fois il y a 25 dans 106… En fait, comme la signification « partager » du mot « diviser » est sa signification typique, les élèves n'ont guère de problème avec cet emploi de la division.

À ce moment de la progression, les élèves ont appris que la division est une opération qui permet de résoudre les problèmes de quotition et de partition. Mais ils ne savent calculer une division avec reste que lorsqu'elle est par 10, 15, 25, 50 ou 100 ; ils ne savent pas encore calculer une division avec reste par 2, 3, 4… C'est ce qu'ils vont apprendre maintenant.

Apprendre la division avec reste dans le cas des divisions élémentaires : « 13 : 2 ? », « 26 : 3 ? », « 21 : 4 ? », etc.

Il s'agit tout d'abord d'apprendre à diviser un nombre par 2, 3, 4 ou 5 dans le cas où le quotient est inférieur à 10. Les divisions correspondantes sont celles qu'on peut qualifier de « divisions élémentaires » parce qu'il faut savoir les calculer pour mener à bien une division posée en colonnes (ce sont les « éléments » d'un tel calcul). Les divisions avec reste nul, comme 12 : 2 ?, constituent évidemment un cas particulier de cette catégorie générale.

Les résultats expérimentaux rappelés plus haut montrent que l'existence d'un reste non nul rend le calcul de ces divisions plutôt complexe et qu'un entrainement régulier est nécessaire. Le début de la fiche correspondant à la leçon où l'on enseigne ce calcul (sq 69) est reproduit ci-dessous.

Les calculs les plus difficiles sont évidemment ceux où le quotient est supérieur à 5. Ainsi, calculer 26 : 3 ? est plus difficile que de calculer 14 : 3 ?. Intéressons-nous prioritairement au premier de ces calculs (26 : 3 ?). À ce moment de la progression, les élèves disposent des deux stratégies de calcul d'une telle division : ils peuvent chercher « en 26, combien de fois 3 ? » ou bien « 26, c'est 3 fois combien ? ». Dans la leçon, l'écureuil adopte la première stratégie, Léo la seconde. C'est cette dernière qui sera privilégiée parce que 26 contient un grand nombre de fois 3, alors qu'en imaginant un partage et en utilisant une table de multiplication complète, on conclut rapidement : « 26, c'est 3 fois 8, 24 et il reste 2 ».

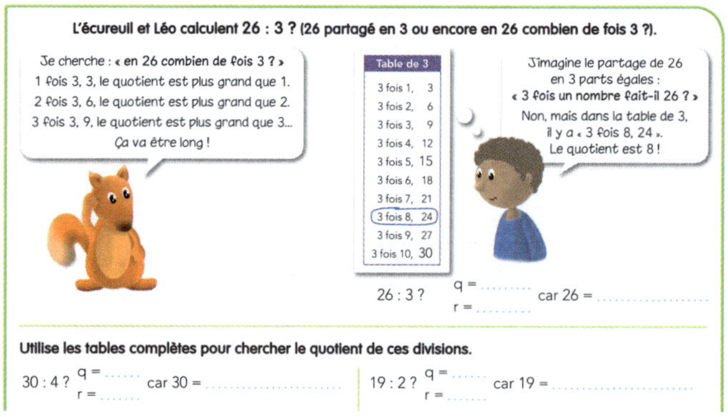
L'écureuil et Léo calculent 26 : 3 ? (26 partagé en 3 ou encore en 26 combien de fois 3 ?).

Je cherche : « en 26 combien de fois 3 ? »
1 fois 3, 3, le quotient est plus grand que 1.
2 fois 3, 6, le quotient est plus grand que 2.
3 fois 3, 9, le quotient est plus grand que 3…
Ça va être long !

Table de 3
3 fois 1, 3
3 fois 2, 6
3 fois 3, 9
3 fois 4, 12
3 fois 5, 15
3 fois 6, 18
3 fois 7, 21
3 fois 8, 24
3 fois 9, 27
3 fois 10, 30

J'imagine le partage de 26 en 3 parts égales :
« 3 fois un nombre fait-il 26 ? »
Non, mais dans la table de 3, il y a « 3 fois 8, 24 ».
Le quotient est 8 !

26 : 3 ? q = …… r = …… car 26 = ……

Utilise les tables complètes pour chercher le quotient de ces divisions.

30 : 4 ? q = …… r = …… car 30 = ……

19 : 2 ? q = …… r = …… car 19 = ……

Fac-similé du début de la séquence 69, p. 102 du fichier.

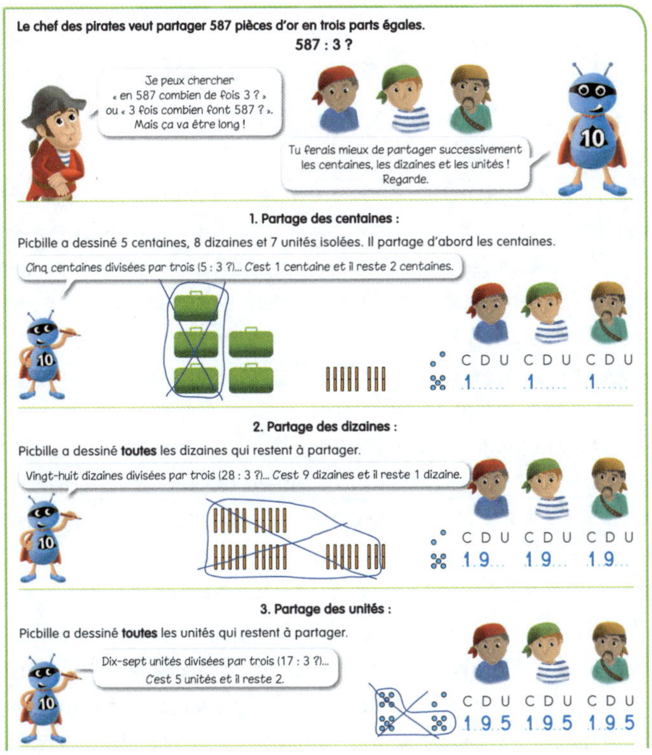

Fac-similé du début de la séquence 74, p. 110 du fichier.

Un peu plus loin, toujours dans la séquence 74.

Très rapidement, il faut que les élèves n'utilisent plus de tables complètes : soit ils utilisent une table incomplète, soit ils n'utilisent plus du tout de table. Rappelons qu'un tel apprentissage, dans le même temps qu'il permet aux élèves d'apprendre à calculer les divisions élémentaires, consolide la connaissance des résultats des multiplications élémentaires.

Apprendre la division avec reste d'un grand nombre par 2, 3, 4, 5...

Le problème qui permet un tel apprentissage est le suivant : *On dispose de 587 objets et on les partage équitablement entre 3 personnes* (*cf.* ci-dessus le fac-similé de la séquence 74.) Ainsi les élèves retrouvent le chef de pirates qui, cette fois, doit partager 587 pièces d'or entre trois de ses hommes seulement.

Là encore, il ne serait guère stratégique de calculer la division 587 : 3 ? en cherchant : « en 587, combien de fois 3 ? » parce que 587 contient un très grand nombre de fois 3. Mais il ne serait guère plus stratégique de chercher par essais successifs : « 3 fois combien font 587 ? ». Ce serait possible : 3 fois 100, c'est 300 ; 3 fois 200, c'est 600. Il faut chercher entre 100 et 200, etc. Mais ce serait long !

Mais Picbille, qui est un personnage associé au matériel de numération de la méthode (des unités, des boites de 10 unités, des valises de 10 boites et enfin des caisses contenant 10 valises), suggère au chef des pirates qu'il serait plus économique de partager successivement les centaines, les dizaines et les unités : ce scénario, en quelques séquences, va permettre aux élèves d'apprendre à calculer cette sorte de division en la posant de façon classique, avec une « potence ».

Le point crucial de cette procédure de partage successif est évidemment le phénomène qui, dans la technique écrite, s'énoncera : « Et j'abaisse le chiffre des dizaines ». Dans le cas de 587 : 3, par exemple, on énonce, après avoir donné 1 centaine à chaque pirate : il reste 2 centaines et j'« abaisse le 8 ».

Cela s'explique ainsi : les dizaines à partager sont de deux sortes : les 20 qui proviennent des 2 centaines restantes et les 8 qui figuraient déjà dans le nombre de départ. L'utilisation d'un matériel de numération comme celui de Picbille facilite grandement la compréhension du phénomène : les enfants savent que des 2 valises restantes on peut extraire 20 boites qui s'ajoutent aux 8 que l'« on voyait déjà ».

De même, dans la technique écrite, on sera amené à dire : « Et j'abaisse le chiffre des unités » parce que les unités à partager sont de deux sortes : celles qui proviennent des dizaines restantes et celles qui figuraient déjà dans le nombre de départ. Avec le matériel de numération, quand il reste des boites, on extrait les 10 jetons qu'elles contiennent, qui s'ajoutent à ceux que l'« on voyait déjà ».

L'expérimentation en classe a montré que, lorsque les enfants sont invités à calculer suffisamment de divisions de ce type (503 : 4 ?, 770 : 3 ?, etc.) en simulant par le dessin le partage successif des centaines, dizaines et unités (*cf.* le fac-similé ci-dessus), le passage à la technique écrite ne pose aucun problème. Mais il serait aventureux de vouloir aller trop vite à cette technique écrite : 6 à 10 simulations par le dessin sont souvent nécessaires avant que les élèves aient construit le schème du partage successif des centaines, dizaines et unités. Quand c'est le cas, lors de l'introduction de la technique écrite, celle-ci est d'emblée pleinement signifiante.

La technique de calcul d'une division posée

Finalement, les élèves disposent donc d'une technique écrite pour effectuer des divisions par un nombre à 1 chiffre. Ils commencent par disposer les nombres à l'intérieur de la « potence » et par estimer l'ordre de grandeur du quotient. Par exemple, pour 587 : 3 ?, ils écrivent :

c	d	u	
5	8	7	3
			c d u
			....

Lorsque l'on partage 5 centaines en 3, il est en effet possible d'en donner au moins une à chacun. Si la division avait été 287 : 3 ?, en revanche, il aurait été impossible, avec seulement deux centaines au départ, d'en donner une à chacun, et l'élève aurait dû écrire « d u » seulement.

Une autre particularité de cette technique est que les élèves barrent les chiffres à chaque fois que la division du nombre correspondant est achevée (c'est ce qu'ils faisaient lors de la simulation avec les valises, les boites et les unités, et cela les aide à interpréter chaque étape de la technique). Ainsi, la division précédente se poursuit de la manière suivante :

c	d	u	
~~5~~	8	7	3
2			c d u
			1

c	d	u	
~~5~~	8	7	3
2	8		c d u
			1

Le fait d'« abaisser le 8 » n'a rien de magique : après le partage des centaines, il en reste 2, c'est-à-dire 20 dizaines qui, avec les 8 de départ, font 28. Rapidement, on amène les enfants à trouver qu'il est évidemment plus court de dire « Et j'abaisse le 8 ».

Là encore, après le partage des 28 dizaines, 28 est barré et la technique s'achève ainsi :

c	d	u	
~~5~~	8	7	3
2	8		c d u
	1		1 9

c	d	u	
~~5~~	8	7	3
~~2~~	~~8~~		c d u
	1	7	1 9 5
		2	

Finalement, le résultat est exprimé sous sa forme habituelle, la multiplication de 195 par 3 servant de preuve :

587 : 3 ? q = 195 ; r = 2 car 587 = (3 x 195) + 2

Signalons enfin que le fait de poser les soustractions successives (5 – 2 = 3 ; 28 – 27 = 1 ; etc.) a pour effet, dans le cas de la division par un nombre à 1 chiffre, de compliquer cette technique et que nous n'avons donc pas retenu ce procédé.

Conclusion : une progression qui favorise la compréhension et le calcul de la division

Concernant les divisions sans reste et avec reste, les résultats expérimentaux ont mis en évidence l'existence de Si- et de CC-problèmes. Nous avons donc eu la possibilité d'utiliser ces problèmes pour construire une progression en nous appuyant sur leurs principales propriétés :
– avant tout enseignement, les Si-problèmes ont un fort taux de réussite par un calcul mental ;
– en revanche, les CC-problèmes sont massivement échoués du fait d'un manque de connaissances conceptuelles. Cependant les élèves disposent de procédures mentales susceptibles de conduire à leur solution et il suffit donc de les aider à changer de point de vue sur la situation, dans le cadre d'un « insight CC-problème », pour qu'ils réussissent.

Le mode d'élaboration de cette progression a pour conséquence qu'elle favorise à la fois la compréhension et le calcul d'une division. Concluons en explicitant ce que sont ces compétences des élèves en fin d'année.

Les élèves savent calculer une division, tantôt par quotition, tantôt par partition

Dès qu'ils ont appris à calculer une division par un nombre à un chiffre en la posant avec la potence, les élèves sont systématiquement confrontés à des exercices où on leur demande de calculer les divisions ci-dessous en ne les posant que si c'est nécessaire :

927 : 4 ?	160 : 25 ?	51 : 15 ?
894 : 100 ?	795 : 2 ?	142 : 3 ?

La caractéristique importante de cet exercice est que s'y trouvent mélangées des divisions qu'on calcule à l'aide de la quotition sans les poser (en 894, combien de fois 100 ?, par exemple), et des divisions que l'on calcule par partages successifs des centaines, dizaines et unités, en les posant. Au-delà du fait que l'élève pose certaines de ces divisions et non les autres, l'important est qu'il calcule certaines divisions par une stratégie de partition et les autres par une stratégie de quotition. En effet, être capable d'adapter sa stratégie de calcul aux données numériques du problème proposé, c'est avoir commencé à conceptualiser l'opération qu'est la division.

Dans le chapitre 1, nous avons vu que le calcul mental d'une soustraction tantôt par retrait, tantôt par complément aide les élèves à conceptualiser cette opération. De même, le calcul d'une division tantôt par quotition, tantôt par partition favorise la conceptualisation de cette opération.

Ils savent résoudre des problèmes de quotition et de partition à l'aide d'une division… dans le contexte des leçons

Dans diverses séquences, on propose aux élèves la suite des situations suivantes :

On a 81 perles et on veut faire des colliers de 25 perles...

On a 117 fleurs et on les partage entre 50 personnes pour que chacune ait le même nombre de fleurs...

On a 347 euros et on veut acheter des objets qui coutent 100 euros l'un...

On a 29 euros et on les partage équitablement entre 3 personnes...

Les élèves doivent imaginer la question, ils doivent y répondre en calculant une division et ils doivent rédiger une « phrase solution ».

La caractéristique importante de cet exercice est que s'y trouvent mélangés des problèmes de quotition et de partition. La principale difficulté de cette tâche ne réside pas dans le calcul (le fait qu'il faille faire une division est dit aux élèves), elle réside dans la rédaction de la phrase solution qui n'a pas la même forme suivant qu'il s'agit d'un problème de quotition ou de partition. Dans le cas du 1er problème de quotition, cette phrase peut être : « *On peut faire 3 colliers de 25 perles et il restera 6 perles* », alors que dans le cas du 1er problème de partition, elle peut être : « *Chacune des 50 personnes recevra 2 fleurs et il restera 17 fleurs* ». Produire de telles phrases-réponses témoigne de la capacité à mettre en relation les calculs menés avec ce qui était recherché, c'est-à-dire d'une bonne compréhension de la situation et de l'opération.

Peut-on pour autant en déduire que les élèves qui réussissent la tâche précédente sauraient, en toutes circonstances, résoudre des problèmes de partition et de quotition à l'aide d'une division ? Non : dans le cadre de cette tâche, l'activité de l'enfant est en effet fortement guidée, et il est probable que chez certains élèves la réussite en dépende.

Ils savent résoudre des problèmes de quotition et de partition à l'aide d'une division... dans le contexte des PAC

Rappelons que nous appelons ainsi les Problèmes pour apprendre à chercher. Ils sont présentés de manière développée pages 52 de ce *Guide pédagogique*, mais signalons dès maintenant qu'une des caractéristiques importantes de ces PAC est de proposer aux élèves des problèmes variés de sorte qu'ils ne disposent d'aucun indice contextuel permettant de savoir si tel ou tel problème peut être résolu en calculant telle ou telle opération.

Parmi les problèmes proposés, il y a évidemment des problèmes de quotition et de partition et l'enseignant a ainsi la possibilité d'apprécier dans quelle mesure ses élèves réinvestissent ce qu'ils ont appris dans les « leçons de conceptualisation » décrites dans ce chapitre.

Enfin, une dernière caractéristique de la progression adoptée dans *J'apprends les maths* est que ces bonnes compétences en résolution de problèmes concernent tout particulièrement les problèmes de quotition, ceux qu'il est le plus difficile de Reconnaitre en tant que problèmes de division du fait qu'ils ne correspondent pas à la signification typique de cette opération.

Deux éléments expliquent ces bonnes compétences :

1°) Dès le CE2, les élèves calculent par quotition des divisions par 10, 15, 25, 50 et 100 (*J'apprends les maths* est la seule méthode à le proposer).

2°) Lors de la première leçon où le mot « division » est prononcé, c'est la signification quotition qui est mise en avant. Or, lorsqu'on annonce aux élèves qu'ils vont apprendre la définition d'une division dans la séance qui suit, ils ne dissimulent généralement pas leur joie : enfin, ils vont apprendre cette quatrième opération ! Or, quand une personne est affectivement engagée dans un apprentissage, celui-ci en bénéficie grandement : la personne est plus attentive, elle mémorise mieux... Ainsi, on peut parler d'une sorte de « prime à l'apprentissage » pour la signification qu'on choisit de privilégier lors de la situation d'introduction d'une notion. Comme il n'y a aucune crainte à avoir sur le fait qu'à terme, les élèves reconnaitront les problèmes de partage en tant que problèmes de division, c'est un des points forts de cette progression que cette « prime à l'apprentissage » aille aux problèmes de quotition.

Chapitre 3

Langage, géométrie et mesure

PLAN DU CHAPITRE

Contrôles perceptif, instrumental et conceptuel des « objets géométriques »

Dans les programmes 2002 du cycle 3 de l'école élémentaire, l'objectif principal de la géométrie était défini ainsi : «... permettre aux élèves d'améliorer leur *vision de l'espace* (repérage, orientation), de se familiariser avec quelques figures planes et quelques solides et de passer progressivement d'une géométrie où les objets et leurs propriétés sont contrôlés par la perception à une géométrie où ils le sont par explicitation de propriétés et recours à des instruments. »

À strictement parler, les « objets géométriques » ne peuvent être contrôlés ni par la perception, ni par le recours à des instruments. On sait en effet que l'art du géomètre est « de raisonner juste sur des figures fausses » et que le seul contrôle qui, à terme, sera autorisé en géométrie, est de nature intellectuelle : c'est celui qui s'effectue en utilisant les propriétés des objets géométriques.

L'enfant qui, à l'école élémentaire, vérifie de manière instrumentale que « tel angle est un angle droit » ne fait, en réalité, que vérifier que la figuration qu'il a sous les yeux est compatible avec l'idée d'« angle droit ». À strictement parler, il ne voit pas un angle, mais une figuration de celui-ci, et la décision de compatibilité devrait, en toute rigueur, s'accompagner d'un commentaire relatif au degré de compatibilité qui est visé et à la précision de l'instrument de mesure qui est utilisé.

Pour un adulte cultivé, il est clair que les « objets » de la géométrie ne doivent pas être confondus avec leurs figurations. L'idée que nous essaierons de défendre dans ce chapitre est que, pour favoriser au mieux le progrès des élèves, la distinction entre les « objets géométriques » et leurs figurations doit être présente à l'esprit du pédagogue dès ce niveau de la scolarité. Comme le langage fait souvent usage des mêmes mots pour désigner les uns et les autres, cela n'aide évidemment guère à leur distinction. Mais il y a pire : l'enfant rencontre de manière précoce de nombreux mots du vocabulaire de la géométrie dans un usage quotidien qui est sensiblement différent de leur usage géométrique. Cela peut être à l'origine de difficultés importantes.

Langage quotidien et langage géométrique

Des difficultés liées à la sémantique du langage quotidien

L'enfant doit comprendre les mots « sommet », « côté », « face », par exemple, lors des séances consacrées à la géométrie, alors qu'il a déjà rencontré ces mêmes mots dans une pratique ordinaire de la langue. Or, ils n'ont pas le même sens dans l'une et l'autre langue, et ce peut être la source de difficultés.

Ainsi, dans le langage quotidien, un « sommet » est le plus souvent celui d'une montagne, et ce mot réfère alors au point le plus haut de cette montagne. Le triangle, lui, a 3 sommets, et il suffit que ce triangle soit « posé sur une pointe » pour qu'un de ses sommets soit le point le plus bas de la feuille de papier ! Pensons aussi aux « petits côtés » d'une feuille 21 x 29,7 qui, lorsqu'on écrit sur cette feuille, sont situés « en haut » et « en bas » de la feuille, et non « sur les côtés », comme on pourrait s'attendre à les y trouver.

On trouve ci-après le travail d'un élève de 6e lors d'une des évaluations nationales qui s'effectuaient à la rentrée de septembre. La consigne est de tracer un triangle, d'en colorier un côté puis de joindre le milieu du côté colorié au sommet opposé. L'élève effectue un premier essai, le barre, un second qu'il barre également avant de proposer une solution. Essayons de reconstituer sa démarche.

Trace un triangle avec l'un des côtés en couleur ;
puis trace un segment qui joint le milieu du côté colorié
au sommet opposé.

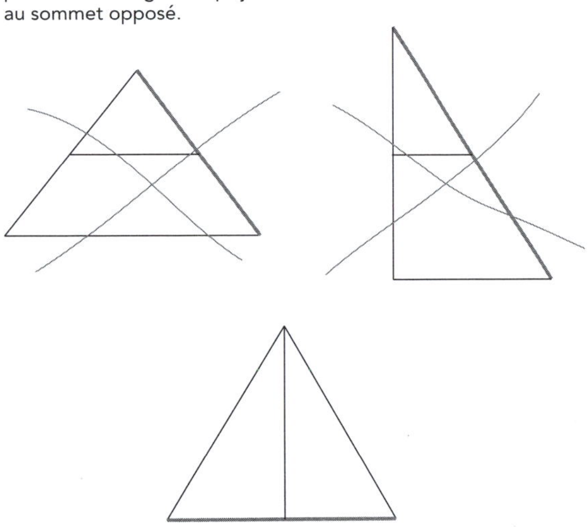

Lors de sa première tentative, l'élève choisit très classiquement un côté colorié « sur le côté » (droit). Mais il n'arrive pas à déterminer le sommet opposé du fait que ce point ne lui apparait pas comme « un sommet ». L'élève a vraisemblablement posé son crayon au milieu du côté colorié, puis il a visé le « sommet » opposé, mais, n'acceptant pas que la pointe de son crayon descende, il a tracé un trait… horizontal. L'élève décide de recommencer.

Lors de la tentative précédente, c'était la détermination d'un sommet qui posait problème. Dans cette deuxième tentative, l'élève croit pouvoir résoudre le problème en accentuant les caractéristiques perceptives du seul sommet qu'il considère, celui du haut de la feuille. Alors que son premier triangle ressemblait à un volcan d'Auvergne, le second est un pic alpin ! Il y a moins de chance que l'enfant perde de vue un tel sommet. Mais ce sommet-là ne convient pas et le problème n'est donc pas résolu. Là encore, l'élève n'accepte pas que la pointe de son crayon descende pour atteindre un sommet, et son tracé se fait à l'horizontale.

Finalement, c'est en renonçant à situer le côté colorié « sur le côté » que l'enfant réussit la tâche qui lui est demandée. Il lui est plus facile de renoncer à placer le côté « sur le côté » que de renoncer à placer le sommet en haut de sa feuille. On voit comment cet enfant « s'est débattu » avec les mots « côté » et « sommet » pour enfin réussir cette tâche géométrique.

Il est clair que, pour aider les enfants, il convient d'exhiber ces différences d'usage des mêmes mots, de les confronter comme ils l'ont été ci-dessus et d'insister pour que les enfants, lorsqu'ils ont à dessiner un triangle quelconque, fassent usage d'une représentation du triangle différente de son stéréotype, une représentation où ce triangle ne ressemble pas à une montagne.

Des difficultés liées à la pragmatique du langage quotidien

Considérons la tâche suivante :

Colorie les rectangles en bleu.

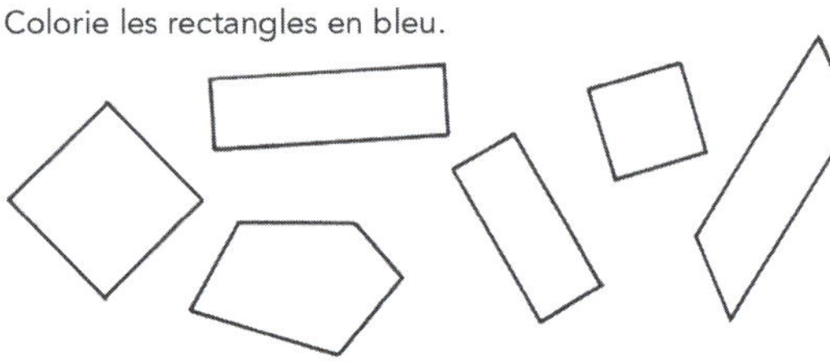

L'enseignant ne devra évidemment pas s'étonner qu'un enfant, lorsqu'il est confronté à cette tâche, ne colorie pas les carrés en bleu. En effet, alors que, pour le mathématicien, le carré est un rectangle (un rectangle particulier, qui a 2 côtés adjacents de même longueur), pour le jeune enfant ce n'est pas le cas.

Un premier niveau d'explication est le suivant : cet enfant ne dispose pas encore d'une définition relationnelle du rectangle et du carré, il procède encore à une catégorisation perceptive de ces figures. Dans ce cas, chacun des mots « rectangle » et « carré » est attaché à un prototype de figure et, comme la figure prototypique du rectangle n'est pas celle du carré, il n'y a aucune chance que le carré soit considéré comme un rectangle. C'est certainement le cas de nombreux enfants, mais il n'est pas sûr qu'il suffise de disposer d'une définition relationnelle du rectangle et du carré pour considérer les carrés comme des rectangles (des rectangles particuliers) dans la situation précédente.

En effet, la difficulté rencontrée ici dépasse le cadre des apprentissages géométriques. Montrons-le en examinant une situation similaire qui n'est pas de nature géométrique. Rappelons que les nombres 1, 2, 3, 5, 7, 11, 13, 17, 19, 23, 27, 31, etc. sont premiers car ils ont pour seuls diviseurs 1 et eux-mêmes, et considérons la proposition suivante : « *Certains des nombres premiers plus grands que 31 sont impairs.* »

Lorsqu'on demande à un adulte, même cultivé, de dire si cette proposition est vraie ou fausse, on peut s'attendre à deux types de réponse :

– soit il raisonne de façon ordinaire, et cette proposition ne le satisfait pas parce qu'il sait que « tous les nombres premiers plus grands que 31 sont impairs » ; de son point de vue, il n'est pas acceptable de dire seulement que certains

de ces nombres sont impairs, et il risque de rejeter cette proposition comme fausse ;
– soit il raisonne comme un mathématicien, et la proposition « certains des nombres premiers plus grands que 31 sont impairs » est acceptée comme vraie, car si tous ces nombres premiers sont impairs, il est clair que certains le sont.

Cet exemple montre qu'un adulte averti, qui a toutes les connaissances nécessaires, peut se laisser surprendre par ce type de tâche.

Dans les deux situations précédentes, la réponse« scolaire » qui est attendue nécessite une inférence : « un carré est un rectangle particulier » dans un cas, « si tous les nombres considérés sont impairs, certains le sont » dans l'autre. Ce qui pose problème, ce n'est pas tant la difficulté de ces inférences que le fait qu'un interlocuteur ordinaire s'arrangera pour que je n'aie jamais à faire ce genre d'inférence. Dans l'un et l'autre cas, les questions sont posées sous une forme qui n'est pas celle d'un dialogue ordinaire[1].

Il y a donc une spécificité du raisonnement mathématique. Lorsqu'un enfant est confronté à certaines tâches (colorier des rectangles, par exemple), il ne lui suffit pas d'avoir les connaissances nécessaires (le carré est un rectangle particulier, dans le cas de cette tâche). Pour comprendre l'énoncé de la tâche, il doit, de plus, penser à raisonner de manière « savante », et non tel qu'il le fait spontanément pour comprendre le langage ordinaire.

Il est clair qu'il s'agit là d'un apprentissage au long cours ! C'est pourquoi, dans *J'apprends les maths CE2*, nous sommes évidemment attentifs au fait de présenter le carré comme un rectangle particulier, mais nous ne considérons pas qu'en début de cycle 3, ce point de vue savant sur le carré peut-être celui de tous les élèves. Il s'agit de ne pas différer la rencontre des élèves avec un usage savant des mots tout en ayant conscience de la difficulté que certains d'entre eux éprouvent à s'approprier un tel usage.

Un cas particulier important : celui où le mot qui désigne l'objet géométrique n'appartient pas au langage quotidien

Si l'enfant a déjà fait usage des mots « sommet », « côté », « carré »... avant d'entrer à l'école, il n'a en revanche probablement jamais utilisé le mot « segment », ni d'ailleurs le mot « droite » en tant que substantif (il sait ce qu'est « une ligne droite », mais pas « une droite »). Cette situation est particulièrement intéressante pour le pédagogue : en effet, il n'a pas, dans ce cas, à confronter deux usages du même mot tout en espérant que ses élèves seront, lors des différentes tâches qu'il propose, assez attentifs pour ne pas se laisser porter par l'usage quotidien et pour raisonner de manière savante. Il est dans une situation favorable pour apparier à ce mot ou à cette locution, que les élèves rencontrent pour la première fois, le plus grand nombre possible de propriétés qui fondent l'objet géométrique en question et, donc, qui le distinguent de ses figurations.

L'enseignant peut, par exemple, dire aux élèves qu'en géométrie, ce qu'on appelle « une droite » n'est pas un trait droit tel qu'on peut en tracer un sur une feuille : c'est un « trait imaginaire » de longueur infinie au sens où on peut le prolonger mentalement aussi loin qu'on le veut. De même, « un segment » ne doit pas, lui non plus, être confondu avec un trait parce que, s'il est de longueur finie, il contient en revanche un nombre infini de points : entre deux points quelconques, on peut toujours s'imaginer la présence d'une infinité d'autres. Il ne faut évidemment pas exagérer la portée de tels échanges avec les élèves : ceux-ci ne deviendront pas des géomètres du seul fait que le pédagogue mène de tels dialogues avec eux, mais il n'est peut-être pas indifférent de développer ainsi chez les jeunes enfants l'intuition de la nature véritable des objets dont se préoccupe la géométrie.

Du coup, une question se pose : à quel niveau de la scolarité convient-il d'introduire le vocabulaire spécialisé de la géométrie que constituent des locutions et des mots tels que « une droite », « segment », « parallèle », etc. ? Il convient en effet de ne pas les introduire trop tôt, c'est-à-dire avant que les élèves soient capables des expériences mentales susceptibles de les amener à distinguer les objets géométriques de leurs figurations. C'est pourquoi, dans *J'apprends les maths CE2*, nous avons continué à utiliser les mots « trait droit » et « ligne droite » plutôt que « segment » ou « droite », réservant l'introduction de ces nouveaux mots au CM1, à un moment où les expériences mentales précédentes sont accessibles à la quasi-totalité des élèves[2].

1. Tout dialogue repose sur des conventions : si, par exemple, quelqu'un me demande « Avez-vous l'heure, s'il vous plait ? », je sais que la réponse « Oui » ne suffit pas, bien que cette réponse soit « correcte » d'un certain point de vue (celui de la sémantique). C'est Grice (1975) qui, le premier, a mis en évidence et a analysé cette sorte de contrat tacite qui lie des partenaires soucieux de communiquer et qui explique que chacun d'eux sait « doser » l'information qu'il transmet : ni trop, ni trop peu. Parfois, en mathématiques, le contrat est différent de celui qui régit les situations de la vie ordinaire : de manière évidente, qu'il s'agisse de l'exemple de géométrie ou de celui d'arithmétique, l'enseignant qui pose la question n'en dit pas assez pour être sûr d'être compris. L'article précédent de Grice peut être considéré comme l'article fondateur d'une branche de la linguistique qu'on appelle la « pragmatique ». En psychologie cognitive, la plupart des chercheurs qui étudient le raisonnement chez l'enfant comme chez l'adulte utilisent les travaux de Grice (voir Politzer, 1990, par exemple).
Grice H.P. (1975). « Logique et conversation », *Communications*, n° 30, pp. 52-72.
Politzer (1990) « Le Raisonnement déductif ». *In* Richard J.F., Bonnet C. & Ghiglione R., *Traité de psychologie cognitive 2*. Paris : Dunod.

2. Le pire des choix serait évidemment celui qui consisterait à utiliser alternativement le mot « segment », par exemple, et le mot « trait » pour que les élèves s'habituent à l'emploi du mot savant en lieu et place du mot quotidien. Cette décision pédagogique reviendrait en effet à créer délibérément l'obstacle pédagogique qu'il faut surmonter (parce qu'il est alors incontournable !) dans le cas où un même mot appartient à la fois au langage quotidien et au langage spécialisé de la géométrie. Il est particulièrement surprenant qu'on trouve explicitement cette recommandation dans les documents d'accompagnement des nouveaux programmes du cycle 2. L'enseignant de cycle 3 dont les élèves auraient, au CE1, utilisé le mot « segment » comme synonyme du mot « trait » peut évidemment revenir à l'usage du mot quotidien au CE2 : ses élèves ne seront pas surpris qu'il s'exprime simplement à ce niveau de la scolarité, et cela permettra de faire de la « réapparition » du mot « segment » en CM1 un « évènement » qui aide au dialogue pédagogique évoqué précédemment.

Comparer et construire des figurations des objets géométriques

Si, comme nous venons de le voir, il importe que le pédagogue soit attentif aux aspects langagiers de l'activité géométrique, celle-ci comporte évidemment d'autres dimensions. Il est intéressant, par exemple, de s'intéresser à la nature des tâches qui conduisent l'élève à expliciter et à organiser les propriétés des objets géométriques. Deux grands types de tâches peuvent être distinguées : celles de comparaison et celles de construction.

La comparaison est incontournable. C'est ainsi que les nouveaux programmes ne commettent pas l'erreur des anciens, qui recommandaient d'enseigner aux élèves l'angle droit sans leur enseigner plus généralement la notion d'angle. Sans engager les élèves dans une tâche de comparaison de l'angle droit à d'autres qui ne le sont pas, il nous semble tout simplement impossible d'enseigner ce qu'est un angle droit, parce qu'il est alors impossible d'expliciter parmi toutes les propriétés des figurations d'angles droits celles qui correspondent au mot « angle » et celles qui correspondent au mot « droit ».

Par ailleurs, les tâches de comparaison de figurations différentes des objets géométriques sont importantes pour aider les élèves à aller au-delà d'une catégorisation perceptive qui ne retiendrait comme exemplaires d'un objet géométrique que ses figurations les plus typiques. Il est crucial, par exemple, qu'un élève sache qu'un triangle n'est pas toujours « pointu de toutes parts » comme lorsqu'il est équilatéral ou presque équilatéral : il peut aussi être « plat » (lorsque l'un de ses angles est beaucoup plus grand que les autres). De même, il convient que les élèves sachent qu'un cylindre peut être très plat comme une pièce de monnaie ou longiligne comme une baguette de bois ronde, etc.

Les tâches de construction jouent un rôle complémentaire dans le progrès des élèves parce qu'elles conduisent à organiser les propriétés des objets géométriques d'une autre façon que les tâches de comparaison.

Un rectangle, par exemple, est d'abord déterminé comme étant un quadrilatère dont les 4 angles sont droits (sq 68). Les élèves découvrent à cette occasion l'équerre, ainsi que le gabarit d'angle droit qu'ils ont sur le calque au milieu de leur cahier d'activités.

Ensuite, en apprenant à construire un rectangle (sq 70), ils découvrent une autre propriété du rectangle qui, s'ils ne l'ont pas repérée en traçant leur rectangle, rend la construction fausse : un rectangle a ses côtés opposés de même longueur. En effet si, sur leur tracé, les côtés opposés ne sont pas égaux, deux des angles ne sont pas droits du fait qu'ils ont construit un trapèze non-rectangle. En cherchant à quelle condition les quatre angles deviennent droits, ils ont ainsi la possibilité d'accéder à une nouvelle connaissance : les côtés opposés doivent être de même longueur.

Dans une tâche de construction, c'est donc un autre point de vue qui est porté sur un objet géométrique que celui qui est privilégié dans une tâche de comparaison. Cet autre point de vue est d'autant plus intéressant qu'il conduit à ne retenir que les propriétés nécessaires à la construction, et qu'il constitue donc une préparation aux raisonnements géométriques du collège, raisonnements qui, par définition, se fondent sur la distinction entre ce qui est nécessaire et ce qui ne l'est pas.

Langage et mesure : le cas des longueurs[3]

Quelques généralités sur la mesure

Rappelons d'abord quelques généralités concernant la mesure des grandeurs. Trois sortes d'entités doivent en effet être distinguées :

→ *Les supports des grandeurs* : on parlera, par exemple, de la longueur d'un segment de droite, ou d'une ligne brisée, mais de l'*aire* d'un triangle ou d'un rectangle. Plus généralement, on ne peut parler d'un type de grandeur donné que relativement à un certain type de support : on parle de longueurs concernant des segments de lignes droites ou courbes, on parle d'aires concernant des surfaces délimitées (qu'elles soient planes ou courbes), on parle de volumes concernant des solides, etc.

→ *Les grandeurs elles-mêmes* (les longueurs, les aires, les volumes par exemple) ne doivent évidemment pas être confondues avec l'un des supports qui les réalisent : une même longueur correspond à des segments de lignes dont certaines sont droites, d'autres sont brisées et d'autres courbes, une même aire peut être celle d'un triangle ou d'un rectangle, etc.

→ Enfin, *une mesure* d'une longueur donnée (d'une aire donnée, etc.) est *un nombre* qui exprime le rapport de cette longueur (de cette aire, etc.) à une autre longueur (à une autre aire, etc.) qu'on appelle *unité*.

À une même longueur (respectivement une même aire) correspondent donc diverses mesures de cette longueur (de cette aire) selon l'unité qui est choisie.

Un mot manque dans ce glossaire : celui d'étalon. L'étalon est à l'unité ce que le « mètre-étalon » construit en platine et « déposé au pavillon de Breteuil » est au mètre : l'étalon est une réalisation (une matérialisation) de l'unité. L'unité est une grandeur (le cm, par exemple, est une longueur), mais dans un étalon d'1 cm, cette grandeur est attachée à un support : une bande de 1 cm de long, par exemple.

3. Le texte ci-après est repris en grande partie du chapitre sur la géométrie et la mesure de la Présentation du *Guide pédagogique* de *J'apprends les maths CE1*.

Mesurer des longueurs en cm et, dans le même temps… en pouces

La notion d'étalon est importante pour comprendre la didactique de la mesure à l'école primaire. En effet, l'activité qui, classiquement, sert à introduire la mesure des longueurs est la suivante : on a choisi un étalon de longueur et on arpente divers traits à l'aide de cet étalon. La mesure obtenue s'exprime alors soit par un nombre entier, soit par un encadrement entre deux entiers successifs.

Ce procédé d'arpentage est fondamental car c'est lui qui permet de donner aux enfants l'intuition de ce qu'est une mesure : ce trait est long comme 3 allumettes, par exemple. Il est par ailleurs adapté aux jeunes enfants parce qu'il conduit à un encadrement par des mesures entières, alors que la mesure est un rapport qui, généralement, ne peut pas s'exprimer par un nombre entier (la diagonale du carré dont le côté mesure 1 a pour mesure $\sqrt{2}$).

Examinons la progression qui est le plus souvent adoptée aujourd'hui. On propose successivement aux enfants les deux sortes d'activités suivantes :

A
U

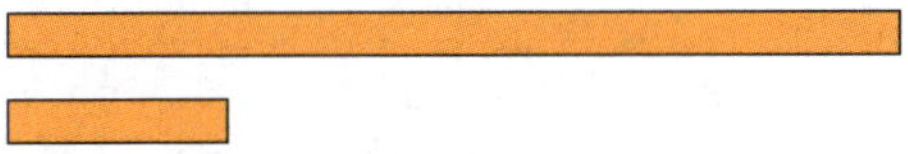

Si l'unité est U, la bande A mesure…

V

Si l'unité est V, la bande A mesure…

Puis :

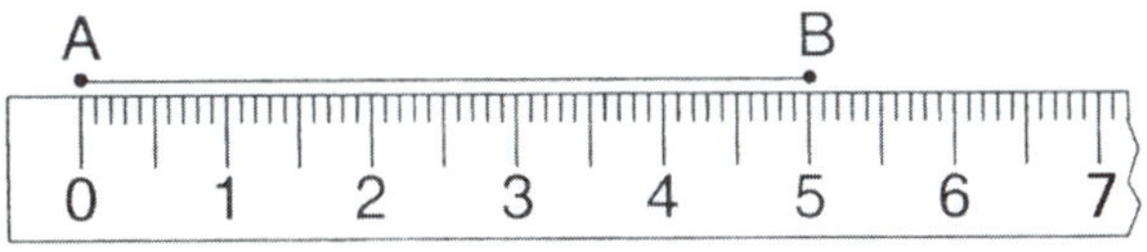

Le segment AB mesure ……… cm

Il n'y a pratiquement pas de transition entre une activité et l'autre : l'enfant procède d'abord à des arpentages avec des unités quelconques, et lorsqu'il rencontre une unité conventionnelle de longueur, c'est directement avec la règle graduée en cm, c'est-à-dire sous une forme très élaborée où l'arpentage qui a permis la mesure n'est pas facile à reconstituer mentalement.

Cette progression présente un double inconvénient :
– lorsqu'ils arpentent avec une unité quelconque, beaucoup d'enfants n'ont pas conscience qu'ils mesurent, parce qu'ils ont déjà une connaissance sociale du phénomène de la mesure et que pour eux, mesurer, ça se fait « avec la règle et avec des cm » ;
– lorsqu'ils mesurent avec la règle graduée, ils ne font aucun lien entre cet outil et le résultat d'un arpentage à l'aide d'un étalon d'1 cm.

Du coup, lorsqu'on demande aux enfants de « montrer 1 cm sur la règle », ils montrent le plus souvent l'intervalle entre 0 et 1 (voire le seul chiffre 1), mais la longueur d'un intervalle entre 2 numéros successifs n'est pas aussi facilement interprétée comme 1 cm. En fait, de nombreux enfants apprennent à se servir d'un double décimètre par répétition de la « bonne séquence d'actions » (je pose le 0 sur une extrémité du segment, je regarde à l'autre extrémité, etc.), sans réellement comprendre la structure de cet outil. De nombreuses erreurs attestent d'ailleurs de la nature de cet apprentissage : certains enfants font coïncider une extrémité du segment avec le 1 (et non le 0), d'autres avec le bord de la règle.

C'est une autre progression qui a été adoptée dans *J'apprends les maths CE2*[4]. On y utilise de manière conjointe le pouce et une bande de longueur 1 cm comme *étalons de longueur*. C'est ainsi que les enfants disposent de 2 règles graduées, l'une en pouces et l'autre en cm :

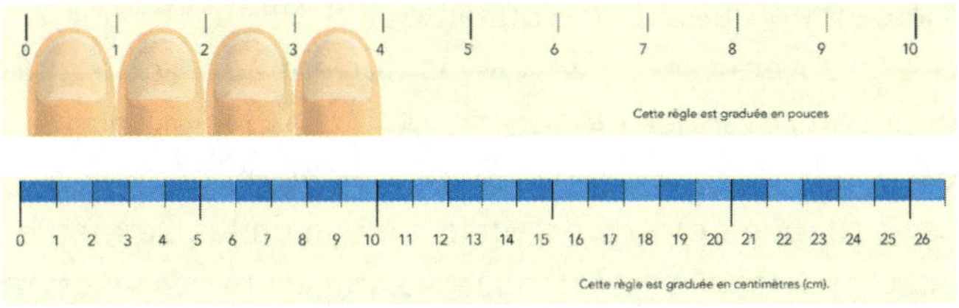

On leur propose de mesurer des longueurs d'abord en pouces, puis en centimètres.

Ces utilisations successives de 2 étalons doivent amener les élèves à mieux se représenter ce qu'est une longueur de 1 cm. En effet, l'arpentage est explicite dans la règle graduée en pouces (de manière évidente, on y a mis bout à bout des pouces). Or une règle graduée en cm est construite de la même manière : on y a mis « bout à bout des cm ».

Quand, dès le cycle 2, les enfants rencontrent cette règle graduée en cm, ils s'approprient d'autant mieux cette structure qu'elle est alors dépourvue de toute numérotation. Pour mesurer la longueur d'un trait, ils sont ainsi amenés à « compter les cm ». On veut par là qu'ils comprennent qu'une longueur de 6 cm est équivalente à 6 longueurs de 1 cm mises bout à bout. Lorsqu'ils utilisent un double décimètre numéroté, il leur est plus facile de comprendre que, depuis le trait du 0 jusqu'au trait du 6, il y a 6 longueurs de 1 cm.

Remarquons maintenant que certaines expressions qui viennent d'être employées sont incorrectes :
– Il est incorrect de dire qu'on met « bout à bout des cm », car ce sont des bandes de longueur 1 cm qui sont juxtaposées et non des cm. Cette façon de s'exprimer relève de la confusion entre « unité » et « étalon » !
– Il est incorrect de dire qu'« un segment mesure 2 pouces », car le pouce est un étalon ; il serait préférable de dire que « ce segment mesure 2 quand l'unité est la longueur d'un pouce ». Encore une confusion entre « unité » et « étalon » !

Mais ce n'est pas toujours en s'exprimant d'emblée de la façon la plus correcte qu'on favorise le mieux l'apprentissage. Le cas des « incorrections » précédentes nous semble même montrer que *certaines incorrections ont une grande valeur didactique*.

4. Dans *J'apprends les maths CE1*, la même progression est mise en œuvre avec une règle graduée en allumettes plutôt qu'en pouces.

En effet, en choisissant deux entités, dont l'une est un étalon (le pouce) et l'autre une unité (le cm), et en acceptant le « jeu de langue » qui consiste à s'exprimer tantôt avec l'unité comme si elle était un étalon (« on met bout à bout des cm ») et tantôt avec l'étalon comme s'il était une unité (« un segment mesure 2 pouces »), on aide l'enfant à s'appuyer sur ce qu'il connait le mieux, le pouce-étalon, pour concevoir l'entité la plus abstraite, le *cm-unité*.

Par ailleurs, en utilisant deux étalons de longueurs différentes, on aide les enfants à prendre conscience que pour penser une mesure, il faut penser à la fois un nombre et une unité. Ainsi, l'erreur qui consiste à répondre que « 3 pouces c'est moins long que 7 cm », du fait que 3 < 7, est fréquente chez les débutants. Ces élèves doivent apprendre que pour comparer deux longueurs dont chacune est donnée par une mesure, la comparaison des nombres ne suffit pas, car à chaque nombre est attachée une unité. De même, pour savoir quelle est la longueur exprimée par une mesure donnée (7 cm par exemple), il ne suffit pas de s'intéresser au nombre, il faut coordonner l'unité (le cm et non le pouce) et le nombre de fois qu'elle est répétée (7).

Là encore, on remarquera l'utilisation didactique qui est faite de la différence de nature entre le pouce (plus proche de l'étalon) et le cm (qui est une unité) : « le changement d'unité » sous-jacent à l'activité précédente (comparer 2 pouces et 8 cm) serait très difficile s'il s'agissait de deux unités conventionnelles (38 cm et 4 dm, par exemple) ; il est beaucoup plus simple lorsque l'une des unités (la longueur d'un pouce) correspond à un étalon familier.

L'approche didactique de la mesure des longueurs qui est exposée ici est donc nouvelle en ce sens que les activités d'arpentage avec un étalon familier ne précèdent pas l'introduction d'une unité conventionnelle. Bien au contraire, les longueurs *sont dans le même temps mesurées en cm et en pouces*. L'interaction entre ces deux sortes de mesure est considérée ici comme un *facteur essentiel de l'apprentissage*[5].

5. Du fait de la petite longueur qu'il représente, il est évidemment hors de question d'utiliser le mm comme étalon. Mais on remarquera que, le jour où les élèves utilisent une règle graduée en mm pour la première fois (cf. séquence 22), celle-ci est présentée parmi d'autres règles, graduées en allumettes, en pouces et en cm. On vise en effet à ce qu'ils raisonnent avec le mm par analogie avec les autres unités, et qu'ils imaginent donc le « report des mm » le long des traits à mesurer.

Rémi Brissiaud
Pierre Clerc
François Lelièvre
André Ouzoulias

Chaque double page de ce guide correspond à une double page du fichier de l'élève.

Ce guide pédagogique comporte, d'une part, un ensemble d'activités préliminaires à celles qui figurent dans le fichier de l'élève ; il décrit, d'autre part, une façon d'animer les activités proposées sur le fichier. Dans plusieurs pages de ce guide, on trouve également des activités complémentaires que l'enseignant pourra proposer pour des entrainements, des prolongements ou des approfondissements. Dans chaque double page, les objectifs principaux sont rappelés et précisés dans la rubrique « Objectifs ».

On trouvera :

→ dans les 4 pages suivantes, une présentation du matériel pour *J'apprends les maths CE2*, des conseils pour l'animation des Problèmes pour apprendre à chercher (PAC) ;

→ à la fin de ce guide, des pages de séquences-bilans utilisables à la place de celles du fichier et des planches photocopiables pour des activités complémentaires.

N. B. : Le guide pédagogique, de même que le fichier, est organisé en 5 périodes. Celles-ci constituent des unités pédagogiques (voir ci-dessous), qui sont sans rapport avec les périodes délimitées par les congés scolaires.

L'organisation en 5 périodes

Périodes	Nombres et calculs	Géométrie et mesures	Pages
rouge 1	**Addition mentale ; addition en colonnes ; soustraction et multiplication mentales** Numération décimale ($n \leq 1\,000$) ; addition et soustraction (calcul réfléchi) ; groupements par 5, 10, 15 et 25 puis multiplication ; addition en colonnes.	Longueurs (dm, cm et mm) ; euros et centimes d'euros.	8 à 53
jaune 2	**Soustraction en colonnes ; multiplication mentale ; stratégies mentales pour la quotition et la partition** Soustraction en colonnes ; multiplication en lignes (par $n \leq 10$) ; multiples et partages (vers la division) ; double des nombres < 100 ; moitié des nombres < 200.	Le compas ; reporter une longueur ; lecture de l'heure.	54 à 83
verte 3	**Multiplication en colonnes par un nombre à 1 chiffre ; division mentale** La multiplication en colonnes par un nombre à 1 chiffre ; la division : définition, calculs mentaux par quotition et par partition.	Angles ; milieu d'un trait droit ; rectangles, losanges et carrés ; axes de symétrie d'une figure.	84 à 119
bleue 4	**Division en colonnes ; multiplication mentale par un nombre à 2 chiffres** La division par partages successifs des centaines, dizaines et unités ; la multiplication par un nombre à 2 chiffres (technique proche de la technique mentale) ; les nombres jusqu'à 10 000.	La symétrie (suite) ; les histogrammes ; le mètre ; le kg.	120 à 147
violette 5	**Multiplication en colonnes par un nombre à 2 chiffres** La multiplication en colonnes par un nombre à 2 chiffres ; la division pour chercher la valeur de l'unité ; les graphiques ; les nombres jusqu'à 1 000 000.	Les solides (cylindres, prismes, pavés droits…) ; les contenances.	148 à 167

Du matériel pour *J'apprends les maths CE2*

1. Matériel disponible en fin de fichier (présenté dans l'ordre de pagination du fichier)

• Un calque de format A4. Sur la partie supérieure, sont représentés 6 angles (dont l'angle droit), qui sont utilisés pour des activités de géométrie à partir de la sq 59. Sur la partie inférieure est imprimé un ensemble de figures tracées sur un quadrillage et présentant un axe de symétrie. Elles sont utilisées lors de la sq 76.

• Une planche cartonnée comportant deux règles graduées prédécoupées pour des activités de mesure. La première est graduée en cm et est utilisée dans la sq 2. La seconde est graduée en pouces et est utilisée dans les sq 2 et 22. Cette planche contient également la bande cartonnée prédécoupée qui est utilisée pour construire un cylindre dans la sq 104.

• Une planche cartonnée comportant les éléments prédécoupés d'un compteur (1 support et 4 roues) à assembler. Ce matériel est utilisé aux sq 11 et 84.

• Un 1er carton qui doit être placé dans une pochette transparente (il est imprimé sur une seule face). Y figure un tableau avec des groupes de 5, 10, 15 ou 25 points organisés en colonnes (les groupes de 5 sont dans la 1re colonne, ceux de 10 dans la suivante, etc.). Les élèves s'en servent pour s'entrainer à le remplir (d'où la nécessité de le placer dans une pochette transparente et d'utiliser un feutre effaçable). Mais même lorsque le tableau n'est pas rempli, il aide à retrouver le nombre total de points dans une case. Les élèves peuvent l'utiliser ainsi.

• Un 2e carton qui doit être placé dans une pochette transparente (imprimé sur les deux faces). Au recto, des « files de boites de Picbille » schématisées permettent de représenter les nombres de 10 à 69 en choisissant la file correspondant aux dizaines et en dessinant les unités au feutre effaçable. Au verso, d'autres « files de boites de Picbille » permettent de représenter les nombres de 59 à 109. Ces cartons servent pour calculer des différences lors de leçons (sq 20, notamment) et lors des activités de calcul réfléchi de haut de page (à partir de la sq 22).

• Un dernier carton qui doit être placé dans une pochette transparente (lui aussi imprimé sur les deux faces). Sur une face, on trouve les tables de multiplication de 2 à 10 complètes (fond mauve). Chacune est organisée en colonne, en deux groupes de 5 lignes, de « *n* fois 1 » à « *n* fois 5 » sur les 5 premières lignes et de « *n* fois 6 » à « *n* fois 10 » sur les 5 suivantes. Les lignes correspondant à « *n* fois 5 » et à « *n* fois 10 » sont imprimées en grands caractères parce qu'elles servent de repères. Comme ces tables sont complètes, les élèves peuvent s'en servir pour vérifier un produit ou pour calculer le quotient et le reste d'une division élémentaire.

Au verso, on trouve ces mêmes tables de multiplication de 2 à 10, mais incomplètes (fond jaune). Les élèves s'en servent pour s'entrainer à les remplir (d'où la nécessité de les placer dans une pochette transparente et d'utiliser un feutre effaçable). Ils peuvent aussi les utiliser comme aide à la récitation orale. Seules les 1re et 2e laissent apparaitre les résultats. Les lignes qui sont « vides » doivent le rester, car les élèves apprennent à se servir des lignes déjà complètes et des repères « *n* fois 5 » et « *n* fois 10 » pour reconstruire les résultats des lignes « vides » (*cf.* sq 32 et suivantes pour les tables de 3 à 5, et sq 41 et suivantes pour celles de 6 à 9).

• Une planche cartonnée comportant, d'une part, les éléments prédécoupés d'une horloge à assembler avec une attache parisienne, qui est utilisée à partir de la sq 46, et, d'autre part, les deux bases prédécoupées pour achever la fabrication d'un cylindre lors de la sq 104.

• Le patron prédécoupé d'un prisme triangulaire et celui d'un pavé, que les élèves construisent lors des sq 106 et 107.

• Enfin, deux feuilles d'autocollants avec :
– 11 couvercles de boites de Picbille, lesquelles représentent des groupes de 10 billes (sq 1 et suivantes) ;
– 33 couvercles de valises de Picbille, lesquelles représentent des groupes de 100 billes (sq 11 et 84) ;
– 4 couvercles de caisses de Picbille, lesquelles représentent des groupes de 1 000 billes (sq 84).

2. Matériel disponible dans le *Guide pédagogique*

• À partir de la p. 209, on trouve 9 pages correspondant à des bilans. L'enseignant peut les photocopier pour les proposer à la place des pages-bilan du fichier (voir encadré en haut de la page suivante).

• Dans les dernières pages, on trouve des planches qui constituent des supports d'activités préformés que l'enseignant doit compléter avant de les reproduire, ainsi que des jeux comme le **mémotable**.

3. Autre matériel complémentaire possible

• Les « boites » et la « valise de Picbille » (voir ci-contre).

• Un gros réveil pour les séquences consacrées à la lecture de l'heure et au calcul de durées (*cf.* sq 46, 75, 77).

• Un compas collectif qui sera utilisé à partir de la sq 37.

• Des pièces de monnaie factice pour la sq 16.

• Une calculette collective pour la sq 109.

• Divers objets pour les sq 104 à 112 sur les solides.

• Une balance Roberval, des masses marquées en g, des trombones en grande quantité et divers autres objets pour la sq 89, ainsi qu'une balance de cuisine graduée en kg et 1/10 de kg (seules les graduations des kg sont chiffrées) pour la sq 100.

Des pages-bilan de substitution

Dans le fichier de l'élève, à la fin de chaque période, une séquence est consacrée à un bilan des connaissances, tantôt sur une page, tantôt sur deux pages. En tout, ce sont 9 pages du fichier qui sont utilisées pour l'ensemble de ces bilans.

Il arrive que des parents préparent les bilans avec leur enfant à la maison, et ceux-ci ne permettent plus alors d'apprécier ses compétences. Nous avons donc inclus à la fin du *Guide pédagogique*, p. 209 à 217, 9 pages correspondant à ces bilans. L'enseignant peut les photocopier pour les utiliser, le moment venu, à la place de celles du fichier.

4. Matériel complémentaire à préparer par l'enseignant

- 5 cartons collectifs avec les constellations de 5 à 10 points « comme Perrine », pour la sq 1.
- Des cartons avec des points dessinés « comme Picbille » (de 5 de 10 points) pour le calcul de soustractions $a - b$, avec $a \leq 10$. Ce matériel est téléchargeable sur le site *japprendslesmaths.fr*. Ces soustractions sont revues dans les sq 3 et suivantes (voir description des activités sq 3, 4 et 8).
- Si on ne dispose pas d'une « valise de Picbille », un objet qui en tient lieu, comme une enveloppe A4 à soufflet, pour les sq 10 et suivantes.
- Un compteur collectif pour les sq 11, 84 et 87.
- Les tables de multiplications collectives de 3 à 5, pour les sq 32 et suivantes, et de 6 à 9, pour les sq 41 et suivantes. Il est bon que l'enseignant se fabrique aussi un damier collectif de 100 cases similaire à celui du fichier (voir présentation de la sq 32).
- Un panneau avec des damiers pour aider les élèves à apprendre les multiples de 25 (voir description dans la présentation de la sq 44).
- La classique équerre à tableau pour la sq 68.
- Une toise pour la sq 85.

On trouve, dans le fichier de l'élève, des couvercles autocollants de « boites de Picbille », de « valises de Picbille » et de « caisses de mille billes ». Un matériel complémentaire possible est diffusé par Retz :

les « boites de Picbille »

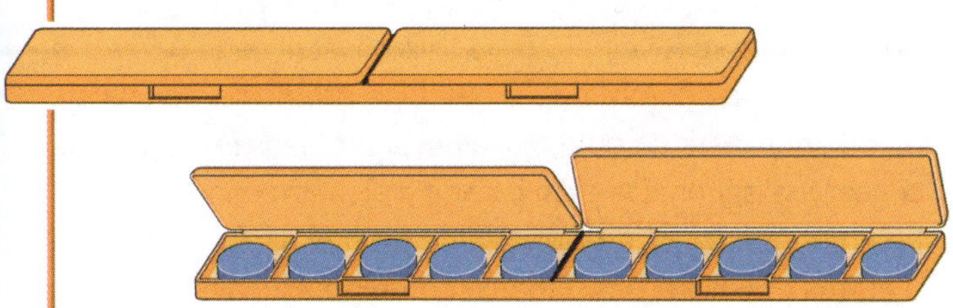

Boite de Picbille en plastique moulé de couleur orange (avec deux couvercles articulés) et ses 10 jetons bleus. Longueur d'une boite de 10 jetons = 310 mm, largeur = 32 mm, épaisseur = 10 mm.

La boite Picbille est formée de 10 cases avec un repère noir (amovible) permettant de mieux visualiser le repère à 5.

Ce dispositif permet d'introduire dès le début du CP la boite de 10 pour favoriser la représentation de la dizaine.

et la « valise de Picbille »

Valise de Picbille en plastique de couleur verte, dans laquelle on peut ranger 10 boites (soit 100 jetons), en deux couches de 5 boites de 10, séparées par un intercalaire.

L = 330 mm, h = 200 mm, ép. = 30 mm.

Les Problèmes pour apprendre à chercher (PAC) : mode d'emploi

Pourquoi des PAC ?

La progression de *J'apprends les maths CE2* donne lieu à deux sortes de séquences :

– des séquences où les enfants acquièrent des savoir-faire fondamentaux en arithmétique et en géométrie ; nous les appellerons des « leçons de conceptualisation » ;

– des séquences appelées « Problèmes pour apprendre à chercher » (PAC).

Dans cette deuxième sorte de séquences (en moyenne 2 séquences sur 8, réparties sur une double page), les élèves ont bien sûr l'occasion de réinvestir les connaissances acquises dans la première sorte de séquences.

Mais ces PAC n'ont pas seulement pour fonction de donner aux enfants l'occasion de réinvestir leurs connaissances dans la résolution de problèmes. Une fonction tout aussi importante est d'empêcher que les élèves les plus fragiles, face à un énoncé de problème, ne cherchent plus à en comprendre l'énoncé. On sait en effet que ce dysfonctionnement est courant : l'élève choisit l'opération qui est en cours d'apprentissage ou bien il choisit l'opération la plus probable en fonction de la taille des nombres, etc. Or, il n'y a pas de résolution de problème possible sans en comprendre l'énoncé.

D'ailleurs, la relation d'aide que nous préconisons lorsqu'un enfant n'arrive pas à résoudre un problème dans le contexte des PAC consiste à l'interroger en lui demandant de quoi parle l'énoncé du problème. Il s'agit que l'élève explicite ce qu'il en a compris.

Des problèmes variés

La principale propriété des problèmes proposés dans les PAC est leur variété : certains problèmes sont énoncés de façon classique avec 2 données numériques, d'autres en ont 3 ou 4 ; certains problèmes sont proposés à un moment où ils peuvent être résolus en utilisant une opération déjà étudiée en classe, mais d'autres le sont avant que cette opération soit étudiée. Considérons, par exemple, le problème suivant : « *Mme Moreil n'a que des billets de 5 €. En tout, elle a 40 €. Combien de billets de 5 € a-t-elle ?* ». Ce problème est proposé sq 9, c'est-à-dire bien avant que la division soit étudiée dans les leçons de conceptualisation.

Un enfant qui n'a pas encore étudié une opération arithmétique peut résoudre un problème en simulant la situation décrite dans l'énoncé. Ici, par exemple, l'élève peut dessiner 2 billets de 5 €, calculer la somme correspondante, s'apercevoir que ce n'est pas assez et en dessiner un 3e, etc. Plutôt que de dessiner les billets, il peut aussi faire une suite d'additions. L'usage d'un schéma analogique est seulement l'un des moyens permettant de simuler ce qui est dit dans l'énoncé.

Comparer trois résolutions d'un même problème

Résolution de problèmes variés énoncés de façon classique

La variété assure de l'authenticité

On est sûr que l'élève qui a fait un schéma analogique ou une suite d'additions pour résoudre le problème des billets de 5 € a compris la situation qui y est décrite. De plus, il s'agit d'une authentique compréhension, alors que ce n'est pas toujours le cas lorsque des élèves « choisissent la bonne opération » pour résoudre un problème arithmétique à l'école : si l'enfant a fait le bon choix à partir d'un indice tel que l'opération en cours d'apprentissage, rien n'assure de cette compréhension.

L'élève qui, après avoir étudié la division, écrit cette opération pour expliquer comment il a résolu le problème des billets de 5 €, réinvestit ce qu'on lui a enseigné dans les leçons de conceptualisation. De plus, il s'agit d'un authentique réinvestissement parce que ce problème est mélangé à beaucoup d'autres et il n'y a pas d'indice contextuel lui ayant permis de réussir. Là encore, la variété assure de l'authenticité.

Des tâches variées

Dans chaque PAC, 4 sortes d'activités sont proposées :

• Dans un 1er type d'activité (en haut et à gauche de la double page), un même problème est déjà résolu par 3 enfants (Mélanie, Sébastien et Cécile). Au début de l'année, ces 3 résolutions sont très souvent des schématisations. Il s'agit de faciliter l'accès à l'usage de collections organisées et à des schémas abstraits (on peut figurer par des points toutes sortes de collections comme des fruits, des crayons, des enfants, etc.). À mesure que l'année passe, on voit apparaitre de plus en plus souvent des égalités numériques.

Inventer et rédiger plusieurs questions cohérentes avec le début d'un énoncé

Rechercher dans une image ou un document les informations pertinentes pour résoudre des problèmes

Les élèves doivent analyser ces solutions pour déterminer lesquelles correspondent à la situation.

- Dans le 2e type d'activité (en bas et à gauche), les élèves doivent résoudre des problèmes énoncés de manière classique. Comme ces problèmes sont variés, ils doivent à chaque fois élaborer la solution à partir d'un effort de compréhension de l'énoncé. Ils peuvent utiliser la procédure de leur choix : faire un schéma, expliquer leur solution ou écrire une égalité (voire écrire une égalité après avoir résolu le problème par une schématisation). Dans les appréciations qu'il porte, l'enseignant se garde de privilégier l'usage d'une opération arithmétique (voir plus loin : *Quelle évaluation ?*).
- Dans le 3e type d'activité (en haut et à droite), le début d'un énoncé étant donné, les élèves doivent inventer des questions cohérentes avec cet énoncé.
- Dans le 4e type d'activité (en bas et à droite), il faut prélever dans une image ou un document les informations pertinentes pour résoudre des problèmes.

Comment animer les PAC ?

À terme, dans un PAC, les élèves doivent pouvoir chercher de manière autonome sur leur fichier et sur un cahier personnel réservé à la résolution de problèmes (qui leur sera donné dès le premier PAC). Le fait que les quatre mêmes types d'activités reviennent dans chaque double page favorisera une autonomie progressive. Il n'y a que pour la deuxième activité (en bas et à gauche de la première page) que les élèves seront d'emblée autonomes. En revanche, lors des premières séquences, un guidage sera nécessaire pour les autres activités.

Après quelques séquences, les élèves sauront mieux quel travail il faut faire dans chaque type d'activité ; ils pourront peu à peu se passer de l'étayage de l'enseignant et chercher individuellement.

Cela signifie-t-il que l'enseignant devra, à ce moment, s'abstenir d'intervenir ?

Trois modes d'intervention resteront utiles

1. Au cours de la séquence, l'enseignant interviendra « à la demande » pour aider individuellement tels élèves à comprendre tel énoncé, tel support de réponse ou tel document, voire collectivement lorsqu'une difficulté de compréhension se manifeste pour une majorité d'élèves.

Le plaisir de chercher par soi-même ne doit pas être gâché par une intervention trop présente de l'enseignant, ni par des difficultés qui paraissent à tel moment insurmontables aux enfants et sont susceptibles de les décourager.

2. Au cours de la séquence encore, l'enseignant pourra aider individuellement les élèves à progresser dans la mise en œuvre des procédures de résolution. Il est essentiel de distinguer deux types d'intervention :
a) l'enfant a déjà résolu le problème, par un schéma par exemple ; si l'enseignant juge que l'enfant en est capable, il pourra solliciter la production d'une égalité qui correspond à ce problème ;
b) l'enseignant prend le risque d'interrompre le raisonnement d'un enfant qui s'engage dans une schématisation parce qu'il le juge capable de résoudre ce problème à un niveau de procédure plus élaboré (par une opération par exemple). Ce n'est qu'avec précaution qu'on interviendra de cette manière.

3. À la fin de chaque activité, l'enseignant organise une mise en commun. Celle-ci joue un rôle important dans l'apprentissage car elle permet de comparer les diverses stratégies utilisées et de valider les solutions. On permet ainsi aux enfants d'analyser ce que ces stratégies ont de commun et d'établir des ponts entre elles. Là encore, on se gardera de trop valoriser l'emploi des procédures les plus élaborées, et notamment le fait d'avoir trouvé « la bonne opération ».

Quelle évaluation ?

À propos de l'évaluation des travaux des élèves, nous recommandons d'apprécier tout aussi positivement une résolution par un schéma qu'une autre où l'élève a utilisé une opération. Il est trop tôt, à ce niveau de la scolarité, pour être normatif quant aux procédures de résolution.

Objectifs

Dans les activités 1 et 2, les élèves qui n'ont pas utilisé *J'apprends les maths* au cycle 2 découvrent la structure d'un matériel, la « boite de Picbille », qui sera utilisé tout au long de l'année pour faciliter l'apprentissage du calcul et de la numération décimale. Cette boite est formée de 2 compartiments de 5 cases qu'on remplit de gauche à droite ; dès qu'un compartiment est plein, on le referme avec son couvercle (le matériel pédagogique correspondant, qui est utilisé avec des jetons, est diffusé par Retz). Les élèves disposent, à la fin de leur fichier, de « couvercles » autocollants qui permettent de simuler ces actions en les collant sur les dessins de boites de leur fichier. Ces élèves découvrent aussi une seconde sorte de représentation, les nombres « comme Perrine », qui favorise la compréhension du fait qu'il existe deux sortes de nombres : ceux qui sont pairs et peuvent se concevoir sous la forme $n + n$, et ceux qui sont impairs et peuvent se concevoir sous la forme $n + n + 1$.
Pour les élèves qui connaissent déjà ces deux modes de figuration, il s'agit évidemment d'une révision.
Pour revoir les compléments à 10 (*cf.* activités 2 et 3) qui jouent un rôle décisif dans de nombreux calculs, la boite de Picbille est particulièrement adaptée. En effet, quand, dans cette boite, il y a 7 jetons par exemple, les 3 cases qui restent vides représentent ce complément. Les élèves sont amenés à se représenter mentalement cette structure dans une activité de « visualisation mentale par reconstitution de la vision d'autrui » : l'enseignant met 7 jetons dans une boite qu'il tient devant lui de sorte que les élèves ne puissent en voir le contenu, et il interroge sur le nombre de cases vides ; pour permettre aux élèves de vérifier aussitôt leur anticipation, il suffit que l'enseignant incline la boite et rende ainsi visible son contenu.

Dans l'activité 4, les élèves revoient l'écriture littérale des premiers nombres. Une liste de référence comportant le lexique de base leur permet d'écrire sans erreur tout nombre jusqu'à « cinquante-neuf ». En fait, il s'agit surtout de consolider la lecture de ces nombres lorsqu'ils sont écrits « en lettres », car nous proposons ensuite régulièrement, à partir de la séquence 5, des exercices de calcul où les nombres sont donnés sous forme littérale (voir justifications dans les objectifs de la séquence 5).

Activités Séquence 1

1. La boite de Picbille et les nombres « comme Perrine »

Si les élèves connaissent déjà la boite de Picbille et les nombres « comme Perrine », la séquence peut commencer directement

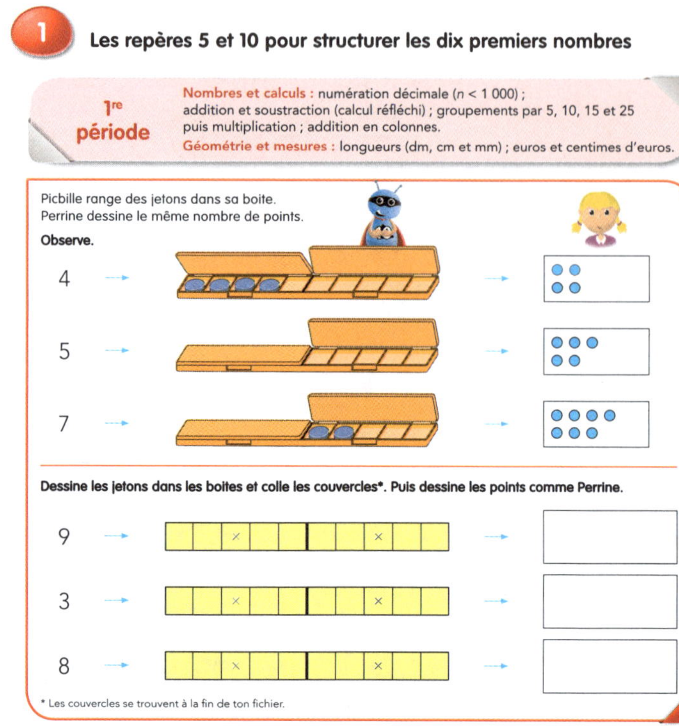

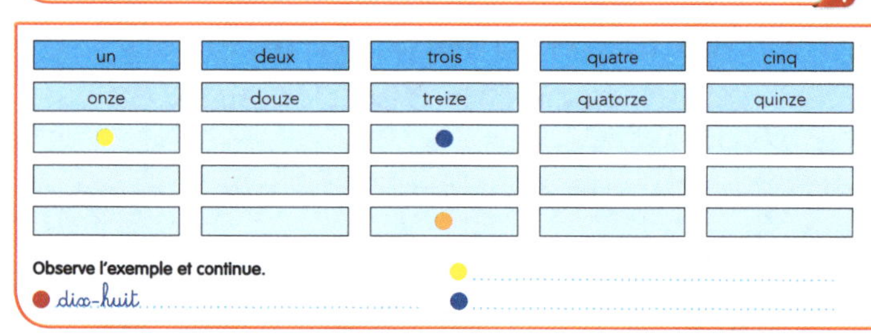

sur le fichier. L'activité préliminaire décrite ci-après est plutôt destinée à des classes dont les élèves ou une partie significative d'entre eux découvriraient ces modes de figuration au CE2. Dans ce dernier cas, la séquence peut déborder un peu de l'horaire moyen d'une séquence quotidienne de maths.

Activités préliminaires

Il s'agit de consolider la structuration des premiers nombres en utilisant, d'une part, les repères 5 et 10 et, d'autre part, en distinguant les nombres pairs et impairs.

1. L'enseignant montre très brièvement des doigts, de sorte que les élèves n'ont pas le temps de les compter. Pour 7 par exemple, il lève les 5 doigts de sa main droite (ainsi, pour les élèves, le groupement de 5 se trouve sur leur gauche) et le pouce et l'index de sa main gauche. Les élèves écrivent ce nombre sur leur ardoise. Au-dessus de 5, on fait justifier avec la décomposition $5 + n$.

2. L'enseignant utilise maintenant une boite de Picbille et des jetons. Il en fait d'abord décrire la structure et fait formuler la règle de « remplissage » :
– chaque compartiment comporte 5 cases et est muni d'un couvercle ;
– on remplit la boite de gauche à droite ;
– quand il y a 5 jetons dans un compartiment, on peut le refermer avec son couvercle ;
– au-dessus de 5, on fait remarquer que le nombre total de jetons (ceux qu'on voit et ceux qu'on ne voit pas) s'obtient en utilisant la décomposition $5 + n$, comme avec les doigts.

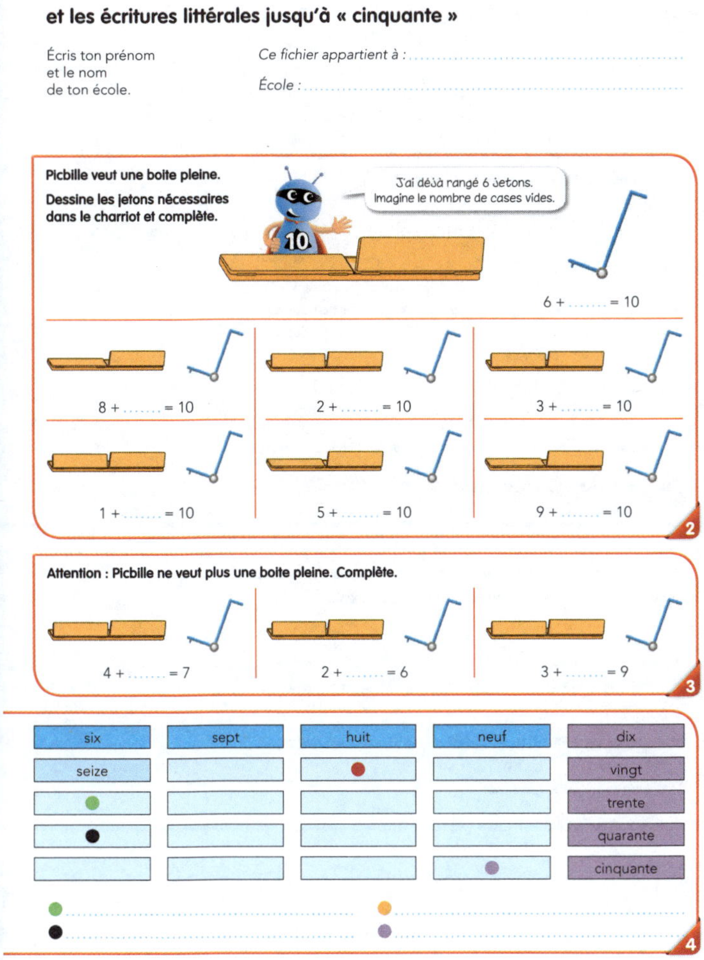

et les écritures littérales jusqu'à « cinquante »

Écris ton prénom et le nom de ton école.

Ce fichier appartient à : ....

École : ....

Picbille veut une boîte pleine.
Dessine les jetons nécessaires dans le chariot et complète.

J'ai déjà rangé 6 jetons. Imagine le nombre de cases vides.

6 + ... = 10

8 + ... = 10 | 2 + ... = 10 | 3 + ... = 10

1 + ... = 10 | 5 + ... = 10 | 9 + ... = 10

2

Attention : Picbille ne veut plus une boîte pleine. Complète.

4 + ... = 7 | 2 + ... = 6 | 3 + ... = 9

3

six	sept	huit	neuf	dix
seize		●		vingt
●				trente
●				quarante
			●	cinquante

● .... ● ....

● .... ● ....

4

3. L'enseignant montre très brièvement des cartons où figurent des points « comme Perrine » comme ci-dessous. Les élèves écrivent le nombre correspondant sur leur ardoise. Là encore, on fait justifier le résultat en disant par exemple que « c'est 6, parce que c'est 3 plus 3 » ou « c'est 7 parce que c'est 6 plus 1 ou encore 4 plus 3 ».

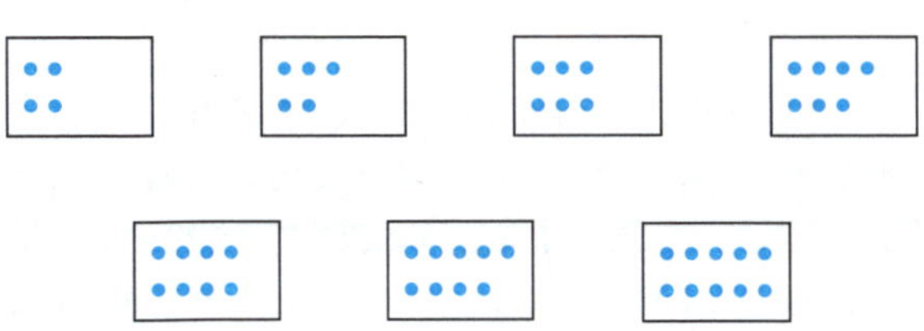

Activités sur le fichier

Les élèves retrouvent deux des figurations utilisées au CP et au CE1 (ou dans les activités préliminaires). Ils poursuivent individuellement : dessin des jetons, collage des couvercles autocollants, puis dessin des collections « comme Perrine ».

2. Les compléments à 10

Activité préliminaire : visualisation mentale par reconstitution de la vision d'autrui

Il s'agit d'amener les élèves à s'appuyer sur l'évocation mentale de la structure de la boite pour trouver le complément à 10 de tout nombre < 10, quand ce calcul fait encore problème.

L'enseignant a déposé 9 jetons dans la boite. Il tient la boite comme Picbille sur le fichier (*cf.* illustration), de sorte que les enfants ne puissent en voir le contenu alors que lui peut le voir. Il énonce qu'il a mis 9 jetons dans la boite et demande combien de cases sont vides (les élèves écrivent ce nombre sur leur ardoise). Pour la vérification, il lui suffit d'incliner la boite vers les élèves, à ± 60° (*cf.* illustration). Il poursuit de la même façon, dans l'ordre décroissant jusqu'à 0.
Puis l'enseignant propose divers cas dans le désordre.

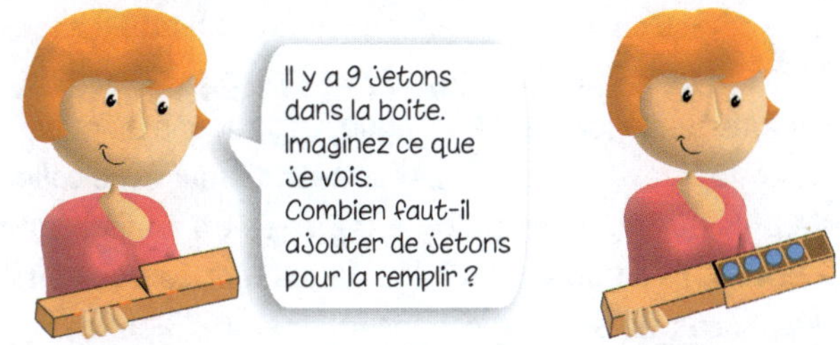

Anticipation | Vérification

Remarque : comment disposer les jetons ?

Pour que les cases vides soient à droite des élèves, comme sur le fichier, l'enseignant a dû, lui, les remplir à l'inverse de l'habitude, c'est-à-dire de sa droite vers sa gauche, comme on le voit sur l'illustration.

Activité sur le fichier

Les élèves travaillent individuellement : on les invite à compléter d'abord l'égalité en évoquant le scénario précédent, puis à dessiner les jetons qui représentent le complément dans le chariot. Les cas où le nombre de jetons rangés dans la boite est < 5 se remarquent au fait que les deux couvercles sont ouverts. Pour aider les élèves dans ces cas plus difficiles, on peut questionner ainsi : « *Combien de cases sont vides dans le premier compartiment ? et dans le second ?* »

4. Écritures littérales des nombres

Il s'agit d'amener les élèves à comprendre la structure de la liste de référence et à pouvoir s'en servir pour lire des nombres en cas de difficulté. On s'intéresse d'abord aux nombres écrits en lettres sur le fichier :

• Sur la 1re ligne sont rangés les nombres de « un » à « dix ». Cette 1re ligne correspond aux nombres de « 1 » à « 10 » « écrits en chiffres ».

• Sur la 2e ligne, on voit les écritures des nombres de « onze » à « vingt », mais les nombres qui correspondent à 17, 18 et 19 ne sont pas écrits. Pourquoi ? On fait formuler que ces trois nombres s'écrivent avec « dix », qui est donné en haut de la colonne de droite, et les nombres « sept », « huit » et « neuf » qui sont écrits dans les cases juste au-dessus des cases vides.

• *Pourquoi les nombres des lignes suivantes ne sont-ils pas écrits ? Que devrait-on écrire sur la 1re étiquette de chaque ligne ? Dispose-t-on des mots nécessaires ? et sur la suivante ?... et sur l'avant-dernière ?* On prend conscience qu'avec les étiquettes « dix », « vingt », « trente », etc. de la dernière colonne (sur fond violet) et celles de la 1re ligne (sur fond bleu foncé), on a tous les mots nécessaires.

On peut conclure en se demandant si on pourrait aussi écrire en lettres des nombres comme 51, 56, 59, et anticiper ce qu'on écrirait sous « cinquante ».

Les élèves poursuivent individuellement sur le fichier.

Objectifs

Au début du CE2, certains élèves ont encore besoin d'approfondir leur compréhension de la mesure en cm. C'est pourquoi, dans la séquence 2, on fait d'abord utiliser deux règles en carton qui se trouvent à la fin du fichier. La première règle est graduée en pouces. Les élèves comprennent alors facilement que mesurer une longueur en pouces revient à comparer cette longueur avec celle de plusieurs pouces qu'on a reportés ou « mis bout à bout ». Ils comprennent alors facilement ce que veut dire : « ce trait est long comme (ou mesure) 3 pouces ». L'autre règle est graduée en cm et les cm apparaissent comme les longueurs de petites bandes mises bout à bout. L'objectif est que les élèves comprennent la mesure en cm sur le modèle de la mesure en pouces (activité 1), et qu'ils se servent de leur règle en carton graduée en cm comme modèle pour interpréter le double décimètre (activité 2).

Dans la sq 3, les élèves revoient le calcul des soustractions qui sont dites « élémentaires » parce qu'elles servent dans la soustraction en colonnes (le grand nombre est inférieur à 20 et le résultat inférieur à 10). Dans cette 1re séquence, on se limite au cas où l'on « retire peu » (13 – 4, par exemple) et les soustractions correspondantes se calculent par retraits successifs (13 – 3 – 1). Cependant, ce retrait peut s'effectuer de deux façons différentes : 1 à 1 (il s'agit d'un comptage à rebours) ou en s'appuyant sur les repères 5 et 10. C'est cette dernière stratégie qui est privilégiée. Le cas des soustractions où l'on « retire beaucoup » (13 – 9, par exemple) sera abordé dans la séquence 8. Ces soustractions se calculent plutôt par compléments successifs (9 + ? = 13).

Activités — Séquence 2

À partir de celle-ci, chaque séquence commence par des entraînements en calcul mental. Très souvent, deux séries de calculs de nature différente sont successivement demandées. Pour la 1re série, les élèves répondent alors sur ardoise ; pour la 2e série, l'activité commence sur ardoise et se termine sur le fichier (les enfants utilisent les zones de réponse en haut de page). Lorsqu'il n'y a qu'une seule série de calculs (par ex. sq 5), il en va de même : réponses d'abord sur l'ardoise puis sur le fichier. En outre, sauf indications spéciales, les calculs sont proposés oralement par l'enseignant.

Compléments à 10

L'enseignant dit un nombre ≤ 10, les élèves cherchent le complément et écrivent l'égalité. Au début, si nécessaire, on reprend le scénario de visualisation mentale introduit dans la séquence 1.

Additions

Divers calculs $a + b$ avec a et $b \leq 9$. C'est l'occasion d'évaluer les acquis des élèves dans le répertoire additif de base. C'est dans les séquences suivantes qu'on reverra les principales stratégies de calcul :

– le « retour aux 5 » (5 + 7 = 5 + 5 + 2) ;
– le « retour aux doubles » (7 + 8 = 7 + 7 + 1) ;
– le « passage de la dizaine » (9 + 6 = 9 + 1 + 5).

Voir commentaires de ces activités dans les sq 4 à 8.

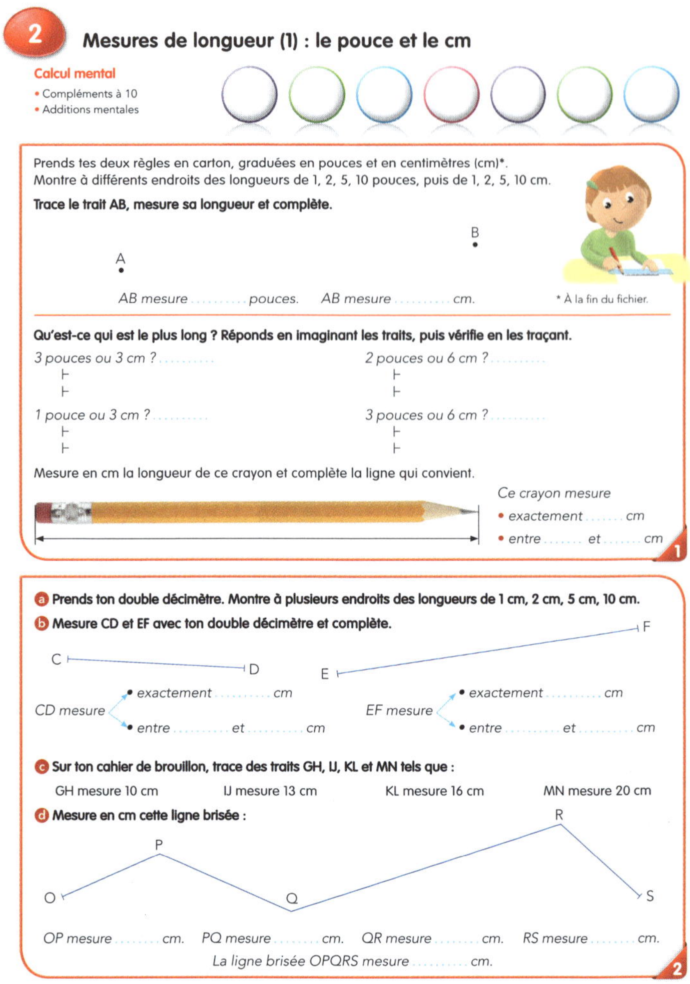
2 Mesures de longueur (1) : le pouce et le cm

Calcul mental
• Compléments à 10
• Additions mentales

Prends tes deux règles en carton, graduées en pouces et en centimètres (cm)*.
Montre à différents endroits des longueurs de 1, 2, 5, 10 pouces, puis de 1, 2, 5, 10 cm.

Trace le trait AB, mesure sa longueur et complète.

AB mesure .... pouces. AB mesure .... cm.

* À la fin du fichier.

Qu'est-ce qui est le plus long ? Réponds en imaginant les traits, puis vérifie en les traçant.

3 pouces ou 3 cm ? .... *2 pouces ou 6 cm ? ....*
1 pouce ou 3 cm ? .... *3 pouces ou 6 cm ? ....*

Mesure en cm la longueur de ce crayon et complète la ligne qui convient.

Ce crayon mesure
• *exactement .... cm*
• *entre .... et .... cm*

1

a Prends ton double décimètre. Montre à plusieurs endroits des longueurs de 1 cm, 2 cm, 5 cm, 10 cm.

b Mesure CD et EF avec ton double décimètre et complète.

CD mesure • *exactement .... cm* • *entre .... et .... cm*

EF mesure • *exactement .... cm* • *entre .... et .... cm*

c Sur ton cahier de brouillon, trace des traits GH, IJ, KL et MN tels que :

GH mesure 10 cm IJ mesure 13 cm KL mesure 16 cm MN mesure 20 cm

d Mesure en cm cette ligne brisée :

OP mesure .... cm. PQ mesure .... cm. QR mesure .... cm. RS mesure .... cm.
La ligne brisée OPQRS mesure .... cm.

2

1 et 2. Mesure en pouces et en cm

Activités préliminaires avec les règles en carton

On s'intéresse d'abord à la règle graduée en pouces. À quoi peut-elle servir ? La discussion permet de comprendre qu'on peut utiliser des parties du corps pour mesurer des longueurs (largeur du pouce, empan entre les extrémités du pouce et du majeur, pied, avant-bras ou « coudée », etc.). On utilise alors le procédé du report. L'enseignant peut demander aux élèves de mesurer ainsi avec leur propre pouce la longueur de divers objets. On dira par exemple que tel crayon « *est long comme 6 pouces de Lucie* » ou « *mesure 6 pouces de Lucie* » (il est très utile d'employer ces deux expressions comme synonymes).
Aujourd'hui encore, les Anglais mesurent en « pieds » et en « pouces ». Mais au lieu de reporter des pouces véritables, dont la largeur varie d'un individu à l'autre, ils ont défini le pouce « anglais » et c'est celui de la règle. L'enseignant demande de montrer entre deux doigts des longueurs de 1, 2, 3, 5, 10 pouces à divers endroits de la règle. Les mêmes objets qui viennent d'être mesurés par report sont maintenant mesurés avec la règle en carton.

3 **Les soustractions élémentaires : retirer un petit nombre**

Calcul mental
• Additions mentales
• Compléments à 10

L'écureuil compte 8 – 2

Il reste sept ...

Vérifie qu'il y a 8 noisettes et termine de barrer. 8 – 2 = ...

Picbille calcule 8 – 2

Je dessine les jetons comme s'ils étaient dans la boite.

Vérifie et complète. 8 – 2 = ...

Qui voit le mieux le résultat ? L'écureuil ou Picbille ?

L'écureuil compte 14 – 6

Il reste treize ...

Vérifie qu'il y a 14 noisettes et termine de barrer. 14 – 6 = ...

Picbille calcule 14 – 6

Quatorze, c'est 10 et 4. Je barre 4 et encore ...

Vérifie et complète. 14 – 6 = ...

Qui trouve le plus rapidement le résultat ? L'écureuil ou Picbille ?

1

Calcule en barrant « à la fin » comme Picbille.

7 – 3 = ... 13 – 4 = ...

Dessine puis barre « à la fin » comme Picbille.

9 – 3 = ... 15 – 7 = ...

2

Calcule (dessine au brouillon si tu en as besoin).

8 – 1 = ...	11 – 4 = ...	13 – 6 = ...
9 – 4 = ...	12 – 3 = ...	11 – 3 = ...

3

La règle en cm est alors observée : on n'y voit plus des pouces mis bout à bout, mais des bandes colorées. Toutes ces bandes colorées ont la même longueur et cette longueur s'appelle le centimètre (le mot complet et l'abréviation sont écrits au tableau). Là encore, l'enseignant demande de montrer des longueurs de 1, 2, 3, 5, 10 cm à divers endroits de la règle, puis fait mesurer divers objets. Ce sera aussi l'occasion de faire remarquer et utiliser les repères 5, 10, 15, etc. On dira par exemple que le crayon de Lucie « *est long comme un peu plus de 15 cm* », qu'il « *mesure un peu plus de 15 cm* » ou encore « *qu'il mesure entre 15 et 16 cm* ». On constate alors qu'il y a plus de cm (ou moins de pouces) dans une même longueur, et on interprète ce phénomène : le cm est plus petit, il y a plus de cm. Cela conduit à diverses comparaisons similaires à celles du fichier : « *Qu'est-ce qui est le plus long, 1 pouce ou 2 cm ?... 4 cm ou 4 pouces ?... 3 pouces ou 6 cm ?* » Au besoin, on trace sur le cahier les traits correspondants pour vérifier.

Activités sur le fichier

Les élèves travaillent individuellement. On les amène à comprendre la fonction des repères donnés pour les tracés (⊢). Avant d'aborder l'activité 2, on fera observer l'analogie de structure entre la règle en carton graduée en cm et le double décimètre. La superposition des deux instruments permet de comprendre que les cm sont représentés entre les traits les plus longs (on peut faire expliciter que la longueur représentée entre deux traits « courts » sert à affiner la mesure lorsqu'une longueur n'est pas un nombre exact de cm ; elle s'appelle le mm). Là encore, on demandera de montrer diverses longueurs exprimées en cm à divers endroits du double décimètre et de mesurer divers objets.

Remarque

Nous recommandons aux enseignants de ne pas utiliser le mot « segment », mais l'expression « trait droit ». En effet, ce mot désigne une notion mathématique qui est encore hors de portée de beaucoup d'élèves au début du cycle 3. Il a par exemple la propriété suivante : bien que la distance entre les deux extrémités soit finie, il « contient » une infinité de points. Utiliser ce mot pour désigner des traits, ce serait risquer d'établir une conception fausse du segment qui pourrait gêner la compréhension de la notion mathématique (celle-ci sera abordée au CM1).

Activités Séquence 3

Compléments à 10 et additions

Mêmes activités que séquence 2.

1, 2 et 3. Soustractions élémentaires où l'on retire un petit nombre

Les élèves doivent comprendre que pour calculer une soustraction du type 14 – 6, par exemple, lorsqu'on s'appuie sur une collection organisée en 10 et 4, les 6 objets retirés ne le sont pas n'importe où, mais qu'on prélève d'abord ceux qui « dépassent » 10. Ils doivent comprendre de plus que la difficulté réside grandement dans la décomposition du nombre retiré : pour calculer 14 – 6, par exemple, on retire 4 et encore... 2. Les élèves qui ne savent pas décomposer 6 en 4 et encore 2 éprouveront évidemment des difficultés pour mettre en œuvre cette stratégie. Les décompositions des premiers nombres doivent impérativement être retravaillées avec eux.

L'activité commence directement sur le fichier. On retrouve pour la première fois au CE2 une organisation de page où l'écureuil est à gauche de la page et Picbille à droite. Rappelons que l'écureuil incarne l'usage de stratégies faciles à comprendre mais généralement peu performantes (très souvent, il compte !), alors que les autres personnages, dont Picbille, incarnent des stratégies plus efficientes que le comptage. Les deux personnages cherchent le résultat de 8 – 2. L'écureuil est obligé de compter pour vérifier le nombre initial et trouver le résultat ; Picbille, lui, calcule sur une collection organisée à l'aide du repère 5 et il obtient le résultat de 8 – 2 sans compter.

Concernant le calcul de 14 – 6, l'enseignant reprend au tableau le dessin de la boite et des jetons : il reproduit le schéma d'une boite et dessine 4 autres points. On commente ensuite ce que Picbille dit et ce qu'il a barré : « *Quatorze, c'est dix et quatre, je barre d'abord 4 et encore...* ». Il faut encore barrer deux jetons, ce qui conduit à entourer une zone légèrement plus petite qu'un demi-compartiment avant de barrer cette zone. Il restera donc 8 jetons dans la boite.

N.B. : D'un point de vue pédagogique, l'usage du schéma d'une boite *fermée* oblige les élèves à procéder mentalement pour décomposer le nombre retiré (6, c'est 4 et encore...). D'une manière générale, les boites sont plus souvent fermées dans cette édition de *J'apprends les maths CE2* que dans la précédente.

Objectifs

On revoit ici la numération décimale sur les nombres jusqu'à 69. Dans chaque activité, il s'agit de concevoir 47 par exemple comme 4 groupes de 10 (ou 4 dizaines) et 7 unités isolées.

Rappelons que nous recommandons d'utiliser tout le temps nécessaire les expressions « groupe de 10 » et « dizaine » comme des synonymes. L'usage de l'expression « groupe de 10 », qui a le même sens que « dizaine », est plus claire et facilite la compréhension du mot « dizaine ». Et pour favoriser une bonne compréhension de la numération, le plus souvent possible, même lorsqu'il s'agit de décrire des figurations de nombres réalisées avec le matériel de numération, on privilégiera les dénominations générales (« groupes de 100 » ou « centaines », « groupes de 10 » ou « dizaines ») plutôt que des termes comme « valises » et « boites », même lorsqu'on les complète par « ...de 100 » ou « ...de 10 ».

Activités — Séquence 4

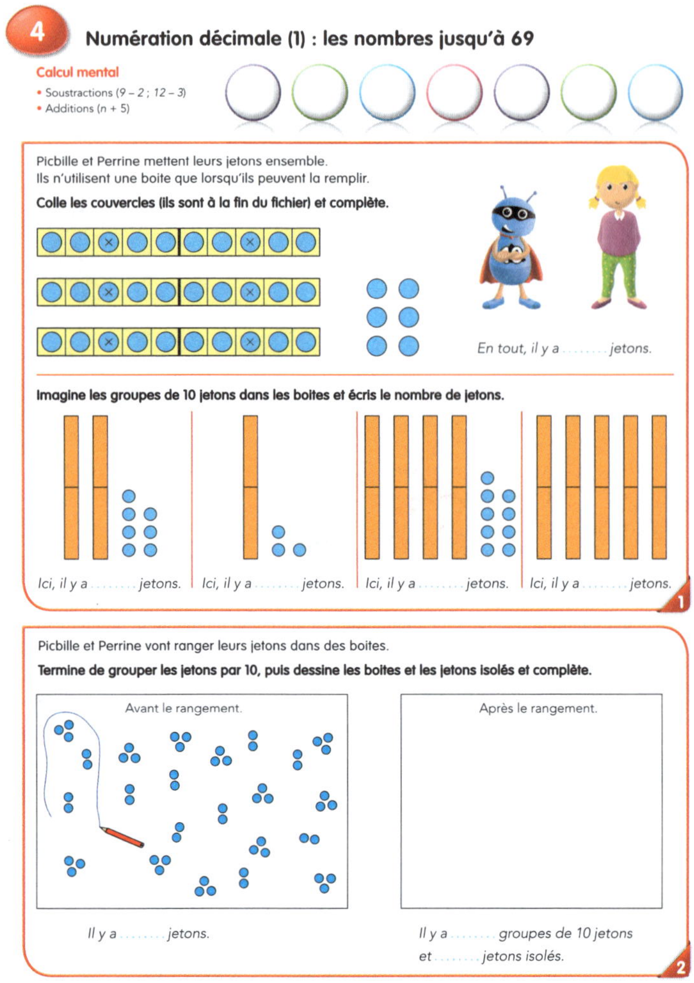

Soustractions *(9 – 2 ; 12 – 3)*

L'activité commence sur ardoise. Après chaque calcul, la correction se fait en explicitant la stratégie de retraits successifs à partir d'un dessin au tableau des nombres comme Picbille (cf. séquence 3). Si les résultats des soustractions du type 8 – 2 ne sont pas rapidement retrouvés (si certains élèves comptent sur leurs doigts, par exemple), soit collectivement, soit dans le cadre de l'aide personnalisée, l'enseignant peut animer quelques séances de « simulation mentale de retraits que l'enseignant réalise de manière masquée ». Il utilise à cet effet des cartons sur lesquels figurent de 5 à 10 jetons dessinés comme Picbille, c'est-à-dire avec un espace entre le 5e et le 6e (le matériel est téléchargeable sur le site japprendslesmaths.fr). Pour chaque calcul, il y a deux phases : celle de simulation et celle de vérification (ou validation) du résultat. La phase de simulation se déroule elle-même en deux temps, le premier visant à faire évoquer mentalement aux élèves la collection organisée initiale, le second à effectuer le retrait.

Simulation (1er temps)

Si la soustraction est 8 – 2, par exemple, il importe que les élèves se représentent que la collection initiale est organisée en 5 points et encore 3. L'enseignant tient le carton de sorte que les 3 points sont sur sa gauche (le masquage s'effectuera donc sur sa gauche aussi, c'est-à-dire sur la droite des élèves : cela correspond, pour eux, au fait qu'on enlève « à la fin »). Il regarde le carton et demande aux élèves d'imaginer ce qu'il voit.

Simulation (2e temps)

L'enseignant réalise le retrait de manière masquée. Pour 8 – 2, il cache avec un carton les 2 points qui sont les plus à gauche et il demande aux élèves d'imaginer ce qu'il voit maintenant que le retrait est réalisé.

Validation

On procède à la vérification en basculant le carton où figurent les points et en exécutant le retrait sous les yeux des élèves : « *Il y a 8 points sur le carton ; 8, c'est 5 et encore 3. Je cache 2 points ; on en voit maintenant 5 et encore 1, c'est 6.* » L'enseignant peut écrire au tableau l'égalité : 8 – 2 = 6.
La validation s'effectue immédiatement après chaque problème posé, ce qui facilite l'appropriation de la stratégie.

Complète :

10 + 10 + 10 + 8 = ... 10 + 10 + 10 + 10 + 10 + 10 + 5 = ... 10 + 10 + 10 + 10 + 10 + 1 = ...

Voici 5 paquets de 10 images et 3 images isolées.

Combien d'images y a-t-il en tout ?

Voilà 6 billets de 10 € et 7 pièces de 1 €.

Combien d'euros y a-t-il en tout ?

J'ai appris

Une boite de 10 jetons, un paquet de 10 images, un carnet de 10 timbres, un billet de 10 €, etc. sont des « **groupes de 10** ».

57, c'est 5 groupes de 10 et 7.
On dit aussi que 57, c'est 5 dizaines et 7 unités et on écrit : 57 = 5 d + 7 u

Imagine les groupes de 10 et complète comme dans l'exemple.

cinquante-neuf, c'est 5 groupes de 10 et 9 ; *on dit aussi :* 5 dizaines et 9 unités
vingt-six, c'est .... ; *on dit aussi :* ....
trente-et-un, c'est .... ; *on dit aussi :* ....
douze, c'est .... ; *on dit aussi :* ....
quarante-cinq, c'est .... ; *on dit aussi :* ....

3

Vérifie qu'il y a 2 dizaines et 31 unités.

Entoure toutes les dizaines de jetons et écris combien il y a de jetons en tout.

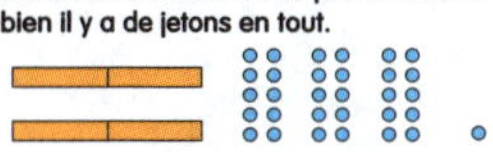

2 d + 31 u .....

Vérifie qu'il y a 3 dizaines et 17 unités.

Entoure toutes les dizaines de jetons et écris combien il y a de jetons en tout.

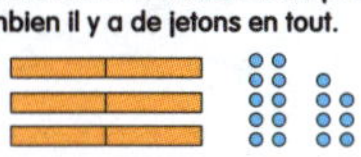

3 d + 17 u .....

Calcule mentalement le nombre total puis vérifie comme dans l'exemple.

2 d + 34 u = 2 d + 3 d + 4 u	3 d + 28 u = ...	4 d + 20 u = ...
= 5 d + 4 u	=	= ....
= 54	=	= ....

4

Ce feutre mesure-t-il plus ou moins de 10 cm ?

Fais un pari, puis mesure sa longueur en cm.

Complète la ligne qui convient.

Ce feutre mesure
- *exactement* .... *cm*
- *entre* .... *et* .... *cm*

5

Additions ($n + 5$; $5 + n$)

Quelques cas comme ceux de la séquence 2 sont proposés puis on insiste sur les cas du type $n + 5$ ou $5 + n$ (la somme est comprise entre 11 et 14). Si le résultat n'est pas connu par cœur, on fait un « retour au 5 » : 8 + 5 = 5 + 3 + 5 = 10 + 3. Cette stratégie peut être explicitée en utilisant les nombres « comme Picbille » (*cf.* sq 3) ou « comme Dédé » (*cf. J'apprends les maths CE1*).

1 à 3. Numération décimale

Activités préliminaires

On revoit un mode de figuration des nombres > 10, les nombres « comme Picbille et Perrine ». 87 jetons par exemple seront organisés en 8 groupes de 10 jetons (rangés dans 8 boites) et 7 jetons isolés.

On conduit l'activité suivante avec le matériel (« boites de Picbille »). L'enseignant a déposé en vrac sur une table un tas de jetons, 59 par exemple. Les élèves doivent commander le nombre de boites nécessaires, de sorte que toutes les boites demandées seront finalement remplies et fermées, *mais sans compter préalablement le nombre total de jetons.* S'il y a des jetons qu'on ne peut pas grouper par 10, on ne les mettra pas dans une boite.

Il demande à deux ou trois élèves de s'occuper de cette commande (ils doivent se mettre d'accord sur le nombre de boites). Les autres élèves les observent. Finalement, il y a 5 groupes de 10 jetons et il faut donc 5 boites ; 9 jetons n'ont pas pu être groupés, ils resteront isolés. On détermine alors le nombre de jetons et on compare deux manières de le faire :
– on compte les groupes de 10 : « 1, 2, 3, 4, 5 », 5 groupes de 10, c'est cinquante, et 9, cinquante-neuf » ;
– on compte de 10 en 10 : « 10, 20, 30, 40, 50 et 9, 59 ».

Les boites sont remplies. On écrit le nombre de jetons et on remarque que dans l'écriture chiffrée de 59, le 5 dit le nombre de groupes de 10 ou de dizaines, le 9 dit celui des unités isolées. Dans le cas de 59, il est facile d'anticiper ce qui se passerait si on ajoutait 1 jeton. L'écriture « 60 » dira qu'il y a 6 groupes de 10 et zéro (ou aucune) unité isolée.

Cette situation est éventuellement reprise avec une ou deux autres quantités de jetons.

Il est bon de conclure par un scénario d'accroissement des unités de 1 en 1 (on part par exemple de 19). Les élèves écrivent les nombres successifs sur leur ardoise et l'enseignant effectue avec le matériel les ajouts correspondants. Il peut en outre faire dessiner les collections correspondantes : des grands traits pour les boites et des points dessinés comme Perrine pour les unités isolées. À divers moments, notamment lorsqu'on forme un nouveau groupe de 10, on met en relation les deux systèmes : matériel de numération ou sa schématisation, d'une part, écriture chiffrée, d'autre part.

Activités sur le fichier

Dans l'activité 1, 3 boites sont remplies et il y a 6 jetons isolés. Les boites n'étant pas fermées, les élèves vont devoir coller les couvercles. C'est seulement après que l'enseignant demandera combien de jetons ont Picbille et Perrine ensemble. Pour la seconde partie de l'activité, on favorisera la procédure qui consiste à passer directement du nombre de groupes de 10 (2, 1, 4 et 5) au nombre total de jetons groupés (20, 10, 40, 50).

Pour l'activité 2, on fait d'abord interpréter le trait de crayon qui a été amorcé, puis les enfants achèvent le travail commencé. Après le premier exercice, on fait le point sur les procédures en s'appuyant sur un amas similaire de 58 points dessinés au tableau. Des élèves viennent montrer comment ils s'y prennent pour former des groupes de 10 : certains comptent un à un ; d'autres utilisent la disposition par 2 et 3 pour former plus directement des groupes de 10 (au besoin l'enseignant montre cette procédure), soit en calculant sur les paquets (« 2 et 3, 5 et 3, 8 et 2, 10 »), soit en cherchant deux 5 (« 2 et 3, 5 ; encore 3 et 2, 5 ; en tout 10 »). Il suffit alors de compter les groupes de 10 (« 1, 2, 3, 4, 5 ») pour savoir qu'avec ces 5 groupes de 10, il y a 50 jetons.

Pour l'activité 3, on pourra aider les élèves en les amenant à évoquer les 10 images qui sont groupées dans chaque pochette. De même, pour les billets de 10 euros, on fera comprendre, au besoin, qu'ils équivalent à des groupes de 10 pièces de 1 euro. Les élèves qui auraient des difficultés pour lire les nombres sous forme littérale peuvent se servir de la liste de la séquence 1 (activité 4). On insistera finalement sur la synonymie entre « groupe de 10 » et « dizaine », et sur le fait qu'on a utilisé toutes sortes de groupes de 10 ou de dizaines, dizaines de jetons, d'images, d'euros (*cf.* le *J'ai appris*). On demandera des exemples de problèmes avec d'autres groupes de 10 (enfants, fleurs, gâteaux, ...).

Dans l'activité 4, l'enseignant précisera que dans chaque exercice il faut chercher le nombre total de jetons, ceux que l'on voit plus ceux que l'on ne voit pas. Quant au calcul de 3 d + 28 u, les élèves calculent d'abord la somme mentalement sous la forme 30 + 28 avant de contrôler leur résultat en utilisant les décompositions suggérées. Idem pour 4 d + 20 u (voir les objectifs de la sq 6).

Objectifs

Dans la sq 5, on revoit le calcul mental des additions d'un nombre à 2 chiffres avec un nombre à 1 chiffre. Deux stratégies sont proposées : soit on procède à deux ajouts successifs en complétant d'abord à la dizaine supérieure (24 + 8 = 24 + 6 + 2), soit on cherche d'abord le nombre des unités (ici, 8 + 4 = 12, le nombre d'unités est 2) puis on ajoute la dizaine « de retenue ». Dans cette séquence et dans les suivantes, les calculs du fichier sont donnés sous forme littérale ; les élèves écrivent les résultats en chiffres. On veut qu'ils se trouvent dans une situation proche du calcul oral : ils doivent se représenter mentalement les décompositions en dizaines et unités. Par exemple, pour « quarante-cinq + huit », ils doivent se demander : « quarante, c'est combien de groupes de 10 ? ». En revanche, quand les calculs sont donnés sous forme chiffrée (45 + 8), le chiffre 4 donne immédiatement cette information. Si des élèves sont très faibles lecteurs, ils pourront se servir de la liste de référence de la séquence 1.

La sq 6 a plusieurs objectifs : revoir les signes arithmétiques de la comparaison : >, < et =, compléter des additions et des soustractions « à trous » et calculer des expressions telles que « 3 d + 15 u ». Concernant les opérations « à trous », on insiste particulièrement sur celles dont le résultat est à gauche du signe « = » : il s'agit de favoriser une conception arithmétique de ce signe. On vise à ce que l'enfant comprenne que l'emploi de « = » se justifie dès que les quantités figurant de part et d'autre sont égales, quelle que soit la façon dont ces quantités sont représentées (une seule écriture chiffrée, une addition, une soustraction…).

Quant au calcul avec des expressions de la forme « 3 d + 15 u », rappelons qu'il présente l'intérêt d'amener les élèves à utiliser les notions de dizaines et d'unités dans un contexte différent de la décomposition canonique d'un nombre, lorsqu'ils disent ou écrivent que 45 = 4 d + 5 u. Dans une expression telle que « 3 d + 15 u », la notion de dizaine étant en jeu à la fois dans le « 3 » de « 3 d » et dans le « 1 » de « 15 u », cela favorise la compréhension de cette notion.

Activités — Séquence 5

Additions

Idem séquence 2. Pour les additions, on insiste sur 6 + 7, 7 + 8, et 8 + 9. Si les résultats ne sont pas bien connus, on utilise la stratégie du « retour au double » : « 6 + 7, c'est 6 et 6, 12 et 1, 13 ». On suppose que les doubles sont bien connus. Mais, si nécessaire, on les révisera en utilisant les nombres « comme Picbille » : 6 + 6 = 5 + 1 + 5 + 1 ; 7 + 7 = 5 + 2 + 5 + 2… Concernant l'enseignement de la stratégie du « retour aux doubles », c'est l'usage des nombres «comme Perrine» qui est le mieux adapté, comme le suggère le schéma ci-dessous :

6 + 7 = 6 + 6 + 1

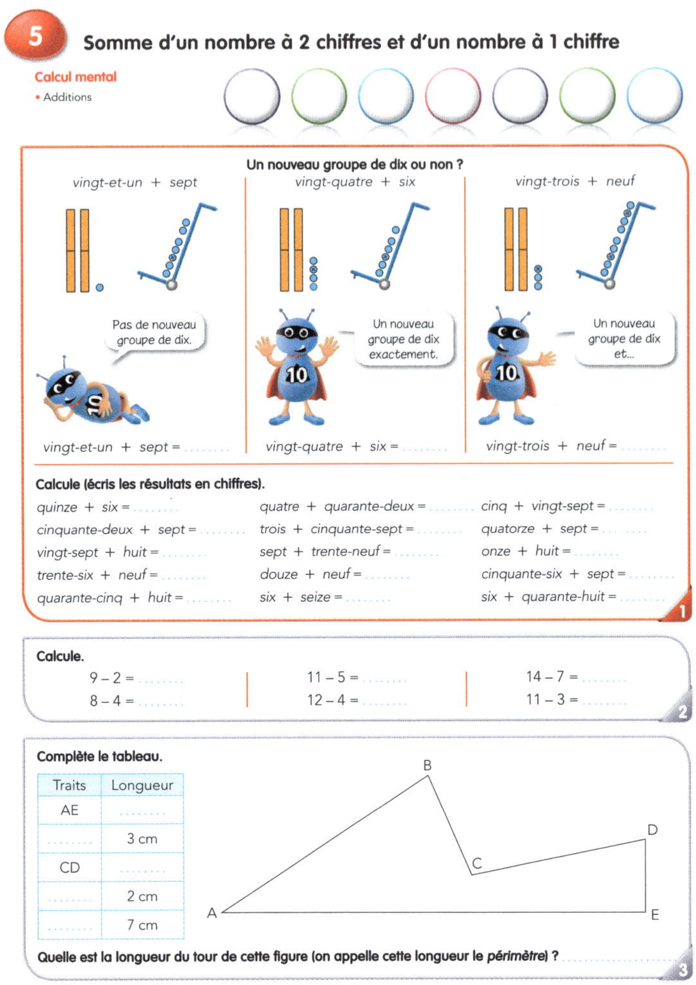

5 Somme d'un nombre à 2 chiffres et d'un nombre à 1 chiffre

Calcul mental
• Additions

Un nouveau groupe de dix ou non ?

vingt-et-un + sept | *vingt-quatre + six* | *vingt-trois + neuf*

vingt-et-un + sept = ... | *vingt-quatre + six =* .... | *vingt-trois + neuf =* ....

Calcule (écris les résultats en chiffres).

quinze + six = ...	*quatre + quarante-deux =*	*cinq + vingt-sept =* ....
cinquante-deux + sept = ...	*trois + cinquante-sept =*	*quatorze + sept =* ....
vingt-sept + huit = ...	*sept + trente-neuf =*	*onze + huit =* ....
trente-six + neuf = ...	*douze + neuf =*	*cinquante-six + sept =* ....
quarante-cinq + huit = ...	*six + seize =*	*six + quarante-huit =* ....

1

Calcule.

9 – 2 = ...	11 – 5 = ...	14 – 7 = ...
8 – 4 = ...	12 – 4 = ...	11 – 3 = ...

2

Complète le tableau.

Traits	Longueur
AE	....
....	3 cm
CD	....
....	2 cm
....	7 cm

Quelle est la longueur du tour de cette figure (on appelle cette longueur le *périmètre*) ? ....

3

1. Somme d'un nombre à 2 chiffres et d'un nombre à 1 chiffre

Lors d'une activité préliminaire, l'enseignant propose oralement quelques cas du même type que ceux du fichier (tantôt il n'y a pas de nouvelle dizaine, tantôt il y en a une exactement, tantôt il y a une nouvelle dizaine et encore… ; les résultats ne dépassent pas 69 ; tantôt le grand nombre est en 1re position, tantôt en 2e). C'est la discussion qui permet de dégager les différentes stratégies.

Celle qui consiste à compléter à la dizaine supérieure est mise en scène avec le matériel (jetons et boites de Picbille). Les cas du type 43 + 9 sont l'occasion de prendre conscience qu'on peut soit utiliser un «passage de la dizaine» en conservant l'ordre des nombres (43 + 9 = 43 + 7 + 2), soit commencer par remplacer ce calcul par celui de 49 + 3 (49 + 3 = 49 + 1 + 2).

6 Égalités et inégalités

Calcul mental
- Soustractions
- Additions

Place le signe qui convient : =, > ou <.

6 + 7 15	15 + 7 20	25 + 9 33
9 ..... 13 – 4	40 ..... 32 + 8	41 ..... 6 + 35
31 ..... 24 + 6	14 ..... 4 + 10	18 + 5 24

Complète les égalités.

57 = ... + 7	.... + 8 = 16	.... = 12 – 4
32 + ... = 38	30 = ... + 4	.... + 3 = 20
.... = 9 + 7	65 = 59 + ...	14 = ... + 7

1

Place le signe qui convient : =, > ou <.

5 d + 7 u 60	28 u + 2 d 48	2 d + 12 u 33
46 ..... 3 d + 15 u	50 ..... 1 d + 42 u	60 ..... 4 d + 20 u

Complète les égalités.

57 = ... d + 7 u	..... = 4 d + 15 u	50 = ... d + 10 u
2 u + ... d = 42	..... d + 18 u = 48	35 = 2 d + ... u

2

Complète (imagine les mouchoirs, les billes, etc.).

3 paquets de 10 mouchoirs et encore 15 mouchoirs, c'est .... mouchoirs en tout.

6 sacs de 10 billes, c'est ....

4 équipes de 10 élèves et encore 2 élèves, c'est ....

3 billets de 10 € et 19 pièces de 1 €, c'est ....

2 rangées de 10 voitures et encore 4 voitures, c'est ....

3

Imagine la taille des objets suivants et barre les mesures impossibles.

un stylo	un bâton de colle	une pile	un taille-crayon
5 cm	4 cm	5 cm	2 cm
15 cm	8 cm	10 cm	5 cm
25 cm	16 cm	20 cm	8 cm

4

Activités Séquence 6

Additions

Idem sq 2, en insistant sur les calculs du type 8 + *n* et 9 + *n*. Si les résultats ne sont pas bien connus, on fait utiliser la stratégie du « passage de la dizaine » : « 8 + 6, c'est 8 + 2, 10 et encore 4, 14 ». On en facilitera l'appropriation en conduisant l'activité de « simulation mentale d'un passage de la dizaine que l'enseignant réalise de manière masquée ». Cette activité, décrite ci-après, est, selon les besoins, proposée collectivement ou dans le cadre de l'aide personnalisée.

Pour chaque calcul, il y a 2 phases : celle de simulation et celle de vérification (ou validation) du résultat. La phase de simulation se déroule elle-même en deux temps. L'exemple proposé est celui du calcul de 9 + 6.

Simulation (1er temps)

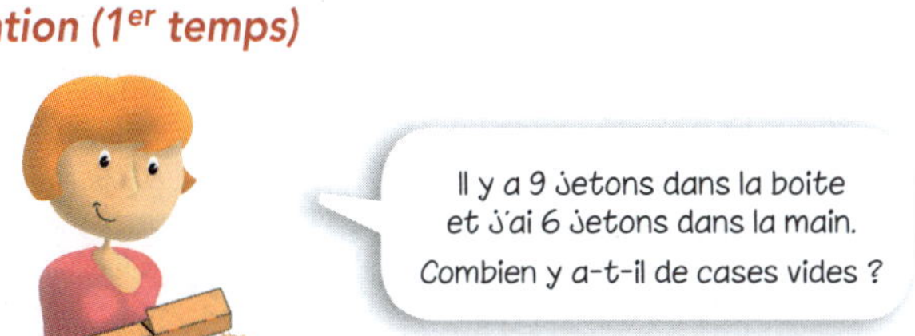

Les élèves ne voient ni l'intérieur de la boite, ni les 6 jetons car les doigts étant à demi repliés, seul l'enseignant peut les voir. On ne fait expliciter qu'il y a 1 case vide que si c'est vraiment nécessaire.

Simulation (2e temps)

L'enseignant réalise l'ajout de manière masquée. Pour 9 + 6, il met 1 jeton dans la boite, ferme le couvercle, regarde le contenu de sa main et demande aux élèves d'imaginer ce qu'il voit maintenant. Lorsqu'il dit : « C'est 10... », l'enseignant regarde la boite. Quand il dit « ...et encore... », il regarde le contenu de sa main.

Validation

On procède à la vérification en basculant la boite, en reprenant l'ensemble de la manipulation sous les yeux des élèves et en commentant les changements dans les contenus respectifs de la boite et de la main.

Avant ajout	Après ajout

1 et 2. Égalités, inégalités et expressions du type « 5 d + 3 u »

Le principe des deux activités est le même : on commence par poser une tâche de sélection du signe qui convient parmi >, < et =, ce qui conduit naturellement à produire des égalités correspondant à une opération dont le résultat est à gauche. On demande ensuite de compléter des égalités à trou, dont celles qui, telle « ? = a + b », s'écartent du cas typique : « a + b = ? ». L'enseignant pourra rappeler que pour se souvenir de l'orientation des signes > et <, il suffit d'imaginer qu'ils sont le schéma de la gueule d'un crocodile ouverte vers le plus grand nombre. Ensuite, les enfants peuvent résoudre les exercices proposés de façon autonome.

3. Problèmes qui se modélisent par une expression du type « x dizaines + y unités »

L'un des risques de l'étude de la numération décimale est que les élèves ne fassent pas de liens avec les situations de la vie courante que la compréhension des décompositions décimales permet de modéliser immédiatement. Quelques cas différents de ceux du fichier peuvent être explorés préalablement au tableau.

4. Estimation de longueurs

Avant l'activité 4, on peut demander aux enfants d'estimer la longueur en cm de quelques petits objets (bâton de craie, ciseaux, clé, etc.). Pour cela, on les invite à se référer à une longueur de 1 cm montrée entre deux doigts. Il est également utile de demander d'estimer la longueur de traits de 1 cm, 2 cm, 3 cm... tracés au tableau. En effet, de nombreux enfants ont tendance à se limiter à l'intuition du cm « vu de près » et s'étonneront de sa taille apparente lorsqu'il est vu de loin.

Objectifs

Dans la sq 7, on consolide l'apprentissage des nombres de 69 à 100. Du fait de l'irrégularité de la numération orale, ces nombres peuvent se révéler encore difficiles pour certains élèves à l'issue du cycle 2. L'enfant entend « soixante... » et associe à ce mot le chiffre 6, ce qui conduit à une erreur dans le cas de « soixante-treize », par exemple. On s'efforce de dégager une méthode pour éviter ce type d'erreur : pour savoir comment s'écrit un nombre qui commence par « soixante... », il faut savoir combien de groupes de 10 il contient (6 ou 7 ?). Il faut donc attendre les mots qui sont dits après « soixante ». La même méthode est utilisée pour distinguer les deux sortes de nombres qui commencent par « quatre-vingt », ceux qui ont 8 groupes de 10 et ceux qui en ont 9.

Dans la sq 8, les élèves revoient le calcul mental des soustractions « élémentaires » correspondant à des cas où l'on « retire beaucoup » (13 – 9, par exemple). Rappelons que dans le calcul mental de la soustraction, les adultes instruits utilisent principalement deux stratégies, adaptées à deux sortes de valeurs numériques. Pour calculer 103 – 98, par exemple (l'écart est petit), le calcul le plus facile consiste à « avancer » de 98 à 103 (2 pour aller à 100 et 3 pour aller à 103, c'est 5). On parle de calcul par compléments successifs. Si l'écart est grand, comme pour 103 – 7, le calcul le plus facile consiste à retirer 7 en deux temps, d'abord 3, puis 4. On parle de calcul par retraits successifs ou « en reculant ». Dans le cas des soustractions élémentaires, cette dernière stratégie a été étudiée sq 3 ; la première stratégie (le calcul par compléments successifs) est étudiée ici.

Activités — Séquence 7

Additions (43 + 6 ; 43 + 9)

On alterne les cas sans et avec création d'une nouvelle dizaine (*cf.* séquence 5). La validation se fait en dessinant au tableau des schémas de boites et de jetons.

Soustractions (9 – 2 ; 12 – 3)

Idem séquence 4.

1 et 2. Les nombres entre 69 et 100

Activité préliminaire

L'enseignant organise un jeu du furet où l'on parcourt la suite des nombres de 1 en 1 à partir de 57, par ex. : il interroge un enfant qui doit dire le nombre suivant (« *cinquante-huit* »), puis un autre qui doit dire le suivant etc. jusqu'à « *cent* ». Chacun des élèves doit représenter sur son ardoise chaque nombre successif avec le matériel de numération et écrire le nombre

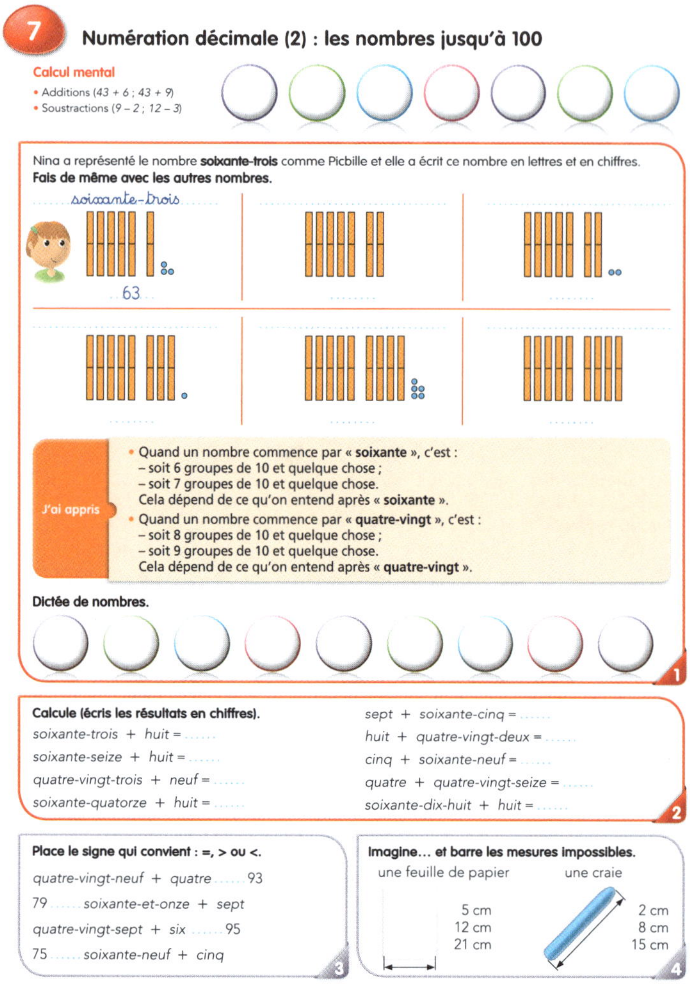

7 Numération décimale (2) : les nombres jusqu'à 100

Calcul mental
- Additions (*43 + 6 ; 43 + 9*)
- Soustractions (*9 – 2 ; 12 – 3*)

Nina a représenté le nombre **soixante-trois** comme Picbille et elle a écrit ce nombre en lettres et en chiffres.
Fais de même avec les autres nombres.

soixante-trois
63

J'ai appris
- Quand un nombre commence par « **soixante** », c'est :
  – soit 6 groupes de 10 et quelque chose ;
  – soit 7 groupes de 10 et quelque chose.
  Cela dépend de ce qu'on entend après « **soixante** ».
- Quand un nombre commence par « **quatre-vingt** », c'est :
  – soit 8 groupes de 10 et quelque chose ;
  – soit 9 groupes de 10 et quelque chose.
  Cela dépend de ce qu'on entend après « **quatre-vingt** ».

Dictée de nombres.

1

Calcule (écris les résultats en chiffres).

soixante-trois + huit = ...
soixante-seize + huit = ...
quatre-vingt-trois + neuf = ...
soixante-quatorze + huit = ...
sept + soixante-cinq = ...
huit + quatre-vingt-deux = ...
cinq + soixante-neuf = ...
quatre + quatre-vingt-seize = ...
soixante-dix-huit + huit = ...

2

Place le signe qui convient : =, > ou <.

quatre-vingt-neuf + quatre 93
79 ...... *soixante-et-onze + sept*
quatre-vingt-sept + six 95
75 ...... *soixante-neuf + cinq*

3

Imagine... et barre les mesures impossibles.

une feuille de papier: 5 cm / 12 cm / 21 cm
une craie: 2 cm / 8 cm / 15 cm

4

correspondant en chiffres. Pour la validation, en se faisant guider par les élèves, l'enseignant réalise la collection correspondante avec le matériel et écrit le nombre au tableau. Lorsqu'on ne forme pas une nouvelle dizaine, il suffit d'ajouter un jeton et de changer le chiffre des unités isolées (sur l'ardoise, on n'a pas besoin d'effacer les boites déjà dessinées, ni le chiffre des dizaines). On s'attarde évidemment sur les passages de 69 à 70, de 79 à 80 et de 89 à 90. On peut se référer aux prononciations « septante », « huitante » et « neuvante », qui seraient logiques. De toute façon, on fait le lien entre l'oralisation traditionnelle, le matériel et l'écriture chiffrée : par exemple, soixante-dix, c'est soixante (on les montre) et encore dix (on montre ce groupe de 10 supplémentaire). Dans ce nombre, il y a donc 7 groupes de 10, les 6 de « soixante » et celui de « dix » ; c'est pourquoi il s'écrit avec un 7. De même pour « soixante et onze » (les 6 groupes de « soixante » et celui de « onze »), pour « soixante-douze », etc. On conclut qu'il y a deux sortes de nombres qui commencent par le mot « soixante », ceux qui ont 6 groupes de 10 et ceux qui en ont 7 : comment peut-on savoir s'ils s'écrivent avec un 6 ou un 7 ? On procède de façon similaire pour les nombres après 89. Quand on arrive à 100, on remarque que l'écriture chiffrée donne toujours le nombre de groupes de 10 (100). On n'hésite pas à continuer le jeu du furet, en redescendant de 100 à 69 par exemple.

Activités sur le fichier

La première partie de l'activité 1 est une reprise de quelques cas de l'activité préliminaire. Si des élèves en ont besoin, ils peuvent recourir à la liste des nombres « écrits en lettres » de la séquence 1. La lecture du *J'ai appris* peut-être utile avant d'aborder la dictée

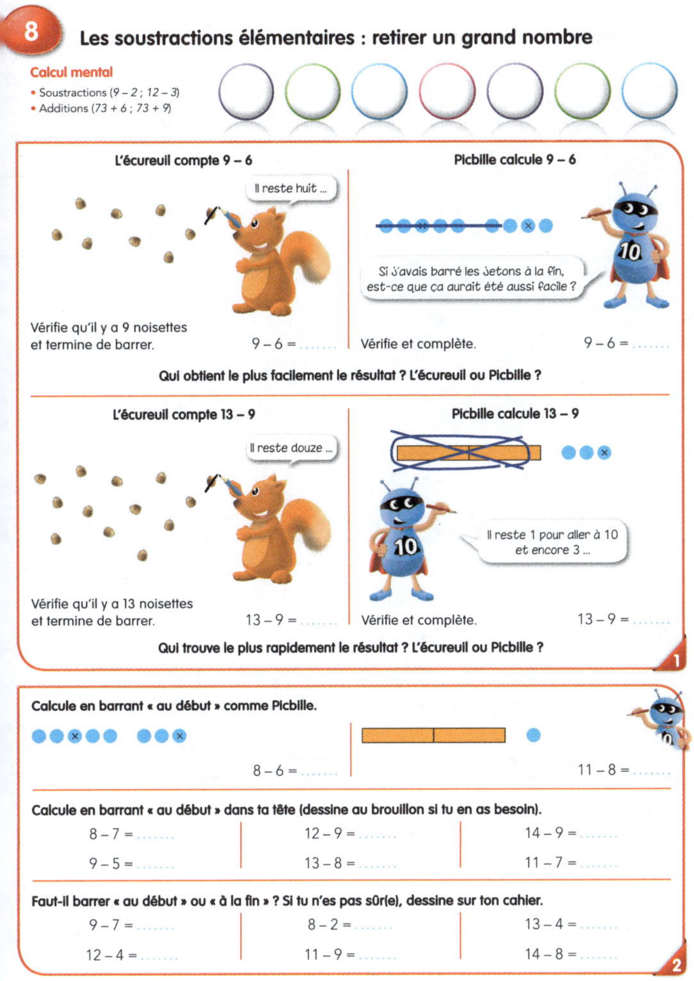

de nombres (on dicte divers nombres compris entre 60 et 100). Les calculs proposés dans l'activité 2 sont de même nature que ceux de la séquence 5, mais les résultats sont > 70.

Activités Séquence 8

Soustractions (9 – 2 ; 12 – 3)

Idem séquence 4.

Additions (73 + 6 ; 73 + 9)

On alterne les cas sans et avec création d'une nouvelle dizaine (*cf.* séquence 5). La validation se fait en dessinant au tableau des schémas de boites et de jetons. Les nombres après 69 sont inclus dans les cas numériques proposés.

1 et 2. Soustractions élémentaires où l'on retire un grand nombre

Dans le cas d'une soustraction du type 12 – 8, par exemple, deux stratégies de calcul sont possibles :

Première façon de calculer 12 – 8 (« en reculant »)

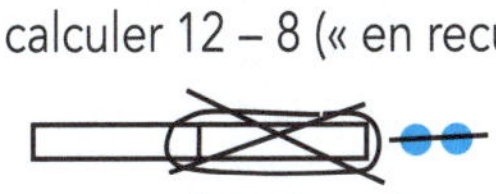

Deuxième façon de calculer 12 – 8 (« en avançant »)

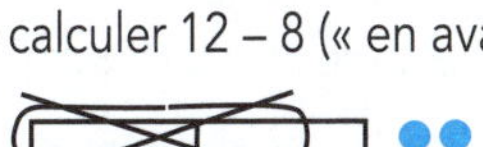

En s'appuyant sur des schémas tels que les précédents, les élèves doivent comprendre que :

1°) La stratégie par retraits successifs (12 – 2 – 6) n'est pas la plus efficiente, notamment parce qu'il faut décomposer 8 en « 2 et encore… » Il vaut mieux imaginer le retrait des 8 premiers jetons qui ont été mis dans la boite (le 1er, le 2e… jusqu'au 8e), ce qui conduit à déterminer ce qui reste par une stratégie « en avançant » ou encore par complément : il reste le 9e, le 10e, le 11e et le 12e jeton, c'est-à-dire 4 jetons en tout.

2°) Plutôt que d'énumérer 1 à 1 les jetons restants, comme cela vient d'être fait, il vaut mieux s'appuyer sur le repère dix : il reste 2 jetons pour aller à 10 et encore 2 pour aller à 12, c'est-à-dire 4 en tout.

Activité préliminaire

L'enseignant propose le calcul de 12 – 8, par exemple, et, après un temps de recherche personnel, il anime une explicitation des différentes façons d'obtenir le résultat. En s'appuyant sur des schémas tels que les précédents, l'intérêt de la stratégie où l'on calcule en avançant et où l'on s'appuie sur le repère 10 est souligné.

Activités sur le fichier

On découvre d'abord que 9 – 6 se calcule lui aussi en imaginant qu'on barre les 6 premiers jetons. Puis un calcul similaire à celui qui a été étudié dans l'activité préliminaire (13 – 9) est proposé aux élèves. Dans les deux cas, l'écureuil compte, ce qui fait apparaitre la stratégie de calcul par complément comme particulièrement efficiente.

Pour l'activité 2, les élèves sont autonomes. Il est cependant souhaitable de procéder à une reprise collective des derniers exercices proposés (*Faut-il barrer « au début » ou « à la fin » ?*) parce que c'est la première fois qu'au CE2 les élèves doivent sélectionner la stratégie la plus efficiente.

Si des élèves n'accèdent pas facilement au résultat de soustractions comme 9 – 6, il est recommandé de mener avec eux l'activité suivante de « simulation mentale d'un retrait que l'enseignant réalise de manière masquée ».

Simulation (1er temps)

J'ai pris un carton sur lequel il y a 9 jetons.
Imaginez ce que je vois…

Simulation (2e temps)

Je cache 6 jetons. Combien de jetons je vois maintenant ?
9 - 6 = …

Validation

Elle s'effectue en basculant le carton et en exécutant le retrait sous les yeux des élèves.

L'enseignant trouvera au début du Guide pédagogique des indications générales sur l'animation des PAC.

Activités Séquence 9

Dictée de nombres

Dictée de nombres compris entre 60 et 100.

Soustractions *(9 – 6 ; 12 – 8)*

L'activité commence sur ardoise. Après chaque calcul, la correction se fait en explicitant la stratégie où l'on barre les premiers jetons, en s'aidant d'un dessin au tableau des nombres comme Picbille (*cf.* séquence 3).

Rappelons que si les résultats des soustractions du type 9 – 6 ne sont pas rapidement retrouvés (si certains élèves comptent sur leurs doigts, par exemple), l'enseignant peut animer l'activité de « simulation mentale d'un retrait que l'enseignant réalise de manière masquée » décrite p. 63. Cela peut se faire soit collectivement, soit dans le cadre de l'aide personnalisée.

1. Apprendre à se représenter une situation et à la schématiser pour résoudre un problème

Activité collective préliminaire : déterminer la question d'un énoncé

Une façon d'apprendre aux élèves à se représenter une situation susceptible de conduire à un problème arithmétique consiste à leur donner l'énoncé sans la question et à leur demander de s'interroger sur ce qu'il est possible de chercher.

Ainsi, alors que le fichier est fermé, l'enseignant écrit au tableau le début de l'énoncé du cadre 1 : « Mme Maurois achète 3 boites de 12 crayons. » Il invite les enfants à déterminer individuellement ce qu'on peut chercher. Il ne faut pas s'étonner que certains élèves proposent de chercher combien Mme Maurois a dépensé, par exemple. C'est presque assurément le signe que cette activité est nouvelle pour eux, et c'est progressivement qu'ils en découvriront la « règle du jeu » : les questions acceptables sont celles auxquelles on peut répondre de manière assurée. Face à une telle question, l'enseignant demande si on peut répondre à partir de ce qui est donné et précise ce qu'est une « bonne question ».

Quand la question portant sur le nombre de crayons achetés émerge (elle est écrite au tableau), l'enseignant demande là encore s'il est possible de répondre et il laisse un temps de recherche individuel avant d'échanger sur les différentes valeurs numériques trouvées et les différentes procédures utilisées. Le temps accordé à la confrontation des différentes procédures, avant d'ouvrir le fichier, dépendra de la richesse des propositions des élèves : l'un d'entre eux, par exemple, a-t-il dessiné des collections organisées ?

9 Problèmes pour apprendre à chercher

Calcul mental
- Dictée de nombres
- Soustractions (9 – 6 ; 12 – 8)

Problème Mme Maurois achète 3 boites de 12 crayons.
Combien de crayons a-t-elle achetés en tout ?

Pour résoudre ce problème, Cécile, Mélanie et Sébastien ont fait un schéma ou écrit une égalité.
Qui a réussi à résoudre le problème ?
Entoure le ou les prénoms des enfants qui ont trouvé la solution.
Pourquoi le ou les autres enfants se sont-ils trompés ?

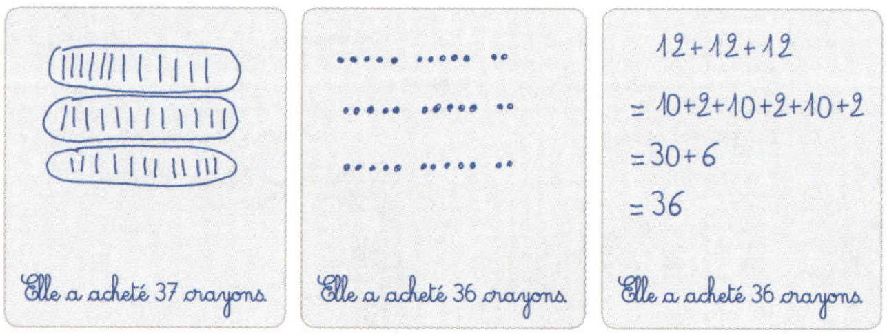

Cécile Mélanie Sébastien

1

Problèmes À résoudre sur le cahier

Résous ces problèmes (tu peux faire un schéma, écrire une égalité ou expliquer ta solution).

1. Grégory a mis 13 billes dans sa poche. 9 de ces billes sont en terre et les autres sont en verre.
Combien de billes en verre Grégory a-t-il dans sa poche ?

2. Dans la caisse de l'épicerie, il y a 9 billets de 10 € et 2 pièces de 2 €.
Combien d'argent y a-t-il dans la caisse ?

3. Un maitre a rangé 3 paquets de 15 cahiers dans l'armoire de sa classe.
Combien de cahiers a-t-il rangés dans l'armoire ?

4. Dans son porte-monnaie, Mme Moreil n'a que des billets de 5 €. En tout, elle a 40 €.
Combien de billets de 5 € y a-t-il dans le porte-monnaie de Mme Moreil ?

5. M. Richard est chez le libraire. Il achète un stylo-plume à 14 €, une boite de 6 cartouches d'encre à 5 € la boite et un paquet de 50 enveloppes qui coute 2 €.
Combien dépense-t-il ?

2

Activité sur le fichier

Après avoir remarqué que le même problème figure dans le cadre 1 du fichier, on passe alors à la suite de l'activité : l'analyse des trois schémas censés correspondre au travail d'élèves. Les deux idées qu'il convient de faire émerger de cette phase sont que : 1°) on peut raisonner sur des points à la place de crayons, et, 2°) on a intérêt à organiser ces points (5, 5 et encore 2 pour représenter 12). On peut d'ailleurs remarquer que si Mme Maurois avait acheté 4 bouquets de 12 fleurs, 4 boites de 12 chocolats, 4 sacs de 12 oranges, … la réponse numérique aurait été la même : ce sont tous des groupes de 12 objets.
L'erreur de Cécile permet de souligner l'intérêt d'organiser les collections, celle de Sébastien peut conduire à évoquer la multiplication, opération qui sera mise en relation avec l'addition : 12 + 12 + 12 = 36.

2. Problèmes divers

1. Problème de type partie-tout (le tout et une partie sont connus, on cherche l'autre partie).

2. Problème « à étapes » : il faut effectuer deux additions réitérées (ou deux multiplications) puis faire la somme des deux résultats.

3. Addition réitérée (« *a* paquets de *b* objets »). Problème du même type que celui de l'activité 1.

4. Problème de quotition (« combien de fois *b* est compris dans *a* ? » sous la forme « combien de billets de 5 € pour faire 40 € ? »).

5. Somme de 3 nombres. L'énoncé comporte des données inutiles (nombre de cartouches et d'enveloppes).

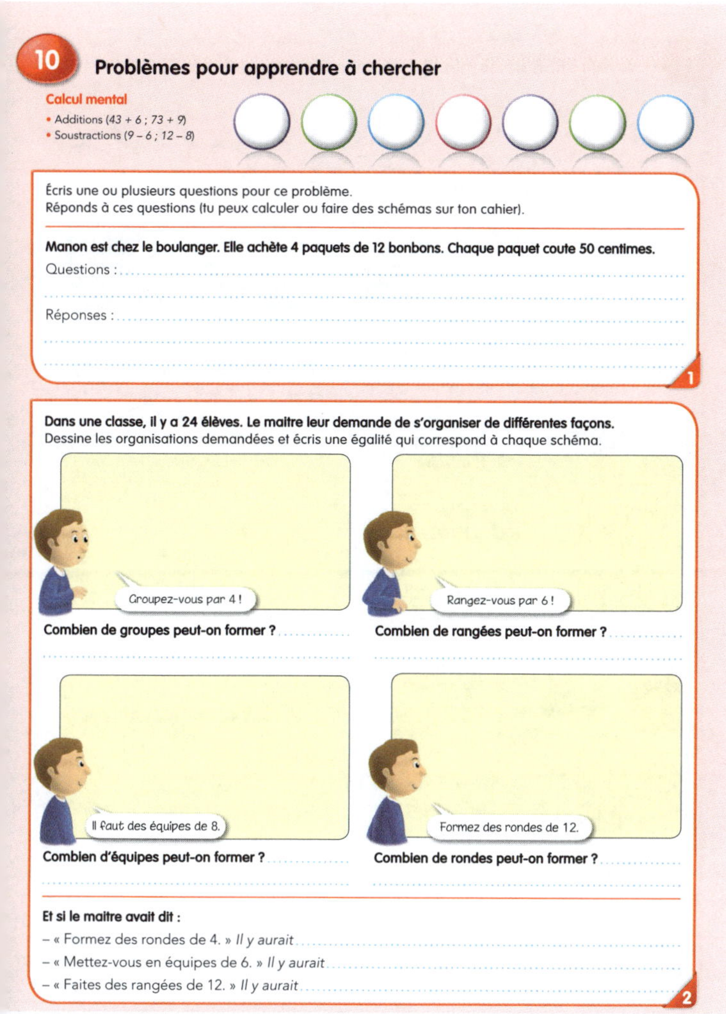

10 Problèmes pour apprendre à chercher

Calcul mental
- Additions (43 + 6 ; 73 + 9)
- Soustractions (9 – 6 ; 12 – 8)

Écris une ou plusieurs questions pour ce problème.
Réponds à ces questions (tu peux calculer ou faire des schémas sur ton cahier).

Manon est chez le boulanger. Elle achète 4 paquets de 12 bonbons. Chaque paquet coute 50 centimes.

Questions : ....

Réponses : ....

1

Dans une classe, il y a 24 élèves. Le maitre leur demande de s'organiser de différentes façons.
Dessine les organisations demandées et écris une égalité qui correspond à chaque schéma.

Combien de groupes peut-on former ? ....

Combien de rangées peut-on former ? ....

Combien d'équipes peut-on former ? ....

Combien de rondes peut-on former ? ....

Et si le maitre avait dit :
– « Formez des rondes de 4. » *Il y aurait* ....
– « Mettez-vous en équipes de 6. » *Il y aurait* ....
– « Faites des rangées de 12. » *Il y aurait* ....

2

Activités Séquence 10

Additions (43 + 6 ; 73 + 9)

On alterne les cas sans et avec création d'une nouvelle dizaine (*cf.* séquence 5). La validation se fait en dessinant au tableau des schémas de boites et de jetons.

Soustractions (9 – 6 ; 12 – 8)

Idem séquence 9.

1. Rédiger plusieurs questions

La première tâche (rédiger des questions) est de même nature que dans l'activité préliminaire à l'activité 1 de la séquence 7. Mais ici, les données permettent d'envisager au moins deux questions : nombre total de bonbons et prix total. La conduite est assez évidente : dès que quelques élèves ont rédigé une question, l'enseignant leur indique qu'ils peuvent en trouver une autre et insiste pour qu'ils ne se contentent pas de leur première question.

La mise en commun permettra de regrouper les questions, différentes par la forme mais identiques quant au fond. On pourra par exemple classer quelques formulations dans deux colonnes : « nombre total de bonbons », « prix total des bonbons ».

2. Différents exemples de « groupes »

Remarque préliminaire

Pour progresser, les élèves doivent comprendre que des problèmes comme 8 paquets de 12 gâteaux, 8 équipes de 12 joueurs, 8 piles de 12 cahiers,... sont similaires, car tous ces énoncés sont des cas particuliers de 8 groupes de 12 unités. C'est ce qui est visé ici : on veut que les élèves comprennent que, par-delà les particularités spatiales des « rangées », des « rondes », des « équipes », etc., ces groupements sont numériquement équivalents parce qu'il s'agit toujours de « groupes ».

Principe de l'activité sur le fichier

Les élèves vont d'abord résoudre quatre problèmes de « quotition » (combien de fois un nombre est contenu dans un autre) avec les mots « groupes », « rangées », « équipes » et « rondes ». On les amène ensuite à comprendre que ces solutions numériques sont utilisables quel que soit le terme utilisé : si on a pu former 4 rangées de 6, on peut aussi former 4 équipes de 6, 4 rondes de 6, parce qu'à chaque fois, on forme 4 groupes de 6.

Pour résoudre chaque problème, des élèves pourraient directement faire des essais avec des nombres. Mais nous demandons d'abord un schéma, puis une égalité. En effet, l'objectif est précisément de faire formuler que, malgré la variation des dispositions, le nombre ne varie pas. Pour que les élèves en aient conscience, il faut bien qu'ils aient été amenés préalablement à prendre en compte la disposition spatiale.

Conduite de l'activité

L'activité est conduite collectivement : il y a 24 enfants ; le maitre leur demande de faire des équipes, des groupes, des rangées, des rondes. Il va falloir dessiner ces façons de se mettre ensemble. L'enseignant s'assure que le 1er problème est compris : les 24 enfants doivent se grouper par 4. On laisse aux élèves le temps de chercher, puis on fait le point. On insiste alors sur deux aspects : les enfants (représentés par des bonshommes schématisés ou des points) doivent être groupés (en amas ou en carrés par exemple) ; on peut former 6 groupes de 4 enfants. On peut passer ainsi à l'écriture de la solution et de l'égalité correspondante. Même démarche pour les trois autres problèmes.

Pour la 2e phase de l'activité, on laisse chercher les élèves pour chaque question, mais on leur dit qu'il n'est plus nécessaire de dessiner. Certains entrent dans la question comme si elle était neuve. Dans une mise en commun immédiate, on prend conscience qu'on a déjà résolu ce problème : le nombre de rondes est le même que le nombre de groupes, car des rondes de 4 sont des groupes de 4. Idem pour les deux autres questions. Finalement, on conclut en écrivant au tableau le mot « GROUPES » et, en dessous, les exemples particuliers de groupes qu'on vient de voir : « équipes de 8 enfants », « rangées de 6 enfants », « rondes de 12 enfants ». L'enseignant demande si les élèves connaissent d'autres exemples de groupes. On augmente ainsi la liste, par exemple avec : « groupes de 10 jetons », « carnets de 10 timbres », « paquets de 7 crayons », « piles de 25 cahiers », « boites de 12 œufs », « billets de 10 € », etc. Tous sont des groupes de jetons, de timbres, de crayons, etc.

Objectifs

On aborde les nombres à 3 chiffres. Il est facile de concevoir qu'un nombre comme 260 est formé de 2 groupes de cent et 6 groupes de dix, car le langage oral (« deux cent soixante ») signale explicitement la présence des 2 « cents ». Mais pour savoir que « deux cent soixante », c'est aussi 26 groupes de 10, l'enfant ne peut pas s'appuyer sur la désignation orale. Celle-ci laisse à sa charge que « 2 cents », c'est « 20 dix », que « 3 cents », c'est « 30 dix », etc. Or, une telle compréhension des nombres à 3 chiffres est la clé d'apprentissages cruciaux par la suite, par exemple :

– apprendre la multiplication par 10 : pour calculer 26 x 10, on écrit un zéro à droite de 26, parce que 26 x 10, c'est « 26 groupes de 10 » (*cf.* séquence 29) ;

– apprendre à calculer une soustraction en colonnes (258 – 174, par exemple) en utilisant la technique traditionnelle, celle qu'il convient à terme de connaitre. Pour comprendre cette technique, il est en effet nécessaire de savoir que la différence 258 – 174 est inchangée lorsqu'on ajoute un même nombre (100) à 258 et à 174, mais comme dans la technique ce nombre est ajouté à 258 sous la forme de 10 dizaines (afin de calculer 15 dizaines moins 7 dizaines), il faut savoir de plus que 10 dizaines = 100 (*cf.* séquence 35) ;

– apprendre la division : pour calculer par exemple 267 : 3 ? (*cf.* séquence 79), on est conduit à partager « 26 dizaines » en 3, etc.

C'est cet objectif conceptuel qui a guidé la mobilisation des moyens pédagogiques et la mise au point de la progression sur la numération décimale au-delà de 100. En amenant les élèves à ranger 10 groupes de 10 jetons dans une valise dont ils « ferment le couvercle », on leur permet d'adopter un double point de vue sur le groupe de 100 jetons : c'est 1 nouvelle grande unité, le « cent » ou la centaine, qu'on peut compter (six valises fermées contiennent « six cents » jetons) ; mais les élèves peuvent aussitôt se rappeler l'action qui les a conduits à former ces grandes unités, à savoir la réunion de 10 groupes de 10 jetons. Ils voient 1 valise, mais peuvent aisément se représenter les 10 boites de 10 jetons qu'elle contient. Il est alors plus facile de comprendre que 130, par ex., c'est 13 groupes de 10, les 10 groupes « qu'on ne voit plus » et les 3 qu'on voit encore.

L'écriture chiffrée aide à concilier ces deux points de vue : dans « 237 », sans négliger qu'il y a 2 groupes de 100 notés par « 2 », on remarque que le nombre formé par les deux premiers chiffres, « 23 », indique lui le nombre de dizaines (*cf.* le *J'ai appris*). Sq 12 (activité en haut de page), les premières dictées de nombres se font d'ailleurs sous la forme : « *23 groupes de dix et 7 ; écrivez* », puis : « *Comment dit-on ce nombre ?* »

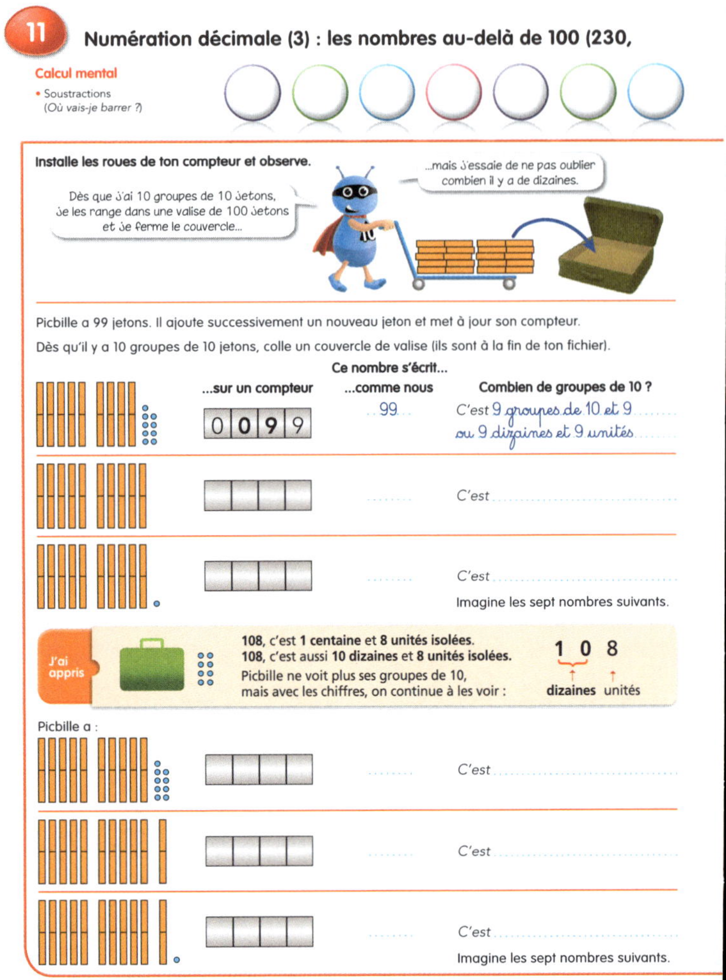
11 Numération décimale (3) : les nombres au-delà de 100 (230,

Calcul mental
• Soustractions (Où vais-je barrer ?)

Installe les roues de ton compteur et observe.

Picbille a 99 jetons. Il ajoute successivement un nouveau jeton et met à jour son compteur.

Dès qu'il y a 10 groupes de 10 jetons, colle un couvercle de valise (ils sont à la fin de ton fichier).

	Ce nombre s'écrit… …sur un compteur	…comme nous	Combien de groupes de 10 ?
	0 0 9 9	99	C'est 9 groupes de 10 et 9 ou 9 dizaines et 9 unités
		………	C'est ………
		………	C'est ……… Imagine les sept nombres suivants.

J'ai appris
108, c'est **1 centaine** et **8 unités isolées.**
108, c'est aussi **10 dizaines** et **8 unités isolées.**
Picbille ne voit plus ses groupes de 10, mais avec les chiffres, on continue à les voir : 1 0 8 (**dizaines** : 10, unités : 8)

Picbille a :

		………	C'est ………
		………	C'est ………
		………	C'est ……… Imagine les sept nombres suivants.

Activités — Séquence 11

Soustractions *(Où vais-je barrer ?)*

On propose des cas mélangés de soustractions qui se calculent tantôt par retraits successifs, tantôt par compléments successifs. Pour chaque calcul, l'enseignant écrit la soustraction au tableau et demande : « *Vais-je barrer les jetons au début ou à la fin ?* ». La validation se fait en dessinant un schéma des jetons dessinés « comme Picbille ». On fera remarquer que parfois, les deux stratégies sont également appropriées (par exemple, pour 12 – 6, 15 – 7, 14 – 8, 18 – 9, etc.).

1. « 230, c'est 23 groupes de 10 »

Sur le fichier, on parcourt quelques segments de la suite des nombres (99, 100, 101, puis 109, 110, 111, puis 129, 130, 131, etc.). À chaque fois, les élèves sont conduits à coller le couvercle de la valise pour simuler le rangement de 10 groupes de 10 jetons dans une valise de 100 jetons (les couvercles autocollants sont à la fin du fichier), à écrire le nombre correspondant et à formuler la décomposition en groupes de 10 et unités (ou dizaines et unités). Mais nous conseillons de parcourir des segments plus longs, par exemple de 93 à 141, puis de 196 à 231, et d'utiliser le fichier aux seuls moments propices, lorsqu'on s'intéresse aux nombres qui y sont figurés. Ce parcours continu peut se réaliser ainsi :

– on anime un jeu du furet à partir de 93 (voir description séquence 7), ce qui conduit à engendrer la suite des formes orales des nombres ;

c'est 23 dizaines)

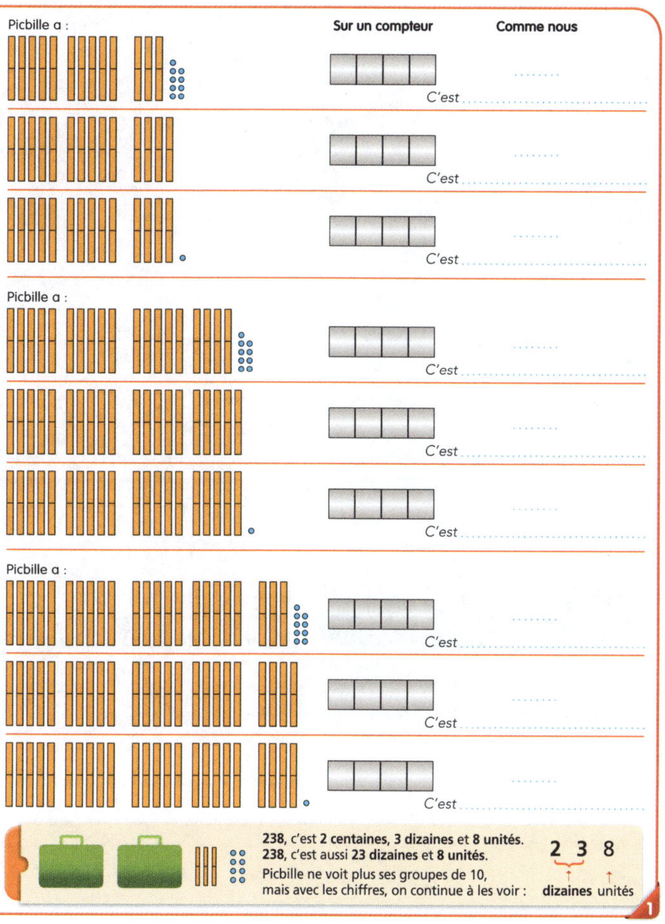

– sur leur ardoise, tous les élèves schématisent les états successifs de la collection de jetons et écrivent le nombre en chiffres ;

– guidé par les élèves et pour permettre la vérification de leurs anticipations, l'enseignant effectue avec le matériel (jetons, boites et valises) les transformations successives correspondantes (ajout systématique d'un jeton, formation régulière de nouveaux groupes de 10 et, à deux reprises, formation d'un nouveau groupe de 100) ; il schématise au tableau la collection correspondante (par exemple avec cette symbolisation : un rectangle pour les groupes de 100, un trait vertical pour les groupes de 10 et des points pour les unités isolées) et il écrit le nombre ;

– à divers moments, l'enseignant fait analyser le nombre obtenu en termes de décompositions en groupes de 100 (ou centaines), groupes de 10 (ou dizaines) et unités isolées, et en termes de groupes de 10 (ou dizaines) et unités isolées : 129, par exemple, c'est 1 groupe de 100, 2 groupes de 10 et 9 unités, mais c'est aussi 12 groupes de 10 et 9 unités ; il amène les élèves à relier l'écriture chiffrée et la décomposition figurée par le matériel : pour 129 par exemple, on ne voit que 2 groupes de 10, mais on sait qu'il y en a aussi 10 qu'on a rangés dans la valise ; il y a donc 12 groupes de 10 et on continue à voir ce nombre sur l'écriture chiffrée : 129.

Quelques passages cruciaux

On apportera une attention particulière à quelques segments cruciaux ou qui conduisent souvent les élèves à hésiter sur l'oralisation et l'écriture chiffrée (par ex., après 109, des élèves peuvent vouloir écrire 200).

• *Formation de la centaine et nombres suivants*

Il est important, dès 99, de faire anticiper ce qui va se passer si on ajoute une unité. Quand les deux transformations sont effectuées avec le matériel (formation d'un nouveau groupe de 10 et rangement des 10 boites dans la valise), on fait évidemment observer qu'on a formé un nouveau groupement, celui de « cent » (il y a maintenant 1 cent ou une centaine, que montre le 1 de 100). On sait aussi que c'est 10 groupes de 10 qui sont cachés dans la valise, mais on continue à les voir sur l'écriture chiffrée : 100. Des élèves peuvent hésiter pour l'écriture des nombres qui suivent. On fera valoir que ces ajouts successifs d'une unité ne changent pas le nombre de groupes de 10, et qu'il convient donc d'écrire 101, 102, 103, etc.

• *Après 109*

On suivra le même raisonnement pour anticiper et valider l'écriture de 110 : on a formé un nouveau groupe de 10, il y en a maintenant 11, 1 qu'on voit et 10 qui sont dans la valise. Il n'y a plus d'unité isolée (elles sont toutes groupées), d'où le zéro. Le même problème se posera peut-être pour écrire le nombre après 119. On utilisera le même raisonnement : on forme un douzième groupe de 10 et il n'y a plus d'unité isolée. Après 121, en général, les élèves retrouvent sans difficulté l'algorithme connu sur les nombres à deux chiffres.

• *Formation de la deuxième centaine*

Comme pour le passage de 99 à 100, on fera anticiper, dès 199, ce qui va se passer : formation d'un nouveau groupe de 10 et formation d'un deuxième « cent ». On interroge évidemment sur le nombre total de groupes de 10 : avec le matériel, on n'en voit plus aucun, mais on sait qu'il y en a 20, 10 dans la première centaine et 10 dans la seconde.
On reprendra les mêmes raisonnements pour 201, 202, 203… 210, 211, 212,… 220, 221, 222 que ceux qui concernaient les nombres juste après 100.
Si on en a le temps, on pourra conclure en « sautant » de 241 à 298, par exemple, pour anticiper et analyser la formation de la troisième centaine.

Remarques

Sur le fichier, pour expliciter les décompositions de chaque nombre, on laisse aux élèves le choix entre les expressions « dizaines » et « groupes de 10 ».
Si on ne dispose pas d'assez de matériel (on n'a qu'une valise par exemple et on ne peut pas emprunter de matériel à un collègue), on démarre l'activité avec le matériel dont on dispose et on poursuit au-delà de 100 en dessinant les collections correspondantes au tableau. On amène alors les élèves à évoquer ce qui se passerait si on disposait de plus de jetons, boites et valises et à guider l'enseignant pour représenter ces quantités.
Nous recommandons de ne pas chercher à distinguer les expressions « chiffre des dizaines » et « nombre de dizaines ». La distinction entre chiffre et nombre est subtile (les deux termes sont souvent confondus dans le langage ordinaire, comme dans « chiffre d'affaires », « chiffre du chômage », etc.), et ce qui importe, c'est ce que les élèves doivent effectivement concevoir : 230, c'est 2 centaines et 3 dizaines, c'est aussi 23 dizaines.

Objectifs

Dans la séquence 12, les élèves apprennent à calculer des additions du type « quatre-vingt + soixante ». La stratégie enseignée consiste à calculer « 8 groupes de 10 + 6 groupes de 10, 14 groupes de 10, soit 140 », ce qui conduit à réinvestir les connaissances en numération décimale construites auparavant (14 dizaines, c'est 140). Une autre stratégie possible consisterait à effectuer « un passage de la centaine » : 80 + 60 = 80 + 20 + 40. Quelle que soit la procédure de calcul adoptée, on vise à ce que les élèves soient bientôt en mesure de calculer oralement les additions dont le calcul mental est enseigné dans la séquence 13, celle du type 85 + 63.

C'est donc le calcul mental d'additions d'un nombre à 2 ou 3 chiffres et d'un nombre à 2 chiffres qui est enseigné dans la séquence 13. Rappelons que les adultes qui savent calculer mentalement cette opération de façon efficiente ne décomposent pas le premier nombre et ils ajoutent successivement les dizaines puis les unités du deuxième : « quatre-vingt-cinq + soixante-trois , c'est quatre-vingt-cinq + soixante, cent quarante-cinq, et encore trois, cent quarante-huit ». Sur le fichier, pour placer les élèves dans une situation proche de l'oral, les nombres sont encore une fois écrits « en lettres », mais on suggère un emploi transitoire d'écritures chiffrées afin de favoriser l'appropriation de la stratégie consistant à décomposer le second nombre seulement.

Par ailleurs, dans la sq 12 comme dans la sq 13, on poursuit le travail visant à ce que les élèves sachent que « 280, c'est 28 dizaines ». Dans ce but, les élèves sont amenés à calculer le nombre correspondant à des expressions du type « 25 d + 27 u » et, donc, à utiliser le fait que 25 d = 250. De plus, une activité complémentaire est décrite dans cette double page avec le même objectif. Son usage est vivement recommandé dans le cadre de l'aide personnalisée aux élèves en difficulté.

Activités — Séquence 12

Dictées de nombres

1re dictée : l'enseignant dit « *52 groupes de dix (ou dizaines) et 9 unités isolées* », par exemple. Puis, quand les élèves ont écrit le nombre correspondant (529), il interroge sur la façon dont on dit habituellement ce nombre. Une interrogation telle que « *50 groupes de dix (ou dizaines) et 9 unités isolées* » est plus difficile que la précédente.

2e dictée : Les nombres sont dits de manière habituelle ; puis : « *Combien de dizaines en tout , celles qu'on voit et celles qu'on ne voit pas ?* »

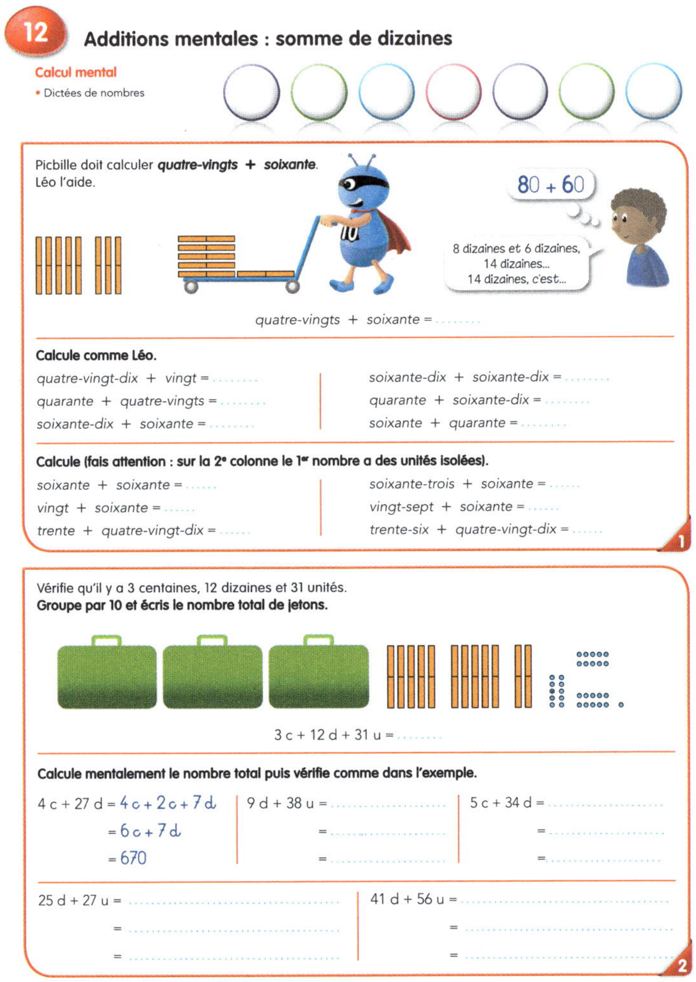

12 Additions mentales : somme de dizaines

Calcul mental
• Dictées de nombres

Picbille doit calculer ***quatre-vingts + soixante***.
Léo l'aide.

quatre-vingts + soixante = ...

Calcule comme Léo.

quatre-vingt-dix + vingt = ...
quarante + quatre-vingts = ...
soixante-dix + soixante = ...
soixante-dix + soixante-dix = ...
quarante + soixante-dix = ...
soixante + quarante = ...

Calcule (fais attention : sur la 2e colonne le 1er nombre a des unités isolées).

soixante + soixante = ...
vingt + soixante = ...
trente + quatre-vingt-dix = ...
soixante-trois + soixante = ...
vingt-sept + soixante = ...
trente-six + quatre-vingt-dix = ...

1

Vérifie qu'il y a 3 centaines, 12 dizaines et 31 unités.
Groupe par 10 et écris le nombre total de jetons.

3 c + 12 d + 31 u = ...

Calcule mentalement le nombre total puis vérifie comme dans l'exemple.

4 c + 27 d = 4 c + 2 c + 7 d
= 6 c + 7 d
= 670

9 d + 38 u = ...
= ....
= ....

5 c + 34 d = ...
= ....
= ....

25 d + 27 u = ...
= ....
= ....

41 d + 56 u = ...
= ....
= ....

2

1. « Quatre-vingts + soixante »

Activité préliminaire

L'enseignant annonce le programme de travail de cette séquence et de la suivante : « *Vous allez apprendre à calculer mentalement des additions de nombres à 2 chiffres ; aujourd'hui, on va en faire des faciles, demain des plus difficiles.* »

Il s'agit d'abord de mobiliser, sur des cas tels que 40 + 20, 30 + 50, etc. la stratégie qui consiste à raisonner sur les dizaines comme sur les unités simples : 40 + 20 = 4 dizaines + 2 dizaines, 6 dizaines, soit 60 ; 30 + 50 = 3 dizaines + 5 dizaines, 8 dizaines, soit 80. Avec des cas du type 80 + 40, on organisera un échange sur les diverses stratégies utilisées par les élèves : passage de la centaine et, dans la continuité avec les cas du type 40 + 20, calcul sur le nombre de dizaines.

Cette activité s'enchaine avec le calcul oral d'additions. L'enseignant propose d'abord des cas « faciles » du type « quarante + vingt ». La plupart des élèves trouvent directement le résultat (ils l'écrivent en chiffres sur leur ardoise). Pour la validation, on fait formuler que « *c'est comme quatre + deux, mais avec des groupes de 10* ». On poursuit avec des cas du type « 120 + 50 », « 240 + 40 », etc. où l'on réutilise cette même stratégie : « *120 + 50, c'est comme 20 + 50 mais avec cent de plus* ». L'enseignant propose enfin 80 + 40. Il fait expliciter les procédures utilisées. Des élèves utilisent immédiatement le calcul sur le nombre de dizaines. Si le passage de la centaine n'était pas utilisé, l'enseignant n'hésiterait pas à l'induire, soit avec le matériel (il range 8 boites de 10 jetons dans une valise qu'il laisse ouverte, présente 4 autres boites et énonce : « Il y a 80 jetons

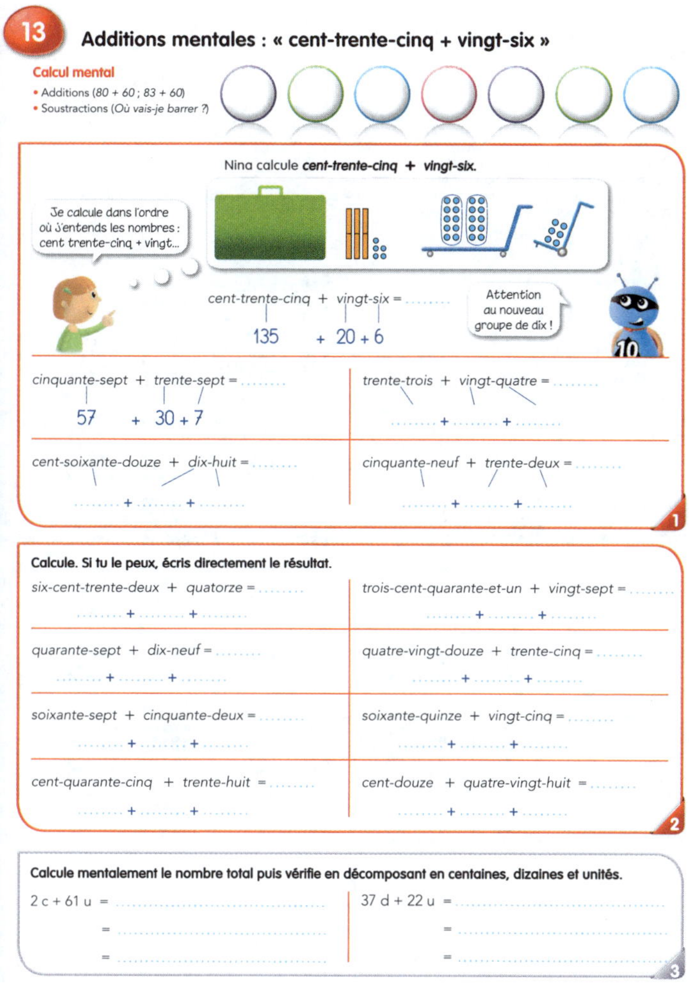

13 **Additions mentales : « cent-trente-cinq + vingt-six »**

Calcul mental
• Additions (80 + 60 ; 83 + 60)
• Soustractions (Où vais-je barrer ?)

Nina calcule **cent-trente-cinq + vingt-six.**

Je calcule dans l'ordre où j'entends les nombres : cent trente-cinq + vingt...

cent-trente-cinq + vingt-six = ...
135 + 20 + 6

Attention au nouveau groupe de dix !

cinquante-sept + trente-sept = ...
57 + 30 + 7

trente-trois + vingt-quatre = ...
.... + ... + ...

cent-soixante-douze + dix-huit = ...
.... + ... + ...

cinquante-neuf + trente-deux = ...
.... + ... + ...

Calcule. Si tu le peux, écris directement le résultat.

six-cent-trente-deux + quatorze = ...
.... + ... + ...

trois-cent-quarante-et-un + vingt-sept = ...
.... + ... + ...

quarante-sept + dix-neuf = ...
.... + ... + ...

quatre-vingt-douze + trente-cinq = ...
.... + ... + ...

soixante-sept + cinquante-deux = ...
.... + ... + ...

soixante-quinze + vingt-cinq = ...
.... + ... + ...

cent-quarante-cinq + trente-huit = ...
.... + ... + ...

cent-douze + quatre-vingt-huit = ...
.... + ... + ...

Calcule mentalement le nombre total puis vérifie en décomposant en centaines, dizaines et unités.

2 c + 61 u = ...
= ....
= ....

37 d + 22 u = ...
= ....
= ....

Activité complémentaire

280, c'est aussi 28 dizaines

Cette activité est recommandée dans le cadre de l'aide personnalisée. L'enseignant dessine au tableau 2 valises et 8 boites et demande combien il y a de jetons en tout et combien il y a de groupes de 10.

Après la réponse erronée 8, l'enseignant demande : « Et si on ouvrait la valise ? » Après la réponse correcte « … *28 dizaines* », nous recommandons à l'enseignant de feindre la surprise (contre-suggestion) : « *Mais je n'en vois que 8 !* » La réflexion que suscite cette question peut jouer, selon nous, un rôle important dans l'accès à une vraie compréhension de la numération décimale. En effet, des élèves peuvent réussir les exercices écrits de façon assez superficielle. Par exemple, certains peuvent remarquer qu'après avoir noté le nombre de jetons (280), il suffit de réécrire les deux premiers chiffres (28) pour donner le nombre de groupes de 10. En revanche, la question, telle qu'elle est formulée, amène les élèves à imaginer les groupes de 10 « cachés dans les centaines ».

Dans la rubrique « Activité complémentaire » de la p. 79 de ce *Guide pédagogique*, on trouve un exemple de fiche correspondant à cette activité.

dans la valise et j'en ajoute 40 »), soit en schématisant le matériel au tableau. Divers autres cas de ce type sont alors proposés.

Activité sur le fichier

On retrouve un des cas qui a servi à introduire la séquence. La suite du travail est individuelle.

2. « 280, c'est 28 groupes de 10 »

Dans l'image qui sert de point de départ à l'activité, les groupements par 10 ne sont pas achevés : il y a 12 dizaines et 31 unités. En tout, il y a 3 c + 12 d + 31 u = 300 + 120 + 31 = 451.

Dans les exercices qui suivent, il est demandé aux élèves de commencer par calculer mentalement la somme comme ci-dessus (ils peuvent aussi faire le calcul au brouillon) puis de vérifier leur résultat en utilisant les décompositions-recompositions suggérées par le premier exemple.

Activités — Séquence 13

Additions *(80 + 60 ; 83 + 60)*

Les calculs proposés sont écrits sous forme littérale au tableau. La réponse est donnée sous forme chiffrée.

Soustractions *(Où vais-je barrer ?)*

Idem séquence 11.

1 Additions mentales : seul le 2e nombre est décomposé

Activité préliminaire

Au tableau, l'enseignant fait d'abord calculer « *cinquante-quatre + trente-deux* », par exemple (cas sans retenue), puis « *cinquante-quatre + trente-huit* » (cas avec retenue).

La première addition est écrite au tableau et énoncée oralement. On fait expliciter la stratégie d'ajouts successifs en se ramenant à ce qu'on sait déjà faire. Par exemple : « *cinquante-quatre + trente-deux, c'est presque cinquante-quatre + trente…* (l'écriture de « deux » est masquée avec la main), … *sauf qu'il y a deux en plus* » (la main est levée). On recommence en donnant cette fois les résultats successifs (l'écriture de « deux » est masquée avec la main) : « *cinquante-quatre + trente, c'est quatre-vingt-quatre…* (la main est levée) *…et encore deux, quatre-vingt-six* ». Le procédé du fichier, celui où l'on indique avec des traits ce qui est décomposé, est alors introduit au tableau. On peut valider cette procédure en refaisant sur le dessin de nombres « comme Picbille » ce qui vient d'être fait avec l'écriture des nombres (ajouts successifs des nombres trente et deux en masquant d'abord le second avec la main). On traite de la même manière un cas avec retenue comme « *cinquante-quatre + trente-huit* » puis le cas qui est traité dans le fichier : « *cent trente-cinq + vingt-six* ».

Activités du fichier

En haut du cadre 1, on retrouve la dernière addition traitée collectivement. Le résultat est reporté. En bas du cadre 1, les cas sont mélangés et traités individuellement. De plus, les élèves qui le peuvent sont invités à donner directement le résultat et, donc, à effectuer de manière mentale les ajouts successifs.

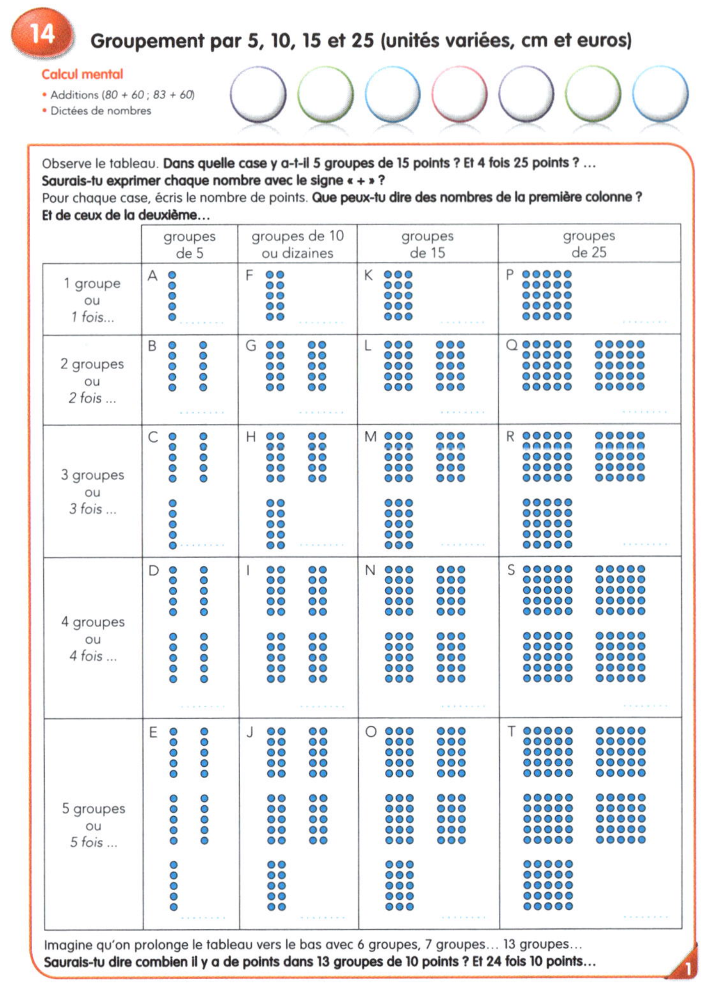

14 Groupement par 5, 10, 15 et 25 (unités variées, cm et euros)

Calcul mental
- Additions (*80 + 60 ; 83 + 60*)
- Dictées de nombres

Observe le tableau. **Dans quelle case y a-t-il 5 groupes de 15 points ? Et 4 fois 25 points ? …**
Saurais-tu exprimer chaque nombre avec le signe « + » ?
Pour chaque case, écris le nombre de points. **Que peux-tu dire des nombres de la première colonne ?**
Et de ceux de la deuxième…

	groupes de 5	groupes de 10 ou dizaines	groupes de 15	groupes de 25
1 groupe ou *1 fois…*	A	F	K	P
2 groupes ou *2 fois …*	B	G	L	Q
3 groupes ou *3 fois …*	C	H	M	R
4 groupes ou *4 fois …*	D	I	N	S
5 groupes ou *5 fois …*	E	J	O	T

Imagine qu'on prolonge le tableau vers le bas avec 6 groupes, 7 groupes… 13 groupes…
Saurais-tu dire combien il y a de points dans 13 groupes de 10 points ? Et 24 fois 10 points…

1

Objectifs

Le signe « x » ne sera revu que dans la sq 29, lorsqu'il s'agira de mettre à nouveau l'accent sur la commutativité de cette opération, c'est-à-dire le fait que 15 fois 2, par exemple, peut se calculer comme 2 fois 15. C'est en effet l'une des idées-forces de *J'apprends les maths* : lors de l'introduction d'une nouvelle opération arithmétique (rappelons que la multiplication a été introduite au CE1) ou lorsqu'on revoit cette opération pour la première fois l'année suivante, il convient de mettre l'accent sur ses propriétés essentielles (par exemple : la division permet de résoudre des problèmes de quotition et pas seulement de partition, la multiplication est commutative, etc.). Rappelons que les psychologues qualifient ces propriétés de « conceptuelles » parce qu'elles ont partie liée avec l'existence même de ces opérations arithmétiques : les hommes ont inventé la multiplication parce qu'il était important que les générations suivantes sachent que pour déterminer le nombre total d'objets dans 50 paquets de 3 objets (3 + 3 + 3 + 3 + …), on peut calculer comme s'il s'agissait de chercher le nombre total d'objets dans 3 paquets de 50 objets (50 + 50 + 50).
Mais une autre idée-force de cette collection est qu'il convient de s'assurer que tous les élèves savent résoudre les problèmes les plus simples (nombre total d'objets dans 3 paquets de 50 objets ?) avant de découvrir ou avant de se rappeler comment on résout ceux qui nécessitent l'usage de la propriété conceptuelle (nombre total d'objets dans 50 paquets de 3 objets ?). Concernant la multiplication, donc, il faut commencer par travailler les actions d'ajouts répétés et le langage quotidien qui permet d'en parler. C'est pourquoi les activités de groupements et les différentes façons de s'exprimer pour décrire ce type d'actions sont reprises ici en début de CE2. Il faut savoir que 10 % environ des élèves entrant au CE2 ne savent pas résoudre un problème où l'on demande combien il y a de gâteaux en tout dans 3 paquets de 10 gâteaux. Comment peut-on espérer que ces élèves comprennent la multiplication ? Comme ce type d'activité a déjà été proposé au CE1, une nouveauté est introduite afin d'éviter la simple répétition : les groupements de 15 et de 25.

Dans cette séquence, l'enseignant s'exprime en disant tantôt *4 groupes de 15*, tantôt *4 fois 15*. La signification du mot *fois* est rappelée : « 4 fois 15, c'est 1 fois, 2 fois, 3 fois, 4 fois 15 », en pointant les groupes correspondants. Le choix de favoriser l'usage du mot « groupe » s'explique du fait que les équipes d'enfants, les bouquets de fleurs, les paquets de gâteaux… sont des cas particuliers de groupes. Ce que les enfants apprennent en utilisant le mot « groupe » est ainsi plus facilement disponible dans chacun de ces cas particuliers. Si on privilégiait le mot « paquet », par exemple, de nombreux enfants ne feraient aucun lien entre des « équipes de 10 enfants » et des « paquets de 10 enfants » (l'usage de cette expression n'est guère courant). Le lien est plus facile à faire avec des « groupes de 10 enfants ».
En fait, la situation la plus générale est celle des groupes de points : il suffit d'imaginer que les points sont des enfants, des gâteaux, des fleurs, pour prendre conscience de la généralité de cette situation. C'est pourquoi un outil important est introduit dès cette séquence : un tableau où les groupes de 5, 10, 15 et 25 points sont organisés en colonnes et dont les cases sont repérées par des lettres pour favoriser la communication en classe. Dans les séquences suivantes, les élèves utiliseront la version cartonnée de cet outil qui se trouve à la fin de leur fichier.

Cette séquence vise aussi à consolider l'apprentissage de la numération à base 10. Dans *J'apprends les maths*, en effet, l'expression « groupes de dix » est celle la plus souvent utilisée pour désigner les dizaines. Or, lorsqu'on étudie comme ici le groupement par 10 en même temps que ceux par 5, 15 et 25, les élèves découvrent que celui par 10 conduit à des calculs particulièrement simples.

Imagine que les points sont des enfants, des gâteaux ou des fleurs et complète.

3 équipes de 25 enfants, c'est .... enfants en tout.

5 paquets de 15 gâteaux, c'est ....

27 bouquets de 10 fleurs, c'est ....

On veut connaitre la longueur totale. Fais apparaitre tous les cm et complète.

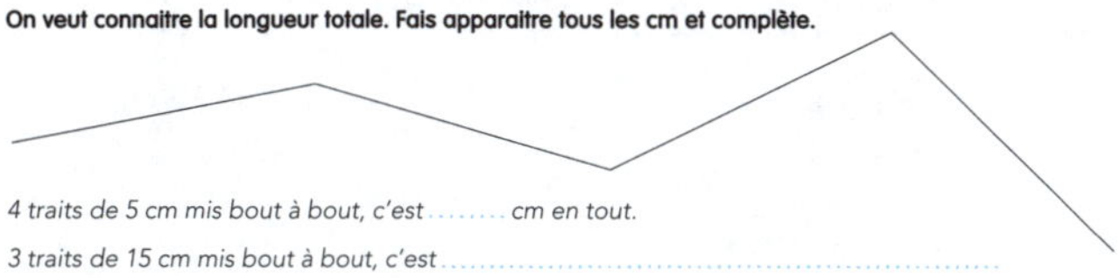

4 traits de 5 cm mis bout à bout, c'est .... cm en tout.

3 traits de 15 cm mis bout à bout, c'est ....

18 traits de 10 cm mis bout à bout, c'est ....

On veut acheter les 3 livres. Termine de dessiner les pièces de 1 € nécessaires et complète.

3 objets à 10 € l'un coutent .... € en tout.

5 objets à 25 € l'un coutent ....

3 billets de 5 €, c'est ....

2

Complète (imagine les points, les cm ou les pièces de 1 €).

3 paquets de 15 mouchoirs, c'est .... mouchoirs en tout.

5 traits de 10 cm mis bout à bout, c'est ....

23 billets de 10 €, c'est ....

4 équipes de 15 rugbymen, c'est ....

5 sacs de 25 billes, c'est ....

14 rangées de 10 voitures, c'est ....

4 objets à 15 € l'un coutent ....

3

Calcule mentalement le nombre total puis vérifie en décomposant en centaines, dizaines et unités.

4 c + 27 d = ...	32 d + 25 u = ...
=	= ....
=	= ....

4

Activités Séquence 14

Additions *(80 + 60 ; 83 + 60)*

Idem séquence 13 (rappelons que les calculs sont écrits au tableau sous forme littérale).

Dictées de nombres

Idem séquence 12 (rappelons que la 1re dictée est proposée sous la forme : « *52 groupes de 10 et 9 unités isolées* »).

1. Combien y a-t-il de points en tout dans *n* groupes de *p* points ?

La séquence commence au tableau en demandant à des élèves de dessiner « 3 groupes de 2 points » et « 4 fois 3 points », par exemple, et en demandant à chaque fois combien il y a de points en tout. La signification de ces expressions est précisée : pour dessiner 3 groupes de 2 points, il faut dessiner 3 fois 2 points : 1 fois (en dessinant 2 points), 2 fois (2 autres), 3 fois (encore 2 autres). Ce nombre peut aussi s'écrire : 2 + 2 + 2 ; il est égal à 6.
Lorsque des élèves n'ont pas rencontré ces expressions au CP ou au CE1, l'enseignant ne devra pas hésiter à proposer d'autres exemples du même type au tableau.

L'activité se poursuit sur le fichier. Les élèves découvrent le tableau avec des cases repérées par des lettres. Afin que tous les élèves s'approprient bien sa structure, l'enseignant peut le reproduire sur le tableau de la classe en faisant figurer les lettres en haut à gauche des cases (il n'est pas nécessaire de reproduire les points). On peut également utiliser une photocopie agrandie.

« *Qu'est-ce qui est dessiné sur votre fichier dans la case avec la lettre C ? 3 groupes de 5 points. Dans la case B ? 2 groupes de 5 points. Dans la case A ? 1 groupe de 5 points. Dans la case D ? 4 groupes de 5 points. Dans la case G ? 2 groupes de 10 points. Dans la case L ? 2 groupes de 15 points. Dans la case Q ? 2 groupes de 25 points.* »

On remarquera, d'une part, qu'il est préférable de ne pas commencer par la première ligne parce qu'il n'est guère naturel de parler d'*un* groupe, et, d'autre part, qu'il convient de comprendre :
1°) Qu'il y a la colonne des groupes de 5, celle des groupes de 10…
2°) Que dans une même ligne, le nombre de groupes est constant.
On s'assure de la compréhension des élèves en les interrogeant sur la lettre de la case où figurent *n* groupes de *p* points ou *n* fois *p* points (on peut traiter quelques cas avec réponse sur ardoise en alternant les façons de poser le problème).
L'enseignant demande alors aux élèves d'écrire au crayon noir dans les différentes cases le nombre total de points de la case. S'il est effectué individuellement, ce travail est ensuite corrigé collectivement en remarquant que dans la colonne des groupes de 5, les nombres vont de 5 en 5, dans celles des groupes de 10, ils vont de 10 en 10, etc. Suit une interrogation avec réponses sur ardoise : « *Combien y a-t-il de points en tout dans 4 groupes de 15 points ?* », « *Combien y a-t-il de points en tout dans 3 fois 25 points ?* », etc. Dans le cas des groupes de 10, on utilise aussi le mot *dizaine* et on interroge au-delà des groupes représentés dans le tableau : « *Combien y a-t-il de points en tout dans 23 groupes de 10 points ?* », par exemple.

2 et 3. Combien y a-t-il d'enfants en tout dans *n* équipes de *p* enfants ?

L'activité peut commencer sur ardoise mais avec le fichier ouvert de sorte que les élèves puissent se référer au tableau qu'ils viennent de remplir. « *Combien y a-t-il d'images en tout dans 3 paquets de 25 images ?* » La stratégie est explicitée : on imagine que les points sont des images et on cherche où il y aurait « *3 paquets de 25 images.* » C'est dans la case R, celle où il y a 3 groupes de 25 points. D'où la réponse, 75. Ce type d'interrogation est repris avec l'activité 2 du fichier.

Concernant les 4 traits de 5 cm qui sont juxtaposés, après que les élèves aient fait apparaitre chacun des cm avec leur règle graduée, l'enseignant peut faire dessiner un point au-dessus de chacun des cm : il y a autant de cm que de points, c'est-à-dire 4 fois 5, 20 cm. Il est également éclairant d'écrire ce nombre sous la forme 5 + 5 + 5 + 5.
Dans le cas des 3 objets à 10 € l'un, les pièces de 1 € jouent le rôle des points : pour payer, il faut 3 fois 10 pièces de 1 €, c'est-à-dire 30 €.
L'une des principales difficultés, mais aussi l'un des principaux intérêts de l'activité 3 réside dans l'obligation de chercher l'unité pertinente pour rédiger la réponse.

Objectifs

Dans la sq 15, les élèves revoient les compléments à 100. Ces calculs sont importants pour structurer les 100 premiers nombres. Ils aideront aussi les enfants à utiliser le repère 100 pour calculer des soustractions « en avançant », comme 102 – 74 (de 74, 26 pour aller à 100, et encore 2, c'est 28).

Dans le calcul d'un complément à 100, une erreur de 10 est fréquente. Pour le complément de 74 à 100 par exemple, elle consiste à donner la réponse 36. L'enfant raisonne séparément sur les dizaines (le complément de 70, c'est 30) et sur les unités (celui de 4, c'est 6). L'une des stratégies enseignées consiste à anticiper qu'avec 30 la somme des deux nombres (74 + 30) dépasserait 100, que le nombre recherché est donc plus petit que 30 et se termine par… 6.

Dans la sq 16, on revoit les centimes. Les activités proposées dans cette séquence visent trois objectifs :

– apprendre à constituer une somme avec des pièces libellées en centimes ;

– interpréter les prix affichés sous les deux formes usuelles 1,45 € ou 1 € 45 en comprenant que le nombre de centimes est représenté après celui des euros, soit à droite d'une virgule, soit après le sigle « € » ; on met l'accent sur les écritures qui comportent un ou deux zéros comme 1,09 € et 0,08 € ;

– étendre au cas des pièces de 10 centimes les connaissances relatives au groupement par 10. Il s'agit plus précisément de s'approprier les relations du type : 13 pièces de 10 centimes, c'est 130 centimes ou 1,30 € ou encore 1 € 30.

Il est important de remarquer que la présence d'une virgule dans l'un des deux principaux modes conventionnels d'écriture d'un prix (4,35 €, par exemple) n'implique nullement que les élèves comprennent ces écritures comme étant celles de nombres décimaux : il est essentiel de ne pas confondre les « nombres à virgule » avec des nombres décimaux. Pour pouvoir considérer qu'une personne traite un nombre à virgule comme étant un nombre décimal, il faut évidemment que cette personne sache que le chiffre immédiatement à droite de la virgule est celui des dixièmes. C'est loin d'être le cas avec une écriture comme 4,35 €. Qui considère que le chiffre « 3 » y représente des dixièmes (ou des décimes) ? Pour comprendre une écriture à virgule comme 4,35 €, il suffit de considérer la virgule comme un moyen permettant de repérer rapidement la centaine de centimes, centaine qu'on appelle un euro. L'idée de fractionnement n'a aucune nécessité ; on remarquera d'ailleurs qu'on ne rencontre jamais une écriture telle que 4,3 €.

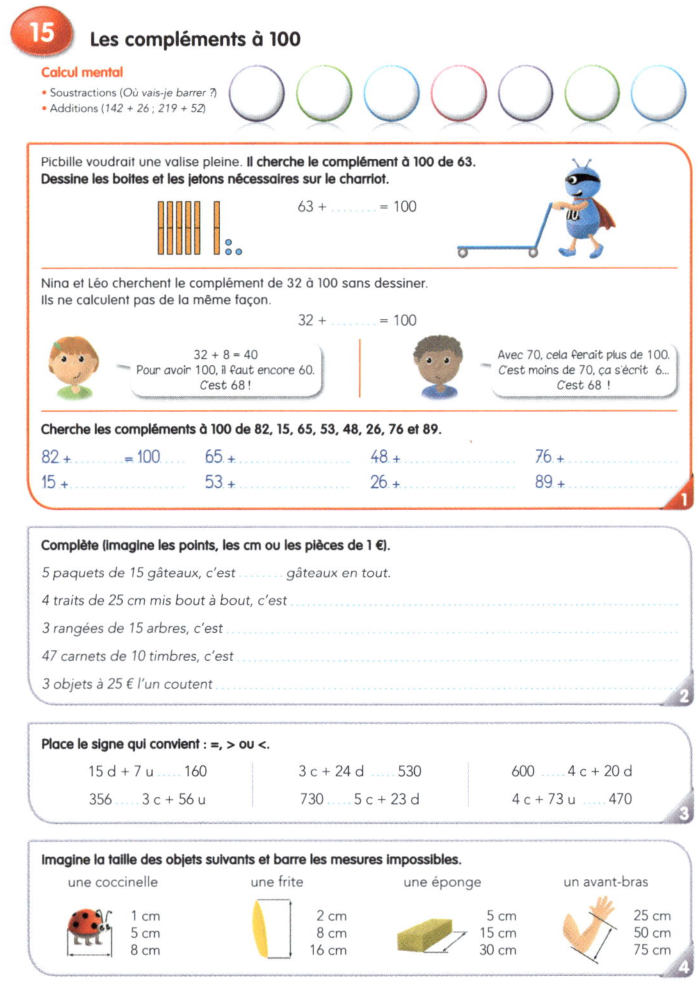

15 Les compléments à 100

Calcul mental
- Soustractions (*Où vais-je barrer ?*)
- Additions (*142 + 26 ; 219 + 52*)

Picbille voudrait une valise pleine. **Il cherche le complément à 100 de 63. Dessine les boites et les jetons nécessaires sur le chariot.**

63 + ... = 100

Nina et Léo cherchent le complément de 32 à 100 sans dessiner.
Ils ne calculent pas de la même façon.

32 + ... = 100

Cherche les compléments à 100 de 82, 15, 65, 53, 48, 26, 76 et 89.

82 + ... = 100 ; 65 + ... ; 48 + ... ; 76 + ...

15 + ... ; 53 + ... ; 26 + ... ; 89 + ...

1

Complète (imagine les points, les cm ou les pièces de 1 €).

5 paquets de 15 gâteaux, c'est .... gâteaux en tout.

4 traits de 25 cm mis bout à bout, c'est ....

3 rangées de 15 arbres, c'est ....

47 carnets de 10 timbres, c'est ....

3 objets à 25 € l'un coutent ....

2

Place le signe qui convient : =, > ou <.

15 d + 7 u 160	3 c + 24 d 530	600 ..... 4 c + 20 d
356 ..... 3 c + 56 u	730 ..... 5 c + 23 d	4 c + 73 u 470

3

Imagine la taille des objets suivants et barre les mesures impossibles.

une coccinelle	une frite	une éponge	un avant-bras
1 cm 5 cm 8 cm	2 cm 8 cm 16 cm	5 cm 15 cm 30 cm	25 cm 50 cm 75 cm

4

Activités — Séquence 15

Soustractions (*Où vais-je barrer ?*)

Idem séquence 11.

Additions (*142 + 26 ; 219 + 52*)

Le calcul est proposé sous forme littérale (cent quarante-deux + vingt-six). Pour favoriser la mise en œuvre de l'activité, les cas proposés auront pu être écrits sur des cartons fixés au tableau. La stratégie privilégiée est celle où l'on ne décompose pas le premier nombre. La vérification se fait avec les écritures chiffrées, en utilisant le procédé de la séquence 13.

1. Les compléments à 100

Activité préliminaire avec des calculettes

Cette activité aidera les élèves à découvrir et utiliser la stratégie décrite dans la rubrique *Objectifs*.

L'enseignant a écrit au tableau des additions à trou du type 32 + … = 100. Dans l'idéal, chaque élève dispose d'une calculette. Il doit l'utiliser pour trouver le complément à 100 : il tape par exemple « 34 + », puis le nombre dont il pense qu'il permet d'obtenir 100, puis « = ». Si on ne dispose que d'une calculette pour deux élèves, chaque élève fait un calcul sur deux.

On peut préalablement aider à la compréhension de cette tâche en demandant des compléments à 10 (4 + … = 10), puis des compléments du type 23 + … = 30, puis des compléments

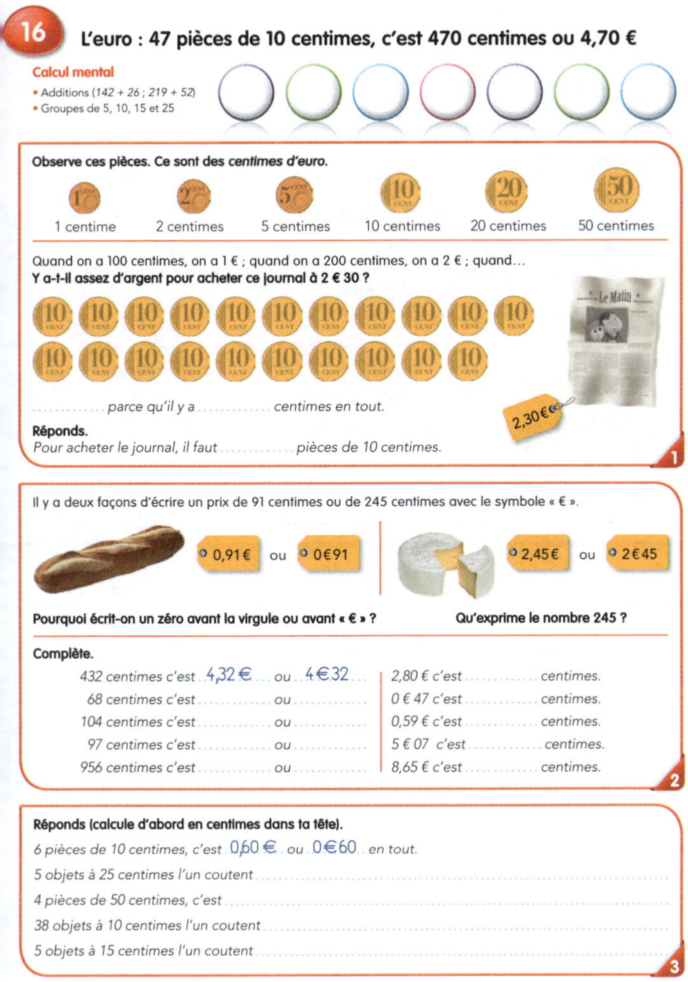

16 **L'euro : 47 pièces de 10 centimes, c'est 470 centimes ou 4,70 €**

Calcul mental
- Additions (*142 + 26 ; 219 + 52*)
- Groupes de 5, 10, 15 et 25

Observe ces pièces. Ce sont des *centimes d'euro*.

1 centime — 2 centimes — 5 centimes — 10 centimes — 20 centimes — 50 centimes

Quand on a 100 centimes, on a 1 € ; quand on a 200 centimes, on a 2 € ; quand…
Y a-t-il assez d'argent pour acheter ce journal à 2 € 30 ?

.... parce qu'il y a .... centimes en tout.

Réponds.
Pour acheter le journal, il faut .... pièces de 10 centimes.

1

Il y a deux façons d'écrire un prix de 91 centimes ou de 245 centimes avec le symbole « € ».

Pourquoi écrit-on un zéro avant la virgule ou avant « € » ? **Qu'exprime le nombre 245 ?**

Complète.

432 centimes c'est 4,32 € *ou* 4€32	*2,80 € c'est .... centimes.*
68 centimes c'est .... ou	*0 € 47 c'est .... centimes.*
104 centimes c'est .... ou	*0,59 € c'est .... centimes.*
97 centimes c'est .... ou	*5 € 07 c'est .... centimes.*
956 centimes c'est .... ou	*8,65 € c'est .... centimes.*

2

Réponds (calcule d'abord en centimes dans ta tête).

6 pièces de 10 centimes, c'est 0,60 € *ou* 0€60 *en tout.*
5 objets à 25 centimes l'un coutent ....
4 pièces de 50 centimes, c'est ....
38 objets à 10 centimes l'un coutent ....
5 objets à 15 centimes l'un coutent ....

3

du type 60 + … = 100. Ces premiers cas seront facilement traités. On passe alors à des compléments à 100. Pour calculer un complément tel que 32 + … = 100, il est évidemment possible de compléter d'abord à la dizaine supérieure (il faut 8 pour aller à 40), puis à la centaine (il faut 60 pour aller à 100). Cependant, une erreur assez fréquente consiste à taper 78 pour chercher le complément de 32 à 100 (l'élève raisonne séparément sur les dizaines et les unités, il ajoute d'abord le complément de 30 à 100, puis celui de 2 à 10). Beaucoup d'élèves obtiennent donc le résultat 110. On fait constater cette erreur et l'enseignant interroge : « *Le nombre cherché est-il plus petit ou plus grand que 70 ?* ». Si on ajoute 70, on obtient 102. Il faut ajouter moins de 70, soit… 68. L'ajout de 70 convient pour 30 + … = 100, mais pour 32 + … = 100, c'est trop. Par ailleurs, comme le nombre de départ se termine par le chiffre « 2 », le complément à 100 se termine par le chiffre « 8 ». Cette stratégie par approximation est explicitée : on cherche d'abord une valeur approchée du complément en ne traitant que les dizaines (on obtient 70), puis on ajuste (c'est moins de 70) en adoptant le bon chiffre des unités (c'est 68). Elle est mise en œuvre avec différents nombres.

Activité sur le fichier

Après la première tâche (déterminer le complément que cherche Picbille et le dessiner dans le charriot), on fait observer que Nina calcule par compléments successifs alors que Léo calcule par approximation. Les élèves adoptent la stratégie de leur choix.

Activités Séquence 16

Additions (*142 + 26 ; 219 + 52*)

Idem séquence 15.

Groupes de 5, 10, 15 et 25

Les élèves disposent du carton de la fin de leur fichier. Celui-ci a été mis dans une pochette transparente très lisse. Ils commencent par remplir au feutre effaçable les cases nécessaires (sans remplir celles dont « ils connaissent bien le résultat »). Cette activité est reprise plusieurs fois (séquences 17, 20, 25, 26 et, éventuellement, dans le cadre de l'aide personnalisée). L'un des enjeux de ces différentes reprises est évidemment de compléter le moins de cases possible. L'enseignant interroge comme dans la séquence 14, d'abord sur des groupes de points, puis sur des paquets de gâteaux, des bouquets de fleurs, etc.

1 et 2. La monnaie : les centimes

Observation, analyse et lecture des pièces

L'activité commence directement sur le fichier. On observe les pièces de 1, 2, 5, 10, 20 et 50 centimes qui y sont dessinées. On fait observer que ces pièces sont semblables aux vraies pièces en métal. D'emblée, l'enseignant énonce que le mot « cent » doit se lire « centime », comme une abréviation. Il écrit au tableau « **cent**ime ».

L'enseignant fait remarquer que la valeur augmente avec la taille. Il fait enfin formuler que chaque pièce vaut moins de 1 €, par exemple :

– sur la pièce de 50 centimes, le nombre qui est écrit est grand, mais c'est moins d'argent que 1 € ;

– 1 €, ça vaut pareil que 2 pièces de 50 centimes, 1 €, c'est égal à 100 centimes.

100 centimes, c'est 1 €

L'enseignant demande aux élèves de chercher différentes façons de payer un objet qui coute 1 € sans utiliser la pièce de 1 €. Il ne s'agit pas de chercher toutes les décompositions possibles, mais d'en trouver quelques-unes qu'on recensera au tableau (on peut utiliser « c. » pour « centimes ») : 100 pièces de 1 c., 2 pièces de 50 c. ou 50 c. + 50 c., 1 pièce de 50 c., 2 pièces de 20 c. et encore 1 pièce de 10 c., etc.

2,30 € c'est 23 pièces de 10 c.

Les élèves résolvent ensuite le problème proposé : y a-t-il assez d'argent pour acheter le journal ? C'est la première fois que certains élèves rencontrent l'écriture à virgule : la discussion permet de dégager qu'en négligeant celle-ci et le symbole « € », on obtient le prix en centimes ; 2,30 € c'est donc 230 c.

Interpréter des prix, apprendre à les écrire

Les tâches proposées amènent à interpréter les écritures du type 0,91 € et 0 € 91. On insistera également sur le cas 1,04 €, où le zéro dit qu'il n'y a pas de dizaines de centimes et permet d'éviter la confusion avec 1,4 € qui veut dire en fait 1,40 €.

5 objets à 25 centimes l'un coutent 1,25 € en tout

Quelques exemples peuvent être traités collectivement. Un raisonnement possible est le suivant : pour payer 1 objet, il faut 25 pièces de 1 c. ; pour payer 5 objets, il faut 5 groupes de 25 pièces de 1 c., 125 pièces de 1 c.

L'enseignant trouvera au début du Guide pédagogique des indications générales sur l'animation des PAC.

Activités Séquence 17

Groupes de 5, 10, 15 et 25

Idem séquence 16.

Compléments à 100

L'enseignant écrit un nombre au tableau ; les élèves écrivent son complément à 100. La validation se fait en utilisant l'une des deux stratégies explicitées dans la séquence 15.

1. Apprendre à se représenter une situation et à la schématiser pour résoudre un problème

Rappelons d'abord dans quel contexte pédagogique s'inscrit ce problème. Dans *J'apprends les maths*, depuis le CP, nous accordons beaucoup de place aux problèmes de comparaison. En effet, il y a 3 grands types de problèmes de soustraction et donc d'usages de cette opération :
– la soustraction pour chercher le résultat d'un retrait ;
– la soustraction pour comparer deux grandeurs ;
– la soustraction pour chercher la valeur d'un complément.

Le premier de ces usages va de soi. Le dernier, en revanche, peut paraitre contre-intuitif. En effet, dans un problème tel que : « Leïla a 37 perles dans une boite. Elle ajoute d'autres perles et après il y a 51 perles dans la boite. Combien de perles a-t-elle ajoutées ? », l'énoncé parle d'un ajout alors que c'est une soustraction, 51 – 37, qui permet de résoudre le problème.

Le deuxième usage, soustraire pour comparer, est particulièrement important parce qu'il permet de faire le lien entre les deux autres, c'est-à-dire entre l'usage banal et celui qui est contre-intuitif. En effet :

1°) Pour comparer 2 collections on peut, par exemple, imaginer une correspondance terme à terme entre les 2 collections. Leur différence est alors « ce qui dépasse dans la correspondance », c'est-à-dire « ce qui reste lorsqu'on retire ce qui est pareil ». Il est donc facile d'expliquer que le résultat d'une comparaison peut s'obtenir à l'aide d'un retrait.

2°) Pour chercher la valeur d'un complément, il suffit de comparer la valeur initiale (avant le complément) et la valeur finale (après le complément).

Ainsi, la comparaison permet de faire le lien entre la recherche du résultat d'un retrait (via une correspondance terme à terme) et la recherche de la valeur d'un complément. C'est la raison pour laquelle cet usage de la soustraction doit tenir une place importante dans une progression.

L'animation de ce PAC est identique à celle du premier. Une activité préliminaire (travail sur le questionnement) permet de s'assurer que tous les élèves cherchent à comprendre l'énoncé

17 Problèmes pour apprendre à chercher

Calcul mental
• Groupes de 5, 10, 15 et 25
• Compléments à 100

Problème 14 enfants entrent dans la salle des ordinateurs d'une école. Mais il n'y a que 8 chaises.
Combien manque-t-il de chaises ?

Pour résoudre ce problème, Cécile, Mélanie et Sébastien ont fait un schéma ou écrit une égalité.
Qui a réussi à résoudre le problème ?
Entoure le ou les prénoms des enfants qui ont trouvé la solution.
Pourquoi le ou les autres enfants se sont-ils trompés ?

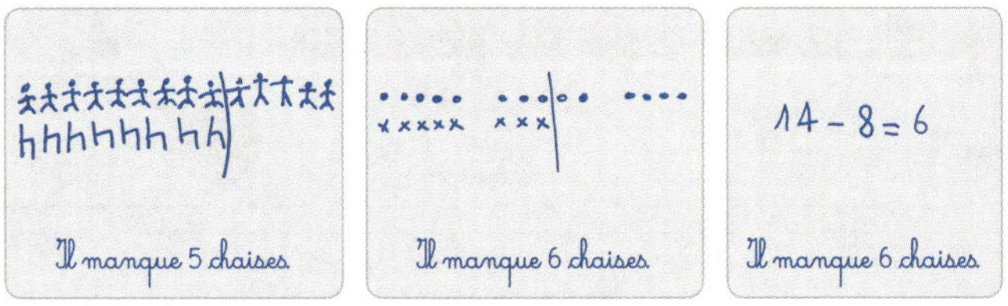

Cécile Mélanie Sébastien

1

Problèmes **À résoudre sur le cahier**

Résous ces problèmes (tu peux faire un schéma, écrire une égalité ou expliquer ta solution).

1. Dans un troupeau de moutons, il y a 30 moutons. 7 de ces moutons sont noirs. Les autres moutons sont blancs.
Combien de moutons blancs y a-t-il dans ce troupeau ?

2. La directrice d'une école doit envoyer 15 lettres. Mais elle n'a que 8 enveloppes.
Combien d'enveloppes lui manque-t-il ?

3. 36 enfants et 4 adultes sont montés dans un autocar de 50 places.
Combien reste-t-il de places libres ?

4. Dans une école, il y a 82 élèves. Pour un tournoi scolaire de base-ball, ils doivent former des équipes de 10 élèves.
Combien d'équipes pourront-ils former ?

5. Le jardinier de la ville a planté 7 rangées de 10 rosiers.
Combien de rosiers a-t-il plantés ?

6. Noémie a un album-photo de 20 pages. Elle y a déjà collé 27 photos. Elle y colle 30 nouvelles photos.
Combien de photos y a-t-il maintenant dans son album ?

2

qui leur est proposé. L'activité sur le fichier, elle, permet d'expliciter les caractéristiques d'une bonne schématisation (l'importance d'organiser les collections qui sont dessinées, par exemple), lorsque l'activité préliminaire n'a pas déjà conduit à le faire.

Activité collective préliminaire : déterminer la question d'un énoncé

Alors que le fichier est fermé, l'enseignant écrit au tableau le début de l'énoncé du cadre 1 : « 14 enfants entrent dans la salle des ordinateurs d'une école. Mais il n'y a que 8 chaises. » Il invite les enfants à déterminer individuellement ce qu'on peut chercher. L'une des caractéristiques de cette situation est que plusieurs questions conduisent en fait au même problème :
– *Combien de chaises manque-t-il ?*
– *Combien faut-il ajouter de chaises pour en avoir autant que d'enfants ?*
– *Combien d'enfants n'auront pas de chaise ?* Etc.

La ou les questions proposées sont écrites au tableau et l'enseignant propose de répondre à toutes ces questions. En effet, c'est seulement en cherchant à y répondre que certains élèves prendront conscience qu'elles débouchent toutes sur la même solution numérique. L'enseignant laisse un temps de recherche individuelle avant d'échanger sur les différentes valeurs numériques trouvées et les différentes procédures utilisées. On notera que si les stratégies utilisées par les élèves fictifs du fichier (Cécile, Mélanie et Sébastien) sont proposées par des élèves de la classe, la discussion sera d'emblée très proche de celle décrite ci-dessous à partir des productions des élèves fictifs. Dans ce cas, l'activité sur fichier devra évidemment

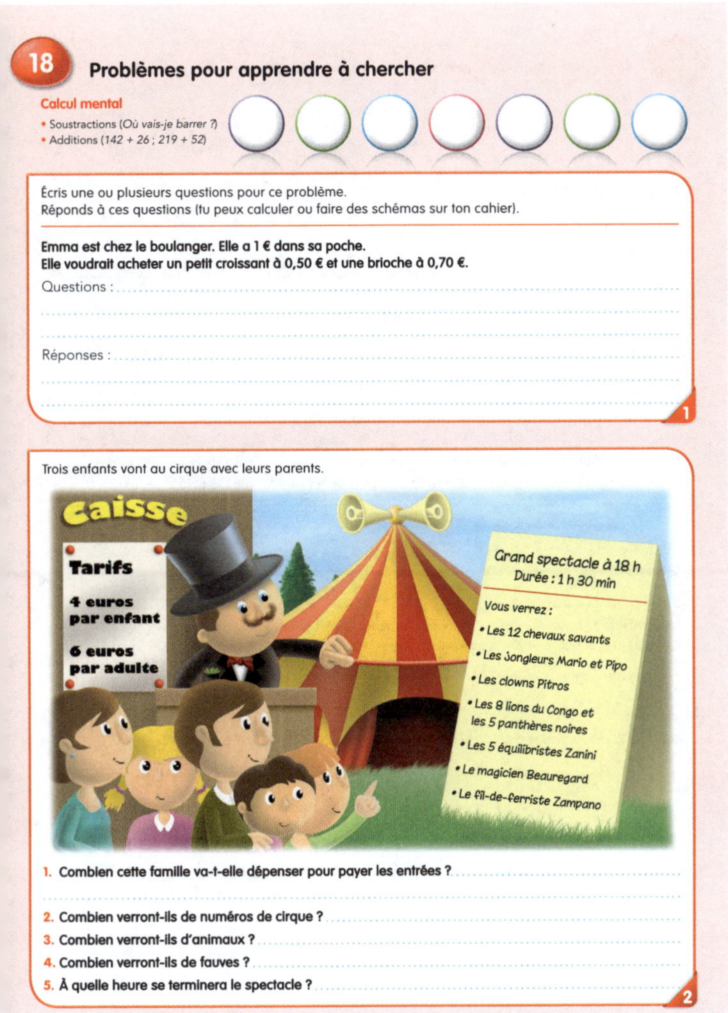
18 Problèmes pour apprendre à chercher

Calcul mental
• Soustractions (Où vais-je barrer ?)
• Additions (142 + 26 ; 219 + 52)

Écris une ou plusieurs questions pour ce problème.
Réponds à ces questions (tu peux calculer ou faire des schémas sur ton cahier).

Emma est chez le boulanger. Elle a 1 € dans sa poche.
Elle voudrait acheter un petit croissant à 0,50 € et une brioche à 0,70 €.

Questions : ...

Réponses : ...

Trois enfants vont au cirque avec leurs parents.

1. **Combien cette famille va-t-elle dépenser pour payer les entrées ?**
2. **Combien verront-ils de numéros de cirque ?**
3. **Combien verront-ils d'animaux ?**
4. **Combien verront-ils de fauves ?**
5. **À quelle heure se terminera le spectacle ?**

être menée de manière plus rapide et en se référant aux stratégies des élèves de la classe.

Activité sur le fichier

Après avoir remarqué que le problème figurant dans le cadre 1 du fichier est celui où la question est formulée sous la forme de la recherche d'un manque, on passe alors à l'analyse des trois schémas censés correspondre au travail d'élèves. On fera formuler :

– que Cécile ne se serait pas trompée si elle avait organisé le dessin des deux collections comme Mélanie ; jusqu'au 6e enfant, elle a bien mis une chaise sous chaque enfant, mais ensuite elle n'a dessiné qu'une chaise pour les 7e et 8e enfants ;
– que la solution de Sébastien est particulièrement économique, mais comment justifier le fait qu'on puisse utiliser la soustraction ? Parce que lorsque les 2 collections sont mises en correspondance terme à terme, la différence c'est ce qui reste lorsqu'on retire ce qui est pareil (les 2 parties mises en correspondance terme à terme peuvent être masquées avec la main en explicitant que ce retrait conduit à calculer 14 – 8).

2. Problèmes divers

1. Problème de type partie-tout (le tout et une partie sont connus, on cherche l'autre partie).
2. Problème de comparaison entre deux collections qui peuvent être mises en correspondance terme à terme (de même structure que celui de l'activité 1).
3. Problème « à étapes » : il faut chercher le nombre de passagers avant de déterminer celui des places libres.
4. Problème de quotition (« combien de fois *b* est compris dans *a* ? »). Les données numériques (combien de fois 10 dans 82 ?) permettent de réussir facilement si on utilise les connaissances en numération décimale.
5. Addition réitérée (« *a* rangées de *b* objets »). Là encore, la solution numérique découle des connaissances en numération.
6. Somme de 2 nombres. L'énoncé comporte une donnée inutile (le nombre de pages).

Voici un exemple de résolution du problème 3 :

L'élève dessine les passagers puis les installe dans l'autocar !

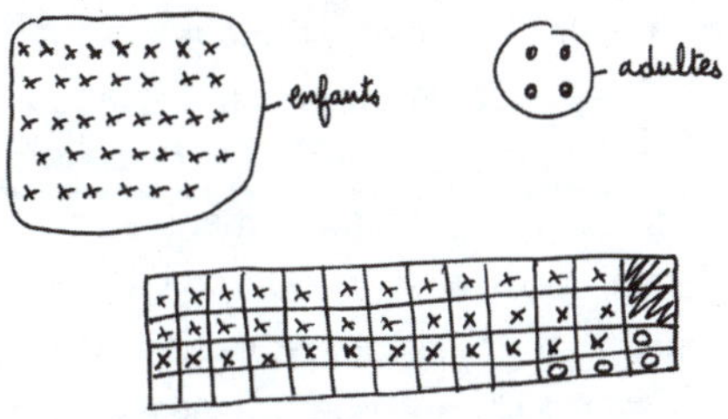

Précisons que l'élève obtient la solution numérique !

Activités Séquence 18

Soustractions *(Où vais-je barrer ?)*

Idem séquence 11.

Additions *(142 + 26 ; 219 + 52)*

Idem séquence 15.

1. Rédiger plusieurs questions

La situation conduit à une grande diversité de questions :
– Quel est le prix total du croissant et de la brioche ?
– Combien d'argent manque-t-il à Emma pour acheter le croissant et la brioche ?
– Combien d'argent lui restera-t-il si elle achète le croissant ?
– Combien d'argent lui restera-t-il si elle achète la brioche ?
– Combien la brioche coûte-t-elle de plus que le croissant ?

Dès que des élèves ont trouvé une question, l'enseignant les encourage à en chercher une deuxième, puis une troisième. La mise en commun permettra de regrouper les questions différentes par la forme mais identiques quant au fond.

2. Rechercher des informations dans un document ou une image…

Le document et les questions posées présentent surtout des difficultés de vocabulaire :
– le mot « tarif » n'est pas toujours connu des enfants, et les expressions « 4 € par enfant », « 6 € par adulte », qui n'ont pas été étudiées auparavant, peuvent parfois être comprises comme « 4 € pour les 3 enfants » et « 6 € pour les 2 adultes » ;
– le mot « numéros » dans la question n° 2 et le mot « fauves » dans la question n° 4, les mots « équilibriste » et « fil-de-ferriste » qui figurent sur le programme seront peut-être découverts à cette occasion.

Tous ces mots ou expressions pourront évidemment donner lieu à une explicitation collective.

Objectifs

La sq 19 sert d'introduction à la représentation des nombres sur une droite graduée. Pourquoi introduire cet outil ? Rappelons qu'au CE1, pour calculer mentalement des soustractions par exemple, les élèves n'utilisaient pas une file de points numérotés mais une « file de boites de dix » qui permet mieux de comprendre la façon dont chaque nombre *x* est associé à un emplacement sur la file. En effet, il suffit d'imaginer *x* jetons dans la file de boites pour accéder à cet emplacement. Réciproquement, un emplacement étant donné sur la file de boites, il est très simple d'accéder à *x* : il suffit d'imaginer la quantité de tous les jetons nécessaires pour remplir la file jusqu'à cet emplacement. L'autre avantage, décisif, de la file de boites de 10 est que chaque nombre y est associé à sa décomposition décimale : 32 est appréhendé comme 3 dizaines plus 2 unités, alors qu'un enseignement précoce de la file numérotée conduit de nombreux enfants à ne considérer 32 que du seul point de vue ordinal : 32 est le nombre qui vient après 31.

Cependant, la file graduée est un outil plus universel que la file des boites de 10 et, la première apparaissant au programme du cycle 2, nous faisons ici le lien entre les deux files (avant 2016, cela était fait au CM1).

Dans la sq 20, nous amorçons une série de trois séquences (sq 20, 21 et 23) consacrées au calcul mental des soustractions sur les 100 premiers nombres. Rappelons que les stratégies de calcul mental efficientes sont très différentes de celle qui consiste à « poser dans sa tête » la soustraction en colonnes, et leur étude avant d'enseigner la technique en colonnes est importante : sinon, certains élèves privilégient celle-ci et n'accèdent pas au calcul mental.

Dans la sq 20, les soustractions abordées, du type 32 – 8, se calculent toutes « en reculant sur la suite des nombres », contrairement à celles qui seront abordées dans la sq 23, du type 42 – 39, qui se calculent par complément, c'est-à-dire « en avançant sur la suite des nombres » : 39, il faut 1 pour aller à 40, et encore 2 pour aller à 42.

Dans cette sq 20, les élèves procèdent comme au CE1, c'est-à-dire en utilisant une file de boites de 10, alors que dans la séquence suivante (sq 21), ils utiliseront une file graduée comme celle introduite dans la sq 19. Les files de boites de dix que les élèves utilisent sont déjà reproduites sur un carton, ce qui évite d'avoir à dessiner les boites.

Les soustractions abordées ici, du type 36 – 8, se calculent par deux retraits successifs : il faut calculer 36 – 6 – 2. Le nombre qu'il convient de retirer lors du premier retrait à effectuer est déterminé par le chiffre des unités de 36 (il faut calculer 36 – 6 – ...), mais celui correspondant au second retrait est plus difficile à déterminer : encore une fois, la difficulté réside ici dans la nécessité de décomposer 8 en 6 et encore... 2. De manière plus générale, dès qu'il faut s'appuyer sur une décomposition pour mener à bien un calcul, la difficulté s'accroit. Dans le même temps, il convient de souligner que l'enseignement de cette stratégie est un moyen pédagogique de poursuivre l'enseignement des décompositions dont on sait aujourd'hui combien leur connaissance est cruciale pour le progrès en arithmétique.

19 **Représenter les nombres sur une droite numérique**

Calcul mental
- Groupes de 5, 10, 15 et 25
- Compléments à 100

Observe la droite située sous la file de boites.
Entre les points numérotés 0 et 10, il y a 10 jetons. Entre les points numérotés 10 et 20, il y en a 10 autres, etc.
Place les points 5, 25 et 45.

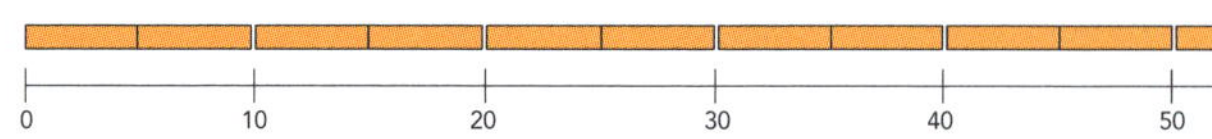

Sur la droite ci-dessous, on a placé approximativement le point 3. Continue avec 12, 38, 44, 69 et 76.

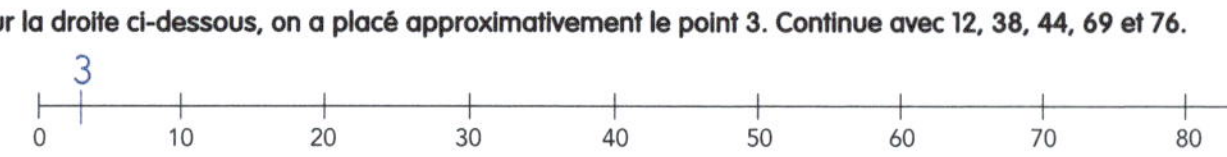

Sur la droite ci-dessous, on ne voit pas le point 0 et seuls les points 70 et 80 sont numérotés.
Continue la graduation et place approximativement les points 84, 107, 119, 135 et 151.

1

Les jetons qu'il faut imaginer sont maintenant beaucoup plus petits.
Continue la graduation et place approximativement les points 50, 125, 250, 375 et 425.

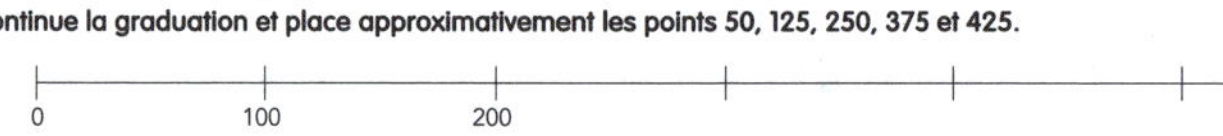

Continue la graduation et place approximativement les points 550, 625, 750 et 875.

2

Lis et complète. (Si tu en as besoin, utilise ton tableau des groupes de 5, 10, 15 et 25.)
4 traits de 15 cm mis bout à bout, c'est ....
3 objets à 25 centimes l'un coutent ....
34 paquets de 10 bonbons, c'est ....
4 billets de 5 €, c'est ....

3

Activités Séquence 19

Groupes de 5, 10, 15 et 25

Idem séquence 17.

Compléments à 100

L'enseignant écrit un nombre au tableau ; les élèves écrivent son complément à 100. La validation se fait en utilisant l'une des deux stratégies explicitées dans la séquence 15.

1. Représenter les nombres sur une droite numérique graduée de 10 en 10

Les enfants raisonnent par analogie avec la file de boites. De même qu'entre les points 0 et 10 il y a 10 jetons, entre les points 0 et 8 il y a 8 jetons, ce qui permet de placer approximative-

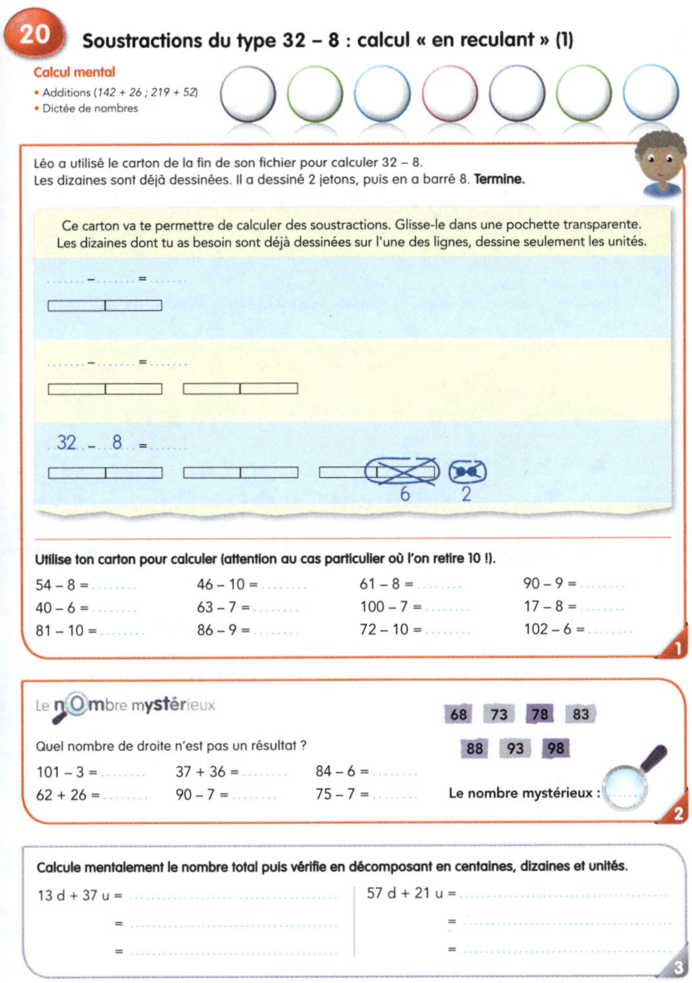
20 Soustractions du type 32 – 8 : calcul « en reculant » (1)

Calcul mental
- Additions (*142 + 26 ; 219 + 52*)
- Dictée de nombres

Léo a utilisé le carton de la fin de son fichier pour calculer 32 – 8.
Les dizaines sont déjà dessinées. Il a dessiné 2 jetons, puis en a barré 8. **Termine.**

Ce carton va te permettre de calculer des soustractions. Glisse-le dans une pochette transparente.
Les dizaines dont tu as besoin sont déjà dessinées sur l'une des lignes, dessine seulement les unités.

…… – …… = ……

…… – …… = ……

32 – 8 = ……

Utilise ton carton pour calculer (attention au cas particulier où l'on retire 10 !).

54 – 8 = ……	46 – 10 = ……	61 – 8 = ……	90 – 9 = ……
40 – 6 = ……	63 – 7 = ……	100 – 7 = ……	17 – 8 = ……
81 – 10 = ……	86 – 9 = ……	72 – 10 = ……	102 – 6 = ……

1

Le nombre mystérieux

Quel nombre de droite n'est pas un résultat ?

101 – 3 = ……	37 + 36 = ……	84 – 6 = ……
62 + 26 = ……	90 – 7 = ……	75 – 7 = ……

68 73 78 83
88 93 98

Le nombre mystérieux : ……

2

Calcule mentalement le nombre total puis vérifie en décomposant en centaines, dizaines et unités.

13 d + 37 u = ……	57 d + 21 u = ……
= ……	= ……
= ……	= ……

3

ment le point 8. Dans chacune des trois activités de ce cadre 1, les élèves doivent placer une liste de plusieurs nombres. Une organisation de classe possible consiste à le faire collectivement pour le premier ou les deux premiers nombres de ces listes et de laisser les enfants travailler de façon autonome pour ceux de la fin des listes.

On remarquera avec les enfants que dans la troisième activité, la file numérique commence à 70 : on raisonne comme dans les cas précédents en imaginant le début de la file sur la gauche.

2. Représenter les nombres sur une droite numérique graduée de 100 en 100

La clé de la réussite est de concevoir que 50 est au milieu du segment 0-100 et que 25 est au milieu du segment 0-50. L'organisation de la classe pourra être identique (on remarquera que, là encore, la première droite numérique est graduée à partir de 0 alors que la seconde l'est à partir de 500).

Activités Séquence 20

Additions *(142 + 26 ; 219 + 52)*

Idem séquence 15.

Dictées de nombres

Idem séquence 12 (rappelons que la 1re dictée est proposée sous la forme : « 52 groupes de 10 et 9 unités isolées »).

1. Utiliser une « file de boites »pour calculer des soustractions

L'outil utilisé est disponible en fin de fichier. Le carton peut soit être mis dans une pochette transparente bien lisse afin que les élèves puissent écrire dessus avec un feutre effaçable, soit être photocopié recto verso afin que chaque élève ait **un exemplaire de chaque** (les soustractions 63 – 7 et 61 – 8 peuvent être calculées l'une avec le recto et l'autre le verso). Au recto du carton il y a 6 files, ce recto sera donc utilisé pour calculer des soustractions jusqu'à 69 – *n*. Au verso, le dessin des boites est plus petit, le tracé est donc moins précis, mais il permet de calculer des soustractions jusqu'à 106 – *n*, environ.

Activité préliminaire

Le fichier est fermé et les élèves disposent de leur carton de files de boites. L'enseignant écrit la soustraction 50 – 7 au tableau et il dit aux élèves : « *Grâce au carton, on peut calculer cette soustraction sans avoir besoin de dessiner 5 boites. Comment faut-il faire ?* ». On sélectionne la ligne sur laquelle il y a 5 boites, on y écrit la soustraction 50 – 7 et on barre une zone correspondant à 7 jetons dans la dernière boite : ces jetons étant retirés, il en restera 43.

L'enseignant écrit alors la soustraction 32 – 8 au tableau et il dit aux élèves : « *Grâce au carton, on peut calculer cette soustraction sans avoir besoin de dessiner 3 boites. Comment faut-il faire ?* »

Il est vraisemblable que des élèves diront que ce n'est pas possible parce que le nombre 32 ne figure nulle part sur le carton. Le mode d'emploi du carton est alors explicité : on sélectionne la ligne sur laquelle il y a 3 boites alignées, on complète en dessinant 2 points à droite des boites et on opère par retraits successifs.

Activité sur le fichier

En haut de la page, les élèves reconnaissent le carton dont ils disposent. Léo a utilisé ce carton pour calculer 32 – 8. Les premiers calculs sont ensuite effectués individuellement, puis suivis d'une correction collective avant que les élèves continuent de manière autonome.

Remarques

1. Cette activité permet de continuer à enseigner les soustractions élémentaires : 16 – 7, 14 – 8, etc.
2. Les cas du type 30 – 6, 40 – 8, 50 – 7 ont, d'une part, la propriété d'être plus faciles que les autres, et, d'autre part, celle de constituer une sorte de prérequis à la réussite de calculs tels que 32 – 6, 41 – 8, 53 – 7. Au cas où les premiers calculs seraient massivement échoués par certains élèves, il conviendrait de travailler avec eux ce type de soustractions de façon spécifique, éventuellement dans le cadre de l'aide personnalisée.

2. Jeu du nombre mystérieux

Un premier jeu similaire peut être traité collectivement, par exemple avec 6 opérations et 7 nombres. Les élèves apprennent à barrer chaque nombre qui est le résultat d'une opération. À la fin des calculs, le nombre mystérieux est le nombre qui n'est pas barré.

Ce qui fait l'intérêt de ce jeu, c'est son caractère autocorrectif : si un résultat ne figure pas dans les nombres donnés, c'est qu'on s'est trompé dans son calcul.

Objectifs

Dans la sq 21, les élèves apprennent à calculer une soustraction où l'on retire peu (calcul en reculant) à l'aide d'une file numérique. En effet, bien que la file de boites utilisée dans la sq 20 soit un outil particulièrement efficace pour s'approprier les stratégies de calcul mental d'une soustraction où l'on s'appuie sur les repères 10, 20, 30… 100, 200, 300…, l'emploi d'un outil plus facilement mobilisable est souhaitable : c'est le rôle que va jouer la file numérique.

On commence par le retrait d'un nombre < 10 que l'on décompose, lorsque cela est nécessaire, en deux retraits successifs en s'appuyant sur la dizaine ou la centaine inférieure. Une étape importante est la prise de conscience qu'il n'est pas nécessaire de dessiner l'origine de la file numérique.

On aborde ensuite le retrait d'un nombre à 2 chiffres dans des cas simples (165 – 23, par exemple) où il suffit de décomposer le nombre retiré en dizaines et unités (165 – 23 = 165 – 20 – 3).

Enfin, le dernier cas abordé est celui où, pour retirer un nombre se terminant par 9 (9, 19, 29, 39…), on « retire trop » (10, 20, 30…) avant de compenser en ajoutant 1.

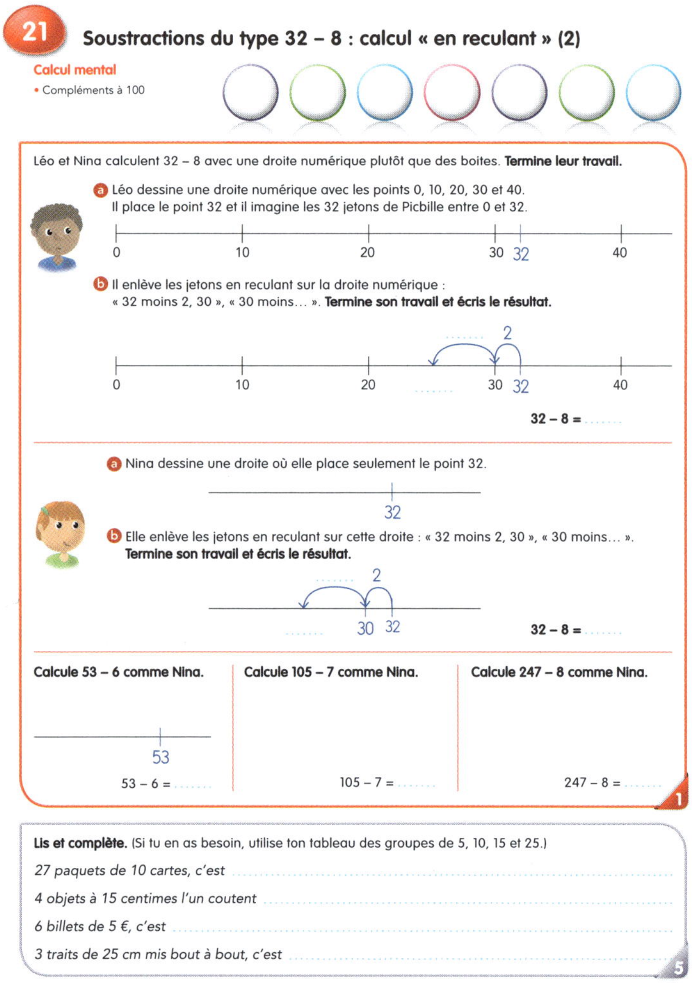
21 Soustractions du type 32 – 8 : calcul « en reculant » (2)

Calcul mental
- Compléments à 100

Léo et Nina calculent 32 – 8 avec une droite numérique plutôt que des boites. **Termine leur travail.**

a Léo dessine une droite numérique avec les points 0, 10, 20, 30 et 40.
Il place le point 32 et il imagine les 32 jetons de Picbille entre 0 et 32.

0 10 20 30 32 40

b Il enlève les jetons en reculant sur la droite numérique :
« 32 moins 2, 30 », « 30 moins… ». **Termine son travail et écris le résultat.**

2

0 10 20 .... 30 32 40

32 – 8 = ...

a Nina dessine une droite où elle place seulement le point 32.

32

b Elle enlève les jetons en reculant sur cette droite : « 32 moins 2, 30 », « 30 moins… ».
Termine son travail et écris le résultat.

.... 2

.... 30 32

32 – 8 = ...

Calcule 53 – 6 comme Nina.

53

53 – 6 = ...

Calcule 105 – 7 comme Nina.

105 – 7 = ...

Calcule 247 – 8 comme Nina.

247 – 8 = ...

1

Lis et complète. (Si tu en as besoin, utilise ton tableau des groupes de 5, 10, 15 et 25.)

27 paquets de 10 cartes, c'est ....

4 objets à 15 centimes l'un coutent ....

6 billets de 5 €, c'est ....

3 traits de 25 cm mis bout à bout, c'est ....

5

Activités — Séquence 21

Compléments à 100

L'enseignant écrit un nombre au tableau ; les élèves écrivent son complément à 100. La validation se fait en utilisant l'une des deux stratégies explicitées dans la séquence 15.

1. Retirer mentalement des nombres < 10

Le principe général est le suivant : les enfants utilisent une droite graduée mais ils le font en évoquant mentalement la file de boites (si un point est numéroté 32 sur la droite graduée, c'est parce qu'il y a 32 jetons entre les points 0 et 32).

Avec Léo, ils apprennent d'abord à effectuer le retrait étudié (32 – 8) en utilisant une droite graduée entre 0 et 40.

Avec Nina, ils apprennent que la présence du 0 n'a rien d'obligatoire et ils apprennent à tracer eux-mêmes la partie de droite qu'ils utiliseront.

Concernant l'animation de la sq, l'enseignant aura préalablement tracé au tableau une droite graduée 0, 10, 20, 30, 40 et l'activité commence fichier fermé. L'enseignant annonce aux élèves qu'ils vont apprendre à utiliser cette droite graduée pour calculer 32 – 8, ce qui sera plus pratique qu'avec la file de boites.

Comment représenter 32 unités avec une telle droite ? Un élève vient tracer le point 32 et tous imaginent les 32 jetons de la file de boites. Pour calculer 32 – 8 avec la file de boites, on commençait par barrer les 2 unités de 32 ; l'enseignant montre qu'avec la droite graduée, on trace une flèche vers la gauche. C'est cette flèche qui représente le retrait : « 32 moins 2 égale 30 ». « Et maintenant que faut-il faire ? » Il faut encore retirer 6 : « 30 moins 6 égale 24. » On représente ce second retrait par une seconde flèche.

Pour amener les élèves à prendre conscience qu'ils pourraient raisonner de la même façon si la droite de départ n'était pas graduée, l'enseignant propose un autre calcul aux élèves : 51 – 4 = ? (c'est écrit au tableau), par exemple, et il trace une droite. Les élèves proposent de la graduer pour pouvoir situer le point 51. L'enseignant annonce que l'on va essayer de gagner du temps en imaginant que le point 51 est là (il trace un point quelconque, plutôt sur la droite du trait puisque l'on va se déplacer vers la gauche). On commence par effectuer le retrait de 1 en traçant la flèche correspondante. « Et maintenant que faut-il faire ? » Il faut encore retirer 3. Pour retirer 3, il faut tracer une seconde flèche, plus grande que la première. Un grand nombre d'élèves veulent que l'écart entre l'origine et la pointe de cette seconde flèche (retrait de 3) soit 3 fois plus grand que celui de la première (retrait de 1). L'enseignant fera remarquer qu'il n'est pas important d'être exact parce qu'il importe avant tout que le calcul mental soit exact. La droite, les points numérotés et les flèches que l'on y trace ne sont qu'une aide pour le calcul mental.

Les élèves ouvrent alors leurs fichiers et découvrent que la démarche qu'ils viennent de vivre est reproduite dans le cadre 1. Ils complètent rapidement ce qu'il convient de compléter et procèdent ensuite aux calculs nouveaux : 53 – 6, 105 – 7 et 247 – 8.

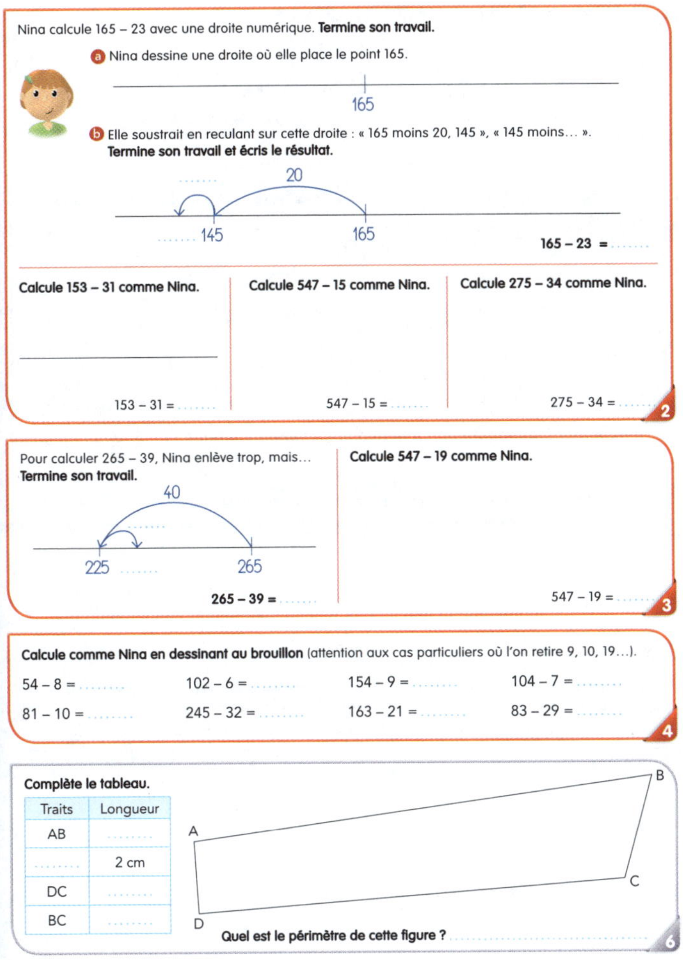

Nina calcule 165 – 23 avec une droite numérique. **Termine son travail.**

a Nina dessine une droite où elle place le point 165.

b Elle soustrait en reculant sur cette droite : « 165 moins 20, 145 », « 145 moins… ».
Termine son travail et écris le résultat.

165 – 23 = ……

Calcule 153 – 31 comme Nina. 153 – 31 = ……

Calcule 547 – 15 comme Nina. 547 – 15 = ……

Calcule 275 – 34 comme Nina. 275 – 34 = ……

2

Pour calculer 265 – 39, Nina enlève trop, mais…
Termine son travail.

265 – 39 = ……

Calcule 547 – 19 comme Nina. 547 – 19 = ……

3

Calcule comme Nina en dessinant au brouillon (attention aux cas particuliers où l'on retire 9, 10, 19…).

54 – 8 = …… 102 – 6 = …… 154 – 9 = …… 104 – 7 = ……

81 – 10 = …… 245 – 32 = …… 163 – 21 = …… 83 – 29 = ……

4

Complète le tableau.

Traits	Longueur
AB	……
……	2 cm
DC	……
BC	……

Quel est le périmètre de cette figure ? ……

6

2. Retirer mentalement un nombre à 2 chiffres

L'enseignant peut soit animer la classe de manière collective comme cela a été fait pour le retrait d'un nombre < 10, soit laisser les élèves décrouvrir la stratégie de manière autonome en lisant leur fichier.

3. Retirer mentalement 9, 16, 29, 39…

Là encore, l'enseignant peut soit animer la classe de manière collective comme précédemment, soit laisser les élèves découvrir la stratégie de manière autonome en lisant leur fichier.

Dans les deux cas, un moment collectif, qui peut se situer après l'activité, est important afin d'expliciter la règle. D'autres cas peuvent être proposés avec réponse sur l'ardoise ou au brouillon.

4. Retirer un « petit nombre » : cas mélangés

Dès ce moment, il ne convient guère d'obliger un élève à dessiner une droite dès lors qu'il sait mener le calcul mentalement et manifeste le désir de le faire.

Activité complémentaire

280, c'est aussi 28 dizaines

La fiche proposée ci-dessous correspond à l'activité complémentaire décrite p. 69 de ce *Guide pédagogique*.

Complète.

	Combien de jetons en tout ?	**Combien de groupes de 10 en tout ?**
	……… *jetons.*	……… *groupes de 10.*
	……… *jetons.*	……… *groupes de 10.*
	……… *jetons.*	……… *groupes de 10.*
	……… *jetons.*	……… *groupes de 10.*

Objectifs

On commence ici les mesures de longueur en millimètres. On introduit cette nouvelle unité après avoir recensé, dans l'ordre décroissant de leur taille, les unités de longueur déjà utilisées : l'allumette (dont les élèves qui ont utilisé *J'apprends les maths* au cycle 2 se sont déjà servi), le pouce (introduit dans la séquence 2) et le cm. Cela facilite l'assimilation du mm à une longueur, bien qu'un trait d'une longueur de 1 mm soit à l'opposé du prototype de la « longueur », entendue comme « ce qui est long » (comme dans le « saut en longueur », par exemple). On vise à ce que le mm apparaisse comme une unité de longueur très petite et que les enfants s'en donnent une bonne intuition.

Là encore, on travaille la mesure en amenant les élèves à comprendre que celle-ci s'exprime en coordonnant un nombre et une unité. Ainsi, une même longueur peut s'exprimer comme 2 pouces, 5 cm ou 50 mm. C'est l'un des intérêts des activités où les élèves doivent comparer deux longueurs, l'une exprimée en cm, l'autre en mm (cette tâche a déjà été abordée avec des mesures exprimées en pouces et en cm). Un autre intérêt de cette même tâche est qu'elle va permettre aux élèves de concevoir l'équivalence 1 cm = 10 mm et de pouvoir convertir en mm des longueurs telles que 2 cm, 5 cm, 12 cm, 23 cm, etc., sans avoir besoin d'utiliser un tableau de conversion. Ils y seront aidés en traçant des traits de 14 mm, 25 mm, 31 mm, etc. En effet, pour ce faire, il est très économique de repérer d'abord les longueurs de 10 mm, 20 mm, 30 mm, etc. qui correspondent aux graduations en cm « 1 », « 2 », « 3 », etc. du double décimètre.

Cette équivalence 1 cm = 10 mm crée du même coup un nouveau contexte d'apprentissage de la numération décimale. En effet, si on considère le millimètre comme unité, le centimètre apparait comme dizaine, le décimètre comme centaine, le mètre comme millier. Nous utiliserons ce nouveau contexte pour approfondir les connaissances sur la numération (voir notamment la séquence 25).

Activités Séquence 22

Soustractions *(en avançant ou en reculant ?)*

L'enseignant propose une soustraction, les élèves écrivent le résultat. Ils ont à leur disposition leur carton avec des files de boites, qu'ils peuvent utiliser en cas de besoin. La plupart des cas proposés sont choisis pour être propices soit à un calcul par compléments successifs (on retire presque tout), soit à un calcul par retraits successifs (on retire très peu). Pour les calculs par compléments successifs, le nombre-résultat comporte tantôt

22 Mesures de longueur (2) : le millimètre

Calcul mental
• Soustractions : calcul en reculant

Observe.

Ce trait est long comme 1 allumette (on dit qu'il mesure 1 allumette).

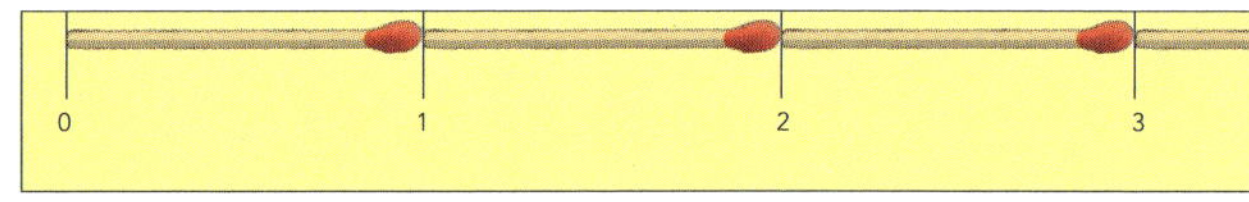

Ce trait est long comme 1 pouce anglais (il mesure 1 pouce).

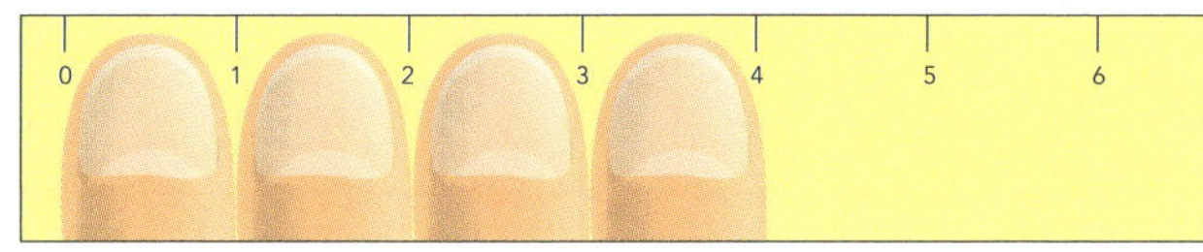

Ce trait est long comme 1 cm (il mesure 1 cm).

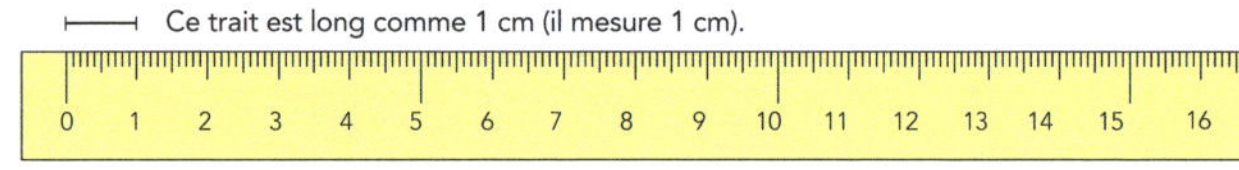

Ce trait est long comme 1 mm (il mesure 1 mm).

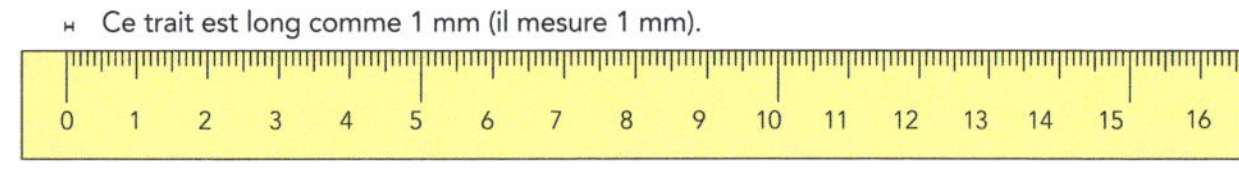

Entre tes doigts, montre une longueur de 1 mm. Sur ton double décimètre, montre entre deux doigts des longueurs de 1 mm, 2 mm, 3 mm et 10 mm. Fais-le à différents endroits.

1

Trace les traits suivants :

4 mm : ⊢
18 mm : ⊢

6 mm : ⊢
21 mm : ⊢

9 mm : ⊢
30 mm : ⊢

12 mm : ⊢
35 mm : ⊢

2

un chiffre (par exemple, 83 – 76), tantôt deux (par exemple 62 – 45). On insèrera aussi, vers la fin de la série, des cas où le grand nombre est compris entre 100 et 110 (le repère 100 facilite l'emploi de chacune des deux stratégies et conduit, dans les calculs en avançant, à réutiliser les compléments à 100). Parmi les calculs par retraits successifs, on proposera quelques cas dans lesquels le petit nombre est compris entre 10 et 20, comme 67 – 14, 85 – 12, 57 – 16, etc.

À chaque fois, l'enseignant demande s'il vaut mieux barrer les premières cases et calculer en avançant ou barrer les dernières et calculer en reculant. Pour quelques cas, on essayera les deux stratégies sur le carton individuel et sur des schémas de files de boites au tableau.

Enfin, il est bon d'insérer deux ou trois cas qui peuvent se calculer aussi facilement d'une façon ou de l'autre, par exemple 66 – 17 (où l'on peut retirer 6, puis 11 ou aller à 20, puis à 66), ou 105 – 13 (où l'on peut retirer 5, puis 8 ou bien partir du complément à 100, soit 87 auquel on ajoute les 5 dernières unités).

1 et 2. Le mm : introduction

Activité préliminaire

Avant d'utiliser le fichier, on peut inviter les élèves à recenser les unités de longueur qu'ils connaissent et à les ranger de la plus grande à la plus petite. On pourra obtenir par exemple : km, m, pied, pouce, cm. Pour chaque unité, l'enseignant demande aux élèves quelle longueur elle représente approximativement (« *c'est long comment 1 km ?* »). Pour le km, on pourra se référer à un trajet familier ou à une distance bien connue des élèves

Qu'est-ce qui est le plus long ? Réponds en imaginant les traits, puis vérifie en les traçant.

3 cm ou 3 mm ? ....
⊢
⊢

2 cm ou 22 mm ? ....
⊢
⊢

1 cm ou 10 mm ? ....
⊢
⊢

3 cm ou 28 mm ? ....
⊢
⊢

3

Mets les signes >, < ou =. Si tu n'es pas sûr(e), trace les traits sur ton cahier.

32 mm .... 4 cm　5 cm .... 50 mm　61 mm .... 6 cm　82 mm .... 8 cm

4 cm .... 43 mm　6 cm .... 60 mm　69 mm .... 7 cm　9 cm .... 89 mm

Complète comme dans l'exemple (rappelle-toi que le cm est une dizaine de mm).

62 mm = 6 cm 2 mm　50 mm = ... cm　5 cm 3 mm = ... mm

3 cm 12 mm = 42 mm　3 cm = ... mm　47 mm = 3 cm .... mm

4

Complète le tableau.

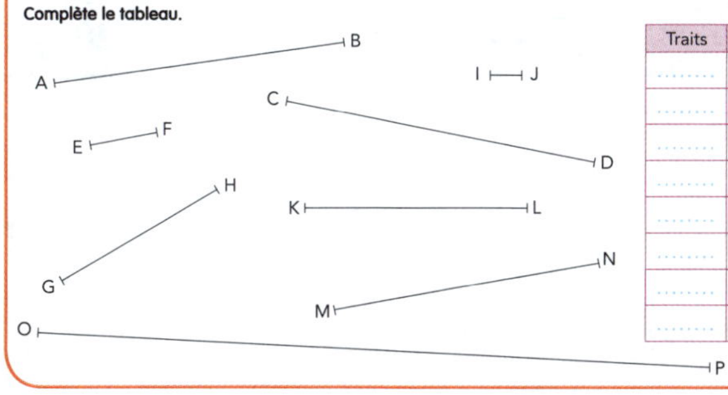

Traits	Longueur
....	15 cm
....	15 mm
....	65 mm
....	6 cm
....	7 cm
....	7 mm
....	50 mm
....	4 cm

5

Imagine la taille des objets suivants et barre les mesures impossibles.

un grain de riz

4 mm
20 mm
50 mm

une pièce de 1 centime

4 mm
16 mm
46 mm

un morceau de sucre

3 mm
30 mm
60 mm

une gomme

5 mm
15 mm
50 mm

6

(par exemple, de la mairie à l'école, 3 tours du stade, etc.). Pour les petites unités, cela ne sera pas difficile de trouver des objets dans la classe qui ont approximativement la longueur représentée (rappelons qu'un pied mesure environ 30 cm). On peut même demander dans quelle unité on exprimerait commodément diverses longueurs, par exemple :

– Un pont sur une petite rivière, cela se mesure-t-il en cm, en m, en pouces, en km ?

– La distance entre Paris et Londres, l'exprimera-t-on facilement en cm, en pieds, en km, en m ?

– Pour dire la longueur de la classe, utilisera-t-on des pouces, des m, des km, des cm ?

– Pour donner celle d'une flute, convient-il de l'exprimer en km, en cm, en m ? Etc.

– Et pour exprimer la taille d'une coccinelle, quelle unité utiliserait-on ?

Cette dernière question conduit à comprendre que pour de petites longueurs, l'unité la plus petite qu'on ait utilisée jusqu'à présent est encore trop grande et qu'on a parfois besoin d'une unité encore plus petite.

Activité sur le fichier

On fait observer les 4 traits et les 4 règles graduées. Des élèves se souviendront d'avoir mesuré des longueurs en allumettes au CE1 ou au CP. On pourra utiliser l'image de cette règle pour mesurer la longueur d'un stylo par exemple. Si des élèves font remarquer qu'une allumette est longue comme deux pouces, ou comme 5 cm, on en conviendra évidemment, mais on n'en fera pas la question principale. On s'intéresse à la nouvelle unité utilisée ici : le millimètre (le mot complet et l'abréviation sont écrits au tableau) : « *C'est long comment 1 mm ?* ». L'enseignant demande aux élèves de montrer entre deux doigts une longueur de 1 mm, puis de repérer sur leur double décimètre, à différents endroits, des longueurs de 2 mm, 3 mm, 10 mm.

Les élèves passent ensuite à l'activité 2. On les amène à se rappeler la fonction des repères.

3 et 4. Comparaison de longueurs données en cm et en mm

La tâche demandée dans l'activité 3 a déjà été proposée aux élèves dans la séquence 2 (mais ils avaient à comparer des longueurs données en cm et en pouces). Il est bon de prévoir un échange dès que les élèves ont effectué les comparaisons demandées. Cela permettra notamment de faire expliciter la coïncidence des repères 1 cm, 2 cm et 3 cm avec les longueurs 10 mm, 20 mm et 30 mm. C'est le début d'une sorte de double échelle sur laquelle les élèves peuvent s'appuyer pour effectuer les comparaisons portant sur des longueurs plus importantes demandées dans l'activité suivante. Pour cela, l'enseignant peut demander aux élèves de montrer sur leur double décimètre, en partant du point 0, ces mêmes longueurs de 10 mm, 20 mm, 30 mm. C'est aussi l'occasion de prendre conscience du rôle des repères intermédiaires (5 mm, 15 mm, 25 mm, etc.) : comment peut-on faire pour trouver sur le double décimètre, en partant du point 0, des longueurs de 15 mm, 26 mm, 34 mm, par exemple ?

La tâche demandée dans l'activité 4 est de même nature, mais les élèves sont confrontés à des longueurs croissantes (on vise à une construction progressive de la « double échelle ») et, de plus, ils doivent répondre en utilisant les signes >, < ou =. Durant l'activité, on peut intervenir de façon individualisée pour amener les élèves à repérer chacune des longueurs à comparer sur leur double décimètre.

5 et 6. Estimer des longueurs

Dans la première tâche, les élèves doivent chercher quel est le trait dont la longueur correspond à une mesure donnée. Ils réussissent d'autant mieux qu'à chaque fois, ils se posent la question : « *C'est long comment* n *mm ?* », ce qui constitue une première forme d'estimation. La tâche suivante est inverse : un objet étant donné, il faut choisir parmi trois longueurs celle qui est la plus vraisemblable (en fait, on se place toujours dans des cas où deux des longueurs sont aberrantes). On peut conseiller aux élèves de montrer entre deux doigts la longueur approximative de chaque objet.

Objectifs

Dans la séquence 23, les soustractions abordées se calculent « en avançant sur la suite des nombres ». Cette stratégie est particulièrement efficiente lorsqu'on « retire presque tout » (cas de 42 – 38, par exemple : « 38, pour aller à 40, il faut 2 ; et pour aller à 42, 2 de plus, ce qui fait 4 en tout »), notamment lorsque le calcul n'est pas simple avec les unités (cas avec retenue). Cette stratégie reste très efficiente lorsque le calcul « en avançant » peut s'appuyer sur le repère 100 (calcul de 130 – 87, par exemple).

Il faut cependant être conscient qu'il ne va pas de soi qu'on puisse avancer sur la suite des nombres pour calculer le résultat d'une soustraction. En effet, cette opération est plutôt associée au fait de reculer sur cette suite.

Pour faciliter la compréhension du fait qu'une soustraction peut effectivement se calculer « en avançant », on utilise à nouveau les « files de boites » qui sont dessinées sur un carton afin de comparer les deux stratégies dans le cas de 32 – 26. De façon générale, le calcul « en reculant » correspond au fait de retirer les derniers jetons de la file de boites alors que celui « en avançant » se comprend aisément si l'on s'imagine ayant retiré les premiers jetons de cette file.

Puis, comme dans le cas du calcul « en reculant », les élèves utilisent une droite graduée en imaginant la file de boites correspondante.

Activités — Séquence 23

Groupes de 5, 10, 15 et 25

Idem séquence 16 mais en interrogeant de plus dans les contextes de traits juxtaposés et de sommes d'argent en eurocentimes.

Soustractions *(40 – 6 ; 61 – 8)*

Les élèves ont la possibilité de dessiner une droite pour contrôler leur calcul, mais ceux qui le peuvent essaient de fournir directement la réponse.

1. Utiliser une « file de boites » pour calculer des soustractions

Comme lors de la sq 20, l'outil utilisé est le carton de files de boites disponible en fin de fichier. Il peut soit être mis dans une pochette transparente bien lisse afin que les élèves puissent écrire dessus avec un feutre effaçable, soit être photocopié afin que chaque élève en ait un exemplaire du recto et du verso.

L'activité commence directement sur le fichier, mais l'enseignant a reproduit une file de 3 boites et 2 jetons au tableau. Pour calculer 32 – 26, Picbille a d'abord retiré 2, puis 10, encore 10 et encore… Pour retirer 26 en tout, il lui faut retirer encore 4, d'où le résultat 6.

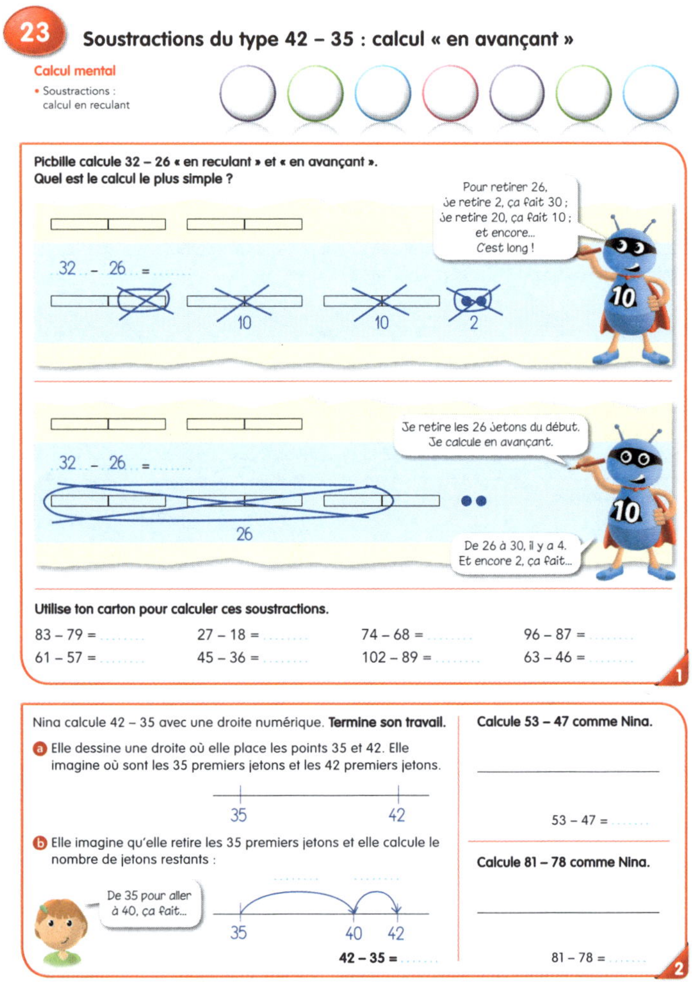
23 Soustractions du type 42 – 35 : calcul « en avançant »

Calcul mental
- Soustractions : calcul en reculant

Picbille calcule 32 – 26 « en reculant » et « en avançant ». Quel est le calcul le plus simple ?

32 – 26 = ……

Pour retirer 26, je retire 2, ça fait 30 ; je retire 20, ça fait 10 ; et encore... C'est long !

10 10 2

32 – 26 = ……

Je retire les 26 jetons du début. Je calcule en avançant.

26

De 26 à 30, il y a 4. Et encore 2, ça fait...

Utilise ton carton pour calculer ces soustractions.

83 – 79 = …… 27 – 18 = …… 74 – 68 = …… 96 – 87 = ……
61 – 57 = …… 45 – 36 = …… 102 – 89 = …… 63 – 46 = ……

1

Nina calcule 42 – 35 avec une droite numérique. **Termine son travail.**

a Elle dessine une droite où elle place les points 35 et 42. Elle imagine où sont les 35 premiers jetons et les 42 premiers jetons.

35 42

b Elle imagine qu'elle retire les 35 premiers jetons et elle calcule le nombre de jetons restants :

De 35 pour aller à 40, ça fait...

35 40 42

42 – 35 = ……

Calcule 53 – 47 comme Nina.

53 – 47 = ……

Calcule 81 – 78 comme Nina.

81 – 78 = ……

2

On observe l'autre procédure : les 26 ont été retirés au début de la file de boites. D'où le résultat : les 4 jetons qui permettent d'aller à 30 et encore les 2 jetons isolés ; le résultat est 6.

La comparaison des deux procédures permet d'expliciter que dans un cas on calcule « en reculant » sur la suite des nombres (cas où l'on retire les derniers jetons) et dans l'autre « en avançant » (cas où l'on retire les premiers jetons). On obtient le même résultat, mais quand on retire un grand nombre, on a plutôt intérêt à calculer « en avançant ».

En autonomie, les élèves calculent les différentes soustractions qui leur sont proposées.

2. Imaginer une droite numérique pour calculer « en avançant » (42 – 35, etc.)

Comme lors de l'apprentissage du calcul en reculant, le principe général de cette activité est le suivant : les enfants utilisent une droite graduée mais ils le font en évoquant mentalement la file de boites (si un point est numéroté 42 sur la droite graduée, c'est parce qu'il y a 42 jetons entre les points 0 et 42).

Avec Nina, ils apprennent d'emblée que la présence du 0 n'a rien d'obligatoire et ils apprennent à tracer eux-mêmes la partie de droite qu'ils utiliseront.

Concernant le déroulement de l'activité, l'enseignant anime d'abord collectivement le calcul de 42 – 35 (ce calcul est écrit en haut et au milieu du tableau). L'enseignant demande à un enfant de tracer au tableau une droite avec les points 0, 10, 20, 30, 40 et 50. On se rappelle ce que signifie cette graduation : il y a 10 unités entre 0 et 10 ; 20 unités entre… L'enseignant annonce

Nina calcule 130 – 87 avec une droite numérique. **Termine son travail.**

a Elle dessine une droite où elle place les points 130 et 87.
Elle imagine où sont les 87 premiers jetons et les 130 premiers jetons.

b Elle imagine qu'elle retire les 87 premiers jetons et elle calcule le nombre de jetons restants :

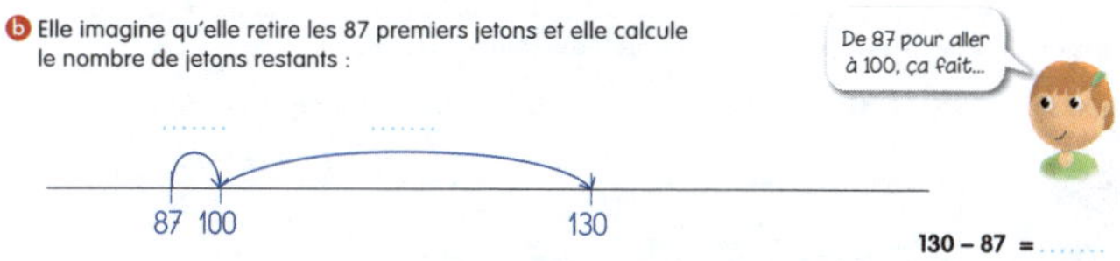

130 – 87 = ...

Calcule 150 – 92 comme Nina. 150 – 92 = ...

Calcule 208 – 195 comme Nina. 208 – 195 = ...

Calcule 530 – 475 comme Nina. 530 – 475 = ...

Calcule comme Nina en dessinant au brouillon.

83 – 79 = ...	45 – 36 = ...	102 – 89 = ...	96 – 21 = ...
110 – 85 = ...	305 – 260 = ...	96 – 87 = ...	256 – 49 = ...

3

Calcule ces soustractions en avançant ou en reculant.

78 – 9 = ...	34 – 27 = ...	268 – 28 = ...	139 – 17 = ...
66 – 49 = ...	82 – 74 = ...	101 – 93 = ...	51 – 38 = ...

4

Le nombre mystérieux

105 – 8 = ...	102 – 85 = ...	60 – 47 = ...
72 – 58 = ...	135 – 21 = ...	152 – 39 = ...

13 14 15 17
97 113 114

Le nombre mystérieux : ......

5

Lis et complète. (Si tu en as besoin, utilise ton tableau des groupes de 5, 10, 15 et 25.)

18 boites de 10 crayons, c'est ......
4 sacs de 25 pommes, c'est ......
5 traits de 15 cm mis bout à bout mesurent ......
3 ballons à 5 € l'un coutent ......
2 tablettes de 15 carrés de chocolat, c'est ......

6

alors que l'on va calculer 42 – 35 en imaginant la file de boites et en calculant « en avançant ». Où sont les 42 unités ? Le point 42 est placé. Où sont les 35 unités que l'on va retirer ? Le point 35 est placé et le calcul mené : 35 pour aller à 40, il faut 5 (la flèche est tracée) ; et encore 2 pour aller à 42 (la flèche est tracée). Le résultat est 5 et encore 2, 7.

Pour montrer que, comme dans le cas du calcul en reculant, on n'a pas besoin de voir le 0, l'enseignant efface l'ensemble des tracés, et il montre comment on peut procéder directement en traçant une droite, le point 42 (les 42 unités sont là, en faisant un geste de la main), le point 35. Il dit « Les 35 unités sont là, je les retire, il reste : 35 pour aller à 40 (le point est placé, la flèche tracée), 5 ; et encore 2... ».

Les élèves ouvrent leur fichier et retrouvent le schéma. Deux autres calculs sont demandés.

3 et 4. Cas du type 130 – 87 (appui sur 100, 200...) et cas mélangés

La plupart des enfants peuvent travailler de manière autonome. Les plus avancés n'ont pas besoin de dessiner au brouillon, les moins avancés peuvent utiliser le carton avec les files de boites.

Activités complémentaires

Les carrés magiques

Dans un carré magique, si on additionne les nombres d'une colonne, d'une ligne ou d'une diagonale, on obtient la même somme. Les élèves disposent ainsi d'un moyen de contrôler leurs résultats : en cas d'erreur sur une ligne, ils peuvent le voir lors du calcul en colonnes ou en diagonales. En outre, ce jeu oblige à adopter une stratégie qui tient compte de l'emplacement des cases vides. Il constitue donc aussi une bonne situation de recherche.

Cette activité est introduite collectivement avec deux carrés magiques qui visent à une compréhension préalable de la structure, avant de compléter un carré dont certaines cases sont vides. L'enseignant a par exemple préparé au tableau un carré magique dont la somme est 12 :

1	6	5	→ ......
8	4	0	→ ......
3	2	7	→ ......
↓	↓	↓	

(diagonales : ...... ; ......)

Il faut calculer les sommes par lignes, par colonnes et par diagonales. On fait constater qu'on obtient toujours le même nombre (c'est pourquoi on l'appelle « carré magique »). Puis l'enseignant efface des nombres à l'intérieur du carré : peut-on les retrouver ?

Même démarche avec le carré suivant :
1re ligne : 8, 9, 4
2e ligne : 3, 7, 11
3e ligne : 10, 5, 6

On passe à un autre carré magique dont les résultats en lignes et en colonnes sont donnés, mais dont certaines cases sont vides (on retiendra ce format pour les carrés magiques suivants). Exemple :

2	7	6	→ 15
...	5	1	→ 15
...	...	...	→ 15
↓ 15	↓ 15	↓ 15	

(diagonales : ... ; ...)

Comment engendrer les nombres d'autres carrés ?

- Le nombre-somme est toujours un multiple de 3 : 12, 15, 18... 27, comme dans cet exemple :

12	7	8	→ ......
5	9	13	→ ......
10	11	6	→ ......
↓	↓	↓	

(diagonales : ...... ; ......)

- Dans la case centrale, on inscrit le tiers de ce nombre : 9 dans notre exemple.
- Aux extrémités des diagonales, on aura le nombre de la case centrale + 3, – 3 pour l'une des diagonales et + 1, – 1 pour l'autre.

Suite page 85

Objectifs

Cette séquence permet une reprise et une systématisation de ce qui a déjà été travaillé dans les PAC des séquences 17 et 18 : faire le lien entre les différents usages de la soustraction.

Il s'agit :

1°) De montrer que l'un des principaux usages de la soustraction est la résolution des problèmes de comparaison : pour comparer deux collections, en effet, on peut imaginer une correspondance terme à terme entre les deux collections. Leur différence est alors « ce qui dépasse dans la correspondance », c'est-à-dire « ce qui reste lorsqu'on retire ce qui est pareil ». On montre ainsi que le résultat d'une comparaison peut s'obtenir à l'aide d'un retrait.

2°) De faire formuler le résultat de la comparaison de deux manières différentes. En effet, pour comparer deux grandeurs, on peut soit prendre le point de vue d'une personne qui possèderait la plus grande (c'est ce qu'elle a de plus), soit le point de vue d'une personne qui possèderait la plus petite (c'est ce qui lui manque pour en avoir autant que l'autre). Le point de vue du manque est particulièrement intéressant parce qu'il conduit à imaginer l'ajout qui permettrait une égalisation des deux grandeurs. Ce faisant, un premier lien s'établit entre la soustraction (via la comparaison) et l'égalisation qui s'effectue à l'aide d'un ajout. L'enjeu est évidemment la compréhension de la propriété conceptuelle suivante : les problèmes $a - b = ?$ et $a + ? = b$ ont la même solution numérique.

Activités Séquence 24

Soustractions *(en avançant ou en reculant ?)*

L'enseignant propose une soustraction, les élèves écrivent le résultat. Ils ont à leur disposition soit une ardoise, soit un brouillon leur permettant, en cas de besoin, d'utiliser une droite numérique. La plupart des cas proposés sont choisis pour être propices soit à un calcul en avançant (on retire presque tout), soit à un calcul en reculant (on retire un petit nombre). On n'oubliera pas non plus les cas où l'on retire 10, 20, 30… ainsi que 9, 19, 29, 39…

Concernant les cas se calculant en avançant, le nombre-résultat comporte tantôt un chiffre (83 – 76, par exemple), tantôt deux (62 – 45 ou 120 – 75, par exemple). Concernant les cas se calculant en reculant, certains consistent à retirer un nombre compris entre 10 et 20 (67 – 14, 85 – 12, 57 – 16…).

À chaque fois, l'enseignant demande s'il vaut mieux calculer en avançant ou en reculant. La validation se fait au tableau en

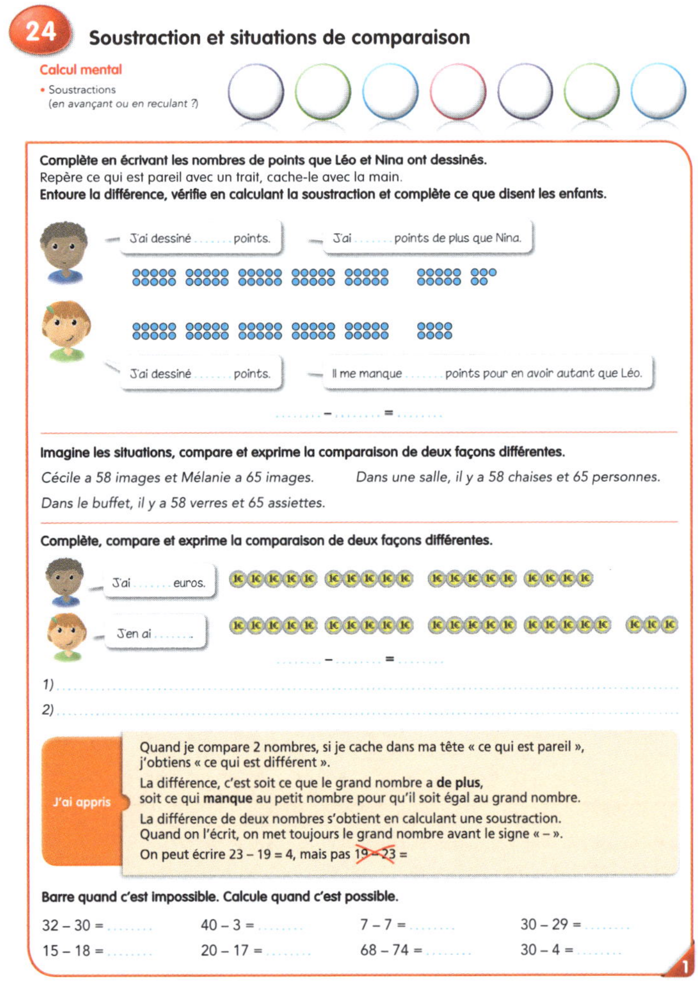

24 Soustraction et situations de comparaison

Calcul mental
- Soustractions (*en avançant ou en reculant ?*)

Complète en écrivant les nombres de points que Léo et Nina ont dessinés.
Repère ce qui est pareil avec un trait, cache-le avec la main.
Entoure la différence, vérifie en calculant la soustraction et complète ce que disent les enfants.

J'ai dessiné .... points. — J'ai .... points de plus que Nina.

J'ai dessiné .... points. — Il me manque .... points pour en avoir autant que Léo.

.... – .... = ...

Imagine les situations, compare et exprime la comparaison de deux façons différentes.
Cécile a 58 images et Mélanie a 65 images. *Dans une salle, il y a 58 chaises et 65 personnes.*
Dans le buffet, il y a 58 verres et 65 assiettes.

Complète, compare et exprime la comparaison de deux façons différentes.

J'ai .... euros.

J'en ai ....

.... – .... = ...

1) ....
2) ....

J'ai appris
Quand je compare 2 nombres, si je cache dans ma tête « ce qui est pareil », j'obtiens « ce qui est différent ».
La différence, c'est soit ce que le grand nombre a **de plus**, soit ce qui **manque** au petit nombre pour qu'il soit égal au grand nombre.
La différence de deux nombres s'obtient en calculant une soustraction.
Quand on l'écrit, on met toujours le grand nombre avant le signe « – ».
On peut écrire 23 – 19 = 4, mais pas ~~19 – 23~~ =

Barre quand c'est impossible. Calcule quand c'est possible.

32 – 30 = ...	40 – 3 = ...	7 – 7 = ...	30 – 29 = ...
15 – 18 = ...	20 – 17 = ...	68 – 74 = ...	30 – 4 = ...

1

utilisant une droite sur laquelle on représente les nombres. Pour quelques cas, on essayera les deux stratégies.

Enfin, il est bon d'insérer de temps à autre un cas qui peut se calculer aussi facilement (ou difficilement) d'une façon ou de l'autre (66 – 17, par exemple).

1 et 2. Soustraction et situations de comparaison

L'activité commence directement sur fichier mais l'animation se trouvera facilitée si les collections de jetons de Léo et Nina ont été reproduites au tableau (ou en cas d'utilisation de la version vidéo-projetable). Les élèves découvrent la situation : Léo et Nina ont dessiné des jetons ; on s'interroge sur le nombre de jetons que chacun d'eux a dessiné. Leurs collections sont organisées et il est donc facile de déterminer que Léo a 65 points alors que Nina en a 58.

Léo dit qu'il a plus de jetons que Nina. Combien en a-t-il de plus ? Cette question conduit à réaliser une correspondance terme à terme entre les deux collections. Comme les points sont groupés par 10, il suffit de tracer un trait qui sépare « ce qui est pareil » et « ce qui n'est pas pareil » (cf. schéma ci-dessous).

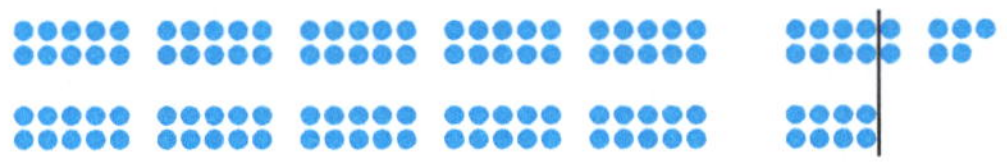

Imagine, calcule les soustractions et exprime la comparaison de deux façons différentes.

Franck a 3 timbres et Émilie a 12 timbres. .... – .... = ...

1) ....

2) ....

Dans la cour, il y a 20 garçons et 18 filles. .... – .... = ...

1) ....

2) ....

Un jardinier a 51 pots et 45 plantes. .... – .... = ...

1) ....

2) ....

2

Complète le tableau.

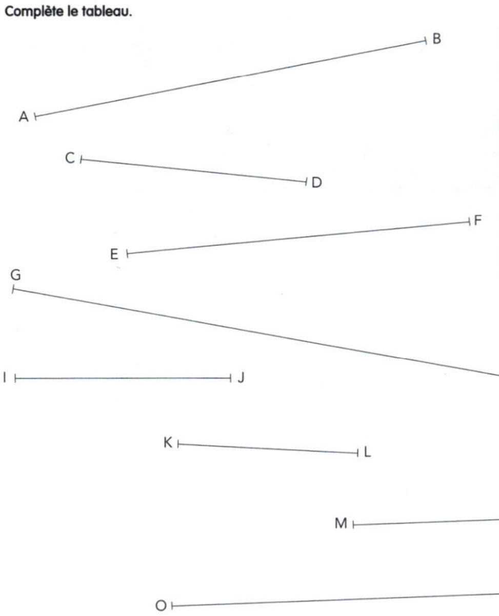

Traits	Longueur
GH	.... mm
....	63 mm
....	95 mm
....	6 cm
....	115 mm
....	8 cm
....	50 mm
....	11 cm

3

Il apparait évident que « ce qui n'est pas pareil » est ce que Léo a de plus que Nina (la bulle correspondante est complétée) mais on découvre que le même nombre correspond aussi à ce qui manque à Nina pour en avoir autant que Léo (la bulle correspondante est également complétée) : si on dessinait 7 points supplémentaires à droite de ceux de Nina, les deux personnages en auraient autant.

L'interrogation se poursuit ainsi : « *Je vous demande maintenant d'écrire une soustraction qui donne le résultat de la comparaison, c'est-à-dire qui permet de savoir combien Léo a de plus ou combien il manque à Nina* ». Une fois la soustraction écrite, on fait le lien avec l'idée de retrait de la manière suivante : « *Ce que Léo a de plus, c'est son nombre total de jetons* (la collection est parcourue avec le doigt) *moins ce qui est pareil* (la partie correspondante est masquée avec la main) ». D'autres situations de comparaison, mettant en jeu les mêmes nombres 65 et 58, sont ensuite explicitées. Par exemple :

« *Dans le buffet, il y a 58 verres et 65 assiettes. Il y a plus d'assiettes que de verres . La soustraction 65 – 58 = 7 donne le nombre d'assiettes qu'il y a en plus : il y a 7 assiettes de plus que de verres. On peut aussi dire : il manque 7 verres pour qu'il y ait le même nombre d'assiettes que de verres.* » Puis, des situations différentes, avec des nombres différents, sont abordées et les deux points de vue possibles sont explicités.

Activités complémentaires

Les carrés magiques (suite)

Pour un même nombre-somme, il y a diverses possibilités de placement des nombres : on garde une diagonale et on intervertit les autres alignements en conséquence. Mais, plus important d'un point de vue pédagogique, on peut aussi changer les emplacements des cases vides en cherchant les cas de calculs les plus intéressants.

L'enseignant trouvera à la fin du *Guide pédagogique* des carrés magiques vides à photocopier.

Les compléments à 100

Nous recommandons ici un jeu de dominos décrit dans *Ermel CE2* (*Apprentissages numériques et résolution de problèmes*, équipe de recherche INRP, Hatier, Paris, 1995). Chaque domino est un carton carré comportant 4 nombres disposés sur les côtés. On peut poser un carton en l'accolant, côté contre côté, à un autre carton, à condition que la somme des nombres des côtés en regard (horizontalement ou verticalement) soit égale à 100.

Les enfants peuvent par exemple jouer par deux ; en début de partie, chacun dispose de 7 cartons-dominos (les autres constituant la pioche).

On trouvera un exemple d'une série de cartons page 87.

Activité complémentaire

Le jeu du nombre mystérieux

Le nOmbre mystérieux

Quel nombre n'est pas un résultat ?

42 47 55 58 63

71 79 80 96

25 + 46 = ... 19 + 28 = ...

62 – 7 = ... 104 – 8 = ...

18 + 62 = ... 36 + 43 = ...

102 – 60 = ... 71 – 13 = ...

Le nombre mystérieux : ....

Objectifs

Dans la séquence 25, on introduit un nouveau contexte pour travailler la numération sur les nombres à 3 chiffres, celui des mesures de longueur. Les enfants savent mesurer une longueur en cm ou en mm. Ils ont appris à traduire ces mesures d'une unité dans l'autre en s'appuyant sur le groupement de 10 mm. On introduit ici un nouveau personnage, monsieur Millimètre, qui, pour tracer des longueurs données en mm, utilise les groupements de 100 mm (1 dm) et de 10 mm (1 cm). Tracer une longueur de 327 mm comme lui revient à chercher la décomposition en centaines (dm), dizaines (cm) et unités (mm). Du même coup, on peut aussi proposer les deux nouvelles sortes de comparaison suivantes : 3 dm ... 284 mm ; 19 cm ... 2 dm. Pour la première comparaison, il suffit de se rappeler que 1 dm = 100 mm. Pour la seconde, qui est plus difficile, soit on raisonne en revenant à l'unité mm (et donc 190 mm < 200 mm), soit on s'appuie sur les équivalences mises en relief par la graduation du double décimètre (1 dm = 10 cm, 2 dm = 20 cm, etc.).

Comme on le voit, cette façon de travailler les conversions diffère de l'approche traditionnelle. Plutôt que d'enseigner prématurément des règles d'écriture avec les tableaux de conversion, nous cherchons à donner aux enfants un contrôle intuitif sur les relations entre les différentes unités : les élèves accèdent ainsi au rapport entre les différentes unités en se représentant mentalement chacune d'elles et non en remplissant les cases d'un tableau selon une règle dont ils ne comprennent pas les raisons.

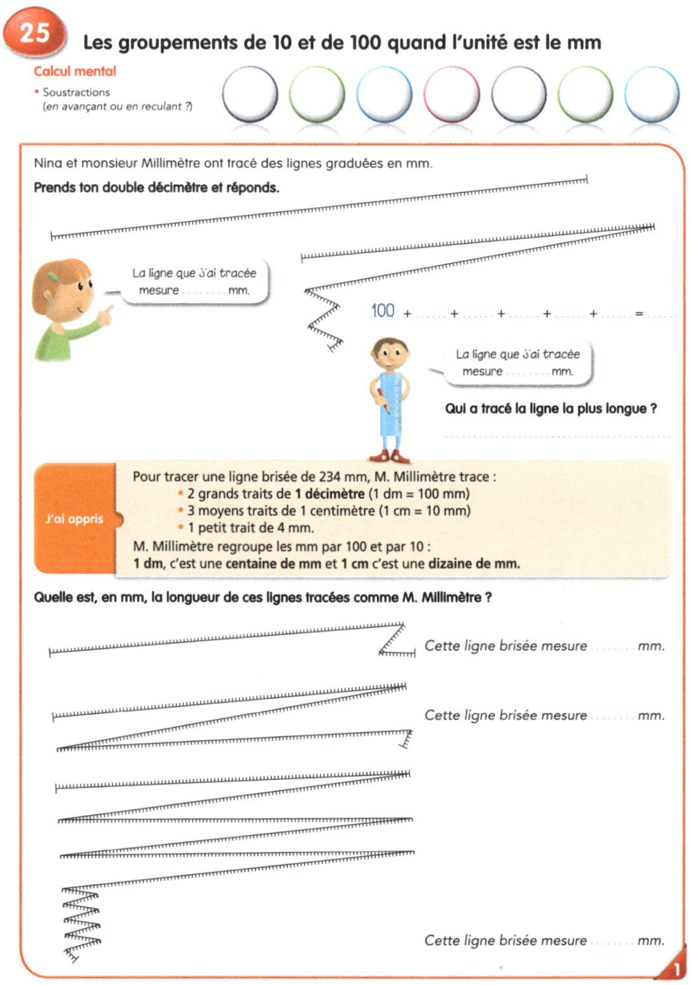
25 Les groupements de 10 et de 100 quand l'unité est le mm

Calcul mental
- Soustractions (*en avançant ou en reculant ?*)

Nina et monsieur Millimètre ont tracé des lignes graduées en mm.

Prends ton double décimètre et réponds.

Qui a tracé la ligne la plus longue ?

J'ai appris

Pour tracer une ligne brisée de 234 mm, M. Millimètre trace :
- 2 grands traits de **1 décimètre** (1 dm = 100 mm)
- 3 moyens traits de 1 centimètre (1 cm = 10 mm)
- 1 petit trait de 4 mm.

M. Millimètre regroupe les mm par 100 et par 10 :
1 dm, c'est une **centaine de mm** et **1 cm** c'est une **dizaine de mm.**

Quelle est, en mm, la longueur de ces lignes tracées comme M. Millimètre ?

Cette ligne brisée mesure .... mm.

Cette ligne brisée mesure .... mm.

Cette ligne brisée mesure .... mm.

1

Activités Séquence 25

Soustractions *(en avançant ou en reculant ?)*

Idem séquence 24.

1 à 3. L'équivalence 1 dm = 100 mm

L'activité commence directement sur le fichier. Les enfants sont amenés à comparer deux longueurs : l'une représentée sous une forme rectiligne, l'autre sous forme d'une ligne brisée. Dans les deux cas, on voit tous les millimètres. Mais la ligne brisée de M. Millimètre n'est pas quelconque : il l'organise en groupes de 100 mm et de 10 mm, ce dont les élèves doivent se rendre compte au moment de la mesurer. C'est en tout cas ce qu'il faudra faire formuler aussitôt.

On fera le rapprochement avec les groupes de 100 et les groupes de 10 de Picbille. Le mot « décimètre » et son abréviation sont écrits au tableau. Les enfants sont invités à expliquer pourquoi leur règle s'appelle aussi un « double décimètre » et à montrer ces 2 dm.

On anticipe alors comment M. Millimètre s'y prendrait pour tracer des longueurs de 329 mm, 510 mm, 408 mm, 93 mm, etc. On peut s'appuyer sur des écritures du type : 329 mm = 100 mm + 100 mm + 100 mm + 10 mm + 10 m + 9 mm. On conclut qu'il est plus facile de déterminer la mesure d'une longueur représentée à la manière de M. Millimètre plutôt qu'à celle de Nina. L'exercice final permet de l'illustrer.

Pour aider les élèves dans l'activité 2, on pourra les inciter à effectuer la décomposition des deux nombres en groupes de 100, groupes de 10 et unités isolées.

La seule nouveauté de l'activité 3 est l'utilisation d'une nouvelle unité, le dm, pour procéder à des comparaisons. On incitera les élèves qui ont du mal à effectuer ces comparaisons directement à tracer les longueurs sur leur cahier : c'est un moyen pédagogique de les conduire à se représenter chacune des longueurs impliquées dans la comparaison.

Trace des lignes brisées comme M. Millimètre (sans les graduer).

128 mm

Il faut tracer 1 *dm* 2 *cm* 8 *mm.*

341 mm

J'ai tracé .... dm .... cm .... mm.

732 mm

J'ai tracé .... dm .... cm .... mm.

2

Compare ces longueurs. Utilise les signes >, < ou =. (Tu peux tracer sur ton cahier.)

1 dm .... 98 mm — 3 dm .... 284 mm — 19 cm .... 2 dm

10 cm .... 1 dm — 500 mm .... 5 dm — 3 dm .... 31 cm

Complète comme dans l'exemple.
Rappelle-toi que le cm est une dizaine de mm et que le dm est une centaine de mm.

2 dm 5 cm 3 mm = 253 mm	150 mm = ... cm	25 cm 4 mm = ... mm
328 mm = 32 cm 8 mm	38 cm = ... mm	435 mm = 4 dm ...... cm 5 mm

3

Imagine, calcule les soustractions et exprime la comparaison de deux façons différentes.

Alexandre a 30 images et Sacha a 43 images. .... – .... = ...

1) ....

2) ....

25 enfants veulent jouer au football, mais il n'y a que 19 maillots. .... – .... = ...

1) ....

2) ....

4

Le jeu des cibles

Une cible avec 3 zones chiffrées, comme ci-dessous, est donnée. Il faut y placer 3 flèches (3 croix) pour obtenir un score donné. Un nombre peut être utilisé plus d'une fois et on n'a pas le droit au zéro (hors cible). L'enseignant peut proposer 2 fois (ou 3 fois) la même cible s'il y a 2 (ou 3) décompositions possibles pour un même score. Par exemple, s'il faut obtenir 13 points avec cette cible, il y a deux décompositions possibles : 5 + 5 + 3 et 5 + 4 + 4.

Place 3 flèches qui feront 13 points.

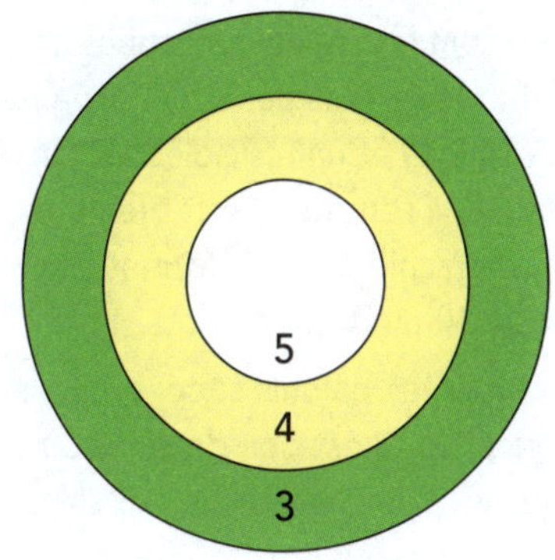

...... + ... + ... = 13

Pour trouver une décomposition, les élèves sont amenés à faire des essais d'additions et à réviser ainsi le répertoire additif de base. L'enseignant trouvera page 218 une feuille de cibles vierges.

Activités complémentaires

Exemple de dominos

En découpant les carrés ci-dessous, on obtient un ensemble de dominos qui peuvent être utilisés pour le jeu des compléments à 100 décrit page 85 :

26 1 90 65	27 10 89 66	28 11 80 67	29 20 79 68	30 21 99 69
35 2 91 64	34 9 88 63	33 12 81 62	32 19 78 61	31 22 98 60
36 3 92 55	37 8 87 56	38 13 82 57	39 18 77 58	40 23 97 59
45 4 93 54	44 7 86 53	43 14 83 52	42 17 76 51	41 24 96 50
46 5 94 74	47 6 85 73	48 15 84 72	49 16 75 71	50 25 95 70

Le jeu du nombre mystérieux

La règle du jeu est la même que celle de l'activité 2 de la sq 20.

Le nOmbre mystérieux

Quel nombre n'est pas un résultat ?

12 18 47 67 71

79 84 87 94

102 – 8 = ...	56 + 28 = ...
63 – 45 = ...	54 – 7 = ...
28 + 39 = ...	92 – 13 = ...
80 – 9 = ...	86 – 74 = ...

Le nombre mystérieux : ....

Objectifs

Les élèves revoient ici le calcul de l'addition en colonnes. Il s'agit surtout de les amener à réfléchir cette technique à la lumière de leurs connaissances en numération décimale. C'est ainsi que les différentes étapes du raisonnement sur les écritures chiffrées sont mises en relation, d'abord avec celles d'un scénario d'ajout avec le matériel de numération, puis avec celles d'un scénario d'addition de mesures de longueur dans lequel les unités isolées sont les mm, les groupes de 10 sont les cm et les groupes de 100 sont les dm, enfin dans les termes généraux de la numération : « centaines, dizaines et unités isolées ». On vise notamment à ce que la « retenue » soit bien conçue comme une symbolisation chiffrée de la formation d'un nouveau groupement de 10 ou de 100.

Pour commenter les calculs successifs, ici et lors de prochains exercices, il est bon de solliciter les formulations telles que « 13 dizaines, j'écris 3 dizaines et je retiens 1 centaine » (on la « retient » pour ne pas l'oublier), car cela amène les élèves à spécifier les types d'unités sur lesquelles ils raisonnent et constitue autant d'occasions d'approfondir leurs connaissances en numération décimale.

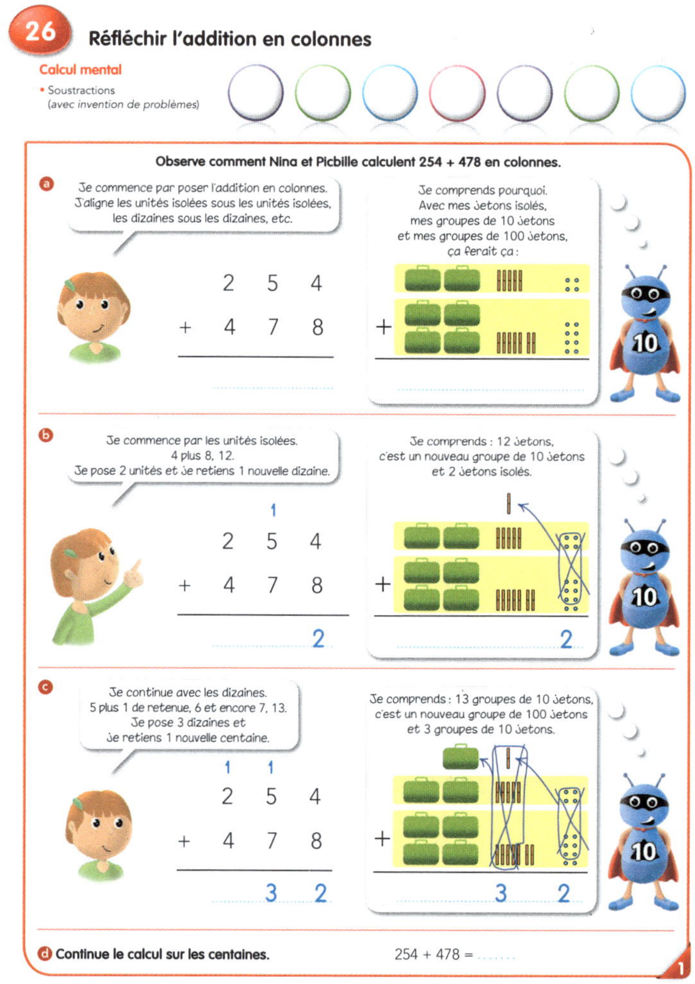

Activités — Séquence 26

Soustractions *(avec invention de problèmes)*

L'activité commence comme lors de la séquence 22 (en avançant ou en reculant ?). En fin d'activité, lors du calcul de 64 – 48, par exemple, les élèves sont interrogés collectivement : il s'agit d'inventer des problèmes qui se résolvent avec cette soustraction. Outre les problèmes de retrait (on mange 48 gâteaux, on dépense 48 euros, etc.), on fera inventer des problèmes de comparaison sous leurs deux formes (ce qu'il y a de plus et ce qui manque), en suggérant le cas échéant des contextes : 64 garçons et 48 filles, par exemple.

1 à 4. Réfléchir l'addition en colonnes

Activité préliminaire

Il s'agit d'amener les élèves à *évoquer* le scénario d'ajout avec le matériel pour interpréter les différentes étapes du calcul. C'est pourquoi il est souhaitable de commencer par l'activité préliminaire suivante :

– on part de la notation chiffrée écrite au tableau ; à chaque étape du calcul, les élèves sont incités à interpréter cette notation en évoquant le calcul avec des schématisations à l'aide du matériel ;

– pour valider ces interprétations, on utilise les schémas correspondant à cette étape du calcul ;

– quand on passe à l'étape suivante du calcul chiffré, on masque les schémas ; etc.

Matériel

Pour pouvoir masquer et dévoiler à volonté les schémas à droite du calcul chiffré, si on dispose d'un tableau à rabat, on n'a pas besoin d'autre chose. Sinon, on utilise une grande feuille de carton qu'on pose sur le porte-craie pour cacher les schémas et qu'on peut ôter à loisir pour les rendre visibles. Si on a un tableau métallique, on fixe cette feuille avec des jetons magnétiques.

L'enseignant annonce aux élèves qu'ils vont revoir l'addition en colonnes. Il écrit au tableau une addition qui peut servir de point de départ : 348 + 76 = ..., et demande comment on dispose les chiffres de l'addition en colonnes correspondante (il espace généreusement les colonnes de chiffres). Il se fait guider pour disposer les chiffres. Cette disposition est finalement justifiée de façon générale, par exemple : « *il faut aligner les nombres qu'on peut ajouter, les unités isolées avec les unités isolées,...* ». En se faisant guider par les élèves, l'enseignant représente alors au tableau le même calcul avec des schémas de valises, boites et jetons, à droite de l'addition chiffrée : « *Est-ce bien la même chose avec les chiffres ?* » L'enseignant masque alors ces schémas et revient à l'addition chiffrée.

Un élève vient effectuer le calcul sur les unités : « *8 et 6, 14, j'écris 4 (ou je pose 4) et je retiens 1* ». L'enseignant questionne : « *Pourquoi écrit-on 1 au-dessus des dizaines et pourquoi dit-on "je retiens 1" ?* » On imagine le scénario avec le matériel : il y a 4 unités isolées et on forme un nouveau groupe de 10.

Voici 3 lignes brisées mises bout à bout. Vérifie qu'elles mesurent 368 mm, 287 mm et 235 mm.

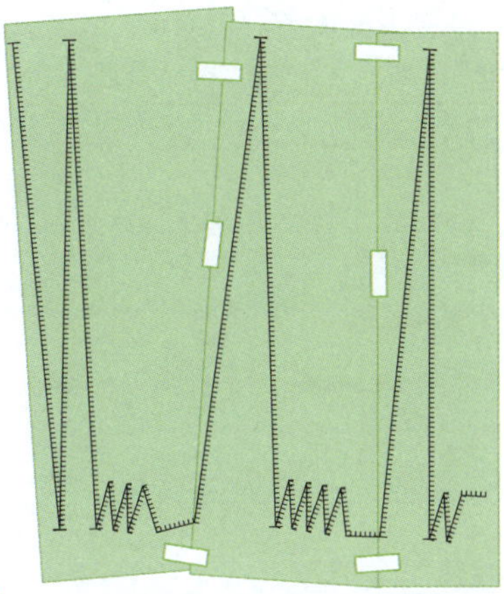

Mais cela ne ressemble plus à une de mes lignes brisées ! Sais-tu pourquoi ?

Pour pouvoir tracer une ligne brisée de la même longueur, M. Millimètre calcule une addition en colonnes.
Termine-la en la disant comme lui.

8 mm plus 7 mm, 15 mm, plus 5 mm, 20 mm. Il n'y aura pas de mm isolé. Je pose 0 mm et je forme 2 cm.
2 cm de retenue plus 6 cm, 8 cm et encore 8 cm, 16 cm plus 3 cm, 19 cm. Je pose 9 cm et je forme...

	dm	cm	mm
		2	
	3	6	8
+	2	8	7
+	2	3	5
		9	0

2

Léo calcule une addition en colonnes. Termine-la en la disant comme lui.

5 unités plus 8 unités, 13 unités et encore 4 unités, 17 unités. Je pose 7 unités et je retiens 1 dizaine.
1 dizaine de retenue et 9, 10 et encore 9, 19 plus 7, 26 dizaines. Je pose 6 dizaines et je retiens...

	c	d	u
		1	
	3	9	5
+		9	8
+	4	7	4
		6	7

3

Calcule ces additions en t'exprimant...

comme Picbille :	comme M. Millimètre :	comme Nina et Léo :
436	508	359
+ 194	+ 294	+ 46
....	....	....

Pose ces additions sur ton cahier. Calcule-les en les disant tantôt comme Picbille, tantôt comme M. Millimètre et tantôt comme Nina et Léo. Recopie les résultats ici.

348 + 42 + 59 = ...	486 + 39 + 76 = ...	369 + 258 + 97 = ...
436 + 194 = ...	508 + 374 = ...	724 + 48 + 128 = ...

4

On reformule cette étape : « *8 et 6, 14, j'écris 4 et je forme 1 nouveau groupe de 10* ». Il fait donner son sens au mot « retiens » : pour ne pas l'oublier, « pour le retenir », on écrit ce nouveau groupe de 10 au-dessus de la colonne des groupes de 10, mais on pourrait le marquer en levant un doigt. On rend alors visible le schéma et on effectue cette étape du calcul sur les jetons isolés en utilisant la même verbalisation (une boite est dessinée au-dessus de la colonne correspondante).

On poursuit de la même façon avec les dizaines : le schéma est de nouveau caché ; l'action sur l'écriture chiffrée est interprétée en évoquant celle sur le matériel, puis on découvre le schéma pour effectuer l'ajout sur le matériel. Même démarche avec le calcul des centaines.

Activités sur le fichier

Activité 1

La situation est similaire et on la fait fonctionner à l'identique : l'addition est calculée par trois élèves qui viennent au tableau, les élèves suivant aussi le déroulement du calcul sur leur fichier. Après chaque étape sur l'écriture chiffrée, on se demande à quoi pense Picbille.

Activité 2

L'enseignant fait analyser l'illustration : sur trois feuilles vertes, M. Millimètre a d'abord tracé trois lignes brisées. Il fait vérifier qu'elles sont tracées selon la règle habituelle : les mm sont groupés par 10 dans des traits de 1 cm et les cm sont eux-mêmes groupés par 10 dans des grands traits de 1 dm. Y a-t-il bien 368 mm sur la 1re ligne, 287 sur la 2e, 235 sur la 3e ?

La nouvelle ligne brisée formée par la juxtaposition de ces 3 lignes est-elle semblable à celle qu'on trace d'habitude comme M. Millimètre ? Il faudrait mettre tous les dm au début, puis tous les cm, puis tracer à la fin les mm isolés. D'où l'addition en colonnes. Celle-ci est reproduite au tableau : on explicite les grandeurs qui sont rangées dans une même colonne, comme sur le fichier. Trois élèves viennent par exemple effectuer les 3 calculs successifs. À chaque fois, on s'exprime dans les termes adéquats ici : mm isolés, dizaines de mm ou cm, centaines de mm ou dm. La formation des nouveaux groupements rend compte des deux retenues successives. Ce calcul terminé, l'enseignant fait expliciter comment serait tracée la ligne brisée qui a la même longueur que la somme des 3 lignes qu'on vient de calculer.

Activité 3

L'enseignant reprend ce calcul au tableau et on procède comme dans l'activité précédente : trois élèves viennent l'effectuer en utilisant, cette fois-ci, la terminologie générale.

Activité 4

Les élèves travaillent individuellement. Si on en a le temps, on reprend collectivement les trois premières additions en les verbalisant comme Picbille (jetons isolés, groupes de 10 jetons, groupes de 100 jetons), comme M. Millimètre (mm, cm et dm) et conventionnellement (unités isolées, dizaines et centaines). On fera remarquer de toute façon que, pour l'addition 508 + 374, on n'avait pas besoin de la poser : « *508 et 300, 808, et 70, 878 et 4, 882* ».

Activité complémentaire

Le jeu du nombre mystérieux

La règle du jeu est la même que celle de l'activité 2 de la sq 20.

Le nOmbre mystérieux

Quel nombre n'est pas un résultat ?

13 25 51 67 74

86 90 94 95

83 – 9 = ...	18 + 68 = ...
107 – 13 = ...	74 – 61 = ...
56 + 34 = ...	76 + 19 = ...
100 – 75 = ...	81 – 14 = ...

Le nombre mystérieux : ....

L'enseignant trouvera au début du Guide pédagogique des indications générales sur l'animation des PAC.

Activités Séquence 27

Groupes de 5, 10, 15 et 25

Idem séquence 16 mais en interrogeant de plus dans les contextes de traits juxtaposés et de sommes d'argent en eurocentimes.

1. Apprendre à se représenter une situation et à la schématiser pour résoudre un problème

L'animation de ce PAC est identique à celle du premier. Une activité préliminaire (travail sur le questionnement) permet de s'assurer que tous les élèves cherchent à comprendre l'énoncé qui leur est proposé. L'activité sur le fichier, elle, permet d'expliciter les caractéristiques d'une bonne résolution lorsque l'activité préliminaire n'a pas déjà conduit à le faire.

Activité collective préliminaire : déterminer la question d'un énoncé

Alors que le fichier est fermé, l'enseignant écrit au tableau le début de l'énoncé du cadre 1 : « La maitresse achète un cahier à 90 centimes et un stylo à 1,65 € ». Il invite les enfants à déterminer individuellement ce qu'on peut chercher. La question portant sur la dépense totale est écrite au tableau et l'enseignant laisse un temps de recherche individuelle avant d'échanger sur les différentes valeurs numériques trouvées et les différentes procédures utilisées.

On notera que si les stratégies utilisées par les élèves de la classe sont celles utilisées par les élèves fictifs du fichier (Cécile, Mélanie et Sébastien), la discussion sera d'emblée très proche de celle décrite ci-dessous à partir des productions des élèves fictifs. Dans ce cas, l'activité sur fichier devra évidemment être menée de manière plus rapide et en se référant aux stratégies des élèves de la classe.

Activité sur le fichier

Après avoir remarqué que le problème figurant dans le cadre 1 du fichier est celui qui vient d'être résolu, on passe alors à l'analyse des trois schémas censés correspondre au travail d'élèves. L'une des caractéristiques de cette situation est qu'il faut calculer la somme de deux prix donnés respectivement en centimes (c) et en euros (€). Les élèves reverront à cette occasion qu'ils peuvent utiliser l'addition en colonnes, même quand il s'agit de prix exprimés en deux unités monétaires (€ et c).
Les deux solutions correctes correspondent à deux méthodes également possibles :
– convertir tous les prix en c, les additionner et convertir le total en € et en c (Cécile) ;
– utiliser d'emblée la disposition en colonnes et effectuer

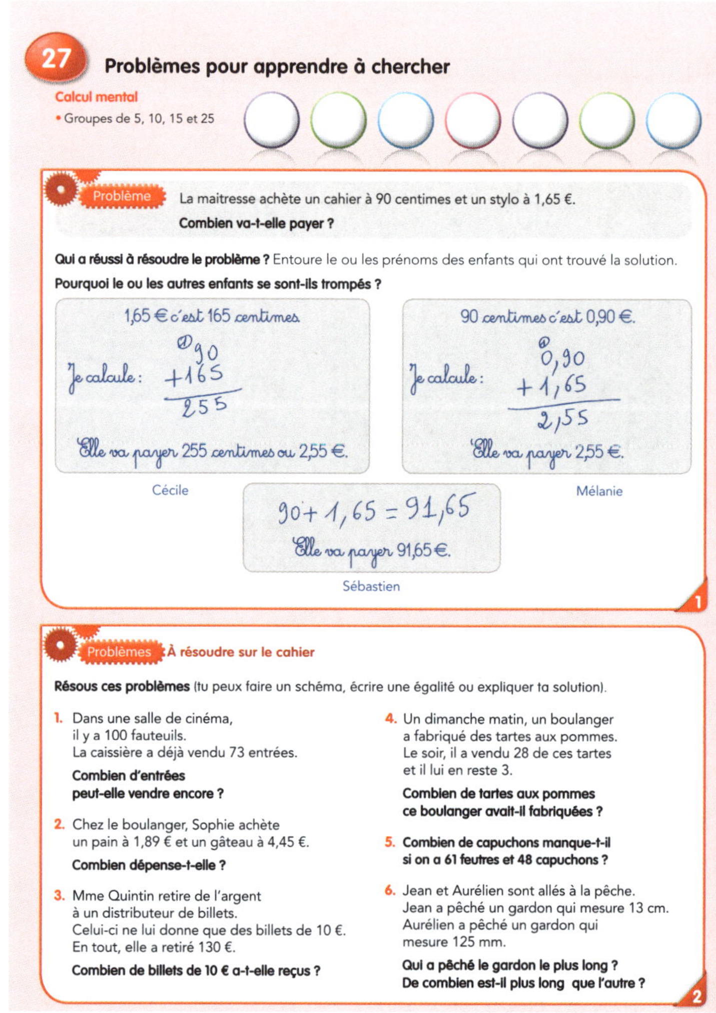
27 Problèmes pour apprendre à chercher

Calcul mental
• Groupes de 5, 10, 15 et 25

Problème La maitresse achète un cahier à 90 centimes et un stylo à 1,65 €.
Combien va-t-elle payer ?

Qui a réussi à résoudre le problème ? Entoure le ou les prénoms des enfants qui ont trouvé la solution.
Pourquoi le ou les autres enfants se sont-ils trompés ?

Problèmes À résoudre sur le cahier

Résous ces problèmes (tu peux faire un schéma, écrire une égalité ou expliquer ta solution).

1. Dans une salle de cinéma, il y a 100 fauteuils. La caissière a déjà vendu 73 entrées. **Combien d'entrées peut-elle vendre encore ?**
2. Chez le boulanger, Sophie achète un pain à 1,89 € et un gâteau à 4,45 €. **Combien dépense-t-elle ?**
3. Mme Quintin retire de l'argent à un distributeur de billets. Celui-ci ne lui donne que des billets de 10 €. En tout, elle a retiré 130 €. **Combien de billets de 10 € a-t-elle reçus ?**
4. Un dimanche matin, un boulanger a fabriqué des tartes aux pommes. Le soir, il a vendu 28 de ces tartes et il lui en reste 3. **Combien de tartes aux pommes ce boulanger avait-il fabriquées ?**
5. **Combien de capuchons manque-t-il si on a 61 feutres et 48 capuchons ?**
6. Jean et Aurélien sont allés à la pêche. Jean a pêché un gardon qui mesure 13 cm. Aurélien a pêché un gardon qui mesure 125 mm. **Qui a pêché le gardon le plus long ? De combien est-il plus long que l'autre ?**

la conversion des dizaines de c en € directement lors de la retenue (Mélanie).
Cette dernière méthode est la plus rapide, mais elle n'est pas évidente à comprendre. Lors de la mise en commun, on la fera expliquer : « 15 dizaines de c, c'est 1 € et 50 c parce que 15 dizaines de c, c'est 150 c ».
Sébastien, lui, s'est trompé parce qu'il a raisonné comme si 90 correspondait à un prix en euros.

2. Problèmes divers

1. Recherche de la valeur d'un ajout (calcul d'un complément à 100).

2. Sommer des prix en euros et centimes.

3. Problème de quotition (combien de fois 10 dans 130 ?) dans le contexte de la monnaie.

4. Somme de deux nombres dans un énoncé qui comporte le mot « reste ».

5. Problème de comparaison de deux collections qui peuvent correspondre terme à terme (avec le mot « manque »).

6. Comparaison de deux longueurs, l'une donnée en cm, l'autre en mm.

Voici trois résolutions du problème 4 :

1°) L'élève traite l'énoncé superficiellement et écrit une soustraction.

$$28 - 3 = 25$$

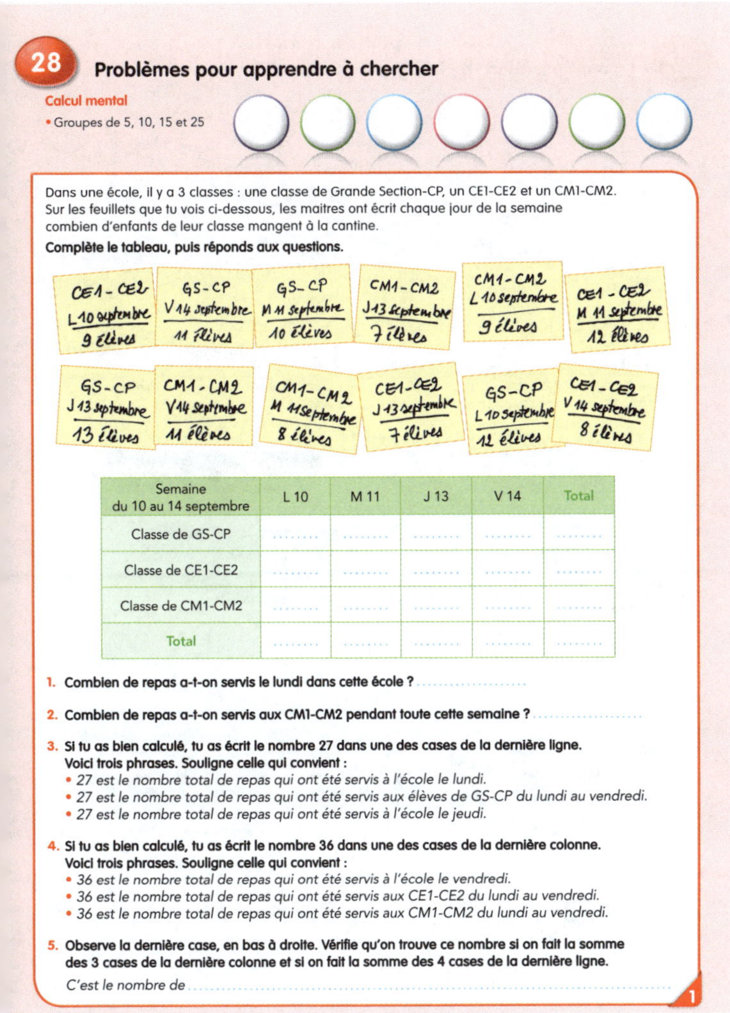

28 **Problèmes pour apprendre à chercher**

Calcul mental

• Groupes de 5, 10, 15 et 25

Dans une école, il y a 3 classes : une classe de Grande Section-CP, un CE1-CE2 et un CM1-CM2.
Sur les feuillets que tu vois ci-dessous, les maitres ont écrit chaque jour de la semaine combien d'enfants de leur classe mangent à la cantine.

Complète le tableau, puis réponds aux questions.

CE1 - CE2 / L 10 septembre / 9 élèves
GS - CP / V 14 septembre / 11 élèves
GS - CP / M 11 septembre / 10 élèves
CM1 - CM2 / J 13 septembre / 7 élèves
CM1 - CM2 / L 10 septembre / 9 élèves
CE1 - CE2 / M 11 septembre / 12 élèves
GS - CP / J 13 septembre / 13 élèves
CM1 - CM2 / V 14 septembre / 11 élèves
CM1 - CM2 / M 11 septembre / 8 élèves
CE1 - CE2 / J 13 septembre / 7 élèves
GS - CP / L 10 septembre / 12 élèves
CE1 - CE2 / V 14 septembre / 8 élèves

Semaine du 10 au 14 septembre	L 10	M 11	J 13	V 14	Total
Classe de GS-CP	....	....	....	....	....
Classe de CE1-CE2	....	....	....	....	....
Classe de CM1-CM2	....	....	....	....	....
Total	....	....	....	....	....

1. **Combien de repas a-t-on servis le lundi dans cette école ?** ....
2. **Combien de repas a-t-on servis aux CM1-CM2 pendant toute cette semaine ?** ....
3. **Si tu as bien calculé, tu as écrit le nombre 27 dans une des cases de la dernière ligne. Voici trois phrases. Souligne celle qui convient :**
   • *27 est le nombre total de repas qui ont été servis à l'école le lundi.*
   • *27 est le nombre total de repas qui ont été servis aux élèves de GS-CP du lundi au vendredi.*
   • *27 est le nombre total de repas qui ont été servis à l'école le jeudi.*
4. **Si tu as bien calculé, tu as écrit le nombre 36 dans une des cases de la dernière colonne. Voici trois phrases. Souligne celle qui convient :**
   • *36 est le nombre total de repas qui ont été servis à l'école le vendredi.*
   • *36 est le nombre total de repas qui ont été servis aux CE1-CE2 du lundi au vendredi.*
   • *36 est le nombre total de repas qui ont été servis aux CM1-CM2 du lundi au vendredi.*
5. **Observe la dernière case, en bas à droite. Vérifie qu'on trouve ce nombre si on fait la somme des 3 cases de la dernière colonne et si on fait la somme des 4 cases de la dernière ligne.**
   C'est le nombre de ....

1

2°) L'élève dessine les tartes vendues et les tartes qui restent le soir.

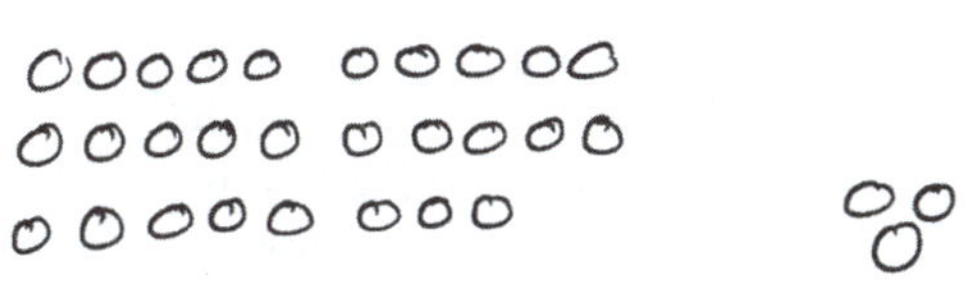

3°) L'élève calcule et écrit une addition.

28 + 3 = 31

Voici quatre résolutions du problème 6 :

1°) L'élève trace les deux longueurs (représentées ici en réduction).

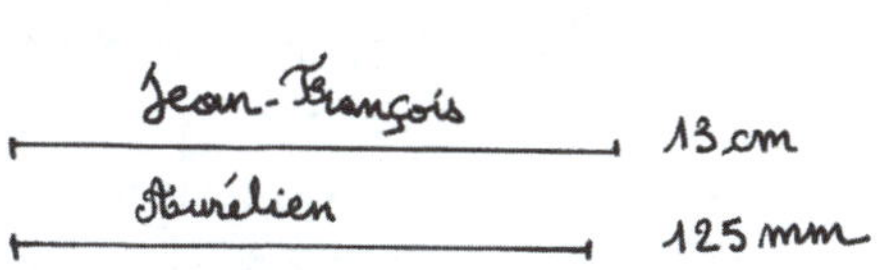

2°) L'élève convertit les cm en mm.

13 cm = 130 mm
13 cm, c'est plus grand.

3°) L'élève convertit les mm en cm et mm.

125 mm c'est 12 cm et 5 mm
125 mm < 13 cm

4°) L'élève effectue les deux conversions.

C'est Jean qui a pêché le plus long gardon par ce que 13 cm c'est 130 mm et que 125 mm c'est 12 cm et demi.

Activités Séquence 28

Groupes de 5, 10, 15 et 25

Idem séquence 16 mais en interrogeant de plus dans les contextes de traits juxtaposés et de sommes d'argent en eurocentimes.

1. Remplir un tableau de nombres

Il est demandé aux enfants de remplir un tableau de nombres. Mieux que la lecture d'un tableau déjà rempli, cette tâche aide à comprendre la structure des tableaux à double entrée. En effet, il faut localiser la case où doit figurer chaque information et, pour cela, être attentif aux têtières (titres des colonnes et des lignes).

Les enfants doivent ensuite effectuer les totaux des lignes et des colonnes, et interpréter les résultats de ces calculs. Cette autre tâche demande une lecture approfondie de ce mode d'organisation d'un ensemble de données numériques.

On pourra aider les enfants en les amenant tout d'abord à bien comprendre la situation. On remarquera que les noms des jours sont donnés par leur initiale. Peut-on savoir ici si « M » veut dire « mardi » ou « mercredi » ? On anticipera ensuite les méthodes possibles : soit on cherche pour chaque feuillet à quel endroit du tableau il faut placer le nombre, soit on cherche pour chaque case où se trouve le feuillet correspondant. Le tableau du fichier ayant été reproduit au tableau de la classe en vue de la mise en commun finale, si les enfants se trouvent en difficulté, on pourra remplir avec eux les premières cases.
La dernière question est difficile et peut nécessiter un échange collectif.

Après le travail individuel et une synthèse, on pourra traiter collectivement d'autres questions auxquelles le tableau ne permet pas toujours de répondre. Exemples :
– *Combien d'enfants de CE2 ont mangé à la cantine le mardi ?*
– *Combien d'enfants du CE1-CE2 ont mangé chez eux le jeudi ?*
– *Combien d'enfants de GS-CP ont mangé à la cantine le vendredi de cette semaine ?*
– *Combien d'enfants ont mangé à la cantine le lundi 17 septembre ?*

Objectifs

Rappelons les principales idées qui ont guidé la conception de la progression sur la multiplication :

1°) L'écriture 6 x 3 décrit indifféremment le nombre d'objets dans 6 groupes de 3 objets ou dans 3 groupes de 6 objets : c'est en effet le même nombre. Elle rend donc compte de deux additions répétées : 6 + 6 + 6 ou 3 + 3 + 3 + 3 + 3 + 3. Le signe « x » symbolise le fait que ces deux calculs conduisent au même résultat. Les psychologues qualifient cette propriété de *conceptuelle* parce qu'il s'agit d'une propriété essentielle de cette opération arithmétique (les mathématiciens l'appellent la *commutativité* de la multiplication).

L'un des choix pédagogiques cruciaux de *J'apprends les maths* est, lors des premières rencontres avec les notions arithmétiques (concernant la multiplication, donc au CE1), de mettre l'accent sur leurs propriétés essentielles, celles qu'on appelle conceptuelles. Ce choix reste intéressant lorsqu'on revoit pour la première fois une opération dans la classe suivante (concernant la multiplication, donc au CE2). En effet, cette leçon apparait comme centrée sur cette notion et l'élève s'attend à ce que ses propriétés essentielles soient rappelées. Dans le cas de la multiplication, on comprend donc que la commutativité de cette opération soit ainsi mise en avant.

2°) Nous nous sommes évidemment efforcés de faire comprendre les raisons de la commutativité : pour plusieurs valeurs de *a* et de *b*, on fait d'abord constater qu'il y a autant d'objets dans *a* groupes de *b* objets et *b* groupes de *a* objets, puis on demande d'organiser ces mêmes quantités sous la forme de *a* rangées de *b* objets, comme dans une boite de chocolats ou les cases d'un quadrillage. Une telle organisation permet de comprendre que les deux additions réitérées sont deux façons de décrire le même nombre total : ce nombre est décrit ligne par ligne dans un cas, colonne par colonne dans l'autre.

3°) Les pédagogues s'interrogent souvent sur la façon dont il convient de s'exprimer avec le signe « x ». Le signe « x » doit être lu « multiplié par » lorsqu'il sert à décrire la nature de l'opération, c'est-à-dire lorsqu'on veut exprimer qu'il faut faire une multiplication et non une addition ou une soustraction. Ainsi, l'écriture 9 x 2 se lit habituellement de gauche à droite : « 9 multiplié par 2 ». Mais la réalité ainsi décrite peut se comprendre et se calculer aussi bien comme « 9 groupes de 2 » (ou « 9 fois 2 ») que comme « 2 groupes de 9 » (ou « 2 fois 9 »). Dans le cas de 9 x 2, il vaut mieux calculer « 2 fois 9 » (9 + 9) que « 9 fois 2 » (2 + 2 + 2 + ...). Ainsi 9 x 2 (« 9 multiplié par 2 ») se calcule de façon économique sous la forme « 2 fois 9 », c'est-à-dire en lisant 9 x 2 avec le mot « fois » et en le lisant de droite à gauche, c'est-à-dire à l'inverse de ce que l'on fait avec le mot « multiplié ». Dans le cas de 4 x 10 (« 4 multiplié par 10 »), il vaut mieux calculer « 4 fois 10 » que « 10 fois 4 » (il vaut mieux calculer en lisant 4 x 10 avec le mot « fois » de gauche à droite, c'est-à-dire comme on le fait avec le mot « multiplié »). Le mot « fois » ou l'expression « groupe de » permettent ainsi de rendre compte de la façon de calculer. Cela a pour conséquence qu'avec eux, le sens de lecture dépend de la valeur des nombres.

4°) L'intérêt de la commutativité de la multiplication est précisément celui-là : fonder le passage d'une addition répétée à une autre et procurer ainsi une économie dans le calcul. S'il faut déterminer par exemple le nombre d'unités dans 12 groupes de 4 objets (c'est-à-dire 4 + 4 + 4 + 4 + 4 + ... lorsqu'on écrit l'addition répétée correspondante), la multiplication 4 x 12 = ... permet de concevoir cette quantité comme équivalente à celle de 4 groupes de 12 objets et à calculer ainsi 12 + 12 + 12 + 12. C'est pourquoi, dans les problèmes proposés à partir de cette séquence, nous proposons souvent des situations du type « 12 groupes de 4 objets » (et non « 4 groupes de 12 objets »). Seuls les premiers types de problèmes permettent aux élèves de s'approprier la spécificité et l'intérêt de la multiplication et de la différencier de l'addition répétée.

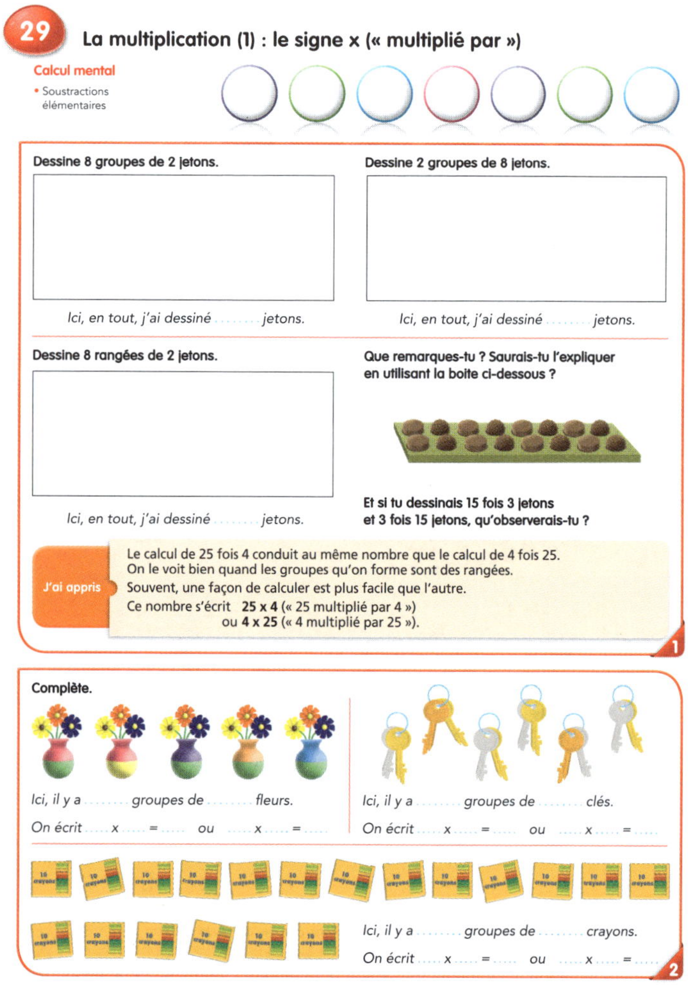
29 La multiplication (1) : le signe x (« multiplié par »)

Calcul mental
- Soustractions élémentaires

Dessine 8 groupes de 2 jetons.

Ici, en tout, j'ai dessiné .... jetons.

Dessine 2 groupes de 8 jetons.

Ici, en tout, j'ai dessiné .... jetons.

Dessine 8 rangées de 2 jetons.

Ici, en tout, j'ai dessiné .... jetons.

Que remarques-tu ? Saurais-tu l'expliquer en utilisant la boite ci-dessous ?

Et si tu dessinais 15 fois 3 jetons et 3 fois 15 jetons, qu'observerais-tu ?

J'ai appris
Le calcul de 25 fois 4 conduit au même nombre que le calcul de 4 fois 25.
On le voit bien quand les groupes qu'on forme sont des rangées.
Souvent, une façon de calculer est plus facile que l'autre.
Ce nombre s'écrit **25 x 4** (« 25 multiplié par 4 »)
ou **4 x 25** (« 4 multiplié par 25 »).

1

Complète.

Ici, il y a .... groupes de .... fleurs.
On écrit ..... x ..... = ... ou ..... x ..... = ...

Ici, il y a .... groupes de .... clés.
On écrit ..... x ..... = ... ou ..... x ..... = ...

Ici, il y a .... groupes de .... crayons.
On écrit ..... x ..... = ... ou ..... x ..... = ...

2

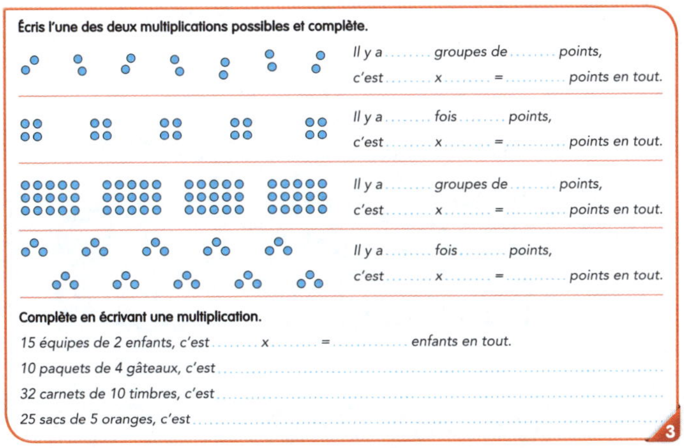

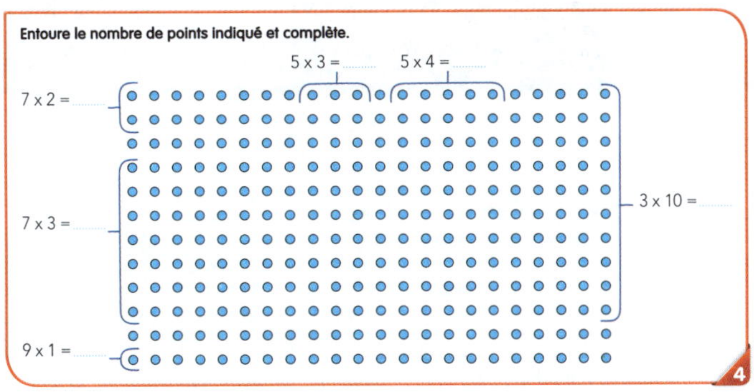

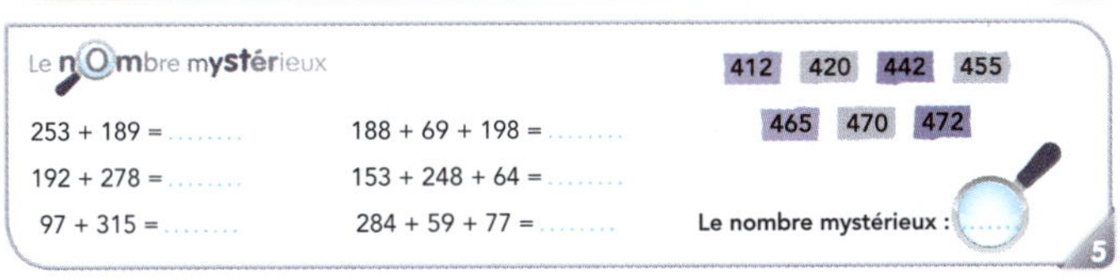

Activités Séquence 29

Soustractions élémentaires

En prévision de la séquence 34, les cas proposés sont ceux qui seront utilisés pour calculer une soustraction en colonnes (12 – 8 ; 12 – 4...). En fin d'activité, on peut faire inventer divers problèmes correspondant à l'un des calculs proposés.

1 et 2. Introduction du signe « x »

On veut qu'après avoir constaté que *a* groupes de *b* objets, c'est le même nombre d'objets que *b* groupes de *a* objets, les élèves comprennent les raisons de ce phénomène en disposant ces groupes en rangées. Pendant toute la séquence on alternera les deux façons de s'exprimer : *a* groupes de *b* et *a* fois *b*. Sur le fichier, l'activité se déroule nécessairement en recourant à un dessin des collections correspondantes. Or, il est évidemment intéressant d'utiliser des objets réels (cubes, jetons, etc.) plutôt que leur représentation, car la réorganisation des groupes en rangées résulte alors d'une action des élèves sur les objets eux-mêmes. L'activité préliminaire ci-dessous sera donc conduite dès que possible.

Activité préliminaire

L'enseignant demande aux élèves de se mettre par quatre. Dans chaque groupe, il y aura l'élève A, le B, le C et le D. Il dépose sur les tables les consignes et les objets (en quantité supérieure à ce qui est strictement nécessaire) :

– aux élèves A, il demande de former « 5 groupes de 3 cubes » (ou de jetons, de bouchons, etc.) ;
– aux élèves B, de former « 3 groupes de 5 cubes » ;
– aux élèves C, de former « 5 rangées de 3 cubes » ;
– aux élèves D, de former « 3 rangées de 5 cubes ».

Quand toutes ces collections sont formées, chaque élève doit dire combien il y a d'objets en tout dans celle qu'il a réalisée. On constate que tous trouvent le même nombre : 15. L'enseignant questionne alors : « *Est-ce normal de trouver le même nombre ? Pourtant, j'ai donné 4 consignes différentes !* »
Si cela n'est pas proposé par les élèves eux-mêmes, l'enseignant demande aux élèves A et B d'aligner les objets de chaque groupe, puis de mettre ces alignements l'un à côté de l'autre. Voici un exemple de ces états successifs pour 3 groupes de 5 cubes :

On obtient ainsi 3 rangées de 5 cubes ; c'est le même nombre que 3 groupes de 5 cubes : on n'a pas modifié le nombre, on a seulement changé la disposition des cubes. On peut illustrer ce simple changement d'organisation au tableau en partant de 3 amas de 5 points : l'enseignant efface un amas et fait constater qu'il le remplace par une rangée de 5 points ; il fait de même avec les deux autres amas, de sorte que, finalement, on voit apparaitre 3 rangées de 5 points. Il demande aussi si l'on peut voir 5 rangées de 3 cubes dans 3 rangées de 5 cubes et inversement. Sur l'exemple de la collection dessinée au tableau comme « 3 rangées de 5 », un élève vient montrer ces rangées de 5. L'enseignant fait formuler qu'on peut aussi, par un simple changement de point de vue, la considérer comme « 5 rangées de 3 » (un élève vient montrer ces rangées de 3).

Activité 1 sur le fichier

Chaque élève est d'abord conduit à rejouer cette situation avec d'autres nombres (8 et 2) en recourant au dessin. De plus, le lien est fait avec le remplissage d'une boite rectangulaire qu'on effectue soit ligne par ligne, soit colonne par colonne.
Enfin, pour renforcer la compréhension de la généralité du phénomène, le même type de situation est évoqué avec les nombres 15 et 3.
On peut alors conclure, sur le modèle du *J'ai appris* :
– 25 groupes de 4 objets, c'est le même nombre que 4 groupes de 25 ;
– on le voit bien quand on met ces objets en rangées ;
– ce nombre s'écrit 25 x 4 (ou 4 x 25), qu'on énonce « 25 multiplié par 4 » (ou « 4 multiplié par 25 ») ; la multiplication 25 x 4 permet de savoir combien il y a d'objets dans 25 groupes de 4 objets ou dans 4 groupes de 25 objets ; comme le nombre total ne change pas, on peut écrire 25 x 4 ou 4 x 25, c'est pareil !

Activité 2

Les élèves doivent expliciter les itérations correspondant aux illustrations puis écrire et calculer, pour chaque situation, la multiplication qui la décrit sous ses deux formes possibles.

Suite page 95

Objectifs

Le signe « x » (« multiplié par ») a été revu dans la séquence 29 en relation avec une quantité de *a* groupes de *b* objets ou *b* groupes de *a* objets. Les élèves ont été amenés à comprendre que la deuxième description n'est qu'un changement de point de vue qui n'affecte pas le nombre total d'objets. Les séquences 30 et 31 ont un double objectif :

1°) Exploiter sur le plan du *calcul mental* le fait que, très souvent, l'une des deux façons de calculer est plus économique que l'autre.

2°) Faire explicitement le lien entre la multiplication et les deux additions répétées qu'elle remplace (dans la séquence 29, les additions répétées n'étaient pas systématiquement écrites).

Deux facteurs sont susceptibles d'expliquer qu'un calcul d'addition répétée est plus facile qu'un autre. Tout d'abord, un faible nombre d'itérations (3 fois ..., par exemple) conduit souvent à un calcul plus facile qu'un plus grand nombre d'itérations (7 fois ..., par exemple). Mais un deuxième facteur est également important et prime parfois sur le précédent : certains nombres tels que 5 et 10 sont particulièrement faciles à additionner. C'est ainsi qu'il est plus facile de calculer 13 fois 10 (10 + 10 + 10 + ...) que 10 fois 13 (13 + 13 + 13 + ...) parce que la première relation (13 groupes de 10) a déjà été mémorisée lors des leçons de numération décimale.

Dans la séquence 30, l'accent est principalement mis sur le fait qu'un calcul est souvent plus facile qu'un autre. Dans cette séquence, on continue à s'appuyer sur une organisation en rangées afin de justifier la commutativité.

Dans la séquence 31, l'organisation en rangées est moins présente. Pour effectuer des calculs tels que 2 + 2 + 2 + 2 + 2 + 2 + 2 (7 fois 2), les élèves sont invités à écrire la multiplication correspondante et à évoquer les deux façons de calculer. Par ailleurs, depuis la séquence 14, les élèves ont de nombreuses fois été conduits à calculer le nombre total d'unités dans 3 groupes de 15 unités (ou 3 fois 15) par exemple. À partir de cette séquence, ils seront de nombreuses fois conduits à calculer le nombre total d'unités dans 15 groupes de 3 unités (ou 15 fois 3). Ils le font en écrivant la multiplication 15 x 3 et en calculant 3 fois 15 plutôt que 15 fois 3.

Activités — Séquence 30

Soustractions élémentaires

Idem séquence 29.

30 La multiplication (2) : *a* x *b*, c'est *a* fois *b* ou *b* fois *a*

Calcul mental
• Soustractions élémentaires

Léo et Nina ont chacun une planche sur laquelle on peut mettre 3 x 12 porte-clés.
Léo les accroche colonne par colonne et Nina ligne par ligne.

Imagine ce que va faire chaque enfant et complète les égalités.

3 x 12 = 3 + ...

Léo peut accrocher .... porte-clés.

3 x 12 = 12 + ...

Nina peut accrocher .... porte-clés.

Le calcul le plus facile est celui de ....

Imagine les deux façons de calculer et choisis la plus facile.

40 x 2 = ...	*j'ai calculé .... fois ....*	2 x 9 = ...	14 x 2 = ...	10 x 24 = ...
5 x 100 = ...	*j'ai calculé .... fois ....*	50 x 2 = ...	4 x 15 = ...	1 x 8 = ...
10 x 3 = ...	*j'ai calculé .... fois ....*	3 x 25 = ...	9 x 1 = ...	6 x 0 = ...
2 x 25 = ...	*j'ai calculé .... fois ....*	0 x 8 = ...	25 x 5 = ...	3 x 102 = ...

1

Imagine, calcule les soustractions et exprime la comparaison de deux façons différentes.

Raphaël a 29 images et Quentin a 35 images. .... – .... = ...

1) ....

2) ....

Dans la classe, il y a 26 élèves. La maitresse n'a que 21 foulards. .... – .... = ...

1) ....

2) ....

2

1. Utiliser la commutativité pour calculer mentalement

L'activité commence directement sur le fichier en explicitant la situation décrite par l'image du cadre 1 et alors que l'enseignant a reproduit au tableau les deux quadrillages qui y figurent avec une schématisation de leurs porte-clés respectifs : 3 pour Léo et 12 pour Nina (les porte-clés peuvent être représentés par des ronds).

Ainsi, Nina et Léo ont des porte-clés dans la main et ils ont commencé à remplir la planche. On explicite que Léo a écrit 3 x 12 = 3 + ... parce que la planche contiendra 3 x 12 porte-clés lorsqu'elle sera remplie et parce qu'il a déjà rempli une colonne. On remplit une deuxième colonne en dessinant des ronds. Combien a-t-on rajouté de porte-clés ? On fait de même avec les troisième et quatrième colonnes avant de s'interroger : « *Quand on aura fini de remplir la planche, combien de chiffres " 3 " y aura-t-il à droite du signe " = " ?* »

Les élèves traitent de la même manière le cas de Nina puis 3 x 12 est calculé des deux manières différentes. On s'aperçoit que le calcul de 3 fois 12 est plus facile que celui de 12 fois 3.

Les élèves sont autonomes pour calculer les multiplications de la fin du cadre 1, mais un échange collectif conduira à expliciter que, pour chacune d'elles, l'une des façons de calculer est beaucoup plus facile. On remarquera par ailleurs la présence de multiplications par 0 et par 1 : elles n'offrent pas de grandes difficultés lorsqu'on les aborde d'emblée parmi les autres.

Suite de la présentation de la sq 29

3. Écrire et calculer des multiplications

L'accent est toujours mis sur la commutativité : dans le premier exercice, il y a 7 fois 2 points (alors que 7 x 2 se calcule facilement sous la forme de 2 fois 7) et dans le deuxième 5 fois 4 points (alors que 5 x 4 se calcule plus facilement sous la forme de 4 fois 5). On notera cependant qu'il y a 4 groupes de 15 points. En fin d'exercice, le lien est fait avec les connaissances antérieures des élèves sur le groupement : des équipes d'enfants ou des paquets de gâteaux sont des cas particuliers de groupements. Pour introduire l'activité, le premier cas (7 groupes de 2) pourra être traité collectivement.

4. Interpréter des multiplications

Il s'agit d'interpréter une écriture telle que 5 x 3 comme 5 groupes de 3 points et 3 groupes de 5 points. L'important n'est donc pas que les élèves déterminent ici le nombre total, mais qu'ils soient capables, à partir d'une écriture telle que 5 x 3 :

a) de chercher ce qui est répété du fait de l'amorce de l'entourage (des groupes de 5 ou de 3 ?) ;

b) d'entourer le nombre de rangées qui en dépend.

Pour introduire cette activité, le cas 5 x 3 pourra être traité collectivement.

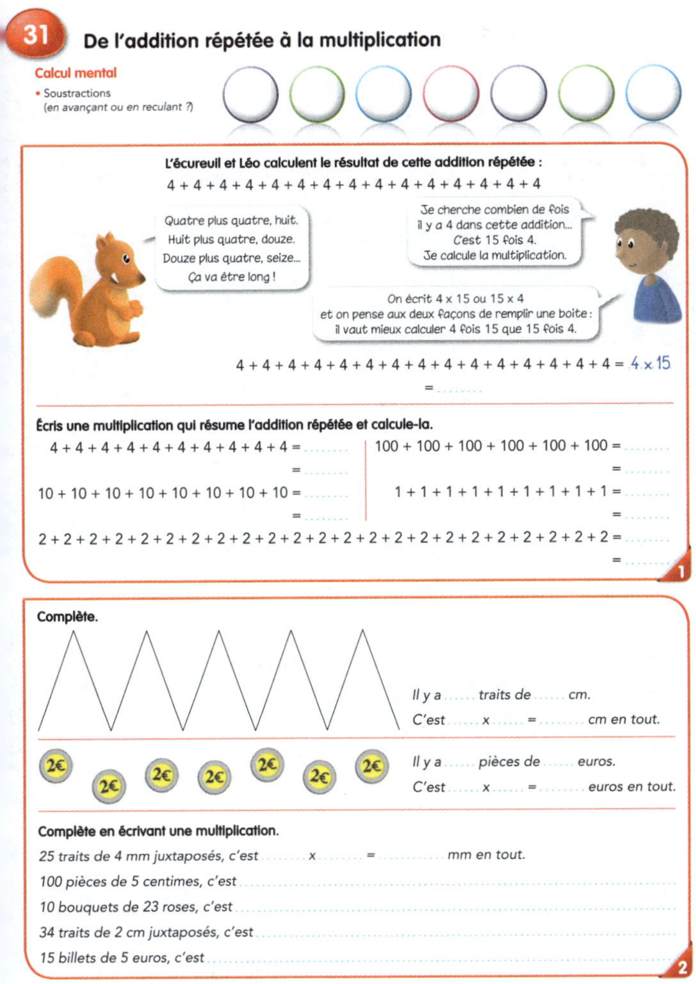

31 De l'addition répétée à la multiplication

Calcul mental
- Soustractions (en avançant ou en reculant ?)

L'écureuil et Léo calculent le résultat de cette addition répétée :

4 + 4 + 4 + 4 + 4 + 4 + 4 + 4 + 4 + 4 + 4 + 4 + 4 + 4 + 4

4 + 4 + 4 + 4 + 4 + 4 + 4 + 4 + 4 + 4 + 4 + 4 + 4 + 4 + 4 = 4 x 15
= ....

Écris une multiplication qui résume l'addition répétée et calcule-la.

4 + 4 + 4 + 4 + 4 + 4 + 4 + 4 + 4 + 4 = ...
= ....

100 + 100 + 100 + 100 + 100 + 100 = ...
= ....

10 + 10 + 10 + 10 + 10 + 10 + 10 + 10 = ...
= ....

1 + 1 + 1 + 1 + 1 + 1 + 1 + 1 + 1 = ...
= ....

2 + 2 + 2 + 2 + 2 + 2 + 2 + 2 + 2 + 2 + 2 + 2 + 2 + 2 + 2 + 2 + 2 + 2 + 2 + 2 + 2 + 2 + 2 + 2 = ...
= ....

1

Complète.

Il y a ...... traits de ...... cm.
C'est ...... x ...... = ... cm en tout.

Il y a ...... pièces de ...... euros.
C'est ...... x ...... = ... euros en tout.

Complète en écrivant une multiplication.

25 traits de 4 mm juxtaposés, c'est .... x .... = ... mm en tout.
100 pièces de 5 centimes, c'est ....
10 bouquets de 23 roses, c'est ....
34 traits de 2 cm juxtaposés, c'est ....
15 billets de 5 euros, c'est ....

2

Activités Séquence 31

Soustractions élémentaires

Idem sq 29.

1. Utiliser la multiplication pour calculer une addition répétée

L'activité commence directement sur le fichier. On compare la stratégie de l'écureuil (compter de 4 en 4) et celle de Léo (penser à une multiplication puis utiliser la commutativité de cette opération). Léo a-t-il bien compté le nombre de 4 ? Les élèves font individuellement les cinq exercices suivants.

2. Utiliser la multiplication pour résoudre des problèmes

Les deux premiers exemples peuvent être traités collectivement. Dans le premier, on a affaire à 10 traits de 3 cm juxtaposés. La longueur totale en cm est 10 x 3 qu'on peut calculer comme 3 fois 10 (on pourra également écrire l'addition répétée). Dans le second, on a affaire à 7 pièces de 2 €. La somme totale est donc la même que s'il y avait 7 groupes de 2 pièces de 1 € ; elle s'obtient en calculant 7 x 2.

Les autres exercices se font individuellement. À chaque fois, le fait d'écrire une multiplication aide à utiliser la commutativité pour accéder à la solution.

Activité complémentaire

Le jeu du nombre mystérieux

La règle du jeu est la même que celle de l'activité 2 de la sq 20.

Le nOmbre mystérieux

Quel nombre n'est pas un résultat ?

6 17 23 34 41

58 65 77 89

84 – 7 = ...	14 + 9 = ...
19 + 22 = ...	93 – 87 = ...
102 – 13 = ...	18 + 47 = ...
63 – 46 = ...	39 – 5 = ...

Le nombre mystérieux : ....

Objectifs

Rappelons les principales idées qui ont guidé la conception de la progression concernant la mémorisation des tables de multiplication :

1°) Les recherches scientifiques prouvent que les résultats des multiplications élémentaires ne se mémorisent pas comme ceux des soustractions élémentaires et qu'ils ne se mémorisent pas non plus comme ceux des additions élémentaires telles que 8 + 6 (quand le résultat est > 10). Il y a plus d'association verbale dans le cas de la multiplication que dans celui des autres opérations. *J'apprends les maths* avait donc fait le bon choix en réhabilitant dès le début des années 1990 la récitation des tables de multiplication : celle-ci s'avère en effet très utile à la mémorisation. Comme dans les éditions précédentes, nous avons choisi de rendre cet apprentissage progressif : d'abord les tables de 3 à 5, plus tard le début de celles de 6 à 10 (*cf.* séquence 41) et enfin la fin de ces tables de 6 à 10 (*cf.* séquence 80).

2°) Dans les tables, on utilise le mot « fois » plutôt que la locution « multiplié par » qui, par sa longueur, pourrait gêner la mémorisation. Par ailleurs, la forme des tables qui a été retenue est la forme traditionnelle (celle qui figure au dos des cahiers de brouillon !). Pour la table de 3 par ex., on dit successivement : « *3 fois 1, 3* », « *3 fois 2, 6* », « *3 fois 3, 9* », « *3 fois 4, 12* »… (et non « *1 fois 3, 3* », « *2 fois 3, 6* », « *3 fois 3, 9* », « *4 fois 3, 12* »… qui est la table des *multiples* de 3). Dans la table de 3, tous les faits multiplicatifs énoncés commencent donc par « *3 fois…* ». De nombreux arguments plaident en faveur de ce choix. Le plus important est peut-être le fait que la forme traditionnelle retenue est celle qui permet le mieux de résoudre les problèmes de partage équitable en s'appuyant sur la connaissance des tables de multiplication. En effet, le partage de 27 objets entre 3 personnes se simule facilement en imaginant les 3 personnes et en cherchant ce que chacune doit avoir : « *3 fois combien font 27 ?* » L'ordre des nombres est bien celui de la table de 3 traditionnelle.

3°) La récitation des premières tables de multiplication s'apprend aisément lorsqu'on sait que dans la table de 3 les résultats vont de 3 en 3, dans celle de 4 ils vont de 4 en 4, dans celle de 5 ils vont de 5 en 5, etc. C'est d'ailleurs l'objectif de cette séquence que de le découvrir. Dans la suite de la progression, les élèves utiliseront régulièrement cette connaissance lors de jeux du furet proposés en activité de haut de page. Lorsqu'il s'agit du jeu du furet de la table de 3, par exemple, le 1er élève dit « *3 fois 1, 3* », le suivant « *3 fois 2, 6* », le suivant « *3 fois 3, 9* ». Pour se préparer à dire le fait multiplicatif suivant « *3 fois 4…* », il suffit d'avoir mémorisé le résultat précédent, 9, et d'y ajouter 3.

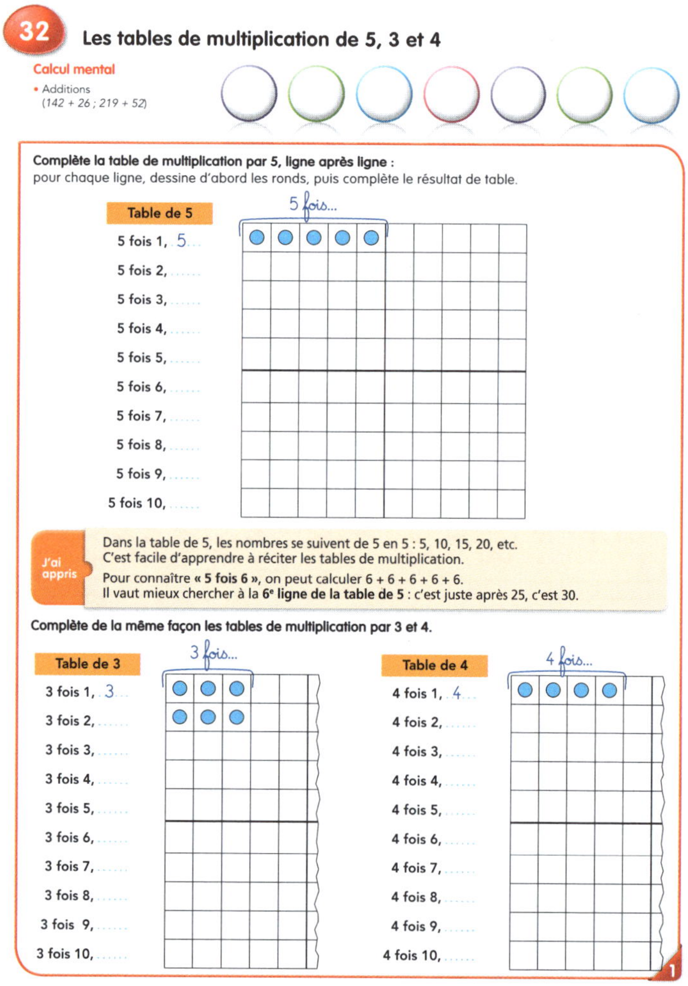

4°) Il est essentiel de remarquer que, dans le contexte de l'apprentissage des tables de multiplication, un fait multiplicatif tel que « *3 fois 4…* » ne s'obtient pas en calculant 4 + 4 + 4, c'est-à-dire en s'appuyant sur la signification du mot *fois*, mais en déduisant le résultat de celui qui le précède dans la table. C'est d'ailleurs pourquoi il est intéressant de commencer par la table de 5 parce que c'est celle pour laquelle on a le moins envie de calculer 5 fois 3, par exemple, sous la forme 3 + 3 + 3 + 3 + 3. Il vaut mieux s'appuyer sur le fait que, dans la table de 5, les résultats vont de 5 en 5. L'apprentissage des tables de multiplication est ainsi une nouvelle occasion d'apprendre la commutativité : on ne mémorise pas 5 fois 3 en s'appuyant sur la signification du mot *fois* (la table de 2 est la seule exception).

5°) Mais la stratégie de mémorisation privilégiée ici ne repose pas sur la seule récitation. En effet, les tables que nous utilisons sont structurées avec les repères 5 et 10, et, sachant que dans la table de 5 les résultats vont de 5 en 5, les élèves disposent de moyens de reconstruire les résultats comme 5 fois 6 et 5 fois 9 sans repartir du début : « *5 fois 6…* » c'est juste après « *5 fois 5, 25* », c'est 30 (25 + 5) ; « *5 fois 9…* », c'est juste avant « *5 fois 10, 50* », c'est 45 (50 – 5). Sur ce sujet, on se reportera à la description des activités de haut de page de la séquence 80.

Si tu as besoin, cherche le résultat dans les tables de 3, 4 ou 5.

9 x 4 = ...	8 x 1 = ...	5 x .... = 35	15 = 3 x ....
3 x 7 = ...	0 x 3 = ...	.... x 2 = 14	0 = ... x 4
6 x 3 = ...	5 x 9 = ...	.... x 4 = 32	25 = 5 x ....

Complète en écrivant la multiplication.

8 groupes de 5 points, c'est .... x .... = ... *points en tout.*
9 équipes de 3 enfants, c'est ....
7 billets de 5 euros, c'est ....
6 paquets de 4 yaourts, c'est ....

2

Imagine, calcule les soustractions et exprime la comparaison de deux façons différentes.

Nina a 102 timbres dans sa collection. Léo, lui, a 95 timbres. .... – .... = ...
1) ....
2) ....

3

Complète comme dans l'exemple.
Rappelle-toi que le cm est une dizaine de mm et que le dm est une centaine de mm.

5 dm 8 cm 9 mm = ... mm	34 cm 8 mm = ... mm	185 mm = ... cm 5 mm
15 cm = ... mm	351 mm = 3 dm .... mm	45 cm = ... mm

4

Complète le tableau. Chaque fourmi fait le tour de son triangle.
Quelle est la fourmi qui parcourt la plus grande distance ?

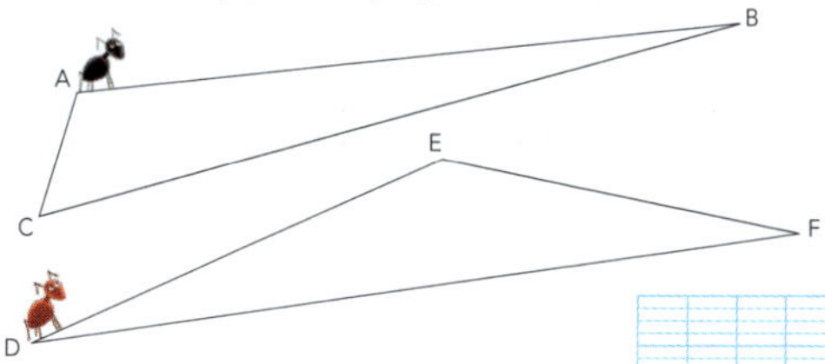

Traits	Longueur
....	59 mm
....	108 mm
....	73 mm
....	21 mm
....	126 mm
....	118 mm

La fourmi noire parcourt :
.... + ... + ... = ...
La fourmi rouge parcourt :
.... + ... + ... = ...
C'est ....

5

Activités Séquence 32

Additions *(142 + 26 ; 219 + 52)*

Idem séquence 15.

1. Découverte des propriétés des tables de 5, 3 et 4

Matériel

L'introduction des tables de 5, 3 et 4 sur le fichier gagnera à s'accompagner de l'affichage de tables incomplètes collectives similaires à celles qui figurent sur un carton à la fin du fichier des élèves (les tables incomplètes sont celles qui ont un entête jaune). Elles serviront aux activités de cette séquence, mais ensuite elles constitueront aussi un support de classe pour des interrogations régulières. Des tables au format A4 sont téléchargeables sur le site japprendslesmaths.fr. Un agrandissement au format A3 procure un matériel collectif acceptable.

Chaque table est une colonne de 10 lignes surmontée du nom de la table. Mais, d'une part, les lignes *n* fois 5 et *n* fois 10 sont en plus gros caractères, d'autre part, l'espacement entre la ligne *n* fois 5 et la ligne *n* fois 6 est plus important. En effet, nous faisons jouer aux repères 5 et 10 un rôle important pour faciliter la reconstruction directe des cas du type *n* fois 6 à *n* fois 9, sans réciter la table depuis le début.

Dès la séquence suivante, les élèves devront utiliser des tables vides, comme c'est le cas de celles figurant sur un carton de la fin du fichier des élèves, et il vaut donc mieux afficher le premier jour ce même type de tables. L'enseignant aura cependant préparé des « Post'it », et, lors de la construction collective des tables, on écrira les résultats sur ces « Post'it », ce qui permettra ultérieurement de jouer facilement sur la présence ou l'absence de tel ou tel résultat dans une table.

Déroulement

L'enseignant annonce aux élèves qu'ils vont revoir les tables de multiplication. Il interroge : à quoi sert une table de multiplication ? pouvons-nous nous servir des tables telles qu'elles sont dans la page du fichier ? Il faut compléter ces tables.

On commence aussitôt par la table de 5, qui est affichée au tableau de sorte qu'il sera possible de dessiner des ronds à côté. L'enseignant reproduit les 5 ronds déjà dessinés sur le fichier avec, au-dessus, une accolade et « *5 fois…* ». C'est 5 fois combien ? On comprend que c'est 5 fois 1. Et 5 fois 1, c'est 5. On passe à la ligne suivante. Comment faire pour qu'il y ait 5 fois 2 ronds ? Il faut dessiner 1 nouveau rond sous chacun des précédents (les élèves le font sur leur fichier et l'enseignant au tableau). En tout, on a déjà dessiné 5 fois… 2. Un élève vient montrer les 5 colonnes de 2 points. Et 5 fois 2, c'est combien ? On pourrait calculer 2 + 2 + 2 + … mais il vaut mieux calculer « 5 et encore 5, 10 », en montrant les deux lignes de 5 ronds. Les élèves complètent le résultat sur le fichier. L'enseignant en fait autant avec un « Post'it » sur la table collective.

Les trois lignes suivantes sont traitées de la même manière. On exprime d'abord ce qu'on détermine (5 fois 3 tout d'abord, puis 5 fois 4…), on dessine ensuite une nouvelle ligne de ronds, on complète enfin le résultat. Un élève vient montrer sur le damier collectif les 5 fois 3 sous la forme de 5 colonnes de 3 (pour la ligne suivante, les 5 fois 4 sous la forme de 5 colonnes de 4…). À chaque fois on fait remarquer que, d'une ligne à l'autre, on a ajouté 5. Cette observation est essentielle : c'est grâce à cette propriété que les élèves pourront apprendre les tables (« *dans la table de 5, les résultats vont de 5 en 5* »). Il est même bon de récapituler alors les résultats qu'on vient de trouver : 5 fois 1, 5 ; 5 fois 2, 10 ;… 5 fois 5, 25. On obtient les nombres 5, 10, 15, 20, 25 ; c'est comme si on comptait de 5 en 5.

Le moment du passage à la 6e ligne est particulièrement indiqué pour illustrer cette constatation, car on franchit le repère 5 matérialisé par l'espace entre deux lignes de la table et par le trait épais du damier : « *5 fois 6, c'est 5 fois 5* (les 5 colonnes de 5 ronds sont montrées) *plus ces cinq-là* (la nouvelle ligne de 5 ronds est montrée), *c'est 30* ».

La table étant finalement complétée, sur le fichier et sur le support collectif, on la dit dans l'ordre : « *5 fois 1, 5 ; 5 fois 2, 10 ; etc.* ». Puis les « Post'it » de la table collective sont retirés et l'on cherche à connaitre « 5 fois 6… » sans compléter les autres lignes : on sait que c'est après « 5 fois 5, 25 », c'est 30 (25 et encore 5) ; de même pour « 5 fois 9… » : c'est avant « 5 fois 10, 50 », c'est 45 (50 moins 5).

Suite page 99

Objectifs

Avec la séquence 33, nous amorçons la progression concernant la soustraction en colonnes. Les principaux choix pédagogiques de *J'apprends les maths CE2* sont explicités dans la colonne « Objectifs » de la double page suivante (séquence 35). Disons seulement ici que la technique retenue est celle qui, de façon traditionnelle, est la plus souvent enseignée en France.

En cas de retenue aux unités, elle consiste à ajouter une dizaine aux deux nombres. Dans le cas de 345 – 127 par ex., comme on ne peut pas calculer 5 – 7, on ajoute le même nombre (dix) à 345 et à 127, mais on le fait sous deux formes différentes :

$$\begin{array}{r} 345 \\ -\,127 \\ \hline \end{array} \quad \text{devient :} \quad \begin{array}{rrr} & 3 & 4\ {}^{1}5 \\ - & 1 & {}_{1}2\ \ 7 \\ \hline \end{array}$$

En effet, 10 unités sont ajoutées à 345 (ce qui conduira à calculer 15 unités – 7 unités) et 1 dizaine est ajoutée à 127 (ce qui conduira à calculer 4 dizaines – 3 dizaines).

En cas de retenue aux dizaines, on ajoute une centaine aux deux nombres. Dans le cas de 347 – 165 par ex., comme on ne peut pas calculer 4 – 6, on ajoute le même nombre (cent) à 347 et à 165, mais on le fait sous deux formes différentes :

$$\begin{array}{r} 347 \\ -\,165 \\ \hline \end{array} \quad \text{devient :} \quad \begin{array}{rrr} & 3\ {}^{1}4 & 7 \\ - & {}_{1}1\ \ 6 & 5 \\ \hline \end{array}$$

En effet, 10 dizaines sont ajoutées à 347 (ce qui conduit à calculer 14 dizaines – 6 dizaines) et 1 centaine est ajoutée à 165 (ce qui conduit à calculer 3 centaines – 2 centaines).

L'objectif de la séquence 33 est de faire comprendre aux élèves la propriété qui autorise ce mode de gestion de la retenue : on ne change pas la différence de deux nombres lorsqu'on leur ajoute un même nombre, notamment lorsqu'on ajoute à chacun d'eux une dizaine ou une centaine.

Nous ne présentons pas les activités de la séquence 34 qui constituent un support pour un bilan des acquis des élèves en fin de première période. Les tâches proposées ne sont pas nouvelles et ont déjà été présentées dans les séquences précédentes.

On trouve, à la fin du *Guide pédagogique*, le même bilan avec d'autres valeurs numériques.

33 **Vers la soustraction en colonnes**

Calcul mental
- Furet de la table de 5
- Table de 5 puis égalités lacunaires

Toutes les soustractions de cette page se calculent mentalement.

J'ai 31 €.   J'ai 25 €.

Qui a le plus d'argent ? Combien de plus ?
Calcule la soustraction pour savoir combien Nina a de plus que Léo.
31 – 25 = ...

Leur grand-mère leur donne 1 € à chacun.
Nina a ...... *Léo a* ......
La différence est : ...... – ...... = ...

Leur papy leur donne 2 € à chacun.
Nina a ...... *Léo a* ......
La différence est : ...... – ...... = ...

Leur maman leur donne 10 € à chacun, mais sous une forme différente.
Nina a ...... *Léo a* ......
La différence est : ...... – ...... = ...

Leur tante donne 4 € à Nina et 2 € à Léo.
Nina a ...... *Léo a* ......
La différence est : ...... – ...... = ...

Et si maintenant chacun des enfants recevait 1 € pour acheter des bonbons ?
Et s'ils recevaient chacun 2 € ? Et si Nina recevait 10 pièces de 1 € et Léo 1 billet de 10 € ?

J'ai appris — La différence de deux nombres est inchangée quand on leur ajoute un même nombre. Ainsi, si on ajoute 10 unités à l'un des nombres et 1 dizaine à l'autre, la différence est inchangée.

1

Ajoute un même nombre pour que le calcul devienne simple, comme dans l'exemple.

125 – 97 = 128 – 100 = ...	203 – 49 = ... = ...	642 – 195 = ... = ...
93 – 48 = ... = ...	551 – 147 = ... = ...	782 – 98 = ... = ...

2

Activités — Séquence 33

Furet de la table de 5

On commence par se rappeler que les résultats vont de 5 en 5. Puis l'enseignant interroge les élèves au hasard. Le 1er dit « 5 fois 1, 5 » ; le suivant : « 5 fois 2, 10 »... Après « 5 fois 10, 50 », on redescend. Rappelons qu'on commence toujours par « 5 fois... » parce qu'en énonçant ainsi dans leur entier les différentes relations numériques, on favorise les associations verbales et, donc, leur mémorisation.

Table de 5

Utilisation de la table de 5 incomplète de la fin du fichier, pour expliciter la stratégie permettant de trouver 5 fois 6 et 5 fois 9 à partir des repères 25 et 50 : « 5 fois 6, c'est juste après 5 fois 5, 25 ; c'est donc 30 » et « 5 fois 9, c'est juste avant 5 fois 10, 50 ; c'est donc 45 ». L'interrogation porte également sur 5 fois 7 et 5 fois 8. Elle se fait d'abord sur ardoise puis sur le fichier dans le désordre.

1. La différence de 2 nombres est inchangée lorsqu'on leur ajoute un même nombre

L'activité commence directement sur le fichier. Les élèves découvrent la situation : Nina et Léo ont chacun de l'argent dans leur tirelire, Nina a 31€ et Léo a 25€. Les élèves calculent la différence en complétant la soustraction 31 – 25 = ... (il s'agit

34 Bilan terminal de la première période

Calcul mental
• Dictée de nombres

Calcule (écris les résultats en chiffres).

trente-deux + neuf = ... *vingt + soixante-dix* = ... *soixante-deux + vingt* = ...
cinquante-quatre + cinq = ... *quatre-vingts + cinquante* = ... *soixante + quatre-vingt-dix* = ...

Calcule.

12 – 3 = ... 32 – 3 = ... 60 – 8 = ... 80 – 65 = ... 110 – 15 = ...
20 – 17 = ... 44 – 39 = ... 71 – 52 = ... 102 – 8 = ... 56 – 10 = ...

Calcule.

2 x 7 = ... 21 x 2 = ... 10 x 43 = ... 3 x 15 = ... 25 x 4 = ...
9 x 1 = ... 7 x 100 = ... 0 x 8 = ... 17 x 10 = ... 5 x 9 = ...

Calcule.

87 + 128 = ... 261 + 149 = ... 126 + 182 + 45 = ...
135 + 157 = ... 143 + 89 = ... 107 + 75 + 64 = ...

1

Complète le tableau.

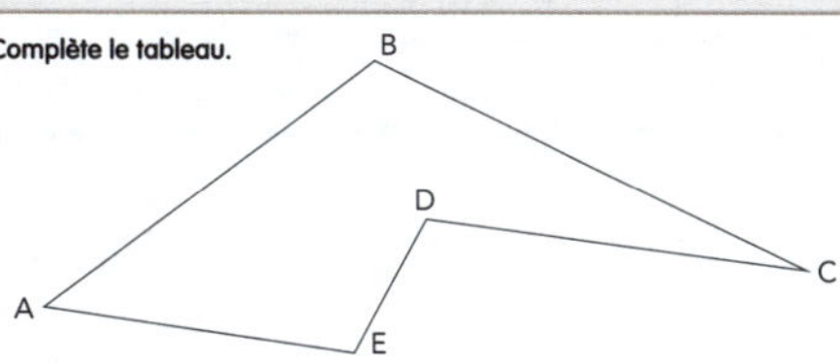

Traits	Longueur
EA	....
CD	....
....	6 cm
BC	....
....	22 mm

Mets les signes >, < ou =.

2 cm ..... 19 mm 52 mm ..... 5 cm 8 cm ..... 80 mm 128 mm ..... 13 cm 140 mm ..... 14 cm

2

Problèmes À résoudre sur le cahier

Résous ces problèmes (tu peux faire un schéma, écrire une égalité ou expliquer ta solution).

1. Mme Colin a acheté 13 cartes postales. Elle n'a que 7 timbres.
   Combien lui manque-t-il de timbres pour pouvoir envoyer toutes ses cartes ?
2. Le tour d'un lac mesure 465 mètres. Un coureur fait deux fois le tour du lac.
   Quelle distance parcourt-il ?
3. Pour son hôtel, M. Simon achète 32 paquets de 10 verres.
   Combien de verres achète-t-il en tout ?
4. Dans un poulailler, il y a 185 poules blanches, 53 poules rousses et 8 poules noires.
   Combien y a-t-il de poules en tout ?

3

Suite de la présentation de la sq 32

Les élèves complètent de manière autonome les tables de 3 et de 4 avant qu'une discussion collective permette d'expliciter les conclusions de cette activité concernant chaque table (en s'appuyant sur la table collective incomplète) :
– Dans la table de 3, les résultats vont de 3 en 3 (les « Post'it » correspondants aux résultats de « 3 fois 1… » et « 3 fois 2… », etc. sont positionnés, ce qui permet aux élèves de corriger d'éventuelles erreurs. Puis les « Post'it » sont retirés et l'on cherche à connaitre « 3 fois 6… » sans compléter les autres lignes : on sait que c'est après « 3 fois 5, 15 », c'est 18 (15 et encore 3) ; de même pour « 3 fois 9… ».
– Dans la table de 4, les résultats vont de 4 en 4…

2. Utiliser les tables pour calculer une addition répétée et pour résoudre des problèmes de groupement

Les activités de ce type, que les élèves ont déjà rencontrées dans les séquences précédentes, sont reprises dans des cas qui nécessitent l'usage de résultats de tables. Comme les élèves disposent des tables qu'ils viennent de compléter sur la page de gauche, ils s'y rapportent le cas échéant.

dans ce cas d'un calcul en avançant : 25 pour aller à 30, 5 ; et encore 1, 6).

Leur grand-mère donne 1€ à chacun. Le sens de cette expression est explicité (la difficulté provient de la présence du mot « chacun »). Il est naturel de s'interroger sur ce que possède maintenant chaque enfant et sur la différence. Certains enfants seront convaincus d'emblée que celle-ci est inchangée. Dans tous les cas, il est intéressant de le vérifier en la calculant.

L'évènement suivant correspond à l'ajout de 2€ dans chaque tirelire. Le déroulement est le même. L'évènement suivant consiste en l'ajout de 10 pièces de 1€ dans la tirelire de Nina et d'un billet de 10€ dans celle de Léo. Ce cas est particulièrement important parce qu'il correspond à la manière dont on gère la retenue au niveau des unités dans la méthode de soustraction en colonnes qui sera enseignée sq 35 : on ajoute 10 unités au grand nombre et 1 dizaine au petit nombre : la différence est inchangée.

Ensuite, Nina reçoit 4€ alors que Léo reçoit 2€. La différence change. La situation peut être prolongée en envisageant d'autres évènements : même ajout sous la même forme, même ajout sous des formes différentes et ajouts différents.

Une bonne compréhension de la situation résulte d'un échange collectif où l'on se pose la question : « *Dans quels cas la différence change-t-elle ?* » Lorsqu'on donne à l'un et pas à l'autre ou lorsqu'on donne plus à l'un qu'à l'autre. Il est important d'explorer le *J'ai appris* parce qu'on s'y référera lors de l'enseignement du phénomène de la retenue dans une soustraction en colonnes : « *Souvenez-vous des tirelires de Nina et Léo.* »

2. Utiliser cette propriété pour calculer des différences

Le premier exemple, 125 – 97, est traité collectivement au tableau alors que le fichier est fermé. « *On vient de voir que la différence de 2 nombres est inchangée lorsqu'on leur ajoute un même nombre. Est-ce que vous voyez un nombre qu'il serait intéressant d'ajouter à 125 et à 97 pour que le calcul devienne très simple ?* »

Les enfants peuvent répondre sur ardoise ou au brouillon avant un échange collectif. On remarquera que le calcul 128 – 100, obtenu en ajoutant 3 à chacun des nombres, conduit au même résultat que si l'on calculait « en avançant ».

Les élèves terminent les différents calculs proposés de façon autonome.

2e période

Objectifs

La séquence 35 est consacrée à l'enseignement de la soustraction en colonnes. Un 1er choix pédagogique fondamental consiste à revoir dans la même séquence les cas sans retenue et ceux avec retenue. En effet, il serait très préjudiciable pour un grand nombre d'élèves d'avoir, pendant un certain temps, à calculer seulement des soustractions sans retenue : ils penseraient que, comme dans le cas de l'addition, il n'est pas nécessaire de faire attention à l'ordre des chiffres au sein d'une même colonne. Cela conduirait certains élèves à un échec durable dans le calcul des soustractions. Les évaluations CM2 montrent en effet que les élèves les plus fragiles continuent à ce niveau de la scolarité à ne pas être attentifs au phénomène de la retenue. Considérons la soustraction :

$$\begin{array}{r} 96 \\ -\,28 \\ \hline \end{array}$$

Comme ils ne peuvent pas calculer 6 – 8, ils calculent 8 – 6 et écrivent 2 dans la colonne des unités. En ne les alertant pas d'emblée qu'une soustraction ne se calcule pas comme une addition, on ne leur a guère rendu service !

Un 2e choix pédagogique, différent de celui de la précédente édition de *J'apprends les maths CE2*, concerne la technique utilisée. Nous n'avons pas choisi d'enseigner la technique dite « naturelle ». Celle-ci a ses avantages : elle est plutôt plus facile à comprendre que la technique traditionnellement enseignée en France. Ainsi, dans le cas de retenue aux unités, on « casse » une dizaine du grand nombre pour faire apparaitre un nombre d'unités qui permet d'effectuer le retrait :

$$\begin{array}{rr} \overset{8}{\not 9} & {}^{1}6 \\ -\,2 & 8 \\ \hline \end{array}$$

Mais lorsque le grand nombre a 3 chiffres et lorsqu'il s'écrit avec un zéro comme chiffre des dizaines, la gestion d'une telle procédure devient beaucoup plus complexe :

$$\begin{array}{rrr} \overset{5}{\not 6} & {}^{1}\overset{9}{\not 0} & {}^{1}4 \\ -\,4 & 2 & 8 \\ \hline \end{array}$$

Pour transformer une dizaine en 10 unités, comme le chiffre des dizaines est zéro, il faut d'abord « casser » une centaine qui devient 10 dizaines. On peut alors « casser » l'une de ces 10 dizaines. En fait, le principal reproche qu'on peut faire à cette procédure est qu'elle conduit à une surcharge d'écritures, et qu'à terme il faudra nécessairement que les élèves apprennent une autre façon de calculer les soustractions en colonnes (notamment lorsqu'il s'agira de faire des soustractions au sein de divisions posées avec la « potence »). Il ne faut pas se leurrer : la technique naturelle crée elle aussi des difficultés à certains élèves et on peut se demander si le temps consacré à leur enseigner une procédure qu'ils devront finalement abandonner est bien investi.

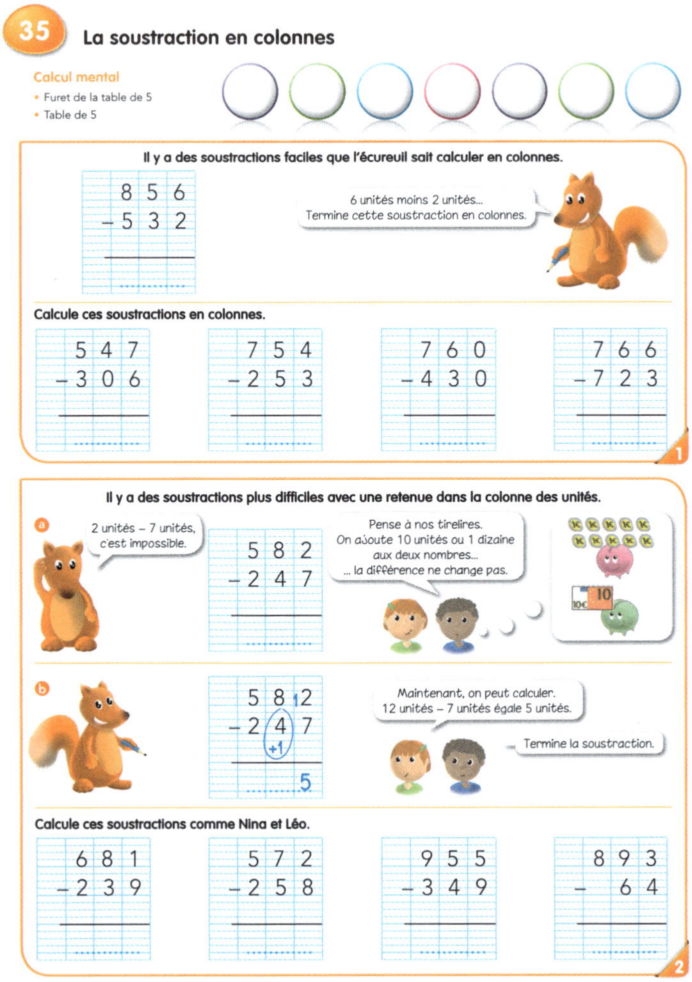
35 La soustraction en colonnes

Calcul mental
- Furet de la table de 5
- Table de 5

Il y a des soustractions faciles que l'écureuil sait calculer en colonnes.

$$\begin{array}{r} 856 \\ -\,532 \\ \hline \end{array}$$

Calcule ces soustractions en colonnes.

$$\begin{array}{r} 547 \\ -\,306 \\ \hline \end{array} \quad \begin{array}{r} 754 \\ -\,253 \\ \hline \end{array} \quad \begin{array}{r} 760 \\ -\,430 \\ \hline \end{array} \quad \begin{array}{r} 766 \\ -\,723 \\ \hline \end{array}$$

1

Il y a des soustractions plus difficiles avec une retenue dans la colonne des unités.

a

$$\begin{array}{r} 582 \\ -\,247 \\ \hline \end{array}$$

b

$$\begin{array}{r} 58{}^{1}2 \\ -\,2\overset{}{4}7 \\ {}^{+1}\quad \\ \hline 5 \end{array}$$

Calcule ces soustractions comme Nina et Léo.

$$\begin{array}{r} 681 \\ -\,239 \\ \hline \end{array} \quad \begin{array}{r} 572 \\ -\,258 \\ \hline \end{array} \quad \begin{array}{r} 955 \\ -\,349 \\ \hline \end{array} \quad \begin{array}{r} 893 \\ -\,64 \\ \hline \end{array}$$

2

La technique choisie ici est celle où, en cas de retenue aux unités, on ajoute une dizaine *aux deux nombres*. Elle est plus économe en écritures, plus facile à mettre en œuvre et à contrôler. Mais elle repose sur une propriété de haut niveau conceptuel : l'invariance d'une différence lorsqu'on ajoute un même nombre aux deux termes de la soustraction. Dans le cas de retenue aux unités : $(x + 10) - (y + 10) = x - y$. Notons cependant que dans *J'apprends les maths*, tout un ensemble de choix pédagogiques minimisent cette difficulté, notamment :

– le fait que la signification « comparaison » de la soustraction ait été travaillée dès le CP et retravaillée dès le début de l'année au CE1 et au CE2 (*cf.* séquence 24) ;

– le fait que l'invariance de la différence ait été travaillée séquence 33 dans un contexte (les collections d'images de Nina et Léo) qu'il sera facile d'évoquer ensuite afin de se rappeler cette propriété.

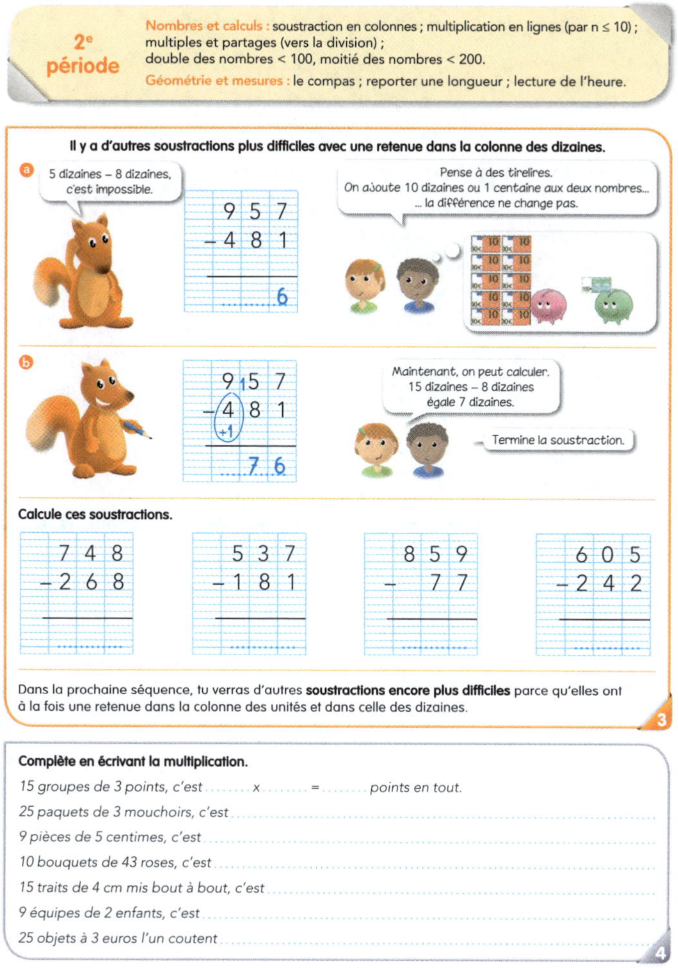

2e période

Nombres et calculs : soustraction en colonnes ; multiplication en lignes (par n ≤ 10) ; multiples et partages (vers la division) ; double des nombres < 100, moitié des nombres < 200.
Géométrie et mesures : le compas ; reporter une longueur ; lecture de l'heure.

Il y a d'autres soustractions plus difficiles avec une retenue dans la colonne des dizaines.

Calcule ces soustractions.

7 4 8	5 3 7	8 5 9	6 0 5
– 2 6 8	– 1 8 1	– 7 7	– 2 4 2

Dans la prochaine séquence, tu verras d'autres soustractions encore plus difficiles parce qu'elles ont à la fois une retenue dans la colonne des unités et dans celle des dizaines.

Complète en écrivant la multiplication.

15 groupes de 3 points, c'est ...... x ...... = ... *points en tout.*
25 paquets de 3 mouchoirs, c'est ......
9 pièces de 5 centimes, c'est ......
10 bouquets de 43 roses, c'est ......
15 traits de 4 cm mis bout à bout, c'est ......
9 équipes de 2 enfants, c'est ......
25 objets à 3 euros l'un coutent ......

Activités Séquence 35

Furet de la table de 5

Idem séquence 33.

Table de 5

Idem séquence 33.

1. Cas sans retenue

L'activité commence directement sur le fichier. L'écureuil doit calculer 856 – 532. On le fait collectivement. L'enseignant dit aux élèves que cette soustraction est particulièrement facile et il interroge sur les raisons pour lesquelles il en est ainsi : que ce soit au rang des unités, des dizaines ou des centaines, le chiffre du bas indique un nombre plus petit.

Les élèves calculent ensuite de manière autonome les 4 soustractions proposées en 2.

On notera la présence d'une soustraction où il convient de calculer 5 – 5, ce qui, souvent, trouble les élèves alors qu'elle se gère exactement comme les autres. D'autres soustractions en colonnes qui conduisent souvent à des erreurs sont celles où l'on est conduit à calculer 4 – 0, par exemple. Ces différents calculs ont en commun de mettre en jeu le « 0 » et d'être inhabituels avec des nombres à 1 chiffre.

2. Cas avec une retenue aux unités

L'enseignant reproduit l'opération au tableau et chaque étape du calcul est commentée en se référant à ce que disent les personnages du fichier. Tout d'abord, il s'agit d'une soustraction que l'écureuil ne sait pas calculer car « 2 – 7, c'est impossible ».

L'intervention de Nina et Léo permet de débloquer la situation : en imaginant que 582 est le nombre d'euros dans la tirelire de Nina et 247 celui de la tirelire de Léo, le résultat du calcul, c'est-à-dire la différence, est inchangé si l'on ajoute 10 pièces de 1 € dans la tirelire de Nina et 1 billet de 10 € dans celle de Léo. On remarquera que la retenue n'est pas positionnée de la même manière en haut et en bas : en haut, elle est mise devant le chiffre des unités parce qu'il convient de lire « douze », alors qu'en bas, elle est positionnée en dessous du chiffre 4. Concernant la retenue du bas, on peut même la situer à l'intérieur d'un rond et indiquer avec un signe « + » qu'il convient de l'ajouter à 4, comme cela est indiqué sur le fichier.

Une autre soustraction avec retenue peut être effectuée collectivement. Les élèves sont autonomes pour calculer celles du fichier, l'enseignant aidant ceux qui en ont besoin.

3. Cas avec une retenue aux dizaines

L'animation se fait comme dans le cas précédent. L'enseignant reproduit l'opération au tableau et chaque étape du calcul est commentée en se référant à ce que disent les personnages du fichier. Là encore, l'écureuil ne sait pas calculer cette soustraction car « 5 dizaines – 8 dizaines, c'est impossible ».

L'intervention de Nina et Léo permet de débloquer la situation : en imaginant que 957 est le nombre d'euros dans la tirelire de Nina et 481 celle de Léo, le résultat du calcul, c'est-à-dire la différence, est inchangé si l'on ajoute 10 billets de 10 € dans la tirelire de Nina et 1 billet de 100 € dans celle de Léo. Là encore, on remarquera que la retenue n'est pas positionnée de la même manière en haut et en bas : en haut, elle est mise devant le chiffre des unités parce qu'il convient de lire « quinze », alors qu'en bas, elle est positionnée en dessous du chiffre 4. Une autre soustraction avec retenue peut être effectuée collectivement. Les élèves sont autonomes pour calculer celles du fichier, l'enseignant aidant ceux qui en ont besoin.

Remarques

1. Comme dans le cas de l'addition, il est souhaitable de verbaliser le calcul au rang des dizaines : « *8 dizaines moins 5 dizaines égale 3 dizaines* », dans un premier temps au moins.

2. Nous utilisons la formulation « *a* moins *b* » et non la formulation « *b* ôté de *a* » qui n'est pas facile à comprendre pour les enfants. De plus, l'expression « ôté de » oblige à changer le sens de lecture (celle-ci se fait alors de bas en haut), ce qui n'est pas souhaitable : les élèves ont déjà été conduits à barrer des soustractions impossibles (*cf.* séquence 24) ; ils seront d'autant plus attentifs au phénomène de la retenue que le sens de lecture choisi les conduit à formuler les impossibilités de la même manière. Les pédagogues utilisant l'expression « ôté de » ont le souci de favoriser l'ajout de la retenue du bas (cela conduit à commencer par cet ajout), mais, avec le mode de notation que nous avons adopté, il n'y a guère de risque d'oubli.

Objectifs

La séquence 36 a pour objectif d'aider les élèves à gérer le phénomène de la retenue dans une soustraction en colonnes. Dans le contexte où ils doivent calculer une série de telles soustractions, on leur demande de les « préparer » avant de les calculer. Ce moment où les élèves sont attentifs aux seules retenues aide grandement les plus fragiles d'entre eux. Dans la suite de l'année scolaire, il conviendra de proposer ce type d'exercice aux élèves qui dysfonctionneraient dans le calcul des soustractions en colonnes.

Dans la séquence 37, les élèves revoient l'utilisation du compas et la principale propriété du cercle (équidistance des points du cercle au centre). Dans les constructions qui seront demandées au cours des séquences suivantes (séquences 40, 42 et 47), on met davantage l'accent sur un usage maitrisé de l'instrument. Plus tard, les enfants apprendront à se servir du compas pour reporter des longueurs (séquence 51) et l'on s'appuiera sur cette compétence pour des activités préparatoires à la division (séquence 61).

Activités — Séquence 36

Furet de la table de 3

Cette activité ainsi que la suivante se déroulent comme cela a été décrit avec la table de 5. On commence par se rappeler que les résultats de cette table vont de 3 en 3. Puis l'enseignant interroge les élèves au hasard. Le 1er dit « 3 fois 1, 3 » ; le suivant : « 3 fois 2, 6 »... Après « 3 fois 10, 30 », on redescend. Rappelons qu'on commence toujours par « 3 fois... » parce qu'en énonçant ainsi dans leur entier les différentes relations numériques, on favorise les associations verbales et, donc, leur mémorisation.

Table de 3

Utilisation de la table de 3 incomplète de la fin du fichier pour expliciter la stratégie permettant de trouver 3 fois 6 et 5 fois 9 à partir des repères 15 et 30 : « 3 fois 6, c'est juste après 3 fois 5, 15 ; c'est donc 18 » (les résultats vont de 3 en 3) et « 3 fois 9, c'est juste avant 3 fois 10, 30 ; c'est donc 27 ». L'interrogation porte également sur 3 fois 7 et 3 fois 8. Elle se fait d'abord sur ardoise puis sur le fichier dans le désordre.

1. « Préparer » des soustractions

L'activité commence fichier fermé. L'enseignant a reproduit au tableau les 4 soustractions du haut du cadre. Il commence par demander aux élèves ce qu'ils ont appris lors de la dernière séquence : il y a 2 sortes de soustractions, celles que l'écureuil sait calculer et celles qu'il ne sait pas (on les appelle « soustractions à retenues »). Il demande aux élèves quelles sont,

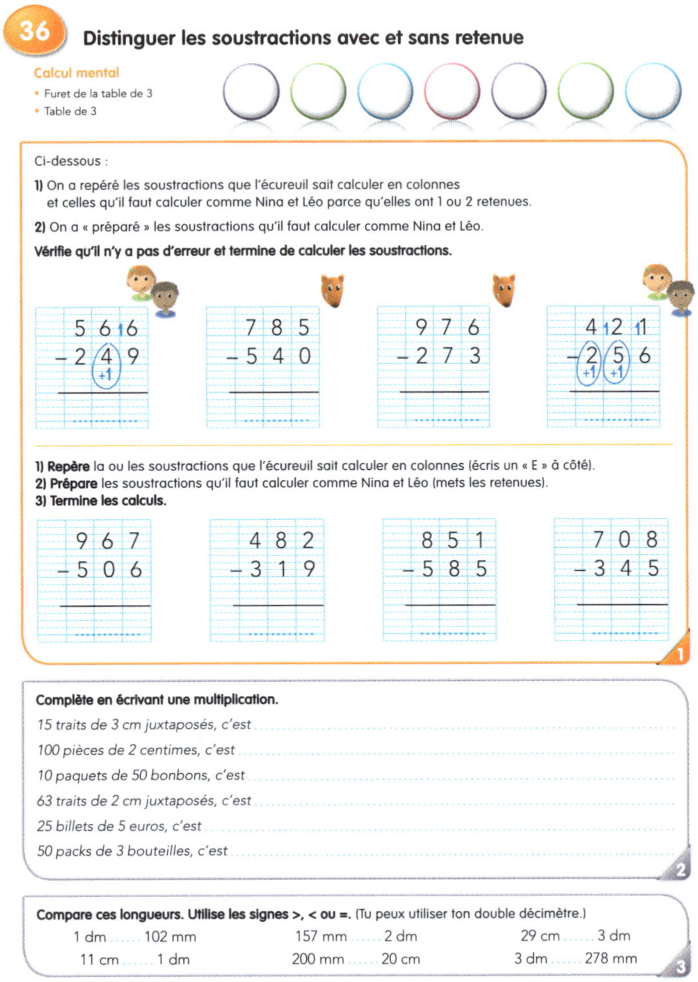
36 Distinguer les soustractions avec et sans retenue

Calcul mental
- Furet de la table de 3
- Table de 3

Ci-dessous :
1) On a repéré les soustractions que l'écureuil sait calculer en colonnes et celles qu'il faut calculer comme Nina et Léo parce qu'elles ont 1 ou 2 retenues.
2) On a « préparé » les soustractions qu'il faut calculer comme Nina et Léo.
Vérifie qu'il n'y a pas d'erreur et termine de calculer les soustractions.

5 6 16 − 2 4 9 (+1 under the 4) | 7 8 5 − 5 4 0 | 9 7 6 − 2 7 3 | 4 12 11 − 2 5 6 (+1 under the 2, +1 under the 5)

1) **Repère** la ou les soustractions que l'écureuil sait calculer en colonnes (écris un « E » à côté).
2) **Prépare** les soustractions qu'il faut calculer comme Nina et Léo (mets les retenues).
3) **Termine les calculs.**

9 6 7 − 5 0 6 | 4 8 2 − 3 1 9 | 8 5 1 − 5 8 5 | 7 0 8 − 3 4 5

1

Complète en écrivant une multiplication.
15 traits de 3 cm juxtaposés, c'est ....
100 pièces de 2 centimes, c'est ....
10 paquets de 50 bonbons, c'est ....
63 traits de 2 cm juxtaposés, c'est ....
25 billets de 5 euros, c'est ....
50 packs de 3 bouteilles, c'est ....

2

Compare ces longueurs. Utilise les signes >, < ou =. (Tu peux utiliser ton double décimètre.)
1 dm ...... 102 mm — 157 mm ...... 2 dm — 29 cm ...... 3 dm
11 cm ...... 1 dm — 200 mm ...... 20 cm — 3 dm ...... 278 mm

3

parmi les soustractions du tableau, celles que l'écureuil sait calculer (un « E » est écrit au-dessus parce que c'est ce que les élèves devront ensuite faire pour les étiqueter).

L'enseignant demande ensuite à des élèves de venir « préparer » les deux autres au tableau, c'est-à-dire de noter les retenues sans les calculer. Après correction, le fichier est ouvert, on reconnait les soustractions préparées et la consigne est donnée d'achever les calculs.

Les élèves sont autonomes pour la 2e série de soustractions, mais ils doivent montrer les soustractions préparées au maitre avant d'achever les calculs.

Activités — Séquence 37

Furet de la table de 3 et table de 3

Idem séquence 36.

1 et 2. Le compas et le cercle

Il s'agit de comprendre que tous les points du cercle sont à égale distance d'un autre point, qui est le centre. On aurait pu demander aux enfants de mesurer ces distances sur un cercle déjà tracé. Mais en commençant par leur demander de placer de nombreux points à égale distance d'un autre, on veut qu'ils anticipent le fait qu'ils sont en train d'ébaucher un cercle. La propriété de l'équidistance des points du cercle à son centre

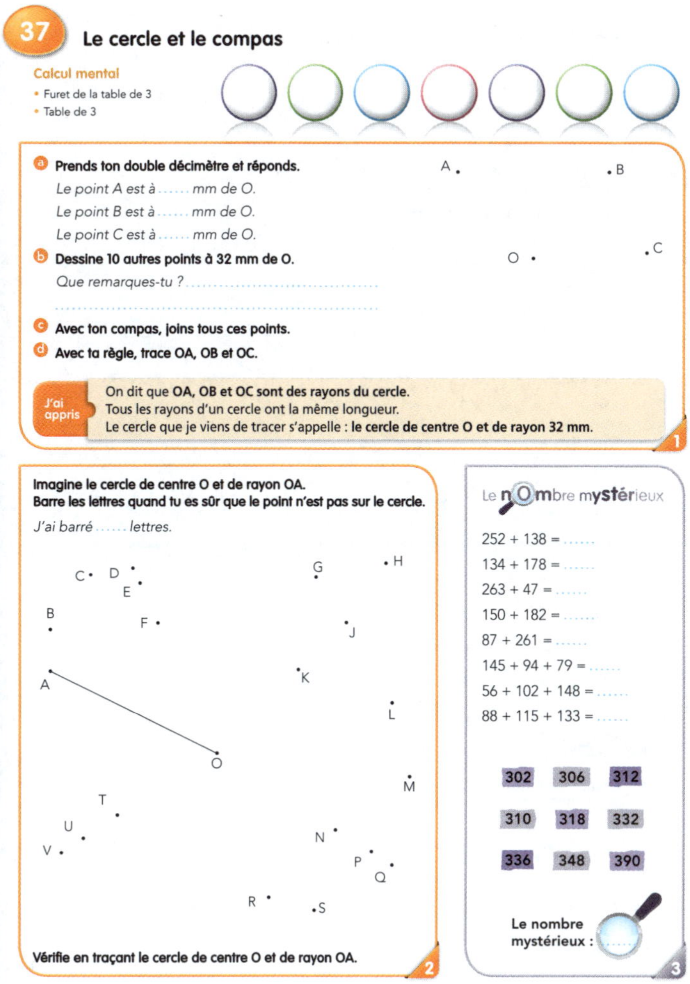
37 Le cercle et le compas

Calcul mental
- Furet de la table de 3
- Table de 3

a Prends ton double décimètre et réponds.
Le point A est à ...... mm de O.
Le point B est à ...... mm de O.
Le point C est à ...... mm de O.
b Dessine 10 autres points à 32 mm de O.
Que remarques-tu ? ....
c Avec ton compas, joins tous ces points.
d Avec ta règle, trace OA, OB et OC.

J'ai appris
On dit que OA, OB et OC sont des rayons du cercle.
Tous les rayons d'un cercle ont la même longueur.
Le cercle que je viens de tracer s'appelle : le cercle de centre O et de rayon 32 mm.

1

Imagine le cercle de centre O et de rayon OA.
Barre les lettres quand tu es sûr que le point n'est pas sur le cercle.
J'ai barré ...... lettres.

Vérifie en traçant le cercle de centre O et de rayon OA.

2

Le nOmbre mystérieux

252 + 138 = ...
134 + 178 = ...
263 + 47 = ...
150 + 182 = ...
87 + 261 = ...
145 + 94 + 79 = ...
56 + 102 + 148 = ...
88 + 115 + 133 = ...

302	306	312
310	318	332
336	348	390

Le nombre mystérieux :

3

apparait ainsi comme un principe de construction du cercle, et non comme un phénomène remarquable seulement.

Lorsqu'il faut tracer le cercle avec le compas, il est nécessaire de faire constater que l'écartement des branches ne doit pas varier. On peut le souligner en montrant, avec le compas à tableau, la figure qu'on obtient lorsqu'on change l'écartement pendant le tracé. Cette première activité est en outre l'occasion d'introduire le vocabulaire spécifique : cercle, rayon, centre.

Il est également intéressant de montrer comment tracer un cercle avec une ficelle, une craie et une pointe (c'est comme si l'on faisait « tourner le rayon ») ou, sur une feuille de papier, avec une bande de carton très rigide, une aiguille et un crayon : on perce le carton près d'une extrémité (c'est l'emplacement de l'aiguille), on peut alors tracer un rayon d'une longueur donnée à partir de ce trou (cette longueur peut varier selon les enfants), un second trou étant aménagé pour passer la mine :

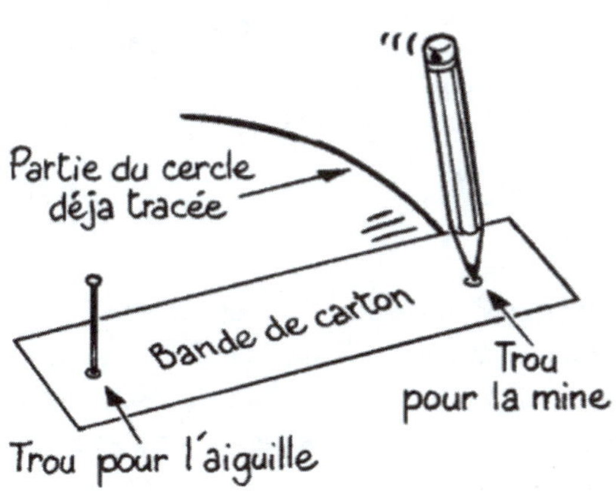

Activité complémentaire

Le jeu du Mémotable de 3 à 5

Ce jeu est un entrainement ludique à la mémorisation des tables de multiplication. Il nécessite un matériel formé de rectangles cartonnés avec au recto 3 fois 6, par exemple et au verso la réponse 18. L'enseignant peut fabriquer ce matériel en téléchargeant ou en photocopiant les deux pages du Mémotable, en les collant de chaque côté d'un carton et en découpant les rectangles.

Déroulement

Les élèves sont groupés par 2 ou 3 et chaque groupe dispose d'une seule série de 24 cartons représentés ci-après : sur chaque carton, au recto, figure le début d'une ligne de la table de 3, de 4 ou de 5 et, au verso, le résultat correspondant. Quand on commence une partie, les cartons sont disposés de sorte que la face avec le mot « fois » soit visible, mais ils ne sont pas organisés par table de multiplication.

À tour de rôle, chaque joueur choisit un carton et doit dire le résultat en énonçant complètement : « cinq fois sept, trente-cinq » par exemple. On retourne le carton pour vérifier le résultat :
- s'il est correct, le joueur peut prendre ce carton et c'est au tour du joueur suivant de choisir un autre carton ;
- s'il est erroné, le joueur remet ce carton dans le jeu et passe son tour.

Ce jeu est donc autocorrectif. Mais l'erreur est doublement pénalisée : on « rate » un carton, et on permet au joueur suivant de voir le résultat et de gagner à coup sûr ce même carton.

Quand il n'y a plus de carton dans le jeu, c'est le joueur qui a le plus de cartons qui a gagné.
Voici les rectos des 24 cartons utilisés ici :

3 fois 2	4 fois 2	5 fois 2
3 fois 3	4 fois 3	5 fois 3
3 fois 4	4 fois 4	5 fois 4
3 fois 5	4 fois 5	5 fois 5
3 fois 6	4 fois 6	5 fois 6
3 fois 7	4 fois 7	5 fois 7
3 fois 8	4 fois 8	5 fois 8
3 fois 9	4 fois 9	5 fois 9

Introduction du jeu

On amène les élèves à comprendre le jeu en lançant une première partie. On insiste pour qu'ils disent bien l'ensemble du produit de la table (« 4 fois 7, 28 » par exemple et non « 28 » en montrant le carton « 4 fois 7 »). Les élèves peuvent se servir des tables incomplètes pour les premières parties.

Comme ce jeu aidera les élèves à mémoriser les tables de 3 à 5, il est donc bon de le leur proposer régulièrement jusqu'à la séquence 78 (introduction des tables de 6 à 10).

L'enseignant trouvera au début du Guide pédagogique des indications générales sur l'animation des PAC.

Activités Séquence 38

Furet de la table de 4 et table de 4

Idem séquence 36 avec la table de 4.

1. Apprendre à se représenter une situation et à la schématiser pour résoudre un problème

L'animation de ce PAC est identique à celle des précédents. Une activité préliminaire (travail sur le questionnement) permet de s'assurer que tous les élèves cherchent à comprendre l'énoncé qui leur est proposé. L'activité sur le fichier, elle, permet d'expliciter les caractéristiques d'une bonne résolution lorsque l'activité préliminaire n'a pas déjà conduit à le faire.

Activité collective préliminaire : déterminer la question d'un énoncé

Alors que le fichier est fermé, l'enseignant écrit au tableau le début de l'énoncé du cadre 1 :« Au marché, des ballons sont vendus 4 € l'un. La maitresse achète 10 ballons. »
Il invite les enfants à déterminer individuellement ce qu'on peut chercher. Après échange, la question portant sur la dépense totale est écrite au tableau, et l'enseignant laisse un temps de recherche individuelle avant d'échanger à nouveau sur les différentes valeurs numériques trouvées et les différentes procédures utilisées.

Si les stratégies utilisées par les élèves de la classe sont celles utilisées par les élèves fictifs du fichier (Cécile, Mélanie et Sébastien), la discussion sera d'emblée très proche de celle décrite ci-dessous à partir des productions des élèves fictifs. Dans ce cas, l'activité sur le fichier devra évidemment être menée de manière plus rapide et en se référant aux stratégies des élèves de la classe.

Activité sur le fichier

Après avoir remarqué que le problème figurant dans le cadre 1 du fichier est celui qui vient d'être résolu, on passe alors à l'analyse des trois schémas censés correspondre au travail d'élèves.

- Cécile écrit une multiplication. Pourquoi ? On fait formuler qu'il s'agit d'un problème où il y a 10 groupes de 4 € ou 10 fois 4 €. On fera aussi formuler que le calcul facile est 4 groupes de 10 ou 4 fois 10.

- Mélanie a compris que les 10 ballons coutent 4 € en tout, comme si le problème était : ... *achète 10 ballons et paie 4 €.*

- Sébastien écrit une suite de chiffre « 4 » mais il calcule une addition. A-t-il raison ? Écrit-il 10 fois 4 ? Comment calcule-t-il ? Il est bon de reprendre ce calcul au tableau pour voir les notations se cumuler et effectuer le calcul final (« 16 et 16, 32 et 8, 40 »).

38 Problèmes pour apprendre à chercher

Calcul mental
- Furet de la table de 4
- Table de 4

Problème — Au marché, des ballons sont vendus 4 € l'un.
La maitresse achète 10 ballons.
Combien doit-elle payer ?

Pour résoudre ce problème, Cécile, Mélanie et Sébastien ont fait un schéma ou écrit une égalité.
Qui a réussi à résoudre le problème ?
Entoure le ou les prénoms des enfants qui ont trouvé la solution.

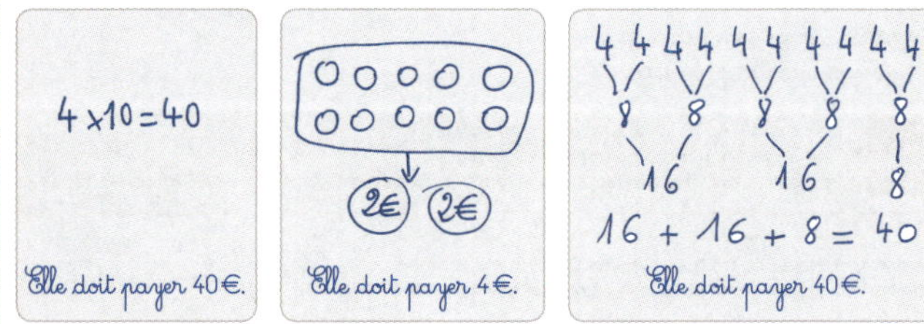

Cécile — Mélanie — Sébastien

1

Problèmes : À résoudre sur le cahier

Résous ces problèmes (tu peux faire un schéma, écrire une égalité ou expliquer ta solution).

1. Dans sa caisse, une commerçante a 3 billets de 100 €, 2 billets de 50 €, 4 billets de 20 € et 27 billets de 10 €.
   Combien y a-t-il d'argent dans la caisse de cette commerçante ?
2. Un camionneur a livré des paquets de café. À son 1er client, il a livré 498 paquets. À son 2e client, il a livré 265 paquets. À son 3e client, il a livré 37 paquets.
   Combien de paquets a-t-il livrés en tout ?
3. Un club de cyclisme achète 7 casques identiques. En tout, il paie 70 €.
   Quel est le prix d'un casque ?
4. Une école maternelle a commandé 15 boites de 5 feutres de couleur.
   Combien de feutres cette école a-t-elle commandés ?
5. Maïté a un ruban qui mesure 263 cm. Lilou a un ruban qui mesure 157 cm.
   Quelle est la différence de longueur entre ces deux rubans ?
6. La maman de Yasmina achète un classeur à 4,90 €, un compas à 7,55 €, un dictionnaire à 12,50 € et une boite de peinture à 8,35 €.
   Combien dépense-t-elle ?

2

2. Problèmes divers

1. Calcul de divers produits, puis somme de ces produits (ce dernier calcul est très facile).

2. Somme de trois nombres.

3. Recherche de la valeur de l'unité : ce problème est assez facile pour les élèves qui pensent à la relation numérique : « 7 fois 10, 70 ».

4. Problème de multiplication qui conduit à se représenter 15 fois 5 alors que le calcul facile est celui de 5 fois 15.

5. Recherche de la différence de deux longueurs (cette problématique est reprise dans la séquence 39).

6. Sommer des prix en euros.

Activités Séquence 39

Furet de la table de 4 et table de 4

Idem séquence 38.

1. Rédiger plusieurs questions

La situation conduit à plusieurs questions (*Combien de points l'équipe de Moncourt a-t-elle marqués ? Et celle de Villeneuve ?*), questions qui conduisent à s'interroger sur l'équipe qui a le plus de points à 5 min de la fin. Au cas où des élèves s'interrogeraient concernant l'équipe qui va gagner, la discussion conduira

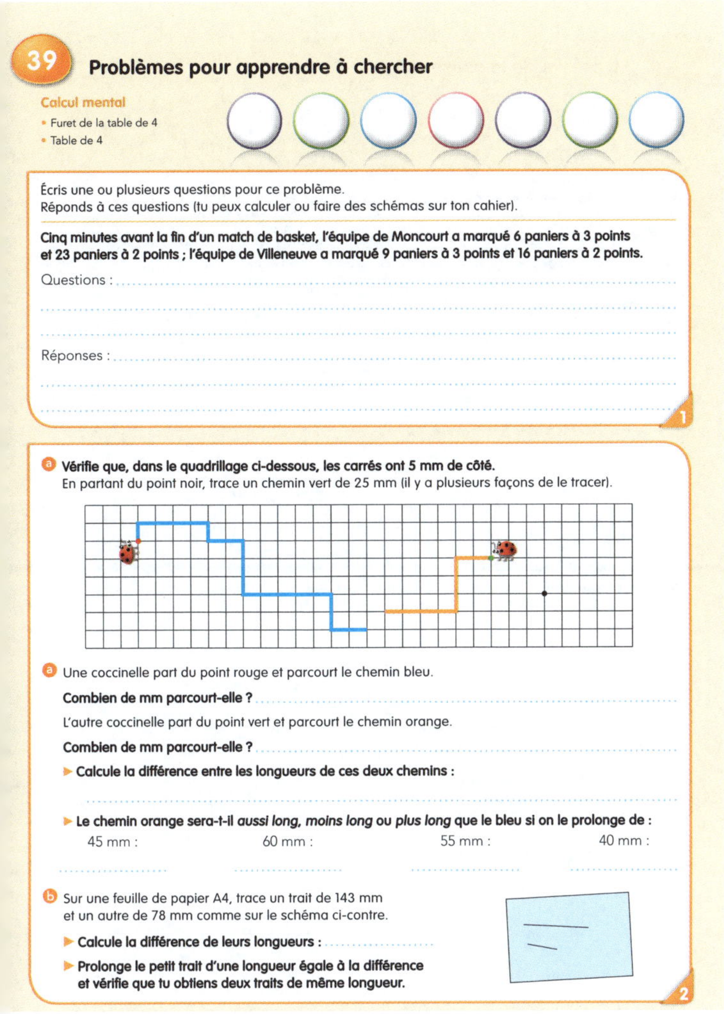

39 **Problèmes pour apprendre à chercher**

Calcul mental
- Furet de la table de 4
- Table de 4

Écris une ou plusieurs questions pour ce problème.
Réponds à ces questions (tu peux calculer ou faire des schémas sur ton cahier).

Cinq minutes avant la fin d'un match de basket, l'équipe de Moncourt a marqué 6 paniers à 3 points et 23 paniers à 2 points ; l'équipe de Villeneuve a marqué 9 paniers à 3 points et 16 paniers à 2 points.

Questions : ....

Réponses : ....

1

a **Vérifie que, dans le quadrillage ci-dessous, les carrés ont 5 mm de côté.**
En partant du point noir, trace un chemin vert de 25 mm (il y a plusieurs façons de le tracer).

a Une coccinelle part du point rouge et parcourt le chemin bleu.

Combien de mm parcourt-elle ? ....

L'autre coccinelle part du point vert et parcourt le chemin orange.

Combien de mm parcourt-elle ? ....

▶ **Calcule la différence entre les longueurs de ces deux chemins :**

....

▶ **Le chemin orange sera-t-il *aussi long, moins long* ou *plus long* que le bleu si on le prolonge de :**
45 mm : .... 60 mm : .... 55 mm : .... 40 mm : ....

b Sur une feuille de papier A4, trace un trait de 143 mm et un autre de 78 mm comme sur le schéma ci-contre.

▶ **Calcule la différence de leurs longueurs :** ....

▶ **Prolonge le petit trait d'une longueur égale à la différence et vérifie que tu obtiens deux traits de même longueur.**

2

à expliciter qu'il est impossible de le savoir de manière sure et que ça ne peut donc pas constituer la question d'un problème.

2. Différence de deux longueurs

Cette activité va notamment permettre aux élèves de réinvestir dans le contexte des longueurs l'usage de la soustraction pour déterminer une différence (*cf.* sq 22).

Dans le premier problème, on demande aux élèves de tracer un chemin qui mesure 25 mm et qui part du point noir (à droite dans le quadrillage), alors que les côtés des carreaux du quadrillage mesurent 5 mm. Implicitement, il convient de tracer ce chemin en utilisant les lignes du quadrillage, comme c'est le cas des chemins bleu et orange. Cela conduit les élèves à résoudre un problème de quotition : « *Combien de fois faut-il tracer un trait de 5 mm pour que la longueur totale soit 25 mm ?* ». Mais il existe une autre particularité dans cette tâche : le tracé demandé peut être exécuté de nombreuses manières. L'allure générale du chemin n'est pas précisée et l'exemple de deux autres chemins laisse penser qu'il faut tracer une ligne brisée et qu'elle ne doit pas croiser le chemin jaune (celui qui est déjà tracé à droite). C'est donc une bonne situation de lecture d'une consigne. Il est bon d'en faire l'objet d'un débat, surtout si de nombreux élèves restaient perplexes.
Dans le deuxième ensemble de tâches, les élèves vont devoir trouver d'abord la longueur des deux chemins déjà tracés. Certains élèves entreront peut-être dans cette tâche en comptant de 5 en 5, carreau après carreau. L'enseignant peut demander, après qu'ils auront mesuré le premier chemin, s'il n'y avait pas un autre moyen. Cela devrait les conduire à prendre conscience qu'on peut calculer respectivement 20 fois 5 mm, puis 9 fois 5 mm (les calculs économiques sont plutôt 5 fois 20 et 5 fois 9, ce dernier produit étant retrouvé dans la table de 5 et non par itération de 9).

On demande ensuite aux élèves d'anticiper le résultat d'autres comparaisons dans l'hypothèse où l'on prolonge le chemin le plus court (le chemin orange) de *x*, *y* ou *z* mm. Comme la différence des longueurs de deux chemins est ce qui manque au plus court (au orange) pour avoir la même longueur que le plus long (le bleu), le chemin jaune reste le plus court tant qu'on le prolonge d'une distance inférieure à la différence.

Dans la dernière tâche, les élèves vont pouvoir vérifier en acte cette propriété de la différence : soient deux traits droits de longueurs inégales ; si on prolonge le petit trait de sa différence de longueur avec le grand trait, les deux traits auront une longueur égale. Il s'agit donc d'une situation où l'on aura calculé, par une soustraction, la différence de deux grandeurs pour savoir ce qu'il faut ajouter à la petite pour obtenir la grande.

Activité complémentaire

Le jeu du nombre mystérieux

La règle du jeu est la même que celle de l'activité 2 de la sq 20.

Le nOmbre mystérieux

Quel nombre n'est pas un résultat ?

43 53 60 67 77

81 84 91 99

43 + 24 = ...	24 + 60 = ...
102 – 11 = ...	83 – 23 = ...
35 + 64 = ...	29 + 48 = ...
70 – 17 = ...	90 – 9 = ...

Le nombre mystérieux : ....

Objectifs

Séquence 40, les élèves apprennent à faire la preuve d'une soustraction posée en colonnes. L'idée générale de la séquence est la suivante :

1°) Une soustraction en colonnes est posée afin de chercher la différence de 2 longueurs.

2°) Pour vérifier le résultat de cette soustraction, on peut s'assurer que la relation suivante est effectivement vérifiée : en ajoutant ce qui est différent au plus petit des 2 nombres, on doit obtenir le plus grand.

Ainsi, on contrôle le résultat d'une soustraction en calculant une addition.

La séquence 41 est consacrée à l'apprentissage du début des tables de 6, 7, 8, 9 et 10. Chacun des résultats peut évidemment être retrouvé en utilisant les premières tables et la commutativité de la multiplication. Cependant, les tables étudiées ici seront apprises comme les précédentes (dans la table de 6, les résultats vont de 6 en 6 ; dans celle de 7, ils vont de 7 en 7, etc.). Ainsi 6 fois 3, par exemple, se calcule comme 12 (6 fois 2) + 6 ; 6 fois 4 comme 18 (6 fois 3) + 6 ou 30 (6 fois 5) – 6. Au-delà de la connaissance des tables, c'est donc celle du début de la suite des nombres de 6 en 6, de 7 en 7… qui est en jeu dans cette activité.

Par ailleurs, la stratégie pédagogique consistant à enseigner chaque table pour elle-même est certainement celle qui, à terme, favorise le mieux une connaissance « par cœur », c'est-à-dire un accès immédiat, sans cout cognitif apparent, sans même un usage conscient de la commutativité.

Activités Séquence 40

Tables de 5, 3 et 2

L'enseignant anime un furet de la table de 5, puis de 3 et enfin de 2. Il interroge ensuite sur ces 3 tables de façon mélangée.

1. La preuve de la soustraction

La carte de France peut être esquissée au tableau et Bordeaux, Troyes et Metz placés sur cette carte. Les données numériques sont interprétées et mises en relation grâce à un schéma :

Chacun des trajets est parcouru avec le doigt et le problème posé : « *Quand on est à Troyes (le doigt est posé sur le point correspondant), combien de km reste-t-il à parcourir pour arriver à Metz ?* » (le trajet correspondant est parcouru avec le doigt).

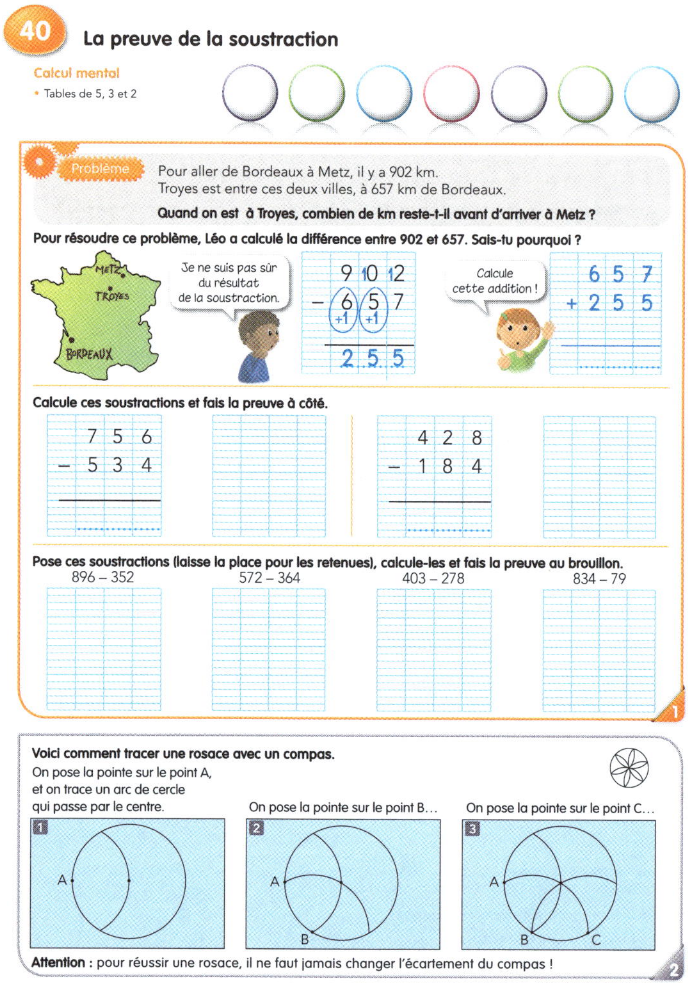

40 La preuve de la soustraction

Calcul mental

- Tables de 5, 3 et 2

Problème Pour aller de Bordeaux à Metz, il y a 902 km.
Troyes est entre ces deux villes, à 657 km de Bordeaux.
Quand on est à Troyes, combien de km reste-t-il avant d'arriver à Metz ?

Pour résoudre ce problème, Léo a calculé la différence entre 902 et 657. Sais-tu pourquoi ?

Calcule ces soustractions et fais la preuve à côté.

7 5 6
– 5 3 4

4 2 8
– 1 8 4

Pose ces soustractions (laisse la place pour les retenues), calcule-les et fais la preuve au brouillon.

896 – 352 572 – 364 403 – 278 834 – 79

1

Voici comment tracer une rosace avec un compas.

On pose la pointe sur le point A, et on trace un arc de cercle qui passe par le centre.

On pose la pointe sur le point B…

On pose la pointe sur le point C…

Attention : pour réussir une rosace, il ne faut jamais changer l'écartement du compas !

2

Pour résoudre ce problème, Léo a calculé la différence entre 902 et 657. Pourquoi ? La discussion qui suit vise à faire apparaitre le trajet qui vient d'être parcouru avec le doigt comme la différence des 2 trajets indiqués sur le schéma (si on considère ces 2 trajets, il y a ce qui est pareil, c'est là… et ce qui est différent, c'est là…).

Comme Léo n'est pas sûr de son résultat (245), Nina calcule 657 + 245. Que doit-elle obtenir si Léo ne s'est pas trompé ? Le procédé est généralisé ; pour vérifier le résultat d'une soustraction, on peut s'assurer que la relation suivante est vérifiée : en ajoutant ce qui est différent au plus petit des 2 nombres, on doit obtenir le plus grand.

2. Tracé d'une rosace avec le compas

Quand on dispose d'un compas de tableau, il est souhaitable de tracer d'emblée une ou plusieurs rosaces devant les élèves. Cela aide à la compréhension du descriptif présent dans le fichier. Des tracés collectifs permettent notamment de bien insister sur le fait qu'après avoir tracé un cercle, le point A peut être situé n'importe où sur ce cercle : l'important est que la pointe du compas soit ensuite placée sur ce point A. Cela permet également de laisser au tableau le tracé d'une rosace complète et qu'ainsi les élèves voient le but à atteindre. De plus, la rosace du tableau a une taille différente de celle que les élèves traceront sur leur feuille et de celle qui figure sur leur fichier (celle-ci est de très petite taille). En fin d'activité, on pourra échanger sur le fait que la taille de la rosace dépend de la taille du cercle initial et que la principale difficulté consiste à garder un écartement constant des branches du compas.

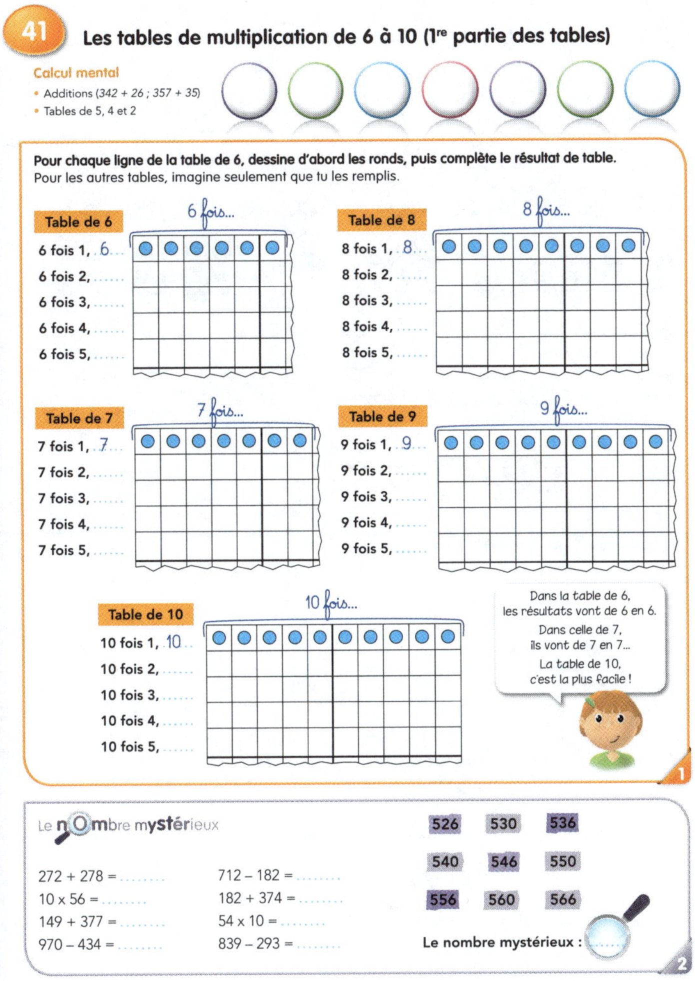

41 Les tables de multiplication de 6 à 10 (1re partie des tables)

Calcul mental
- Additions (342 + 26 ; 357 + 35)
- Tables de 5, 4 et 2

Pour chaque ligne de la table de 6, dessine d'abord les ronds, puis complète le résultat de table.
Pour les autres tables, imagine seulement que tu les remplis.

Table de 6 — 6 fois...
6 fois 1, 6
6 fois 2, ...
6 fois 3, ...
6 fois 4, ...
6 fois 5, ...

Table de 8 — 8 fois...
8 fois 1, 8
8 fois 2, ...
8 fois 3, ...
8 fois 4, ...
8 fois 5, ...

Table de 7 — 7 fois...
7 fois 1, 7
7 fois 2, ...
7 fois 3, ...
7 fois 4, ...
7 fois 5, ...

Table de 9 — 9 fois...
9 fois 1, 9
9 fois 2, ...
9 fois 3, ...
9 fois 4, ...
9 fois 5, ...

Table de 10 — 10 fois...
10 fois 1, 10
10 fois 2, ...
10 fois 3, ...
10 fois 4, ...
10 fois 5, ...

Le nombre mystérieux

272 + 278 = ...
10 x 56 = ...
149 + 377 = ...
970 – 434 = ...
712 – 182 = ...
182 + 374 = ...
54 x 10 = ...
839 – 293 = ...

526 530 536
540 546 550
556 560 566

Le nombre mystérieux : ......

Activités Séquence 41

Additions (142 + 26 ; 219 + 52)

Selon le niveau des élèves, le calcul est écrit ou non au tableau.

Tables de 5, 4 et 2

L'enseignant anime un furet de la table de 5, puis de 4 et enfin de 2. Il interroge ensuite sur ces trois tables de façon mélangée.

1. Découverte des propriétés des tables de 6, 7, 8, 9 et 10

Matériel

Des demi-tables au format A4 sont téléchargeables sur le site japprendslesmaths.fr. Un agrandissement au format A3 procure un matériel collectif acceptable.

Déroulement

L'enseignant annonce aux élèves qu'ils vont apprendre le début des tables de multiplication de 6, 7, 8 et 9 et il leur dit qu'ils apprendront la fin de ces tables plus tard dans l'année. On commence aussitôt par la table de 6, qui est affichée au tableau de sorte qu'il sera possible de dessiner des ronds à côté. L'enseignant reproduit les 6 ronds déjà dessinés sur le fichier avec, au-dessus, une accolade et « *6 fois...* ». C'est 6 fois combien ? On comprend que c'est 6 fois 1. Et 6 fois 1, c'est 6.

On passe à la ligne suivante. Comment faire pour qu'il y ait 6 fois 2 ronds ? Il faut dessiner 1 nouveau rond sous chacun des précédents (les élèves le font sur leur fichier et l'enseignant au tableau). En tout, on a déjà dessiné 6 fois... 2. Un élève vient montrer les 6 colonnes de 2 points. Et 6 fois 2, c'est combien ? On pourrait calculer 2 + 2 + 2 +... mais il vaut mieux calculer « 6 et encore 6, 12 », en montrant les deux lignes de 6 ronds. Les élèves complètent le résultat sur le fichier. L'enseignant en fait autant avec un « Post'it » sur la table collective.

Les trois lignes suivantes sont traitées de la même manière. On exprime d'abord ce qu'on détermine (6 fois 3 tout d'abord, puis 6 fois 4, 6 fois 5), on dessine ensuite une nouvelle ligne de ronds, on complète enfin le résultat. Un élève vient montrer sur le damier collectif les 6 fois 3 sous la forme de 6 colonnes de 3 (pour la ligne suivante les 6 fois 4 sous la forme de 6 colonnes de 4...). À chaque fois on fait remarquer que, d'une ligne à l'autre, on a ajouté 6. Cette observation est essentielle : c'est grâce à cette propriété que les élèves pourront apprendre les tables (« *Dans la table de 6, les résultats vont de 6 en 6.* »).

La table étant finalement complétée, sur le fichier et sur le support collectif, on la dit dans l'ordre : « *6 fois 1, 6 ; 6 fois 2, 12 ; etc.* ». Puis les « Post'it » de la table collective sont retirés (on ne conserve que les résultats de 6 fois 1 et 6 fois 2, comme sur les tables de la fin du fichier) et l'on cherche à connaitre « 6 fois 3... » sans compléter les autres lignes : on sait que c'est après « 6 fois 2, 12 », c'est 18 (12 et encore 6) ; de même « 6 fois 4... » peut s'obtenir comme 18 + 6, mais aussi de la manière suivante : c'est avant « 6 fois 5, 30 », c'est 24 (30 moins 6).

Les élèves complètent de manière autonome les tables suivantes. Dans une synthèse, on remarquera que dans la table de 7 les résultats vont de 7 en 7... ; on remarquera également que la table de 10 est déjà connue dans son entier. L'enseignant pourra également procéder à quelques interrogations en s'aidant des tables collectives où ne figurent que les deux premiers « Post'it ».

Remarque

À divers moments, au cours de la séquence, il est possible que des élèves remarquent que « 6 fois 3, c'est 18 ; alors c'est comme 3 fois 6 ». Une telle remarque n'a rien de perturbant pour le déroulement puisqu'il s'agit précisément d'établir que 6 fois 3 est égal à 6 + 6 + 6. L'enseignant dira donc à ces élèves qu'ils ont raison et qu'on le redécouvre ici. En fait, il aurait été possible de demander aux élèves de compléter directement les débuts de tables, sans qu'il leur faille dessiner des ronds : ils se seraient alors référés aux tables de 2, 3, 4 et 5 et auraient utilisé la commutativité de la multiplication. Le choix fait ici est préférable parce qu'il conduit à un apprentissage des tables de 6, 7, 8, 9 et 10 qui se fonde sur les propriétés intrinsèques de ces tables. Les élèves n'ont pas à faire consciemment référence à d'autres tables, ce qui facilite la mémorisation (*cf.* Objectifs).

Objectifs

Dans la sq 42, les élèves apprennent à calculer des multiplications du type 200 x 3 et 70 x 5. Il s'agit principalement de préparer les calculs du type 275 x 3 (*cf.* séquence 50), où les élèves utiliseront une décomposition en centaines, dizaines et unités : (200 x 3) + (70 x 3) + (5 x 3). Paradoxalement, les calculs du type 200 x 3 sont plus faciles que ceux du type 70 x 3. En effet, le premier cas peut se calculer « 3 fois 2 cents » et l'on voit aisément qu'on calcule « 3 fois 2 » avec « cent » comme unité. Dans le second cas, on calcule « 3 fois soixante-dix », et il est alors nécessaire de savoir que « soixante-dix » c'est 7 groupes de 10 pour pouvoir se ramener à « 3 fois 7 ». Comme, de plus, on trouve 21, il faut aussi savoir que 21 groupes de 10, c'est 210. Ces calculs sont donc une nouvelle occasion de consolider les connaissances en numération décimale.

Comme ces calculs sont faciles à conduire mentalement, on propose ensuite aux élèves de les utiliser pour résoudre les problèmes de multiplication qu'ils rencontrent habituellement : « Combien de gâteaux en tout dans 70 paquets de 3 gâteaux ? », par exemple.

La séquence 43 est le point de départ d'une progression sur les multiples d'un nombre donné. On introduit la tâche suivante :

Multiple de 15 ou non ?

60 → oui, 60 = 15 x ...
60 → non.

80 → oui, 80 = 15 x ...
80 → non.

Etc.

Le même type de tâche est proposé avec 50 et 10 et reviendra régulièrement ensuite (activités de haut de page) en l'étendant aux multiples de 100, puis de 25 (*cf.* séquence 44).

Il s'agit en fait de préparer l'apprentissage de la division euclidienne *a* : *b* ? (*cf.* sq 63 et suivantes). En effet, l'une des deux significations fondamentales de cette opération est la « quotition » (*cf. Présentation*), c'est-à-dire la recherche de la réponse à la question : en *a*, combien de fois *b* ? Or la tâche proposée ici est plus simple que le calcul du quotient et du reste d'une division.

Considérons en effet la tâche où il faut dire si un nombre *a* est un multiple d'un autre *b*. Quand les élèves ne savent pas reconnaitre d'emblée si c'est le cas, ils sont amenés à chercher le nombre d'itérations de *b* dans *a* et à s'arrêter au plus proche multiple inférieur : par exemple, 80 n'est pas un multiple de 15, car 75 = 15 x 5. Dans ce cas, donc, les élèves ne sont pas conduits à s'intéresser à ce qui constituera le reste de la division 80 : 15 ? et la tâche est plus simple. Mais on voit bien qu'elle prépare un tel calcul.

42 **Calcul réfléchi : multiplications du type 200 x 3 et 70 x 5**

Calcul mental
- Additions (342 + 26 ; 357 + 35)
- Début des tables de 6, 7 et 10

Calculer 70 x 5, c'est facile...

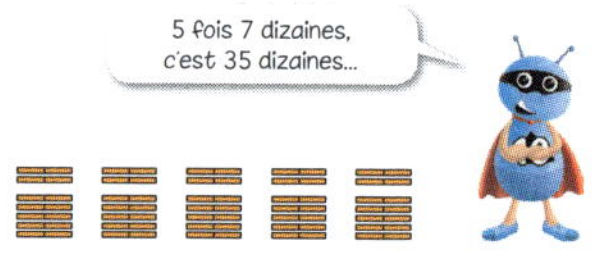

70 x 5 = ...

200 x 3, c'est encore plus facile...

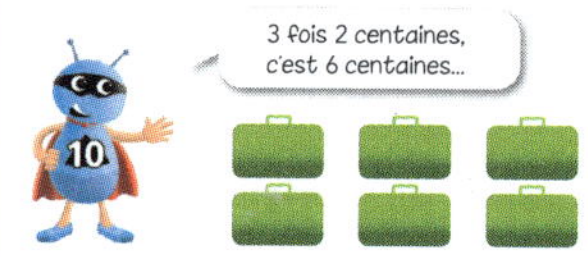

200 x 3 = ...

Calcule.

5 x 60 = ...	50 x 8 = ...	90 x 5 = ...	5 x 50 = ...	2 x 400 = ...
4 x 200 = ...	300 x 3 = ...	2 x 80 = ...	20 x 10 = ...	90 x 3 = ...
2 x 300 = ...	10 x 30 = ...	3 x 30 = ...	80 x 3 = ...	8 x 40 = ...

J'ai appris
9 x 50, c'est **9 fois 5 dizaines.**
9 x 50, c'est 45 dizaines, c'est 450.

1

Complète en écrivant une multiplication.

40 traits de 3 cm juxtaposés, c'est ....
30 pièces de 5 centimes, c'est ....
200 paquets de 3 mouchoirs, c'est ....
8 billets de 20 euros, c'est ....

2

Le nombre mystérieux

237 + 288 = ...	285	425
9 x 50 = ...		
894 – 469 = ...	320	450
4 x 80 = ...		
607 – 242 = ...	365	480
284 + 196 = ...		
742 – 457 = ...	390	525

Le nombre mystérieux : ....

3

Trace une rosace.

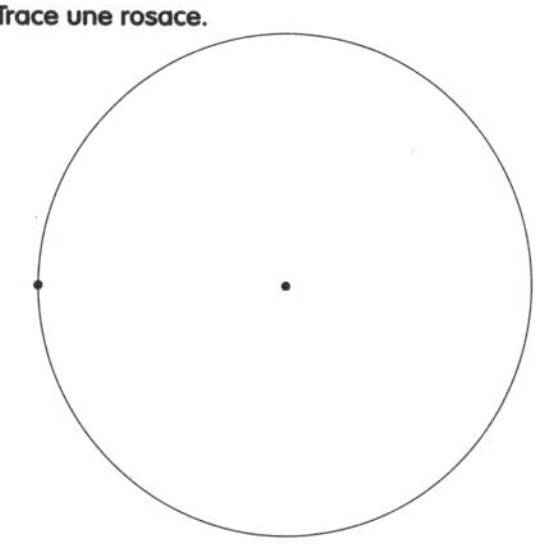

4

Activités Séquence 42

Additions *(142 + 26 ; 219 + 52)*

Selon le niveau des élèves, le calcul est écrit ou non au tableau.

Début des tables de 6, 7 et 10

Furet du début de la table de 6, puis de 7 et enfin de 10 (en avançant et reculant). Interrogation sur ces trois tables de façon mélangée (les élèves ont leurs tables vides).

1. Calculer 70 x 5 et 200 x 3

Activité préliminaire

L'enseignant écrit au tableau 200 x 3 = ... Les élèves cherchent individuellement. Lors de la validation, on fait formuler que le calcul le plus facile est « 3 fois 200 » (« 3 fois 2 cents »). On peut écrire 200 + 200 + 200. Mais « 3 fois 2 cents », c'est aussi comme « 3 fois 2 », avec des groupes de 100.

L'enseignant écrit au tableau 70 x 5 =... On laisse un temps suffisant pour ce calcul. Lors de la validation, on compare les stratégies :
– des élèves écrivent l'addition et la calculent de proche en proche : « 70 et 70, 140, et 70, 210,... » ;
– d'autres commencent de la même façon, mais calculent sur les groupes de 10 : « 7 et 7, 14, et 7, 21... ;
– des élèves raisonnent sur les groupes de 10 : c'est 5 fois 7 groupes de 10, c'est 35 groupes de 10...

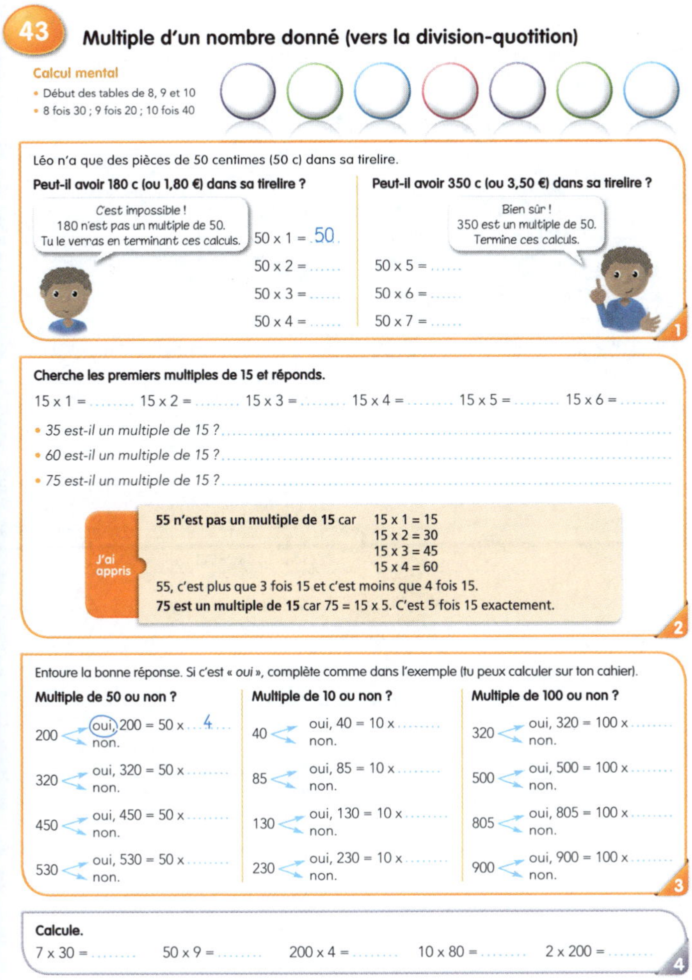

43 **Multiple d'un nombre donné (vers la division-quotition)**

Calcul mental
- Début des tables de 8, 9 et 10
- 8 fois 30 ; 9 fois 20 ; 10 fois 40

Léo n'a que des pièces de 50 centimes (50 c) dans sa tirelire.

Peut-il avoir 180 c (ou 1,80 €) dans sa tirelire ?

C'est impossible ! 180 n'est pas un multiple de 50. Tu le verras en terminant ces calculs.

50 x 1 = 50
50 x 2 = ...
50 x 3 = ...
50 x 4 = ...

Peut-il avoir 350 c (ou 3,50 €) dans sa tirelire ?

Bien sûr ! 350 est un multiple de 50. Termine ces calculs.

50 x 5 = ...
50 x 6 = ...
50 x 7 = ...

1

Cherche les premiers multiples de 15 et réponds.

15 x 1 = ... 15 x 2 = ... 15 x 3 = ... 15 x 4 = ... 15 x 5 = ... 15 x 6 = ...

- *35 est-il un multiple de 15 ?* ....
- *60 est-il un multiple de 15 ?* ....
- *75 est-il un multiple de 15 ?* ....

J'ai appris

55 n'est pas un multiple de 15 car 15 x 1 = 15
15 x 2 = 30
15 x 3 = 45
15 x 4 = 60
55, c'est plus que 3 fois 15 et c'est moins que 4 fois 15.
75 est un multiple de 15 car 75 = 15 x 5. C'est 5 fois 15 exactement.

2

Entoure la bonne réponse. Si c'est « *oui* », complète comme dans l'exemple (tu peux calculer sur ton cahier).

Multiple de 50 ou non ?	Multiple de 10 ou non ?	Multiple de 100 ou non ?
200 : oui, 200 = 50 x 4 / non.	40 : oui, 40 = 10 x .... / non.	320 : oui, 320 = 100 x .... / non.
320 : oui, 320 = 50 x .... / non.	85 : oui, 85 = 10 x .... / non.	500 : oui, 500 = 100 x .... / non.
450 : oui, 450 = 50 x .... / non.	130 : oui, 130 = 10 x .... / non.	805 : oui, 805 = 100 x .... / non.
530 : oui, 530 = 50 x .... / non.	230 : oui, 230 = 10 x .... / non.	900 : oui, 900 = 100 x .... / non.

3

Calcule.

7 x 30 = ... 50 x 9 = ... 200 x 4 = ... 10 x 80 = ... 2 x 200 = ...

4

La discussion conduit à considérer que cette dernière méthode est à la fois facile et générale.

Activités sur le fichier

Picbille fait les mêmes calculs. Si nécessaire, les premiers calculs proposés ensuite sont repris collectivement au tableau pour assoir la stratégie.

Activités Séquence 43

Début des tables de 8, 9 et 10

Idem séquence 42 avec les tables de 8, 9 et 10.

8 fois 30 ; 9 fois 20 ; 10 fois 40

Selon le niveau, le calcul est écrit ou non au tableau.

1 à 3. Multiple d'un nombre donné (vers la division)

Activité préliminaire

On peut proposer la même situation que sur le fichier avec les multiples de 20 et des pièces de 20 centimes. L'enseignant explique par exemple qu'il a mis des pièces dans une boite, qu'il n'y a mis que des pièces de 20 centimes (il a pu en mettre 13 par exemple) et demande en montrant la boite s'il peut y avoir 70 centimes dans cette boite. Les élèves cherchent individuellement. Pour valider la solution, on écrit au tableau la suite des multiplications de 20 par 1, 2, 3 et 4. On observe que l'on peut avoir 60 centimes ou 80 centimes, mais pas 70 centimes. L'enseignant fait formuler ou énonce lui-même qu'on ne peut pas obtenir 70 en n'ajoutant que des 20. On dit aussi que « 70 n'est pas un multiple de 20 ».

L'enseignant propose d'autres interrogations, par exemple : peut-il y avoir 140 centimes ou 1 euro et 40 centimes, 190 centimes ou 1 euro et 90 centimes ? À chaque fois, on repart du produit précédent pour égrener les multiples de 20. Pour 140, on fait expliciter que c'est un multiple de 20, car « c'est 7 fois 20 exactement ». Pour 190 centimes, il est bon de dire que « c'est plus que 9 fois 20 et moins que 10 fois 20, c'est 9 fois 20 et 10 ».

Finalement, l'enseignant vide la boite, énonce qu'il y a mis 13 pièces de 20 centimes et demande combien cela fait d'argent. On valide le calcul en poursuivant la liste des multiplications par 20 jusqu'à 20 x 13 = 260. On convient que 260 est un multiple de 20, car c'est 13 fois 20 exactement.

Activités sur le fichier

Les situations de l'activité 1 sont similaires : on cherche si on peut avoir 180 centimes, puis 350 centimes avec des pièces de 50 centimes et seulement avec de telles pièces. Les élèves travaillent individuellement.
Lors d'une reprise immédiate, on peut faire remarquer qu'il n'était pas indispensable de calculer toutes les multiplications par écrit. On reprend les formulations de l'activité préliminaire. C'est aussi l'occasion d'introduire cette procédure : on énonce la suite des multiples de 50 (50, 100, 150, 200, 250, 300) et à chaque fois qu'on énonce un nombre on lève l'un de ses doigts. À la fin, le nombre de doigts indique le nombre de fois que 50 a été ajouté. On voit ainsi que 350, c'est 7 fois 50 exactement.

Les élèves font individuellement le travail de l'activité 2, mais on la fait préalablement commenter : il n'existe pas de pièces de 15 centimes, mais on peut se demander quels sont les multiples de 15, comme on peut se demander quels sont les multiples de 7, de 23, de 678,... de n'importe quel nombre,... et même de 1, ces derniers étant les plus faciles de tous à connaitre.

Le format de l'activité 3 pourra être introduit au tableau, avec une liste de nombres pour chacun desquels on demande s'il est ou non un multiple de 20.

Remarques

- Dans l'activité préliminaire, on propose de terminer sur le cas 260 = 20 x 13. Il est bon en effet que d'emblée, les élèves ne pensent pas que les multiples d'un nombre s'arrêtent à 10 fois ce nombre, représentation qui pourrait être renforcée aussi par le fait que les tables de multiplication ne comportent que 10 lignes.
- Si les compétences des élèves le permettent, dès ce moment, on pourra traiter l'écart entre le plus proche multiple inférieur et le nombre sur lequel les élèves sont interrogés. On le fera toutefois sur quelques cas faciles, de manière collective et informelle : « 135, c'est 13 fois 10 et 5 ». On évitera alors les écritures du type (10 x 13) < 135 < (10 x 14) dont la difficulté ferait perdre à de nombreux enfants le sens de la question initiale.

Objectifs

Les élèves apprennent ici des stratégies pour calculer les multiples de 25. Nous cherchons à établir une bonne connaissance de ces multiples dans la perspective de l'apprentissage de la division. En effet, lors de son introduction (*cf.* séquence 63), les élèves seront conduits à calculer plusieurs divisions $n : 25$? (pour $n < 325$), et donc à chercher combien de fois il y a 25 dans n (rappelons que nous introduisons la division dans le contexte de la résolution d'un problème de quotition). S'ils savent par exemple, comme on le vise ici, que 6 fois 25 c'est 150, il leur sera alors très facile de trouver le quotient d'une division comme 163 : 25 ?...

Il est relativement facile de calculer sur les multiples de 25 si on s'appuie sur le fait que 4 fois 25 font 100, car alors on peut savoir presque aussi facilement que 8 fois 25 font 200 et 12 fois 25 font 300. Comme on sait aussi que 25 x 10 = 250, on dispose là de 4 résultats-repères qui aident à trouver les autres itérations de 25. Par exemple : 5 fois 25, c'est 4 fois 25, 100 et encore 25 ; 7 fois 25, c'est juste avant 8 fois 25, c'est... 175 ; etc.

Pour faciliter cet apprentissage, les élèves sont amenés à s'appuyer sur des damiers carrés de 100 carreaux partagés en 4 groupes de 25 carreaux. Nous recommandons à l'enseignant de prévoir un affichage de ces damiers qui aidera les élèves à mémoriser les résultats-repères et à les utiliser pour calculer lors d'interrogations ultérieures (matériel à télécharger sur le site japprendslesmaths.fr).

Enfin, cette séquence vise un dernier objectif : apprendre à résoudre des problèmes de quotition tels que « Il y a 100 enfants et on veut former des équipes de 25 enfants ; combien d'équipes peut-on former ? », c'est-à-dire des problèmes qui, dans le cas où a est un multiple de b, conduisent à chercher : « En a, combien de fois b ? » Les problèmes similaires qui correspondent à des situations où le reste n'est pas nul ne seront proposés qu'après l'apprentissage de la division (*cf.* séquence 64).

Activités Séquence 44

Tables de 2 à 5

L'interrogation porte sur l'ensemble des tables.

Multiple de n ou non ?

L'interrogation porte sur les cas étudiés séquence 43 (multiples de 15, 50, 10 ou 100). En cas de réponse « oui », les élèves écrivent l'une des 2 multiplications possibles qui justifient cette réponse.

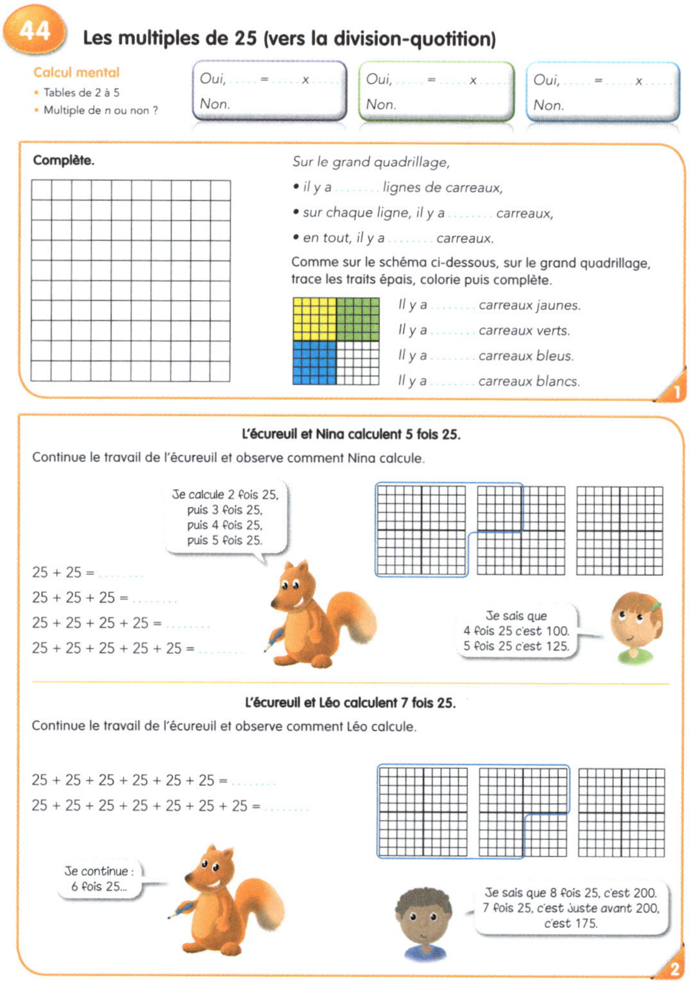

44 Les multiples de 25 (vers la division-quotition)

Calcul mental
- Tables de 2 à 5
- Multiple de n ou non ?

Oui, ... = ... x ...... Non.

Oui, ... = ... x ...... Non.

Oui, ... = ... x ...... Non.

Complète.

Sur le grand quadrillage,
- *il y a .... lignes de carreaux,*
- *sur chaque ligne, il y a .... carreaux,*
- *en tout, il y a .... carreaux.*

Comme sur le schéma ci-dessous, sur le grand quadrillage, trace les traits épais, colorie puis complète.

Il y a .... carreaux jaunes.
Il y a .... carreaux verts.
Il y a .... carreaux bleus.
Il y a .... carreaux blancs.

1

L'écureuil et Nina calculent 5 fois 25.

Continue le travail de l'écureuil et observe comment Nina calcule.

Je calcule 2 fois 25, puis 3 fois 25, puis 4 fois 25, puis 5 fois 25.

25 + 25 = ...
25 + 25 + 25 = ...
25 + 25 + 25 + 25 = ...
25 + 25 + 25 + 25 + 25 = ...

Je sais que 4 fois 25 c'est 100. 5 fois 25 c'est 125.

L'écureuil et Léo calculent 7 fois 25.

Continue le travail de l'écureuil et observe comment Léo calcule.

25 + 25 + 25 + 25 + 25 + 25 = ...
25 + 25 + 25 + 25 + 25 + 25 + 25 = ...

Je continue : 6 fois 25...

Je sais que 8 fois 25, c'est 200. 7 fois 25, c'est juste avant 200, c'est 175.

2

1. « 100, c'est 4 fois 25 »

Il s'agit d'établir le repère 4 fois 25, 100. Pour cela, on demande aux élèves de dénombrer les cases d'un damier carré de 100 carreaux représenté sur le fichier, puis de le partager en 4 zones égales et de dénombrer les cases de chaque zone. Ils constatent que chaque zone contient un groupe de 25 carreaux. On commente cette décomposition ainsi : « *100, c'est 4 groupes de 25 ou 4 fois 25* ». Pour établir « 2 fois 25, 50 » et « 3 fois 25, 75 », il est bon alors de demander combien il y a de carreaux dans 2 groupes de 25, par exemple ceux de la zone jaune et de la verte (celles du haut), dans 3 groupes de 25, par exemple ceux de la zone jaune, de la verte et de la bleue.

2 et 3. Les multiples de 25

Matériel

L'objectif principal est de mettre en valeur le rôle des résultats-repères 4 fois 25, 8 fois 25 et 12 fois 25 lorsqu'on veut calculer un multiple de 25. Pour faciliter cet enseignement, l'enseignant aura préparé un panneau de damiers comme ci-contre.

Ce panneau restera affiché pendant plusieurs semaines et servira de support pour aider les enfants à mémoriser et utiliser les résultats-repères. Pour réaliser ce panneau, on peut utiliser un damier qui est à télécharger sur le site japprendslesmaths.fr.

Dès que les performances des élèves le permettront, on ôtera les écritures sous les damiers et l'on pourra limiter l'affichage à celui des 3 derniers damiers.

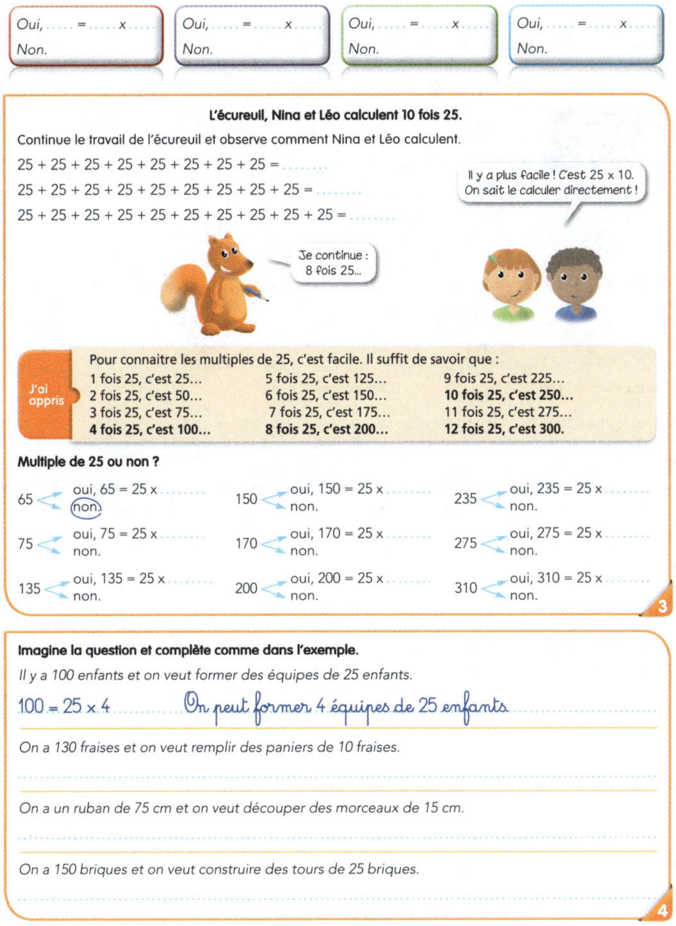

Oui, ... = ... x .....
Non.

Oui, ... = ... x .....
Non.

Oui, ... = ... x .....
Non.

Oui, ... = ... x .....
Non.

L'écureuil, Nina et Léo calculent 10 fois 25.

Continue le travail de l'écureuil et observe comment Nina et Léo calculent.

25 + 25 + 25 + 25 + 25 + 25 + 25 + 25 = ...

25 + 25 + 25 + 25 + 25 + 25 + 25 + 25 + 25 = ...

25 + 25 + 25 + 25 + 25 + 25 + 25 + 25 + 25 + 25 = ...

J'ai appris

Pour connaitre les multiples de 25, c'est facile. Il suffit de savoir que :

1 fois 25, c'est 25...	5 fois 25, c'est 125...	9 fois 25, c'est 225...
2 fois 25, c'est 50...	6 fois 25, c'est 150...	**10 fois 25, c'est 250...**
3 fois 25, c'est 75...	7 fois 25, c'est 175...	11 fois 25, c'est 275...
4 fois 25, c'est 100...	**8 fois 25, c'est 200...**	**12 fois 25, c'est 300.**

Multiple de 25 ou non ?

65 : oui, 65 = 25 x .... / (non)	150 : oui, 150 = 25 x .... / non.	235 : oui, 235 = 25 x .... / non.
75 : oui, 75 = 25 x .... / non.	170 : oui, 170 = 25 x .... / non.	275 : oui, 275 = 25 x .... / non.
135 : oui, 135 = 25 x .... / non.	200 : oui, 200 = 25 x .... / non.	310 : oui, 310 = 25 x .... / non.

3

Imagine la question et complète comme dans l'exemple.

Il y a 100 enfants et on veut former des équipes de 25 enfants.

100 = 25 x 4 .... On peut former 4 équipes de 25 enfants

On a 130 fraises et on veut remplir des paniers de 10 fraises.

On a un ruban de 75 cm et on veut découper des morceaux de 15 cm.

On a 150 briques et on veut construire des tours de 25 briques.

4

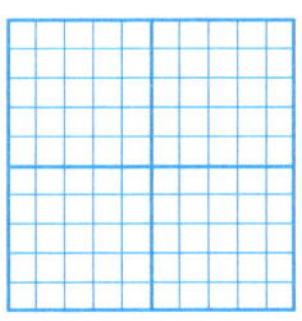

4 fois 25, 100

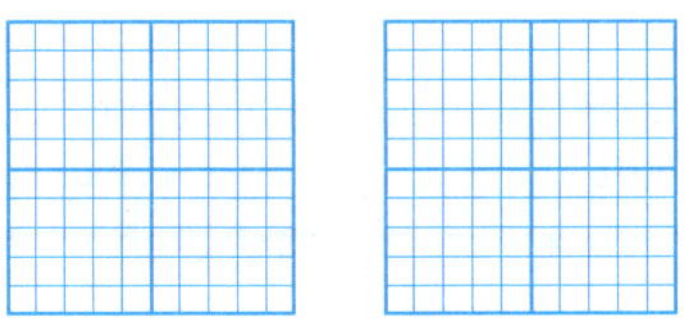

8 fois 25, 200

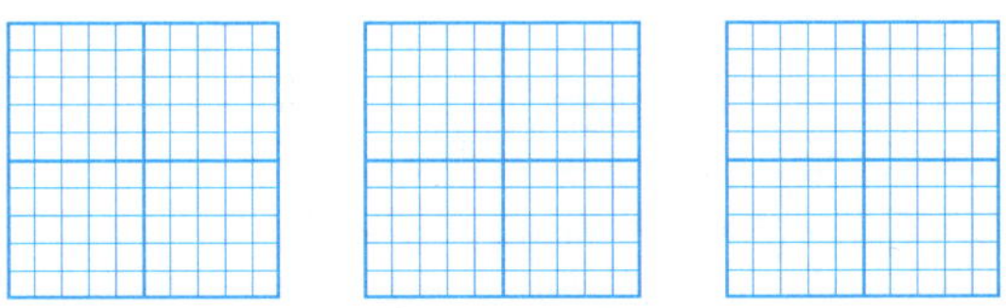

12 fois 25, 300

Il est bon également de prévoir un affichage parallèle, qui pourra figurer quelque temps en dessous de celui-ci et qui reprendra, à la fin de la séquence, le *J'ai appris*, mais en ne complétant que les résultats-repères :

1 fois 25, 25	5 fois 25,...	9 fois 25,...
2 fois 25,...	6 fois 25,...	**10 fois 25, 250**
3 fois 25,...	7 fois 25,...	11 fois 25,...
4 fois 25, 100	**8 fois 25, 200**	**12 fois 25, 300**

Déroulement des activités 2 et 3

On commence par afficher le panneau et par écrire le résultat-repère « 4 fois 25, 100 » sous le premier damier. L'enseignant interroge ensuite sur le nombre de carreaux dans les 2 damiers suivants. Des élèves ont besoin d'effectuer les calculs de proche en proche. On fera remarquer qu'on pouvait d'emblée savoir qu'il y a 8 groupes de 25 carreaux (4 et 4) et 200 carreaux (100 et 100). On écrit « 8 fois 25, 200 » sous ces deux damiers. Même démarche pour les 3 derniers damiers.

On peut alors revenir au fichier. Les élèves vont apprendre ici à se servir du repère « 4 fois 25, 100 » pour calculer 5 fois 25, puis 6 fois 25. Là encore, on fait comparer deux stratégies :
– pour chercher 5 fois 25, l'écureuil parcourt la suite des multiples de 25 (2 fois 25, 50 ; 3 fois 25, 75, etc.) ;
– Nina s'appuie sur ce qu'elle sait maintenant : 4 fois 25, c'est 100, donc 5 fois 25,...
Les élèves effectuent d'abord les calculs de l'écureuil. On s'intéresse ensuite à la méthode de Nina. Sur le panneau de damiers affichés au tableau, on fait expliciter la stratégie de Nina.

On passe alors à la seconde partie de l'activité et au calcul de 7 fois 25. L'écureuil ne change pas de stratégie. On analyse celle de Léo, là aussi en utilisant le panneau de damiers.

Pour le calcul de 10 fois 25 dans l'activité 3, on fait expliciter le passage de l'addition réitérée 10 fois 25 à l'addition réitérée 25 fois 10 (on sait que c'est le même nombre et qu'il est plus facile d'ajouter des 10). Mais il est bon de retrouver aussi ce résultat sur les damiers : c'est 8 fois 25, 200 et encore 50.
Cette phase de l'activité se conclut en résumant les résultats-repères sous la forme d'un affichage (*cf.* Matériel).

L'enseignant peut introduire collectivement les calculs qui suivent (*Multiple de 25 ou non ?*). Les élèves sont invités à se servir des damiers et de la liste des résultats-repères. Quand on revient au fichier, on fait cacher le *J'ai appris* (qui donne tous les multiples de 25).

4. Problèmes de quotition (reste nul)

L'activité peut commencer par une résolution collective du premier problème alors que le fichier est fermé. L'enseignant écrit au tableau : « Il y a 100 enfants et on veut former des équipes de 25 enfants ». Il interroge les élèves sur ce que l'on peut chercher. La question n'est pas posée mais l'énoncé (on veut...) induit assez directement cette question. On fera expliciter que pour répondre, il faut chercher « Dans 100 enfants, combien de fois y a-t-il 25 enfants ? », c'est-à-dire : « En 100, combien de fois 25 ? ». L'égalité 100 = 25 x 4 est écrite et la réponse rédigée.
Les élèves ouvrent leur fichier, reconnaissent le problème précédent ainsi que sa solution et sont invités à résoudre les trois problèmes suivants de manière autonome. De façon individualisée, l'enseignant pourra aider les élèves les plus fragiles à trouver la question correspondant à chacun de ces problèmes.

Objectifs

Séquence 45, avec le jeu *Le compte est bon !*, on introduit ici une nouvelle activité qui reviendra régulièrement jusqu'à la fin de l'année (voir aussi divers cas proposés dans les « Activités complémentaires », dans différentes pages du *Guide pédagogique*).
Cette activité est très formatrice. Par exemple, pour trouver 196 à partir des nombres 1, 3, 8 et 25, les enfants sont d'abord amenés à chercher quelle opération sur deux de ces nombres permet d'approcher 196. Ayant étudié les multiples de 25, ils peuvent voir que la multiplication 8 x 25 = 200 les conduit très près de 196 ; en calculant l'écart entre la cible (196) et l'étape 200, ils peuvent alors trouver facilement comment utiliser les nombres 3 et 1 pour atteindre la cible : 196 = 200 – (3 + 1). Comme on le voit dans cet exemple, les enfants sont mis dans une situation de recherche où ils doivent souvent essayer plusieurs solutions. Mais ils peuvent guider leur tâtonnement en s'appuyant sur des approximations ; ils consolident du même coup leurs connaissances des ordres de grandeur des nombres et approfondissent leurs compétences en calcul, dans l'addition, la soustraction et la multiplication. C'est aussi une situation stimulante. On sera parfois surpris de constater que tel enfant qu'on croyait peu intéressé par les mathématiques refuse qu'on lui donne la solution et demande un temps supplémentaire, ou d'apprendre que tel autre a passé une partie de sa soirée à la maison à chercher la solution.
L'objectif principal, ici, est de s'approprier la règle du jeu (un peu différente de celle du jeu télévisé) et les procédures de recherche.

Dans la séquence 46, les élèves revoient la lecture de l'heure. Ici, on vise surtout à ce qu'ils puissent lire l'heure sur un cadran ordinaire où les minutes ne sont pas chiffrées de manière spécifique (5, 10, 15,...). C'est aussi une nouvelle occasion d'observer le déplacement de la petite aiguille, qu'il faut prendre en compte pour bien lire l'heure : à 8 h 50 par exemple, elle se trouve tout près du 9, mais il n'est pas encore 9 heures. D'où l'activité 2, où les élèves sont amenés à estimer l'heure sur une horloge dont on a enlevé la grande aiguille.

Activités — Séquence 45

Début des tables de 6 à 10 (puis : 8 fois 20 ; 10 fois 40...)

L'interrogation porte sur l'ensemble des tables de 6 à 10. Dans un deuxième temps, l'enseignant interroge : « 8 fois 20... », « 10 fois 40... »... La validation se fait en faisant référence à « 8 fois 2 dizaines... », « 10 fois 4 dizaines... ».

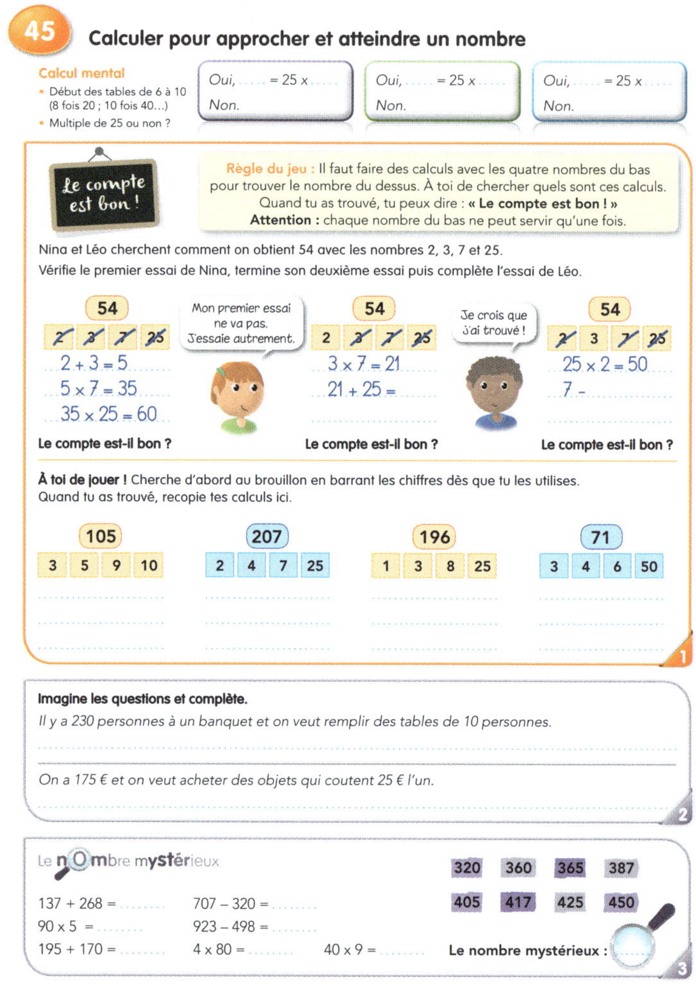

45 Calculer pour approcher et atteindre un nombre

Calcul mental
- Début des tables de 6 à 10 (8 fois 20 ; 10 fois 40...)
- Multiple de 25 ou non ?

Oui, ... = 25 x ...... Non. | Oui, ... = 25 x ...... Non. | Oui, ... = 25 x ...... Non.

Le compte est bon !

Règle du jeu : Il faut faire des calculs avec les quatre nombres du bas pour trouver le nombre du dessus. À toi de chercher quels sont ces calculs. Quand tu as trouvé, tu peux dire : **« Le compte est bon ! »**
Attention : chaque nombre du bas ne peut servir qu'une fois.

Nina et Léo cherchent comment on obtient 54 avec les nombres 2, 3, 7 et 25.
Vérifie le premier essai de Nina, termine son deuxième essai puis complète l'essai de Léo.

54 — 2 3 7 25
2 + 3 = 5
5 x 7 = 35
35 x 25 = 60
Le compte est-il bon ?

Mon premier essai ne va pas. J'essaie autrement.

54 — 2 3 7 25
3 x 7 = 21
21 + 25 =
Le compte est-il bon ?

Je crois que j'ai trouvé !

54 — 2 3 7 25
25 x 2 = 50
7 –
Le compte est-il bon ?

À toi de jouer ! Cherche d'abord au brouillon en barrant les chiffres dès que tu les utilises. Quand tu as trouvé, recopie tes calculs ici.

105 — 3 5 9 10
207 — 2 4 7 25
196 — 1 3 8 25
71 — 3 4 6 50

1

Imagine les questions et complète.
Il y a 230 personnes à un banquet et on veut remplir des tables de 10 personnes.
On a 175 € et on veut acheter des objets qui coutent 25 € l'un.

2

Le nombre mystérieux

137 + 268 = ... 707 – 320 = ...
90 x 5 = ... 923 – 498 = ...
195 + 170 = ... 4 x 80 = ... 40 x 9 = ...

320 360 365 387
405 417 425 450

Le nombre mystérieux :

3

Multiple de 25 ou non ?

En cas de réponse « oui », les élèves écrivent l'une des deux multiplications possibles qui justifient cette réponse.

1. Le compte est bon !

La meilleure manière de s'approprier un jeu, ses règles et les stratégies qui permettent de réussir consiste à le pratiquer avec d'autres qui le connaissent. C'est pourquoi, avant de se servir de l'exemple du fichier, nous conseillons de résoudre collectivement trois ou quatre problèmes qui permettront d'envisager des combinaisons de calculs suffisamment diverses.

Activité préliminaire

L'enseignant propose successivement au tableau les quatre recherches suivantes :
- atteindre 95 avec les nombres 2, 7, 9 et 10 ;
- atteindre 258 avec les nombres 4, 6, 8 et 25 ;
- atteindre 65 avec les nombres 2, 8, 9 et 50 ;
- atteindre 86 avec les nombres 2, 4, 7 et 25.

Nous donnons les quatre solutions : (9 x 10) + (7 – 2) ; ((4 + 6) x 25) + 8 ; 50 + 9 + 8 – 2 ; (4 x 25) – (2 x 7).
Les nombres peuvent être présentés au tableau d'une manière similaire à celle du fichier. L'enseignant peut lancer l'activité en demandant si les enfants connaissent le jeu pratiqué avec des nombres dans l'émission télévisée *Des chiffres et des lettres*. Il annonce que l'on va jouer à un jeu qui ressemble à celui-ci.
D'emblée, on traite collectivement le premier exemple. Il faut faire des calculs avec les nombres 2, 7, 9 et 10 pour obtenir exactement le nombre 95. On essaie chaque solution proposée

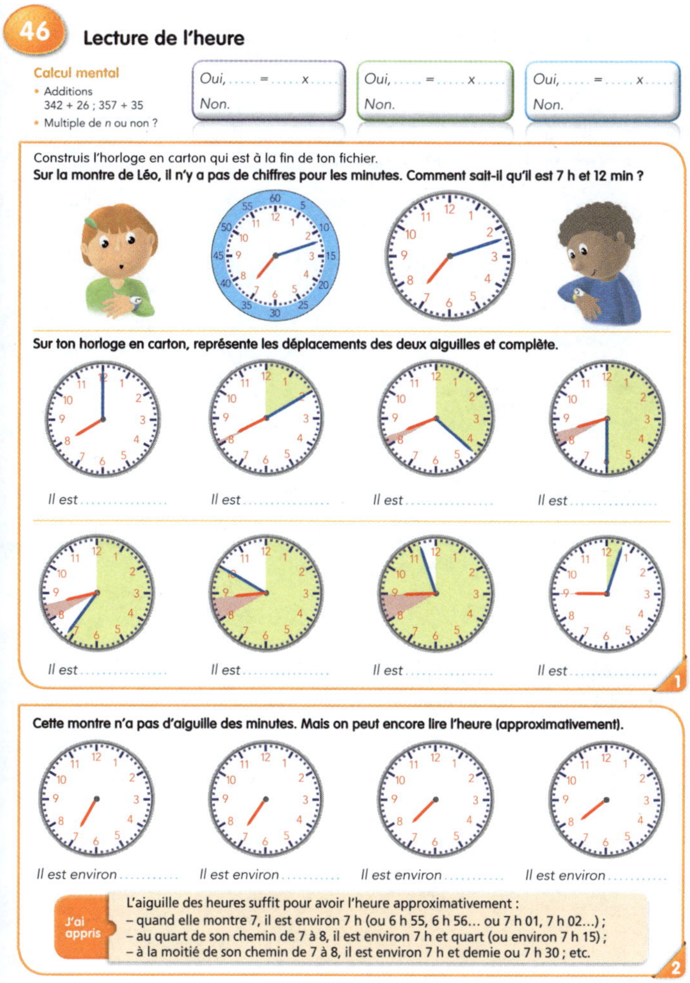
46 **Lecture de l'heure**

Calcul mental
- Additions 342 + 26 ; 357 + 35
- Multiple de *n* ou non ?

Oui, ... = ... x .....
Non.

Oui, ... = ... x .....
Non.

Oui, ... = ... x .....
Non.

Construis l'horloge en carton qui est à la fin de ton fichier.
Sur la montre de Léo, il n'y a pas de chiffres pour les minutes. Comment sait-il qu'il est 7 h et 12 min ?

Sur ton horloge en carton, représente les déplacements des deux aiguilles et complète.

Il est .... *Il est* .... *Il est* .... *Il est* ....

Il est .... *Il est* .... *Il est* .... *Il est* ....

1

Cette montre n'a pas d'aiguille des minutes. Mais on peut encore lire l'heure (approximativement).

Il est environ .... *Il est environ* .... *Il est environ* .... *Il est environ* ....

J'ai appris
L'aiguille des heures suffit pour avoir l'heure approximativement :
– quand elle montre 7, il est environ 7 h (ou 6 h 55, 6 h 56… ou 7 h 01, 7 h 02…) ;
– au quart de son chemin de 7 à 8, il est environ 7 h et quart (ou environ 7 h 15) ;
– à la moitié de son chemin de 7 à 8, il est environ 7 h et demie ou 7 h 30 ; etc.

2

jusqu'au bout, même si, d'évidence, elle parait mal engagée. Au fur et à mesure, les divers calculs sont notés et les nombres utilisés sont barrés.

C'est au cours de cette recherche que les enfants comprendront que toutes les opérations sont permises, qu'on peut utiliser les nombres dans l'ordre que l'on désire, qu'on ne peut les utiliser qu'une fois, mais qu'on peut « fabriquer » des nombres intermédiaires utiles à la solution (par exemple 5 avec 7 – 2), etc.

Le 2e exemple peut être traité d'abord individuellement par les enfants qui disent pouvoir chercher seuls, tandis que les autres cherchent collectivement avec l'enseignant. La mise en commun permet de vérifier les solutions proposées et de contrôler si les règles du jeu ont été respectées.

On suit la même démarche avec le 3e et le 4e exemples.

Activité sur le fichier

Le problème du fichier (atteindre 54 avec 2, 3, 7 et 25) est reproduit au tableau. On essaie de comprendre les deux premiers essais de Nina en reprenant son cheminement : les nombres sont barrés au fur et à mesure de leur utilisation, les opérations correspondantes sont écrites en dessous. Même démarche pour l'essai de Léo, qu'on achève collectivement.

Les autres cas sont traités individuellement. Si des enfants se trouvent bloqués longtemps sur l'un d'entre eux, on pourra les inviter à passer aux suivants. Lors de la mise en commun, s'il s'avère que des enfants n'ont pas réussi à résoudre un ou plusieurs cas, plutôt que de donner l'ensemble de la solution, il est préférable de les aider à la trouver en les mettant sur la voie. Par exemple, pour le cas « atteindre 207 avec 2, 4, 7, 25 », on peut demander comment approcher 200 avec 25, ce qui amènera aussitôt beaucoup d'enfants à comprendre qu'il faut chercher comment obtenir 8 avec les autres nombres.

Voici les solutions des 4 cas proposés dans le fichier :
105 = (9 x 10) + (3 x 5) ; 207 = (2 x 4 x 25) + 7 ;
196 = (8 x 25) – (3 + 1) ; 71 = 50 + (6 x 4) – 3.

Activités Séquence 46

Additions *(142 + 26 ; 219 + 52)*

Selon le niveau des élèves, le calcul est écrit ou non au tableau.

Multiple de n ou non ?

Les cas sont mélangés.

1. Lecture de l'heure

Activités préliminaires

On se sert du matériel individuel (horloge en carton), de l'horloge de la classe et d'un gros réveil. Les élèves montent leur horloge et la mettent à la même heure que celle de l'horloge de la classe, par exemple 8 h 47. On apprend alors à utiliser les repères 1, 2, 3… pour exprimer le nombre de min : entre deux repères, la grande aiguille parcourt 5 min et on compte alors 5, 10, 15, 20, etc. (on fait tourner ainsi le réveil de 5 min en 5 min en avançant de 60 min ou 1 h, de 8 h à 9 h). Si la grande aiguille est entre le 9 et le 10, elle indique donc plus de 45 et moins de 50 min. Ce sont les repères non numérotés qu'il faut alors compter : « 45, 46, 47 ». Sur le réveil, l'enseignant affiche d'autres heures et les élèves font de même avec leur horloge en carton : quelle heure est-il ? En affichant des heures qui se succèdent toutes les 10 à 15 min, on remarque alors le déplacement de la petite aiguille : quand il est 8 h 47 min, elle se trouve un peu avant le 9 (il n'est pas encore 9 h) ; quand il est 9 h 8 min, elle a dépassé le 9 ; quand il est 9 h 30 min, elle est à mi-chemin entre le 9 et le 10 ; etc.

Du coup, on comprend aussi qu'avec la seule aiguille des heures, on peut lire approximativement l'heure : l'enseignant retire l'aiguille des min d'une horloge en carton et y affiche diverses heures. Les élèves doivent estimer l'heure et l'afficher *avec les deux aiguilles* sur leur horloge en carton. On se place surtout dans les trois sortes de cas suivants :

– l'aiguille des h est sur le 10, il est environ 10 h (10 h ou juste avant, 9 h 57, 58, 59, ou juste après, 10 h 1, 2, 3, 4) ;
– l'aiguille des h est à mi-chemin entre le 10 et le 11, il est environ 10 h 30 ou 10 h et demie (ou juste avant, 10 h 27, 28, 29, ou juste après, 10 h 31, 32, 33) ;
– il est environ 9 h 15 ou 9 h 45 (1/4 ou 3/4 d'heure).

Dans chaque cas, on vérifie sur le réveil : on place son aiguille des h dans la même position que celle indiquée par l'horloge en carton du maitre et on observe la position de l'aiguille des min. Cela amène à distinguer, d'une part, des réponses différentes mais toutes plausibles, et, d'autre part, des réponses impossibles comme 10 h 45 si l'aiguille des h est à mi-chemin entre le 10 et le 11.

Activités sur le fichier

Après une reprise collective de la situation initiale, les élèves travaillent individuellement.

Objectifs

Lors des séquences consacrées aux multiples, les élèves ont résolu des problèmes (*a* est-il un nombre entier de fois *b* ?) qui correspondent à la signification « quotition » de la division. Ils apprennent dans cette séquence à résoudre des problèmes relevant de l'autre signification (*a* partagé en *b* parts égales). Dans les deux cas, les problèmes proposés correspondent à des cas particuliers parce que, d'une part, l'on ne s'intéresse pas au reste concernant les nombres qui ne sont pas un multiple d'un autre, et, d'autre part, parce que les partages proposés ici sont tous exacts. Rappelons (*cf.* l'introduction) qu'une définition de la division ne sera donnée que lors de la séquence 63, mais qu'en revanche, elle sera donnée d'emblée dans le cas général où il existe un reste non nul : la division est une opération arithmétique qui vise à trouver deux nombres, le quotient et le reste.

Dans cette séquence, les élèves apprennent à retrouver rapidement le résultat d'un partage en 2 (respectivement 3, 4 ou 5) lorsque le nombre à partager est inférieur à 20 (respectivement 30, 40 ou 50) et lorsque ce partage est exact. Pour réaliser un tel partage, une stratégie très fréquente consiste à effectuer une distribution 1 à 1 (1 élément dans une part, 1 élément dans l'autre, etc.). Cependant la stratégie qui conduit le plus rapidement au résultat consiste à s'imaginer les 2 (3, 4 ou 5) personnes et à chercher combien il faut mettre d'objets d'emblée devant chacune d'elles. Pour partager 27 objets en 3 parts égales, par exemple, il faut donc imaginer les 3 parts et compléter l'expression : « 3 fois... égalent 27 ». Il suffit donc aux élèves « d'utiliser à l'envers » la table de multiplication par 3 qu'ils ont apprise.

Ainsi, lorsqu'un élève est interrogé sur le résultat d'un partage en 3, par exemple, il lui suffit de penser à la table de multiplication par 3 qu'il a étudiée dans *J'apprends les maths* (celle qui commence par « 3 fois... ») pour accéder au résultat. De manière plus générale, les tables de multiplication étudiées dans *J'apprends les maths* sont celles qui facilitent le mieux l'accès au résultat d'une « multiplication à trous » s'énonçant sous la forme : 3 fois... égalent 15 (ou 18, 21, 24, 27), sous la forme : 4 fois... égalent 20 (ou 24, 28, 32, 36) ou sous la forme : 5 fois... égalent 25 (ou 30, 35, 40, 45). Ces tables sont ainsi celles qui aident le mieux les élèves à imaginer le résultat d'un partage en 3, 4 ou 5 à partir de la connaissance des tables directes. C'est vraisemblablement ce qui explique que la tradition pédagogique ait, pendant presque un siècle, privilégié ces tables. C'est en tout cas ce qui explique le choix pédagogique qui a été le nôtre.

47 **Utiliser les tables de multiplication pour partager en 2 (3, 4...)**

Calcul mental
• Lecture de l'heure

Il est environ ..... h ..... min.	Il est environ ..... h ..... min.	Il est environ ..... h ..... min.

La maitresse demande à Nina et Léo de faire des partages.

a

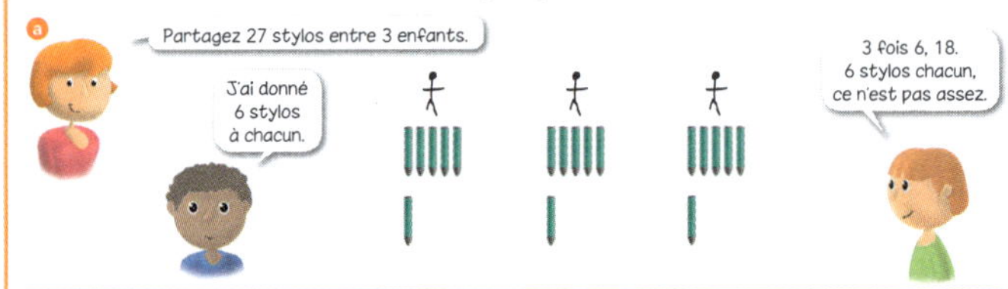

b

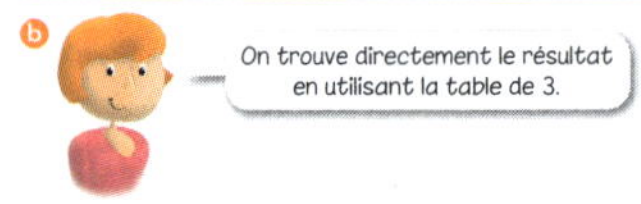

27 partagé en 3, c'est .....

Réponds en imaginant les enfants (si tu as besoin, utilise les tables incomplètes qui sont à la fin de ton fichier).

16 partagé en 2, c'est	15 partagé en 5, c'est	40 partagé en 10, c'est ....
24 partagé en 4, c'est	12 partagé en 2, c'est	12 partagé en 6, c'est ....
21 partagé en 3, c'est	14 partagé en 7, c'est	25 partagé en 5, c'est ....
40 partagé en 5, c'est	27 partagé en 9, c'est	20 partagé en 4, c'est ....

J'ai appris Quand on connait bien la table de 3, c'est facile de partager 6, 9, 12, 15, 18, 21, 24, 27 et 30 en 3 parts égales.
On cherche « **3 fois combien font...** ».

1

Le nombre mystérieux

300 + 160 + 28 = ...	10 x 38 = ...
200 + 240 + 42 = ...	9 x 30 = ...
100 + 350 + 20 = ...	3 x 80 = ...
788 – 259 = ...	50 x 10 = ...
647 – 282 = ...	200 x 2 = ...
694 – 405 = ...	517 – 229 = ...

240	270	288	289
365	370	380	400
470	482	488	500
529			

Le nombre mystérieux : .....

3

Activités Séquence 47

Lecture de l'heure

On reprend l'activité décrite dans la séquence 46 avec une horloge en carton ne comportant que l'aiguille des heures et un réveil. Il s'agit de favoriser un raisonnement sur la proportionnalité des déplacements (quand la petite aiguille parcourt le chemin entre deux graduations des heures, la grande aiguille parcourt un tour complet ; quand la petite aiguille parcourt la moitié du chemin entre 2 graduations des heures, la grande aiguille parcourt un demi-tour ; etc.) :

– si l'aiguille des h est sur le 7, il est environ 7 h, l'aiguille des min est au voisinage du 12, soit un peu avant (il n'est pas encore 7 h), soit un peu après (il est 7 h passées d'1 min, 2 min ou 3 min) ;

– si l'aiguille des h est au quart du chemin entre 7 et 8, il est environ 7 h 15 (ou 7 h et quart), etc. ;

– si l'aiguille des h est à mi-chemin entre 7 et 8, il est donc environ 7 h 30 min et l'aiguille des min est au voisinage de 30, soit un peu avant, soit un peu après.

Dans chaque cas, on fait vérifier que la position de la grande aiguille prévue par les élèves correspond approximativement à celle que donne le réveil.

Nous conseillons à l'enseignant de reprendre, dans les jours suivants, cette activité à divers moments de la journée. Ce sera aussi l'occasion d'aborder les expressions « et quart », « moins le quart » et de dire l'heure PM des deux façons (« 2 h 45 min » et « 14 h 45 » par exemple).

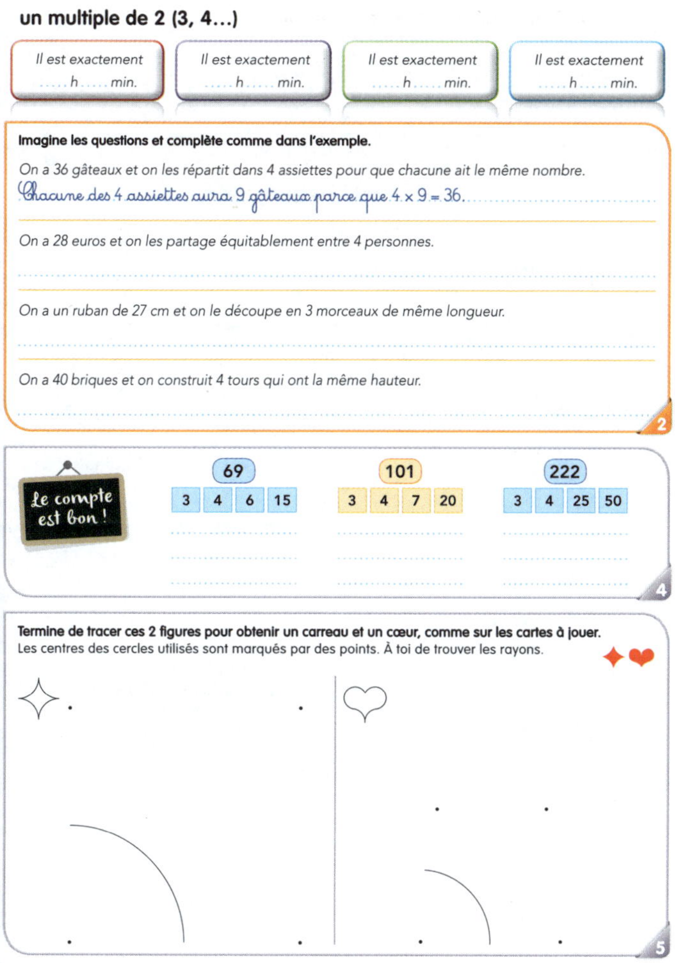

1. Partager en 2 (3, 4 ou 5)

Activité préliminaire

Elle commence fichier fermé alors que les élèves disposent de leur ardoise. L'enseignant a préparé une collection de 45 jetons (4 boites pleines et encore 5) ou de 45 cubes emboitables (4 barres de dix et encore 5). Après avoir vérifié collectivement que la collection contient bien 45 jetons (ou 45 cubes) grâce au groupement par 10, les jetons sont tous sortis des boites (ou les barres sont brisées). Par ailleurs, l'enseignant choisit 5 élèves et pose le problème : « *On veut partager équitablement les 45 jetons entre ces 5 enfants ; combien de jetons faut-il donner à chacun ?* ».

Après un temps de recherche individuelle, un échange est organisé afin d'expliciter les différentes procédures utilisées. Certains élèves proposeront vraisemblablement 9 comme solution parce que « 5 fois 9, c'est 45 ».Une façon de faire comprendre le raisonnement à l'ensemble des élèves consiste à dissimuler les 45 jetons derrière un livre ouvert ou un cartable (ou n'importe quel objet permettant le masquage), à distribuer 6 jetons à chacun des 5 élèves et à conduire le type de dialogue suivant :

– « *Chacun des 5 enfants a reçu 6 jetons ; est-ce que j'ai fini la distribution des 45 jetons ?*

– *Non, parce que "5 fois 6, 30".*

– *Vous avez raison, il y en a encore derrière le livre.* »

L'enseignant donne un nouveau jeton à chacun des élèves : « *Et maintenant, est-ce que j'ai fini la distribution des 45 jetons ?* »

Après cet exemple, l'enseignant demande aux élèves de prendre leur carton avec les tables de multiplication incomplètes et il les interroge pour savoir s'il y aurait un moyen de trouver directement la solution : comme 5 fois 10, 50 (c'est plus que 45), 10 jetons pour chaque élève ce n'est pas possible ; la solution est juste avant 10, c'est 9 parce que « 5 fois 9, 45 ».

Activité sur le fichier

Le fichier est ensuite ouvert et le travail de Léo et Nina commenté ; là encore, l'usage de la table de multiplication de 3 permet d'obtenir directement la solution : « 27 partagé en 3, c'est 9 parce que 3 fois 9 égalent 27 ». L'enseignant interroge ensuite sur quelques partages en 2, 3, 4 ou 5 (dans tous les cas, il s'agit de partages exacts et l'interrogation se fait sur ardoise) avant que les élèves réalisent de façon autonome les différents partages demandés.

2. Résolution de problèmes correspondant à des partages exacts

L'activité peut commencer par une résolution collective du premier problème alors que le fichier est fermé. L'enseignant écrit au tableau : « On a 36 gâteaux et on les répartit dans 4 assiettes pour que chacune ait le même nombre ». Il interroge les élèves sur ce que l'on peut chercher. La question n'est pas posée mais l'énoncé et le contexte d'une leçon sur le partage induit assez directement cette question : répartir 36 gâteaux dans 4 assiettes pour qu'il y ait le même nombre de gâteaux dans chaque assiette, cela revient à partager équitablement les 36 gâteaux en 4 parts égales. On fera expliciter que pour répondre, il faut chercher « 4 fois combien égalent 36 ? ». La réponse est écrite au tableau ainsi que l'égalité 4 x 9 = 36.
Les élèves ouvrent leur fichier, reconnaissent le problème précédent ainsi que sa solution et sont invités à résoudre les trois problèmes suivants de manière autonome. De façon individualisée, l'enseignant pourra aider les élèves les plus fragiles à trouver la question correspondant à chacun de ces problèmes et à faire le lien entre la situation proposée et le partage.

Remarque

Pour l'essentiel, les cas proposés correspondent à des partages en 2, 3, 4 ou 5. Quelques cas cependant sont rencontrés du type « 21 partagés en 7 parts égales » : ce sont des cas où le partage se fait par 6, 7, 8 ou 9 mais on a été attentif à ce que le nombre partagé soit un résultat du début des tables de multiplication correspondantes : tables de 6, 7, 8 ou 9.

Activité complémentaire

Le loto des additions

Ce jeu est un entrainement ludique au calcul sur les sommes < 100. Il est décrit page 219, avec divers exemples de planches adaptées à la révision des différentes stratégies de calcul.

L'enseignant trouvera au début du Guide pédagogique des indications générales sur l'animation des PAC.

Activités Séquence 48

12 partagé en 2 ; 32 partagé en 4

L'interrogation porte sur les partages en 2, 3 et 4. Les élèves qui le peuvent n'utilisent pas le carton sur lequel figurent les tables incomplètes.

Tables de 2, 3 et 4 (puis : 3 fois 80 ; 4 fois 30…)

L'interrogation porte sur les tables de 2, 3 et 4. Dans un deuxième temps, l'enseignant interroge : « 3 fois 80… », « 4 fois 30… »… La validation se fait en référence à « 3 fois 8 dizaines… », « 4 fois 3 dizaines… ». Les élèves qui le peuvent n'utilisent pas le carton sur lequel figurent les tables incomplètes.

1. Apprendre à se représenter une situation et à la schématiser pour résoudre un problème

L'animation de ce PAC est identique à celle des précédents. Une activité préliminaire (travail sur le questionnement) permet de s'assurer que tous les élèves cherchent à comprendre l'énoncé qui leur est proposé. L'activité sur le fichier, elle, permet d'expliciter les caractéristiques d'une bonne résolution lorsque l'activité préliminaire n'a pas déjà conduit à le faire.

Activité collective préliminaire : déterminer la question d'un énoncé

Alors que le fichier est fermé, l'enseignant écrit au tableau le début de l'énoncé du cadre 1 : « Mme Dubois a 5,65 € dans son portemonnaie. Elle achète un gâteau à 2,70 €. »

Il invite les enfants à déterminer individuellement ce qu'on peut chercher. Après échange, la question portant sur ce qui reste à Madame Dubois est écrite au tableau et l'enseignant laisse un temps de recherche individuelle avant d'échanger à nouveau sur les différentes valeurs numériques trouvées et les différentes procédures utilisées.

Si les stratégies utilisées par les élèves de la classe sont celles utilisées par les élèves fictifs du fichier (Cécile, Mélanie et Sébastien), la discussion sera d'emblée très proche de celle décrite ci-dessous à partir des productions des élèves fictifs.

Activité sur le fichier

Après avoir remarqué que le problème figurant dans le cadre 1 du fichier est celui qui vient d'être résolu, on passe alors à l'analyse des trois schémas censés correspondre au travail d'élèves.

- Sébastien a dessiné la somme d'argent initiale avec des pièces puis il a barré une somme correspondant à la dépense.

48 Problèmes pour apprendre à chercher

Calcul mental
- 12 partagé en 2 ; 32 partagé en 4
- Tables de 2, 3 et 4 (3 fois 80 ; 4 fois 30…)

Problème — Madame Dubois a 5,65 € dans son porte-monnaie. Elle achète un gâteau à 2,70 €.
Combien d'argent lui reste-t-il dans son porte-monnaie ?

Voici les solutions de Sébastien, Cécile et Mélanie. Entoure la ou les bonnes solutions.
Pourquoi la ou les autres ne conviennent-elles pas ?

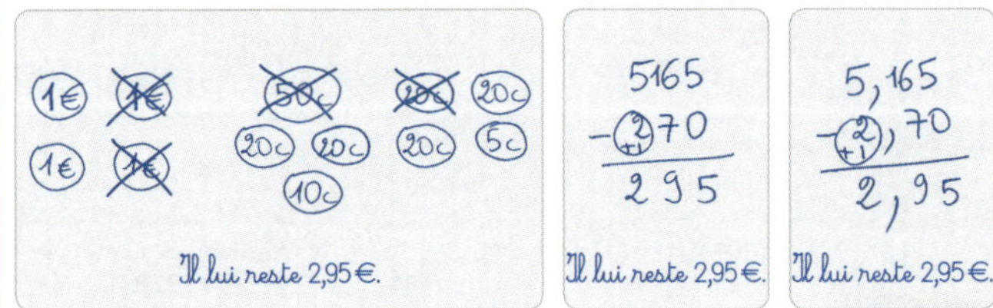

Sébastien — Cécile — Mélanie

Problèmes — À résoudre sur le cahier

Résous ces problèmes (tu peux faire un schéma, écrire une égalité ou expliquer ta solution).

1. Dans la classe de Mme Girard, il y a 20 élèves. Elle leur demande de former des équipes de 5 pour un tournoi de balle au prisonnier. **Combien d'équipes de 5 les élèves pourront-ils former ?**
2. Une école maternelle a commandé 60 boites de 4 crayons noirs. **Combien de crayons noirs cette école a-t-elle commandés ?**
3. Antoine vient d'acheter un DVD 8,60 €. Dans un catalogue, il voit le même DVD au prix de 5,95 €. **Combien d'argent aurait-il pu économiser ?**
4. Un fleuriste a composé 6 bouquets de 25 tulipes. **Combien de tulipes a-t-il utilisées pour faire ces 6 bouquets ?**
5. Dans une librairie, les sachets d'images de footballeurs sont vendus 3 € l'un. Le libraire vend 15 sachets d'images. **Combien d'argent reçoit-il ?**
6. Dans sa tirelire, Clément n'a que des pièces de 2 € et de 1 €. En tout, il a 7 pièces. Il compte son argent et trouve qu'il a 11 €. **Combien de pièces de 2 € et combien de pièces de 1 € y a-t-il dans sa tirelire ?**

- Cécile a calculé la soustraction 565 – 270. À ce moment, elle a raisonné en centimes. Cependant sa réponse est incorrecte parce qu'elle répond qu'il reste 295 €.
- Mélanie a calculé la même soustraction mais en gardant la virgule. On remarque que cette soustraction se calcule comme celle portant sur les centimes.

2. Problèmes divers

1. Problème de quotition (*En 20, combien de fois 5 ?*).
2. Problème de multiplication qui conduit à se représenter 60 fois 4 alors que le calcul facile est celui de 4 fois 60.
3. Différence de deux prix en euros.
4. Problème de multiplication qui conduit à se représenter et à calculer 6 fois 25.
5. Problème de multiplication qui conduit à se représenter 15 fois 3 alors que le calcul facile est celui de 3 fois 15.
6. Problème à plusieurs contraintes. Les enfants ne peuvent que tâtonner.

Activités Séquence 49

Lecture de l'heure

Idem séquence 47.

12 partagé en 2… puis tables de 2 à 4

Idem séquence 48.

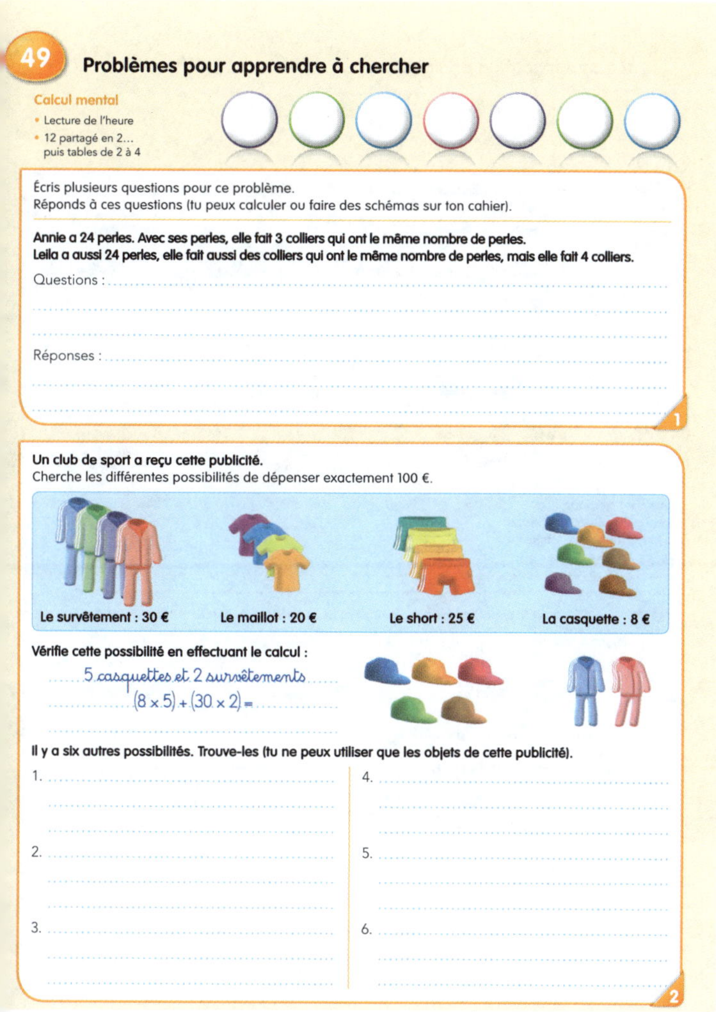

49 **Problèmes pour apprendre à chercher**

Calcul mental
- Lecture de l'heure
- 12 partagé en 2... puis tables de 2 à 4

Écris plusieurs questions pour ce problème.
Réponds à ces questions (tu peux calculer ou faire des schémas sur ton cahier).

Annie a 24 perles. Avec ses perles, elle fait 3 colliers qui ont le même nombre de perles.
Leila a aussi 24 perles, elle fait aussi des colliers qui ont le même nombre de perles, mais elle fait 4 colliers.

Questions : ...

Réponses : ...

1

Un club de sport a reçu cette publicité.
Cherche les différentes possibilités de dépenser exactement 100 €.

Vérifie cette possibilité en effectuant le calcul :
5 casquettes et 2 survêtements
(8 x 5) + (30 x 2) =

Il y a six autres possibilités. Trouve-les (tu ne peux utiliser que les objets de cette publicité).

1. ...
2. ...
3. ...
4. ...
5. ...
6. ...

2

Pour le problème sur le fichier, il faudra encourager les enfants à chercher ; au besoin, on mettra sur la voie d'une nouvelle solution en cas de blocage. Mais cette aide ne doit pas remplacer la recherche individuelle.

La mise en commun permettra d'envisager les 6 possibilités. On fera comprendre que (2 x 25) + 30 + 20 par exemple est la même possibilité que 20 + (2 x 25) + 30.

Voici les 6 possibilités : 25 x 4 ; 20 x 5 ; (30 x 2) + (20 x 2) ; (25 x 2) + 30 + 20 ; (8 x 10) + 20 ; (20 x 3) + (5 x 8).

1. Rédiger plusieurs questions

La situation conduit à plusieurs questions : *Combien y a-t-il de perles dans les colliers d'Annie ? et dans ceux de Leila ? Qui fait les colliers les plus longs ?* On remarquera que si cette dernière question était posée d'emblée, il serait nécessaire de répondre aux deux premières questions pour obtenir la solution. Cette tâche de questionnement apparait ainsi comme un moyen d'apprendre à résoudre des problèmes complexes où les questions intermédiaires ne sont pas posées.

2. Chercher diverses décompositions de 100

Cette situation présente pour principale difficulté le fait que la recherche exhaustive des solutions exige de multiples tâtonnements. Signalons aussi que les élèves revoient ici pour la première fois l'usage des parenthèses.

Il sera nécessaire de s'assurer que les contraintes de la situation sont bien perçues. On peut par exemple commencer collectivement par un problème où il faut dépenser exactement 60 € et pour lequel il y a là aussi diverses solutions : 2 survêtements ; 3 maillots ; 5 casquettes et 1 maillot.

Pour cette dernière solution, l'enseignant écrira au tableau le calcul correspondant avec des parenthèses : (8 x 5) + 20. Il amènera à comprendre que les parenthèses indiquent l'ordre du calcul : la multiplication à l'intérieur des parenthèses d'abord, l'addition ensuite. Il fera observer que sans les parenthèses, on serait aussi tenté de calculer 8 x 25 et que ce n'est ni le même calcul, ni le même résultat (8 x 25 = 200).

Activité complémentaire

« Les 4 coups »

Ce jeu est adapté d'après R. Jégou (*L'École libératrice*, n° 9, nov. 1980). Une autre version est décrite dans *Ermel CE2* (Hatier, pp. 249 et 250).
Nombre de joueurs : de 2 à 4.
Matériel : un dé reconfiguré avec les faces 5, 6, 7, 8, 9 et 10 ; pour chaque partie, une feuille de score comportant une colonne par joueur (par exemple ci-dessous, pour 3 joueurs ou plus) :

	Caroline	Camille	Adrien
2 fois...			
3 fois...			
4 fois...			
5 fois...			
Total 1			
Pénalités			
Total 2			

À tour de rôle, chaque joueur lance le dé. Ce que celui-ci indique peut être utilisé pour compléter «2 fois ... », « 3 fois ... », etc. Par exemple, si Caroline obtient le 7, elle peut choisir 2 fois 7 (ou 3 fois 7, ou 4 fois 7, etc.) et écrire 14 (ou 21, ou 28, etc.) dans la case correspondante.

On continue ainsi pendant 4 tours, chaque joueur choisissant à chaque fois une nouvelle ligne. La partie s'arrête alors et l'on comptabilise l'ensemble des points de chaque joueur. C'est le joueur qui a le plus de points qui gagne.

Le produit doit être vérifié après avoir été annoncé par le joueur, et avant que celui-ci ne l'écrive sur la feuille. Pour cela, un carton des tables complètes du fichier est à la disposition des joueurs (dès qu'il a été utilisé, il est masqué). En cas d'erreur, on note par un bâton qu'il y a une pénalité. À la fin, on retire par exemple 5 points par pénalité.

Bien entendu, dans ce jeu, il y a une part de hasard : si un joueur sort des petits nombres avec le dé, il est désavantagé. Mais il y a aussi une part de stratégie : il vaut mieux remplir le bas de la feuille quand on sort des grands nombres, et il vaut mieux aussi... éviter les pénalités.

Objectifs

Pour calculer « de tête » une multiplication comme 216 x 4, un adulte instruit se dit : « 4 fois 200, 800, 4 fois 10, 40, 840, et 4 fois 6, 24, 864 ». Il décompose le grand nombre en centaines, dizaines et unités (216 = 200 + 10 + 6) et met en œuvre une propriété qu'on appelle la « distributivité de la multiplication sur l'addition » : $(a + b) \times c = (a \times c) + (b \times c)$.
C'est à ce raisonnement qu'on initie les élèves ici, avec la multiplication « en lignes ». Outre qu'il permet d'étendre le domaine de calcul, cet enseignement est une excellente occasion de faire fonctionner la « distributivité », d'approfondir les connaissances en numération (les élèves doivent par exemple calculer des produits partiels comme 70 x 3) et de consolider la connaissance des tables de 3 à 5. On vise à ce qu'ils soient bientôt capables de calculer directement dans les cas les plus faciles, comme 304 x 3 ou 210 x 4 (*cf.* sq 51, activité 3). C'est aussi une façon de préparer l'apprentissage de la multiplication en colonnes par un nombre à un chiffre (sq 58).
Les élèves ont construit les connaissances nécessaires à ces calculs : ils savent décomposer un nombre en centaines, dizaines et unités, ce qui leur permet d'écrire les produits partiels sur la 1re ligne et de comprendre pourquoi on en écrit tantôt deux, tantôt trois ; ils ont appris à calculer les multiplications comme 200 x 3, 30 x 5 et 7 x 4, utilisées dans le calcul des produits partiels sur la 2e ligne (chaque produit partiel met en œuvre un nombre ≤ 5, ce qui correspond aux résultats des tables déjà travaillées) ; ils ont appris à calculer les sommes qui permettent d'obtenir le résultat final sur la dernière ligne.
On réutilise ici un scénario de référence, déjà utilisé au CE1 et dont l'évocation va aider les élèves à planifier et à contrôler leurs calculs : la fée Magibille a trois « pierres multiplicatives » ; l'une « multiplie » les centaines, l'autre les dizaines et la troisième les unités ; lorsqu'il y a un zéro aux dizaines ou aux unités (ou quand le nombre n'a pas de centaine), la pierre correspondante est « au repos ». Ce scénario aidera aussi les élèves à utiliser les parenthèses, dont ils ont déjà revu l'emploi (*cf.* séquence 49).

Activités — Séquence 50

35 partagé en 5 ; 21 partagé en 7

Idem séquence 48 avec la table de 5 et le début des tables de 6 et 7.

Tables de 5, 6 et 7 (puis 5 fois 80 ; 7 fois 30…)

Idem séquence 48 avec la table de 5 et le début des tables de 6 et 7.

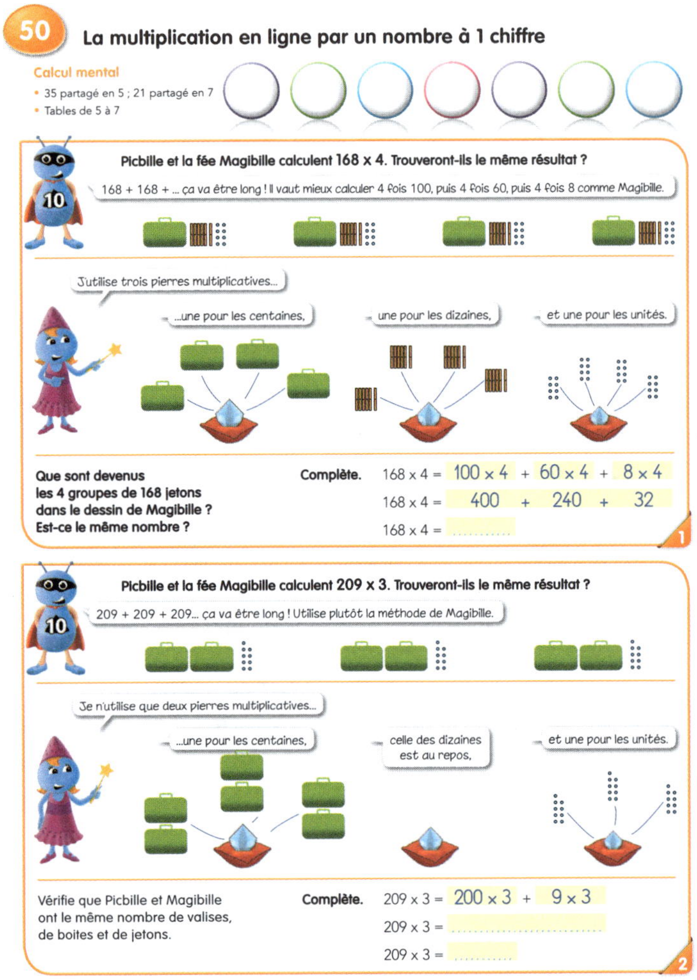

1 à 3. Multiplication en lignes : introduction du scénario

Cadre 1 : calculer une multiplication en lignes quand les trois chiffres sont non nuls

1°) Le calcul de Picbille

L'enseignant annonce qu'il s'agit d'apprendre à calculer des « grandes multiplications », comme 168 x 4, 287 x 3, etc. et écrit au tableau « 168 x 4 =… ». Il fait expliciter que le calcul le plus facile est évidemment « 4 fois 168 ». La discussion permet d'anticiper qu'on pourrait calculer en colonnes 168 + 168 + 168 + 168. Mais l'enseignant indique que, sur le fichier, on voit Picbille et un nouveau personnage, la fée Magibille, qui font ce calcul. Les élèves ouvrent donc leur fichier et sont d'abord amenés à observer que Picbille calcule « 4 fois 168 » : on voit bien une première fois 168, sous la forme d'un groupe de 100, 6 groupes de 10 et 8 unités isolées, une deuxième fois cette même quantité, etc. Cela risque en effet d'être long… La fée Magibille a une méthode plus rapide !

2°) Le calcul de Magibille et le calcul en lignes

L'enseignant fait décrire et expliciter le dispositif utilisé par Magibille : elle a trois pierres multiplicatives, une grande pierre qui multiplie les centaines, une moyenne qui multiplie les dizaines, etc. On explique immédiatement ce qui peut se passer avec un tel dispositif « magique » : Magibille pense à la multiplication 168 x 4 et, avec sa baguette magique, demande à chaque pierre de « faire son travail ». Que fait

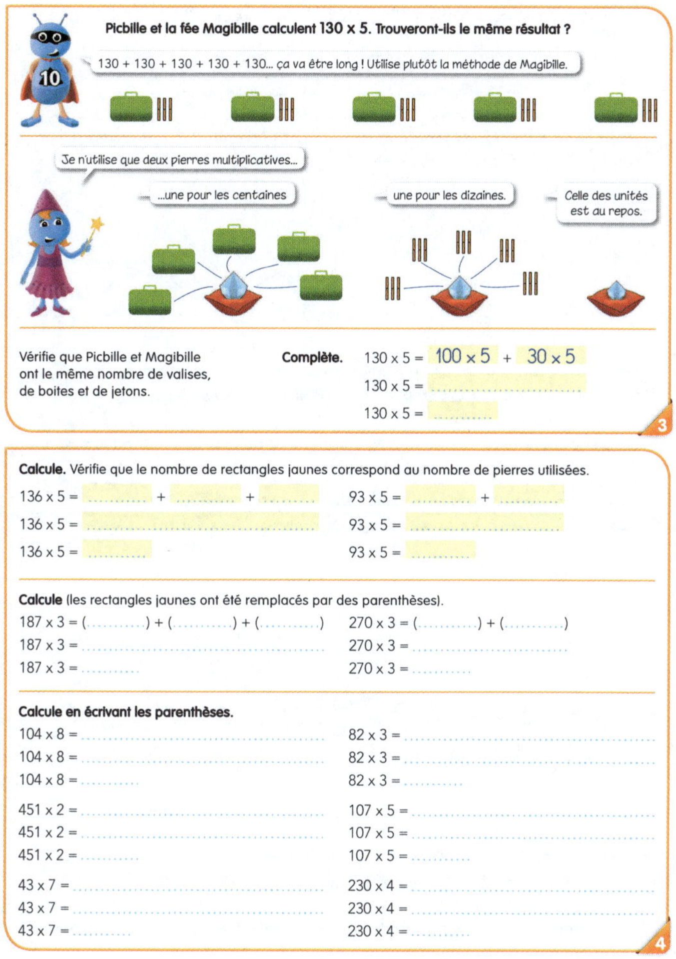
Picbille et la fée Magibille calculent 130 x 5. Trouveront-ils le même résultat ?

130 + 130 + 130 + 130 + 130... ça va être long ! Utilise plutôt la méthode de Magibille.

Je n'utilise que deux pierres multiplicatives...

...une pour les centaines

une pour les dizaines.

Celle des unités est au repos.

Vérifie que Picbille et Magibille ont le même nombre de valises, de boites et de jetons.

Complète. 130 x 5 = 100 x 5 + 30 x 5
130 x 5 = ...
130 x 5 = ...

Calcule. Vérifie que le nombre de rectangles jaunes correspond au nombre de pierres utilisées.

136 x 5 = ... + ... + ...　　93 x 5 = ... + ...
136 x 5 = ...　　93 x 5 = ...
136 x 5 = ...　　93 x 5 = ...

Calcule (les rectangles jaunes ont été remplacés par des parenthèses).

187 x 3 = (..........) + (..........) + (..........)　　270 x 3 = (..........) + (..........)
187 x 3 = ...　　270 x 3 = ...
187 x 3 = ...　　270 x 3 = ...

Calcule en écrivant les parenthèses.

104 x 8 = ...　　82 x 3 = ...
104 x 8 = ...　　82 x 3 = ...
104 x 8 = ...　　82 x 3 = ...

451 x 2 = ...　　107 x 5 = ...
451 x 2 = ...　　107 x 5 = ...
451 x 2 = ...　　107 x 5 = ...

43 x 7 = ...　　230 x 4 = ...
43 x 7 = ...　　230 x 4 = ...
43 x 7 = ...　　230 x 4 = ...

la pierre des centaines ? celle des dizaines ?... On fait formuler la procédure ainsi : il faut calculer « 4 fois 168 » ; dans 168, il y a 1 centaine, la pierre des centaines fait donc apparaitre « 4 fois 100 » ; dans 168, il y a 6 dizaines, la pierre des dizaines fait apparaitre « 4 fois 60 » ; etc.

On s'intéresse alors aux trois lignes du calcul écrit, qui sont reproduites au tableau l'une après l'autre :

- On interprète la 1re ligne en relation avec le scénario. Chaque rectangle jaune correspond au travail d'une pierre : celui de la pierre des centaines avec 100 x 4 (c'est « 4 fois 100 »), celui de la pierre des dizaines avec 60 x 4 (c'est « 4 fois 60 »), celui de la pierre des unités avec 8 x 4 (c'est « 4 fois 8 »). Le signe « + » indique qu'il faudra additionner les résultats de ces 3 multiplications.
- Sur la 2e ligne, pourquoi voit-on « 400 + 240 + 32 » ? Chaque résultat partiel est relié à la fois à la multiplication de la 1re ligne et à la quantité représentée au-dessus de la pierre correspondante.
- Sur la 3e ligne, que va-t-on écrire ? On calcule de gauche à droite : « 400 et 240, 640 et 32, 672 ».

Magibille a-t-elle bien multiplié 168 par 4 ? Y a-t-il le même nombre de groupes de 100, de groupes de 10 et d'unités isolées qu'avec Picbille ? En fait, Magibille fait apparaitre le même nombre de centaines, mais elles sont toutes au-dessus de la pierre multiplicative des centaines ; même commentaire pour les autres ordres de grandeurs. On peut aussi écrire l'addition correspondant au calcul de Picbille : 168 x 4 = 100 + 60 + 8 + 100 + 60 + 8... ce qui aide à y retrouver les « 4 fois 100 », les « 4 fois 60 » et les « 4 fois 8 » du calcul en 3 lignes.

3°) Utiliser la méthode de Magibille

On l'essaie immédiatement pour 287 x 3, par exemple, fichier fermé. Les élèves guident l'enseignant pour ce calcul. Il écrit cette multiplication au tableau et représente en dessous les 3 pierres. Il fait formuler que la pierre des centaines fait apparaitre « 3 fois 200 », celle des dizaines « 3 fois 80 », celle des unités « 3 fois 7 » et schématise ces quantités. On cherche maintenant comment on pourrait connaitre le nombre total. D'où les 3 lignes de calcul. L'enseignant écrit, sous la dictée des élèves, en espaçant bien les produits partiels :

287 x 3 = 200 x 3 + 80 x 3 + 7 x 3.

Sur la 2e ligne, pour le calcul de 80 x 3, il fait utiliser la stratégie habituelle : « 3 fois 8 dizaines, 24 dizaines, 240 ». Il fait calculer la somme des produits partiels de gauche à droite (« 600 et 240, 840 et 21, 861 »), qu'il écrit sur la 3e ligne. L'enseignant peut demander finalement où se trouvent « les 800 » de 861 sur le schéma, au tableau.

Cadres 2 et 3 : calculer une multiplication en lignes en cas d'absence de dizaine ou d'unité

On aborde ici les cas où l'une des pierres est au repos. Les deux cas du fichier (209 x 3 et 130 x 5) sont traités collectivement au tableau suivant la même démarche que pour 287 x 3 (on n'aura pas effacé les pierres déjà dessinées). Pour 209 x 3, on fait formuler qu'on n'a pas besoin de la pierre des dizaines et qu'elle est « au repos ». On fait de même pour celle des unités avec 130 x 5.

On revient alors au fichier où l'on retrouve ces deux multiplications. Pour chacune, l'enseignant fait analyser les illustrations (le calcul de Picbille et celui de Magibille) et fait vérifier que les mêmes quantités y sont à chaque fois représentées. À chaque fois, les élèves terminent le calcul en lignes. Dans les deux cas, on remarque que le nombre de rectangles jaunes correspond à celui des pierres « qui travaillent ».

4. Évocation du scénario

Avant la première partie de l'activité, l'enseignant demande combien de pierres multiplicatives Magibille utiliserait pour chacune des deux multiplications et si le nombre de rectangles jaunes correspond à celui des pierres (on remarquera notamment le cas de 93 x 5, où c'est la pierre des centaines qui est « au repos »). Les élèves travaillent individuellement.

Une façon de préparer à l'usage des parenthèses dans la suite de l'activité peut consister à valider collectivement au tableau les deux cas de multiplications de la première partie en utilisant cette notation : les parenthèses remplacent les rectangles jaunes du fichier.

On fait constater enfin que, dans la suite de l'activité, les rectangles ont disparu. Pourquoi y a-t-il 3 paires de parenthèses dans le premier calcul, 2 paires de parenthèses dans le deuxième calcul ? Que doit-on faire dans les six derniers calculs ?

Objectifs

Dans cette séquence, les enfants apprennent à se servir d'une bande de papier puis du compas pour reporter des longueurs. La situation-problème proposée consiste à trouver la mesure en mm d'une ligne brisée avec la contrainte suivante : on n'a le droit de poser le double décimètre qu'une seule fois sur la feuille. Les élèves découvrent que chacun des deux procédés (usage d'une bande de papier ou du compas) permet de résoudre ce problème : il suffit de reporter successivement chacune des longueurs des portions de la ligne brisée sur une ligne droite ; on peut ensuite conclure en une seule mesure.

Les élèves sont ainsi amenés à se convaincre que les deux procédés de report sont équivalents. Ce faisant, on met à leur disposition un usage « expert » du compas, instrument qu'ils ont associé jusqu'ici au tracé de cercles ou d'arcs de cercles. On souhaite notamment qu'ils assimilent ainsi plus facilement l'écartement des pointes du compas à une longueur. Signalons aussi que ce savoir-faire sera ultérieurement mis au service de l'apprentissage de la division (séquences 61, 63 et 64).

51 **Reporter une longueur avec une bande de papier ou le compas**

Calcul mental
- 35 partagé en 5..., puis tables de 5 à 7
- Multiple de *n* ou non ?

Oui, ... = ... x ...... *Non.*	*Oui,* ...... = ... x ...... *Non.*	*Oui,* ...... = ... x ...... *Non.*

Utilise *une bande de papier* pour reporter la longueur de la ligne brisée ABCD sur une ligne droite.

a On a commencé en reportant la longueur entre A et B au début de la ligne droite. **Vérifie.**

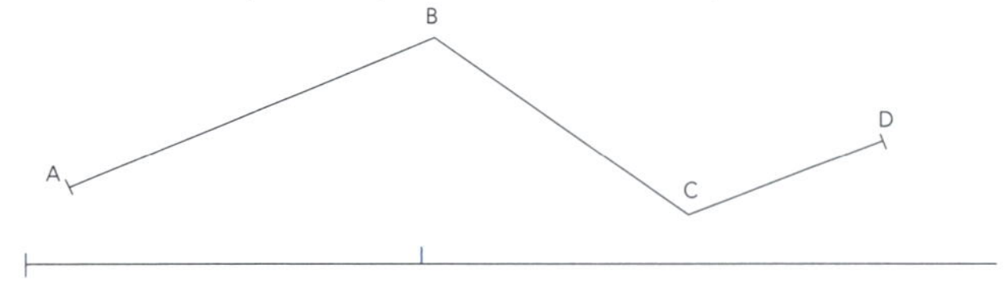

b **Reporte la longueur de BC à la suite et continue avec CD.**

c **Vérifie ton travail : mesure AB, BC et CD puis calcule la longueur de la ligne brisée ABCD.**

Longueur de la ligne brisée ABCD : .... + ... + ... = ...

d **Compare avec la longueur obtenue sur la ligne droite (une différence de 2 ou 3 mm est normale).** 1

Maintenant, tu vas apprendre à utiliser *le compas* pour faire le même travail.

a **Pose la pointe du compas sur le point A et règle l'écartement pour mettre la mine sur le point B.**

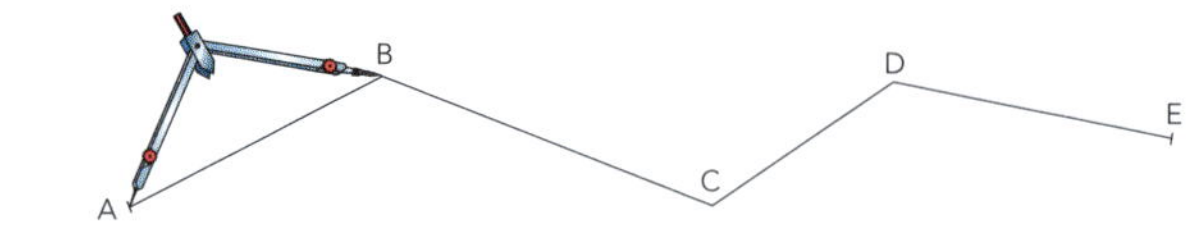

b **Sans changer l'écartement, pose la pointe au début de la ligne droite et trace un petit arc de cercle.**

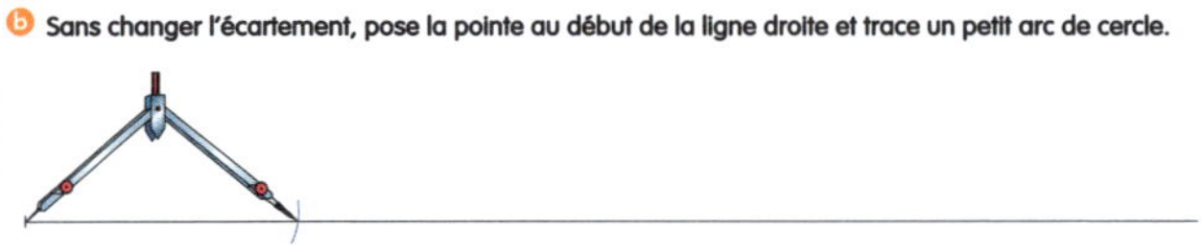

c **Reporte la longueur de BC à la suite et continue avec les autres traits.**

d **Vérifie ton travail : mesure AB, BC, etc. puis calcule la longueur de la ligne brisée ABCDE.**

Longueur de la ligne brisée ABCDE : .... + ... + ... + ... = ...

e **Compare avec la longueur obtenue sur la ligne droite (une différence de 2 ou 3 mm est normale).** 2

Activités — Séquence 51

35 partagé en 5… puis tables de 5 à 7

Idem séquence 50.

Multiple de n ou non ?

L'interrogation porte sur les multiples de 15, 25, 50, 10 ou 100. En cas de réponse « oui », les élèves écrivent l'une des deux multiplications possibles qui justifient cette réponse.

1 et 2. Reporter des longueurs avec une bande de papier ou un compas

Activité préliminaire

L'enseignant a reproduit au tableau une situation similaire à celle du cadre 1 du fichier : il a dessiné une ligne brisée en étant attentif à ce que chaque segment ait une mesure exacte en cm, il dispose d'une bande de carton dont la longueur est supérieure à celle du segment le plus long et, enfin, il a tracé une ligne droite en bas du tableau.

Il donne l'énoncé du problème : « *Vous voyez cette ligne brisée, ABCD* (il la parcourt avec le doigt en même temps que les différentes lettres sont énoncées) *? Je voudrais savoir combien elle mesure en cm en utilisant le mètre de tableau, mais en l'utilisant le moins possible. Comment peut-on faire ?* »
Une méthode vient immédiatement à l'esprit : mesurer chaque trait puis sommer ces longueurs. Dans ce cas il faut poser 3 fois le mètre sur le tableau, il faut faire 3 mesures. L'enseignant annonce qu'on peut obtenir la solution en posant une seule fois le mètre sur le tableau, avec une seule mesure, mais il attire l'attention des élèves sur le fait qu'il a une bande de carton dans la main et qu'une ligne droite a été tracée en bas du tableau : « *En utilisant cette bande de carton et cette ligne droite, on peut connaitre la longueur de la ligne brisée en une seule mesure. Comment faire ?* »

Après un moment de réflexion individuelle, la discussion conduit à dégager le procédé du report des longueurs partielles sur la ligne droite en utilisant la bande de carton comme intermédiaire. La longueur totale est mesurée et inscrite au tableau. L'enseignant propose de vérifier ce qu'on a obtenu : chacune des portions de la ligne brisée est mesurée et les longueurs correspondantes sommées. Une différence de 2 ou 3 cm sera considérée comme normale : à chaque fois qu'on reporte, il y a une petite erreur.

Enfin, l'enseignant efface la ligne droite où figurent les reports, il trace une nouvelle ligne droite et pose ce dernier problème : « *Et si on ne dispose pas d'une bande de carton, est-ce que quelqu'un sait comment on peut utiliser un compas à la place ?* ». Le maniement du compas est explicité en insistant sur le fait qu'il ne faut surtout pas changer l'écartement du compas durant « le transport de la longueur ». Cela aide d'imaginer une bande de papier reliant les deux pointes du compas : c'est cette longueur qu'il faut reporter (en reliant les deux pointes avec le doigt).

Oui, ... = ... x ...... Non.	Oui, ... = ... x ...... Non.	Oui, ... = ... x ...... Non.	Oui, ... = ... x ...... Non.

Calcule en écrivant les parenthèses. N'utilise les deux premières lignes que si tu en as besoin.

304 x 3 = ... 43 x 6 = ...
304 x 3 = ... 43 x 6 = ...
304 x 3 = ... 43 x 6 = ...

469 x 2 = ... 240 x 4 = ...
469 x 2 = ... 240 x 4 = ...
469 x 2 = ... 240 x 4 = ...

125 x 7 = ... 192 x 4 = ...
125 x 7 = ... 192 x 4 = ...
125 x 7 = ... 192 x 4 = ...

3

Imagine les questions et complète.

21 enfants sont assis sur 7 bancs et il y a le même nombre d'enfants sur chaque banc.
Sur chacun des 7 bancs, il y aura ....

Avec 18 cahiers, on fait 3 tas égaux.
....

On a une ficelle qui mesure 40 cm et on la coupe en 5 morceaux de même longueur.
....

On a 36 perles et on fait 4 colliers identiques.
....

4

Le compte est bon !

42	300	400
2 5 7 9	2 5 10 20	3 5 7 8

5

Activité sur le fichier

Les élèves retrouvent deux situations similaires. De plus, chaque étape est explicitée :
a) on commence par reporter les longueurs des différentes portions de la ligne brisée ;
b) on mesure les traits correspondants et on somme leurs longueurs ;
c) la comparaison entre le résultat de l'addition et la longueur du trait droit obtenu permet de vérifier son travail.
Les élèves travaillent individuellement, l'enseignant aidant ceux qui se seraient mal approprié le procédé lors de la phase collective.

5. *Le compte est bon !*

Voici les trois solutions :
(8 x 25) + (4 x 9) ;
(2 x 4 x 50) – 10;
(8 + 4) x 25 + 7.

Activité complémentaire

Tracés géométriques avec le compas

Termine de tracer ces 2 figures pour obtenir un pique et un trèfle, comme sur les cartes à jouer.
Les centres des cercles utilisés sont marqués par des points. À toi de trouver les rayons.

♠♣

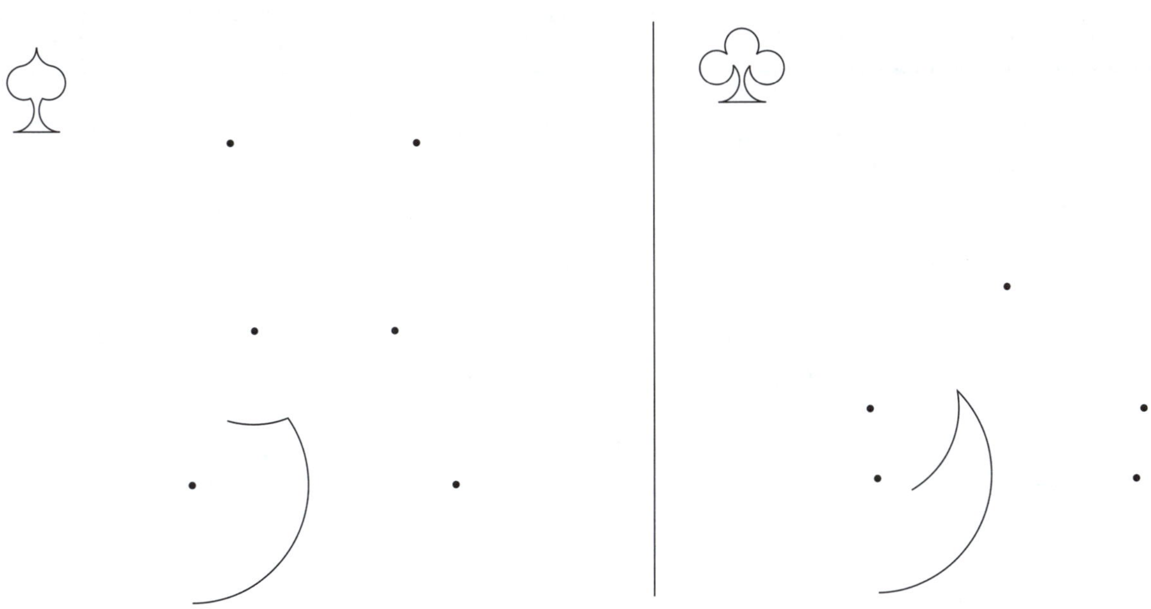

Objectifs

Dans la séquence 52, les élèves apprennent à partager les nombres ≤ 200 qui correspondent à un nombre entier de dizaines (10, 20... 70... 130...).
Quand ce nombre de dizaines est pair (20, 40, 60... 140...), on se ramène au calcul des moitiés de 2, 4, 6... 14...
Quand le nombre de dizaines est impair (30, 50, 70... 130...), on se ramène au cas précédent en considérant que pour partager 50 en 2, par exemple, on peut partager d'abord 40 (la moitié est 20) puis les 10 restants : la moitié de 50 est 25.
Comme les cas où les nombres de dizaines sont pairs ou impairs alternent, l'organisation au sein d'une table permet de prendre conscience de cette régularité et favorise ainsi la mémorisation.
La vérification du fait qu'un nombre est la moitié d'un autre se fait en calculant le double du premier, mais cette stratégie de vérification peut également être celle qui permet de trouver cette moitié : pour trouver la moitié de 170, par exemple, on peut commencer par remarquer que : « 2 fois 80 égale 160 » avant d'ajouter 5 à 80.
Dans la séquence 53, les élèves sont invités à calculer le double de tout nombre < 100. De tels calculs sont très faciles quand le nombre des unités isolées est inférieur à 5. Pour le double de 63 par exemple, on calcule le double de 60, soit 120, auquel on ajoute le double de 3, soit en tout 126.
Quand le nombre d'unités est supérieur à 5 (calculer le double de 68, par ex.), on peut évidemment procéder de la même façon et l'on est conduit à sommer 120 et 16. Mais une stratégie plus rapide est souvent employée : s'appuyer sur « 2 fois 65, 130 » et ajouter 2 fois 3. C'est cette seconde stratégie qui est privilégiée ici, car son emploi permet de consolider les acquis de la séquence 52. C'est ainsi que dans cette double page, le calcul de la moitié de 130 précède celui du double de 68 : calculer la moitié de 130 aide à mémoriser que le double de 65 est 130, relation qui est utilisée pour calculer le double de 68.

Activités Séquence 52

24 partagé en 8... puis tables de 8 à 10

Idem séquence 48 avec le début des tables de 8 et 9 et avec la table de 10.

Soustractions *(en avançant ou en reculant ?)*

Idem séquence 24. Cette reprise se fait en prévision de la séquence 54 qui nécessitera l'usage de ces stratégies.

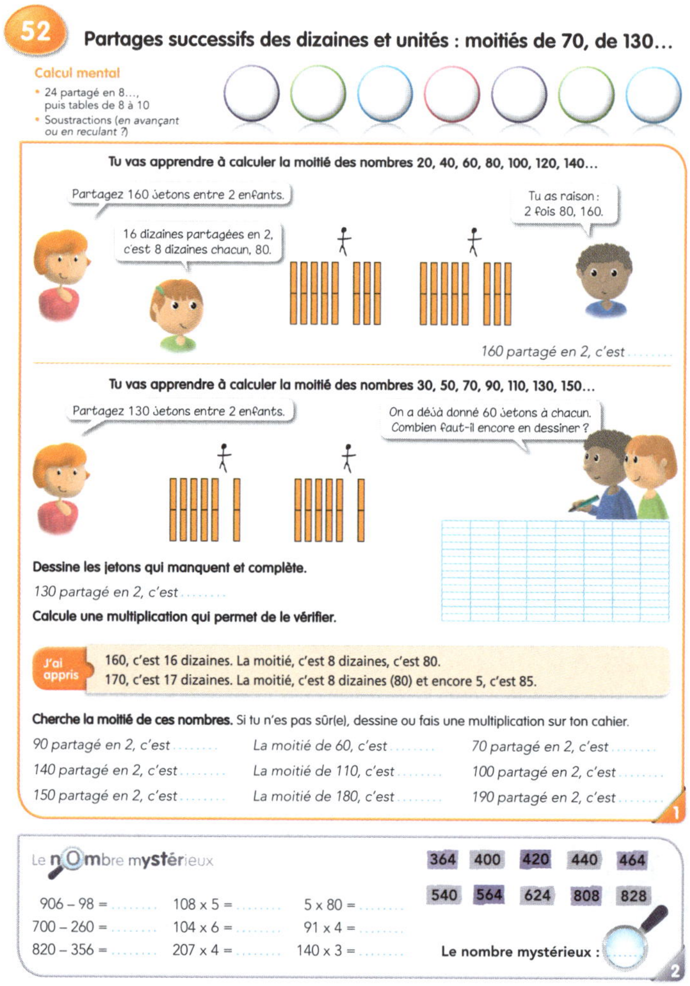

52 Partages successifs des dizaines et unités : moitiés de 70, de 130...

Calcul mental
- 24 partagé en 8..., puis tables de 8 à 10
- Soustractions (*en avançant ou en reculant ?*)

Tu vas apprendre à calculer la moitié des nombres 20, 40, 60, 80, 100, 120, 140...

160 partagé en 2, c'est ....

Tu vas apprendre à calculer la moitié des nombres 30, 50, 70, 90, 110, 130, 150...

Dessine les jetons qui manquent et complète.

130 partagé en 2, c'est ....

Calcule une multiplication qui permet de le vérifier.

J'ai appris
160, c'est 16 dizaines. La moitié, c'est 8 dizaines, c'est 80.
170, c'est 17 dizaines. La moitié, c'est 8 dizaines (80) et encore 5, c'est 85.

Cherche la moitié de ces nombres. Si tu n'es pas sûr(e), dessine ou fais une multiplication sur ton cahier.

90 partagé en 2, c'est	*La moitié de 60, c'est ....*	*70 partagé en 2, c'est ....*
140 partagé en 2, c'est	*La moitié de 110, c'est ....*	*100 partagé en 2, c'est ....*
150 partagé en 2, c'est	*La moitié de 180, c'est ....*	*190 partagé en 2, c'est ....*

1

Le nOmbre mystérieux

906 – 98 = ...	108 x 5 = ...	5 x 80 = ...
700 – 260 = ...	104 x 6 = ...	91 x 4 = ...
820 – 356 = ...	207 x 4 = ...	140 x 3 = ...

364	400	420	440	464
540	564	624	808	828

Le nombre mystérieux : ....

2

1. Moitiés de 70, de 130...

Activité préliminaire

L'enseignant dessine 2 silhouettes de bonshommes au tableau et dit aux élèves qu'il veut partager 160 jetons entre ces 2 bonshommes pour que chacun ait le même nombre. Combien faut-il mettre de jetons devant chacun des bonshommes ?
Après un court temps de recherche (la tâche est facile !), la synthèse permet de rappeler tout ce que l'on sait : la *moitié* de 160, c'est 80 parce que 80 + 80 = 160 ; on peut aussi écrire 80 x 2 = 160. Au tableau, 80 jetons sont dessinés sous chacune des silhouettes (on pourra les dessiner « comme Picbille », comme sur le fichier).

Activités sur le fichier

Sur le fichier, Léo a résolu le même problème, mais maintenant il doit chercher la moitié de 130. Ce n'est pas 60 parce que 2 fois 60, c'est 120. Il y a 10 jetons qui n'ont pas été partagés. L'enseignant demande aux élèves de terminer le partage et d'écrire la solution sur le fichier. Après une synthèse, il propose aux élèves de vérifier que 65 est effectivement le résultat cherché en calculant la multiplication en lignes suivante (les 3 lignes sont écrites au tableau).

65 x 2 =

65 x 2 =

65 x 2 =

Les calculs qui suivent sont effectués individuellement.

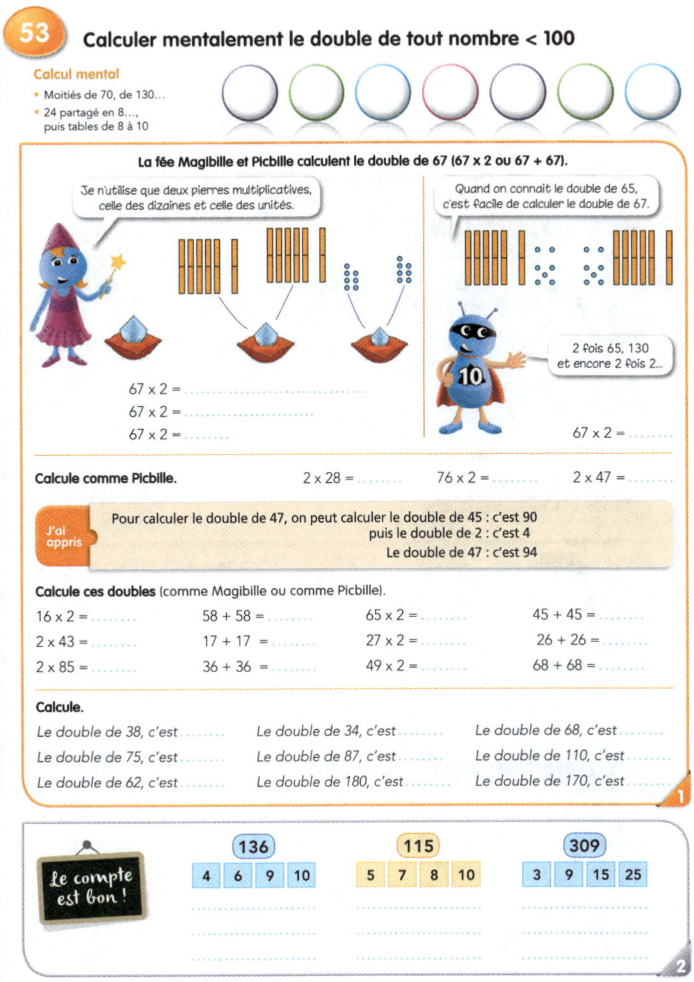

53 Calculer mentalement le double de tout nombre < 100

Calcul mental
- Moitiés de 70, de 130...
- 24 partagé en 8..., puis tables de 8 à 10

La fée Magibille et Picbille calculent le double de 67 (67 x 2 ou 67 + 67).

Je n'utilise que deux pierres multiplicatives, celle des dizaines et celle des unités.

Quand on connaît le double de 65, c'est facile de calculer le double de 67.

2 fois 65, 130 et encore 2 fois 2...

67 x 2 = ...

67 x 2 = ...

67 x 2 = ...

67 x 2 = ...

Calcule comme Picbille. 2 x 28 = ... 76 x 2 = ... 2 x 47 = ...

J'ai appris : Pour calculer le double de 47, on peut calculer le double de 45 : c'est 90 puis le double de 2 : c'est 4 Le double de 47 : c'est 94

Calcule ces doubles (comme Magibille ou comme Picbille).

16 x 2 = ...	58 + 58 = ...	65 x 2 = ...	45 + 45 = ...
2 x 43 = ...	17 + 17 = ...	27 x 2 = ...	26 + 26 = ...
2 x 85 = ...	36 + 36 = ...	49 x 2 = ...	68 + 68 = ...

Calcule.

Le double de 38, c'est	Le double de 34, c'est	Le double de 68, c'est ....
Le double de 75, c'est	Le double de 87, c'est	Le double de 110, c'est ....
Le double de 62, c'est	Le double de 180, c'est	Le double de 170, c'est ....

Le compte est bon !

136	115	309
4 6 9 10	5 7 8 10	3 9 15 25

Activités Séquence 53

Moitiés de 70, de 130...

Les cas sont écrits au tableau, la réponse se fait sur ardoise. Cette activité prépare la séquence du jour : retrouver le fait que 65 est la moitié de 130 aide à mémoriser que le double de 65 est 130.

24 partagé en 8... puis tables de 8 à 10

Idem séquence 52.

1. Double de tout nombre < 100

L'activité commence directement sur le fichier. Magibille et Picbille calculent le double de 67 ou « 2 fois 67 ». On reconnait, avec Magibille, la technique habituelle : elle n'utilise que 2 pierres multiplicatives, celle des centaines étant au repos. Les élèves terminent ce calcul.

On s'intéresse alors à celui de Picbille, dont le schéma est repris au tableau et commenté : il calcule comme si c'était 2 fois 65, qui est facile, puis il ajoute les 2 fois 2. Aussitôt l'enseignant propose divers cas similaires. Pour favoriser l'apprentissage, il peut même proposer les cas par deux, par exemple : 2 fois 35, puis 2 fois 38 ; 2 fois 25, puis 2 fois 27 ; 2 fois 45, puis 2 fois 48 ; 2 fois 75, puis 2 fois 76, etc.

La lecture du *J'ai appris* peut servir de conclusion à cette phase de l'activité, les élèves poursuivant ensuite individuellement le travail demandé sur le fichier.

2. Le compte est bon !

Voici les trois solutions :

(4 + 9) x 10 + 6 ;

(5 x 7) + (8 x 10);

(15 – 3) x 25 + 9.

Activité complémentaire

Le compte est bon !

Nous donnons ci-dessous plusieurs problèmes qui peuvent être proposés aux élèves, par exemple dans le cadre de recherches individuelles à faire à la maison. Ces problèmes sont adaptés aux compétences en calcul qui ont été construites ou approfondies dans les séquences précédentes. D'autres problèmes seront proposés ultérieurement dans la même rubrique (les valeurs numériques seront adaptées aux acquis du moment).

Nombre à trouver	Nombres	Solution
300	2, 5, 10, 20	(10 + 2) x (20 + 5)
400	3, 5, 7, 8	(3 + 7) x (5 x 8)
54	2, 8, 10, 50	50 + 10 – 8 + 2
35	4, 5, 6, 9	(5 x 9) – (4 + 6)
57	3, 5, 6, 9	(6 x 5) + (9 x 3)
82	2, 8, 20, 50	(20 x 2) + 50 – 8
42	2, 5, 7, 9	(5 x 7) + 9 – 2
320	3, 4, 7, 8	(3 + 7) x 4 x 8
325	4, 5, 9, 20	(9 + 4) x (5 + 20)
275	3, 5, 9, 25	(9 + 5 –3) x 25
290	4, 5, 10, 15	(4 x 15 x 5) – 10
53	2, 3, 4, 15	(3 x 15) + (2 x 4)

Objectifs

Dans la séquence 54, on vise à faciliter l'usage de la soustraction pour chercher l'état initial d'une quantité qui a augmenté (on sait de combien elle a augmenté, on sait aussi quel est son état final), type de problème qui est éloigné du sens banal de la soustraction puisque l'énoncé parle d'une augmentation et non d'une diminution.

L'activité qui reviendra régulièrement par la suite est le jeu « *Je pense à un nombre...* ». L'adulte tape sur une calculette un nombre qu'il ne dit pas, puis il annonce qu'il ajoute par exemple 3 et montre qu'il obtient 41. Les élèves doivent déterminer quel nombre a été tapé au début. On enseigne préalablement l'usage d'une droite numérique qui permet de représenter l'état initial, la transformation et l'état final, par analogie avec le déplacement d'un ascenseur : l'ascenseur part d'un étage inconnu, il monte de 3 étages et arrive au 41e étage ; sur la droite numérique, on part d'un nombre inconnu, on avance de 3 et l'on aboutit à 41. Monter ou aller vers des nombres plus grands, c'est donc ajouter des étages ; descendre ou aller vers des nombres plus petits, c'est donc retirer des étages. Pour ? + 3 = 41, cela aide à comprendre un raisonnement plus abstrait : pour retrouver l'état initial, il faut annuler le déplacement, enlever les étages qui ont été ajoutés et calculer 41 – 3. Quand un élève utilise la soustraction ainsi, il met en œuvre ce qu'on appelle la réversibilité de l'addition et de la soustraction : « si je retire ce que j'ai ajouté à un nombre, je retrouve le nombre initial ».

L'usage de la réversibilité est plus facile lorsqu'il s'agit d'un petit ajout (j'ajoute 3 et j'obtiens 41) que lorsqu'il s'agit d'un grand ajout (j'ajoute 38 et j'obtiens 41). Que l'ajout soit petit ou grand, les élèves ont conscience qu'il s'agit du même problème et, donc, le fait qu'ils aient résolu des problèmes du premier type (petit ajout) les aide à comprendre que, lorsque l'ajout est grand, on peut également faire une soustraction. On remarquera que dans ce cas, la soustraction se calcule « en avançant ». Ainsi, lorsque dans le problème l'ajout est de 38 et lorsqu'on obtient 41, par exemple, la soustraction 41 – 38 se calcule sous la forme 38 + ? = 41. Cependant, l'évocation de la soustraction, grâce à la réversibilité, reste nécessaire parce que les termes de cette addition à trou ont été inversés par rapport au déroulement temporel de l'histoire.

Enfin, en proposant aussi des problèmes comme : « *... je lui retire 4 et j'obtiens 16* », on renforce cette articulation entre l'addition et la soustraction (une transformation annule l'autre).

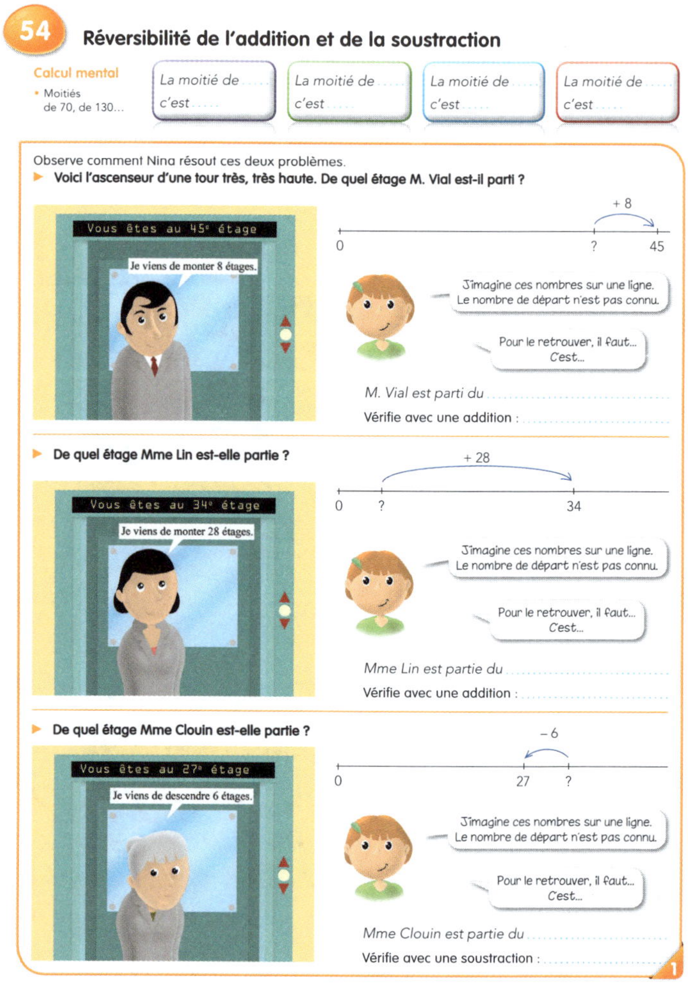

54 Réversibilité de l'addition et de la soustraction

Calcul mental
- Moitiés de 70, de 130...

La moitié de ..... c'est .....
La moitié de ..... c'est .....
La moitié de ..... c'est .....
La moitié de ..... c'est .....

Observe comment Nina résout ces deux problèmes.

Voici l'ascenseur d'une tour très, très haute. De quel étage M. Vial est-il parti ?

M. Vial est parti du ....
Vérifie avec une addition : ....

De quel étage Mme Lin est-elle partie ?

Mme Lin est partie du ....
Vérifie avec une addition : ....

De quel étage Mme Clouin est-elle partie ?

Mme Clouin est partie du ....
Vérifie avec une soustraction : ....

1

Activités — Séquence 54

Moitiés de 70, de 130...

Idem séquence 53.

1. Réversibilité de l'addition et de la soustraction

Il s'agit de comprendre comment utiliser une droite numérique pour représenter les données d'un problème de déplacement d'ascenseur qui a la même structure que le jeu *Je pense à un nombre* (dans les problèmes de déplacement de l'ascenseur, l'étage de départ est inconnu, comme, ensuite, le nombre initial auquel pense l'enseignant). Mais représenter d'emblée les mouvements d'un ascenseur par des déplacements le long d'une ligne horizontale n'est guère naturel. On serait plutôt tenté d'utiliser une ligne verticale. C'est pourquoi nous conseillons de commencer par quelques problèmes similaires pour lesquels les élèves utiliseront d'abord une ligne verticale comme support de schématisation. C'est en revenant au fichier qu'ils comprendront qu'on peut aussi symboliser ces déplacements de façon plus abstraite, sur la droite numérique classique.

Activité préliminaire

L'enseignant énonce un problème du même type que ceux de l'activité 1 sur le fichier, par exemple : « *Mme Martin travaille dans la tour Montparnasse, elle sort de son bureau et prend l'ascenseur. Elle monte de 6 étages et arrive au 54e étage. De quel*

La moitié de ..... c'est	La moitié de ..... c'est	La moitié de ..... c'est	La moitié de ..... c'est	La moitié de ..... c'est .....

Cherche le nombre de départ.
Pour t'aider, tu peux sélectionner l'un des deux schémas et le remplir dans ta tête.

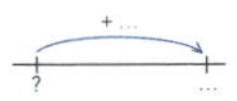

Je pense à un nombre...

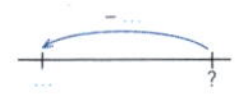

... je lui ajoute 6 et j'obtiens 52.	Le nombre de départ était ....
... je lui retire 4 et j'obtiens 63.	Le nombre de départ était ....
... je lui ajoute 39 et j'obtiens 42.	Le nombre de départ était ....
... je lui ajoute 5 et j'obtiens 103.	Le nombre de départ était ....
... je lui retire 7 et j'obtiens 49.	Le nombre de départ était ....
... je lui ajoute 28 et j'obtiens 31.	Le nombre de départ était ....
... je lui ajoute 7 et j'obtiens 84.	Le nombre de départ était ....
... je lui retire 8 et j'obtiens 38.	Le nombre de départ était ....
... je lui ajoute 4 et j'obtiens 61.	Le nombre de départ était ....
... je lui ajoute 16 et j'obtiens 108.	Le nombre de départ était ....

2

Calcule ces doubles (comme Magibille ou comme Picbille).

37 x 2 = ...	68 + 68 = ...	57 x 2 = ...	76 + 76 = ...
83 x 2 = ...	29 + 29 = ...	96 x 2 = ...	53 + 53 = ...
Le double de 49, c'est	Le double de 85, c'est	Le double de 66, c'est	

3

Calcule. N'utilise les deux premières lignes que si tu en as besoin.

205 x 4 = ...	87 x 2 = ...
205 x 4 = ...	87 x 2 = ...
205 x 4 = ...	87 x 2 = ...
386 x 2 = ...	190 x 5 = ...
386 x 2 = ...	190 x 5 = ...
386 x 2 = ...	190 x 5 = ...
143 x 6 = ...	96 x 5 = ...
143 x 6 = ...	96 x 5 = ...
143 x 6 = ...	96 x 5 = ...

4

étage est-elle partie ? ». Les élèves cherchent individuellement. La validation se fait en utilisant un schéma comme celui-ci :

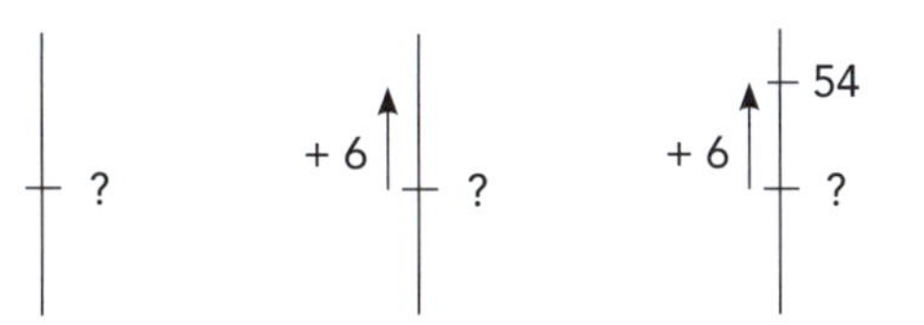

Étage de départ inconnu — Elle monte de 6 étages — Elle arrive au 54ᵉ étage

L'enseignant amène les élèves à comprendre, en s'aidant du schéma, que l'étage de départ est en dessous du 54ᵉ, 6 étages en dessous. Le nombre de départ est plus petit que 54, c'est 54 – 6, soit 48. En effet, du 54ᵉ, si on redescend de 6 étages, on revient d'où on est parti, au 48ᵉ.

Plusieurs autres problèmes correspondant à un petit ajout sont ensuite proposés (la soustraction qui donne la solution se calcule « en reculant ») avant d'en proposer d'autres correspondant à un grand ajout : « On monte de 48 étages et on arrive au 51ᵉ étage... », par exemple.

Activité sur le fichier

Il s'agit de passer d'une schématisation liée à la situation de l'ascenseur à celle, plus abstraite, de la droite numérique classique. Les solutions de Nina sont donc analysées en les comparant au schéma utilisé jusqu'ici : pour ces problèmes, on n'est pas obligé d'utiliser une ligne verticale. Cela revient au même : quand on monte sur la ligne verticale, on avance sur la ligne horizontale ; quand on descend le long de la verticale, on recule le long de l'horizontale. Nina raisonne ainsi plus directement sur les nombres : si on diminue un nombre de 6 et qu'on obtient 27, le nombre de départ est plus grand que 27, c'est 34 + 6 ; si on augmente un nombre de 8 et qu'on obtient 45, le nombre de départ est plus petit que 45, c'est 45 – 8.

2. *Je pense à un nombre...*

On peut introduire ce jeu avec l'activité préliminaire décrite ci-après.

Activité préliminaire

L'enseignant utilise une calculette à grand écran. Il annonce que la classe va jouer avec lui au *Jeu du nombre pensé* et propose aussitôt le 1ᵉʳ cas : « *Je pense à un nombre et je le tape sur ma calculette* ». Il tape « 71 » par exemple (il ne le montre évidemment pas), puis enchaine : « *je tape – 6, je tape sur = et j'obtiens 65* ». Il montre aux élèves ce nombre sur l'écran de la calculette : « *Quel était le nombre de départ ?* ». Il reformule la situation : « *J'ai tapé un nombre, je lui ai retiré 6 et j'ai obtenu 65, quel nombre ai-je tapé au début ?* ». Au besoin, on répète la dernière description de la situation.
On recense les réponses et on s'intéresse aux manières de les trouver. La plupart des élèves auront perçu l'analogie de structure entre ce problème et celui de l'ascenseur. Ils auront réutilisé le schéma sur une droite numérique ou raisonné directement sur la transformation : le nombre de départ est plus grand que 65, c'est 65 + 6. Pour la validation, ce sont ces raisonnements qu'on privilégiera. Il propose aussitôt d'autres cas (tantôt il ajoute, tantôt il retire).

Remarque

La compensation d'un retrait n'est proposée que dans les cas les plus faciles, ceux où ce retrait correspond à un petit nombre.

Activité sur le fichier

Les élèves travaillent individuellement. S'ils en ont besoin, ils utilisent les schémas mis à disposition.

Remarque

Comme ce jeu reviendra dans les séquences suivantes, il se peut que des élèves se donnent une règle qui permet de réussir, mais qui est superficielle : quand l'enseignant dit qu'il ajoute, il faut faire une soustraction ; quand il dit qu'il retire, il faut faire une addition. Dans ce cas, l'enseignant peut remplacer le *Je pense à un nombre* par un jeu similaire, mais plus ouvert : « *Je tape...* ». L'enseignant utilise la calculette comme dans l'activité ci-dessus. Mais l'inconnue est tantôt l'état initial (comme ici), tantôt la transformation, tantôt l'état final. Voici 4 exemples des deux dernières sortes de questions :
– *je tape 3, je lui ajoute un nombre et j'obtiens 41, quel nombre ai-je ajouté ?* (on cherche la valeur d'un ajout) ;
– *je tape 32, je lui retire un nombre et j'obtiens 27, quel nombre ai-je retiré ?* (on cherche la valeur d'un retrait) ;
– *je tape 12, je lui ajoute 29, quel nombre vais-je obtenir ?* (on cherche le résultat d'un ajout) ;
– *je tape 43, je lui retire 6, quel nombre vais-je obtenir ?* (on cherche le résultat d'un retrait).

L'enseignant trouvera au début du Guide pédagogique des indications générales sur l'animation des PAC.

Activités Séquence 55

Je pense à un nombre…

C'est une reprise de l'activité 2, séquence 54. Dans un premier temps, les élèves répondent sur leur ardoise. Ils peuvent représenter les données sur une droite numérique (*cf.* séquence 54). Pour la validation, on s'appuie sur le raisonnement de compensation (on retrouve le nombre de départ en retirant ce qu'on a ajouté…) et, au besoin, sur le schéma.
Comme dans la séquence 54, les valeurs numériques sont choisies selon les types de problèmes proposés. Pour $? - b = a$, le nombre b est un petit nombre (un seul chiffre). Pour $? + b = a$, qui conduisent à calculer une soustraction $a - b$, on privilégie au début les cas où b est un petit nombre (le calcul de $a - b$ se fait facilement « en reculant »). On introduit ensuite des cas où la différence $a - b$ est petite, comme «… *je lui ajoute 47 et j'obtiens 54* » (il faut calculer en avançant).
Au moins pour les premiers cas, on peut animer le jeu avec une calculette, comme lors de la séquence 54.

1. Apprendre à se représenter une situation et à la schématiser pour résoudre un problème

L'animation de ce PAC est identique à celle des précédents. Une activité préliminaire (travail sur le questionnement) permet de s'assurer que tous les élèves cherchent à comprendre l'énoncé qui leur est proposé. L'activité sur le fichier, elle, permet d'expliciter les caractéristiques d'une bonne résolution lorsque l'activité préliminaire n'a pas déjà conduit à le faire.

Activité collective préliminaire : déterminer la question d'un énoncé

Alors que le fichier est fermé, l'enseignant écrit au tableau le début de l'énoncé du cadre 1 : « Madame Ferret a 100 €. À la gare, elle achète deux billets de train, l'un à 56 € et l'autre à 42 € ».
Il invite les enfants à déterminer individuellement ce qu'on peut chercher. Plusieurs questions peuvent être posées :
– *Combien a-t-elle dépensé en tout ?*
– *Combien lui reste-t-il d'argent après le 1er achat ?*
– *Combien lui reste-t-il d'argent à la fin ?*
Après échange, la question portant sur ce qui reste finalement à Mme Ferret est écrite au tableau, et l'enseignant laisse un temps de recherche individuelle avant d'échanger à nouveau sur les différentes valeurs numériques trouvées et les différentes procédures utilisées.

Si les stratégies utilisées par les élèves de la classe sont celles utilisées par les élèves fictifs du fichier (Cécile, Mélanie

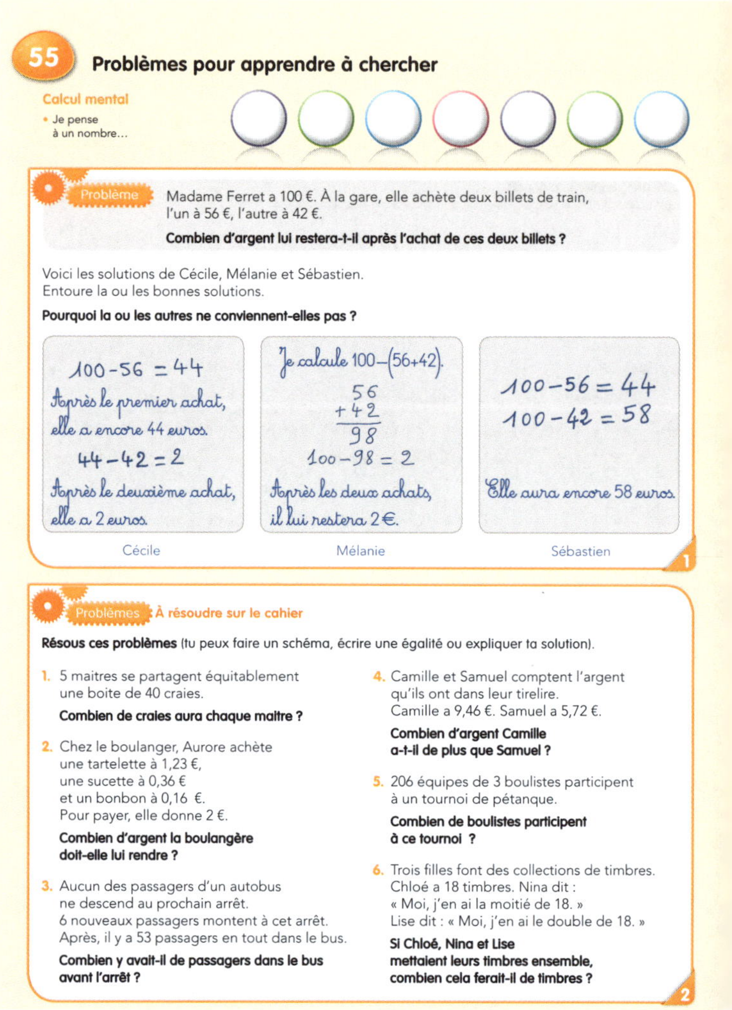
55 Problèmes pour apprendre à chercher

Calcul mental
• Je pense à un nombre…

Problème Madame Ferret a 100 €. À la gare, elle achète deux billets de train, l'un à 56 €, l'autre à 42 €.
Combien d'argent lui restera-t-il après l'achat de ces deux billets ?

Voici les solutions de Cécile, Mélanie et Sébastien.
Entoure la ou les bonnes solutions.
Pourquoi la ou les autres ne conviennent-elles pas ?

100 - 56 = 44
Après le premier achat, elle a encore 44 euros.
44 - 42 = 2
Après le deuxième achat, elle a 2 euros.
Cécile

Je calcule 100 - (56 + 42).
56 + 42 = 98
100 - 98 = 2
Après les deux achats, il lui restera 2 €.
Mélanie

100 - 56 = 44
100 - 42 = 58
Elle aura encore 58 euros.
Sébastien

1

Problèmes À résoudre sur le cahier
Résous ces problèmes (tu peux faire un schéma, écrire une égalité ou expliquer ta solution).

1. 5 maitres se partagent équitablement une boite de 40 craies.
Combien de craies aura chaque maitre ?
2. Chez le boulanger, Aurore achète une tartelette à 1,23 €, une sucette à 0,36 € et un bonbon à 0,16 €. Pour payer, elle donne 2 €.
Combien d'argent la boulangère doit-elle lui rendre ?
3. Aucun des passagers d'un autobus ne descend au prochain arrêt. 6 nouveaux passagers montent à cet arrêt. Après, il y a 53 passagers en tout dans le bus.
Combien y avait-il de passagers dans le bus avant l'arrêt ?
4. Camille et Samuel comptent l'argent qu'ils ont dans leur tirelire. Camille a 9,46 €. Samuel a 5,72 €.
Combien d'argent Camille a-t-il de plus que Samuel ?
5. 206 équipes de 3 boulistes participent à un tournoi de pétanque.
Combien de boulistes participent à ce tournoi ?
6. Trois filles font des collections de timbres. Chloé a 18 timbres. Nina dit : « Moi, j'en ai la moitié de 18. » Lise dit : « Moi, j'en ai le double de 18. »
Si Chloé, Nina et Lise mettaient leurs timbres ensemble, combien cela ferait-il de timbres ?

2

et Sébastien), la discussion sera d'emblée très proche de celle décrite ci-dessous à partir des productions des élèves fictifs.

Activité sur le fichier

Après avoir remarqué que le problème figurant dans le cadre 1 du fichier est celui qui vient d'être résolu, on passe alors à l'analyse des trois schémas censés correspondre au travail d'élèves.

• Cécile, qui suit strictement la chronologie décrite dans l'énoncé, fait autant de soustractions que d'achats.

• Mélanie calcule préalablement le total des dépenses avant de chercher la différence avec la somme initiale. Le fait que cette solution est plus économique n'apparait que si on fait plus de deux achats (*cf.* le problème 2 de l'activité 2), car on calcule toujours deux opérations, quel que soit le nombre d'achats.

• Sébastien commence correctement en calculant le reste après le premier achat. Pour continuer à raisonner comme il a commencé, quelle soustraction devait-il calculer après le second achat ?

2. Problèmes divers

1. Problème de partage équitable (« 40 partagé en 5 »). Les élèves peuvent réinvestir les connaissances acquises lors de la séquence 45.
2. Problème « à étapes » facile (scénario similaire à celui de l'activité 1). Les élèves doivent en outre sommer des prix donnés en € et en c.
3. Chercher l'état initial d'une quantité qui a augmenté

56 **Problèmes pour apprendre à chercher**

Calcul mental
- Je pense à un nombre…
- Moitiés de 70, de 130…

La moitié de ….. c'est …..
La moitié de ….. c'est …..
La moitié de ….. c'est …..
La moitié de ….. c'est …..

Écris une ou plusieurs questions pour ce problème.
Réponds à ces questions (tu peux calculer ou faire des schémas sur ton cahier).

Quand le pâtissier vend des gâteaux, il les met soit dans des petites boites, soit dans des grandes boites. On peut mettre 4 gâteaux dans les petites boites alors que les grandes boites contiennent 6 gâteaux.
Madame Turcan achète 28 gâteaux.

Questions : …………………………………

Réponses : …………………………………

1

Une boulangère vend des sucettes à 15 centimes (15 c) l'une.
Pour éviter de calculer trop souvent, elle écrit une liste des prix.
Continue son travail (tu peux calculer au brouillon) et réponds.

Sucettes à 15 c :

1	15 c	ou	0,15 €
2	30 c	ou	0,30 €
3	45 c	ou	0,45 €
4	60 c	ou	0,60 €
5	75 c	ou	0,75 €
6	……		……
7	……		……
8	……		……
9	……		……
10	……		……

a **Nicolas achète 10 sucettes. Lilian achète 7 sucettes. Mme Dupré achète 17 sucettes.**
Nicolas dépense ……………
Lilian dépense ……………
Mme Dupré dépense ……………

b **M. Lelong achète 20 sucettes. Anna achète 8 sucettes. Mme Than achète 28 sucettes.**
M. Lelong dépense ……………
Anna dépense ……………
Mme Than dépense ……………

c **M. Meyer achète 23 sucettes.** *Il dépense* ……………

d **Mme Legall achète 34 sucettes.** *Elle dépense* ……………

2

(on sait de combien elle a augmenté, on sait aussi quel est son état final).

4. Recherche d'une différence (avec l'expression « de plus que »).

5. Problème qui se représente sous la forme 206 fois 3 alors que le calcul facile est celui de 3 fois 206.

6. Recherche d'un double et d'une moitié, puis somme de 3 nombres.

Activités Séquence 56

Je pense à un nombre…

Idem séquence 55.

Moitiés de 70, de 130…

Idem séquence 53.

1. Rédiger plusieurs questions

Les principales questions auxquelles on peut répondre sont : *S'il n'utilise que des petites boites, combien de boites le pâtissier doit-il remplir ? S'il n'utilise que des grandes boites, combien de boites le pâtissier doit-il remplir ?*

Chacune de ces questions conduit à résoudre un problème de quotition (*En 28, combien de fois 4 ? et : en 28, combien de fois 6 ?*). On découvre qu'en fait, il n'est pas possible de n'utiliser que des grandes boites. En revanche, en utilisant 4 grandes boites et 1 petite boite, tous les gâteaux sont répartis et chaque boite est pleine.

2. Utiliser un tableau de prix

On propose une situation qui exige la mise en œuvre de la distributivité de la multiplication sur l'addition, par exemple : $n \times (10 + 7) = (n \times 10) + (n \times 7)$. Ici, pour calculer le prix de 17 objets, les élèves doivent utiliser un tableau de prix alors qu'ils ne disposent que du prix de 10 objets et de celui de 7 objets.

On s'appuie évidemment sur le fait que les enfants ne connaissent pas encore la technique écrite qui permet de calculer en colonnes une multiplication par un nombre à 2 chiffres, comme 25 x 17. Mais comme c'est précisément cette même propriété qui est mise en œuvre dans cette technique, on peut dire que la présente situation prépare également la multiplication en colonnes.

Sur le fichier, lorsque les enfants ont complété le tableau de prix, il est préférable de vérifier collectivement leurs calculs avant qu'ils ne répondent aux quatre questions. Au moment de répondre, les enfants peuvent rencontrer deux types de difficultés :
– certains peuvent rester bloqués pour le prix de 17 objets (troisième prix demandé), car 17 n'est pas dans le tableau et parce qu'ils ne mettent pas en relation le nombre 17 avec les nombres 10 et 7 précédemment traités ; on peut les aider en leur demandant combien Nicolas et Lilian ont acheté de sucettes en tout ;
– certains peuvent être bloqués à partir de la 2e série de questions parce qu'il faut inférer le premier prix, celui de 20 sucettes, qui ne figure pas dans le tableau ; on les incitera à chercher le moyen de répondre sans dresser la table des prix de 10 à 20 sucettes, car s'ils ont pu répondre à la 1re question, ils sont en mesure de comprendre qu'il faut concevoir le prix de 20 sucettes comme celui de 2 fois 10 sucettes. S'ils ne débouchent pas, on les met sur la voie en leur demandant combien de sucettes Nicolas a acheté et combien il a dépensé.

Lors de la mise en commun, on s'attachera surtout à expliciter le mode de calcul le plus adapté : « *17 fois 15, c'est 10 fois 15 et encore 7 fois 15* » ; « *28 fois 15, c'est 10 fois 15, 10 fois 15 et encore 8 fois 15* » ; etc.

Activité complémentaire

Les pyramides

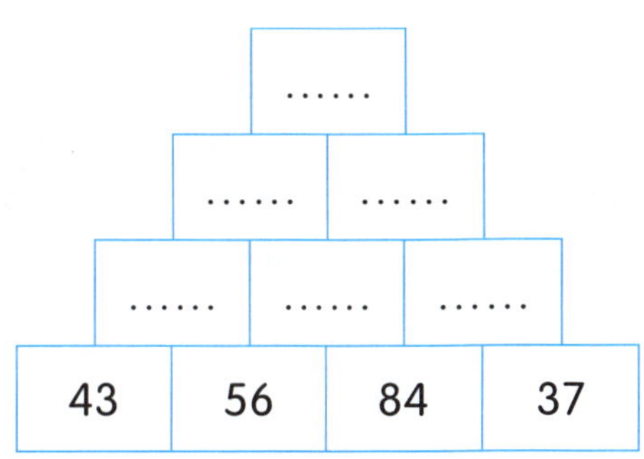

Le nombre au sommet est un multiple de 10.

Dans une case située « à cheval » sur deux autres, il faut écrire le nombre qui est la somme de ces deux cases. Par exemple,

Suite page 129

Nous ne présentons pas les activités de la séquence 57 qui constituent un support pour un bilan des acquis des élèves en fin de deuxième période. Les taches proposées ne sont pas nouvelles et ont déjà été présentées dans les séquences précédentes.

On trouve, à la fin du *Guide pédagogique*, le même bilan avec d'autres valeurs numériques.

57 Bilan terminal de la deuxième période

Calcul mental
- Tables de 2 à 5 et début des tables de 6 à 10

1 Complète.

Multiple de 50 ou non ?	Multiple de 10 ou non ?	Multiple de 25 ou non ?
150 : oui, 150 = 50 x .... / non.	90 : oui, 90 = 10 x .... / non.	100 : oui, 100 = 25 x .... / non.
230 : oui, 230 = 50 x .... / non.	120 : oui, 120 = 10 x .... / non.	135 : oui, 135 = 25 x .... / non.
300 : oui, 300 = 50 x .... / non.	930 : oui, 930 = 10 x .... / non.	225 : oui, 225 = 25 x .... / non.

2 Calcule.

205 x 4 = ...	87 x 2 = ...
205 x 4 = ...	87 x 2 = ...
205 x 4 = ...	87 x 2 = ...
386 x 2 = ...	190 x 5 = ...
386 x 2 = ...	190 x 5 = ...
386 x 2 = ...	190 x 5 = ...

3 Calcule.

La moitié de 90, c'est	*27 partagé en 3, c'est ....*	*Le double de 35, c'est ....*
140 partagé en 2, c'est	*35 partagé en 5, c'est ....*	*Le double de 68, c'est ....*
La moitié de 170, c'est	*24 partagé en 4, c'est ....*	*Le double de 87, c'est ....*

4 Pose et calcule.

868 – 325 = ... 973 – 148 = ... 743 – 375 = ... 406 – 218 = ...

Activité complémentaire

Tracé géométrique avec le compas

Le modèle (page de gauche) et l'amorce de réalisation (page de droite) sont à reproduire sur une même feuille A4. Une version avec les anneaux olympiques ayant chacun une couleur différente est téléchargeable sur le site japprendslesmaths.fr (les couleurs aident à gérer les interruptions de tracés qui sont nécessaires).

Voici le symbole des jeux Olympiques (chacun des 5 anneaux représente un continent).

Utilise ton compas ou une bande de papier pour comparer les longueurs parcourues par chaque fourmi.

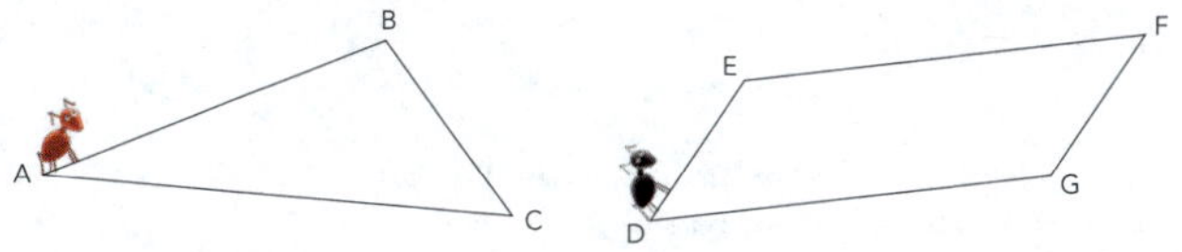

En ligne droite, la fourmi rouge parcourt :

En ligne droite, la fourmi noire parcourt :

Complète avec =, < ou > : *parcours de la fourmi rouge* .... *parcours de la fourmi noire*

5

Utilise ton compas pour reproduire cette figure.

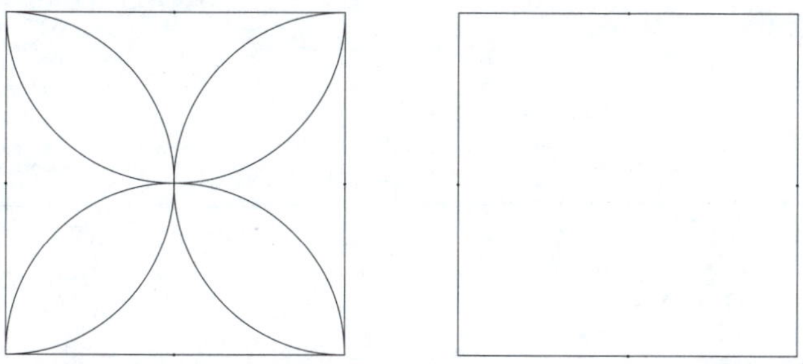

6

Problèmes **À résoudre sur le cahier**

Résous ces problèmes (tu peux faire un schéma, écrire une égalité ou expliquer ta solution).

1. Une épicerie a reçu 25 paquets de 4 yaourts.
   Combien cela fait-il de yaourts ?
2. 5 enfants se sont partagé équitablement 45 bonbons au chocolat.
   Quelle est la part de chaque enfant ?
3. **Combien de bouquets de 15 roses peut-on faire avec 75 roses ?**
4. Au supermarché, Madame Keita achète :
   – un paquet de pâtes à 1,24 € ;
   – une boite de sauce tomate à 0,90 € ;
   – une bouteille d'huile à 1,89 €.
   Elle paie avec un billet de 5 €.
   Combien d'argent la caissière doit-elle lui rendre ?

7

☛ *Suite de l'activité complémentaire de la p. 127*

pour cette première dans la case située « à cheval » au-dessus de 43 et 56, il faut écrire le résultat de l'addition 43 + 56 ; dans la case au-dessus de 56 et 84, il faut écrire le résultat de 56 + 84, etc. On remonte ainsi jusqu'à la dernière case, située au sommet. Pour contrôler ces calculs, on dispose d'un renseignement sur le nombre qui figure dans cette case.

On encouragera les élèves à calculer le plus souvent possible « de tête » plutôt qu'en posant l'addition en colonnes.

Ci-dessous, un autre exemple de pyramide :

		......		
	......	......		
......	231	......		
71	......	......	90	
43	......	84	......	43

Le nombre au sommet est un nombre pair et la somme de ses chiffres est égale à 17.

Reproduis-le ici (chaque point est le centre de deux cercles qui forment un anneau).

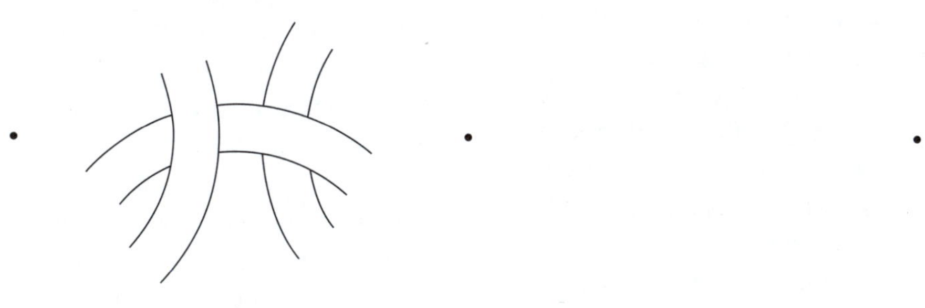

Objectifs

La sq 58 est consacrée à l'apprentissage de la technique en colonnes de la multiplication d'un nombre à 3 chiffres par un nombre à 1 chiffre (le résultat est ≤ 1 000). La disposition classique de la multiplication en colonnes est comparée à celle du même calcul mené sous la forme d'une addition en colonnes (154 + 154 + 154 + 154 + 154 + 154) : le fait qu'on multiplie par un grand nombre (6, ici) rend plus spectaculaire l'économie d'écriture que procure la multiplication en colonnes.
Que l'opération soit posée en colonnes sous la forme d'une addition répétée ou d'une multiplication, le calcul est le même : on calcule 6 fois 4, 24 ; on retient 2 dizaines pour un traitement ultérieur et on écrit 4 unités, etc. La seule différence est que la retenue de la multiplication n'est pas écrite, elle est faite sur les doigts. Cela est justifié aux élèves : ils vont bientôt apprendre les multiplications d'un nombre à 3 chiffres par un nombre à 2 chiffres et, pour des questions de lisibilité, ça ne sera plus possible d'écrire les retenues comme on le fait pour l'addition.

Dans la suite du fichier, les activités de base qui seront régulièrement proposées lors des séquences suivantes sont celles des cadres 2 et 3. Elles consistent à :

1°) Résoudre des problèmes du type « Combien y a-t-il de gâteaux en tout dans 283 paquets de 3 gâteaux ? » qui renvoient à une situation où c'est le plus petit des deux nombres (3) qui est répété un grand nombre de fois (283 fois). L'intérêt de ce type de problème résulte du fait que le calcul de la multiplication s'effectue, lui, en déterminant 3 fois 283, c'est-à-dire dans l'autre sens : c'est une nouvelle occasion de rappeler aux élèves l'intérêt de la commutativité de la multiplication.

2°) Calculer des multiplications avec la consigne de ne les poser en colonnes que si c'est nécessaire. En effet, l'un des objectifs de la technique en lignes est d'apprendre à calculer mentalement les multiplications simples. Considérons 208 x 3, par exemple. Le résultat s'obtient facilement de tête en ajoutant 600 (3 fois 200) et 24 (3 fois 8) ; ce qui donne 624. Il n'y a pas de raison d'obliger les élèves à poser une telle multiplication. Ce mélange de deux sortes de multiplications, certaines qui nécessitent d'être posées et d'autres qui ne le nécessitent pas, se retrouvera de manière presque systématique dans les *Nombres mystérieux* des séquences suivantes (sq 59, 60, 61...), ainsi que dans ceux proposés dans ce *Guide pédagogique* comme activités complémentaires (voir page de droite).

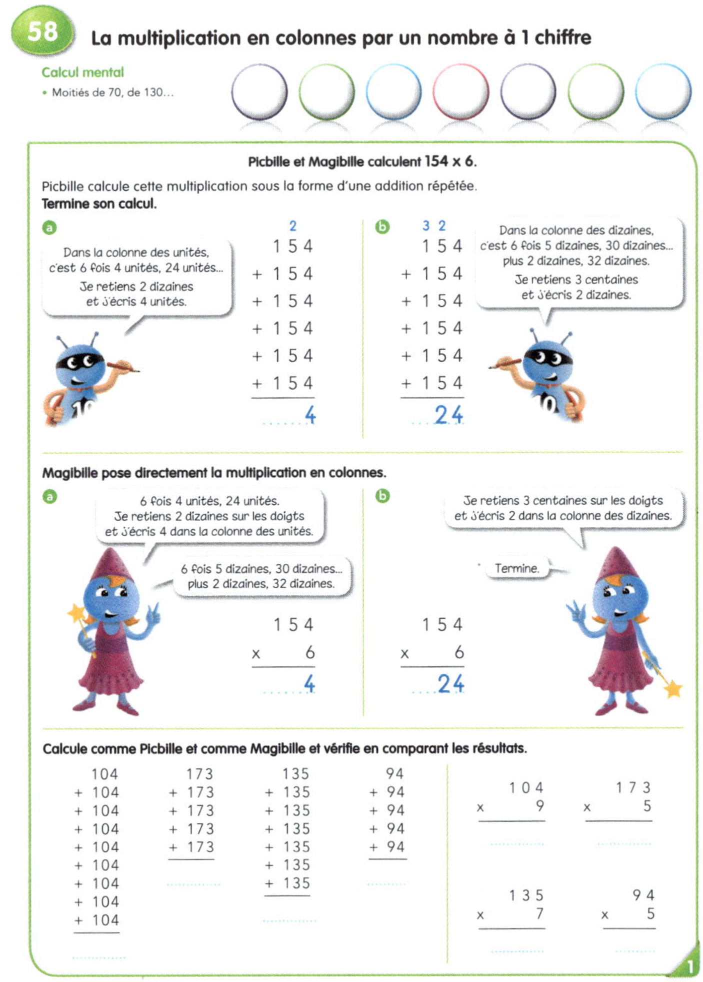
58 La multiplication en colonnes par un nombre à 1 chiffre

Calcul mental
- Moitiés de 70, de 130...

Picbille et Magibille calculent 154 x 6.

Picbille calcule cette multiplication sous la forme d'une addition répétée.
Termine son calcul.

Magibille pose directement la multiplication en colonnes.

Calcule comme Picbille et comme Magibille et vérifie en comparant les résultats.

104	173	135	94
+ 104	+ 173	+ 135	+ 94
+ 104	+ 173	+ 135	+ 94
+ 104	+ 173	+ 135	+ 94
+ 104	+ 173	+ 135	+ 94
+ 104		+ 135	
+ 104		+ 135	
+ 104			
+ 104			

104 x 9 ; 173 x 5 ; 135 x 7 ; 94 x 5

1

Activités — Séquence 58

Moitiés de 70, de 130...

Idem séquence 54.

1. La multiplication en colonnes (cas des nombres à 3 chiffres)

Activité préliminaire

Fichier fermé, l'enseignant demande aux élèves de calculer 154 x 6 sur leur cahier de brouillon en posant cette multiplication sous la forme d'une addition en colonnes. Celle-ci est écrite au tableau. Comment vérifier qu'il s'agit bien du calcul de 154 x 6 ? Il faut compter pour vérifier qu'on a bien écrit 6 fois le nombre 154. Les élèves calculent de façon autonome.
Quand les élèves sont prêts, l'enseignant organise un échange sur les différentes façons de faire. On pourrait évidemment additionner successivement des 4 : « 4 plus 4, 8 ; plus 4, 12 ; plus 4... ». On peut cependant aller plus vite parce qu'il faut calculer 6 fois 4, c'est-à-dire 24. La retenue de 2 dizaines et les 4 unités sont écrites à leurs places respectives. De même, pour la suite du calcul, il vaut mieux calculer 6 fois 5 dizaines (30 dizaines) en premier avant d'ajouter les 2 dizaines retenues. L'enseignant demande aux élèves s'ils se rappellent comment on calcule directement cette multiplication en colonnes. Il l'écrit au tableau à droite du même calcul posé sous forme d'addition et, soit un élève, soit l'enseignant montre aux autres élèves comment le calcul se déroule. Le fait que la retenue se fasse

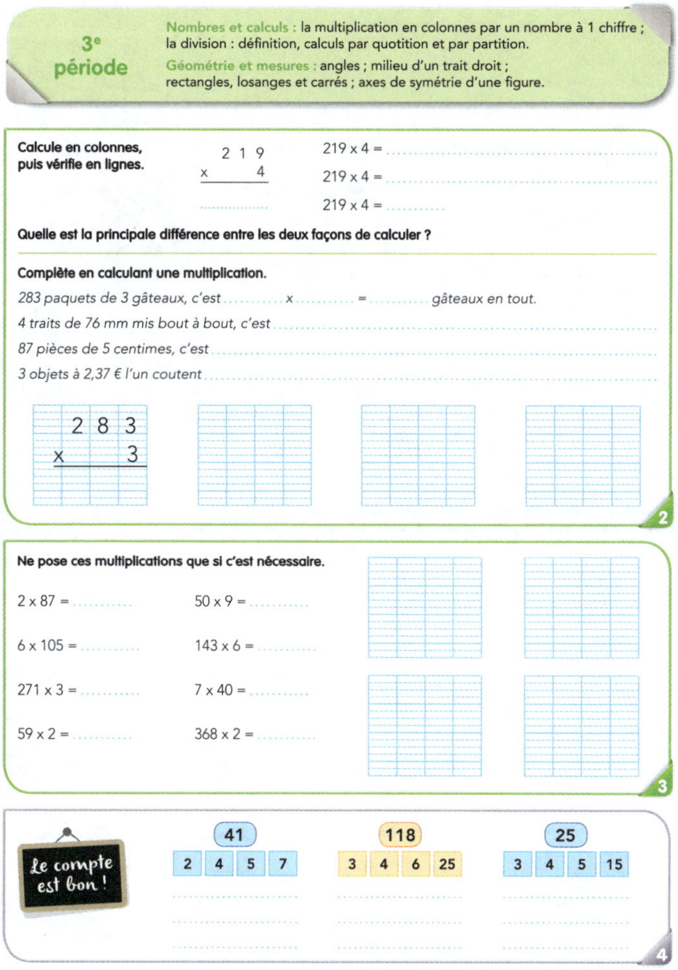

3e période

Nombres et calculs : la multiplication en colonnes par un nombre à 1 chiffre ; la division : définition, calculs par quotition et par partition.

Géométrie et mesures : angles ; milieu d'un trait droit ; rectangles, losanges et carrés ; axes de symétrie d'une figure.

Calcule en colonnes, puis vérifie en lignes.

219 x 4 (en colonnes)

219 x 4 = ...

219 x 4 = ...

219 x 4 = ...

Quelle est la principale différence entre les deux façons de calculer ?

Complète en calculant une multiplication.

283 paquets de 3 gâteaux, c'est .... x .... = ... gâteaux en tout.

4 traits de 76 mm mis bout à bout, c'est ....

87 pièces de 5 centimes, c'est ....

3 objets à 2,37 € l'un coutent ....

283 x 3 (en colonnes)

2

Ne pose ces multiplications que si c'est nécessaire.

2 x 87 = ... 50 x 9 = ...

6 x 105 = ... 143 x 6 = ...

271 x 3 = ... 7 x 40 = ...

59 x 2 = ... 368 x 2 = ...

3

Le compte est bon !

41 : 2 4 5 7

118 : 3 4 6 25

25 : 3 4 5 15

4

sur les doigts est justifié ainsi : on apprendra bientôt à faire des multiplications par des nombres à 2 chiffres et ça ne sera plus possible d'écrire la retenue. Comme dans le cas de l'addition et de la soustraction, on sera attentif à dire, dans un premier temps au moins : « *6 fois 5 dizaines, 30 dizaines...* » plutôt que : « *6 fois 5, 30...* ».

Activités sur le fichier

On reconnait tout d'abord le calcul qui vient d'être fait. Il est achevé. Les élèves sont invités ensuite à calculer 104 x 9 sous forme d'addition et de multiplication. Après correction (en insistant sur le fait que la seule différence est qu'on fait la retenue sur les doigts), les élèves traitent les autres exemples de façon autonome.

2 et 3. Calculs en colonnes, en lignes et résolution de problèmes

De façon générale, les élèves sont incités à ne pas poser systématiquement l'opération en colonnes. Cependant, la confrontation des deux stratégies peut être instructive : les deux calculs s'effectuent en sens inverse, le calcul en ligne donne d'emblée l'ordre de grandeur, etc.

4. *Le compte est bon !*

2 + 4 + (5 x 7) ;

(4 x 25) + (3 x 6) ;

(3 x 15) – (4 x 5).

Activités complémentaires

Le nombre mystérieux

818 858 878 894 900

948 960 987 992

994 996

237 x 4 = ...

3 x 298 = ...

6 x 143 = ...

124 x 8 = ...

2 x 409 = ...

3 x 329 = ...

5 x 180 = ...

249 x 4 = ...

480 x 2 = ...

7 x 142 = ...

Le nombre mystérieux : ....

Le nombre mystérieux

728 744 752 760 781

801 832 834 840

880 896

278 x 3 = ...

376 x 2 = ...

6 x 124 = ...

4 x 190 = ...

7 x 104 = ...

5 x 176 = ...

208 x 4 = ...

8 x 112 = ...

168 x 5 = ...

3 x 267 = ...

Le nombre mystérieux : ....

Objectifs

On aborde la notion d'angle : celui-ci est défini par analogie avec le bec d'un oiseau ou deux bandes articulées, qui peuvent être plus ou moins ouverts. On amène les élèves à utiliser un instrument qui a une fonction voisine d'un rapporteur : un calque avec quelques angles modèles dont ils vont se servir aussi lors d'activités de tri de figures (voir le *Jeu du portrait*, sq 62 et suivantes). Ultérieurement, ils utiliseront aussi des gabarits en carton de ces mêmes angles modèles pour construire des rectangles (voir sq 70).
Ces tâches sont donc une façon d'engager la comparaison d'angles (tel angle est plus petit ou plus grand que tel autre, tels angles sont égaux). La mesure d'angles proprement dite, en degrés d'angle ou en référence à l'angle droit (demi-angle droit, tiers d'angle droit, etc.), ne sera abordée qu'au CM2.
Dans cette séquence, l'angle droit apparait comme un angle parmi d'autres, plus grand que certains, plus petit que d'autres (activité 3). C'est plus tard (sq 68) qu'on l'étudiera de façon plus spécifique.

59 **Les angles : angles quelconques**

Calcul mental
• Multiple de *n* ou non ?

Oui, ... = ... x ... *Non.*	*Oui,* ... = ... x ... *Non.*	*Oui,* ... = ... x ... *Non.*

Observe l'ouverture du bec de ces oiseaux. Les angles qu'ils forment sont plus ou moins ouverts.

cette cigogne — ce héron — ce pélican

Range ces oiseaux selon l'angle que forme leur bec, du plus petit au plus grand :
.... < .... < ....

1

Voici 2 angles modèles :

Parmi les angles ci-dessous, quels sont ceux qui sont superposables avec ces angles modèles ?
Recherche-les avec un calque et réponds en les coloriant.

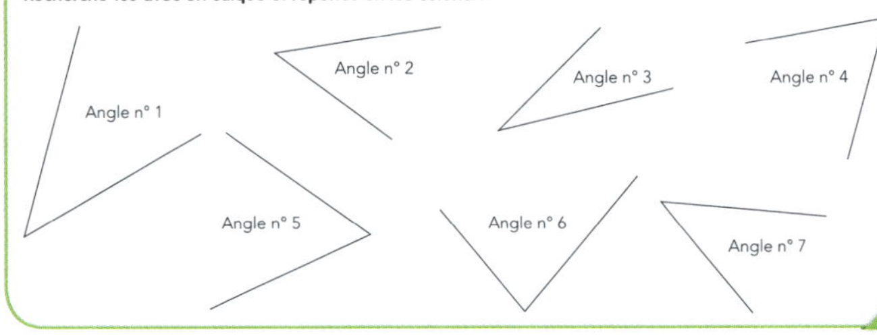

2

Cherche le nombre de départ.

Je pense à un nombre...

... *je lui ajoute 4 et j'obtiens 102.*	*Le nombre de départ était* ....
... *je lui retire 7 et j'obtiens 98.*	*Le nombre de départ était* ....
... *je lui ajoute 45 et j'obtiens 52.*	*Le nombre de départ était* ....
... *je lui ajoute 8 et j'obtiens 300.*	*Le nombre de départ était* ....

4

Activités — Séquence 59

Multiple de n ou non ?

L'interrogation porte sur les cas étudiés (multiples de 15, 25, 50, 10 ou 100). En cas de réponse « oui », les élèves écrivent l'une des 2 multiplications possibles qui justifient cette réponse. La reprise de cette activité se justifie du fait de l'étude prochaine de la division-quotition (sq 61).

1. Approche intuitive de la notion d'angle

Sur le fichier, dans l'activité 1, on voit les becs de trois oiseaux qui forment des angles plus ou moins grands. Mais la situation est statique. Or la notion d'angle peut aussi être introduite dans une situation dynamique, en faisant observer l'ouverture progressive de l'angle d'un même objet, comme dans l'activité préliminaire décrite ci-après. D'une manière générale, une telle approche « dynamique » est intéressante en géométrie, car elle aide notamment à considérer qu'une figure peut s'obtenir par déformation d'une autre : par exemple, on peut considérer qu'un rectangle est un parallélogramme dont les angles sont « devenus droits ».

En outre, bien comprendre la notion d'angle, c'est la distinguer d'autres notions comme celle de longueur : un angle peut être très grand bien que les côtés qui le définissent soient très petits, et, inversement, un angle très petit peut être défini par deux côtés très longs.

Dans l'activité préliminaire ci-dessous, on abordera donc d'abord la notion d'angle de façon « dynamique », puis on amènera les élèves à distinguer un angle et la longueur des côtés qui le définissent.

Activité préliminaire

1. Qu'est-ce qu'un angle ?

L'enseignant peut par exemple utiliser deux bandes de carton très rigide reliées par une attache parisienne (ce matériel doit permettre notamment de tracer des états successifs qui illustreront une ouverture progressive). Il demandera à chaque élève de représenter les mêmes angles approximativement avec une paire de ciseaux, un compas, 2 règles, 2 crayons, etc. (il est bon de varier les objets utilisés pour cela).

L'enseignant annonce que l'on va s'intéresser « *aux angles formés par ces deux bandes* ». Il présente le matériel avec une faible ouverture et dit : « *les deux bandes font un petit angle* ». Cet angle est reproduit au tableau en suivant le bord intérieur des bandes. Les élèves essaient de former ce même angle avec leur compas, leurs ciseaux,... Il est bon de vérifier sur un ou deux cas que l'approximation est acceptable : un enfant vient au tableau avec son compas ou ses ciseaux en le(s) maintenant dans la même ouverture, et on effectue la superposition de l'objet sur l'angle dessiné.

L'ouverture est augmentée : « *L'angle a changé, il est devenu plus grand.* » Cet angle est également tracé. Les élèves s'efforcent de le restituer avec leur matériel. On compare le tracé et l'angle

Oui, ... = ... x	*Oui, ... = ... x .....*	*Oui, ... = ... x .....*	*Oui, ... = ... x .....*
Non.	*Non.*	*Non.*	*Non.*

Prends le calque avec des angles modèles qui se trouve à la fin de ton fichier.
Vérifie que les angles sont les mêmes que ceux-ci :

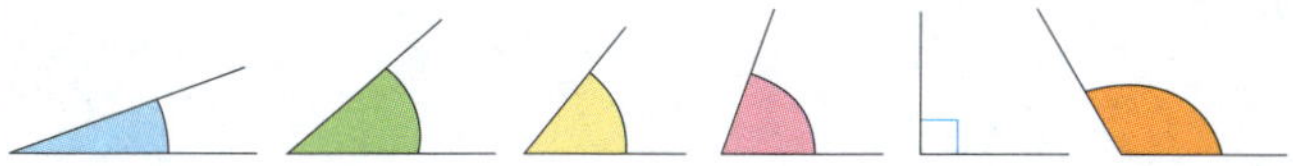

Dans les figures ci-dessous, cherche les angles égaux aux angles modèles et colorie-les.

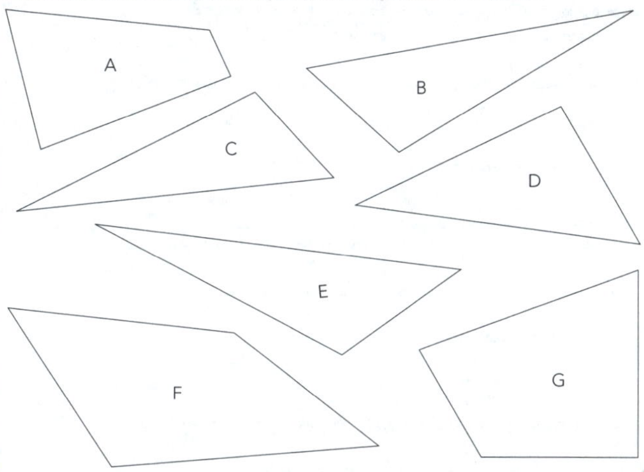

3

Le nombre mystérieux

267 x 3 = ... 204 x 3 = ... 450 x 2 = ...
181 x 5 = ... 91 x 4 = ... 178 x 4 = ...
2 x 438 = ... 4 x 175 = ... 5 x 89 = ...

364 445 576 612 700
712 801 876 900 905

Le nombre mystérieux : ......

5

réalisé par un élève. On poursuit ainsi jusqu'à obtenir un angle presque plat :

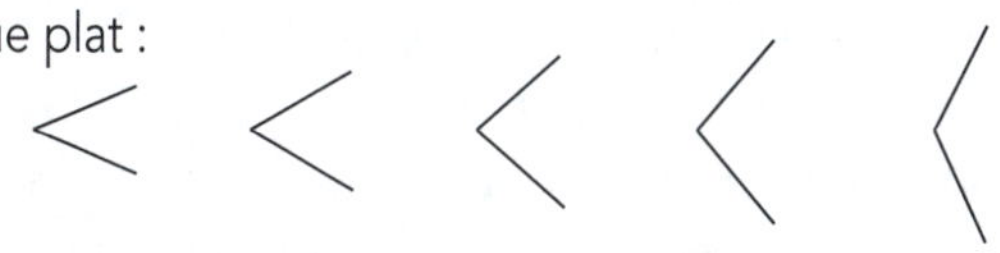

Finalement, on interroge : « *Quel est le plus grand angle ? Quel est le plus petit ? Pourrait-on tracer un angle encore plus petit ?* » On peut prolonger ce questionnement avec les angles formés par les doigts : « *Quel est l'angle le plus grand que vous pouvez former avec l'index et le majeur ? Et avec le pouce et l'index ?* »

2. Distinguer angle et longueur des côtés

Le matériel de l'enseignant permet aussi de créer une situation propice à la distinction des notions d'angle et de longueur : un angle peut être très petit avec des côtés très longs, et inversement. Pour cela, l'enseignant trace 5 ou 6 angles en jouant sur ces variables. Il demande quel est l'angle le plus grand (c'est celui qui a les côtés les plus courts) et le plus petit (c'est celui qui a les côtés les plus longs). Un grand angle est très ouvert, mais il peut être formé par deux petits côtés. Un petit angle, c'est un angle peu ouvert, mais…

Activité 1 sur le fichier

En continuité avec le dernier questionnement, on peut demander immédiatement quel bec forme l'angle le plus grand et quel bec est le plus long.

Activité 2

Les élèves disposent d'un morceau de calque et doivent y tracer chacun des deux angles modèles. Il s'agit d'apprendre à utiliser le calque pour vérifier l'égalité de deux angles (un angle modèle et un autre). Les angles sont numérotés, ce qui permettra une validation collective.

Activité 3

La tâche est du même type, mais les angles modèles sont déjà représentés sur le calque (matériel en fin de fichier). On fait donc d'abord vérifier que tous les angles donnés sur le fichier figurent aussi sur le calque et qu'ils n'ont pas seulement la même couleur, mais également, pour une même couleur, un même angle. On fait remarquer qu'ils sont rangés du plus petit au plus grand. On pourra enfin faire commenter la notation particulière pour l'angle droit, et saisir l'occasion pour introduire le vocabulaire « aigu » et « obtus ».

Activité complémentaire

Le compte est bon !

270	3 6 7 10	{(3 x 7) + 6} x 10
139	1 6 8 10	(6 + 8) x 10 – 1
29	1 2 8 15	(8 – 1) x 2 +15
90	3 5 9 15	(3 x 15) + (5 x 9)
190	5 6 8 25	(6 x 25) + (5 x 8)
0	4 8 25 50	(8 x 25) – (4 x 50)
50	1 2 3 8	{(3 x 8) + 1} x 2
104	4 5 15 25	(5 x 15) + 25 + 4
410	4 5 9 10	{(4 x 9) +5} x 10
55	5 6 7 15	(6 x 15) – (5 x 7)
175	4 5 7 9	(9 – 4) x 5 x 7
255	3 9 10 15	(3 x 9) x 10 – 15

Objectifs

On revoit ici la notion de « milieu d'un trait droit ».
Cette notion n'est pas si naturelle qu'il y parait. En effet, de nombreux élèves peuvent encore considérer par exemple que l'énoncé « le point C est au milieu du trait AB » signifie la même chose que « le point C est situé entre A et B ». Il ne leur apparait pas immédiatement qu'un point situé au milieu d'un trait est nécessairement équidistant des extrémités, et que, pour le trouver, il suffit de chercher la moitié de la longueur AB. Cette acception première de la notion de « milieu » peut être rapprochée de celle de la « moitié », qui, initialement, est souvent considérée comme le résultat d'un partage en deux parts quelconques.
Les élèves sont d'abord amenés à constater que, si un point L est situé entre A et B de façon quelconque, les distances LA et LB ne sont pas égales. Il est alors facile de comprendre ce que veut dire chercher un point M « à égale distance » des extrémités A et B : les longueurs AM et MB doivent être égales. On amène les élèves à prendre conscience qu'il faut alors chercher la moitié de la longueur et à considérer le point ainsi trouvé comme « le milieu de AB » (les élèves seront conduits à chercher la moitié de 170, de 130, 110 et 150, ce qu'ils ont appris à faire sq 50).
Au total donc, c'est la recherche de l'équidistance et sa mise en relation avec celle de la moitié d'une longueur qui va fonder ici la signification mathématique du mot « milieu » et la procédure de base qui lui est associée.

Activités — Séquence 60

Multiple de n ou non ?

L'interrogation porte sur les cas étudiés (multiples de 15, 25, 50, 10 ou 100). En cas de réponse « oui », les élèves écrivent l'une des 2 multiplications possibles qui justifient cette réponse. La reprise de cette activité se justifie du fait de l'étude prochaine de la division-quotition (sq 61).

1 et 2. Équidistance, moitié d'une longueur et « milieu d'un trait droit »

Dans l'activité 1, il s'agit de comprendre que situer un point sur un trait droit à égale distance des extrémités, c'est chercher la moitié de la longueur, et de s'approprier ainsi la notion de « milieu » d'un trait droit. Dans l'activité 2, les élèves pourront réinvestir cette procédure sur trois autres cas.

Activité 1

1°) L n'est pas à égale distance de A et B

On veut amener les élèves à justifier par des mesures que la distance (ou la longueur) LB est plus grande que la distance

60 Milieu d'un trait droit

Calcul mental
• Multiple de n ou non ?

Oui, ... = ... x ... Non. | Oui, ... = ... x ... Non. | Oui, ... = ... x ... Non.

La chenille verte va du point A au point L. La chenille bleue va du point B au point L.

• Parcourront-elles la même distance ? (Mesure chaque chemin en mm.)
• Place le point M sur le trait AB pour que M soit à égale distance de A et de B.
• Comment as-tu fait pour trouver l'emplacement du point M ? ...
• Comment s'appelle le point qui est à égale distance des deux extrémités d'un trait ?

1

a Vérifie que le trait CD mesure 130 mm.

À quelle distance de C faut-il placer le point N pour que N soit le milieu du trait CD ?
Place ce point N et vérifie que les longueurs CN et DN sont égales.

b Vérifie que le trait EF mesure 110 mm.

À quelle distance de E faut-il placer le point O pour que O soit le milieu du trait EF ?
Place ce point O et vérifie que les longueurs EO et FO sont égales.

c Vérifie que le trait GH mesure 150 mm.

À quelle distance de G faut-il placer le point P pour que P soit le milieu du trait GH ?
Place ce point P et vérifie que les longueurs GP et PH sont égales.

2

(ou la longueur) LA. Or, il est possible que des élèves en jugent d'emblée ainsi en s'appuyant sur la perception : « *On le voit que c'est plus long !* » Pour introduire l'idée d'une précision qui amène à utiliser la mesure, l'enseignant peut par exemple demander si « *c'est beaucoup plus long* » ou si « *c'est seulement un tout petit peu plus long* ».
Dans une reprise collective, on justifie la réponse dans le langage des longueurs : les 2 distances ou les 2 longueurs ne sont pas égales, la longueur LA est de 7 cm, la longueur LB est de 10 cm.
On écrit au tableau :
Longueur de LA = 7 cm ; Longueur de LB = 10 cm
ou encore :
Longueur de LA = 70 mm ; Longueur de LB = 100 mm
Cette validation collective des mesures est essentielle à la suite de l'activité, car des différences de 1 mm peuvent exister entre ces mesures et celles trouvées par les élèves. Ces différences sont normales ; elles reflètent la nécessaire imprécision des mesures en mm (on le fera d'ailleurs comprendre).

2°) Placer M à égale distance de A et de B

Il importe que les élèves comprennent bien la consigne. On s'en assurera collectivement en faisant reformuler qu'on cherche à placer un point qu'on appellera M sur le trait AB « *pour avoir deux longueurs MA et MB qui seront égales* ». On peut aussi imaginer deux chenilles qui partiront de A et B pour aller jusqu'à M et qui, si on a bien placé M, parcourront exactement la même distance.
Certains élèves aboutiront assez vite à la procédure qu'il s'agit d'apprendre : je cherche la longueur totale (170 mm), je cherche

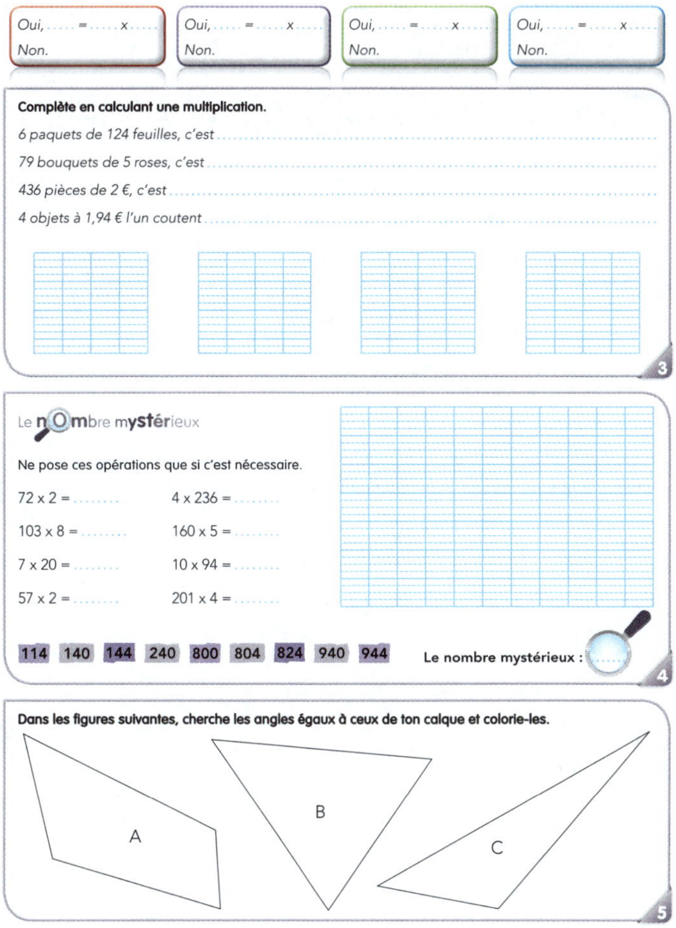
Oui, ... = ... x ..... Non.
Oui, ... = ... x ..... Non.
Oui, ... = ... x ..... Non.
Oui, ... = ... x ..... Non.

Complète en calculant une multiplication.

6 paquets de 124 feuilles, c'est ....

79 bouquets de 5 roses, c'est ....

436 pièces de 2 €, c'est ....

4 objets à 1,94 € l'un coutent ....

3

Le nOmbre mystérieux

Ne pose ces opérations que si c'est nécessaire.

72 x 2 = ... 4 x 236 = ...

103 x 8 = ... 160 x 5 = ...

7 x 20 = ... 10 x 94 = ...

57 x 2 = ... 201 x 4 = ...

114 140 144 240 800 804 824 940 944

Le nombre mystérieux : ....

4

Dans les figures suivantes, cherche les angles égaux à ceux de ton calque et colorie-les.

5

la moitié de cette longueur (85 mm), je place M à 85 mm de A (ou de B). Mais d'autres élèves commenceront par placer le point M plus près de B que L, pour obtenir l'équidistance « à vue d'œil », et mesureront l'effet de ce placement sur les longueurs MA et MB. Cela pourra les amener à des ajustements successifs pour avoir enfin deux distances égales.

C'est la discussion collective sur ces méthodes qui va permettre de faire la relation, pour tous les élèves, entre les deux types de points de vue sur la situation : équidistance et moitié de la longueur totale.

On commence par recenser les solutions. Tout le monde ou presque a trouvé que M devait être à 85 mm de A et de B. On écrit au tableau :

Longueur de MA = 85 mm ; Longueur de MB = 85 mm

On s'intéresse ensuite aux manières de trouver ces deux longueurs. On sera amené à expliciter que la longueur totale du trait AB est de 170 mm et à évoquer l'idée d'un partage de cette longueur en deux longueurs égales. Pour faire le lien avec la recherche de la moitié au sens de « partager en 2 », l'enseignant peut utiliser une bande de papier de 170 mm ; si on la plie en deux pour avoir deux morceaux de même longueur, quelle sera la longueur de chaque morceau ?

Cette activité se conclut par l'introduction de l'expression « milieu d'un trait droit » : c'est le point qui est à égale distance des extrémités, qui partage la longueur en deux moitiés.

Activité 2

Les élèves sont conduits à réinvestir la procédure et à vérifier qu'elle permet à chaque fois, pour peu que la mesure et les calculs soient corrects, de trouver le milieu d'un trait droit quelconque. Pour éviter que des mesures imprécises parasitent la tâche, nous avons choisi de donner les longueurs totales de CD et EF (les élèves ont seulement à les vérifier). Lors de ce travail individuel, les élèves prennent conscience d'éventuelles erreurs de calcul parce qu'elles conduisent à placer un point qui n'est pas le milieu du trait de départ.

Activité complémentaire

Le compte est bon !

Nombre	Nombres donnés	Solution
117	3 5 7 10	(5 + 7) x 10 – 3
57	3 5 7 5	(3 x 15) + 5 + 7
235	3 5 8 10	(3 x 8) x 10 – 5
3	4 5 7 9	(5 – 4) + (9 – 7)
61	3 4 7 10	(3 x 7) + (4 x 10)
308	2 8 10 15	(15 x 2) x 10 + 8
44	2 4 9 10	(4 x 9) + 10 – 2
23	2 9 10 15	(2 x 9) + (15 – 10)
105	3 5 9 50	(3 x 50) – (5 x 9)
39	4 6 7 15	(7 – 4) x 15 – 6
352	4 8 9 10	(4 x 9 x 10) – 8
101	3 5 8 25	(5 x 25) – (3 x 8)

Objectifs

Dans la sq 61, nous introduisons une série de problèmes géométriques : soit une longueur *L* et une plus petite longueur *l*, il s'agit de savoir combien de fois *l* est comprise dans *L*. Les élèves sont conduits à exprimer le résultat de cette mesure sous la forme suivante, par exemple :

$L = (l \times 5) + r$

et $r =$

Cette situation est en continuité avec la tâche « *Multiple de* n *ou non ?* », car, dans les deux cas, on cherche un nombre d'itérations. Mais elle est plus complète, parce qu'on est aussi amené à exprimer un reste. Les élèves acquièrent ainsi un modèle d'action (un « schème ») qui est celui de la quotition : on cherche en effet combien de fois une grandeur est contenue dans une autre, et, s'il y a une grandeur résiduelle, quelle est sa taille.

C'est ce type de problème qui sera utilisé dans les sq 63 et 64 pour introduire la « division - quotition » : les longueurs seront numérisées et les élèves pourront anticiper en calculant sur les nombres les deux grandeurs recherchées, soit le nombre d'itérations de *l* dans *L* et le reste. On vise à ce que, quand on leur demandera ensuite de calculer par exemple 213 : 50 ?, 173 : 10 ?, 281 : 25 ?, etc., ils se réfèrent alors à ce schème et accèdent aux significations plus générales de la quotition lorsqu'ils raisonnent sur des nombres abstraits.

Dans la sq 62, on introduit le *Jeu du portrait*. Certaines caractéristiques géométriques étant données, les enfants doivent chercher parmi plusieurs figures celles qui les possèdent. Cette activité exige de comprendre le vocabulaire conventionnel, parfois introduit à cette occasion (ici, par exemple, on définit les termes de « polygone » et de « quadrilatère »), et d'utiliser des instruments de mesure (calques d'angles modèles, double décimètre, puis, plus tard, réseau de parallèles). C'est donc une activité riche où les élèves vont devoir mobiliser des connaissances diverses. Cette activité revenant régulièrement ensuite, elle fournira autant d'occasions de consolider ces connaissances.

Activités Séquence 61

Double de 37, de 58…

Les cas sont ceux de la sq 53 ; les nombres sont écrits au tableau.

Je pense à un nombre…

Idem sq 55.

1 et 2. Vers la division : en *L* combien de fois *l* ?

Activité préliminaire

On pose au tableau un problème similaire à celui du fichier.

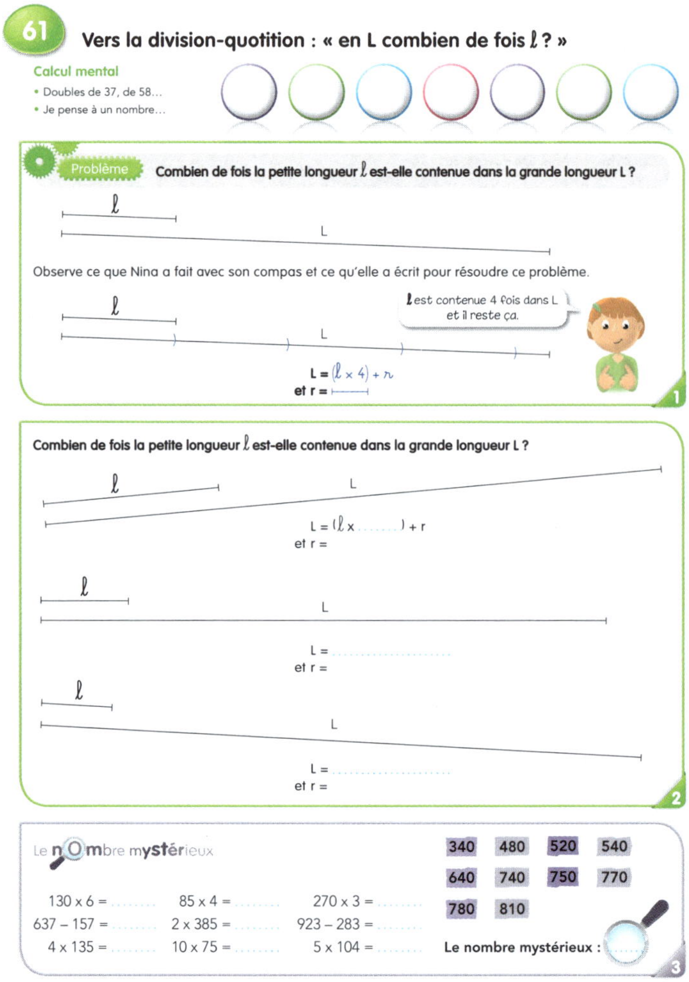

61 Vers la division-quotition : « en L combien de fois ℓ ? »

Calcul mental
- Doubles de 37, de 58…
- Je pense à un nombre…

Problème Combien de fois la petite longueur ℓ est-elle contenue dans la grande longueur L ?

Observe ce que Nina a fait avec son compas et ce qu'elle a écrit pour résoudre ce problème.

ℓ est contenue 4 fois dans L et il reste ça.

L = (ℓ × 4) + r
et r =

1

Combien de fois la petite longueur ℓ est-elle contenue dans la grande longueur L ?

L = (ℓ x ……) + r
et r =

L = ……
et r =

L = ……
et r =

2

Le nOmbre mystérieux

130 x 6 = ……	85 x 4 = ……	270 x 3 = ……	340	480	520	540
637 – 157 = ……	2 x 385 = ……	923 – 283 = ……	640	740	750	770
4 x 135 = ……	10 x 75 = ……	5 x 104 = ……	780	810		

Le nombre mystérieux : ……

3

Par-delà une première compréhension de la situation, il s'agit surtout d'introduire les écritures utilisées pour exprimer les deux résultats (nombre d'itérations et longueur restante). En outre, alors que, sur le fichier, les élèves utiliseront le compas, au tableau on utilisera une bande de carton.

L'enseignant a tracé au tableau deux traits droits dont il désigne les longueurs par les lettres *l* et *L* (exemple : $l = 35$ cm et $L = 190$ cm ; ces dimensions ne seront pas données aux élèves, elles ne seront d'ailleurs pas utilisées au cours de l'activité). Il fait expliciter cette dénomination par ces deux lettres et pose d'emblée le problème : « *Peut-on savoir combien de fois la petite longueur* l *est contenue dans la grande longueur* L *sans les mesurer ?* ».

Comme l'enseignant a aussi préparé une bande de carton, des élèves pensent à l'utiliser pour reporter la petite longueur dans la grande. Deux enfants viennent au tableau reporter *l* dans *L*. On commente finalement : la petite longueur est contenue 5 fois dans la grande et il reste ça (on montre cette longueur entre deux mains).

Comment pourrait-on écrire de façon très courte ce qu'on vient de trouver ? Il faut dire qu'il y a 5 fois la longueur « petit *l* » dans la longueur « grand *L* » et qu'il y a une longueur qui reste. L'enseignant note la première ligne et en fait reformuler la signification :

$L = (l \times 5) + r$

On dit ainsi qu'il y a 5 fois la longueur « petit *l* » dans la longueur « grand *L* » et qu'il y a une longueur qui reste. Mais comment

62 **Chercher les figures qui ont des propriétés données**

Calcul mental
- Je pense à un nombre…
- Doubles de 37, de 58…

Jeu du portrait

Une ou plusieurs figures géométriques correspondent au portrait ci-dessous. Fais-en la liste et barre les autres. Pour chercher, utilise ton calque avec les angles modèles.

- C'est un polygone* mais ce n'est pas un quadrilatère**.
- Un de ses angles est égal à l'angle vert.
- Un de ses côtés mesure 4 cm.

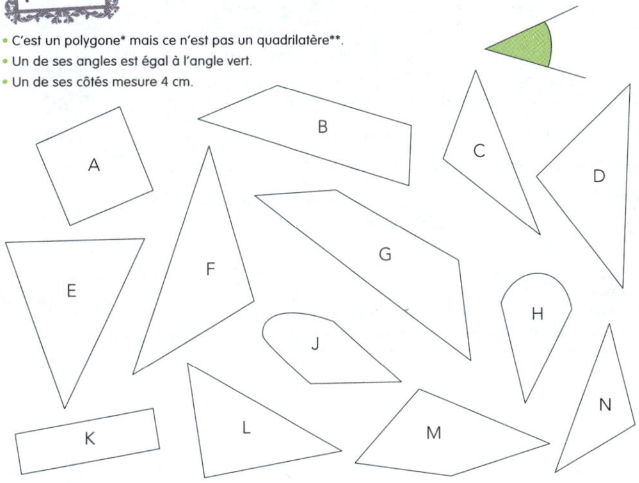

Les figures qui correspondent au portrait sont : ………

* Un **polygone** est une ligne brisée fermée (ce mot vient du grec *poly* = plusieurs et *gônu* = angle). Un polygone peut donc avoir 3, 4, 5, 6, 7 côtés ou plus encore.
** Un polygone qui a 4 côtés est un **quadrilatère** (ce mot vient du latin *quadri* = quatre et *lateris* = côté).

1

Complète en calculant une multiplication.

9 équipes de 15 joueurs de rugby, c'est ………
196 traits de 4 mm mis bout à bout, c'est ………
181 pièces de 5 centimes, c'est ………
328 objets à 3 € l'un coutent ………
47 carnets de 10 timbres, c'est ………

2

pourrait-on aussi dire quelle longueur il reste sans la mesurer (il note « et *r* =… ») ? Il propose tout simplement de tracer le trait correspondant. On aboutit ainsi à :

$L = (l \times 5) + r$
et $r =$ ⊢———⊣

L'égalité *r* = … est complétée avec un trait de la longueur correspondante (repérée sur la bande de carton).

Activité sur le fichier

C'est la même situation, mais Nina utilise le compas. Les élèves vérifient ce que Nina annonce pour les traits sur lesquels elle a déjà agi. Que montre-t-elle entre ses 2 doigts ? Pourquoi a-t-elle écrit l'égalité :

$L = (l \times 4) + r$
et $r =$ ⊢—⊣

Les trois autres problèmes de l'activité 2 sont traités individuellement.

Remarque

L'écriture $L = (l \times 4) + r$ permet d'introduire à l'avance un format de réponse qui sera demandé aux élèves pour « prouver » le résultat de leurs divisions (sq 61 et 62). Ainsi, pour 163 : 25 ?, ils auront à compléter :

163 : 25 ? q = … r = … car 163 = (25 x…) + …

Pour 173 : 10 ?, ils auront à compléter :

173 : 10 ? q = … r = … car 173 = (10 x…) + …

Activités Séquence 62

Je pense à un nombre…

Idem sq 55.

Double de 37, de 58…

Les cas sont ceux de la sq 53 ; les nombres sont écrits au tableau.

1. Le *Jeu du portrait*

Pour cette première activité, outre l'introduction des notions de polygone et de quadrilatère, on cherchera surtout à mettre au point une méthode avec les élèves ; méthode qui pourra être réutilisée ensuite dans la même situation à plusieurs reprises (ce jeu revient régulièrement). Dans une telle tâche, deux méthodes permettent d'effectuer exhaustivement le tri :
– soit on retient toutes les figures qui possèdent la première caractéristique, puis, parmi celles-ci, toutes celles qui possèdent la deuxième caractéristique, etc. ;
– soit on examine les figures une à une et l'on cherche à chaque fois si elles possèdent d'abord la première caractéristique, puis la deuxième, etc.
Il est possible, assez commodément, d'essayer les deux méthodes l'une après l'autre et de faire observer qu'elles aboutissent au même résultat. Il suffit pour cela d'expérimenter une 1re méthode sur le fichier, puis l'autre sur une photocopie de ce même jeu.
Il parait plus naturel de partir des 3 caractéristiques qui sont données initialement et de construire la méthode correspondante « en marchant ».
1°) La 1re caractéristique amène à éliminer d'abord les figures qui ne sont pas des polygones, notion qu'on établit à l'aide de la définition donnée sur le fichier et d'exemples et contre-exemples proposés par l'enseignant au tableau. Les élèves sont donc conduits à barrer sur leur fichier les figures J et H (on cherche des polygones et ces dernières n'en sont pas). Le raisonnement qui consiste à éliminer les quadrilatères (notion qu'on établit, comme celle de polygone) est plus difficile : on cherche les figures qui ne sont pas des quadrilatères, elles peuvent avoir 3 côtés, 5 côtés, etc. mais pas 4. On amène les élèves à conclure qu'on doit donc barrer A, B, G, K et M, qui ont 4 côtés. Il ne reste en fait que des triangles.
2°) La 2e caractéristique est facile à comprendre : il faut éliminer les figures qui n'ont pas d'angle égal à l'angle vert du calque. Sur quelles figures doit-on faire cette recherche ? Celle-ci conduit à éliminer E : tous les autres triangles ont cet angle. C'est aussi l'occasion de comprendre le sens de « triangle » comme une figure qui a « trois angles » (sur le modèle de « trimestre », « tricycle », « trimoteur », « trident », « triathlon » etc.).
3°) La 3e caractéristique est, elle aussi, très facile à comprendre. Elle conduit à éliminer C et N. On conserve D, F et L dont on écrit la liste dans la zone de réponse.

Suite page 139

Objectifs

Les élèves découvrent ici la division dite « euclidienne ». Ce fut une originalité de la 1re édition de *J'apprends les maths CE2* (1996) d'introduire les notions de quotient et de reste et le calcul de cette opération dès le CE2. Dans les programmes de 1995 et de 2002, en effet, il était recommandé de différer cet enseignement. On pouvait se contenter de le préparer. On sait qu'une des raisons des programmes de 2008 a été de limiter cette phase de préparation au CP et au CE1 (cycle 2).

Un tel enseignement est important parce que sans le signe « : » (« divisé par »), on ne pourrait pas proposer des exercices de calcul mental de divisions. Or, l'entrainement explicite au calcul de divisions joue un rôle décisif, selon nous, dans le progrès des enfants dans la résolution des deux grands types de problèmes de division, ceux où l'on cherche « en *a* combien de fois *b* ? » (quotition) et ceux où l'on cherche le résultat du partage de *a* en *b* parts (partition). En effet, il y a 2 grandes stratégies de calcul d'une division : pour 186 : 25 ?, par ex., on cherche combien de fois il y a 25 dans 186 (calcul par quotition) ; pour 4 312 : 3 ?, on partage les milliers, les centaines, les dizaines et les unités (calcul par partition). En favorisant le progrès des élèves dans de tels calculs, on vise à ce qu'ils puissent résoudre de plus en plus facilement chacune des deux sortes de problèmes (quotition et partition), et qu'à terme, le signe « : » et l'expression « *a* divisé par *b* » symbolisent l'équivalence des deux procédures (cela conduit au même résultat de chercher « en *a* combien de fois *b* ? » que de chercher le résultat de « *a* partagé en *b* parts égales »).

Concernant la façon d'écrire les calculs, nous ne proposons pas aux élèves de compléter une égalité comme « 147 : 25 =… ». En effet, une notation telle que « 147 : 25 = 5 (reste 22) » ne respecterait pas les règles d'écriture d'une égalité. Seule une égalité comme 147 : 25 = 5 + 22/25 serait acceptable. Mais elle n'est pas encore à la portée des élèves. Le calcul à réaliser est donc donné ici sous la forme d'une question comme 147 : 25 ? et les élèves répondent « *q* = 5, *r* = 22, car 147 = (25 x 5) + 22 ».

Concernant le choix de la situation d'introduction (quotition ou partition ?), nous avons voulu que la division soit associée dès le départ à la quotition, signification qui est la moins triviale. Plus précisément, nous avons choisi la situation où l'on se demande combien de fois une longueur est contenue dans une autre. Ce problème a d'abord été résolu par un procédé de report (*cf.* sq 61). En proposant ce même problème avec des mesures, on crée une situation d'anticipation : en raisonnant sur les nombres, il s'agit de prévoir ce que donnerait le report. Et celui-ci peut alors servir à contrôler les anticipations résultant du calcul.

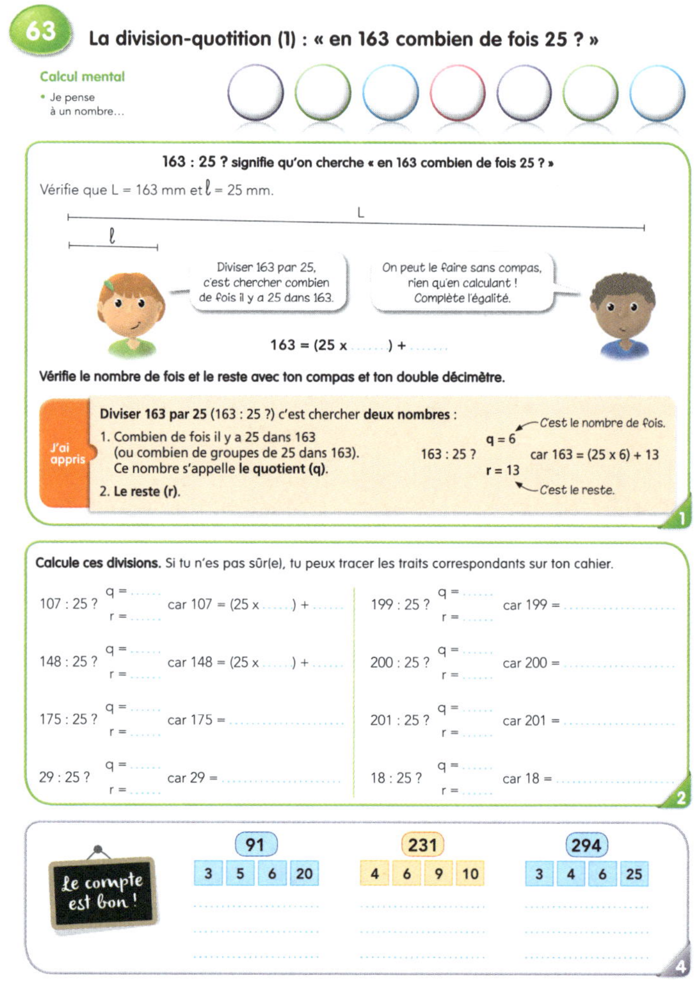

63 La division-quotition (1) : « en 163 combien de fois 25 ? »

Calcul mental
- Je pense à un nombre…

163 : 25 ? signifie qu'on cherche « en 163 combien de fois 25 ? »

Vérifie que L = 163 mm et ℓ = 25 mm.

163 = (25 x ……) + ……

Vérifie le nombre de fois et le reste avec ton compas et ton double décimètre.

J'ai appris

Diviser 163 par 25 (163 : 25 ?) c'est chercher **deux nombres** :
1. Combien de fois il y a 25 dans 163 (ou combien de groupes de 25 dans 163). Ce nombre s'appelle **le quotient (q)**.
2. **Le reste (r)**.

163 : 25 ? q = 6 (C'est le nombre de fois.) r = 13 (C'est le reste.) car 163 = (25 x 6) + 13

1

Calcule ces divisions. Si tu n'es pas sûr(e), tu peux tracer les traits correspondants sur ton cahier.

107 : 25 ?	q = …… r = ……	car 107 = (25 x ……) + ……	199 : 25 ?	q = …… r = ……	car 199 = ……
148 : 25 ?	q = …… r = ……	car 148 = (25 x ……) + ……	200 : 25 ?	q = …… r = ……	car 200 = ……
175 : 25 ?	q = …… r = ……	car 175 = ……	201 : 25 ?	q = …… r = ……	car 201 = ……
29 : 25 ?	q = …… r = ……	car 29 = ……	18 : 25 ?	q = …… r = ……	car 18 = ……

2

Le compte est bon !

91	231	294
3 5 6 20	4 6 9 10	3 4 6 25

4

Activités Séquence 63

Je pense à un nombre…

Idem sq 55.

1 et 2. La division-quotition (1)

Dans l'activité préliminaire décrite ci-dessous, on amène les élèves à résoudre le problème étudié lors de la sq 61 (combien de fois *l* dans *L* ?) alors que ce problème est énoncé à partir d'un tracé au tableau. Comme on demande aux élèves de ne pas résoudre ce problème en reportant la petite longueur, ils sont conduits à raisonner sur les nombres qui expriment les mesures de ces deux longueurs (25 cm et 186 cm par exemple). On leur indique alors qu'en cherchant combien de fois il y a 25 dans 186, on calcule la division « 186 divisé par 25 ». L'usage du compas pour effectuer le report de *l* dans *L* renforce la conviction que leur calcul était pertinent et donne une première signification claire à la division.

Activité préliminaire

L'enseignant annonce aux élèves qu'ils vont apprendre une nouvelle opération : « *Vous connaissez déjà l'addition, la soustraction, la multiplication, vous allez apprendre la division* ». Il écrit au tableau 186 : 25 ? et lit cette opération : « *On va calculer 186 divisé par 25* ». L'annonce explicite du thème de la séquence est importante. En commençant ainsi, on met l'accent sur le sens qu'il faut donner à cette opération. Comme les élèves connaissent bien le problème dont on se sert

Complète comme dans l'exemple en calculant la division.

Il y a 132 enfants et on veut former des équipes de 25 enfants.

132 : 25 ? q = 5 et r = 7

On peut former 5 équipes de 25 enfants et il restera 7 enfants.

On a 79 € et on cherche combien on peut acheter d'objets à 25 € l'un.

On a 158 roses et on veut faire des bouquets de 25 roses.

Un ruban mesure 103 cm ; on cherche combien on peut découper de morceaux de 25 cm.

3

Jeu du portrait

- C'est un quadrilatère.
- Un de ses angles est égal à l'angle jaune de ton calque.
- Un de ses côtés mesure 4 cm et un autre mesure 20 mm.

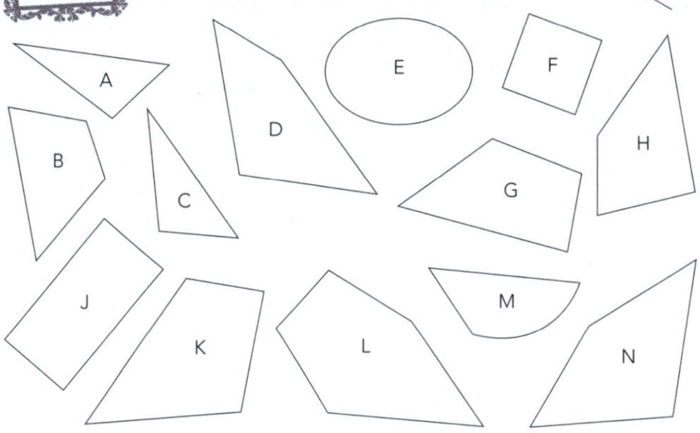

Les figures qui correspondent au portrait sont :

5

pour introduire la division et qu'ils savent chercher rapidement les multiples de 25, la signification de la division va pouvoir s'installer d'emblée et de manière assez évidente.

1re phase : Formulation du problème

L'enseignant a tracé au tableau deux traits dont il a écrit les longueurs : L = 186 cm et l = 25 cm (on peut vérifier ces deux longueurs avec le mètre collectif). Il s'agit, comme d'habitude, de savoir combien de fois l est contenu dans L et quelle longueur il restera, mais on n'utilise ni le compas, ni une bande de papier, ni aucun autre instrument. Comment peut-on s'y prendre ? Des élèves répondent qu'il faut chercher combien de fois il y a 25 cm dans 186 cm. L'enseignant commente : quand on cherche combien de fois il y a 25 dans 186 et combien il reste, on fait la division de 186 par 25 (l'enseignant écrit au tableau cette division 186 : 25 ?). On va faire cette division et, après, on vérifiera si on trouve la même chose avec le compas.

2e phase : Calcul et écriture des deux résultats

Du fait que les élèves connaissent bien les multiples de 25, le calcul 186 : 25 ? est assez facile. La réponse « 7 fois » paraitra évidente à de nombreux élèves. Mais il est important d'exiger aussi le reste. Au tableau, sous l'écriture 186 : 25 ?, on écrit la décomposition 186 = (25 x 7) + 11 qui explique le calcul. Cette égalité est comparée à celles qu'on aurait écrites si on avait utilisé le compas : $L = (l \times 7) + r$ et $r = \ldots$ On la commente : à la différence des autres opérations où on cherche un seul nombre, dans une division, on en cherche deux. On cherche combien de fois un nombre est contenu dans un autre ; ce nombre de fois s'appelle un quotient (ce mot est écrit).

Suite de la présentation de la sq 62

L'enseignant amène alors les élèves à décrire comment on a procédé : on a d'abord cherché tous les polygones, puis… Y avait-il une autre façon de faire cette recherche ? Au besoin, il propose lui-même d'examiner les figures les unes après les autres. Il distribue la photocopie : est-ce que A irait ? et B ? et C ? et D ? Etc. On voit assez vite qu'on raisonne en cherchant sur une même figure si elle a les 3 caractéristiques demandées : on l'élimine dès qu'elle n'a pas une des 3 caractéristiques, on la conserve définitivement si elle les a toutes.
On observe finalement que les deux méthodes aboutissent au même résultat. Laquelle choisir ? On peut prendre en compte que la seconde oblige à changer constamment d'instrument. En effet, pour une même figure, on doit parfois se servir successivement du calque, puis du double décimètre. De ce seul fait, elle semble moins commode. La première méthode, utilisée sur le fichier, peut alors être retenue pour les jeux suivants (l'enseignant fait constater qu'on retrouve le *Jeu du portrait* dans les sq 63, 64 et 68).

On cherche aussi quel est le reste. On indique, dans l'écriture 186 = (25 x 7) + 11, où se trouvent les deux nombres dont on parle. On écrit donc q = 7 et r = 11.

3e phase : Vérification avec le compas et le mètre

L'écart éventuel entre le calcul du reste et sa mesure est expliqué par l'imprécision des reports au compas.

4e phase : Autre problème et autres divisions

L'enseignant propose au tableau un problème similaire, par exemple avec L = 149 cm et l = 25 cm. On écrit 149 : 25 ? et q = …, r = … Ces écritures sont de nouveau commentées (on divise 149 par 25, on cherche combien de fois 25 est contenu dans 149 et quel nombre il restera). Les élèves répondent sur l'ardoise, on complète les deux égalités, puis on justifie : « *Car 149 = (25 x 5) + 24* ». Cette anticipation est vérifiée avec le compas et le mètre collectifs. On remarque que si L mesurait 1 cm de plus, le quotient augmenterait de 1 et le reste serait égal à 0.
On enchaine alors avec d'autres divisions où le diviseur est toujours 25. Il est intéressant de choisir, parmi d'autres, un cas où le reste est égal à 0, et un cas où q = 0 comme 23 : 25 ? (dans ce cas, r = 23). En effet, lorsqu'on retarde la rencontre avec de tels cas, ils apparaissent complexes alors qu'ils se traitent comme les autres.

Activités sur le fichier

La situation de l'activité 1 est similaire, mais avec des longueurs en mm. C'est aux élèves de prendre en charge l'ensemble de la tâche (là encore, on interprètera les écarts éventuels entre calcul et mesure du reste). La lecture du *J'ai appris* résume ce qui vient d'être découvert.
Dans l'activité 2, les élèves sont autonomes, l'enseignant leur apporte une aide individuelle. Là encore, les élèves sont conduits à traiter des cas où r = 0 (175 : 25 ?), où q = 0 (18 : 25 ?) et où q = 1 (29 : 25 ?).

Suite page 141

Objectifs

Dans cette deuxième séquence consacrée à la division-quotition, les divisions étudiées sont par 10, 15, 50 et 100. Dans tous les cas, il s'agit de nombres dont les élèves connaissent les multiples ou, du moins, des nombres dont ils connaissent les premiers multiples.

Cette sq 64 est construite à l'identique de la sq 63. Comme dans celle-ci, on utilise comme point de départ la situation d'anticipation où l'on cherche combien de fois un petit trait droit peut être reporté sur un trait plus long. Cependant l'accent est mis sur le fait que dans une division par 10 (respectivement : 15, 25, 50 et 100), le reste est inférieur à 10 (respectivement : 15, 25, 50 et 100).

Les élèves s'entrainent ensuite à calculer diverses divisions. Comme dans la séquence précédente, des cas sont proposés où le reste est égal à 0 et où le quotient est égal à 0 ou 1.

On demande enfin aux élèves de résoudre divers problèmes de division-quotition et, surtout, d'interpréter ce que sont le quotient et le reste dans les contextes correspondants.

Les problèmes posés ont en commun le fait que, dans chacun d'eux, on cherche « En *a*, combien de fois *b* ? ». À ce niveau de la scolarité, cette caractérisation des problèmes de division-quotition par une propriété commune est la seule qu'il convient de donner aux élèves. Concernant les enseignants, en revanche, il est souhaitable qu'ils sachent ce qui différencie les divers problèmes de division-quotition. Dans ces problèmes, *b* exprime tantôt la longueur d'1 morceau, tantôt ce que pèse 1 part, ce que vaut 1 objet, le nombre d'enfants dans 1 équipe… Dans tous les cas, *b* est la « valeur correspondant à 1 » (on dit souvent : la « valeur de l'unité ») et, pour savoir combien d'unités il est possible de former (combien de morceaux, combien de parts, combien d'équipes…), on cherche combien de fois cette valeur est contenue dans le nombre de départ. Cette caractérisation plus savante de la division-quotition permet mieux de la différencier de la division-partition, où il s'agit au contraire de déterminer la « valeur de l'unité ».

Activités — Séquence 64

Je pense à un nombre…

Idem sq 55.

1 à 3. La division-quotition (2)

L'activité commence directement sur le fichier et la conduite est la même que celle de l'activité préliminaire décrite pour la sq 63 :

64 La division-quotition (2) : autres diviseurs (10, 15, 50…)

Calcul mental
• Je pense à un nombre…

127 : 10 ?

Vérifie que L = 127 mm et ℓ = 10 mm. Calcule.

L

ℓ

127 : 10 ? q = …… r = …… car 127 = (10 x ……) + ……

Contrôle avec ton compas (ou une bande de papier) et ton double décimètre.

Vérifie le calcul de la division de 78 par 15

Vérifie que L = 78 mm et ℓ = 15 mm.

L

ℓ

78 : 15 ? q = 4 r = 18 car 78 = (15 x 4) + 18

Comment Nina sait-elle que Léo s'est trompé ?

Corrige le travail de Léo et contrôle avec ton compas et ton double décimètre.

J'ai appris Dans une division par 10, le reste est obligatoirement inférieur à 10.
Dans une division par 50, le reste est obligatoirement inférieur à 50.
Dans une division par 100, le reste est obligatoirement inférieur à 100…

1

Calcule ces divisions. Si tu n'es pas sûr(e), tu peux tracer les traits correspondants sur ton cahier.

70 : 10 ?	q = … r = …	car 70 = (10 x ……) + ……	49 : 50 ?	q = … r = …	car 49 = ……
18 : 10 ?	q = … r = …	car 18 = ……	218 : 50 ?	q = … r = …	car 218 = ……
168 : 10 ?	q = … r = …	car 168 = ……	360 : 50 ?	q = … r = …	car 360 = ……
852 : 100 ?	q = … r = …	car 852 = ……	43 : 15 ?	q = … r = …	car 43 = ……
203 : 100 ?	q = … r = …	car 203 = ……	90 : 15 ?	q = … r = …	car 90 = ……

2

– L'enseignant annonce explicitement le but : on va apprendre à faire des divisions par 10, 15, 50 et 100.

– Le problème posé dans le cadre 1 est explicité en commençant par vérifier que *L* = 127 mm et *l* = 10 mm. On va chercher combien de fois on peut reporter *l* sur *L* et, donc, combien de fois il y a 10 mm dans 127 mm : on va diviser 127 par 10.

– L'anticipation par le calcul de la division (*q* = 12 ; *r* = 7) est suivie d'une vérification avec le compas ou en reportant une longueur de 10 mm repérée sur une bande de papier.

Le problème suivant vise à favoriser la découverte du fait que le reste est nécessairement inférieur au diviseur. Il s'agit d'une analyse d'erreur : Léo a calculé une division pour résoudre le même type de problème, mais il n'est pas sûr du résultat ; Nina, elle, est sure qu'il s'est trompé. Comment le sait-elle ? Diverses animations sont possibles. La plus naturelle est celle où, après avoir vérifié les longueurs *L* et *l*, la vérification du résultat de Léo s'effectue en reportant *l* sur *L*.
On s'aperçoit qu'on peut reporter 5 fois *l*. Comment Nina le savait-elle sans l'avoir fait ? Le point crucial qu'il convient de faire émerger du débat est le fait qu'on ne peut pas avoir *r* = 18 parce que ce nombre est plus grand que 15 : cela implique qu'on peut reporter la petite longueur 1 fois de plus et, donc, que *q* = 4 + 1.

Avant l'activité 3, on fera expliciter qu'on cherche combien de fois il y a 10 perles dans 123 perles, combien de fois il y a 100 cm dans 783 cm, etc. On rappellera aux élèves le format de réponse utilisé dans l'activité correspondante de la sq 63.

Complète en calculant la division.

On a 123 perles et on veut faire des colliers de 10 perles.

....

Une baguette en bois mesure 783 cm et on veut découper des morceaux de 100 cm (1 m).

....

On a 200 grammes de céréales et on veut faire des parts de 50 grammes.

....

On a 47 centimes et on cherche combien on peut acheter d'objets à 15 centimes l'un.

....

3

Jeu du portrait

- C'est un quadrilatère.
- Aucun de ses angles n'est égal à l'angle rose de ton calque.
- Un de ses côtés mesure 34 mm.

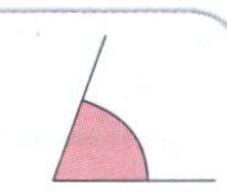

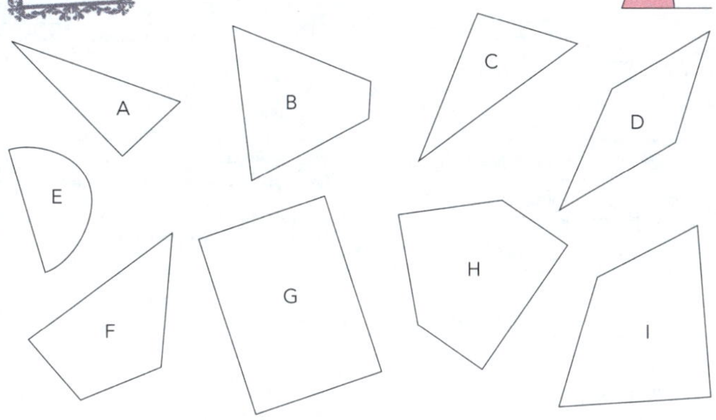

Les figures qui correspondent au portrait sont : ....

4

☛ *Suite de la présentation de la sq 63*

3. Résolution de problèmes de quotition et expression du résultat

Activité préliminaire

L'énoncé : « *Il y a 132 enfants et on veut former des équipes de 25 enfants* » est écrit au tableau. L'enseignant demande aux élèves d'imaginer la situation et de formuler des questions auxquelles il est possible de répondre *(Combien d'équipes ? Restera-t-il des enfants isolés ?)*. Pour trouver le nombre d'équipes qu'il est possible de former, il faut chercher combien de fois il y a 25 dans 132, il faut donc faire la division. Les deux nombres $q = 5$ et $r = 7$ sont interprétés : « *On peut former 5 équipes de 25 enfants et il restera 7 enfants* ».

Activités sur le fichier

Les élèves doivent traiter 3 situations analogues. C'est l'expression du résultat qui permet le mieux d'évaluer leur compréhension.

4. *Le compte est bon !*

(5 x 20) – (6 + 3) ;
[(6 x 10) x 4] – 9 ;
[(3 x 4) x 25] – 6.

Activité complémentaire

Jeu du portrait

- Ce n'est pas un quadrilatère.
- Un de ses angles est égal à l'angle orange de ton calque.
- Un de ses côtés mesure 5 cm.

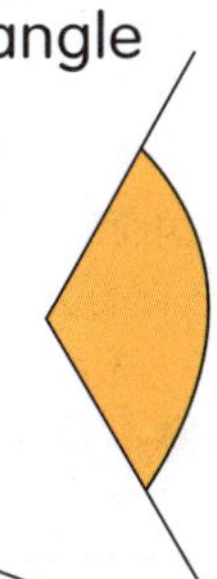

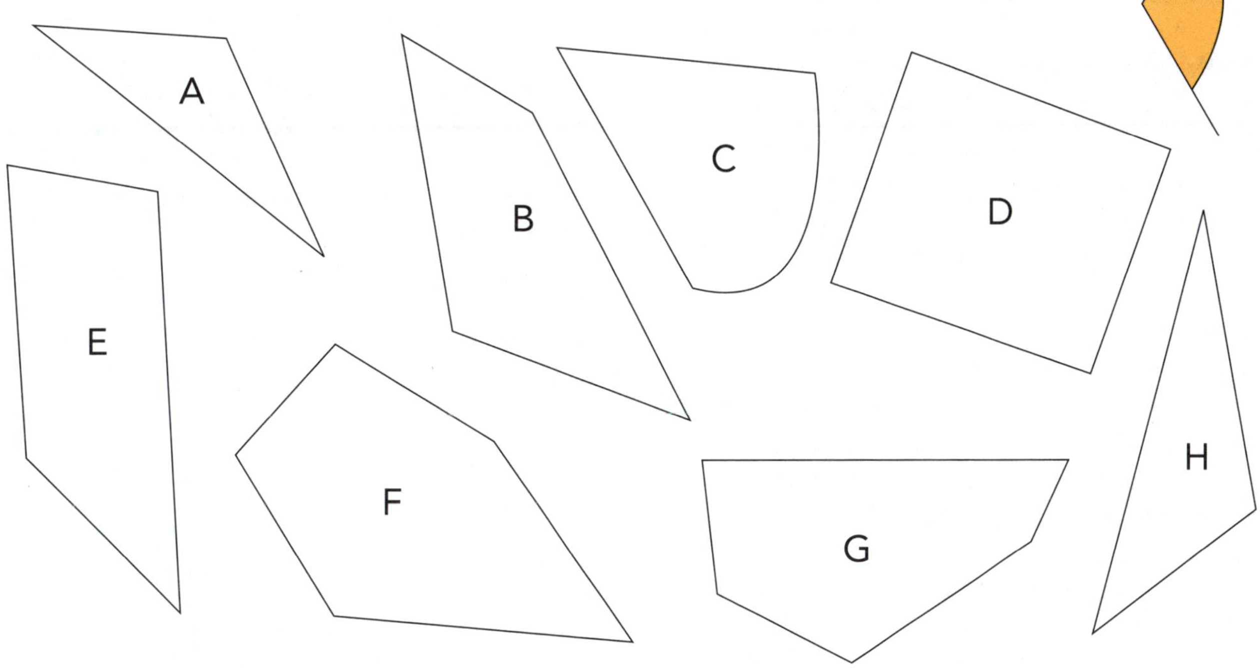

Les figures qui correspondent au portrait sont : ....

L'enseignant trouvera au début du Guide pédagogique des indications générales sur l'animation des PAC.

Activités Séquence 65

Divisions par 10, 15, 25, 50 et 100

L'opération est écrite au tableau. Quand le diviseur est égal à 15 (quotient inférieur à 5) ou quand il est égal à 25 (quotient inférieur à 10), on sera attentif à ce que le calcul du reste soit facile mentalement. Par ailleurs, il convient de proposer quelques cas où $r = 0$, où $q = 0$ ou 1.

1. Apprendre à se représenter une situation et à la schématiser pour résoudre un problème

On propose ici un problème de partage en 4, où l'on est conduit à s'intéresser au reste.

Il s'agit d'établir que, dans un partage équitable, on cesse de distribuer les objets à partager quand on ne peut plus faire un tour de distribution complet. La solution débouche donc sur deux nombres, la valeur de chaque part et le reste (*cf.* l'erreur de Mélanie).

Activité collective préliminaire : déterminer la question d'un énoncé

Alors que le fichier est fermé, l'enseignant écrit au tableau le début de l'énoncé du cadre 1 : « Un grand-père veut partager équitablement 30 dragées entre ses 4 petits-enfants. Que doit-il faire ? »

Il invite les enfants à déterminer individuellement ce qu'on peut chercher. Après échange, la question portant sur le nombre de dragées qu'il faut donner à chaque enfant est écrite (parler du reste serait prématuré) et l'enseignant laisse un temps de recherche individuelle avant d'échanger à nouveau sur les différentes valeurs numériques trouvées et les différentes procédures utilisées.

Si les stratégies utilisées par les élèves de la classe sont celles utilisées par les élèves fictifs du fichier (Cécile, Mélanie et Sébastien), la discussion sera d'emblée très proche de celle décrite ci-dessous à partir des productions des élèves fictifs.

Activité sur le fichier

- La dynamique du schéma de Mélanie est reprise au tableau : elle dessine les 4 enfants, puis elle leur distribue 1 dragée à chacun, encore 1, etc. jusqu'à avoir distribué les 30 dragées. Elle n'a pas fait d'erreur dans son schéma. Mais elle réalise un partage inéquitable. On fait formuler des synonymes de « partager équitablement ». Mélanie aurait dû s'arrêter quand il restait 2 dragées.
- On reconstitue aussi la construction progressive de la solution de Sébastien : il commence comme Mélanie, mais distribue d'emblée des groupes de 5 dragées (il sait peut-être que « 4 fois 5, ça fait déjà 20 ») et note qu'il a distribué 20 dragées ; il distribue encore 1 dragée et voit que maintenant il en a distribué 20 + 4, soit 24 ; etc.

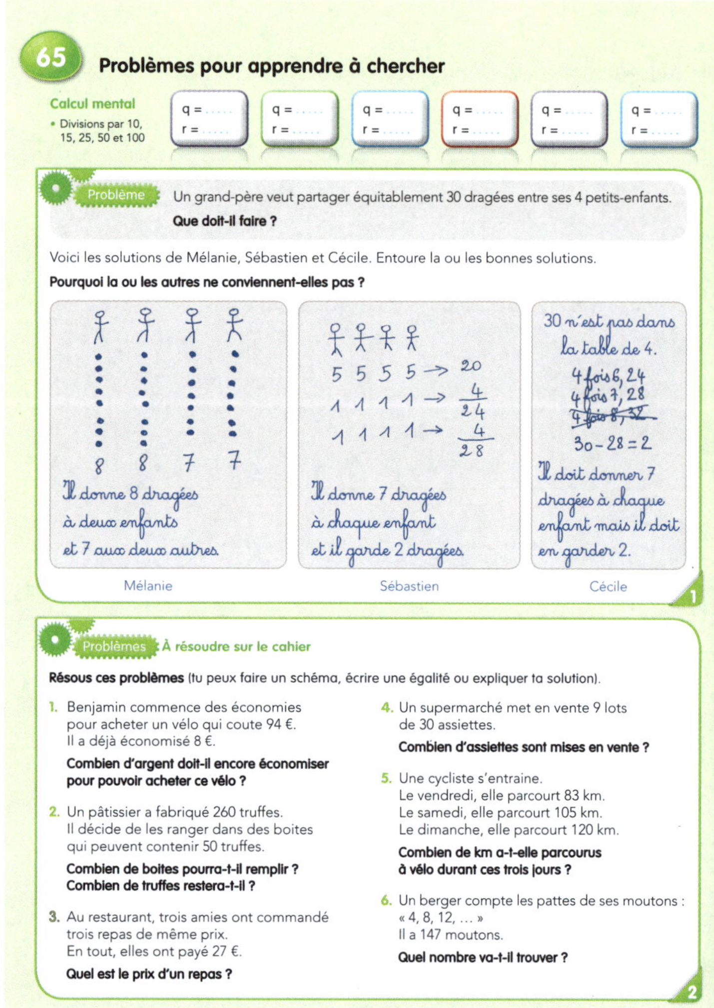

65 Problèmes pour apprendre à chercher

Calcul mental
- Divisions par 10, 15, 25, 50 et 100

q = ... r = ... (×6)

Problème Un grand-père veut partager équitablement 30 dragées entre ses 4 petits-enfants.
Que doit-il faire ?

Voici les solutions de Mélanie, Sébastien et Cécile. Entoure la ou les bonnes solutions.
Pourquoi la ou les autres ne conviennent-elles pas ?

Problèmes À résoudre sur le cahier

Résous ces problèmes (tu peux faire un schéma, écrire une égalité ou expliquer ta solution).

1. Benjamin commence des économies pour acheter un vélo qui coute 94 €. Il a déjà économisé 8 €. **Combien d'argent doit-il encore économiser pour pouvoir acheter ce vélo ?**
2. Un pâtissier a fabriqué 260 truffes. Il décide de les ranger dans des boites qui peuvent contenir 50 truffes. **Combien de boites pourra-t-il remplir ? Combien de truffes restera-t-il ?**
3. Au restaurant, trois amies ont commandé trois repas de même prix. En tout, elles ont payé 27 €. **Quel est le prix d'un repas ?**
4. Un supermarché met en vente 9 lots de 30 assiettes. **Combien d'assiettes sont mises en vente ?**
5. Une cycliste s'entraine. Le vendredi, elle parcourt 83 km. Le samedi, elle parcourt 105 km. Le dimanche, elle parcourt 120 km. **Combien de km a-t-elle parcourus à vélo durant ces trois jours ?**
6. Un berger compte les pattes de ses moutons : « 4, 8, 12, ... » Il a 147 moutons. **Quel nombre va-t-il trouver ?**

- On procède de même avec la solution de Cécile : elle se demande « 4 fois combien font 30 », mais elle sait que 30 n'est pas dans la table de 4 (il y a 20, mais pas 30). Elle cherche la plus grande part qu'on peut faire dans le partage de 30 objets entre 4 personnes. Pourquoi barre-t-elle la ligne « 4 fois 8, 32 » ?

2. Problèmes divers

1. Recherche de la valeur d'un ajout *(Combien faut-il ajouter à 8 pour avoir 94 ?)*. Les valeurs numériques favorisent un calcul « en reculant » et donc l'usage de la soustraction. On n'exigera pas que les élèves utilisent cette opération.
2. Problème de quotition (en 260, combien de fois 50 ?). Les valeurs numériques conduisent à deux nombres, le nombre d'itérations et le reste.
3. Partage d'une somme d'argent en 3 parts égales.
4. Itération de 30.
5. Somme de 3 longueurs exprimées en km.
6. Itération de 4.

Voici cinq résolutions du problème 1 :

1°) Erreur classique pour chercher la valeur d'un ajout :

94 + 8 = 106

2°) Résolution pas à pas en imaginant la monnaie :

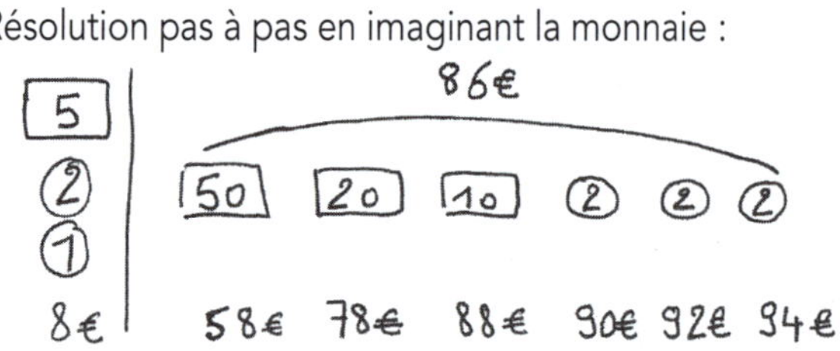

66 **Problèmes pour apprendre à chercher**

Calcul mental
• Divisions par 10, 15, 25, 50 et 100

q = ... r = ...	q = ... r = ...	q = ... r = ...	q = ... r = ...	q = ... r = ...	q = ... r = ...

Écris une ou plusieurs questions pour ce problème.
Réponds à ces questions (tu peux calculer ou faire des schémas sur ton cahier).

M. Odelut veut acheter 3 DVD à 18 € l'un. Dans son porte-monnaie, il a 12 billets de 5 €.

Questions : ....

Réponses : ....

1

a Voici un paquet de morceaux de sucre n° 4. **Combien contient-il de morceaux ?**

b Voici un paquet de morceaux de sucre n° 3. **Combien contient-il de morceaux ?**

2

3 °) Résolution par essais successifs d'additions :

8 + 80 = 88 non
8 + 90 = 98 non
8 + 85 = 93 non
8 + 86 = 94 oui

4 °) L'élève a pu faire ces mêmes essais mentalement ou déterminer le résultat en surcomptant :

86 + 8 = 94

5 °) Usage de la soustraction :

94 − 8 = 86

Activités Séquence 66

Divisions par 10, 15, 25, 50 et 100

Même activité que sq 65.

1. Rédiger plusieurs questions

La situation conduit à plusieurs questions : *Combien coutent les 3 DVD ? Combien d'argent M. Odelut a-t-il ? Combien d'argent lui restera-t-il après cet achat ?* On remarquera que si cette dernière question était posée d'emblée, il serait nécessaire de répondre aux deux premières questions pour obtenir la solution. Cette tâche de questionnement apparait ainsi comme un moyen d'apprendre à résoudre des problèmes complexes où les questions intermédiaires ne sont pas posées.

2. Dénombrer une collection organisée en x couches de y rangées de z objets

Ces deux problèmes en image vont permettre d'initier les élèves à une mise en œuvre de ce qu'on appelle « l'associativité de la multiplication » : quand celle-ci comporte 3 nombres *a*, *b* et *c*, on peut indifféremment calculer (*a* x *b*) x *c*, (*a* x *c*) x *b* ou (*b* x *c*) x *a*. On insistera donc surtout sur le fait que les diverses méthodes de dénombrement sont équivalentes : pour le premier problème par exemple, on peut d'abord chercher le nombre de sucres sur une couche (4 x 14, soit 56), puis calculer 3 fois 56, parce qu'il y a 3 couches identiques ; mais on peut aussi s'intéresser d'abord au nombre de sucres sur une « petite tranche » (4 x 3, soit 12) et calculer ensuite 12 x 14 (14 étant le nombre de « petites tranches ») ; on peut enfin partir du nombre de sucres sur une « grande tranche » (3 x 14, soit 42)...

Il convient que les élèves surmontent préalablement la difficulté liée à l'impossibilité de voir tous les sucres. Il faut inférer la structure du paquet à partir des indices donnés par l'image. Un échange collectif permettra de dégager cette « lecture » : toutes les couches (et toutes les tranches), même celles qu'on ne voit pas, contiennent un même nombre d'objets. On pourra pour cela s'appuyer sur l'analyse d'un empilement similaire (voire d'un véritable paquet de sucres) et sur sa représentation schématique au tableau. La description permettra d'introduire des termes clairs pour désigner les différentes sortes de groupements (rangée, colonne, couche, « petite tranche », « grande tranche », par exemple). Mais on réserve pour la suite la découverte de la diversité et de l'équivalence des modes de dénombrement.

Il est intéressant d'animer l'activité en deux phases :
1°) Les élèves cherchent individuellement le nombre de sucres du premier paquet, et on fait aussitôt un premier bilan : on peut s'y prendre de plusieurs façons, qu'on formule dans les termes « rangée, couche,... » et qu'on note en utilisant des parenthèses. Toutes conduisent au même nombre. Mais ici celle qui permet de terminer par 12 x 14 est plus facile (on peut tout calculer « de tête »).
2°) On demande aux élèves de chercher le nombre de sucres du second paquet en utilisant la méthode de leur choix, puis en utilisant les 2 autres méthodes possibles. Une seconde mise en commun permet de conclure, plus généralement, que dans une multiplication comme 3 x 14 x 3 ou 4 x 14 x 3, on peut calculer les produits dans l'ordre qu'on veut, parce qu'une multiplication de trois nombres peut toujours être interprétée comme un empilement de cubes, de briques, de boites, etc. en couches régulières. Souvent une méthode de calcul est plus facile que les autres. De là, l'enseignant demande de chercher quelques produits de 3 nombres, comme 2 x 17 x 5 où l'on a intérêt à calculer (2 x 5) x 17 ; 6 x 4 x 25 où l'on a intérêt à calculer (4 x 25) x 6 ; 43 x 4 x 5 où l'on a intérêt à calculer (4 x 5) x 43 ; etc. On aide les élèves en reliant ces calculs au modèle de l'empilement en couches régulières : on peut interpréter 4 x 5 x 43 par exemple comme 43 tranches de 20 objets, chaque tranche étant organisée en 5 colonnes de 4.

Objectifs

Les élèves ont appris que calculer la division *a* : *b* ?, c'est chercher « en *a* combien de fois *b* ? » (quotition). Dans la sq 67, ils vont apprendre pourquoi elle permet aussi de chercher le résultat d'un partage. *A priori*, ces deux sortes de situations sont très différentes : dans un cas, on forme des groupes de *n* objets, dans l'autre, on distribue les objets 1 par 1. Le fait qu'une même opération, la division, permette d'anticiper le résultat de ces deux actions si différentes n'a donc rien d'évident (*cf.* Présentation).

Pour aider les élèves à comprendre pourquoi la division est également adaptée aux situations de partage, on les amène à prendre conscience que pour partager une quantité de 132 objets en 25 parts égales, on peut imaginer la distribution 1 à 1 de ces objets et chercher combien de tours de distribution de 25 objets il est possible de faire (en 132, combien de fois 25 ?). En effet, pour un premier tour de distribution, à raison de 1 objet par personne, il faut 25 objets ; pour un deuxième tour, il faut encore 25 objets et chaque personne a alors 2 objets, pour un troisième tour, il faut encore 25 objets et chaque personne a alors 3 objets, etc. Finalement, pour anticiper la part d'une personne, il faut savoir combien de tours de distribution de 25 objets on pourra faire, c'est-à-dire chercher combien de fois il y a 25 dans 132. En rendant explicite le fait que chaque tour est un groupe de 25 et le fait que le nombre de tours est égal à la valeur d'une part, on ramène ainsi un problème de partition à un problème de quotition. Or c'est précisément cette signification qui a été associée à la division lors de son introduction. Dans la suite de la séquence (activité 2), différents problèmes de partition sont proposés dans un format analogue à celui de la sq 47, mais on partage en 10, 15, 25 ou 50 et il s'agit de partages avec des restes non nuls.

À partir de cette séquence, les élèves ont appris que la division permet également de résoudre des problèmes de partage. Aussi, face à une division *a* : *b* ? quelconque, ils seront amenés à évoquer les deux scénarios et à se demander lequel utiliser : un groupement ou un partage ? C'est ainsi, par exemple, que seront menées les sq 69 et 74 :

- Dans la sq 69, devant 26 : 3 ?, plutôt que de chercher « en 26 combien de fois 3 ? », ils comprendront qu'il vaut mieux imaginer le partage achevé et chercher, comme on l'a fait depuis la sq 47, « 3 fois combien font 26 ? ».
- Dans la sq 74, devant 587 : 3 ?, plutôt que de chercher « en 587 combien de fois 3 ? », ils comprendront qu'il vaut mieux partager les centaines, les dizaines puis les unités.

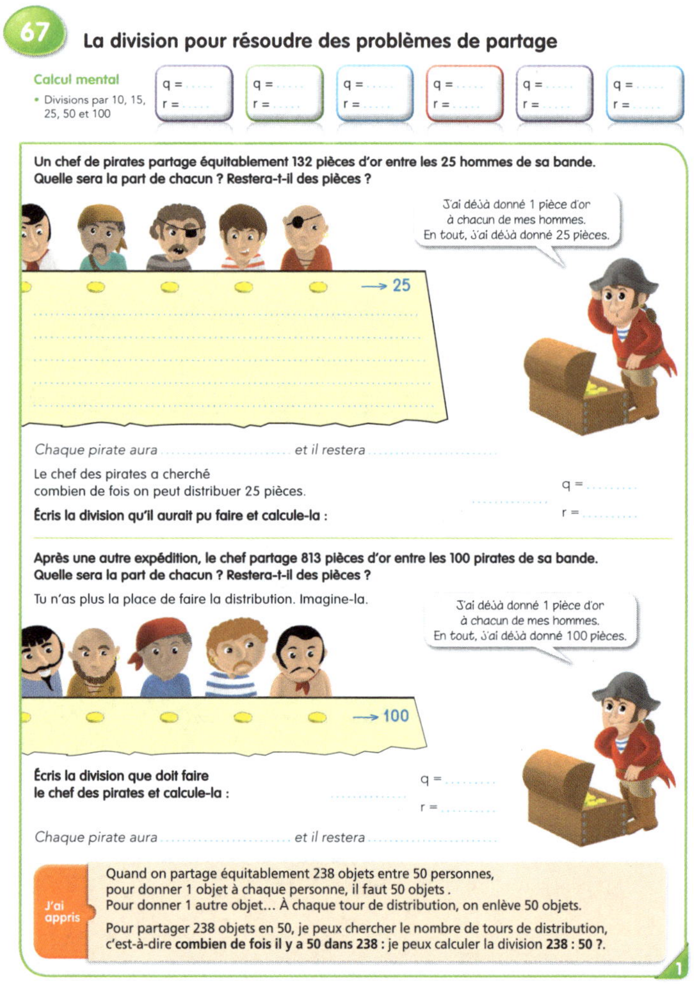

67 La division pour résoudre des problèmes de partage

Calcul mental
- Divisions par 10, 15, 25, 50 et 100

q = ... r = ... (×6)

Un chef de pirates partage équitablement 132 pièces d'or entre les 25 hommes de sa bande. Quelle sera la part de chacun ? Restera-t-il des pièces ?

Chaque pirate aura .... *et il restera* ....

Le chef des pirates a cherché combien de fois on peut distribuer 25 pièces.

Écris la division qu'il aurait pu faire et calcule-la : .... q = ... r = ...

Après une autre expédition, le chef partage 813 pièces d'or entre les 100 pirates de sa bande. Quelle sera la part de chacun ? Restera-t-il des pièces ?

Tu n'as plus la place de faire la distribution. Imagine-la.

Écris la division que doit faire le chef des pirates et calcule-la : .... q = ... r = ...

Chaque pirate aura .... *et il restera* ....

J'ai appris : Quand on partage équitablement 238 objets entre 50 personnes, pour donner 1 objet à chaque personne, il faut 50 objets. Pour donner 1 autre objet... À chaque tour de distribution, on enlève 50 objets.
Pour partager 238 objets en 50, je peux chercher le nombre de tours de distribution, c'est-à-dire **combien de fois il y a 50 dans 238 :** je peux calculer la division **238 : 50 ?**.

1

Activités Séquence 67

Divisions par 10, 15, 25, 50 et 100

Même activité que sq 65.

1. La division pour résoudre des problèmes de partage

Activité préliminaire

On peut mettre en place dans la classe une situation similaire à celle du fichier : soit 187 objets identiques, par exemple qui vont être mis dans une boite opaque (boite à chaussures, ...) plutôt que dans un coffre comme dans le fichier. Ce nombre est grand mais avec des cubes emboitables, par exemple, il est facile de former collectivement 18 barres de 10 cubes qui sont mises dans la boite et auxquelles on ajoute 7 cubes. Il s'agit de partager équitablement ces 187 cubes entre 25 élèves. Pour que le nombre d'élèves qui bénéficient de la distribution soit 25, dans le cas où la classe comporte plus de 25 élèves, les élèves supplémentaires se lèvent : ils seront chargés de la distribution. Dans le cas où il y a moins de 25 élèves, pour faciliter le calcul de « en *a* combien de fois *b* ? », l'enseignant ajuste le nombre total d'objets et l'effectif concerné par la distribution (149 et 20, 71 et 15, 86 et 10, par exemple).

On peut alors commencer la distribution. On prélève donc en une seule fois 25 cubes dans la boite et les enfants qui sont levés effectuent cette distribution. *Et maintenant, que faut-il*

(division-partition)

Imagine les tours de distribution et complète comme dans l'exemple en calculant la division.

On a 106 gâteaux et on les répartit dans 25 bols pour que chacun ait le même nombre.

106 : 25 ? q = 4 et r = 6

Chacun des 25 bols aura 4 gâteaux et il restera 6 gâteaux.

On a 125 fleurs et on les partage entre 10 personnes pour que chacune ait le même nombre.

On a 45 € et on les partage équitablement entre 15 enfants.

On a 108 bonbons et on les répartit dans 50 assiettes pour que chacune ait le même nombre.

J'ai appris

La division est une opération qui permet de résoudre 2 sortes de problèmes :
– ceux où l'on cherche combien de fois un nombre est contenu dans un autre ;
– ceux où l'on cherche combien l'on reçoit lorsqu'on fait un partage en parts égales.

132 : 25 ? (132 divisé par 25) se lit souvent :
« 132 partagé en 25 » ou encore « en 132 combien de fois 25 ? »

2

Le nOmbre mystérieux

Ne pose ces opérations que si c'est nécessaire.

141 x 7 = ... 4 x 236 = ...

408 x 2 = ... 160 x 5 = ...

958 – 171 = ... 10 x 94 = ...

4 x 209 = ... 201 x 4 = ...

787 800 804 816 836

906 940 944 987

Le nombre mystérieux : ....

3

faire ? Les élèves proposent de procéder à un deuxième tour de distribution. L'enseignant acquiesce, mais il annonce qu'on va provisoirement arrêter le partage après la première distribution et qu'il s'agit de trouver combien, en fin de partage, chacun des élèves assis aura de cubes devant lui. La situation est résumée : il y avait 187 cubes dans la boite au départ, chaque élève a reçu 1 cube, et pour cela on a dû en prendre 25 dans la boite. Combien chaque élève peut-il en recevoir en tout ? Restera-t-il des cubes dans la boite ?

Cela amène à chercher combien de tours de distribution de 25 cubes il est possible de faire avec 187 cubes, ou encore combien de fois il y a 25 dans 187. C'est cette reformulation qui permet de prendre conscience que la solution s'obtient en calculant la division 187 : 25 ?.Pour faciliter cette prise de conscience, on peut procéder à un deuxième tour de distribution et résumer ce qui s'est passé de la manière suivante au tableau :

	Quand on a distribué à chaque élève :	*On a pris dans la boite :*
	1 cube	1 fois 25 cubes, 25
	1 autre cube	2 fois 25 cubes, 50
En tout :	... cubes	

(On prévoit un espace important qui sera complété ensuite en simulant les distributions successives.)

Éventuellement, une deuxième phase de recherche personnelle peut être proposée. On vérifie ensuite les valeurs numériques proposées en simulant la suite des distributions (toujours 1 cube par 1 cube) au tableau et en cumulant dans la deuxième colonne les cubes prélevés dans le stock (50, 75, 100, etc.). L'un des moments clés de cette simulation est celui où l'on prend conscience qu'il n'est plus possible de procéder à un nouveau tour de distribution parce qu'il faudrait disposer de 200 cubes. Reste-t-il des cubes dans la boite ?

On se demande aussitôt quelle opération on calcule quand on cherche combien de fois il y a 25 cubes dans 187 cubes et s'il restera des cubes. La division 187 : 25 ? est écrite et calculée. Les résultats sont interprétés : le quotient 7, c'est le nombre de distributions de 25 cubes, c'est aussi la part de chaque enfant ; 12, ce sont les cubes qui resteront dans la boite.

Finalement, on compare les résultats du calcul et de cette simulation au résultat de l'action en réalisant effectivement celle-ci avec les cubes : on termine les distributions successives de 25 cubes en reliant chaque étape au tableau qui a été rempli. À la fin, on vérifie : chaque enfant a-t-il bien 7 cubes, reste-t-il 12 cubes, comme prévu ? On conclut comme dans le *J'ai appris.*

Activités sur le fichier

La première situation des pirates est similaire, mais l'illustration mérite une discussion : on nous dit qu'il y a 25 pirates ; or, on n'en voit que 5 et on ne voit que 5 pièces. On imagine les vingt autres pirates à gauche de la page, de même que les vingt autres pièces déjà distribuées.

Des élèves font d'emblée la division. Pour eux, la simulation du partage par le dessin des dernières pièces de chaque distribution servira de validation. D'autres élèves auront besoin d'effectuer cette distribution ou de l'amorcer. En tout cas, quand le problème est résolu, l'enseignant fait formuler qu'à chaque fois qu'on donne une pièce à chaque pirate, il faut 25 pièces, et qu'on a donc cherché combien de distributions de 25 pièces on pouvait faire. On a cherché combien de fois il y a 25 dans 132, etc. Là aussi, on a calculé la division 132 : 25 ?.

La seconde situation des pirates diffère de la première du fait qu'il n'est plus possible de dessiner les différents tours de distribution : c'est le calcul de la division qui doit nécessairement donner la solution. Par ailleurs, il s'agit d'un partage en 100 parts égales, afin que les élèves prennent conscience de la généralité de ce qu'ils ont découvert avec le nombre 25. Cette partie de la séquence s'achèvera par une lecture commentée du *J'ai appris* où, pour mieux favoriser la généralisation, le partage évoqué est par 50.

2. Divers problèmes de partition par 10, 15, 25, 50 avec restes non nuls.

Le premier exemple sera traité collectivement au tableau afin que les élèves s'approprient le format de réponse. En imaginant la distribution, on se rappelle que la division permet de résoudre ce type de problème. Par ailleurs, la « phrase-solution » « Chacun des 25 bols aura 4 gâteaux et il restera 6 gâteaux » se substitue à l'égalité : 106 = (25 x 4) + 6.

Les autres cas sont traités individuellement.

Objectifs

Les élèves ont exploré la notion d'angle dans sa généralité (sq 59). Dans la sq 68, on s'intéresse à un angle particulier, l'angle droit, ainsi qu'aux quadrilatères ayant 4 angles droits : les rectangles.

Les élèves ont déjà rencontré la notion d'angle droit au CE1. Comme dans cette séquence, il s'agissait de faire apparaitre l'angle droit comme un angle particulier et, à cet effet, nous avons introduit la notion d'angle quelconque dès ce niveau de la scolarité, bien qu'elle ne figure pas explicitement au programme.

Ce lien entre l'angle droit et les traits ou lignes droites perpendiculaires ne va pas de soi, car devant des droites qui semblent perpendiculaires, les enfants adoptent souvent un point de vue global : ils considèrent qu'elles sont perpendiculaires parce qu'elles forment une croix... Ce faisant, ils ne s'intéressent pas spécifiquement aux angles de la figure. C'est pourquoi on amène les élèves à effectuer la juxtaposition de 4 angles égaux. Ils prennent conscience que, dans le cas où on juxtapose 4 angles droits, et dans ce seul cas, on forme 2 lignes droites. On vise à ce qu'ils ne se satisfassent pas d'une perception globale : si deux lignes droites se croisent en donnant l'apparence de 4 angles égaux, il convient d'étayer ce jugement en utilisant un instrument approprié (calque, équerre, etc.).

Concernant l'enseignement des notions de rectangle et de carré, les choix pédagogiques retenus sont, là encore, ceux du CE1. Pour concevoir une progression visant à enseigner les figures planes élémentaires, il convient tout d'abord de remarquer que, bien évidemment, les élèves ne sont pas dépourvus de toute connaissance les concernant : ils savent notamment Reconnaitre un rectangle et un carré quand ces figures sont dans une position typique (2 côtés sont horizontaux et les 2 autres verticaux).

Malheureusement, ces connaissances quotidiennes constituent pour certains élèves un obstacle important. En effet, dès qu'un carré a l'un de ses sommets comme point le plus bas (lorsqu'il est dans cette position : ◇, par exemple), ils ne le considèrent plus comme un carré ; ou encore ils affirment que le carré n'est pas un rectangle, alors que d'un point de vue mathématique il convient de considérer le carré comme un rectangle particulier (c'est un rectangle qui a tous ses côtés de même longueur), etc.

Le pire des choix pédagogiques consisterait à renforcer à l'école la conception naïve des figures géométriques parce qu'alors cet obstacle deviendrait insurmontable pour certains élèves. L'autre choix consiste à favoriser d'emblée la comparaison et l'organisation mathématique des différentes figures géométriques. C'est ainsi qu'avant de faire des distinctions entre les différents quadrilatères (carrés et rectangles, notamment), il convient de s'approprier la notion de quadrilatère : c'est un polygone qui a 4 côtés. Comme cette appropriation repose nécessairement sur la comparaison, lors des *Jeu du portrait* des séquences 62, 63 et 64 les élèves ont été invités à reconnaitre les quadrilatères parmi des figures qui ne sont pas des polygones et d'autres qui sont des polygones n'ayant pas 4 côtés. Par la comparaison, il s'agit ainsi de faire émerger les propriétés communes et celles qui ne le sont pas ; il s'agit de traiter « ce qui est pareil et ce qui est différent ». En psychologie on dirait : il s'agit de favoriser la conceptualisation.

Par ailleurs, dans l'activité proposée ici, on demande aux élèves de reconnaitre tous les rectangles (4 angles droits) et, parmi ceux-ci, les 2 carrés. Le carré apparait ainsi comme un rectangle particulier. Il ne faut pas se leurrer : un tel processus psychologique est complexe et cette partie du programme n'est donc pas la plus facile. Mais mieux vaut d'emblée signifier aux élèves que leurs connaissances quotidiennes ne suffisent pas pour effectuer les tâches géométriques à l'école plutôt que de les leurrer sur la nature du travail scolaire.

68 L'angle droit et le rectangle

Calcul mental
- Lecture de l'heure (*il est plus de midi*)

Il est environ ..... h ..... min.	*Il est environ ..... h ..... min.*	*Il est environ ..... h ..... min.*

Rappelle-toi...

Voici un angle droit :

C'est l'angle que forme une paire de ciseaux ouverte comme le plus grand angle d'une équerre.

On l'appelle « angle droit » parce que lorsque l'un de ses côtés est horizontal, l'autre est « droit » (on dit aussi : « vertical »).

Lorsque tu n'as pas d'équerre, tu peux t'en fabriquer une avec une feuille de papier.

a Prends une feuille de papier et plie-la à peu près comme ceci :

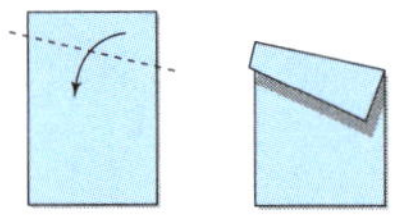

b Fais un deuxième pli en mettant bien bord à bord et repère l'angle droit.

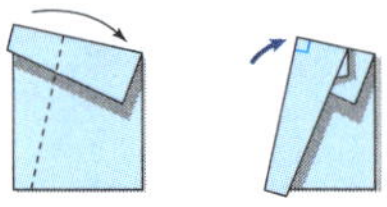

1

Imagine la question, calcule la division et complète.

On a 120 € et on les partage entre 10 personnes pour que chacune reçoive pareil.

....

On a 242 fleurs et on les répartit dans 10 vases pour que chacun ait le même nombre de fleurs.

....

On a 62 fraises et on les partage équitablement entre 15 enfants.

....

3

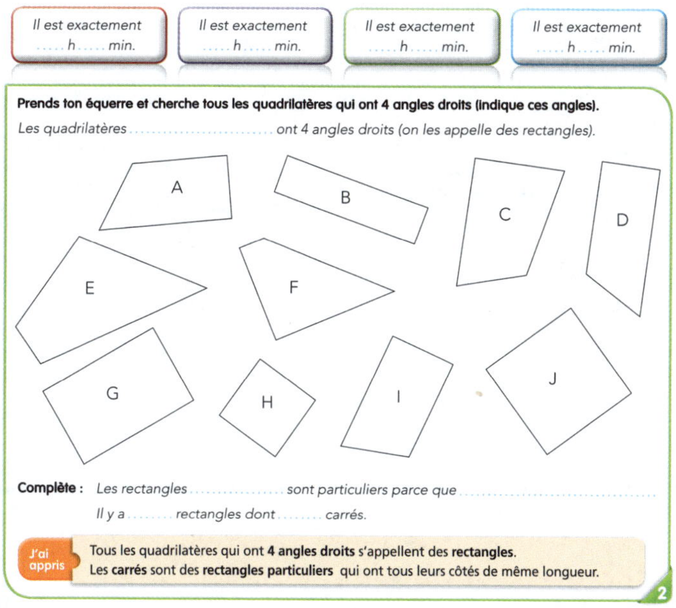
Il est exactement ..... h ..... min. | Il est exactement ..... h ..... min. | Il est exactement ..... h ..... min. | Il est exactement ..... h ..... min.

Prends ton équerre et cherche tous les quadrilatères qui ont 4 angles droits (indique ces angles).

Les quadrilatères .... ont 4 angles droits (on les appelle des rectangles).

Complète : Les rectangles .... sont particuliers parce que ....

Il y a .... rectangles dont .... carrés.

J'ai appris : Tous les quadrilatères qui ont **4 angles droits** s'appellent des **rectangles**. Les **carrés** sont des **rectangles particuliers** qui ont tous leurs côtés de même longueur.

2

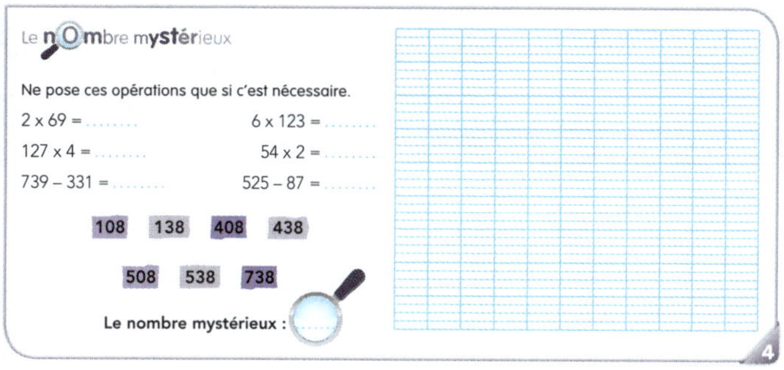
Le nombre mystérieux

Ne pose ces opérations que si c'est nécessaire.

2 x 69 = ... 6 x 123 = ...

127 x 4 = ... 54 x 2 = ...

739 – 331 = ... 525 – 87 = ...

108 138 408 438

508 538 738

Le nombre mystérieux :

4

Activités Séquence 68

Lecture de l'heure

On reprend, en la centrant sur les heures PM, l'activité qui est décrite dans la séquence 46 et qui a été exercée à partir de la séquence 47. On commence par rappeler que les heures de l'après-midi se dénomment aussi : 13 h, 14 h, 15 h... Pour accéder directement à cette désignation, il faut ajouter 12 au nombre indiqué par l'horloge. L'activité se déroule ensuite comme lors de la séquence 47.

Rappelons qu'on utilise une horloge en carton ne comportant que l'aiguille des heures et un réveil. Il s'agit de favoriser un raisonnement sur la proportionnalité des déplacements (quand la petite aiguille parcourt le chemin entre deux graduations des heures, la grande aiguille parcourt un tour complet ; quand la petite aiguille parcourt la moitié du chemin entre deux graduations des heures, la grande aiguille parcourt un demi-tour ; etc.) :

– si l'aiguille des h est sur le 7, il est environ 19 h (7 + 12), l'aiguille des min est au voisinage du 12, soit un peu avant (il n'est pas encore 19 h), soit un peu après (il est 19 h passées d'1 min, 2 min ou 3 min) ;

– si l'aiguille des h est au quart du chemin entre 7 et 8, il est environ 19 h 15 (ou 19 h et quart), etc. ;

– si l'aiguille des h est à mi-chemin entre 7 et 8, il est donc environ 19 h 30 min et l'aiguille des min est au voisinage de 30, soit un peu avant, soit un peu après.

Dans chaque cas, on fait vérifier que la position de la grande aiguille prévue par les élèves correspond approximativement à celle que donne le réveil.

Nous conseillons à l'enseignant de reprendre, dans les jours suivants, cette activité à divers moments de la journée.

1. L'angle droit

L'enseignant se munit d'une équerre à tableau et, si possible, dote les élèves d'équerres individuelles (pour cette séquence quelques équerres suffisent, mais, dans les séquences suivantes, les tâches de tracés d'angles droits nécessiteront la possession d'une équerre). On repère les trois angles sur l'équerre du maitre. L'enseignant les reproduit au tableau du plus petit au plus grand. Il annonce que l'un de ces angles s'appelle un « angle droit ». *Lequel est-ce ? Pourquoi ?* La discussion sur l'image d'une tour « penchée », celle de Pise, et d'une tour bien « droite » amène à conclure que l'angle « droit » s'appelle ainsi car, quand un côté est horizontal, l'autre est vertical. L'enseignant fait chercher des objets qui ont des angles droits, mais il avertit « *qu'en géométrie, les angles droits n'ont pas toujours un côté horizontal* ». Il trace au tableau des angles droits dont les côtés ont des orientations diverses.

L'activité suivante commence en montrant aux élèves comment on construit une équerre avec une feuille et en leur demandant d'en construire une. Cette construction peut être vérifiée à l'aide des équerres qui sont en possession de certains élèves.

L'enseignant demande ensuite aux élèves de prendre les calques individuels de la fin du fichier. Sur ce calque, ils doivent chercher s'il y a un angle droit et déterminer les angles plus petits, plus grands que l'angle droit. On fait formuler que c'est la superposition du calque qui permettra de trancher. La tâche est résolue en utilisant indifféremment l'équerre en papier ou les équerres dont disposent les élèves.

2. Le rectangle

Il s'agit d'un jeu du portrait dont la consigne est de chercher tous les quadrilatères qui ont exactement 4 angles droits. La liste obtenue est B, G, H et J. Dans cette liste, 2 rectangles apparaissent particuliers : H et J. Il s'agit en effet de carrés. À partir de la question : « *Comment peut-on reconnaitre les rectangles particuliers que sont les carrés ?* », on explicitera la propriété métrique des carrés : leurs 4 côtés ont la même longueur. Ainsi, le carré H est un carré dont tous les côtés mesurent 2 cm. Qu'en est-il des « rectangles ordinaires », ceux qui ne sont pas carrés ? Seuls leurs côtés opposés ont la même longueur. Ainsi, le rectangle a 2 côtés qui mesurent 36 mm et 2 côtés qui mesurent 24 mm. La plus grande dimension est souvent appelée la longueur du rectangle, la plus petite sa largeur.

Prolongement

Le quadrilatère C a 1 angle droit, A, D, F et I en ont 2 et E n'en n'a pas. Question : *Peut-il y avoir un quadrilatère avec exactement 3 angles droits (ni 1, ni 2, ni 4 mais 3 exactement) ?*

Objectifs

Appelons « division élémentaire avec reste » une division telle que le diviseur et le quotient sont tous les deux inférieurs à 10. Les divisions élémentaires sont celles qu'il convient de savoir faire pour accéder au calcul d'une division posée en potence par un nombre à 1 chiffre, et on les utilisera donc dès la sq 74.

Dans la sq 69, les élèves apprennent une procédure efficiente pour trouver le quotient et le reste d'une division élémentaire par 2, 3, 4 et 5, c'est-à-dire par un très petit nombre. Nous avons en effet choisi d'enseigner sur une assez longue durée les divisions élémentaires par 2, 3, 4 et 5 (jusqu'à la sq 78) avant d'enseigner celles par 6, 7, 8 et 9 (sq 99). Cette progressivité s'explique du fait que ce n'est pas la même procédure qu'il convient de privilégier dans l'un et l'autre cas :

– En fin d'année, lorsqu'il s'agira de calculer 19 : 6 ?, par exemple, il conviendra de se demander : « en 19, combien de fois 6 ? » (sq 99). Plus généralement, lorsque dans une division élémentaire le diviseur est 6, 7, 8 ou 9, le « nombre de fois est petit », c'est donc la *quotition* qui conduit le plus directement au résultat.

– En revanche, lorsqu'il s'agit de calculer 19 : 3 ?, comme dans cette séquence, la quotition n'est pas la stratégie la plus efficiente parce que 19 contient un grand nombre de fois 3 (il contient 6 fois 3 et il reste 1). Dans ce cas, il vaut mieux adopter la stratégie du partage équitable en imaginant 3 personnes et en se demandant : « 3 fois un nombre fait-il 19 ? ». La réponse est négative mais on peut s'appuyer sur la connaissance de la table de 3 pour accéder au fait que « 3 fois 6, 18 et il reste 1 ». C'est donc la *partition* qui conduit le plus directement au résultat.

La démarche suivie consiste, dans un premier temps, à comparer les deux stratégies précédentes : l'écureuil incarne la stratégie où l'on cherche « En 19, combien de fois 3 ? », et Léo celle où l'on imagine le partage de 19 en 3 parts égales et où l'on s'aide des tables de multiplication pour trouver le quotient et le reste. Dans un second temps, cette dernière stratégie est systématisée.

On remarquera qu'il est beaucoup plus difficile de trouver le quotient et le reste de la division 19 : 3 ? que de répondre à la question : *19 est-il un multiple de 3 ?* La difficulté introduite par la recherche d'un reste non nul est conséquente. Le calcul des divisions élémentaires par 2, 3, 4 et 5 devra donc être régulièrement exercé dans les séquences qui suivent.

69 Calculer les divisions élémentaires par 2, 3, 4 et 5

Calcul mental
- Lecture de l'heure (*il est plus de midi*)

Il est environ ..... h ..... min.	*Il est environ ..... h ..... min.*	*Il est environ ..... h ..... min.*

L'écureuil et Léo calculent 26 : 3 ? (26 partagé en 3 ou encore en 26 combien de fois 3 ?).

Table de 3
3 fois 1, 3
3 fois 2, 6
3 fois 3, 9
3 fois 4, 12
3 fois 5, 15
3 fois 6, 18
3 fois 7, 21
3 fois 8, 24
3 fois 9, 27
3 fois 10, 30

26 : 3 ? q = ... r = ... car 26 = ...

Utilise les tables complètes pour chercher le quotient de ces divisions.

30 : 4 ? q = ... r = ... car 30 = ...	19 : 2 ? q = ... r = ... car 19 = ...
45 : 5 ? q = ... r = ... car 45 = ...	3 : 4 ? q = ... r = ... car 3 = ...
19 : 3 ? q = ... r = ... car 19 = ...	16 : 2 ? q = ... r = ... car 16 = ...
18 : 5 ? q = ... r = ... car 18 = ...	39 : 4 ? q = ... r = ... car 39 = ...
23 : 4 ? q = ... r = ... car 23 = ...	10 : 3 ? q = ... r = ... car 10 = ...

1

Imagine la question, calcule la division et complète.

On a 16 gâteaux et on les répartit dans 3 bols pour que chacun ait le même nombre.

....

....

On a 17 centimes et on les partage équitablement entre 2 enfants.

....

....

2

Activités Séquence 69

Lecture de l'heure

Idem sq 68.

1. Calculer les divisions élémentaires par 2, 3, 4 et 5 en utilisant les tables

Les élèves savent maintenant que la division peut servir à résoudre des problèmes de partage. Face à une division *a* : *b* ?, ils peuvent donc se référer à ce scénario et à la procédure associée, « *a* partagé en *b* parts », et disposent ainsi d'une 2e stratégie de calcul.

L'activité commence sur le fichier avec la comparaison des 2 modes de calcul de la division 26 : 3 ?. L'écureuil ne pense pas à la calculer en partageant 26 en 3 parts égales. Il utilise la seule stratégie mise en œuvre jusqu'ici (« en 26 combien de fois 3 ? »). Léo imagine le partage terminé et se demande « 3 fois combien font 26 ? », ou, plutôt, sachant que 26 n'est pas dans la table de 3 et que la division comportera un reste, il cherche dans la table de 3 le produit le plus proche de 26. On fait formuler que c'est la méthode qu'on a utilisée jusqu'ici pour partager 24 en 3, 32 en 4, 45 en 5, etc. *Quel est le calcul le plus rapide ?*

On enchaine immédiatement avec une série de calculs du même type (diviseur = 2, 3, 4 ou 5, q < 10).

Suivant le niveau des élèves, on les incitera à utiliser soit leurs tables complètes (celles dont les entêtes sont mauves), soit leurs tables incomplètes.

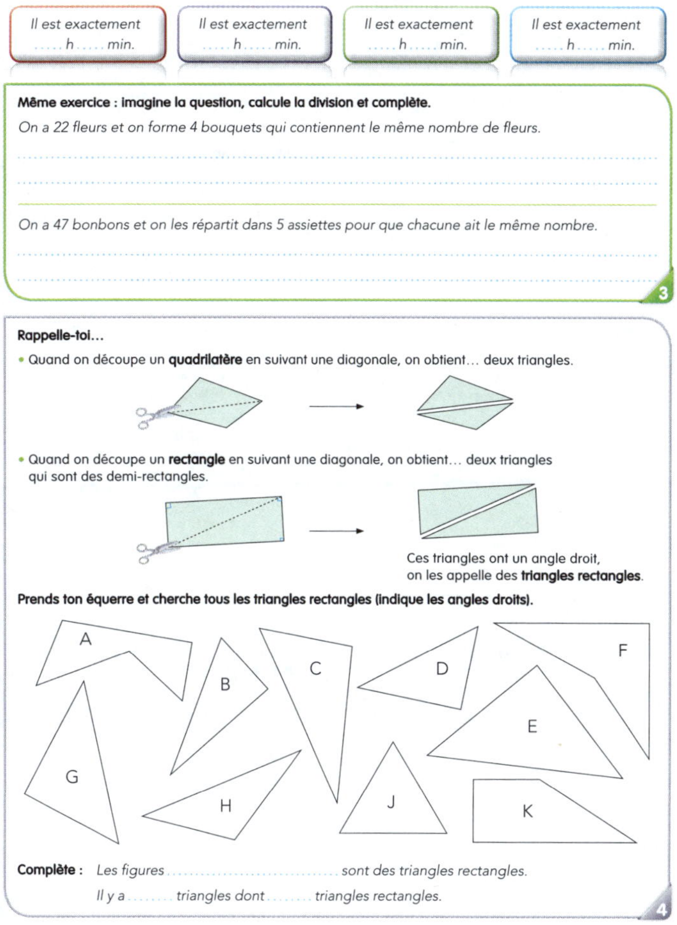
Il est exactement ..... h ..... min. | Il est exactement ..... h ..... min. | Il est exactement ..... h ..... min. | Il est exactement ..... h ..... min.

Même exercice : imagine la question, calcule la division et complète.

On a 22 fleurs et on forme 4 bouquets qui contiennent le même nombre de fleurs.

On a 47 bonbons et on les répartit dans 5 assiettes pour que chacune ait le même nombre.

3

Rappelle-toi...

- Quand on découpe un **quadrilatère** en suivant une diagonale, on obtient... deux triangles.
- Quand on découpe un **rectangle** en suivant une diagonale, on obtient... deux triangles qui sont des demi-rectangles.

Ces triangles ont un angle droit, on les appelle des **triangles rectangles**.

Prends ton équerre et cherche tous les triangles rectangles (indique les angles droits).

Complète : *Les figures .... sont des triangles rectangles.*
Il y a .... triangles dont .... triangles rectangles.

4

2 et 3. Résoudre des problèmes de partition avec reste non nul

Les élèves ont déjà rencontré cette activité lors de la séquence 67, la seule différence étant qu'ici la résolution des problèmes proposés conduit à calculer ce que nous avons appelé une division élémentaire par 2, 3, 4 ou 5.

4. Le triangle rectangle

La façon dont on dénomme les triangles rectangles, c'est-à-dire l'expression « triangle rectangle » elle-même, peut sembler paradoxale. En effet, un triangle a trois côtés alors qu'un rectangle en a quatre ; de telles figures n'ont donc ***a priori*** rien de commun. Que veut-on dire lorsqu'on qualifie un triangle de rectangle ? Pour répondre à cette question, on montre ici qu'un demi-quadrilatère est un triangle et que dans le cas particulier où ce quadrilatère est un rectangle, un demi-rectangle est un triangle qui a 1 angle droit : on l'appelle triangle rectangle parce que c'est un demi-rectangle.

Une façon d'animer le début de l'activité peut être la suivante. L'enseignant a découpé un quadrilatère quelconque dans une feuille A3 et il dispose d'une autre feuille A3 qui servira de rectangle. Chacune de ces figures est analysée, les découpages selon la diagonale sont effectués et les résultats de ces découpages sont commentés. La définition d'un triangle rectangle est explicitée.

Activité complémentaire

Jeu du portrait

- C'est un rectangle.
- Un de ses côtés mesure 36 mm.

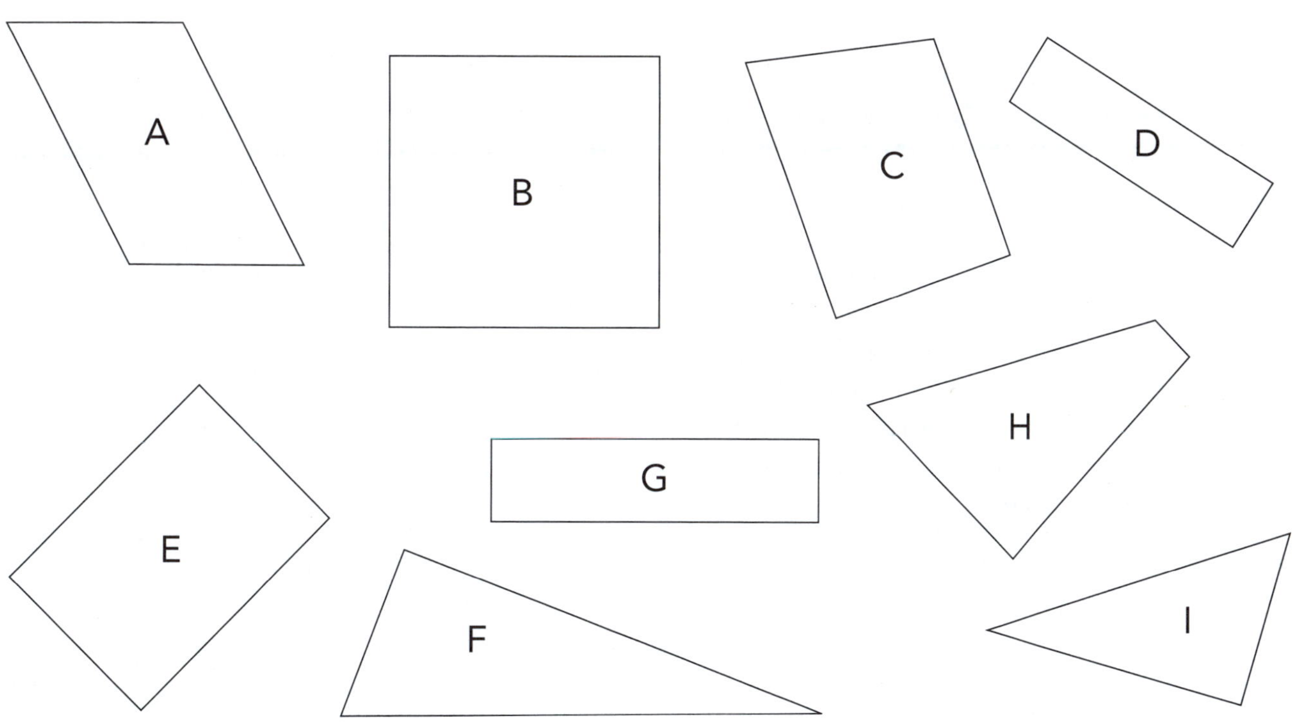

Objectifs

Dans cette séquence, les élèves vont apprendre à tracer des rectangles en utilisant leur double décimètre et leur équerre (ou bien encore un gabarit d'angle droit). C'est une bonne manière d'apprendre une nouvelle propriété géométrique fondamentale de ces figures : on a déjà vu qu'elles possèdent 4 angles droits, on insiste ici sur le fait que leurs côtés opposés ont même longueur. C'est dès l'activité 1 qu'on aborde explicitement l'égalité des longueurs des côtés opposés. En effet, seules les dimensions de deux côtés adjacents sont données. Des élèves peuvent se demander si l'on n'a pas oublié de noter celles des deux autres côtés. Au moment de tracer le troisième côté, ils devront donc se demander quelle est sa longueur et seront conduits à concevoir que si cette longueur n'est pas la même que celle du côté opposé, on ne trace pas un rectangle mais un trapèze.

On introduit aussi les termes « longueur » et « largeur » lorsque ces mots servent à désigner les dimensions d'un rectangle : lorsqu'un rectangle n'est pas un carré, sa largeur est la longueur du petit côté ; sa longueur est celle du grand côté.

Dans l'activité 2, les élèves rencontrent pour la première fois un procédé pédagogique qui sera souvent employé par la suite : on leur demande de construire plusieurs figures et, afin de vérifier leur travail, ils disposent d'une autre figure pouvant être recouverte par celles qu'ils ont construites. C'est ainsi qu'une activité de puzzle permet l'autocorrection de celle de construction.

Activités — Séquence 70

Divisions élémentaires par 2 et 3

Chacune des divisions est écrite au tableau, les élèves écrivent le quotient et le reste sur ardoise dans un premier temps puis sur le fichier. Suivant leur niveau, les élèves utilisent soit leurs tables complètes, soit leurs tables incomplètes. Cependant, dès que possible, dans les sq suivantes, on invitera les élèves à ne plus utiliser ces tables. En vue de la technique de division posée, il est important de proposer quelques cas atypiques avec $q = 0$ ou $q = 1$ (1 : 3 ? et 5 : 3 ?, par ex.).

1 et 2. Construire un rectangle avec l'équerre (ou un gabarit d'angle droit)

Remarque préliminaire

La figure donnée en modèle est une réduction de celle que les enfants doivent tracer. Dans les cas de réductions, une ou plusieurs cotes sont données afin de pouvoir reconstituer la figure originale. Les élèves ont déjà entrevu, au début de

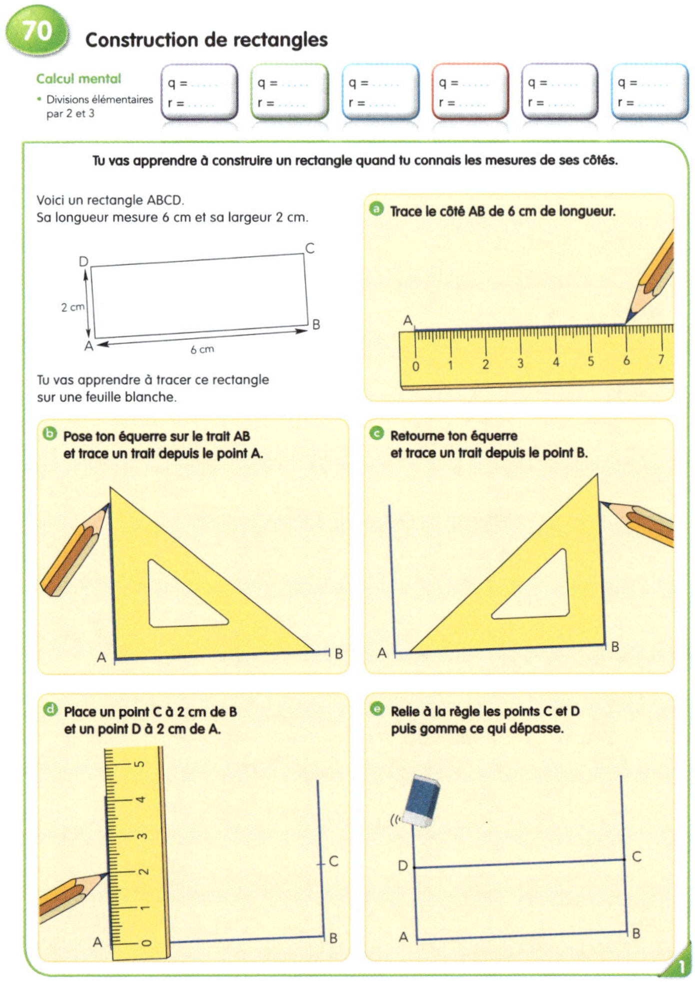

l'année (*cf.* par exemple activité 3 sq 6), ce système de notation qui peut sembler paradoxal : on écrit une mesure qui n'est pas celle de l'image mais celle de l'objet réel. Il est bon d'amener les élèves à comprendre ce système : si on nous dit qu'une image est celle d'un objet ou d'une figure en réduction, la mesure qui est donnée entre les deux flèches est celle de l'objet réel.

Activité 1

Il y a deux façons de conduire la séquence : en partant d'un tracé collectif préalable au tableau (il s'agit par exemple de tracer un rectangle de 36 cm x 81 cm), ou par une intervention plus individuelle auprès des élèves qui s'appuient alors directement sur le mode d'emploi du fichier.

Quelle que soit la démarche adoptée (avec ou sans tracé collectif préalable au tableau), on fera d'abord remarquer le phénomène de réduction (au tableau on utilise l'échelle 1/3, par exemple) et rappeler la convention : les cotes indiquent les longueurs des côtés de la figure réelle, celle qu'on doit tracer.

De même, on s'intéresse aux outils nécessaires : il faut le mètre collectif (ou le double décimètre) pour tracer les côtés et l'équerre (ou le gabarit d'angle droit) pour que les côtés soient perpendiculaires. De là, l'enseignant fait expliciter que les rectangles sont des quadrilatères dont les angles sont droits.

Quelle que soit la démarche adoptée aussi, il importe de faire expliquer aux moments propices pourquoi, pour tracer les côtés AB et DC, on trace des traits plus longs que la longueur demandée : l'équerre à tableau (ou le gabarit d'angle droit) ne comporte pas de graduation ; c'est après qu'on repèrera,

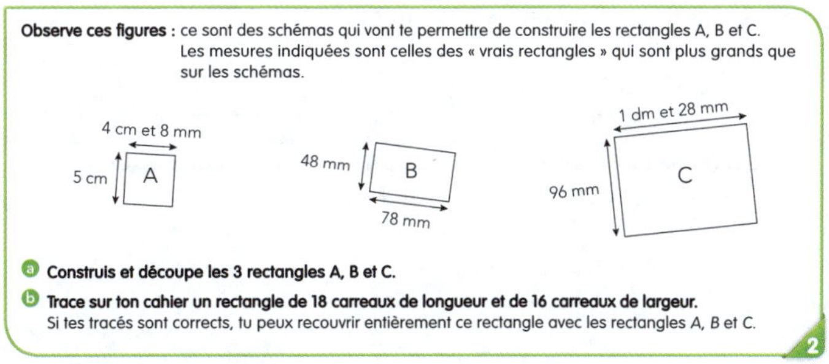
Observe ces figures : ce sont des schémas qui vont te permettre de construire les rectangles A, B et C.
Les mesures indiquées sont celles des « vrais rectangles » qui sont plus grands que sur les schémas.

ⓐ **Construis et découpe les 3 rectangles A, B et C.**
ⓑ **Trace sur ton cahier un rectangle de 18 carreaux de longueur et de 16 carreaux de largeur.**
Si tes tracés sont corrects, tu peux recouvrir entièrement ce rectangle avec les rectangles A, B et C.

2

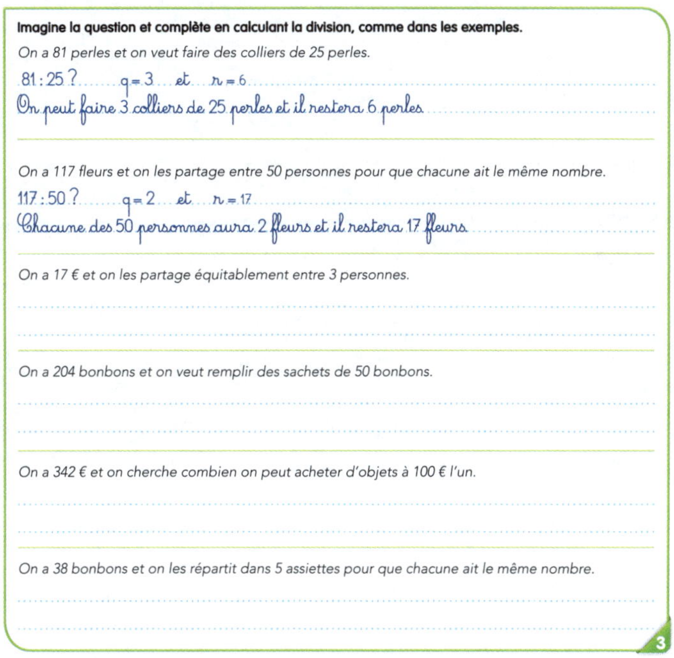
Imagine la question et complète en calculant la division, comme dans les exemples.

On a 81 perles et on veut faire des colliers de 25 perles.
81 : 25 ? q = 3 et r = 6
On peut faire 3 colliers de 25 perles et il restera 6 perles.

On a 117 fleurs et on les partage entre 50 personnes pour que chacune ait le même nombre.
117 : 50 ? q = 2 et r = 17
Chacune des 50 personnes aura 2 fleurs et il restera 17 fleurs.

On a 17 € et on les partage équitablement entre 3 personnes.

On a 204 bonbons et on veut remplir des sachets de 50 bonbons.

On a 342 € et on cherche combien on peut acheter d'objets à 100 € l'un.

On a 38 bonbons et on les répartit dans 5 assiettes pour que chacune ait le même nombre.

3

sur ces lignes, les dimensions des 2 côtés, en utilisant le mètre (ou le double décimètre).

Enfin, quelle que soit la démarche adoptée, l'enseignant amène les élèves à prendre conscience de l'autre propriété implicitement utilisée par ce mode de construction : les deux côtés opposés d'un rectangle ont la même longueur.

On pose le problème dès le tracé du côté CD : *on ne nous donne que la longueur de deux côtés, peut-on tracer les deux autres côtés si on ne Connait pas leurs dimensions ?* Des élèves affirment d'emblée que le côté « en face » de celui qui mesure 36 cm, par exemple (2 cm sur le fichier), mesure aussi 36 cm (ou 2 cm) et qu'il en va de même pour le côté qui est « en face » de celui qui mesure 81 cm (6 cm sur le fichier). L'enseignant demande des arguments. Il est bon de mettre en scène au tableau ce qui se passerait si les côtés opposés (on introduit cette expression) du rectangle ABCD étaient de longueur inégale. Imaginons par exemple que AB mesure 36 cm mais CD 30 cm (voir figure 1, ci-contre). Les angles des sommets B et C ne seraient plus droits, l'angle du sommet B serait aigu et l'angle du sommet C serait obtus. Là encore, on formerait un trapèze. Imaginons que CD mesure 40 cm… Imaginons même que CD mesure 35 cm et demi ou 36 cm et demi au lieu de 36 cm… Même une petite différence (1 demi-cm par exemple au tableau ou 1 mm sur le fichier) suffit pour s'apercevoir qu'on n'a pas construit un rectangle !
On suit le même raisonnement quant aux deux autres côtés : imaginons que le côté BC ne mesure pas 81 cm (6 cm sur le fichier), mais soit plus petit. L'angle du sommet D deviendrait aigu, celui du sommet C deviendrait obtus et le côté CD serait plus long que 36 cm. Cette transformation est mise en scène au tableau (voir figure 2, ci-dessous). Là encore, on aurait un trapèze, mais pas un rectangle.

Activité 2

On demande aux élèves de noter les lettres dans les trois rectangles. On pourra aussi leur demander de vérifier, pour chaque rectangle qu'ils auront tracé, que ses 4 angles sont droits et que les côtés opposés ont même longueur.
La tâche qui consiste à construire un rectangle sur le cahier sera l'occasion d'introduire les termes « largeur » et « longueur » d'un rectangle (les termes sont employés dans la consigne) : il faut comprendre que le mot « longueur » a deux sens. Quand on parle par exemple de la longueur d'un fil ou d'un trait, c'est la distance entre les deux extrémités ; quand on parle de la longueur d'un rectangle, c'est la distance entre les deux extrémités d'un grand côté, la largeur étant la distance entre les deux extrémités d'un petit côté (la largeur d'un rectangle a aussi une longueur !). Ces distances peuvent être données en mm, cm, etc. ou en toute autre unité, comme ici le carreau de cahier.
Il est enfin souhaitable de faire expliciter que, sur un quadrillage, on n'a besoin ni de l'équerre, ni du double décimètre (si les dimensions sont données en carreaux).

Remarque

Nous avons envisagé des cahiers dont les carreaux mesurent 8 mm x 8 mm et nous recommandons de tracer sur une page de gauche car, dans certains cahiers, celle de droite ne comporte pas exactement 16 carreaux.

Fig. 1

« *Imaginons que AB mesure 36 cm et CD 30 cm…* » :

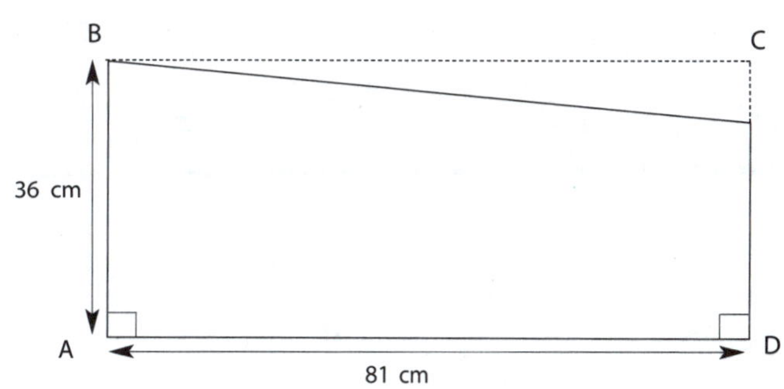

Fig. 2

« *Imaginons que BC mesure moins de 81 cm…* » :

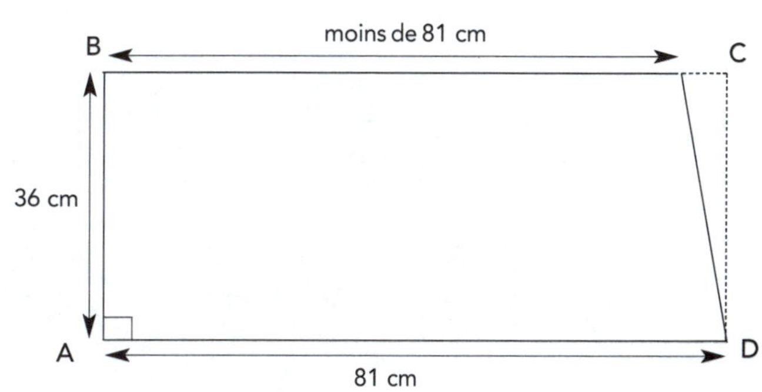

Objectifs

Dans la séquence 71, il s'agit, d'une part, de découvrir le losange en tant que quadrilatère ayant ses 4 côtés de même longueur, et, d'autre part, d'adopter un nouveau point de vue sur le carré. Jusqu'ici cette figure a été envisagée en tant que rectangle particulier (c'est un rectangle dont tous les côtés ont la même longueur), elle est envisagée ici en tant que losange particulier : le carré est un losange dont tous les angles sont droits.
L'activité 2 favorise particulièrement cette découverte parce que les tracés successifs conduisent à envisager un losange dont une des diagonales reste constante alors qu'on l'« élargit » progressivement en augmentant la taille de l'autre diagonale. À l'une des étapes du processus, il est aussi large que long : c'est un carré dont on vérifie qu'il possède 4 angles droits.
Dans la vie quotidienne, dès qu'un rectangle est carré, on l'appelle « carré » parce que c'est plus précis. De même, dans la vie quotidienne, dès qu'un losange est carré, on l'appelle « carré » parce que c'est plus précis. Une expression telle que : « Le quadrilatère G est un losange particulier parce que c'est un carré » ne se rencontre donc qu'à l'école. C'est d'autant plus important que les élèves accèdent à son sens.

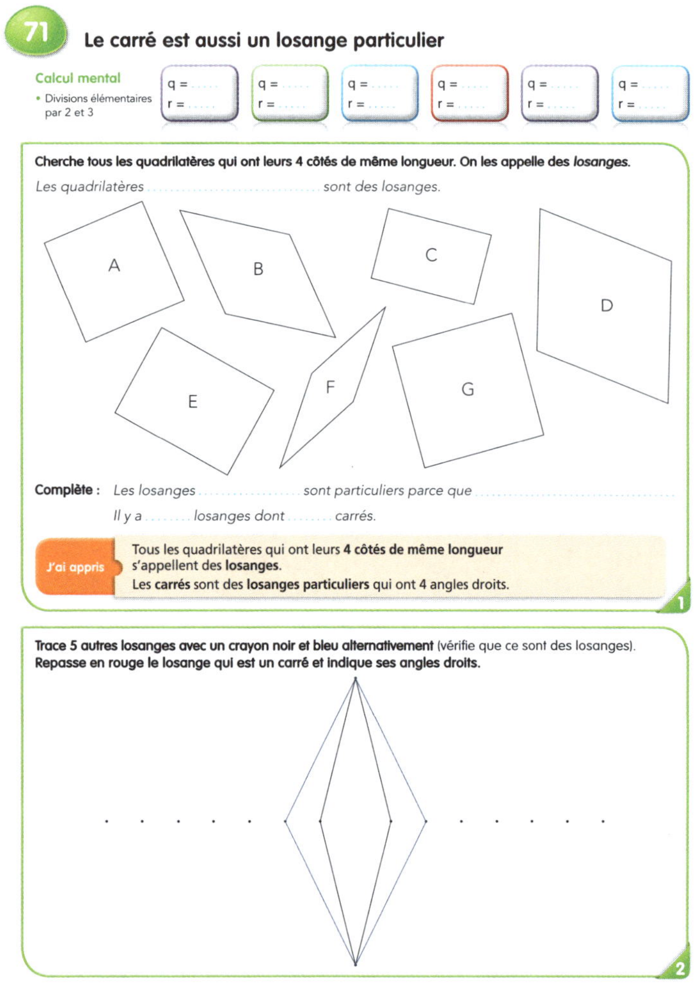

71 Le carré est aussi un losange particulier

Calcul mental
• Divisions élémentaires par 2 et 3

q = ... r = ... (×6)

Cherche tous les quadrilatères qui ont leurs 4 côtés de même longueur. On les appelle des *losanges*.
Les quadrilatères .... sont des losanges.

Complète : *Les losanges .... sont particuliers parce que ....*
Il y a .... losanges dont .... carrés.

J'ai appris
Tous les quadrilatères qui ont leurs **4 côtés de même longueur** s'appellent des **losanges**.
Les **carrés** sont des **losanges particuliers** qui ont 4 angles droits.

1

Trace 5 autres losanges avec un crayon noir et bleu alternativement (vérifie que ce sont des losanges).
Repasse en rouge le losange qui est un carré et indique ses angles droits.

2

Activité complémentaire

Le quOtient et le reste mystérieux

Il y a un quotient et un reste qui ne constituent pas le résultat d'une des divisions. Lesquels ?

40 : 5 ? q = ... r = ...	31 : 4 ? q = ... r = ...	35 : 4? q = ... r = ...	28 : 5 ? q = ... r = ...
20 : 3 ? q = ... r = ...	4 : 5 ? q = ... r = ...	14 : 5 ? q = ... r = ...	6 : 4 ? q = ... r = ...
16 : 5 ? q = ... r = ...	8 : 2 ? q = ... r = ...	19 : 3 ? q = ... r = ...	19 : 2 ? q = ... r = ...

q = 0 r = 4 | q = 1 r = 2 | q = 2 r = 4 | q = 3 r = 1 | q = 4 r = 0 | q = 5 r = 3 | q = 6 r = 1

q = 7 r = 1 | q = 7 r = 3 | q = 8 r = 0 | q = 8 r = 3 | q = 9 r = 1 | q = 6 r = 2

Observe les schémas ci-dessous.

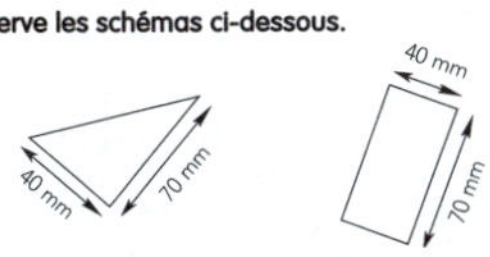

2 exemplaires 1 exemplaire

Sur une feuille blanche, construis :
– 2 exemplaires du triangle rectangle ;
– 1 exemplaire du rectangle.
Découpe-les.

Si tes tracés sont corrects, tu peux recouvrir exactement la figure verte.

Complète.

Cette figure est .... *parce que* ....

3

Imagine la question et complète en calculant la division.

On a 154 fleurs et on les répartit dans 25 vases pour que chacun ait le même nombre.

On a un ruban de 130 cm et on veut découper des morceaux de 10 cm.

On a 24 € et on les partage équitablement entre 3 personnes.

On a 27 bonbons et on les répartit dans 5 assiettes pour que chacune ait le même nombre.

On a 209 grammes de céréales et on veut former des parts de 25 grammes.

4

Activités Séquence 71

Divisions élémentaires par 2 et 3

Idem sq 70. Rappelons qu'en vue de la technique de division posée, il est important de proposer quelques cas atypiques avec $q = 0$ ou $q = 1$ (1 : 3 ? et 5 : 3 ?, par exemple).

1, 2 et 3. Le carré est un losange particulier

La première activité est un jeu du portrait dont la consigne est de chercher tous les quadrilatères qui ont leurs 4 côtés de même longueur. La liste obtenue est A, B, D, F et G. Dans cette liste, 2 losanges apparaissent particuliers : A et G. Il s'agit en effet de carrés. À partir de la question : « *Comment peut-on Reconnaitre les losanges particuliers que sont les carrés ?* », on explicitera la propriété des angles des carrés : tous les 4 sont droits. Qu'en est-il des « losanges ordinaires », ceux qui ne sont pas carrés ? Peuvent-ils avoir un angle droit ? L'activité 2 donne l'intuition de la réponse à cette question : dès qu'un losange a 1 angle droit, tous ses angles sont droits.
Dans l'activité 3, les élèves sont conduits à construire des triangles rectangles : comme ils ont appris à construire des rectangles et à envisager le triangle rectangle comme un demi-rectangle, cela ne pose pas de problèmes.

Activité complémentaire

Jeu du portrait

- C'est un losange.
- Un de ses côtés mesure 4 cm et 2 mm.

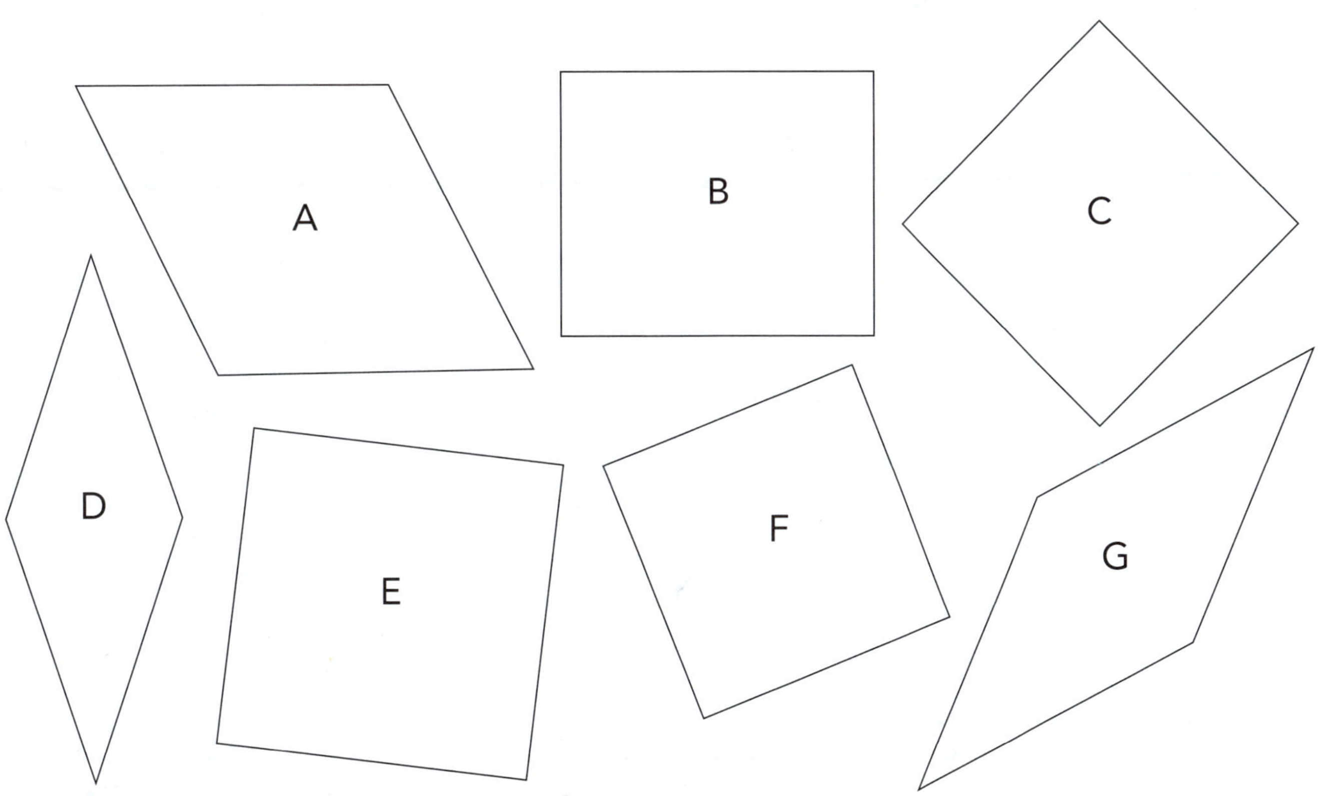

L'enseignant trouvera au début du Guide pédagogique des indications générales sur l'animation des PAC.

Activités Séquence 72

Divisions élémentaires par 4 et 5

Idem sq 70. Rappelons qu'en vue de la technique de division posée, il est important de proposer quelques cas atypiques avec $q = 0$ ou $q = 1$ (3 : 5 ? et 7 : 4 ?, par exemple).

1. Apprendre à se représenter une situation et à la schématiser pour résoudre un problème

Il s'agit ici d'un problème de quotition : on cherche combien de fois il y a 30 dans 190. Comme dans la situation qui a servi à introduire la division, on cherche combien de fois une longueur est comprise dans une autre. Il s'agit donc d'une situation de division, mais dans un cas où le diviseur est 30. L'un des buts de cette séquence est de revoir les différentes façons de résoudre un tel problème : additions successives, soustractions successives, encadrement progressif par des multiplications. La discussion amènera à prendre conscience de la supériorité de cette dernière méthode.

Activité collective préliminaire : déterminer la question d'un énoncé

Alors que le fichier est fermé, l'enseignant écrit au tableau le début de l'énoncé du cadre 1 : « Pour confectionner des chouchous, Mme Pantoni achète un ruban de 190 cm de long. Pour chaque chouchou, elle utilise un morceau de ruban de 30 cm de long. »
Il invite les enfants à déterminer individuellement ce qu'on peut chercher. Après échange, la question portant sur le nombre de chouchous qu'il est possible de faire est écrite (parler du reste serait prématuré), et l'enseignant laisse un temps de recherche individuelle avant d'échanger à nouveau sur les différentes valeurs numériques trouvées et les différentes procédures utilisées.
Si les stratégies utilisées par les élèves de la classe sont celles utilisées par les élèves fictifs du fichier (Cécile, Mélanie et Sébastien), la discussion sera d'emblée très proche de celle décrite ci-dessous à partir des productions des élèves fictifs.

Activité sur le fichier

- Cécile s'imagine que Mme Pantoni coupe un chouchou et elle détermine la longueur qui reste ; elle continue ainsi avec un 2e chouchou, un 3e, etc.
- Sébastien commence par déterminer la longueur de 4 chouchous et constate qu'il est possible d'en découper un de plus, etc.
- Mélanie procède par essais successifs : si elle découpe 4 chouchous, c'est quelle longueur ? Et si elle découpe 5 chouchous, 6 chouchous, etc. ? Pourquoi calcule-t-elle finalement 190 – 180 ?

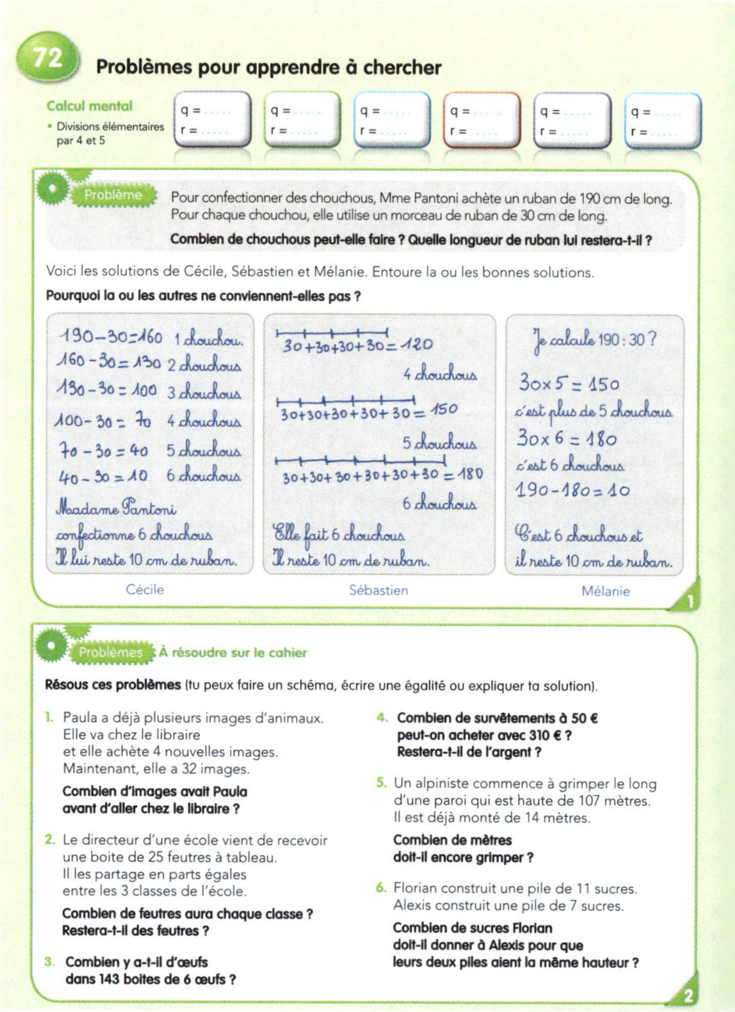
72 Problèmes pour apprendre à chercher

Calcul mental
- Divisions élémentaires par 4 et 5

q = ... r = ... (six cases)

Problème — Pour confectionner des chouchous, Mme Pantoni achète un ruban de 190 cm de long. Pour chaque chouchou, elle utilise un morceau de ruban de 30 cm de long.
Combien de chouchous peut-elle faire ? Quelle longueur de ruban lui restera-t-il ?

Voici les solutions de Cécile, Sébastien et Mélanie. Entoure la ou les bonnes solutions.
Pourquoi la ou les autres ne conviennent-elles pas ?

Problèmes — À résoudre sur le cahier

Résous ces problèmes (tu peux faire un schéma, écrire une égalité ou expliquer ta solution).

1. Paula a déjà plusieurs images d'animaux. Elle va chez le libraire et elle achète 4 nouvelles images. Maintenant, elle a 32 images.
   Combien d'images avait Paula avant d'aller chez le libraire ?
2. Le directeur d'une école vient de recevoir une boite de 25 feutres à tableau. Il les partage en parts égales entre les 3 classes de l'école.
   Combien de feutres aura chaque classe ? Restera-t-il des feutres ?
3. **Combien y a-t-il d'œufs dans 143 boites de 6 œufs ?**
4. **Combien de survêtements à 50 € peut-on acheter avec 310 € ? Restera-t-il de l'argent ?**
5. Un alpiniste commence à grimper le long d'une paroi qui est haute de 107 mètres. Il est déjà monté de 14 mètres.
   Combien de mètres doit-il encore grimper ?
6. Florian construit une pile de 11 sucres. Alexis construit une pile de 7 sucres.
   Combien de sucres Florian doit-il donner à Alexis pour que leurs deux piles aient la même hauteur ?

2

Remarque

Il faudra sans doute préciser le sens du mot « chouchou », évoquer la fonction de l'objet et surtout faire comprendre le processus de fabrication : on part d'un morceau de ruban qu'on coud pour former un tube, lequel est ensuite recourbé et de nouveau cousu pour former un anneau (on y met d'abord un élastique).

2. Problèmes divers

1. Recherche d'un état initial après une augmentation. Tous les élèves ne reconnaitront pas nécessairement que ce problème est similaire à : « *Je pense à un nombre, je lui ajoute 4 et j'obtiens 32* ». C'est la mise en commun qui permettra de le formuler.

2. Problème de partage équitable quand un reste est susceptible d'apparaitre. On fera comprendre qu'à des questions comme « *Restera-t-il des feutres ?* », il ne faut jamais se limiter à répondre « oui ».

3. Itérations de 6. L'énoncé conduit à se représenter 143 fois 6 alors que la solution s'obtient en calculant 6 fois 143.

4. Problème de quotition. Là aussi, un reste apparait.

5. Recherche de la valeur d'un ajout (on cherche le complément de 14 à 107). Les valeurs numériques sont choisies pour favoriser le calcul 107 – 14.

6. Problème d'égalisation de deux collections. Les élèves sont conduits à tâtonner après avoir constaté que la solution n'est pas la différence entre les deux nombres.

73 Problèmes pour apprendre à chercher

Calcul mental
• Divisions élémentaires par 4 et 5

q = ... r = ...	q = ... r = ...	q = ... r = ...	q = ... r = ...	q = ... r = ...	q = ... r = ...

Écris une ou plusieurs questions pour ce problème.
Réponds à ces questions (si tu as besoin, tu peux calculer ou faire des schémas sur ton cahier).

À la boulangerie de Moussinac, le croissant coute 0,65 €.
Mme Kalfon achète 2 croissants et 1 baguette. En tout, elle paie 2 €.
M. Cafin achète 4 croissants et 3 baguettes.

Questions : ....

Réponses : ....

1

M. Lefèvre veut savoir combien il y a de carreaux sur le mur de sa salle de bains.

....

2

Voici quatre résolutions du problème 1 :

1°) Raisonnement sur un schéma :

2°) Expression de la situation par une addition :

28 + 4 = 32

3°) Utilisation de la droite numérique :

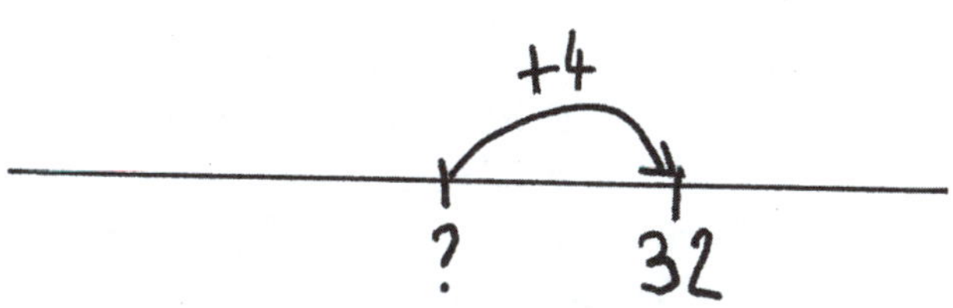

c'est 28 images.

4°) Calcul direct d'une soustraction :

32 – 4 = 28

Remarque :

Afin d'équilibrer les deux séquences du PAC, certains de ces 6 problèmes peuvent être résolus lors de la sq 73, celle-ci proposant des activités plus courtes.

Activités Séquence 73

Divisions élémentaires par 4 et 5

Idem sq 72.

1. Rédiger plusieurs questions

La situation ouvre essentiellement sur deux questions :
– Combien coute une baguette à la boulangerie de Moussinac ?
– Combien M. Cafin doit-il payer ?

Si ce problème avait été proposé avec une question, comme cela se fait le plus couramment, et si une seule question avait été posée : « Combien M. Cafin doit-il payer ? », les élèves se seraient trouvés face à un problème difficile parce qu'il est nécessaire de chercher le prix d'une baguette pour y répondre. Ici, comme l'activité est d'abord centrée sur la recherche des questions que l'on peut se poser, la tâche est plus facile. Elle n'en prépare pas moins la résolution de problèmes complexes, « à étapes », comme celui-ci.

2. Dénombrer une collection lorsque ses unités sont organisées en lignes et colonnes

La situation est plus facile à modéliser mathématiquement que celle qui a été étudiée lors du PAC précédent (recherche du nombre de sucres dans un kilo). En fait, le travail s'effectuera de façon individuelle afin que l'enseignant puisse apprécier ceux de ses élèves qui mobilisent directement ou du moins assez rapidement la multiplication.

Les diverses solutions, notamment celles du type : 14 + 14 + 14... et 14 x 9 seront confrontées et l'usage de la multiplication sera valorisé. La séance pourra s'achever en explicitant d'autres situations où il s'agit de chercher le nombre d'objets ou d'entités qui sont organisés en lignes et colonnes et où la multiplication est l'outil mathématique adapté :
– Dans un parking, il y a 9 rangées de 14 voitures...
– Dans une salle de spectacle, il y a 14 rangées de 9 places...
– etc.

Objectifs

Les élèves ont appris que *a* : *b* ? permet de résoudre des problèmes de quotition et des problèmes de partage. Ils ont appris à calculer des divisions dont les valeurs numériques sont de 2 sortes :
– des divisions comme 472 : 50 ? où le calcul le plus facile consiste à chercher « en 472 combien de fois 50 ? » ;
– des divisions comme 26 : 3 ? où il vaut mieux partager 26 en 3 parts égales (« 3 fois combien font 26 ? »).

Dans les 2 cas toutefois, le quotient était le plus souvent ≤ 10 (c'est seulement dans les divisions par 10 et par 100 que les connaissances en numération permettaient d'aller bien au-delà). On aborde ici les cas du type 587 : 3 ?, où l'on divise un nombre à 3 chiffres par un nombre à 1 chiffre. Dans ces cas, il est très laborieux de chercher combien de fois il y a 3 dans 587 (200 fois, c'est trop parce que 200 fois 3, c'est 600 ; 100 fois, ce n'est pas assez parce que 100 fois 3, c'est 300 ; 150 fois non plus, parce que 150 fois 3, c'est 450…). Il n'est guère plus facile de calculer « 3 fois combien font 587 ? » (on rencontre la même difficulté). En fait, dans de tels cas, la stratégie la plus économique consiste à évoquer un scénario où l'on partage successivement les centaines, les dizaines et les unités.

Pour favoriser l'apprentissage de cette stratégie, on l'introduit à l'aide de figurations des centaines, dizaines et unités isolées. Ainsi pour 746 : 3 ?, quand on partage 7 centaines en 3, chaque part est de 2 centaines et il en reste 1 ; cette centaine est « dégroupée » et on exhibe les 10 dizaines qu'elle contient ; avec les 4 qu'on voyait déjà, c'est 14 dizaines qu'il faut maintenant partager, etc.

Cette stratégie constitue évidemment une préparation à la technique écrite de la division posée dans une « potence », car on peut enseigner celle-ci comme une sorte de résumé écrit du mode de calcul présenté ici, où l'on utilise un matériel de numération (*cf.* sq 79). À terme, devant l'écriture 746 : 3 ?, de nombreux élèves seront capables de calculer « au fil de la plume » : « 7 centaines divisées par 3, 2 centaines, il en reste 1 ; 14 dizaines divisées par 3, 4 dizaines et il en reste 2 ; 26 unités divisées par 3, 8 unités et il en reste 2 ; *q* = 248 et *r* = 2 ».

Avant cette sq 79, les élèves seront régulièrement confrontés à des divisions qu'ils calculeront en utilisant une représentation figurée des centaines, dizaines et unités.

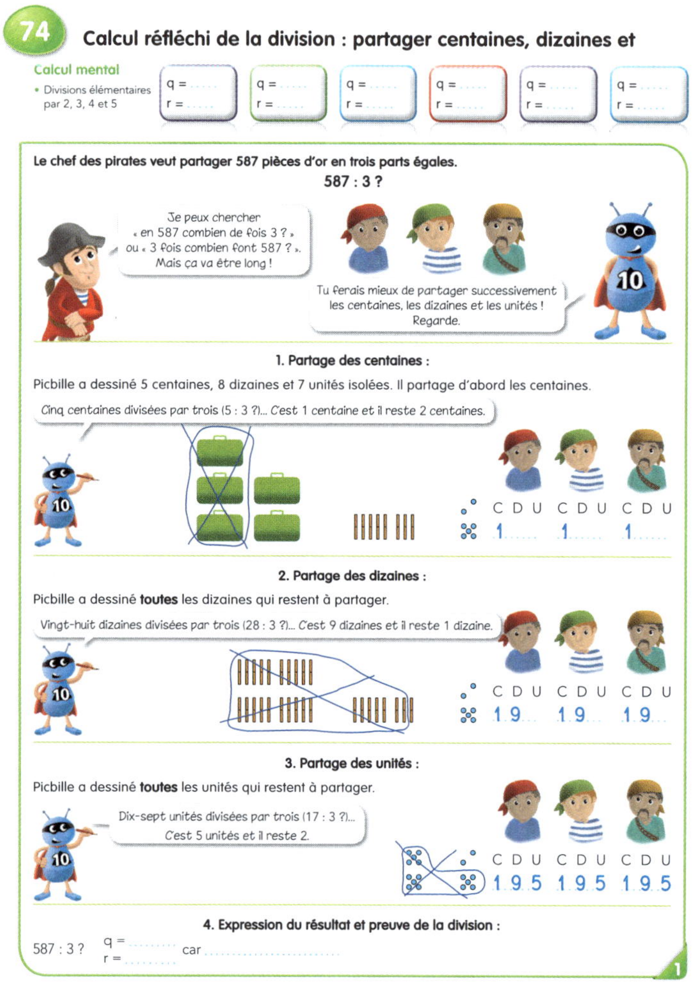
74 Calcul réfléchi de la division : partager centaines, dizaines et

Calcul mental
• Divisions élémentaires par 2, 3, 4 et 5

q = …… r = …… (×6)

Le chef des pirates veut partager 587 pièces d'or en trois parts égales.

587 : 3 ?

1. Partage des centaines :

Picbille a dessiné 5 centaines, 8 dizaines et 7 unités isolées. Il partage d'abord les centaines.

2. Partage des dizaines :

Picbille a dessiné **toutes** les dizaines qui restent à partager.

3. Partage des unités :

Picbille a dessiné **toutes** les unités qui restent à partager.

4. Expression du résultat et preuve de la division :

587 : 3 ? q = ……… r = ……… car ………………

1

Activités Séquence 74

Divisions élémentaires par 2, 3, 4 et 5

Idem sq 70 mais avec l'ensemble des nombres ≤ 5.

1 et 2. Calculer une division en partageant centaines, dizaines et unités

Activité préliminaire

Il s'agit seulement ici d'amener les élèves à mesurer la difficulté du calcul de 587 : 3 ?, et non qu'ils mènent le calcul à son terme. La procédure de partage des centaines, dizaines et unités sera abordée ensuite.

L'enseignant annonce qu'on va apprendre à calculer des divisions d'un grand nombre par un nombre à 1 chiffre, comme 587 : 3 ?. Quelle que soit la procédure qu'ils mettent en œuvre pour trouver le quotient (chercher « en 587 combien de fois 3 ? » ou « 3 fois combien font 587 ? »), les élèves prennent conscience de la difficulté de ce calcul. Sans attendre qu'ils trouvent le résultat, l'enseignant fait formuler la difficulté du calcul et recense les stratégies utilisées dans ce premier essai.

Activité 1 au tableau et sur le fichier

Il annonce alors que sur le fichier, Picbille a une méthode plus facile pour ce calcul. On observe la situation : 3 pirates vont se partager équitablement 587 pièces. Le chef des pirates fait le même constat que nous : ça va être long si on calcule selon une des deux méthodes qu'on connait déjà.

unités avec un matériel de numération (vers la technique écrite)

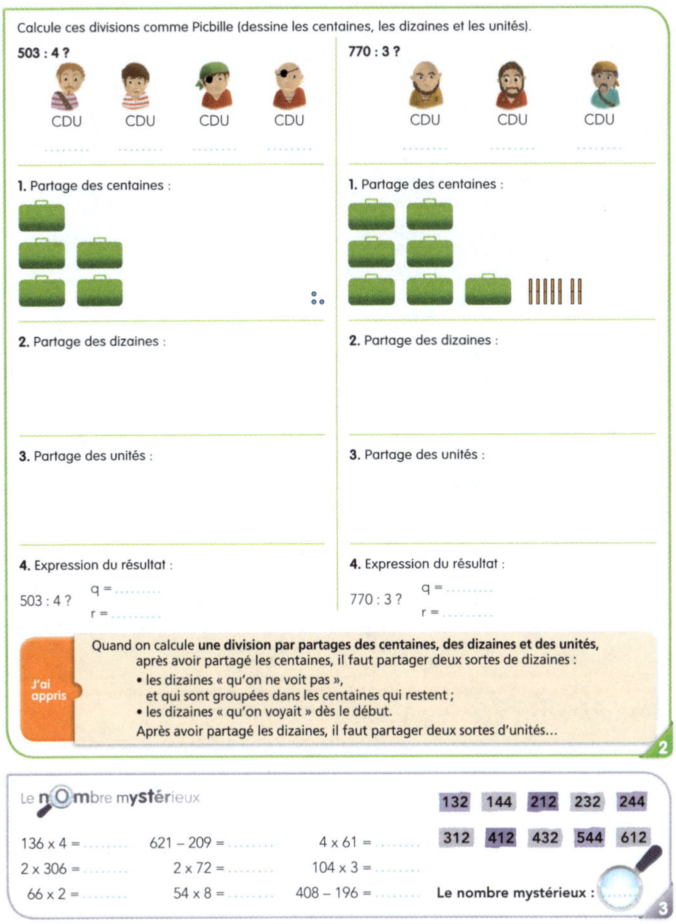
Calcule ces divisions comme Picbille (dessine les centaines, les dizaines et les unités).

503 : 4 ? CDU CDU CDU CDU

770 : 3 ? CDU CDU CDU

1. Partage des centaines :

2. Partage des dizaines :

3. Partage des unités :

4. Expression du résultat :

503 : 4 ? q = ... r = ...

770 : 3 ? q = ... r = ...

J'ai appris

Quand on calcule **une division par partages des centaines, des dizaines et des unités**, après avoir partagé les centaines, il faut partager deux sortes de dizaines :
- les dizaines « qu'on ne voit pas », et qui sont groupées dans les centaines qui restent ;
- les dizaines « qu'on voyait » dès le début.

Après avoir partagé les dizaines, il faut partager deux sortes d'unités...

2

Le nombre mystérieux

132	144	212	232	244
312	412	432	544	612

136 x 4 = ... 621 – 209 = ... 4 x 61 = ...

2 x 306 = ... 2 x 72 = ... 104 x 3 = ...

66 x 2 = ... 54 x 8 = ... 408 – 196 = ...

Le nombre mystérieux : ....

3

On s'intéresse alors à la méthode de Picbille. Il raisonne sur 587 jetons à la place des 587 pièces. L'enseignant reprend au tableau le dessin de la situation initiale : 5 valises, 8 boites et 7 jetons à gauche, et 3 pirates au-dessus. Il effectuera ensuite les transformations successives sur le modèle des deux exercices de la page 107 (on commencera donc tout en haut du tableau) :

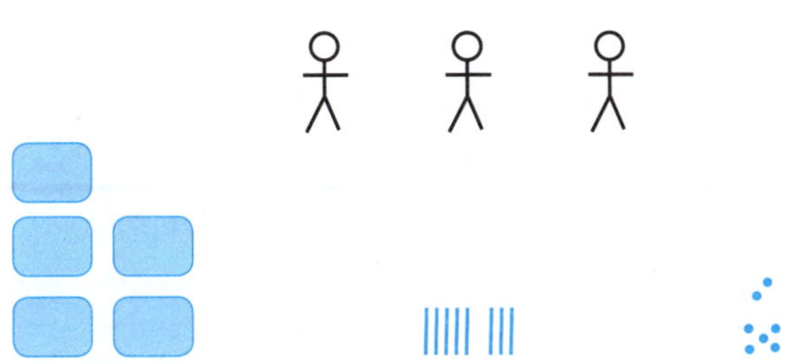

Partage des centaines

Peut-on partager 587 en 3 sans donner les unités 1 à 1 ? Des élèves comprennent aussitôt qu'on peut déjà donner 1 centaine à chaque pirate... C'est ce que Picbille fait aussi. Dès ce moment, on sait que chaque pirate aura une centaine et l'on cherche combien il aura de dizaines et d'unités. On écrit donc C D U sous chaque pirate, on écrit 1 sous le C (chaque pirate a une centaine), on entoure et on barre ces 3 valises déjà partagées. Il reste 2 centaines à partager.

Partage des dizaines

Comment continuer ? Laisse-t-on de côté les 2 centaines qu'on n'a pas encore partagées ? Des élèves suggèrent alors de « sortir » les boites de 10 des 2 valises restantes. Avant de dessiner 20 dizaines en dessous, l'enseignant demande ce qu'on fera avec ces dizaines-là. Il s'agit en effet d'anticiper qu'on les associera aux 8 dizaines déjà représentées pour effectuer le partage de toutes les dizaines, celles qui sont dans les 2 centaines et celles « qu'on voyait déjà ». Pour familiariser les élèves avec le mode de représentation utilisé dans l'activité 2, l'enseignant trace un trait horizontal qui sépare les deux états (état initial et partage des centaines d'une part, partage des dizaines d'autre part) et il dessine le nouvel état : 20 boites sous les 2 valises restantes, les 8 boites qu'on voyait déjà (juste en dessous de celles du schéma de l'état initial) et les 7 jetons (juste en dessous des 7 jetons du schéma initial).

Il y a donc maintenant 28 dizaines à partager en 3. Il convient alors de faire expliciter comment on peut faire ce calcul partiel. C'est comme 28 à partager en 3, mais ce sont des dizaines. Sait-on partager 28 en 3 ? On se ramène alors à : « 3 fois combien font 28 ? ». C'est 9, car 3 fois 9, 27, et il reste 1. On a fait ce calcul tout en sachant qu'on opérait sur des dizaines. Chaque pirate aura 9 dizaines et il en reste une.

Partage des unités

On suit la même démarche pour le partage des unités : laisse-t-on de côté la dizaine qui reste ? On anticipe ce qui va suivre : on va dégrouper les unités de cette dizaine, on va les mettre avec les 7 qu'on voyait déjà... Comment calcule-t-on 17 divisé par 3 ? Etc.

Expression du résultat et preuve

Les élèves (sur le fichier) et l'enseignant (au tableau) écrivent le résultat de cette division : $q = 195$ et $r = 2$. L'enseignant fait interpréter le résultat de ce calcul comme solution au problème des pirates : chacun aura 195 pièces d'or et il restera 2 pièces. Pour vérifier que $q = 195$ et $r = 2$, on pose la multiplication 195 x 3.

Autres calculs

L'enseignant propose d'autres cas que l'on calcule collectivement de la même manière, par exemple : 873 : 4 ? ; 706 : 3 ? (au départ, on ne « voit » pas de dizaines) ; 427 : 5 ? (cas où l'on ne donne aucune centaine, comme dans le cas proposé sq 73, activité 3) ; 759 : 3 ? (reste nul).

Remarque

Après le partage des centaines, il est essentiel d'amener les élèves à anticiper la gestion du partage des deux sortes de dizaines (celles qui viennent des centaines résiduelles et « celles qu'on voyait déjà »), puis après ce partage, celui des deux sortes d'unités.

Activité 2 sur le fichier

Les élèves abordent les deux calculs de la page 111 de façon autonome (ils dessinent les différentes étapes). L'enseignant les aide individuellement.

Objectifs

Dans la sq 75, on propose aux élèves des situations qui mettent en relation horaires et durées. Il s'agit ici d'anticiper l'heure à laquelle se terminera un évènement donné, ce qui conduit à ajouter une durée de *n* minutes à un horaire donné. Comme on demande aux élèves de dessiner la position des deux aiguilles au début et à la fin de l'évènement, c'est une nouvelle occasion de coordonner le déplacement des deux aiguilles et d'approfondir la lecture de l'heure, notamment dans les cas difficiles comme 8 h 56 min (la petite aiguille est pratiquement sur le 9 alors qu'il est 8 heures et quelque chose).

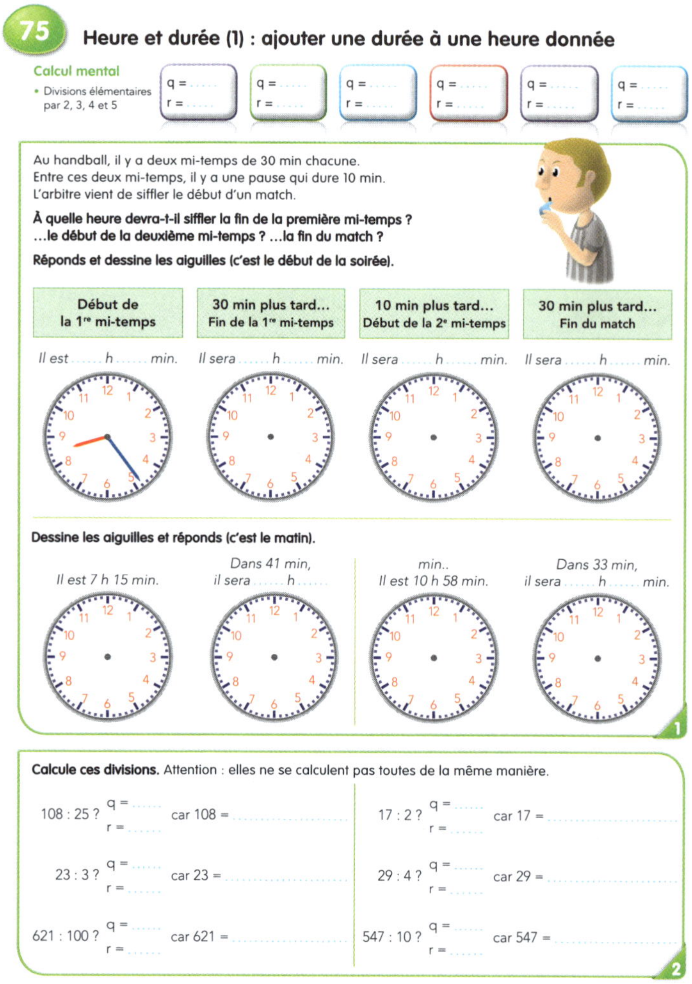

75 Heure et durée (1) : ajouter une durée à une heure donnée

Calcul mental
- Divisions élémentaires par 2, 3, 4 et 5

q = ... r = ... (×6)

Au handball, il y a deux mi-temps de 30 min chacune.
Entre ces deux mi-temps, il y a une pause qui dure 10 min.
L'arbitre vient de siffler le début d'un match.

À quelle heure devra-t-il siffler la fin de la première mi-temps ? …le début de la deuxième mi-temps ? …la fin du match ?

Réponds et dessine les aiguilles (c'est le début de la soirée).

Début de la 1re mi-temps	30 min plus tard… Fin de la 1re mi-temps	10 min plus tard… Début de la 2e mi-temps	30 min plus tard… Fin du match
Il est ...... h ...... min.	Il sera ...... h ...... min.	Il sera ...... h ...... min.	Il sera ...... h ...... min.

Dessine les aiguilles et réponds (c'est le matin).

Il est 7 h 15 min. — Dans 41 min, il sera ...... h ......

...... min.. Il est 10 h 58 min. — Dans 33 min, il sera ...... h ...... min.

1

Calcule ces divisions. Attention : elles ne se calculent pas toutes de la même manière.

108 : 25 ? q = ... r = ...	car 108 = ...	17 : 2 ? q = ... r = ...	car 17 = ...
23 : 3 ? q = ... r = ...	car 23 = ...	29 : 4 ? q = ... r = ...	car 29 = ...
621 : 100 ? q = ... r = ...	car 621 = ...	547 : 10 ? q = ... r = ...	car 547 = ...

2

Activités — Séquence 75

Divisions élémentaires par 2, 3, 4 et 5

Idem sq 74 mais avec l'ensemble des nombres ≤ 5.

1. Heures et durées : ajouter une durée à un horaire donné

Activité préliminaire

L'enseignant propose un problème similaire qui sera traité collectivement. Il s'agit de revoir la proportionnalité des déplacements des deux aiguilles, dans le cas où l'on anticipe à partir d'une heure donnée leur position *n* minutes plus tard.

L'enseignant utilise un gros réveil (*cf.* sq 44). Les élèves disposent de leur horloge en carton (avec ses deux aiguilles). L'enseignant affiche une heure donnée sur le réveil et les élèves la reproduisent sur leur horloge. Il est 8 h 57 min par exemple. Cette heure est notée au tableau. Quelle heure sera-t-il dans 30 min ? Il faut comprendre qu'on ne dit pas 8 h 87, parce que 60 min, c'est une heure de plus. Il y a deux méthodes pour déterminer cet horaire :
– convertir les 87 min en 1 h et 27 min… ;
– faire étape à 9 h : on ajoute déjà 3 min pour aller à 9 h, il faut encore ajouter… 27 min.

Les élèves anticipent l'affichage de ce nouvel horaire sur leur horloge : la grande aiguille fera un demi-tour (elle se retrouvera à l'opposé de sa position initiale) ; la petite aiguille franchira le 9 et se placera à mi-chemin entre le 9 et le 10. On vérifie ces anticipations sur le gros réveil.

Trois ou quatre autres situations semblables sont proposées : parfois on franchit une nouvelle heure, parfois non, et on ajoute des durées de 15 min, de 5 min, de 48 min par exemple. Là encore, on prend garde au fait que, lorsqu'on doit afficher 7 h 56 par exemple, il est presque 8 heures et la petite aiguille est pratiquement sur le 8.

Activité sur le fichier

Les quatre premiers exercices, sur le match de handball, peuvent être traités collectivement. S'ils en ont besoin, les élèves utilisent leur horloge en carton.

3. Calculer une division en partageant centaines, dizaines et unités

Avec la division 171 : 3 ?, les élèves rencontrent sur le fichier le 1er cas où *q* n'a que 2 chiffres. Il est nécessaire de faire formuler le problème : il n'y a pas assez de centaines à partager et on voit écrit C D U sous chaque pirate. La discussion permet d'envisager 3 solutions : soit on écrit un zéro sous la lettre C de chaque pirate (chacun aura zéro centaine), soit on n'écrit rien sous cette lettre, soit, mieux encore, on barre cette lettre C.

Remarque

Nous proposons ci-contre la trame d'un calcul de division dans le cas où le dividende ne comporte que deux chiffres et d'un autre qui conduit au cas particulier où le quotient partiel résultant de la division des dizaines est 0. L'enseignant peut photocopier ces supports pour des activités complémentaires. Il y a un autre support p.189. L'enseignant trouvera aussi, à la fin du *Guide pédagogique*, deux pages avec des supports à compléter pour des partages en 2, 3, 4 et 5.

Calcule ces divisions comme Picbille (dessine les centaines, les dizaines et les unités).

171 : 3 ?

CDU .... CDU .... CDU ....

1. Partage des centaines :

2. Partage des dizaines :

3. Partage des unités :

4. Expression du résultat :

171 : 3 ? q = ... r = ...

763 : 5 ?

CDU .... CDU .... CDU .... CDU .... CDU ....

1. Partage des centaines :

2. Partage des dizaines :

3. Partage des unités :

4. Expression du résultat :

763 : 5 ? q = ... r = ...

3

Le nombre mystérieux

10 x 85 = ...
195 x 3 = ...
50 x 7 = ...
5 x 90 = ...
819 – 194 = ...
7 x 105 = ...

350 450 550 585 625 735 850

Le nombre mystérieux : ......

4

Calcule cette division comme Picbille…

86 : 3 ?

DU .... DU .... DU ....

2. Partage des dizaines :

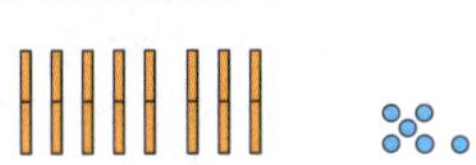

3. Partage des unités :

4. Expression du résultat et preuve :

86 : 3 ? q = ...
r = ...

car ....

Activité complémentaire

Calcule cette division comme Picbille…

925 : 3 ?

CDU .... CDU .... CDU ....

1. Partage des centaines :

2. Partage des dizaines :

3. Partage des unités :

4. Expression du résultat et preuve :

925 : 3 ? q = ...
r = ...

car ....

Objectifs

Dans la sq 76, on aborde la symétrie dans le plan. Il s'agit de compléter par symétrie un tracé déjà commencé. La notion de symétrie est définie ici en relation avec l'expérience de la superposition par pliage. La terminologie (« compléter une figure par symétrie », « ce trait est un axe de symétrie ») est introduite en référence à cette situation.

Pour mener l'activité 1, l'enseignant dispose de calques sur lesquels les figures sont déjà complétées par symétrie. Le premier de ces calques permet, en début de séquence, de constater et de décrire le phénomène de la superposition par pliage. C'est en amenant les élèves à évoquer cette superposition qu'on favorisera leur réussite dans les deux tâches qui sont proposées ensuite ; pour chacune d'elles, l'enseignant dispose également d'un calque où la symétrie a déjà été réalisée. Leur utilisation pédagogique est différente de celle du premier calque : ils permettent aux élèves de valider leur travail, rendant les tâches correspondantes autocorrectives.

Dans l'activité 2, les élèves sont invités à trouver les axes de symétrie d'un rectangle et d'un carré, dans l'activité 3 à chercher ceux d'un losange et d'un carré. Une synthèse conduira à prendre conscience que les 4 axes de symétrie du carré sont pour 2 d'entre eux des axes de symétrie communs à tous les rectangles et pour les 2 autres des axes de symétrie communs à tous les losanges.

Activités — Séquence 76

Divisions par 2, 3, 4, 5 et par 10, 15, 25...

Les calculs sont écrits au tableau au fur et à mesure ; les cas sont mélangés ; divers exemples sont traités sur ardoise, puis sur le fichier.

1. Compléter une figure par symétrie

Activité préliminaire avec le calque

L'activité commence fichier fermé alors que les élèves disposent du calque sur lequel la 1re figure est complétée par symétrie (la figure globale représente une sorte de masque). L'enseignant interroge les élèves sur ce qu'ils voient (une tête, un masque dessiné sur un quadrillage, un trait rouge ; la partie gauche est noire, la partie droite est bleue...), et il leur demande de plier le calque selon le trait rouge. Qu'observe-t-on ? Les deux parties se superposent exactement. On dit que le trait rouge est un « axe de symétrie » du dessin du masque (l'expression est écrite au tableau). Une autre façon de se représenter le phénomène consiste à imaginer que l'encre noire n'est pas sèche et qu'on plie le calque selon le trait rouge : le trait bleu serait très exactement recouvert d'encre noire.

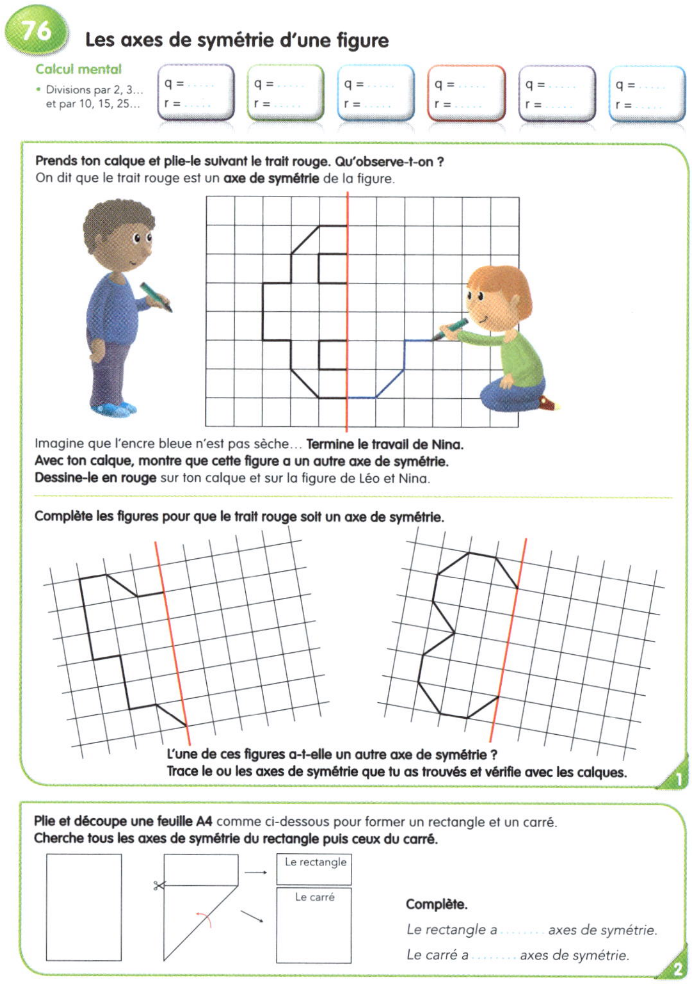

76 Les axes de symétrie d'une figure

Calcul mental
- Divisions par 2, 3... et par 10, 15, 25...

q = ... r = ... (×6)

Prends ton calque et plie-le suivant le trait rouge. Qu'observe-t-on ?
On dit que le trait rouge est un **axe de symétrie** de la figure.

Imagine que l'encre bleue n'est pas sèche... **Termine le travail de Nina.**
Avec ton calque, montre que cette figure a un autre axe de symétrie.
Dessine-le en rouge sur ton calque et sur la figure de Léo et Nina.

Complète les figures pour que le trait rouge soit un axe de symétrie.

L'une de ces figures a-t-elle un autre axe de symétrie ?
Trace le ou les axes de symétrie que tu as trouvés et vérifie avec les calques.

1

Plie et découpe une feuille A4 comme ci-dessous pour former un rectangle et un carré.
Cherche tous les axes de symétrie du rectangle puis ceux du carré.

Le rectangle
Le carré

Complète.
Le rectangle a .... axes de symétrie.
Le carré a .... axes de symétrie.

2

Activité sur le fichier

L'enseignant demande aux élèves de ranger leur calque : ils ne le sortiront que pour vérifier leur travail. On fait dégager collectivement que Léo a terminé de tracer la partie gauche du masque et que Nina est en train de dessiner la partie symétrique. L'enseignant demande explicitement aux élèves d'imaginer le pliage.

Les élèves effectuent ensuite individuellement les deux tracés suivants. L'enseignant apporte les aides nécessaires. S'il remarque des erreurs, il intervient auprès des élèves concernés en leur demandant si, en pliant sur le trait rouge, le trait de gauche se superpose sur celui de droite. Au besoin, il fait décrire le trait en termes de longueur et d'orientation : un trait horizontal de 2 carreaux, un trait penché qui traverse un carreau, etc. Une aide plus importante encore consiste à observer pendant quelques instants la solution sur le calque et à plier celui-ci pour produire la superposition. En dehors du cas des élèves qui sont bloqués, les calques ne sont sortis qu'en fin d'activité pour valider les tracés.

2 et 3. Axes de symétrie du rectangle, du losange et du carré

La question qu'il faut poser est la suivante : « *Où faut-il tracer un trait rouge pour que les bords du rectangle (respectivement : du carré) coïncident ?* » En synthèse :

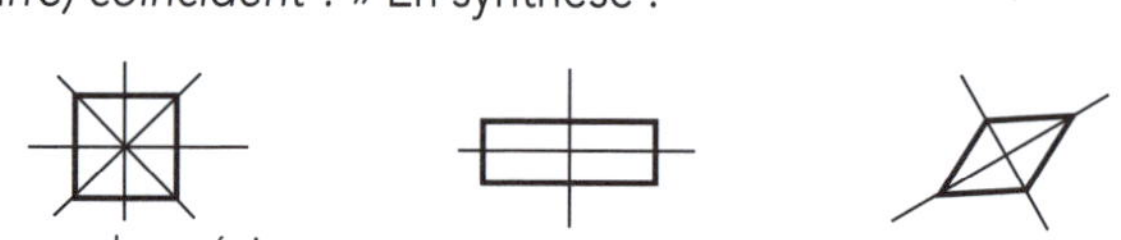

Les axes de symétrie du carré sont ceux... d'un rectangle, et ceux... d'un losange.

Termine les tracés pour qu'il y ait un losange et un carré.
Trace en rouge les axes de symétrie et complète.

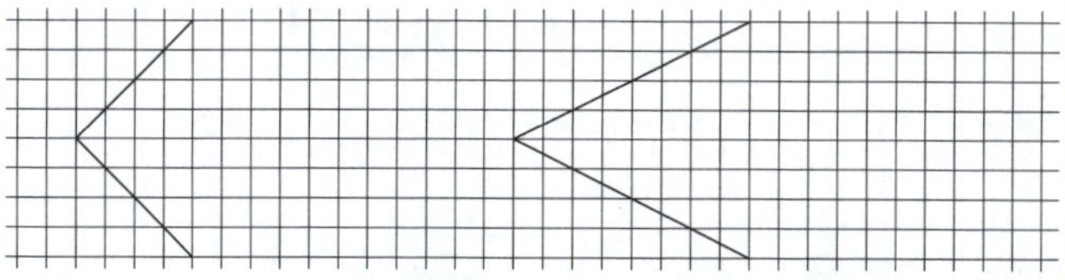

Le carré a .... axes de symétrie. *Le losange a .... axes de symétrie.*

3

Calcule ces divisions comme Picbille (dessine les centaines, les dizaines et les unités).

200 : 3 ? **678 : 5 ?**

CDU CDU CDU | CDU CDU CDU CDU CDU

1. Partage des centaines :

1. Partage des centaines :

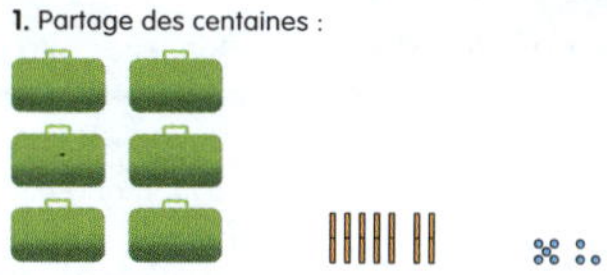

2. Partage des dizaines :

2. Partage des dizaines :

3. Partage des unités :

3. Partage des unités :

4. Expression du résultat :
200 : 3 ? q = ... r = ...

4. Expression du résultat :
678 : 5 ? q = ... r = ...

4

Calcule cette division comme Picbille...

79 : 4 ?

DU DU DU DU

....

1. Partage des dizaines :

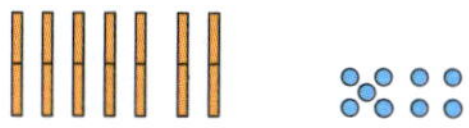

2. Partage des unités :

3. Expression du résultat et preuve :

79 : 4 ? q = ...
r = ...

car ....

Activités complémentaires

1. Impression par décalque

On distribue une photocopie semblable à la réduction ci-dessous. Les élèves y écrivent leur prénom (c'est important pour la suite).

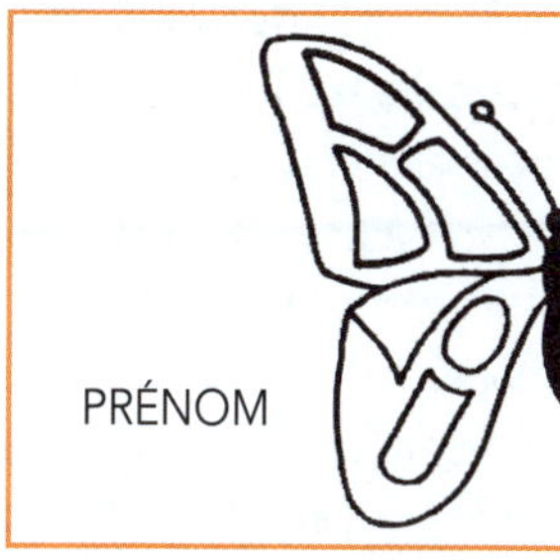

Ils disposent aussi d'un calque de dimension égale à la demi-feuille, de ruban adhésif et d'un crayon noir gras. La discussion et des essais de manipulation permettent de déterminer le procédé pour obtenir l'autre demi-papillon : fixer la demi-feuille de calque sur la partie déjà dessinée ; repasser au crayon tous les traits et les lettres du prénom ; tourner la demi-feuille « comme une page » ; fixer la demi-feuille sur l'autre côté du polycopié en l'ajustant à la partie gauche et repasser sur le calque avec la partie arrondie d'un crayon ; repasser cette esquisse au crayon gras.
Les deux parties se superposent-elles ? On vérifie en pliant doucement le long de l'axe.
On fait analyser le résultat : il y a les mêmes traits sur les deux parties de la feuille, mais ceux qui étaient proches du pli sont imprimés près de lui, ceux qui étaient près du bord gauche de la feuille sont imprimés près de l'autre bord et le prénom imprimé est écrit « à l'envers ». Si on dispose de petits miroirs, on peut amener les élèves à remarquer l'analogie avec l'inversion d'une image dans le miroir (dans le miroir, les lettres écrites à gauche sont inversées, alors que le prénom imprimé à droite redevient lisible).

2. Impression par pliage

Les élèves disposent de leur matériel de peinture et d'une feuille de Canson. Ils plient préalablement leur feuille par le milieu, verticalement. Quelques taches de peinture sont déposées sur la moitié gauche (la peinture ne doit pas être trop liquide ; au besoin, on en diminue la quantité avec du papier absorbant). L'enseignant demande aussi aux élèves de « peindre » leur prénom en haut en lettres majuscules. Puis on procède au pliage et à l'impression (la partie déjà peinte reste fixe pour minimiser les risques de coulure).
Si on dispose de petits miroirs, on fait faire les mêmes observations que dans le cas de l'impression avec calque. Finalement, on tire les mêmes conclusions que dans l'activité précédente.
En conclusion de chaque activité, on utilise les mots techniques : les deux parties du papillon sont symétriques par rapport à la ligne ; les taches sont peintes de façon symétrique par rapport au pli.

Objectifs

Dans la sq 77, les élèves vont déterminer une durée, comprise entre deux horaires. Il y a deux moyens principaux de le faire :

- On calcule une soustraction. Par exemple, si la durée est comprise entre 14 h 18 et 14 h 57, on peut calculer 14 h 57 – 14 h 18, ou, plus simplement, 57 – 18.
- On simule mentalement le trajet de la grande aiguille. Pour le même exemple, la grande aiguille va de 18 min à 57 min et on peut calculer « en avançant » : 2 pour aller à 20, et encore 37 pour aller à 57, en tout 39 ; si on franchit 1 heure, on fait étape à l'heure « juste » : de 14 h 26 à 15 h 13, on a 34 min pour aller à 15 h et encore 13, en tout 47 min. Si le nombre de min obtenu est supérieur à 60, il convient d'exprimer la durée en h et min. La simulation mentale du mouvement des aiguilles est plus naturelle et bien plus facile lorsqu'on franchit une heure. C'est ce moyen que nous privilégions pour une première approche du calcul de durées au CE2.

Nous ne présentons pas les activités de la sq 78 qui constituent un support pour un bilan des acquis des élèves en fin de troisième période. Les tâches proposées ont déjà été présentées dans les séquences précédentes.

Activités Séquence 77

Divisions par 2, 3, 4, 5 et par 10, 15, 25…

Les calculs sont écrits au tableau au fur et à mesure ; les cas sont mélangés ; divers exemples sont traités sur ardoise, puis sur le fichier.

1. Heures et durées : calculer une durée entre deux horaires

Les deux problèmes (voyage de Mme Keller et voyage de M. Bonnet) seront traités collectivement. Avec le premier problème, on établit une méthode pour chercher une durée entre deux horaires proches. Avec le second, les élèves seront amenés à réinvestir cette méthode dans le cas où la durée dépasse une heure (si on aboutit à 97 min, il faut les convertir en 1 h et 37 min). L'enseignant se munit du gros réveil déjà utilisé dans la sq 75 et les élèves disposent de leur horloge en carton. On pourra ainsi simuler le déplacement des deux aiguilles entre le départ et l'arrivée de chaque train.

Le premier voyage

L'horloge du départ indique 2 h 18 ou 14 h 18. Quel horaire choisir ? On fera appel à l'expérience quotidienne des élèves (à 2 h 18, c'est la nuit, les trains sont très rares). On opte pour 14 h 18 et 14 h 57. Les élèves cherchent ensuite la durée du voyage. Lors d'une reprise collective, on compare les stratégies utilisées :

– des élèves ont peut-être commencé à compter les minutes une à une ;

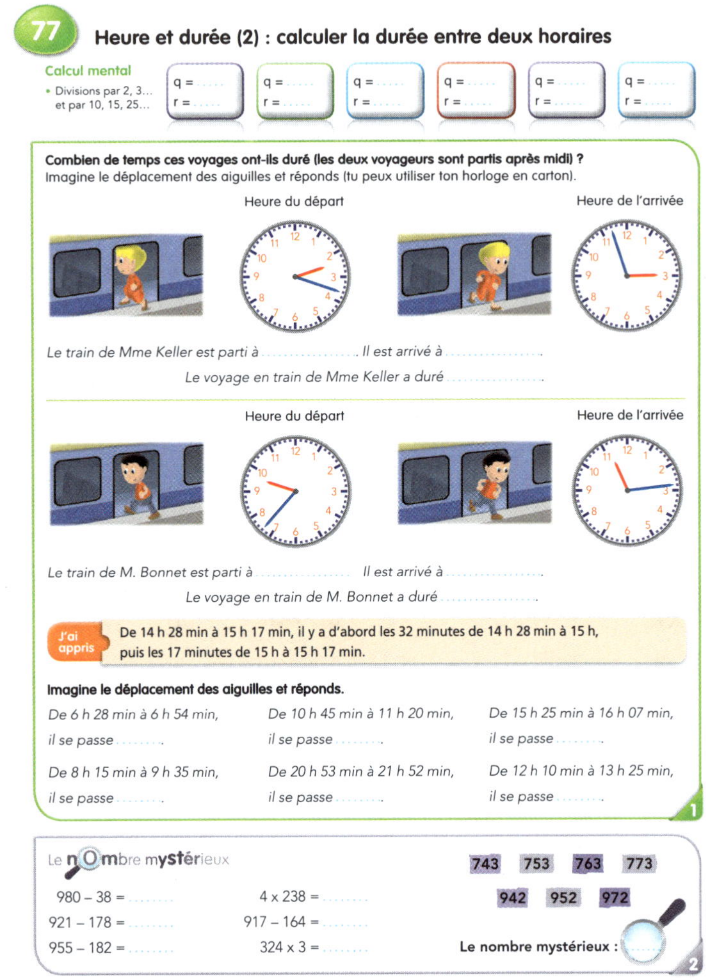

77 Heure et durée (2) : calculer la durée entre deux horaires

Calcul mental
• Divisions par 2, 3… et par 10, 15, 25…

q = … r = … | q = … r = … | q = … r = … | q = … r = … | q = … r = … | q = … r = …

Combien de temps ces voyages ont-ils duré (les deux voyageurs sont partis après midi) ?
Imagine le déplacement des aiguilles et réponds (tu peux utiliser ton horloge en carton).

Heure du départ — Heure de l'arrivée

Le train de Mme Keller est parti à ……… Il est arrivé à ………
Le voyage en train de Mme Keller a duré ………

Heure du départ — Heure de l'arrivée

Le train de M. Bonnet est parti à ……… Il est arrivé à ………
Le voyage en train de M. Bonnet a duré ………

J'ai appris : De 14 h 28 min à 15 h 17 min, il y a d'abord les 32 minutes de 14 h 28 min à 15 h, puis les 17 minutes de 15 h à 15 h 17 min.

Imagine le déplacement des aiguilles et réponds.

De 6 h 28 min à 6 h 54 min, il se passe ………
De 10 h 45 min à 11 h 20 min, il se passe ………
De 15 h 25 min à 16 h 07 min, il se passe ………
De 8 h 15 min à 9 h 35 min, il se passe ………
De 20 h 53 min à 21 h 52 min, il se passe ………
De 12 h 10 min à 13 h 25 min, il se passe ………

1

Le nombre mystérieux

980 – 38 = ………
921 – 178 = ………
955 – 182 = ………
4 x 238 = ………
917 – 164 = ………
324 x 3 = ………

743 753 763 773
942 952 972

Le nombre mystérieux : ………

2

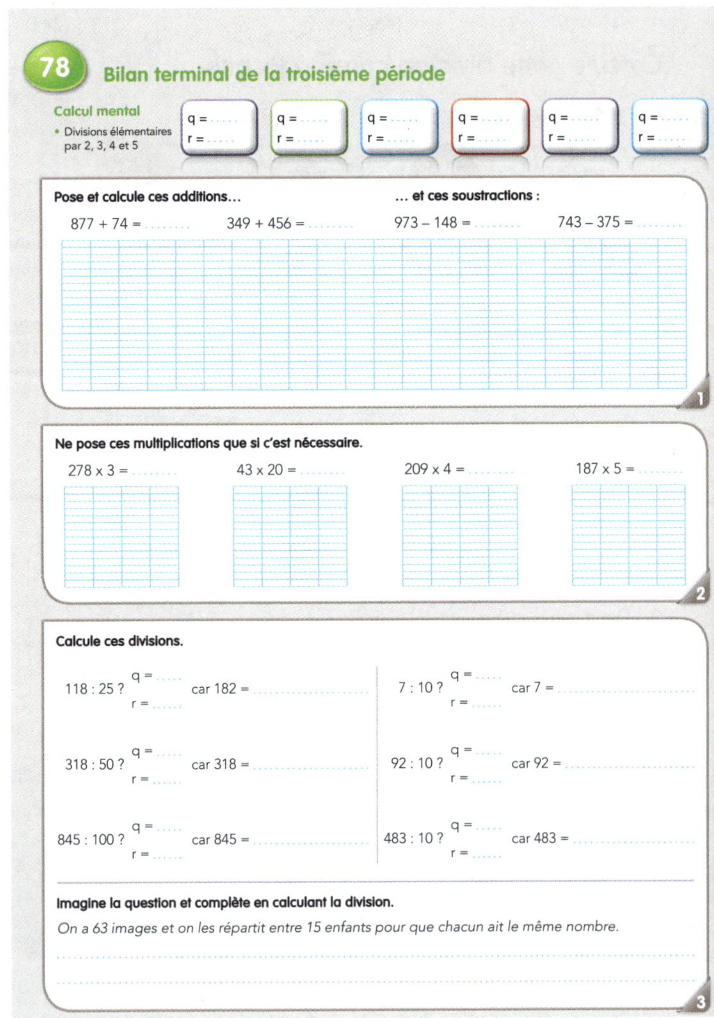

78 Bilan terminal de la troisième période

Calcul mental
• Divisions élémentaires par 2, 3, 4 et 5

q = … r = … | q = … r = … | q = … r = … | q = … r = … | q = … r = … | q = … r = …

Pose et calcule ces additions… **… et ces soustractions :**

877 + 74 = ……… 349 + 456 = ……… 973 – 148 = ……… 743 – 375 = ………

1

Ne pose ces multiplications que si c'est nécessaire.

278 x 3 = ……… 43 x 20 = ……… 209 x 4 = ……… 187 x 5 = ………

2

Calcule ces divisions.

118 : 25 ? q = … r = … car 182 = ………
318 : 50 ? q = … r = … car 318 = ………
845 : 100 ? q = … r = … car 845 = ………
7 : 10 ? q = … r = … car 7 = ………
92 : 10 ? q = … r = … car 92 = ………
483 : 10 ? q = … r = … car 483 = ………

Imagine la question et complète en calculant la division.
On a 63 images et on les répartit entre 15 enfants pour que chacun ait le même nombre.
………

3

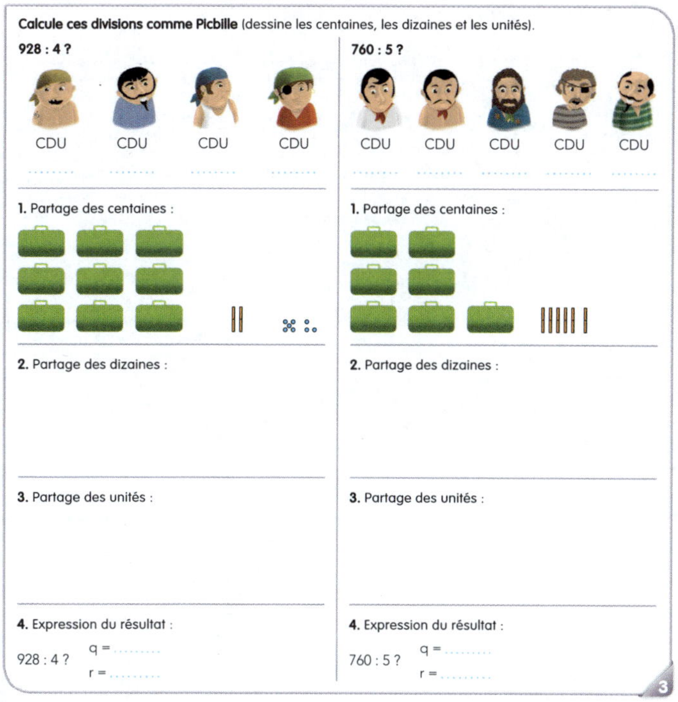
Calcule ces divisions comme Picbille (dessine les centaines, les dizaines et les unités).

928 : 4 ?

CDU CDU CDU CDU

1. Partage des centaines :

2. Partage des dizaines :

3. Partage des unités :

4. Expression du résultat :

928 : 4 ? q = ... r = ...

760 : 5 ?

CDU CDU CDU CDU CDU

1. Partage des centaines :

2. Partage des dizaines :

3. Partage des unités :

4. Expression du résultat :

760 : 5 ? q = ... r = ...

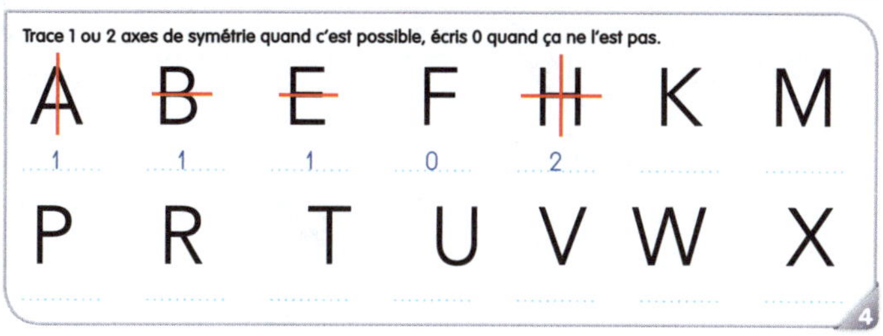
Trace 1 ou 2 axes de symétrie quand c'est possible, écris 0 quand ça ne l'est pas.

A B E F H K M

1 1 1 0 2

P R T U V W X

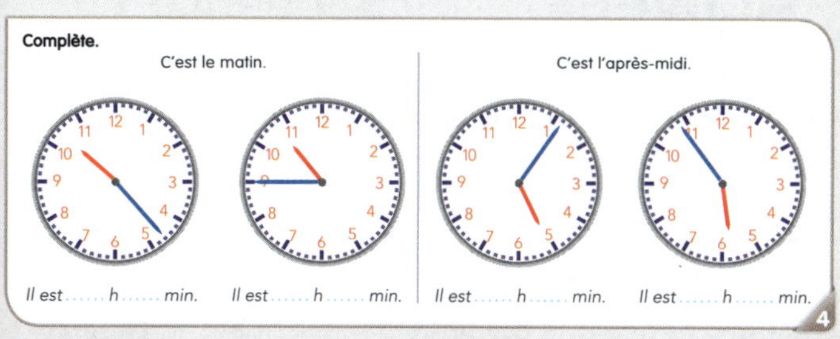
Complète.

C'est le matin.

C'est l'après-midi.

Il est ...... h ...... min. Il est ...... h ...... min. Il est ...... h ...... min. Il est ...... h ...... min.

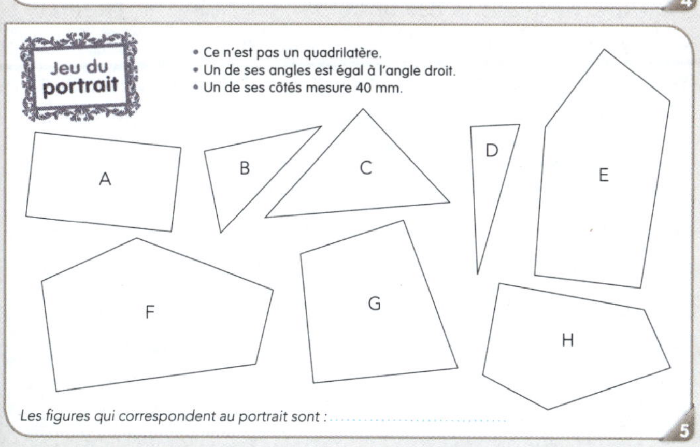
Jeu du portrait

- Ce n'est pas un quadrilatère.
- Un de ses angles est égal à l'angle droit.
- Un de ses côtés mesure 40 mm.

A B C D E F G H

Les figures qui correspondent au portrait sont : ....

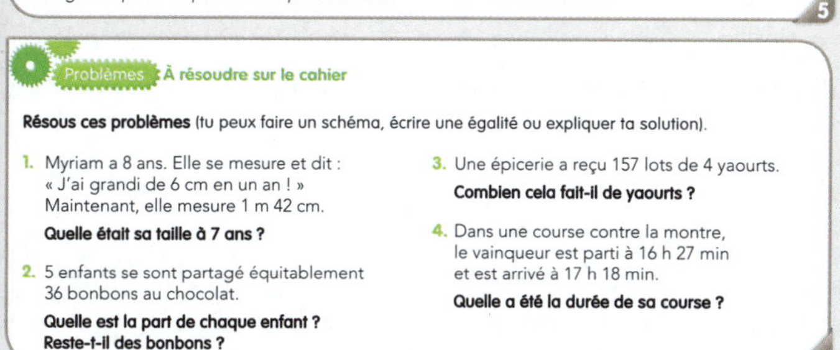
Problèmes À résoudre sur le cahier

Résous ces problèmes (tu peux faire un schéma, écrire une égalité ou expliquer ta solution).

1. Myriam a 8 ans. Elle se mesure et dit : « J'ai grandi de 6 cm en un an ! » Maintenant, elle mesure 1 m 42 cm. **Quelle était sa taille à 7 ans ?**

2. 5 enfants se sont partagé équitablement 36 bonbons au chocolat. **Quelle est la part de chaque enfant ? Reste-t-il des bonbons ?**

3. Une épicerie a reçu 157 lots de 4 yaourts. **Combien cela fait-il de yaourts ?**

4. Dans une course contre la montre, le vainqueur est parti à 16 h 27 min et est arrivé à 17 h 18 min. **Quelle a été la durée de sa course ?**

– d'autres ont calculé 2, 7, 12, 17, etc. ;
– d'autres encore ont pu faire étape à 30 min : 12 min et 27 min, en tout 39 min ;
– il se peut que des élèves aient calculé : de 18 pour aller à 20, c'est 2 et de 20 pour aller à 57, c'est 37, calcul qu'on fera Reconnaitre comme un calcul « en avançant ».

Chaque méthode peut être illustrée avec le déplacement de la grande aiguille sur le réveil. On amènera les élèves à comprendre l'économie que procure la dernière méthode et à saisir pourquoi les flèches utilisées pour calculer des soustractions sont réemployables ici :

$$14\text{ h }18 \xrightarrow{2\text{ min}} 14\text{ h }20 \xrightarrow{37\text{ min}} 14\text{ h }57$$

Divers calculs de durées sont ensuite proposés par l'enseignant pour permettre le réinvestissement de cette procédure. On se place dans les cas faciles où la durée est inférieure à 1 h et où, de l'horaire du départ à celui de l'arrivée, on ne franchit pas d'heure.

Le second voyage

Là, on optera plutôt pour un voyage matinal. Les élèves le résolvent individuellement. Si nécessaire, l'enseignant les encourage à utiliser leur horloge. Lors d'une reprise immédiate, le calcul est noté au tableau :

$$9\text{ h }37 \xrightarrow{23\text{ min}} 10\text{ h} \xrightarrow{1\text{ h}} 11\text{ h} \xrightarrow{14\text{ min}} 11\text{ h }14$$

Les élèves qui auraient écrit 60 min au lieu d'une heure pour la 2e étape du calcul obtiennent une durée de 97 min. On fera formuler que ce n'est pas une erreur, mais qu'en général, on exprime les durées en h et min. D'où 97 min = 1 h et 37 min. La suite de l'activité sur le fichier est individuelle.

Prolongement possible

Pour favoriser le développement de l'intuition de durées exprimées en min, l'enseignant propose, pour un même évènement familier, 3 durées dont une seule est vraisemblable. Par ex., une apnée : moins d'1 min, entre 1 et 2 min, plus de 2 min ? Une chanson : 1 min, 3 min, 10 min ? Une récréation : 5 min, 20 min, 45 min ?

4. Chercher des axes de symétrie

Cette activité est complexe puisqu'il s'agit d'imaginer des traits droits et le pliage selon ces traits droits afin de savoir s'il y aura ou non une superposition exacte. Cependant la tâche est facilitée ici du fait qu'on a éliminé toutes les lettres n'ayant pas d'axe de symétrie, mais possédant un centre de symétrie (ce qui conduit à une régularité que les élèves seraient incapables d'expliciter : S, Z). La tache est présentée collectivement : « *Imaginez qu'on plie le papier sur lequel est tracée la lettre « A « selon le trait rouge ; que se passerait-il ?* » (l'enseignant peut avoir tracé cette lettre et son axe de symétrie sur une feuille A4 de papier-calque afin de réaliser réellement ce pliage). Idem pour les lettres B et E. L'axe de symétrie de la lettre A est vertical, celui des lettres B et E horizontal. « *Est-il possible de tracer un trait horizontal ou vertical qui serait un axe de symétrie pour la lettre F ?* » Ce n'est pas possible, ce qui explique qu'on ait écrit *0* sur la ligne en dessous. Après avoir explicité les 2 axes de symétrie de la lettre H, les élèves continuent de manière autonome.

Objectifs

Les enfants découvrent ici la technique écrite de la division (on divise un « grand » nombre par un nombre à 1 chiffre).

Dès lors que les élèves savent calculer mentalement les divisions élémentaires comme 43 : 5 ?, 27 : 4 ?, 19 : 3 ?, etc., et qu'ils savent aussi calculer, en s'aidant du dessin d'un matériel de numération, des cas tels que 438 : 5 ?, 273 : 4 ?, 198 : 3 ?, il est normal de ne pas différer l'apprentissage de la technique écrite.

La technique est introduite comme un résumé écrit des partages successifs des centaines, dizaines et unités à l'aide du dessin du matériel de numération. En témoigne la structure de la double page, identique à celle de la sq 72 où les élèves ont appris à calculer avec le dessin. Si, à ce moment, les enfants évoquent ce qu'ils ont fait jusqu'ici en agissant sur le dessin, ils comprennent facilement le sens des différentes étapes de l'algorithme écrit, puisqu'il exprime les différentes étapes de cette action.

Les élèves pourront ainsi s'entrainer plus économiquement à ce type de calcul (il est en effet plus rapide d'écrire les nombres que de dessiner les collections correspondantes). À terme, devenant de plus en plus performants, ils pourront même passer plus facilement au calcul mental, notamment en affichant sur leurs doigts les restes des partages successifs.

En outre, nous avons choisi de faire calculer mentalement ces restes au lieu d'obliger les élèves à écrire la soustraction correspondante. Ainsi, pour 857 : 3 ?, on ne fait pas écrire :

```
  c d u
  8 5 7 | 3
- 6     |-------
-----   | c d u
  2     | 2.............
```

Cela éloignerait de l'analogie avec le dessin du matériel et compliquerait la technique sans nécessité (avec les diviseurs de 2 à 4 chiffres, le problème se posera autrement au CM). Au contraire, pour renforcer l'analogie avec le calcul par le dessin, le nombre qui est partagé est barré et le reste est directement écrit en dessous. Celui-ci est aussitôt interprété dans les groupements d'ordre inférieur (les 2 centaines qui restent deviennent 20 dizaines ; avec les 5 que l'on voyait au début, il faut maintenant partager 25 dizaines).

On remarquera enfin que dès cette séquence, les élèves se voient proposer, dans l'activité 3, des divisions qui se calculent tantôt sans les poser (divisions par 10, 25, 50, 100), tantôt en les posant (par 2, 3, 4 et 5). Rappelons en effet qu'il s'agit là d'un objectif essentiel de l'enseignement de la division : le fait que les élèves sachent choisir entre une stratégie de quotition et une stratégie de partition est une preuve de compréhension de la division.

79 Technique écrite de la division (diviseur ≤ 5)

4e période

Nombres et calculs : la division par partages successifs des centaines, dizaines et unités ; la multiplication par un nombre à 2 chiffres (technique proche de la technique mentale) ; les nombres jusqu'à 10 000.

Géométrie et mesures : la symétrie (suite) ; les histogrammes ; le mètre ; le kg.

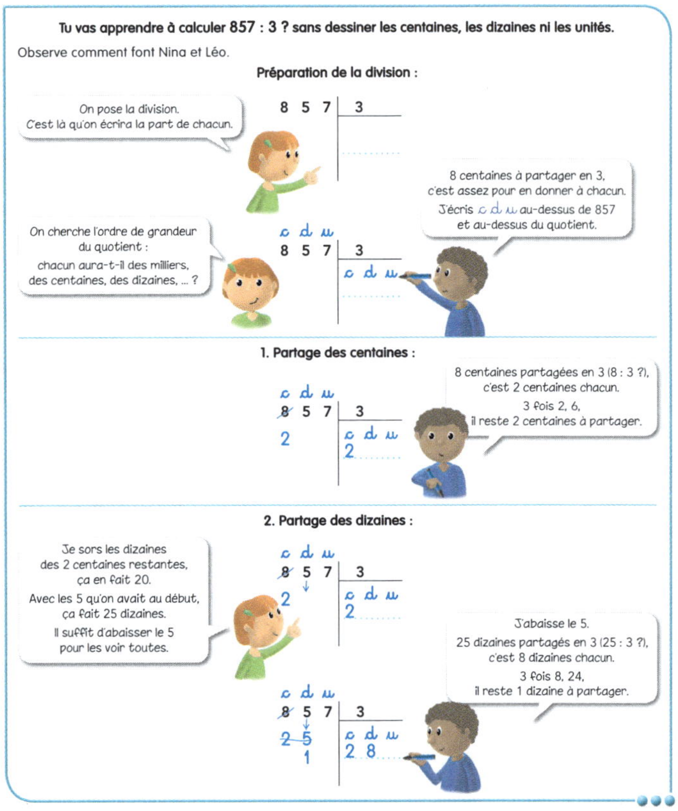

Activités Séquence 79

Je pense à un nombre...

Idem séquence 55.

1 et 2. La technique de la division

Conseils préliminaires

C'est en évoquant le calcul de 857 : 3 ? dans le contexte du dessin des centaines, dizaines et unités que les élèves comprendront les différentes notations du calcul écrit et apprendront à calculer directement avec elles. Nous recommandons donc de ne pas dessiner au tableau, ni de faire dessiner sur les cahiers les figurations de ces groupements parallèlement au calcul écrit. S'ils utilisaient le dessin, celui-ci prendrait en charge le calcul, il rendrait la notation écrite quelque peu superflue et beaucoup d'enfants risqueraient d'être dépendants du dessin au moment d'utiliser eux-mêmes la technique. En revanche, il est nécessaire de reproduire au tableau le calcul écrit. Tandis que, sur le fichier, il apparait au moyen d'images séquentielles, au tableau, il se déroulera dans une seule et même potence, de sorte que les enfants verront se cumuler les notations successives.

Activité 1

L'enseignant annonce explicitement que l'on va apprendre à calculer 857 : 3 ? sans dessiner les centaines, les dizaines ni les unités. *Que verrait-on si l'on devait les dessiner ? Combien de pirates dessinerait-on ?* Il écrit cette division et demande

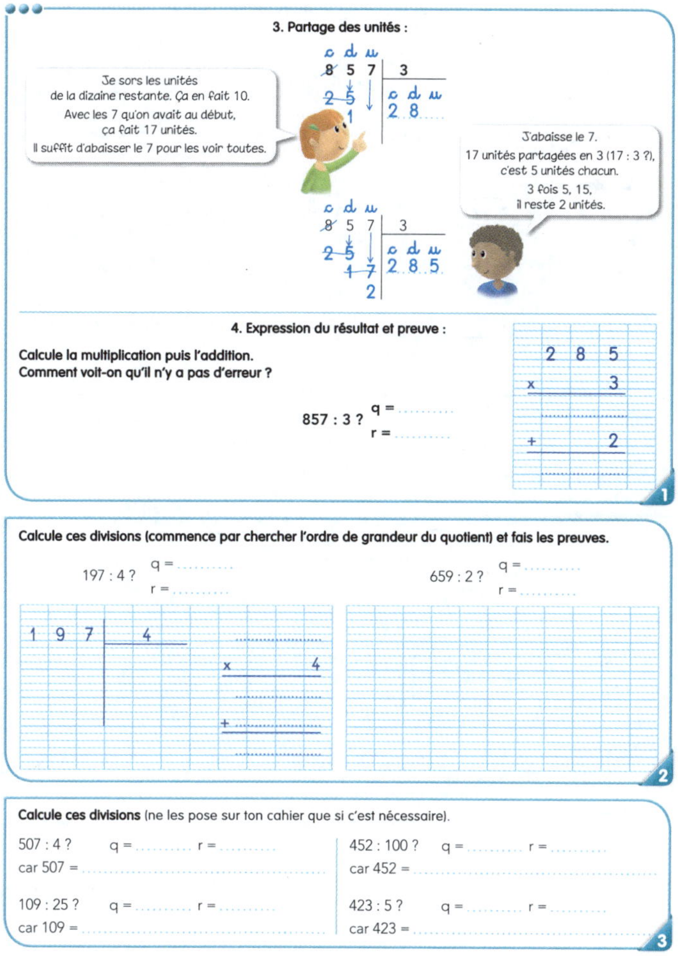
3. Partage des unités :

Je sors les unités de la dizaine restante. Ça en fait 10. Avec les 7 qu'on avait au début, ça fait 17 unités. Il suffit d'abaisser le 7 pour les voir toutes.

J'abaisse le 7. 17 unités partagées en 3 (17 : 3 ?), c'est 5 unités chacun. 3 fois 5, 15, il reste 2 unités.

4. Expression du résultat et preuve :

Calcule la multiplication puis l'addition.
Comment voit-on qu'il n'y a pas d'erreur ?

857 : 3 ? q = ... r = ...

1

Calcule ces divisions (commence par chercher l'ordre de grandeur du quotient) et fais les preuves.

197 : 4 ? q = ... r = ...

659 : 2 ? q = ... r = ...

2

Calcule ces divisions (ne les pose sur ton cahier que si c'est nécessaire).

507 : 4 ? q = ... r = ...
car 507 = ...

452 : 100 ? q = ... r = ...
car 452 = ...

109 : 25 ? q = ... r = ...
car 109 = ...

423 : 5 ? q = ... r = ...
car 423 = ...

3

de décrire la disposition des nombres dans la première illustration : il y a deux traits qui font comme un « t » (l'enseignant donne le mot « potence »). Cette disposition est reprise au tableau.

La deuxième illustration est alors commentée. *Pour 857 divisé par 3, peut-on savoir si chaque pirate aura des centaines ?… Pourquoi Nina a-t-elle écrit* **c d u** *au-dessus de 857 ? Et pourquoi Léo écrit-il* **c d u** *au-dessus de l'emplacement du quotient ?* On évoque tout de suite un cas tel que 486 : 5 ? où l'on n'aurait pas assez de centaines et où on écrirait :

```
 d    u
4   8   6 | 5
          |------
          | d   u
          | .........
```

Il faudrait partager dès le départ les 48 dizaines en 5.

On écrit **c d u** au tableau aux deux endroits et on peut alors commencer le partage des centaines. *Combien en donne-t-on à chacun ? En reste-t-il ?* On interprète ce que Léo a déjà calculé : il note 2 aux centaines, barre les 8 centaines et écrit au-dessous les 2 centaines qui restent. On anticipe la suite : il faut sortir les dizaines des 2 centaines qui restent. *Avec celles qu'on avait au début, combien y en aura-t-il ?* On revient à l'illustration du fichier : il suffit d'« abaisser » le 5 pour bien voir toutes les dizaines, les 20 que l'on a « sorties » des centaines et les 5 du début. Cette notation est reproduite au tableau (il est inutile de dessiner la flèche).

Puis on procède au partage des 25 dizaines. On anticipe à nouveau : *il reste 1 dizaine, on va dégrouper les unités qui sont « dedans » ; avec les 7 qu'on voyait au début, combien y en aura-t-il ?*

On revient à l'illustration du fichier pour le partage des unités : on fait le même type de commentaire que dans l'étape précédente.

À la fin, on localise le quotient et le reste, et l'on résume ces résultats : on a calculé 857 divisé par 3, le quotient est 285 et le reste 2. On peut passer à l'écriture du résultat et de la preuve en calculant (285 x 3) + 2. Sur le fichier, cette multiplication est posée ainsi que l'addition qui suit.

Aussitôt, sans effacer ce calcul, on peut se donner deux autres divisions à traiter au tableau, par exemple 957 : 4 ? et 469 : 5 ? (dans le second cas, on est amené à écrire seulement **d u**). On suit la même démarche : la situation initiale est d'abord interprétée dans les termes d'un calcul avec le dessin du matériel : combien de milliers, de centaines… combien de parts, etc. Puis, après chaque étape, on anticipe la suivante en faisant référence au calcul par le dessin.

Activités 2 et 3

Les deux cas de l'activité 2 vont permettre aux élèves de s'exercer individuellement sur des réglures de cahier. Le 1er amène à anticiper que le quotient ne comportera pas de centaines et à écrire seulement **d u**. Avec le 2e (659 : 2 ?), il faudra écrire un reste = 0 après le partage des centaines ; en « abaissant » le 5 des dizaines, on verra écrit 05. Mais comme ce cas a déjà été vu dans le calcul avec le dessin, il ne présente pas d'autre difficulté que celle qui consiste à lire 05 comme équivalent à 5 unités.

Parmi les divisions de l'activité 3, certaines peuvent être calculées mentalement, comme 109 : 25 ?, 452 : 100 ? Pour les autres, les élèves devront les poser. Avant l'activité, il est bon qu'ils puissent anticiper lesquelles n'ont pas besoin d'être posées.

Activité complémentaire

Le compte est bon !

154
3 | 4 | 7 | 15
(3 + 7) x 15 + 4

74
4 | 5 | 9 | 15
(4 x 15) + 5 + 9

235
4 | 5 | 6 | 10
(4 x 6) x 10 – 5

105
5 | 6 | 9 | 25
(6 x 25) – (5 x 9)

28
3 | 5 | 8 | 9
(3 x 8) + (9 – 5)

62
2 | 4 | 8 | 15
(2 x 15) + (4 x 8)

Objectifs

Dans cette sq 80, on poursuit la mémorisation des tables de multiplication. Rappelons que :

– Dans la sq 30, les élèves ont appris les tables de 3 à 5. La stratégie adoptée a consisté, dans un premier temps, à favoriser une mémorisation de ces tables dans l'ordre en utilisant la propriété qui veut que dans la table de 3, les résultats vont de 3 en 3, dans celle de 4, les résultats vont de 4 en 4 et dans celle de 5, ils vont de 5 en 5. L'outil pédagogique privilégié pour cette mémorisation est le jeu du furet, en avançant dans la table, puis en reculant. Dans un second temps, nous avons enseigné une stratégie permettant aux élèves de retrouver directement un résultat de la 2e partie de table, sans réciter celle-ci depuis le début : pour connaitre le produit de 3 fois 6 par exemple, on cherche au 6e rang de la table de 3 en partant de « 3 fois 5, 15 », et en ajoutant successivement 3 ; on obtient ainsi directement le résultat : 18.

– Dans la sq 39, les élèves ont appris la 1re partie des tables de 6, 7, 8, 9 et 10 (depuis « 6 fois 1, 6 » jusqu'à « 6 fois 5, 30 » pour la table de 6 ; depuis « 7 fois 1, 7 » jusqu'à « 7 fois 5, 35 » pour celle de 7, etc.) Les élèves auraient pu retrouver ces résultats à partir des précédents en utilisant la commutativité de la multiplication, mais rappelons que s'il est utile d'en prendre conscience (7 fois 3 conduit au même résultat que 3 fois 7) parce que cela permet un contrôle supplémentaire sur ces résultats, on n'a pas insisté sur ce phénomène. En effet, on visait l'association verbale la plus directe possible, « 7 fois 3, 21 », ce qui implique que les 5 premières lignes des tables de 7 soient traitées le plus possible pour elles-mêmes, sans avoir à hésiter sur la stratégie à employer. C'est pourquoi il ne faut surtout pas minorer le rôle de la récitation depuis « 7 fois 1 », d'autant que, de surcroît, cela aide à automatiser le répertoire additif (pour dire la table de 7 par exemple, les élèves sont conduits à « compter de 7 en 7 »). Le même raisonnement vaut évidemment pour les tables de 6, 8 et 9.

Jusqu'à présent, les élèves n'ont récité que la 1re partie de ces « grandes tables ». Ils vont apprendre à en réciter la 2e partie. La séquence commence en se rappelant pourquoi dans la table de 6 les résultats vont de 6 en 6 ; pourquoi dans la table de 7 ils vont de 7 en 7, etc. On utilise là encore un damier qui met en relief la séparation entre les 5 lignes du haut et les 5 lignes du bas. De plus, le repère 5 vertical permet de saisir immédiatement que, d'une ligne à l'autre, dans la table de 7 par exemple, on ajoute 7 (on voit bien 7 points parce qu'on en voit 5 à gauche du trait vertical épais et 2 à droite).

Lors de cette séquence, les élèves vont essentiellement utiliser cette propriété pour compléter le début des tables de 6, 7, 8, 9 et 10. Il est cependant souhaitable de dégager

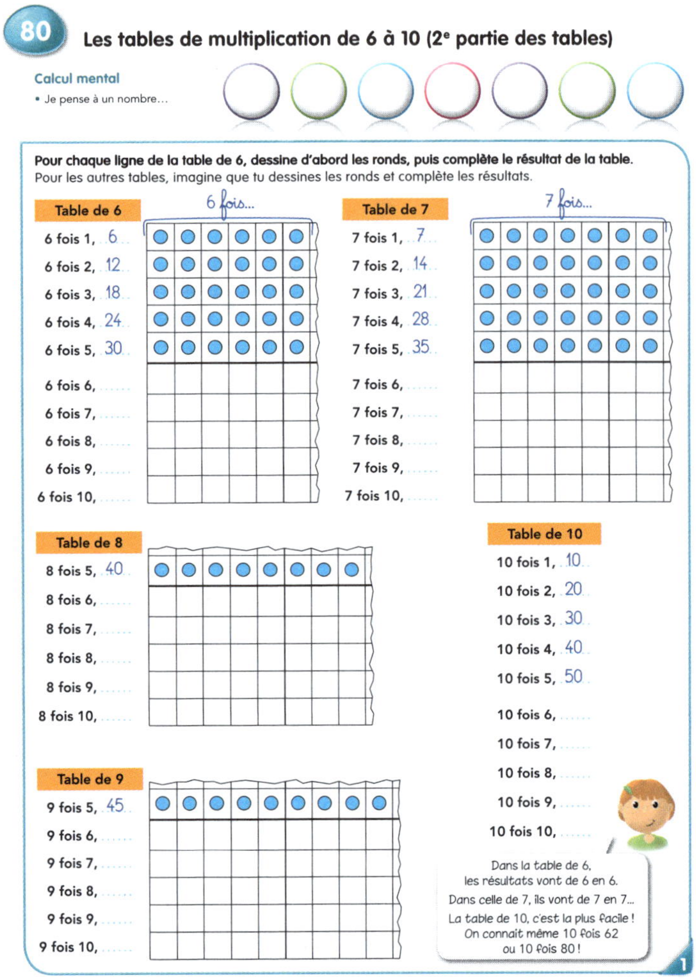

un moment pour l'utiliser dans le cadre d'un jeu du furet de la table de 6 en avançant et en reculant, alors que les enfants n'ont plus la table complète sous les yeux, mais la table incomplète. Cela permettra de fixer le but des séquences suivantes : « *Dans les prochains jours, vous allez, pour chacune des tables, apprendre à la réciter à l'endroit, à l'envers, et vous allez apprendre à retrouver un résultat de la 2e partie de la table, sans avoir besoin de la réciter depuis le début.* »

Activités Séquence 80

Je pense à un nombre…

Idem séquence 55.

1. Découverte de la seconde partie des tables de 6 à 9

L'activité commence directement sur le fichier. L'enseignant demande aux élèves de regarder la table de 6 qui est en partie complétée. Il demande combien de points sont dessinés. La réponse est 30, et ce nombre correspond également à « 6 fois 5 ». Comment voit-on qu'il s'agit de « 6 fois 5 ? ». Il y a 6 colonnes et si on dénombre les points colonne par colonne, il y en a : 5 + 5 + 5 + 5 + 5 + 5. Comment connaitre le nombre de points

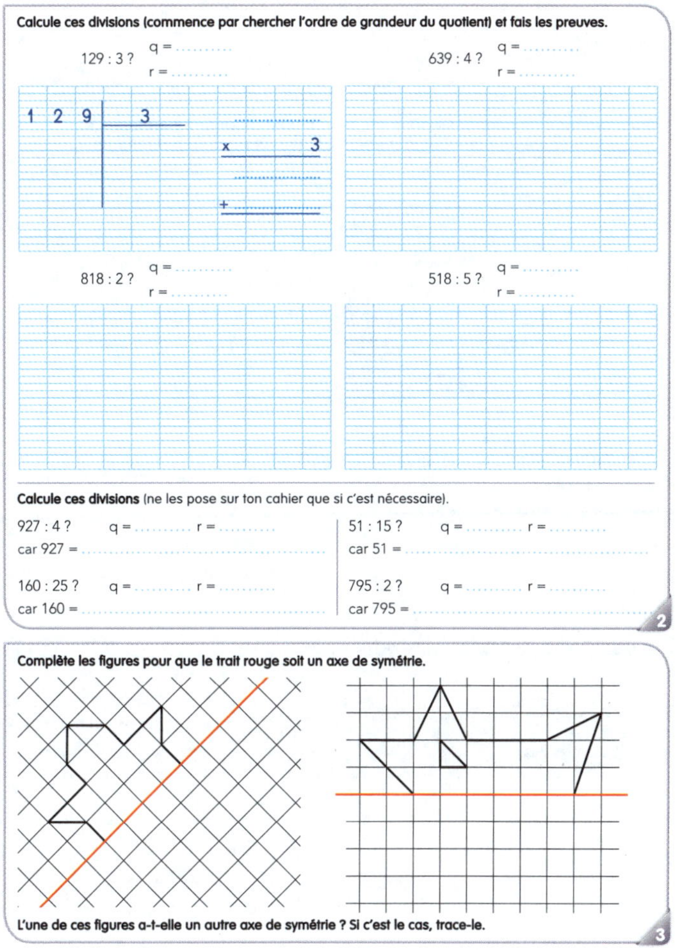
Calcule ces divisions (commence par chercher l'ordre de grandeur du quotient) et fais les preuves.

129 : 3 ? q = ... r = ...

639 : 4 ? q = ... r = ...

818 : 2 ? q = ... r = ...

518 : 5 ? q = ... r = ...

Calcule ces divisions (ne les pose sur ton cahier que si c'est nécessaire).

927 : 4 ? q = ... r = ...
car 927 = ...

51 : 15 ? q = ... r = ...
car 51 = ...

160 : 25 ? q = ... r = ...
car 160 = ...

795 : 2 ? q = ... r = ...
car 795 = ...

2

Complète les figures pour que le trait rouge soit un axe de symétrie.

L'une de ces figures a-t-elle un autre axe de symétrie ? Si c'est le cas, trace-le.

3

correspondant à 6 fois 6 ? Il faut rajouter une ligne de points, c'est-à-dire 6 points car après, en décrivant toujours l'ensemble des points colonne par colonne, il y en aura 6 + 6 + 6 + 6 + 6 + 6. Les élèves le font et complètent : « 6 fois 6, 36 ». Comment connaitre le nombre de points correspondant à 6 fois 7 ? Il faut rajouter une ligne de points, c'est-à-dire 6 points car après, en décrivant toujours l'ensemble des points colonne par colonne, il y en aura 7 + 7 + 7 + 7 + 7 + 7. L'enseignant invite les élèves à le faire et, en continuant ainsi, à compléter la table de 6.

Après que les élèves aient achevé de compléter la table de 6, un échange collectif est organisé concernant leur travail afin de s'assurer qu'il n'y a pas d'erreur. Les élèves sont invités à compléter les autres tables en imaginant qu'ils dessinent les points : si on dessine une ligne de 7 points supplémentaire dans la table de 7, il y aura en tout (description colonne par colonne) : 6 + 6 + 6 + 6 + 6 + 6 + 6, c'est-à-dire 7 fois 6 points. Les élèves qui auraient besoin de dessiner les points pour se convaincre peuvent évidemment le faire.

3. Tracé du symétrique d'une figure sur un quadrillage

La nouveauté réside dans le fait que l'axe de symétrie est soit oblique, soit horizontal. On trouve ci-dessous deux autres tracés du même type.

Activité complémentaire

Le jeu du Mémotable de 6 à 10

La règle du jeu est la même que celle du Mémotable de 3 à 5 que l'on trouve page 103 de ce *Guide pédagogique*. Le support matériel pour construire ce jeu se trouve en fin d'ouvrage.

Tracé du symétrique d'un figure sur un quadrillage

Complète cette figure pour que le trait rouge soit un axe de symétrie.

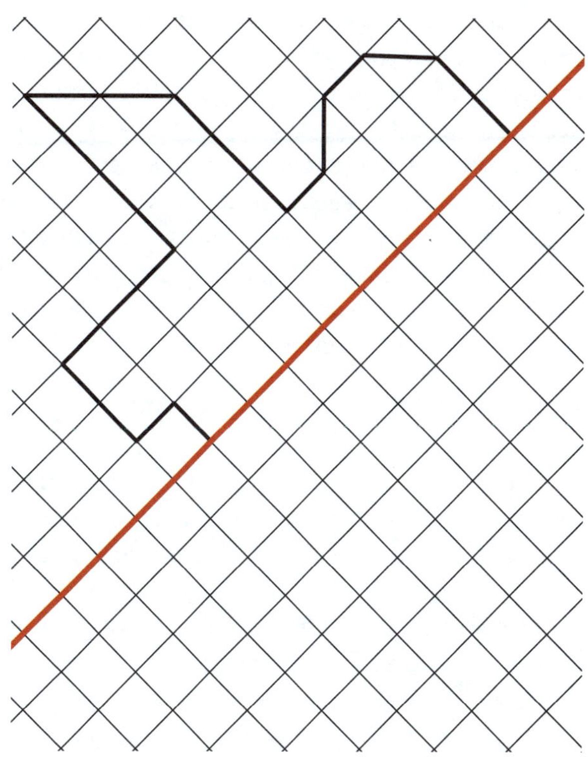

Objectifs

Dans cette sq 81, les élèves vont apprendre à construire, lire et interpréter des graphiques. Ceux-ci permettent la visualisation de séries numériques : ils en donnent une vue d'ensemble, de caractère analogique, où les phénomènes saillants apparaissent d'emblée. Au CE2, nous avons choisi de nous limiter aux histogrammes, car ces sortes de graphiques sont plus faciles à comprendre que les courbes. En effet, alors que les informations qui permettent de construire la courbe sont discontinues, on y représente le passage d'une valeur à une autre par un mouvement continu, en extrapolant les valeurs intermédiaires, que ces valeurs n'aient aucune signification (comme pour des entrées dans un cinéma) ou qu'elles représentent une évolution réellement continue (comme avec une courbe de température).

Nous proposons d'emblée aux élèves de construire et de compléter des histogrammes, car c'est le meilleur moyen de comprendre comment s'y organisent les données. Pour mettre en valeur l'intérêt de cette représentation analogique, nous les amenons aussi à interpréter divers graphiques qui représentent des phénomènes saisonniers familiers avec des phases de croissance et de décroissance ou une quantité qui reste stable dans le temps.

Activités — Séquence 81

Table de 6

Les élèves disposent de leur carton avec les tables incomplètes (tables jaunes). L'activité commence par un jeu du furet en avançant et en reculant avec l'ensemble de la table (rappelons que chaque enfant dit l'ensemble du « fait numérique » : « 6 fois 7, 42 », par exemple, et non le résultat, 42, seulement). L'activité se poursuit par une interrogation : « 36 partagé en 6 ? ; 54 partagé en 6 ? ; 24 partagé en 6 ? », et se termine par une interrogation sur la table dans le désordre en rappelant la stratégie concernant les résultats de la 2e partie de table : « 6 fois 9 est tout de suite avant 6 fois 10 : avant 60, c'est 54 (60 – 6) ».

1. Lire et compléter un histogramme

Activité préliminaire

Il s'agit de construire avec les enfants un histogramme qui représente une situation familière : le décompte quotidien de billets de tombola (ou autres objets) payés par les élèves. On utilise le procédé le plus simple à comprendre : un billet payé est représenté par un carreau de cahier. L'enseignant a par exemple noté au tableau le décompte suivant :

L	M	M	J	V	S	D	L	M	M	J	V	S	D
12	4	0	9	3	0	0	15	5	0	10	3	0	0

Il explique la situation représentée. Le décompte est analysé :

81 Construire, lire et interpréter des histogrammes (1)

Calcul mental
- Table de 6

ⓐ Un marchand de vêtements a noté ses ventes de T-shirts dans le tableau ci-dessous.
Il a commencé un graphique. **Vérifie son travail pour les mois de janvier à juin et termine-le.**

Mois	Janv.	Fév.	Mars	Avr.	Mai	Juin	Juil.	Août	Sept.	Oct.	Nov.	Déc.
T-shirts	10	20	40	55	105	145	170	195	135	60	30	45

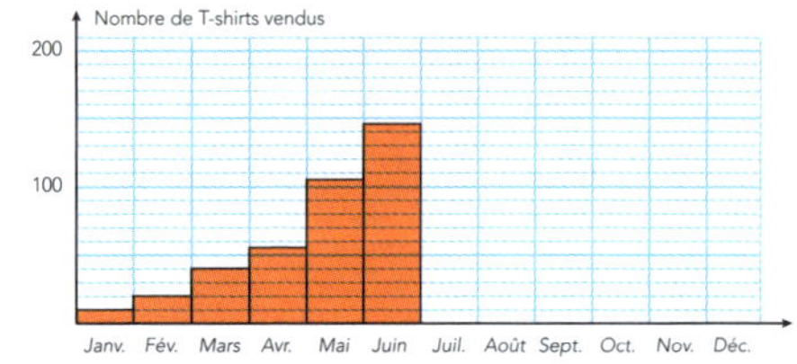

Durant quel mois a-t-il vendu le moins de T-shirts ? ....
Pourquoi a-t-il vendu très peu de T-shirts durant ce mois ? ....
Durant quel mois a-t-il vendu le plus de T-shirts ? ....
Pourquoi a-t-il vendu beaucoup de T-shirts durant ce mois ? ....

ⓑ **Que peuvent représenter ces graphiques ? Barre les solutions improbables.**

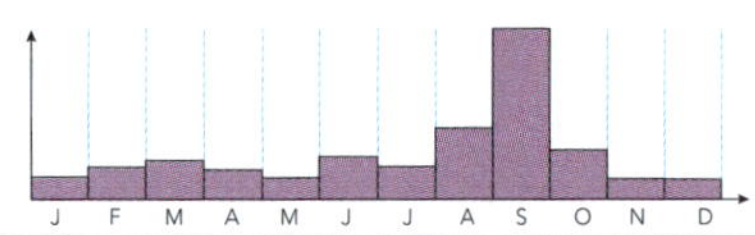

Vente de bûches de Noël.
Vente d'œufs de Pâques.
Vente de cahiers.
Vente de lessive.

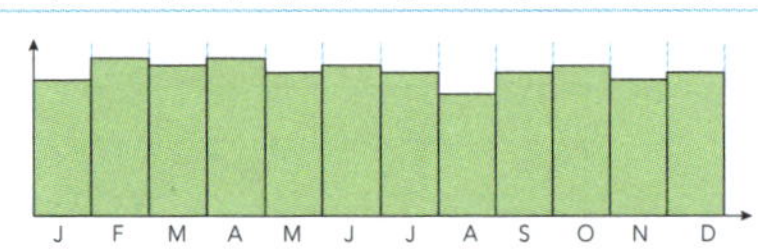

Vente de feux d'artifice.
Vente de lunettes de soleil.
Vente de tubes de dentifrice.
Vente de gants en laine.

1

Le nombre mystérieux

109 x 6 = ...
6 x 75 = ...
80 x 6 = ...
6 x 47 = ...
60 x 6 = ...
6 x 106 = ...

282 360 380 450
480 636 654

Le nombre mystérieux : ....

2

Quels sont les jours où les élèves paient le nombre de billets le plus grand ?... le plus petit ? Pourquoi ? On fait interpréter les pics des lundis et des jeudis et les zéros des mercredis et dimanches. On emploie des formules qui aideront à comprendre l'usage ultérieur de l'histogramme : les ventes « montent », « baissent », il y a des « jours creux » et des « jours de pointe », le « sommet » du 2e lundi, etc.

On prend conscience finalement que, pour dégager ces renseignements, on a dû lire les nombres les uns après les autres. N'y aurait-il pas un moyen de montrer directement comment les ventes de billets « montent et descendent » dans une semaine ? D'où ce que l'on va faire maintenant, montrer les nombres de billets comme si c'était des piles de cubes : plus le nombre est grand, plus la pile est haute, plus il est petit, plus elle est basse. En s'aidant d'une reproduction au tableau pour les trois premiers jours, chaque élève réalise un histogramme sur son cahier : pour le 1er lundi, par exemple, il entoure d'emblée une « pile » de 12 carreaux. On fait anticiper qu'il faut réserver un rectangle de 14 carreaux en longueur (pour les 14 jours) et de 15 carreaux en hauteur (cf. le 2e lundi), et on attire l'attention sur la nécessité d'écrire une légende. Finalement, les élèves obtiennent à peu près ceci :

Vente de billets de tombola pendant 2 semaines.
1 carreau = 1 billet payé à l'école

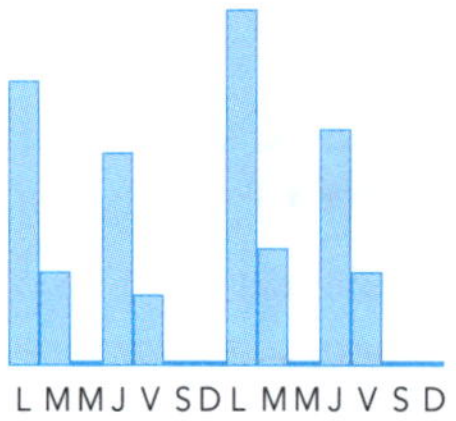

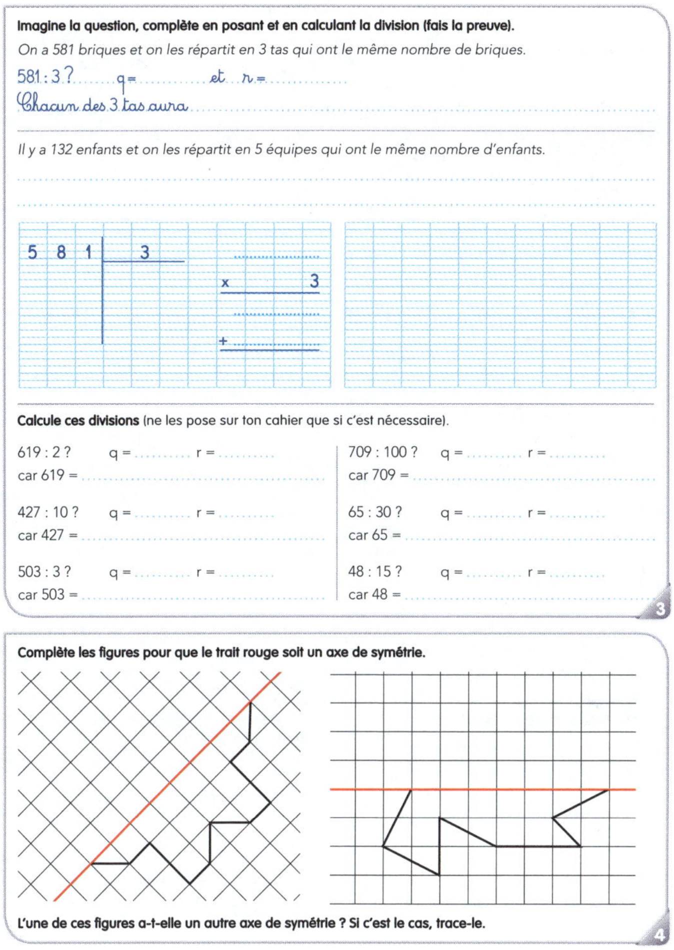
Imagine la question, complète en posant et en calculant la division (fais la preuve).

On a 581 briques et on les répartit en 3 tas qui ont le même nombre de briques.

581 : 3 ? q= .... et r= ....

Chacun des 3 tas aura ....

Il y a 132 enfants et on les répartit en 5 équipes qui ont le même nombre d'enfants.

....

5 8 1 | 3

x 3

\+

Calcule ces divisions (ne les pose sur ton cahier que si c'est nécessaire).

619 : 2 ? q = ... r = ...
car 619 = ...

709 : 100 ? q = ... r = ...
car 709 = ...

427 : 10 ? q = ... r = ...
car 427 = ...

65 : 30 ? q = ... r = ...
car 65 = ...

503 : 3 ? q = ... r = ...
car 503 = ...

48 : 15 ? q = ... r = ...
car 48 = ...

3

Complète les figures pour que le trait rouge soit un axe de symétrie.

L'une de ces figures a-t-elle un autre axe de symétrie ? Si c'est le cas, trace-le.

4

On commente ce que l'on voit : « C'est toujours le lundi et le jeudi qui sont le plus haut », etc. Puis, si l'on efface les nombres du tableau, on peut demander combien de billets sont payés la 1er semaine, la 2e, en tout. En effet, c'est un moyen de se rappeler que chaque « pile » représente un nombre.

Activités sur le fichier

La principale différence avec l'activité préliminaire est que la valeur des repères n'est plus 1, mais 10. On amènera les élèves à en prendre conscience lors de la vérification des premiers « tubes ». Le plus important au début est d'anticiper le phénomène saisonnier : *Que devrait-on voir dans la 2e partie du graphique ? À quel moment de l'année un marchand de vêtements vend-il beaucoup de T-shirts, quand en vend-il très peu ?* En **b**, les élèves sont face à 2 graphiques dont on a enlevé les nombres en ordonnée et la légende : il faut chercher parmi quatre légendes possibles celle qui est compatible avec le phénomène représenté. Le 1er graphique peut être traité collectivement. On raisonne par élimination. Est-ce en septembre que l'on achète le plus de buches de Noël ? et des œufs de Pâques ? Y a-t-il un mois dans l'année où l'on achète beaucoup de cahiers ? et de la lessive ? Après un travail individuel sur le 2e graphique, qui représente un phénomène non saisonnier, on commentera d'emblée l'allure du graphique : *Tous les mois, les ventes de cet article sont presque égales ; quel peut être cet article ?*

Activité complémentaire

Complète les figures pour que le trait rouge soit un axe de symétrie.

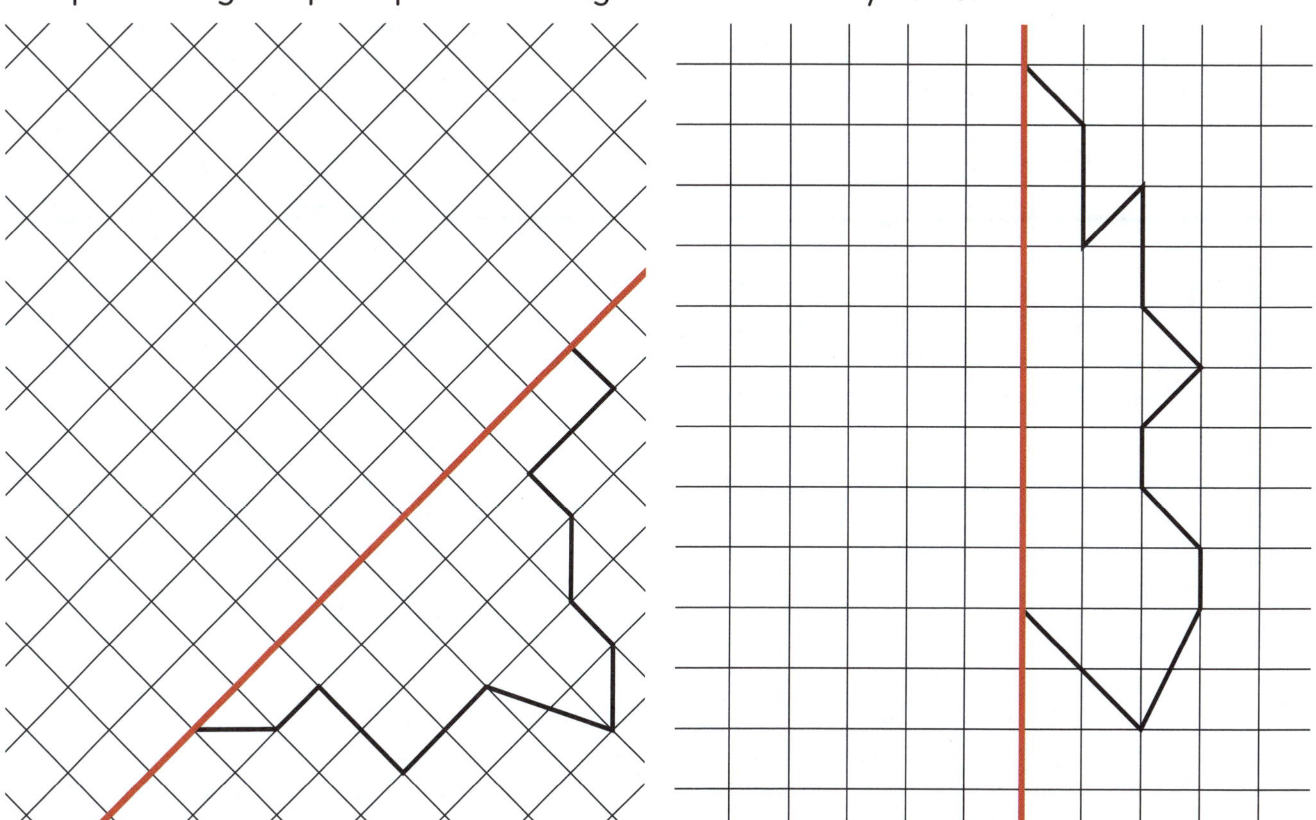

L'enseignant trouvera au début du Guide pédagogique des indications générales sur l'animation des PAC.

Activités Séquence 82

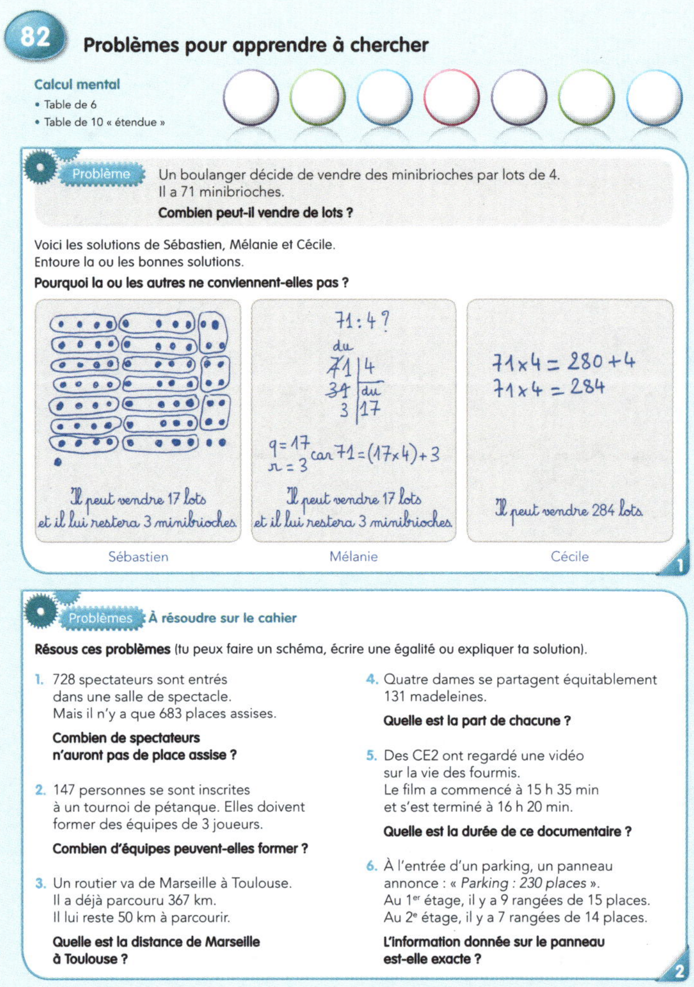

82 Problèmes pour apprendre à chercher

Calcul mental
- Table de 6
- Table de 10 « étendue »

Problème Un boulanger décide de vendre des minibrioches par lots de 4.
Il a 71 minibrioches.
Combien peut-il vendre de lots ?

Voici les solutions de Sébastien, Mélanie et Cécile.
Entoure la ou les bonnes solutions.
Pourquoi la ou les autres ne conviennent-elles pas ?

Problèmes À résoudre sur le cahier

Résous ces problèmes (tu peux faire un schéma, écrire une égalité ou expliquer ta solution).

1. 728 spectateurs sont entrés dans une salle de spectacle. Mais il n'y a que 683 places assises.
Combien de spectateurs n'auront pas de place assise ?

2. 147 personnes se sont inscrites à un tournoi de pétanque. Elles doivent former des équipes de 3 joueurs.
Combien d'équipes peuvent-elles former ?

3. Un routier va de Marseille à Toulouse. Il a déjà parcouru 367 km. Il lui reste 50 km à parcourir.
Quelle est la distance de Marseille à Toulouse ?

4. Quatre dames se partagent équitablement 131 madeleines.
Quelle est la part de chacune ?

5. Des CE2 ont regardé une vidéo sur la vie des fourmis. Le film a commencé à 15 h 35 min et s'est terminé à 16 h 20 min.
Quelle est la durée de ce documentaire ?

6. À l'entrée d'un parking, un panneau annonce : « *Parking : 230 places* ». Au 1er étage, il y a 9 rangées de 15 places. Au 2e étage, il y a 7 rangées de 14 places.
L'information donnée sur le panneau est-elle exacte ?

2

Table de 6

Idem séquence 81.

Table de 10 « étendue »

Quelques cas comme « 10 fois 7 », mais aussi « 10 fois 62 » ou encore « 10 fois 80 ».

1. Apprendre à se représenter une situation et à la schématiser pour résoudre un problème

Ce problème renvoie à une situation de quotition (en *a* combien de fois *b* ?), mais les valeurs numériques, 71 et 4, favorisent un calcul par partages successifs des dizaines et des unités.

Activité collective préliminaire : déterminer la question d'un énoncé

Alors que le fichier est fermé, l'enseignant écrit au tableau le début de l'énoncé du cadre 1 : « Un boulanger décide de vendre des minibrioches par lots de 4. Il a 71 minibrioches.» Il invite les enfants à déterminer individuellement ce qu'on peut chercher. Après échange, la question portant sur le nombre de lots que le boulanger peut former pour les vendre est écrite (parler du reste serait prématuré), et l'enseignant laisse un temps de recherche individuelle avant d'échanger à nouveau sur les différentes valeurs numériques trouvées et les différentes procédures utilisées.

Remarque

Il sera peut-être nécessaire de faire expliciter le sens du mot « lot » utilisé dans ce problème, car de nombreux élèves pensent seulement au sens qui est mobilisé dans le contexte des jeux (les lots d'une tombola ou d'un loto, par exemple). On fera référence à des objets qui sont vendus par lots de *n* : lot de 12 yaourts, lot de 6 bouteilles de lait, etc., où ce mot est synonyme de « paquet », « groupe », etc.

Si les stratégies utilisées par les élèves de la classe sont celles utilisées par les élèves fictifs du fichier (Cécile, Mélanie et Sébastien), la discussion sera d'emblée très proche de celle décrite ci-dessous à partir des productions des élèves fictifs.

Activité sur le fichier

- Le schéma de Sébastien est reconstitué dans sa dynamique au tableau : il commence par représenter les 71 minibrioches en dessinant 7 lignes de 10 points (eux-mêmes organisés en deux groupes de 5) et 1 point isolé. Sur la première ligne, il entoure les 4 premiers points, puis les 4 suivants et recommence ainsi sur la 2e ligne, la 3e, etc. jusqu'à la 7e ligne. Il revient en haut du schéma pour terminer le groupement des points par 4. Il lui suffit alors de compter chaque groupe de 4 points qui représente un lot de 4 minibrioches : il y a 17 lots et il reste 3 minibrioches.

- Mélanie reconnait d'emblée que ce problème peut être résolu en calculant la division 71 : 4 ?. On n'est pas surpris, car on sait que cette écriture peut représenter un problème où on cherche combien de groupes de 4 objets on peut former avec 71 objets. Mélanie calcule cette division en la « posant en potence ». On reconstitue son raisonnement : face à l'écriture 71 : 4 ?, Mélanie sait qu'elle dispose de deux méthodes pour trouver le quotient et le reste, chercher « en 71 combien de fois 4 ? » ou partager 71 en 4 parts égales. Elle se demande alors quel est le calcul le plus facile pour cette division et opte pour le partage des dizaines et des unités.

- Une façon de traiter l'erreur de Cécile consiste à s'interroger sur ce que serait l'énoncé d'un problème qu'on pourrait résoudre à l'aide de la multiplication 71 x 4. En gardant le même contexte, ce pourrait être : « Un boulanger vend 71 lots de 4 brioches ; combien a-t-il de brioches en tout ? ». Cécile a résolu un autre problème que celui qui est posé.

2. Problèmes divers

1. Recherche d'une différence (on cherche plutôt ce qu'il y a « en trop » dans le grand nombre).
2. Problème de quotition dont les valeurs numériques favorisent une procédure de partage successif des dizaines et des unités.
3. Problème d'addition dont l'énoncé comporte le mot « reste ».

83 Problèmes pour apprendre à chercher

Calcul mental
• Table de 7

Écris une ou plusieurs questions pour ce problème.
Réponds à ces questions (si tu as besoin, tu peux calculer ou faire des schémas sur ton cahier).

Lucas, Inès et Mattéo mettent leur argent ensemble pour acheter 2 paquets de gâteaux. Chaque paquet coute 1,50 €. Dans chaque paquet, il y a 10 gâteaux.

Question(s) : ....

Réponse(s) : ....

1

Les enfants d'une école vendent des billets de tombola. Ces billets sont agrafés par carnet de 12. Pour savoir facilement combien de billets sont vendus quand les élèves lui rapportent des carnets vides, la directrice a commencé un tableau. Termine son travail et réponds.

Carnets	Billets
1	12
2	24
3	36
4	48
5	60
6	....
7	....
8	....
9	....
10	....

a Combien de billets chacun de ces enfants a-t-il vendus ?

Hugo a vendu 10 carnets. *Hugo :* ....
Lisa a vendu 4 carnets. *Lisa :* ....
Julie a vendu 14 carnets. *Julie :* ....
Romane a vendu 20 carnets. *Romane :* ....
Samuel a vendu 7 carnets. *Samuel :* ....
Kevin a vendu 27 carnets. *Kevin :* ....

b Combien de billets chacune de ces classes a-t-elle vendus ?

Les élèves de CE1 ont vendu 16 carnets : ....
Les élèves de CE2 ont vendu 24 carnets : ....
Les élèves de CM1 ont vendu 30 carnets : ....
Les élèves de CM2 ont vendu 29 carnets : ....

2

4. Partage équitable de 131 objets en 4 parts. Un reste est à expliciter. Remarquons cependant que la nature des objets peut conduire à partager chacune des 3 madeleines restantes en 4 (d'où la solution « 12 madeleines et 3 quarts de madeleine »).
5. Calcul d'une durée.
6. Problème « à étapes » : somme de deux produits et comparaison de cette somme avec un autre nombre.

Activités Séquence 83

Table de 7

Les élèves disposent de leur carton avec les tables incomplètes (tables jaunes). L'activité commence par un jeu du furet en avançant et en reculant avec l'ensemble de la table (rappelons que chaque enfant dit l'ensemble du « fait numérique » : « 7 fois 8, 56 », par exemple, et non le résultat, 56, seulement). L'activité se poursuit par une interrogation : « 42 partagé en 7 ? ; 63 partagé en 7 ? ; 21 partagé en 7 ? », et se termine par une interrogation sur la table dans le désordre en rappelant la stratégie concernant les résultats de la 2e partie de table : « 7 fois 6 est tout de suite après 7 fois 5 ; après 35, c'est 42 (35 + 7) » ou encore : « 7 fois 9 est tout de suite avant 7 fois 10 ; avant 70, c'est 63 (70 – 7) ».

1. Rédiger plusieurs questions

La situation conduit à plusieurs questions : *Combien dépensent-ils en tout ? Combien auront-ils de gâteaux en tout ? S'ils se partagent équitablement les gâteaux, combien chacun en aura-t-il ? S'ils partagent équitablement la dépense, combien chacun devra-t-il payer ?* Le partage équitable des gâteaux conduit à gérer un reste alors que celui de la dépense conduit d'emblée à une contribution identique de la part de chaque enfant.

On remarquera que le partage de la dépense peut conduire à comparer deux stratégies :
– Le prix de chaque paquet de gâteaux peut être partagé en 3 : chaque enfant devra payer 0,50 € pour contribuer à l'achat d'un paquet de gâteaux. Comme ils achètent 2 paquets de gâteaux, la contribution de chaque enfant sera de 1 €.
– Comme on a déjà calculé la dépense totale (3 €), on peut évidemment partager cette dépense totale en 3, ce qui conduit également à une contribution de 1 € pour chaque enfant .

2. Utiliser un tableau de nombres dans une situation de proportionnalité

On retrouve ici une situation comparable à celle de la sq 54. Un carnet comporte 12 billets, et on veut savoir combien de billets il y a dans 14 carnets, 27 carnets, etc. Les élèves sont amenés à calculer en s'appuyant sur des calculs intermédiaires figurant dans le tableau de nombres. Par exemple, pour 14 carnets de 12, c'est 10 carnets de 12 et encore 4 carnets de 12. On aide à ce raisonnement en demandant d'abord le nombre de billets dans 10 carnets, puis dans 4 carnets.

Quand les enfants ont complété le tableau de nombres, il est nécessaire de vérifier collectivement leurs calculs avant qu'ils ne répondent aux questions.
Au moment de répondre, ils peuvent rencontrer les mêmes difficultés que dans la sq 56 :
– certains peuvent rester bloqués dès la première question ; on peut les aider en leur demandant combien Mourad et Frédérique ont vendu de billets en tout ;
– certains peuvent être bloqués à partir de la deuxième question ; on les incitera à chercher le moyen de répondre sans continuer le tableau au-delà de 10 carnets. On peut les mettre sur la voie, s'ils ne débouchent pas, en leur demandant combien de carnets ont été vendus par Mourad.

Remarquons en outre que, pour la vente de Jeanne (20 carnets), des élèves peuvent aussi calculer directement 20 x 12 (stratégie enseignée dans la sq 56).

Lors de la mise en commun, on s'attachera surtout à décrire les calculs en mettant en évidence la décomposition utilisée : « *14 fois 12, c'est 10 fois 12 et encore 4 fois 12* » ; « *20 fois 12, c'est 10 fois 12 et encore 10 fois 12* » ; « *27 fois 12, c'est 20 fois 12 et encore 7 fois 12* » ; etc. On fera aussi remarquer que le calcul pour 29 carnets est facile quand on connait le nombre de billets dans 30 carnets : 30 carnets, c'est 360 billets, 29 carnets, c'est 360 billets moins les 12 billets d'un carnet, soit 360 – 12 qu'on peut calculer mentalement.

Objectifs

On étend ici le champ d'étude de la numération décimale aux premiers nombres au-delà de 1 000. Ce groupement joue un rôle de pivot dans la numération orale, car il va être explicitement traité comme une nouvelle grande unité qu'on comptera comme on comptait jusque-là les unités simples (un mille, deux mille, trois mille...). C'est ainsi que l'algorithme verbal utilisé jusqu'à « neuf cent quatre-vingt-dix-neuf » pour dénombrer des « uns » va maintenant s'appliquer à des « mille ». De ce fait, au CM, il sera facile de comprendre que, dans 634 285 par exemple, il y a « 634 mille » ou « 634 milliers ».

Mais, de la même façon que l'oralisation de 130 ne dit pas que c'est 13 groupes de 10, l'oralisation de 1 350, par exemple, ne précise pas que c'est 13 groupes de 100 (sauf à dire « treize cent cinquante »). Or, sans cela, il n'y a pas de bonne compréhension des nombres à quatre chiffres. C'est pourquoi, dès la découverte des nombres au-delà de 999, qui fait évènement pour les élèves, nous en faisons l'objectif principal de l'étude de ces nombres.

Pour cela, nous introduisons le nouveau groupement de 1 000 à l'aide du matériel utilisé jusqu'ici, sous la forme d'une caisse dans laquelle Picbille range ses jetons dès qu'il en a 1 000. On amène les élèves à concevoir que ce groupe de 1 000 contient 10 groupes de 100 représentés par 10 valises de 100 jetons. Les élèves disposent de grands autocollants qui permettent de symboliser le dernier de ces « emboitements » successifs (les « uns » dans les « dix », les « dix » dans les « cents » et les « cents » dans les « mille ») : quand le couvercle de la caisse est fermé, on ne voit plus les valises de 100 billes, mais le souvenir de l'action qui a conduit à les masquer permet de continuer à les concevoir à l'intérieur de la caisse. L'écriture chiffrée aide à concilier ces différents points de vue : sans négliger que le « 1 » de « 1 285 » indique 1 groupement de 1 000, les chiffres « 12 » aident à concevoir le nombre de groupes de 100.

Comme lors de la découverte du groupement de 100, l'engendrement des écritures chiffrées unité après unité est éclairé par la formation des groupements successifs : après « 1 009 », on peut former un nouveau groupe de 10, mais non un nouveau groupe de 100 ou de 1 000, d'où l'écriture « 1 010 » (et non « 1 100 » ou « 2 000 ») ; après « 1 099 », par exemple, on peut former un nouveau groupe de 10, mais ici, cela conduit à former un nouveau groupe de 100, d'où l'écriture « 1 100 », qui peut se lire aussi « onze cents » (les « dix cents » de mille et encore le nouveau cent formé). On continue ainsi en coordonnant les deux points de vue : celui des unités simples et celui des cents.

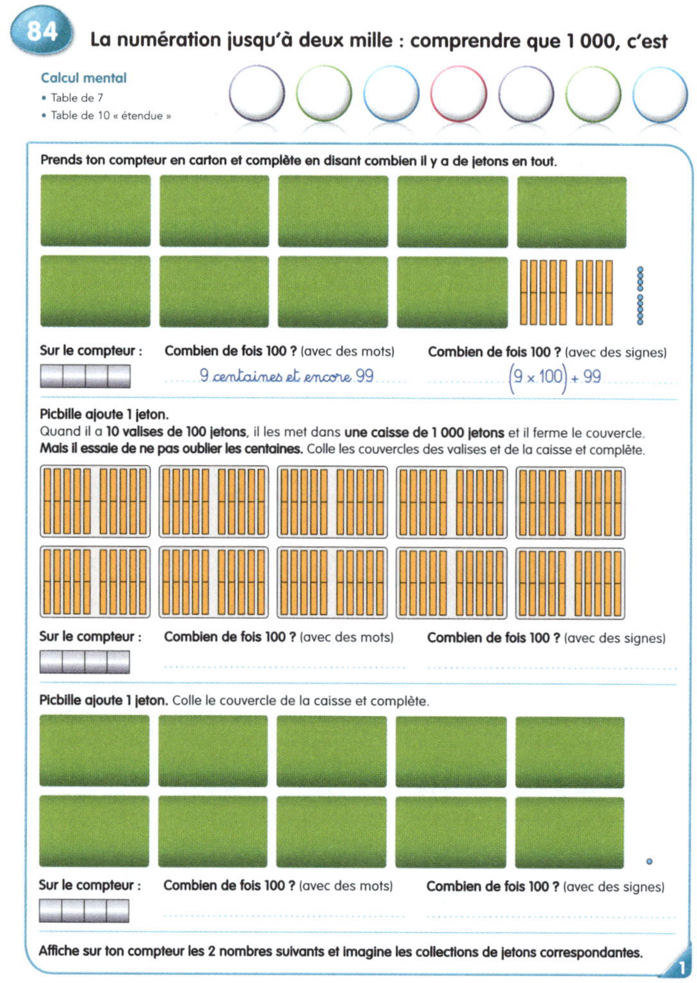
84 La numération jusqu'à deux mille : comprendre que 1 000, c'est

Calcul mental
• Table de 7
• Table de 10 « étendue »

Prends ton compteur en carton et complète en disant combien il y a de jetons en tout.

Sur le compteur : | Combien de fois 100 ? (avec des mots) 9 centaines et encore 99 | Combien de fois 100 ? (avec des signes) (9 × 100) + 99

Picbille ajoute 1 jeton.
Quand il a 10 valises de 100 jetons, il les met dans une caisse de 1 000 jetons et il ferme le couvercle.
Mais il essaie de ne pas oublier les centaines. Colle les couvercles des valises et de la caisse et complète.

Sur le compteur : | Combien de fois 100 ? (avec des mots) | Combien de fois 100 ? (avec des signes)

Picbille ajoute 1 jeton. Colle le couvercle de la caisse et complète.

Sur le compteur : | Combien de fois 100 ? (avec des mots) | Combien de fois 100 ? (avec des signes)

Affiche sur ton compteur les 2 nombres suivants et imagine les collections de jetons correspondantes.

Activités Séquence 84

Table de 7

Idem sq 83.

Table de 10 « étendue »

Quelques cas comme « 10 fois 6 », mais aussi « 10 fois 62 » ou encore « 10 fois 80 ».

1 et 2. « 1 000, c'est 10 groupes de 100 »

Matériel

Les élèves sont munis de leur compteur. L'enseignant dispose lui aussi d'un compteur (l'idéal est qu'il ait construit un compteur collectif de plus grande taille que celui des élèves). Il a également préparé, pour chaque élève, les 10 petits couvercles de valises autocollants nécessaires ainsi que les 3 grands autocollants qui représentent les caisses de 1 000.

Activité préliminaire

Il est bon de réamorcer en deçà de 1 000, à partir de « 0 9 7 5 » par exemple, l'étude comparative des écritures chiffrées et des groupements correspondants. Lorsqu'on atteindra 998, on enchainera avec l'activité 1 du fichier. On reprend donc un jeu du furet de 1 en 1 avec le compteur : on s'interroge sur l'écriture du nombre lorsqu'on ajoute 1 de plus. Pour le passage de « 0 9 7 9 » à « 0 9 8 0 », en vue de valider le changement de notation, l'enseignant schématise la collection organisée

10 fois 100, que 1 100 c'est 11 fois 100 (ou onze cents)…

Imagine : Picbille a maintenant 1 004 jetons et il ajoute d'autres jetons un à un…
Écris la suite de nombres sur le compteur et décris les collections de jetons comme tu viens de le faire.

1 0 0 4

Picbille ajoute 1 jeton… Colle le couvercle de la caisse et complète.

2

Imagine que Picbille a déjà 1 097 jetons… et qu'il ajoute des jetons un à un.
Pour chaque nombre, écris-le sur le compteur et décris la collection en disant combien il y a de centaines.

1 0 9 7

Fais de même en imaginant que Picbille a déjà 1 196 jetons…

1 1 9 6

Fais de même en imaginant que Picbille a déjà 1 998 jetons…

1 9 9 8

J'ai appris

9 x 100 ou	**9 centaines**, c'est	**900**
10 x 100 ou	**10 centaines**, c'est	**1 000**
11 x 100 ou	**11 centaines**, c'est	**1 100**
12 x 100 ou	**12 centaines**, c'est	**1 200**…
20 x 100 ou	**20 centaines**, c'est	**2 000**

Quand Picbille a 1 285 jetons,
il ne voit plus les **12 centaines.**
Avec les chiffres, on les voit encore : **1 2** 8 5
centaines

3

Dictée de nombres sur ardoise : **« Treize centaines et encore huit. Écrivez. Comment dit-on ce nombre ? »…**

4

correspondant à 979 jetons, soit 9 valises, 7 boites et 9 jetons, qu'il dispose comme sur le fichier (les 5 premières valises forment une rangée, les 4 autres sont alignées en dessous). Il fait formuler qu'en ajoutant une unité, on forme un nouveau groupe de 10 et effectue cette transformation (les 9 jetons sont effacés et une nouvelle boite est dessinée). On poursuit ainsi jusqu'à 998 en faisant correspondre à chaque incrémentation du compteur l'ajout d'un nouveau jeton. Arrivé à « 0 9 9 8 », on anticipe qu'on approche du moment où l'on formera un nouveau groupe de 10 et qu'on aura aussi un nouveau groupe de 100, ce qui fera 10 groupes de 100 ! Comment écrira-t-on ce nombre ?…

Activité 1 sur le fichier

On fait observer et décrire la collection : il y a 9 groupes de 100, 9 groupes de 10 et 9 unités isolées. Ce nombre est affiché sur les compteurs individuels et le compteur collectif. On nous dit que c'est 9 groupes de 100 (on les voit tous) et encore 99 et, sur le fichier, ce nombre est écrit de deux façons différentes en explicitant le fait qu'il contient 9 groupes de 100 : une première fois en utilisant le mot « fois » et une seconde fois en utilisant le signe x et des parenthèses.

L'enseignant fait lire le commentaire qui précède l'illustration suivante : « Quand il a 10 valises de 100 jetons… ». Il écrit 1 000 (et « mille ») au tableau. Il fait interpréter la situation : pour une fois, les valises ne sont pas encore fermées et on voit tous les groupes de 10. Combien en voit-on ? Avant d'enfermer les valises dans la caisse, il faut d'abord fermer les valises en collant leur couvercle. Il distribue les couvercles des valises, puis, quand ceux-ci sont collés, ceux des caisses (les élèves collent l'un de ces derniers). Le résultat obtenu finalement et les étapes pour y parvenir sont formulés : on voyait tous les groupes de 10, il y en avait 10 fois 10, 100 ; on les a groupés dans des valises de 100, il y en avait 10 ; on a groupé ces 10 groupes de 100 dans une caisse de 1 000. On revient aux compteurs en interprétant les transformations successives qu'implique le passage de « 0 9 9 9 » à « 1 0 0 0 » à l'aide du schéma au tableau : une unité de plus amène à tourner la roue correspondante et à faire apparaitre un zéro, mais on a formé ainsi un groupe de 10 de plus (on dessine une boite à la place des 9 jetons), etc. Au tableau, on dessine un grand rectangle autour des 10 valises, et on efface celles-ci. On résume finalement : 1 000, c'est 1 groupe de 1 000 unités, mais c'est aussi… Sur l'écriture chiffrée, on voit les 10 groupes de 100.

Pour le passage de « 1 0 0 0 » à « 1 0 0 1 » (les élèves collent un nouveau couvercle de caisse), on remarque que l'on recommence à compter des « uns » à côté du groupe de 1 000. On poursuit l'incrémentation sur les compteurs et sur la collection dessinée au tableau jusqu'à 1 004, moment où l'activité reprend sur le fichier.

Activité 2

Nous avons repris la situation de masquage sur le fichier pour le passage de 1 009 à 1 010, car il arrive que des élèves soient tentés d'afficher 1 100, voire 2 000.

L'enseignant demande d'afficher le nombre après 1 009. Pour valider l'écriture 1 010, on se ramène d'abord à la collection représentée au tableau : on forme un nouveau groupe de 10 (mais pas de nouveau groupe de 100, ni de nouveau groupe de 1 000). Cette transformation est déjà réalisée sur le fichier ; on colle le couvercle de la caisse, on voit bien 1 groupe de 1 000 et 1 groupe de 10, mais on sait qu'il y a aussi 10 groupes de 100 (on vient de les cacher). On franchit ainsi 1 011 et il est bon de poursuivre jusqu'à 1 021 pour récupérer un algorithme connu. L'ajout de 1 en 1 se fait d'abord sur l'écriture chiffrée, sur la collection dessinée au tableau ensuite.

3. « 1 100, c'est 11 groupes de 100,… »

On traite les cas où il y a plus de 10 groupes de 100. Plutôt que de le faire en continu, sur le fichier, on se contente de parcourir les segments 1 097-1 103 et 1 196-1 202 qui contiennent l'apparition d'une nouvelle centaine, puis 1 998-2 003 qui contient l'apparition d'un nouveau millier. Mais il est bon de commencer un peu avant et de terminer un peu après. On met toujours en parallèle l'engendrement des écritures chiffrées et les transformations des quantités représentées au tableau, et on interroge à chaque fois sur le nombre de groupes de 100. Là encore, l'enseignant feint l'ignorance. Pour 1 200 par exemple : « *Vous dites qu'il y a 12 groupes de 100, mais je n'en vois que 2 !* ». L'apparition d'un nouveau millier à 2 000 est anticipée dès le premier nombre affiché sur le fichier (1 998). On suscite les mêmes formulations que lors de la formation du premier millier. Là encore, on interroge sur le nombre de centaines et de dizaines.

La lecture du *J'ai appris* pourra servir de conclusion et l'on pourra également procéder à une première dictée de nombres à trois chiffres ($n \leq 2000$) sous la forme : « *10 centaines et encore 23* » (*cf.* sq 85).

Objectifs

La séquence 85 a deux objectifs :
1°) On approfondit la connaissance du mètre, unité de mesure des longueurs que les élèves ont déjà rencontrée au CE1. Ici encore, on cherche à ce que les élèves développent une bonne intuition du mètre en sachant montrer approximativement une telle longueur entre leurs deux mains et en sachant qu'un mètre c'est la longueur de la règle du tableau, c'est environ la moitié de la longueur d'un lit d'adulte, etc.
2°) On prépare la sq 93 dans laquelle les élèves utiliseront le fait qu'un mètre, c'est 10 dm, 100 cm ou encore 1 000 mm, pour comparer des longueurs exprimées avec des unités différentes. Ces relations sont utilisées dès cette première séquence, mais on ne procède à aucune systématisation : en fait, il s'agit principalement de revoir les relations entre le millier et les centaines, dizaines et unités dans le contexte de la mesure de longueurs.
La séquence 86 permet d'aborder le calcul des compléments à 1 000. Dans le cas de 380, par exemple, le calcul est proposé sous la forme d'une addition à trou : 380 + ... = 1 000. Deux stratégies sont envisagées :
– La première consiste à compléter 380 d'abord à la centaine supérieure (380 + 20 = 400) puis à 1000 (400 + 600 = 1000) avant d'ajouter ces compléments partiels pour obtenir le résultat : 620.
– Dans la seconde, pour 380 + ... = 1 000, on amène les élèves à anticiper que la somme 380 + 700 dépasserait 1 000 : c'est donc moins de 700, c'est 600 et... 20, soit 620.
De nombreux adultes utilisent la seconde stratégie du fait que, quand le calcul est proposé oralement, elle a un cout moindre en mémoire. En effet, dans ce cas, on est conduit à traiter l'information contenue dans « trois-cent-quatre-vingt » au fur et à mesure qu'on l'entend et, avec cette stratégie, le complément est lui aussi formé dans l'ordre où il s'entend : « trois-cent... » conduit à « six-cent... » et « ...quatre-vingts » conduit à « six-cent-vingt ». En revanche, lorsqu'on adopte la première stratégie, on obtient les dizaines du résultat avant d'en connaitre les centaines, c'est l'ordre inverse de celui de son énonciation et la mémorisation du résultat partiel est, dans ce cas, beaucoup plus difficile.
On remarquera cependant que la seconde stratégie est plus difficile à comprendre parce qu'elle impose un détour : alors qu'on calcule le complément de 380 à 1000, on envisage le cas où l'on ajoute 700, c'est-à-dire où l'on dépasse 1 000 ! Selon le niveau des élèves, on pourra se contenter d'enseigner la première stratégie, plus intuitive.

85 **Le mètre : favoriser l'intuition de longueurs de 1 m, 2 m, 3 m...**

Calcul mental
- Dictées ($n \leq 2\,000$)
- Table de 8

a Qui est le plus grand : la ligne brisée ou Léo ?
Pour répondre, repasse en couleur une longueur de 1 m sur la ligne brisée.

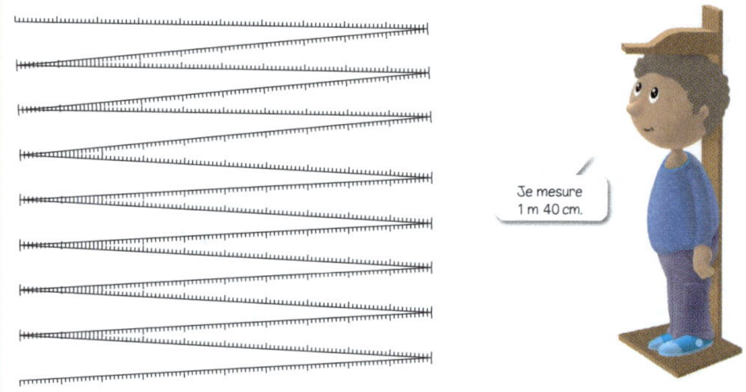

La ligne brisée mesure .... mm. *Léo mesure .... mm.*

b L'enfant le plus grand de ta classe est-il plus grand ou plus petit que cette ligne brisée ?

....

c Barre les longueurs impossibles.

La hauteur d'une poignée de porte	La largeur d'un couloir d'école	La longueur de ton lit	La longueur d'une salle de classe	La longueur d'un autocar
1 m	1 m	1 m	2 m	12 m
2 m	2 m	2 m	5 m	50 m
3 m	5 m	5 m	9 m	100 m

1

Le nOmbre mystérieux

11 x 100 = ...	180 x 5 = ...
10 x 92 = ...	100 x 10 = ...
182 + 238 = ...	70 x 10 = ...
5 x 120 = ...	100 x 12 = ...

420 500 600 700 900
920 1 000 1 100 1 200

Le nombre mystérieux : ....

2

Activités Séquence 85

Dictées de nombres ($n \leq 2\,000$)

1re dictée : l'enseignant dit « *12 groupes de cent (ou centaines) et 49 unités* », par exemple. Puis, quand les élèves ont écrit le nombre correspondant (1 249), il interroge sur la façon dont on dit habituellement ce nombre. Des interrogations telles que « *12 groupes de cent (ou centaines) et 9 unités* », ou encore « *10 groupes de cent (ou centaines) et 49 unités* » sont plus difficiles que la première (présence de 0 dans l'écriture du nombre), mais on raisonne exactement de la même manière : 12 groupes de cent, c'est 1 200 ; 1 200 et encore 9, c'est 1 209.
2e dictée : Les nombres sont dits de manière habituelle ; puis : « *Combien de centaines en tout , celles qu'on voit et celles qu'on ne voit pas ?* »

Table de 8

Les élèves disposent de leur carton avec les tables incomplètes (tables jaunes). L'activité commence par un jeu du furet en avançant et en reculant avec l'ensemble de la table (rappelons que chaque enfant dit l'ensemble du « fait numérique » : « 8 fois 4, 32 », par exemple, et non le résultat, 32, seulement). L'activité se poursuit par une interrogation : « *48 partagé en 8 ? ; 24 partagé en 8 ? ; 72 partagé en 8 ?* », et se termine par une interrogation sur la table dans le désordre en rappelant la stratégie concernant les résultats de la deuxième partie de table : « *8 fois 6 est tout de suite après 8 fois 5 ; après 40, c'est 48 (40 + 8)* » ou encore :

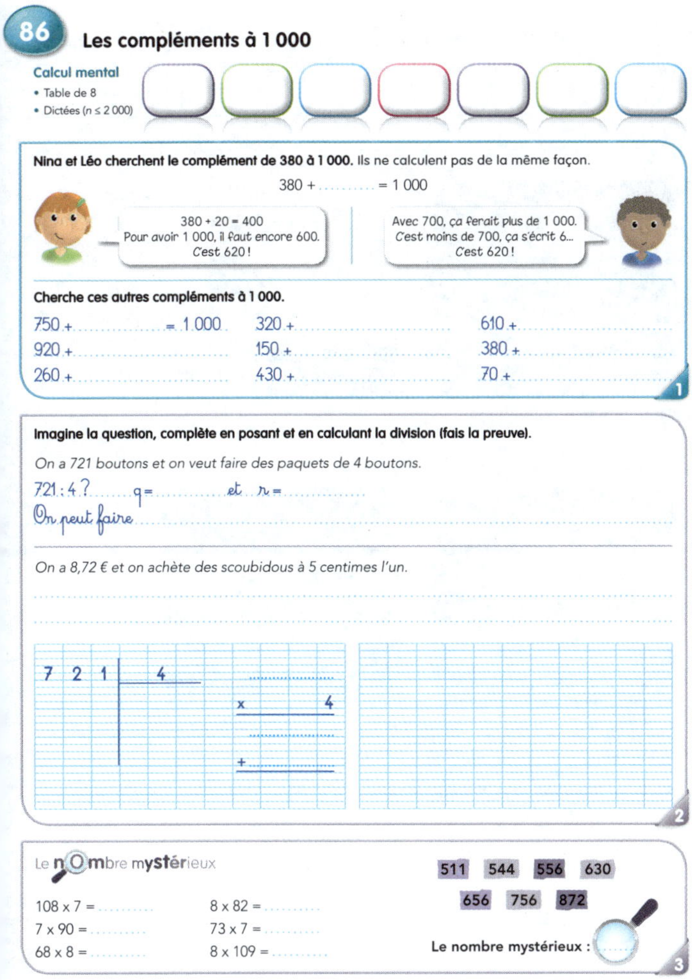

86 Les compléments à 1 000

Calcul mental
- Table de 8
- Dictées ($n \leq 2\,000$)

Nina et Léo cherchent le complément de 380 à 1 000. Ils ne calculent pas de la même façon.

380 + ... = 1 000

Cherche ces autres compléments à 1 000.

750 + ... = 1 000	320 + ...	610 + ...
920 + ...	150 + ...	380 + ...
260 + ...	430 + ...	70 + ...

1

Imagine la question, complète en posant et en calculant la division (fais la preuve).

On a 721 boutons et on veut faire des paquets de 4 boutons.

721 : 4 ? ...... q = ... et r = ...

On peut faire ....

On a 8,72 € et on achète des scoubidous à 5 centimes l'un.

7 2 1 | 4

x 4

\+

2

Le nOmbre mystérieux

108 x 7 = ...	8 x 82 = ...
7 x 90 = ...	73 x 7 = ...
68 x 8 = ...	8 x 109 = ...

511 544 556 630
656 756 872

Le nombre mystérieux : ....

3

« 8 fois 9 est tout de suite avant 8 fois 10 ; avant 80, c'est 72 (80 – 8) ».

1. Développer l'intuition de longueurs de 1 m, 2 m, 3 m, etc.

Remarque préalable

Dans cette activité, on sera conduit à comparer la taille de l'élève le plus grand de la classe à la longueur de la ligne brisée représentée sur le fichier. Comme il est peu probable que l'on dispose d'une véritable toise, on utilisera un procédé de fortune, par exemple : une bande de papier graduée en cm au-delà de 1 m est fixée au mur et on peut poser l'équerre collective sur la tête de l'enfant qu'on toise pour repérer sa taille.

Déroulement

L'activité commence avec l'analyse de la situation sur le fichier. Pour rendre le problème plus intéressant encore, on pourra montrer que la taille 1 m 40 cm est une taille comparable à celle des élèves de la classe en mesurant un élève dont la taille se situe approximativement dans la moyenne. Cela peut être l'occasion de se rappeler que 1 m = 100 cm. Des élèves sont affirmatifs : il n'est pas possible que la ligne brisée soit plus grande que l'enfant ! D'où la nécessité de chercher d'abord 1 m dans la ligne brisée et de le mettre en relief par un trait de couleur. Est-ce que ce qui restera sera plus long ou moins long que 40 cm ? Les élèves effectuent individuellement la comparaison demandée (avec la taille de l'enfant représenté sur le fichier). Bien que les cm soient représentés sur la ligne brisée, l'usage du double décimètre sera un moyen de les rendre plus saillants et de prendre conscience que chaque trait de la ligne brisée mesure 10 cm.

Il y a deux façons principales de trancher le premier problème (comparaison avec l'enfant qui est représenté sur le fichier), suivant que l'on compte de 10 en 10 ou que l'on compte des dizaines de cm. Lors de la mise en commun, ces deux stratégies seront explicitées. Sur la ligne brisée, on peut :

– compter les cm de 10 en 10 (10, 20, 30,…) jusqu'à 100 (100 cm, c'est 1 m), repasser en couleur la longueur correspondante, puis compter à nouveau de 10 en 10 pour prendre conscience qu'il y a « 60 cm qui dépassent du m » ;

– compter un à un les traits de 10 cm (1, 2, 3…) jusqu'à 10 (10 fois 10 cm, c'est 100 cm ou encore 1 m), repasser en couleur la longueur correspondante, puis compter à nouveau les traits de 10 cm pour prendre conscience qu'il y a « 6 fois 10 cm, c'est-à-dire 60 cm qui dépassent du m ».

Mais sur le fichier, un autre moyen de résoudre ce problème est suggéré : comparer en exprimant chacune des deux longueurs en mm. On commence évidemment par la ligne brisée : le travail est facilité du fait que les mm y sont représentés. On est conduit à refaire le travail précédent, soit en comptant les mm de 100 en 100 (100, 200, 300…), soit en comptant les traits de 100 mm. On aboutira aux égalités 1 m = 1000 mm ; 1 m 40 cm = 1 400 mm et 1 m 60 cm = 1 600 mm (ces deux dernières égalités sont faciles à comprendre lorsqu'on sait qu'un cm, c'est une dizaine de mm).

Avant l'activité C, l'enseignant demande aux élèves de montrer une longueur de 1 m entre leurs mains. On cherche dans la classe des objets ou des distances qui mesurent environ 1 m : évidemment on pense au mètre collectif, mais on repère aussi, par exemple, la largeur du bureau, celle d'une fenêtre, d'une armoire, la hauteur d'une affiche, la distance entre le sol et une poignée de porte, etc. Finalement, on essaie d'estimer, en mètres, les longueurs de divers objets ou espaces familiers (porte, mur, tableau, longueur du couloir, de la cour, etc.).

Activités Séquence 86

Table de 8

Idem sq 83.

Dictées ($n \leq 2000$)

Idem sq 85.

1. Les compléments à 1 000

Activité préliminaire avec des calculettes

On reprend l'activité décrite au début de la sq 15. L'enseignant écrit au tableau des additions à trou du type 740 + … = 1 000. Chaque élève doit utiliser la calculette pour trouver le complément à 1 000 : il tape par exemple « 740 + », puis le nombre dont il pense qu'il permet d'obtenir 1 000, puis « = » (si on ne dispose que d'une calculette pour deux élèves, chaque élève fait un calcul sur deux).

Suite page 177

Objectifs

Dans la sq 84, les élèves ont découvert les nombres à 4 chiffres jusqu'à 2 000 environ. Plutôt que d'insister sur les décompositions portées par le langage (« mille trois cents » par exemple), on a cherché à favoriser la compréhension du fait que 1 357, c'est 13 centaines et encore 57. On s'est appuyé pour cela sur un scénario de masquage qui favorise l'évocation des actions de groupement par 10, par 100 et par 1 000. Dans la sq 85, avec l'activité 1, les élèves sont amenés à généraliser ces connaissances sur des plus grands nombres. Pour cela, ils peuvent, là encore, s'appuyer sur le souvenir des actions de groupement (les « emboitements » des dizaines dans les centaines et des centaines dans les milliers) pour déterminer le nombre d'unités et celui des centaines des nombres comme 3 852. Outre les 8 centaines qu'on voit, il faut prendre en compte les 30 qui sont « cachées » dans les 3 milliers .

Par ailleurs, dans le cas d'un nombre à 4 chiffres, le calcul du quotient et du reste de la division par 100 est presque immédiat lorsqu'on utilise la propriété qui est au cœur de cette leçon. En effet, il suffit de calculer 3 852 : 100 ? en utilisant la quotition (En 3 852, combien de fois 100 ?) pour savoir que le quotient de cette division est 38 et son reste 52. Cela est découvert dans l'activité 1 et utilisé systématiquement dans l'activité 4.

Enfin, un cas particulier important est celui où l'on envisage un nombre entier de centaines, 38 centaines par exemple : le nombre total d'unités, 3 800, donne aussi le résultat de la multiplication de 38 par 100. Là encore, cela est découvert dans l'activité 1 et utilisé systématiquement dans l'activité 3.

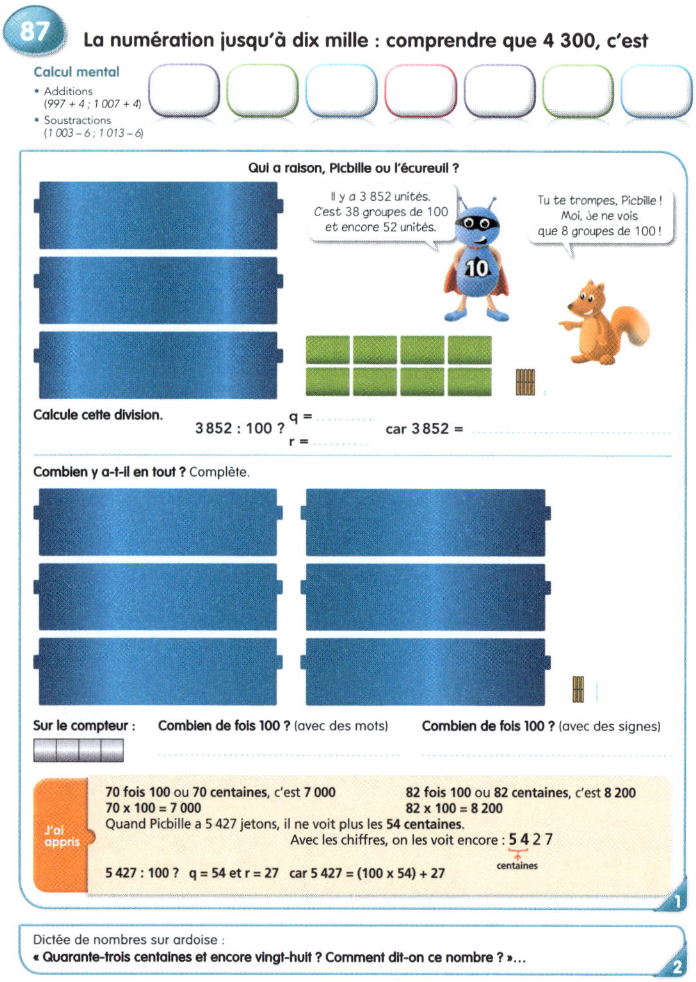
87 La numération jusqu'à dix mille : comprendre que 4 300, c'est

Calcul mental
- Additions (997 + 4 ; 1 007 + 4)
- Soustractions (1 003 – 6 ; 1 013 – 6)

Qui a raison, Picbille ou l'écureuil ?

Calcule cette division. 3 852 : 100 ? q = ... r = ... car 3 852 = ...

Combien y a-t-il en tout ? Complète.

Sur le compteur : Combien de fois 100 ? (avec des mots) Combien de fois 100 ? (avec des signes)

J'ai appris
70 fois 100 ou 70 centaines, c'est 7 000
70 x 100 = 7 000
82 fois 100 ou 82 centaines, c'est 8 200
82 x 100 = 8 200
Quand Picbille a 5 427 jetons, il ne voit plus les 54 centaines.
Avec les chiffres, on les voit encore : 5 4 2 7 (centaines)
5 427 : 100 ? q = 54 et r = 27 car 5 427 = (100 x 54) + 27

1

Dictée de nombres sur ardoise :
« Quarante-trois centaines et encore vingt-huit ? Comment dit-on ce nombre ? »…

2

Activités Séquence 87

Additions *(997 + 4 ; 1007 + 4)*

Les élèves ont leur compteur. Le maitre demande d'afficher 997 (ou 995, ou 998…) ; il vérifie cet affichage avant de dire « *997 + 4* » (ou : « *4 de plus* »). Il propose aussi quelques exemples simples où l'on raisonne sur les dizaines : 997 + 10 ; 997 + 20 (ou 995 + 10 ou 995 + 20…). Les mêmes tâches sont proposées avec 1 997 + 4 et 2 007 + 4.

Soustractions *(1003 – 6 ; 1013 – 6)*

Même déroulement.

1 et 2. Dans 3 852, il y a 38 centaines

Remarque préalable

Dans les séquences suivantes, faute de place, cette activité n'est pas reprise dans le fichier. Mais nous conseillons à l'enseignant de la pratiquer aussi souvent que nécessaire avec les élèves dont il doute de la compréhension de la numération décimale (dans le cadre de l'aide personnalisée, par exemple). L'animation peut se dérouler ainsi : l'enseignant dessine au tableau 4 caisses, 6 valises et 2 boites et demande combien il y a de jetons en tout et combien il y a de centaines de jetons, ceux qu'on voit et ceux qu'on ne voit pas. Après la réponse « *…46 centaines* », nous recommandons à l'enseignant de feindre la surprise : « *Mais je n'en vois que 6 !* » (il joue alors le rôle de l'écureuil dans le début de l'activité 1). Les raisons qui nous amènent à recommander ce type de dialogue sont déjà développées dans ce *Guide pédagogique* (*cf.* la présentation de l'activité 2 de la séquence 12). Ici encore, on cherche à éviter que les élèves ne répondent en utilisant des règles superficielles liées aux écritures. L'exclamation étonnée de l'enseignant vise à provoquer l'évocation des groupements « cachés ».

Activité sur le fichier

Le scénario utilisé vise à ce que les élèves évoquent les actions réalisées lors de la formation des groupements de 100. L'écureuil reste prisonnier de ce qu'il voit (en fait de ce qu'on entend, puisque la figuration du nombre correspond à la décomposition mise en relief par l'oral : « 3 mille 8 cents… »). Picbille affirme qu'il y a 38 centaines. Il s'agit évidemment de solliciter des arguments de ce type : dans le premier millier, il y a 10 centaines, de même dans les deux autres, ce qui fait 30 centaines qu'on ne voit plus… La division 3 852 : 100 ? est écrite au tableau et, pendant un court instant, les élèves en cherchent individuellement le quotient et le reste. Lors de la validation collective, on s'interroge comme

43 fois 100 ou 43 centaines

Imagine la question et complète en calculant une multiplication.

100 paquets de 32 feuilles, c'est ....

10 bouquets de 42 roses, c'est ....

13 billets de 100 €, c'est ....

100 objets à 57 € l'un coutent ....

36 équipes de 10 joueurs, c'est ....

3

Calcule ces divisions.

1 438 : 100 ? q = ... r = ... car 1 438 = ...	556 : 3 ? q = ... r = ... car 556 = ...
713 : 4 ? q = ... r = ... car 713 = ...	6 257 : 100 ? q = ... r = ... car 6 257 = ...
595 : 10 ? q = ... r = ... car 595 = ...	65 : 15 ? q = ... r = ... car 65 = ...

4

Complète cette figure pour que le trait rouge soit un axe de symétrie.

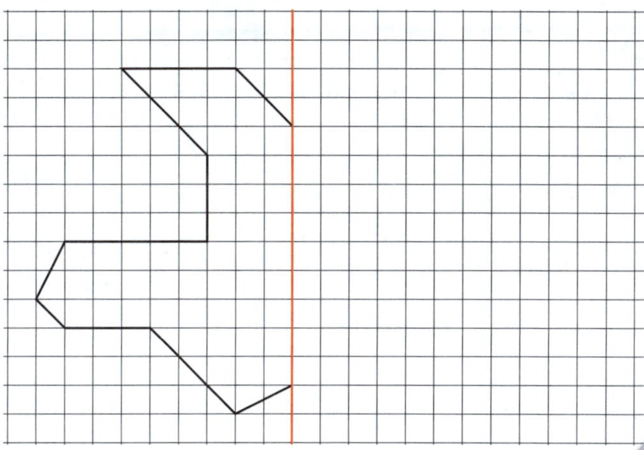

5

on le fait d'habitude devant une division (depuis la sq 79) : va-t-on calculer « 3 852 partagés en 100 » ou bien «En 3 852, combien de fois 100 ? ». En faisant le lien avec la numération décimale (3 852, c'est 38 fois 100 et encore 52), on s'aperçoit que la seconde façon de calculer conduit très aisément au quotient (*q* = 38) et au reste (*r* = 52).

D'autres cas de nombres entre 2 000 et 9 999 sont envisagés au tableau (il est bon que l'enseignant « joue l'écureuil » : « *Mais je ne vois que* n *groupes de 100 !* ») et, à chaque fois, la division par 100 est posée et calculée.

Le deuxième cas du fichier correspond à une situation où, apparemment, le nombre considéré (6 038) ne contient aucune centaine : en fait, il y en a 60 « cachées ». D'autres cas similaires peuvent être envisagés au tableau.

En 2, là encore, dans la première dictée de nombres au-delà de 2 000 qui est proposée, ceux-ci sont énoncés en explicitant le nombre total de centaines : il s'agit évidemment de privilégier cette décomposition. Cette première dictée peut être suivie d'une dictée classique.

3. Problèmes de multiplication par 100

Les élèves retrouvent ici une tâche qui leur est familière. Dans deux des problèmes proposés, l'énoncé conduit à se représenter 100 fois 32 feuilles et 100 fois 57 €. Ces problèmes se résolvent en posant la multiplication et en choisissant le sens du calcul : on calcule 32 fois 100 (3 200) et 57 fois 100 (5 700).

Suite de la présentation de la sq 86

Pour calculer un complément tel que 240 + ... = 1 000, il est évidemment possible de compléter d'abord à la centaine supérieure (il faut 60 pour aller à 300), puis au millier (il faut 700 pour aller à 1 000). Cependant, une erreur assez fréquente consiste à ajouter 860, ce qui conduit à 1 100, et non à 1 000. On interprète cette erreur : certes, on a ajouté 100 de trop, mais pourquoi ? L'enseignant fait expliciter que pour 240 + ... = 1 000 par exemple, on est tenté d'ajouter 800 « à cause du 200 de 240 » et 60 « à cause du 40 de 240 ». Dès l'ajout de 800, on dépasse évidemment 1 000. Il faut ajouter moins de 800... 760 (l'analogie avec les compléments à 100 sera alors perçue par certains élèves et on la vérifie sur quelques cas de compléments à 100). Si de nombreux élèves comprennent cette stratégie, il est bon, avant de revenir au fichier, de proposer quelques autres cas qui sont calculés selon cette procédure.

Activité sur le fichier

On fait observer que Nina cherche le complément de 380 en complétant d'abord à la centaine supérieure, alors que Léo adopte l'autre stratégie explorée lors de l'activité préliminaire.

4. Calcul de divisions par 100

Les cas proposés sont variés : une division par 3 et une division par 4 qui se calculent par partages successifs des centaines, dizaines et unités (en les posant) et d'autres divisions qui se calculent par quotition. Parmi ces dernières, deux sont des divisions par 100.

Activité complémentaire

Un autre histogramme

Ce support est utilisable après la sq 79. Il doit conduire à analyser les raisons de l'évolution de la fréquentation quotidienne d'une boulangerie.

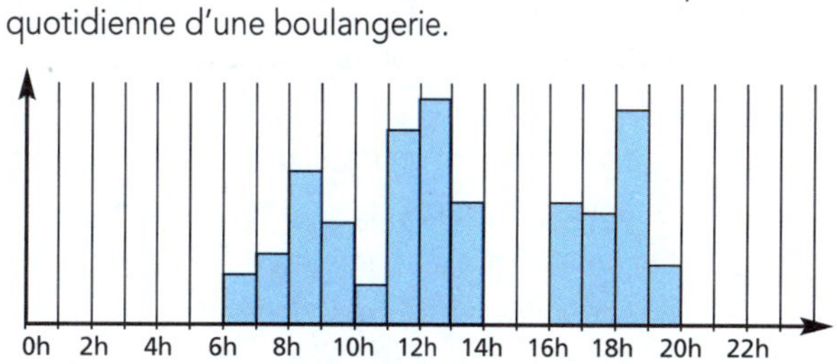

Nombre de personnes devant leur télévision.
Nombre de personnes en pyjama.
Nombre d'élèves présents à l'école.
Nombre d'entrées dans une boulangerie.

Objectifs

Dans la sq 88, les élèves sont amenés à revoir les techniques en colonnes de l'addition, de la soustraction et de la multiplication (par un nombre à 1 chiffre) avec les nombres au-delà de 1 000. Là encore, outre la consolidation de ces techniques, on vise à approfondir les connaissances en numération décimale, en proposant notamment des cas d'addition et de multiplication où le calcul sur les centaines conduit à la formation d'un ou plusieurs nouveaux groupes de mille (on doit par exemple transformer 11 centaines en 1 millier et 1 centaine ou 21 centaines en 2 milliers et 1 centaine), et des cas de soustractions où l'on doit ajouter 1 000 sous deux formes différentes : 10 centaines en haut et 1 millier en bas, afin de rendre le calcul chiffré possible tout en laissant la différence constante.

Activités — Séquence 88

Dictées de nombres ($n \leq 9\,999$)

1re dictée : L'enseignant dit « *48 groupes de cent (ou centaines) et 27 unités*», par exemple. Puis, quand les élèves ont écrit le nombre correspondant (4 827), il interroge sur la façon dont on dit habituellement ce nombre. Des interrogations telles que « *48 groupes de cent (ou centaines) et 7 unités* », ou encore « *40 groupes de cent (ou centaines) et 27 unités* » sont plus difficiles que la première (présence de 0 dans l'écriture du nombre), mais on raisonne exactement de la même manière : 48 groupes de cent, c'est 4 800 ; 4 800 et encore 7, c'est 4807.

2e dictée : Les nombres sont dits de manière habituelle, puis : « *Combien de centaines en tout , celles qu'on voit et celles qu'on ne voit pas ?* ». Ponctuellement (après que les élèves aient écrit 5 708, par exemple, et après que l'un d'entre eux ait analysé ce nombre comme contenant 57 centaines et 8 unités), l'enseignant peut annoncer qu'on va vérifier cela collectivement ; il écrit 5 708 au tableau, il dessine 5 caisses de mille, 7 valises de cent et 8 jetons avant d'interroger : « *Vous me dites qu'il y a 57 groupes de cent, mais moi je n'en vois que 7 (en montrant les 7 valises)* ». L'interrogation concernera prioritairement des élèves dont on doute qu'ils comprennent la numération décimale, le but étant évidemment de s'assurer qu'ils sont capables de décrire les actions qui ont structuré le matériel en centaines et milliers : « *On ne voit que 7 centaines, mais dans ce millier, il y en a 10, dans ce millier, 10 autres, dans celui-ci, 10 autres, dans celui-ci, 10 autres et enfin dans celui-ci, 10 autres ; en tout, il y en a 5 fois 10, 50 et encore 7, 57* ».

Additions et soustractions

Même déroulement que dans la séquence 87, mais les cas proposés sont proches de 3 000, 4 000…

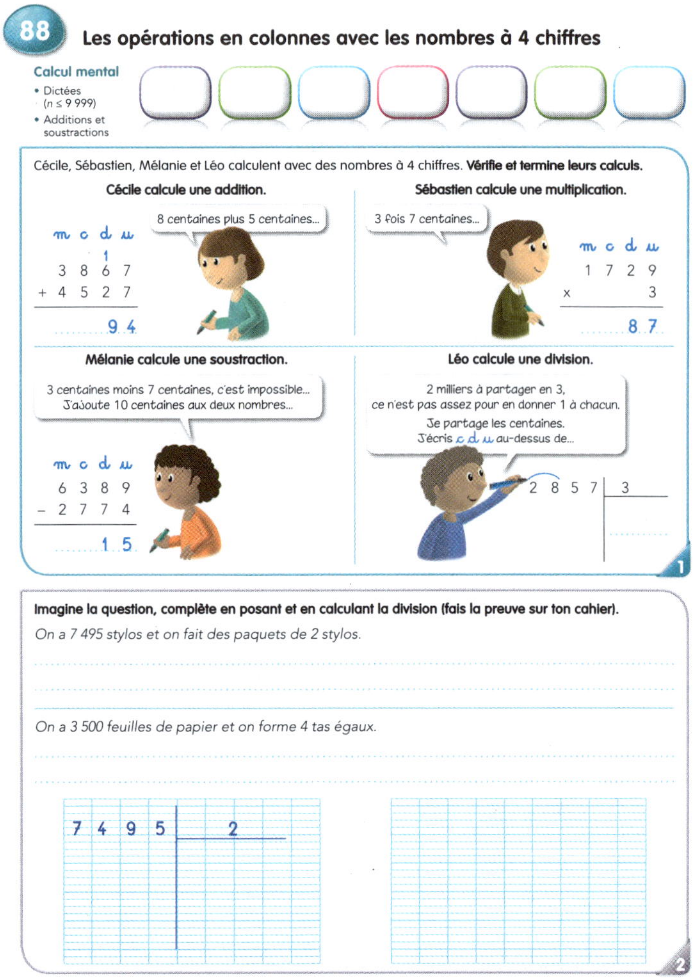

1. Les opérations en colonnes avec les nombres à 4 chiffres

Pour chaque type d'opération, on envisage successivement le cas du fichier de manière collective, puis deux autres cas prévus pour comporter des retenues variées, mais nécessitant toujours la formation d'un ou plusieurs nouveaux milliers dans l'addition et la multiplication, ou qui obligent à une retenue au niveau des centaines dans la soustraction.

On commence par l'addition 3 867 + 4 527 du fichier, qui est reproduite au tableau. Les élèves vérifient le début du calcul effectué par Cécile puis l'un d'entre eux vient effectuer l'ensemble du calcul au tableau. On insiste pour que les grandeurs sur lesquelles on opère soient spécifiées (par exemple « 6 dizaines et 1 dizaine de retenue, 7 dizaines et encore 2 dizaines, 9 dizaines »). Deux autres cas sont proposés, par exemple : 1 253 + 829 (apparition d'un nouveau millier alors qu'un des nombres a 3 chiffres et écriture d'un zéro aux centaines) ; 4 386 + 2 864 (retenue aux dizaines, centaines et milliers). À chaque fois, les élèves calculent d'abord individuellement, puis l'un d'entre eux vient effectuer le calcul au tableau. Ce calcul sert de corrigé.

On suit la même démarche pour la multiplication :

– on reprend collectivement au tableau celle qui figure dans le fichier (un élève vient l'effectuer en explicitant les groupements sur lesquels il opère) ;

– l'enseignant donne deux cas à calculer, le calcul effectué ensuite au tableau par un élève servant de corrigé.

Concernant la soustraction, la reprise collective de celle qui est amorcée dans le fichier conduit, au niveau des centaines,

Le nombre mystérieux

563 756 816 1 183 1 246
1 463 1 543 1 776 1 856

1 342 – 526 = ...
664 + 879 = ...
935 + 921 = ...
6 x 296 = ...

3 027 – 1 564 = ...
178 x 7 = ...
1 438 – 875 = ...
7 x 169 = ...

Le nombre mystérieux : .....

3

On a commencé à reproduire cette figure.
Continue (cherche les angles droits, mesure...).

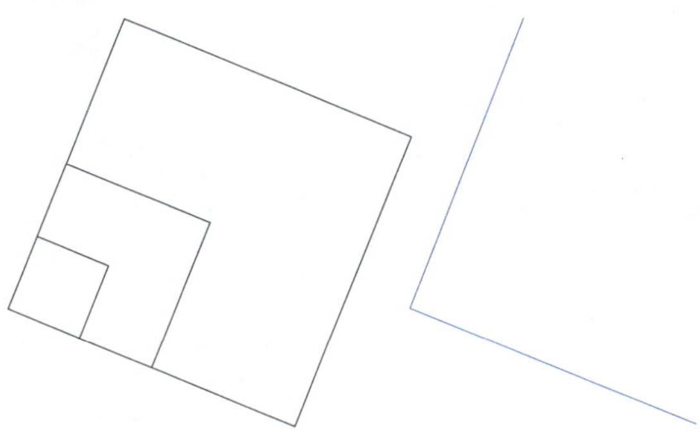

Cette figure a-t-elle un axe de symétrie ? Si c'est le cas, trace-le.

4

à dire que « 3 – 7, c'est impossible ». On n'hésitera pas à demander aux élèves d'imaginer que 6 389 est le nombre d'images dans la collection de Nina et 2 774 celui de la collection de Léo. Or, la différence, c'est-à-dire le résultat du calcul, est inchangée si l'on ajoute 10 pochettes de 100 images dans la collection de Nina et 1 pochette de 1 000 images dans celle de Léo. On rappelle qu'on ne positionne pas la retenue de la même manière en haut et en bas : en haut, elle est mise devant le chiffre des centaines parce qu'il convient de lire « treize », alors qu'en bas, elle est positionnée en dessous du chiffre 2, à l'intérieur d'un rond. Le fait d'écrire un signe « + » permet de souligner qu'il convient de l'ajouter à 2 (cf. sq 33). L'enseignant peut proposer 2 autres cas, l'un où c'est un calcul partiel du type 0 – 8 qui crée le phénomène de la retenue (on peut proposer 6 036 – 1 873 par exemple), l'autre dans lequel on retranche un nombre à 3 chiffres d'un nombre à 4 chiffres (7 548 – 937 par exemple). L'activité complémentaire ci-dessous est vivement recommandée : il s'agit, comme on l'a fait avec les nombres à 3 chiffres, de distinguer une phase de préparation de toutes les soustractions, avant d'effectuer les calculs.
Concernant la division, le cas traité sur le fichier conduit d'emblée à utiliser la propriété : 2 857, c'est 28 centaines et encore 57.

Activité complémentaire

Calcule ces soustractions.

1) Repère la ou les soustractions qui n'ont aucune retenue (écris un « E » à côté).
2) Prépare le calcul des autres soustractions en y mettant les retenues.
3) Termine les calculs.

2685	3654	4375	5783
– 1748	– 947	– 2163	– 4975

6283	7041	8748	9902
– 894	– 4560	– 5233	– 9657

Objectifs

Dans la sq 89, les élèves revoient la notion de masse. Celle-ci se définit comme la quantité de matière. On sait qu'elle n'est pas mesurable directement, mais seulement par l'intermédiaire d'une autre grandeur qui lui est liée, le poids, manifestation de la gravitation. Malgré la difficulté de ces distinctions, on s'efforcera de faire comprendre la différence entre masse et poids : sur la Lune, une boule de pétanque est plus légère que sur la Terre. Parce que la Lune est plus petite que la Terre, elle l'attire moins et il est plus facile de soulever la boule, mais sa masse n'a pas changé ; dans une navette spatiale, elle « flotte », son poids est nul, mais c'est toujours la même boule, avec la même masse. De même, sur la Terre, sur la Lune ou en orbite, la « lourdeur » d'une masse marquée de 1 kg varie, mais celle-ci contient toujours 1 kg de matière. Mais on vise surtout deux autres objectifs :

1°) Favoriser l'intuition des poids de 1 g et de 1 kg. C'est pourquoi on définit le g comme la masse d'un objet familier (le trombone) et l'on incite les élèves à estimer diverses autres masses (pièce, bille, citron, livre, etc.).

2°) Comparer deux masses quand l'une est exprimée en g et l'autre en kg et g et effectuer la conversion correspondante. Il s'agit évidemment d'installer la connaissance suivante : 1 kg = 1 000 g.

Dans la sq 90, les élèves vont apprendre à multiplier un nombre à 3 chiffres par 10. Pour cela, il convient de s'intéresser à la propriété suivante : 1 000, c'est 100 dizaines. La situation de masquage (une malle contient 10 valises qui elles-mêmes contiennent 10 boites qui elles-mêmes…) facilite cette compréhension.

Pour calculer 235 x 10, par exemple, le raisonnement privilégié est alors le suivant : plutôt que de chercher 10 fois 235 (stratégie de l'écureuil), on cherche le nombre correspondant à 235 fois 10 ou 235 dizaines : c'est 100 dizaines, soit 1 000, encore 100 dizaines, soit 1 000, et encore 35 dizaines, soit 350. En tout, c'est 2 350.

Activités Séquence 89

Additions et soustractions

Idem sq 88.

Dictées de nombres ($n \leq 9\ 999$)

Idem sq 88.

1. Approche intuitive du g et du kg

Avant les activités du fichier, il est utile de faire comparer des masses par le biais d'une expérience sensible. Il s'agit, d'une part, de remarquer que le poids est relativement

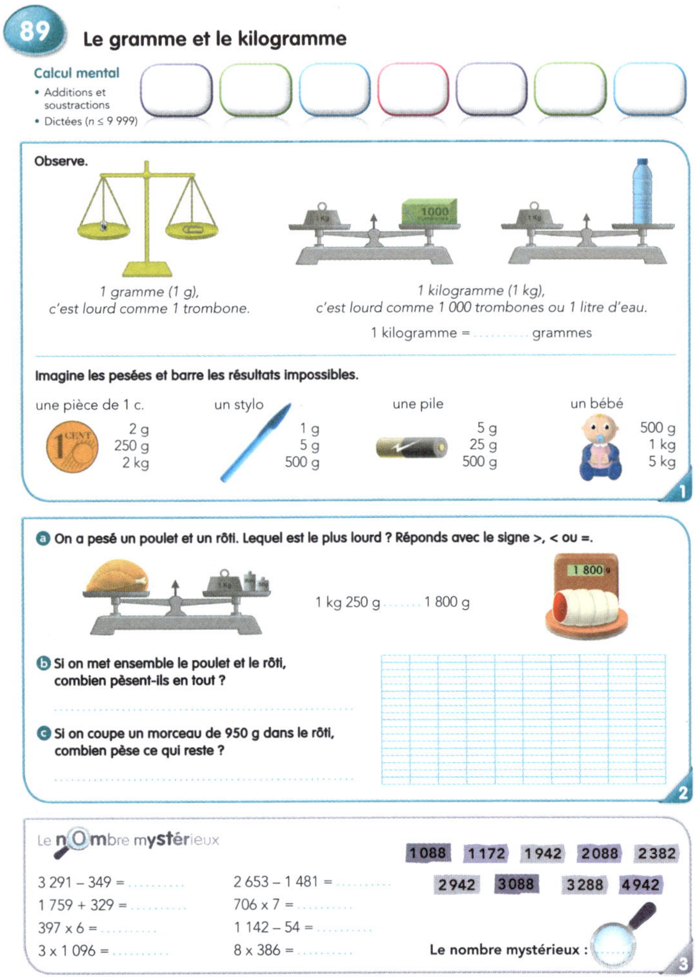
89 Le gramme et le kilogramme

Calcul mental
- Additions et soustractions
- Dictées ($n \leq 9\ 999$)

Observe.

1 gramme (1 g), c'est lourd comme 1 trombone.

1 kilogramme (1 kg), c'est lourd comme 1 000 trombones ou 1 litre d'eau.

1 kilogramme = ... grammes

Imagine les pesées et barre les résultats impossibles.

une pièce de 1 c. : 2 g / 250 g / 2 kg
un stylo : 1 g / 5 g / 500 g
une pile : 5 g / 25 g / 500 g
un bébé : 500 g / 1 kg / 5 kg

1

a On a pesé un poulet et un rôti. Lequel est le plus lourd ? Réponds avec le signe >, < ou =.

1 kg 250 g .... 1 800 g

b Si on met ensemble le poulet et le rôti, combien pèsent-ils en tout ?

....

c Si on coupe un morceau de 950 g dans le rôti, combien pèse ce qui reste ?

....

2

Le nombre mystérieux

3 291 – 349 = ...
1 759 + 329 = ...
397 x 6 = ...
3 x 1 096 = ...
2 653 – 1 481 = ...
706 x 7 = ...
1 142 – 54 = ...
8 x 386 = ...

1088 1172 1942 2088 2382
2942 3088 3288 4942

Le nombre mystérieux : ....

3

indépendant du volume, et, d'autre part, de rendre les élèves plus sensibles à des différences entre des objets peu massifs (stylo, sucre, trombone, par exemple) pour les aider à se représenter des poids de 1 g à quelques g. C'est à la fin de ces activités que l'on abordera, dans une discussion collective, la différence entre masse et poids.

Activité préliminaire

1°) Différence entre poids et volume

L'enseignant s'est muni de plusieurs paires d'objets. Ils sont appariés par leur forme, mais l'un des deux est bien plus lourd que l'autre. Par exemple : un rouleau de papier absorbant et une grosse pile électrique ronde, un dictionnaire et un cube de polystyrène, un paquet d'assiettes en carton et une seule assiette en faïence, etc. Ces objets sont présentés par deux et l'enseignant demande quel est le plus lourd. Les anticipations peuvent être vérifiées de deux manières, par une comparaison « à la main » et sur une balance Roberval. On conclut : les objets les plus volumineux ne sont pas forcément les plus lourds. La pile est plus lourde que le rouleau de papier parce qu'elle est plus massive ; la matière y est « plus serrée », plus compacte, il y a « moins de vide », etc.

2°) Comparaison de poids très faibles

L'enseignant fait comparer deux à deux des objets peu massifs, par exemple : une règle plate et une paire de ciseaux, une petite pile ronde et un tube de colle, un compas et un taille-crayon, etc. Quand on met un objet dans le creux de chaque main et que l'on essaie de savoir lequel est plus lourd, il est difficile

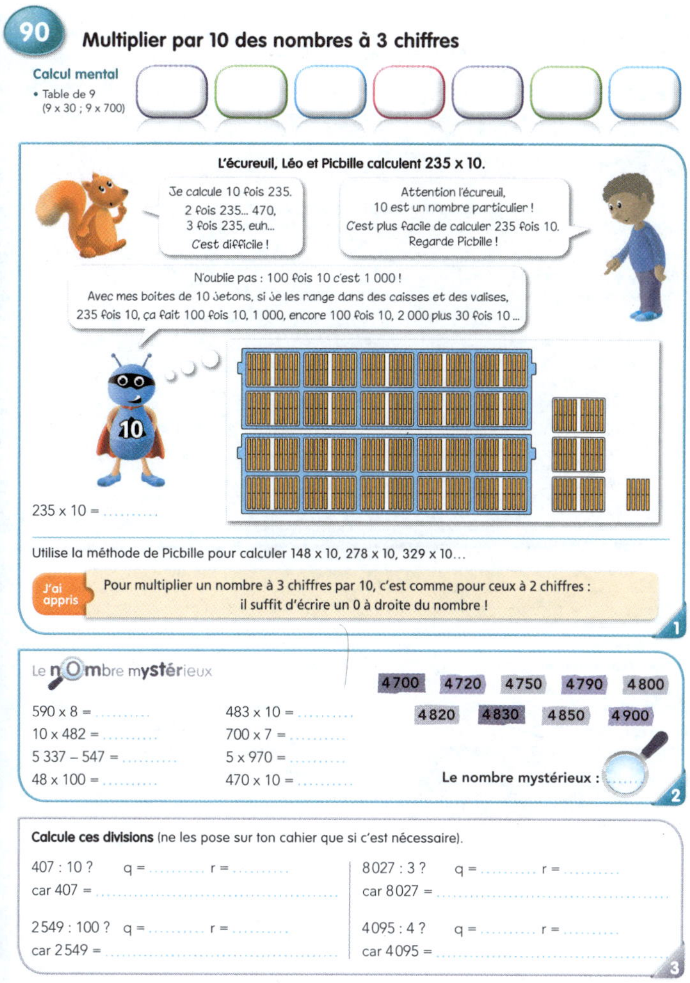

90 **Multiplier par 10 des nombres à 3 chiffres**

Calcul mental
- Table de 9 (9 x 30 ; 9 x 700)

L'écureuil, Léo et Picbille calculent 235 x 10.

Je calcule 10 fois 235.
2 fois 235... 470,
3 fois 235, euh...
C'est difficile !

Attention l'écureuil,
10 est un nombre particulier !
C'est plus facile de calculer 235 fois 10.
Regarde Picbille !

N'oublie pas : 100 fois 10 c'est 1 000 !
Avec mes boites de 10 jetons, si je les range dans des caisses et des valises,
235 fois 10, ça fait 100 fois 10, 1 000, encore 100 fois 10, 2 000 plus 30 fois 10 ...

235 x 10 = ...

Utilise la méthode de Picbille pour calculer 148 x 10, 278 x 10, 329 x 10...

J'ai appris : Pour multiplier un nombre à 3 chiffres par 10, c'est comme pour ceux à 2 chiffres : il suffit d'écrire un 0 à droite du nombre !

1

Le nombre mystérieux

4700 4720 4750 4790 4800
4820 4830 4850 4900

590 x 8 = ...
10 x 482 = ...
5 337 – 547 = ...
48 x 100 = ...
483 x 10 = ...
700 x 7 = ...
5 x 970 = ...
470 x 10 = ...

Le nombre mystérieux : ......

2

Calcule ces divisions (ne les pose sur ton cahier que si c'est nécessaire).

407 : 10 ? q = ... r = ...
car 407 = ...

2549 : 100 ? q = ... r = ...
car 2549 = ...

8027 : 3 ? q = ... r = ...
car 8027 = ...

4095 : 4 ? q = ... r = ...
car 4095 = ...

3

de trancher. Mais si on les pose sur le dos des doigts, on peut décider plus facilement. On peut vérifier avec une balance précise, comme une balance de cuisine. Puis on essaie de comparer ainsi un trombone et un capuchon de stylo, par exemple. C'est difficile, car on atteint les limites de la sensibilité : un trombone est lourd comme 1 g environ (la masse marquée est montrée et soupesée). On ne peut pas non plus comparer ces deux poids sur une balance Roberval. Il faudrait un instrument utilisé par les pharmaciens ou les bijoutiers : le trébuchet.

Remarque

Il est difficile d'acquérir une intuition de la masse, car, sur Terre, elle se confond avec celle du poids. Il faudrait, pour cela, être en apesanteur et faire l'expérience de la résistance de divers corps au mouvement, c'est-à-dire de leur inertie, indépendamment de toute sensation de gravité : avec une même « pichenette », une bille et une boule de pétanque ne se déplaceront pas aussi vite.

Activité sur le fichier

On retrouve sur la première illustration ce qui vient d'être évoqué. Sur la deuxième, on observe que 1 kg (on soupèse cette masse marquée), c'est la même masse que 1 000 trombones. C'est aussi la même masse qu'un litre d'eau. Combien est-ce de grammes ? Le mot « kilogramme » est également interprété par analogie avec « kilomètre » : le préfixe grec « kilo » veut dire 1 000 (un « kilogone » serait une figure à 1 000 côtés). Puis on passe aux estimations du poids des objets demandées ensuite. Pour aider les élèves, on les ramènera, d'une part, aux expériences précédentes (une pièce, c'est lourd comme combien de g ou de trombones ?), et on les conduira, d'autre part, à s'intéresser aux autres masses proposées : est-il possible qu'une pièce pèse 250 g, c'est-à-dire un quart de litre d'eau (un grand verre) ? De même, pour un stylo, on peut rejeter comme impossibles les masses de 1 g et 500 g qui sont proposées. La masse de 5 g est dès lors associée à un poids repère qui peut être utilisé pour la suite de la tâche.

On pourra vérifier le poids d'objets sur la balance Roberval ou celle de cuisine.

Discussion sur « masse » et « poids »

L'enseignant peut alors poser le problème suivant : quel serait le poids d'une boule de pétanque de 650 g dans une navette spatiale en orbite ? Quelle serait sa masse ? Cela amène à échanger sur ces deux notions. La masse, « ça dit » par exemple si, dans une pile ou un rouleau de papier, il y a beaucoup de matière ou non, si la matière est plus ou moins serrée... La matière d'une boule de pétanque ne se desserre pas en orbite, bien qu'elle ne pèse rien... (voir la rubrique *Objectifs*).

2. Comparaisons et conversions kg et g ⟷ g

Pour introduire à ces conversions, on compare le poids d'un poulet exprimé en kg et g (sur une balance Roberval) à celui d'un rôti exprimé en g (sur une balance de cuisine). On peut imaginer, par exemple, qu'on échange le poulet et le rôti : quelles masses marquées faudrait-il pour équilibrer la balance Roberval avec le rôti sur un plateau ? Qu'indiquerait la balance de cuisine pour le poids du poulet ? Le raisonnement le plus facile est évidemment de revenir à des g dans les deux cas, parce qu'on sait que 1 kg = 1 000 g. Mais il est bon de solliciter l'autre raisonnement : 1 300 g, c'est combien de kg ? Les deux conversions possibles « 1 kg 250 g = 1 250 g » et « 1 800 g = 1 kg 800 g » sont écrites au tableau et la comparaison notée : 1 kg 250 g < 1 800 g.

La suite du travail est individuelle.

Activités — Séquence 90

Table de 9 (9 x 30 ; 9 x 700)

Les élèves disposent de leur carton de tables incomplètes (tables jaunes). L'activité commence par un jeu du furet en avançant et en reculant avec l'ensemble de la table (chaque enfant dit l'ensemble du « fait numérique » : « 9 fois 4, 36 », par exemple, et non le résultat, « 36 », seulement). L'activité se poursuit par une interrogation : « *54 partagé en 9 ? ; 27 partagé en 9 ?* », et se termine par une interrogation sur la table dans le désordre en rappelant la stratégie concernant les résultats de la seconde partie de la table : « 9 fois 6 est tout de suite après 9 fois 5 : après 45, c'est 54 (45 + 9) » ou encore : « 9 fois 9 est tout de suite avant 9 fois 10 : avant 90, c'est 81 (90 – 9) ».

Suite page 183 ☛

L'enseignant trouvera au début du Guide pédagogique des indications générales sur l'animation des PAC.

Activités Séquence 91

Table de 9 (9 x 30 ; 9 x 700)

Idem sq 90. Rappelons que le prolongement proposé (calcul de 9 x 30 et 9 x 700) est important parce qu'on y anticipe le calcul de la multiplication en colonnes de 9 x 730, par exemple.

Table de 10 (10 fois 732...)

On alterne les interrogations sur 10 fois 6 (nombre à 1 chiffre), 10 fois 51 (2 chiffres) et 10 fois 732 (3 chiffres).

1. Apprendre à se représenter une situation et à la schématiser pour résoudre un problème

Activité collective préliminaire : déterminer la question d'un énoncé

Alors que le fichier est fermé, l'enseignant écrit au tableau le début de l'énoncé du cadre 1 : « Les participants d'une course à pied devront faire 12 tours complets d'un stade. Le tour de ce stade mesure 287 m. »

Il invite les enfants à déterminer individuellement ce qu'on peut chercher. Après échange, la question portant sur la distance totale que les coureurs vont parcourir est écrite au tableau, et l'enseignant laisse un temps de recherche individuelle avant d'échanger à nouveau sur les différentes valeurs numériques trouvées et les différentes procédures utilisées.

Si les stratégies utilisées par les élèves de la classe sont celles utilisées par les élèves fictifs du fichier (Cécile, Mélanie et Sébastien), la discussion sera d'emblée très proche de celle décrite ci-dessous à partir des productions des élèves fictifs. Dans ce cas, l'activité sur le fichier devra évidemment être menée de manière plus rapide et en se référant aux stratégies des élèves de la classe.

Activité sur le fichier

- Mélanie a décomposé l'itération (12 fois 287) en 10 fois 287, encore 1 fois 287 et encore 1 fois 287, et elle a posé une addition en colonnes.
- Sébastien a fait de même, mais il a calculé directement 2 fois 287 avec une multiplication.
- Cécile a calculé 6 fois 287 et encore 6 fois 287, mais elle s'est trompée dans l'addition en colonnes (oubli d'une retenue).

2. Problèmes divers

1. Calcul d'une différence entre deux prix.

2. Problème nécessitant l'usage d'une addition alors que son énoncé utilise le mot « reste ».

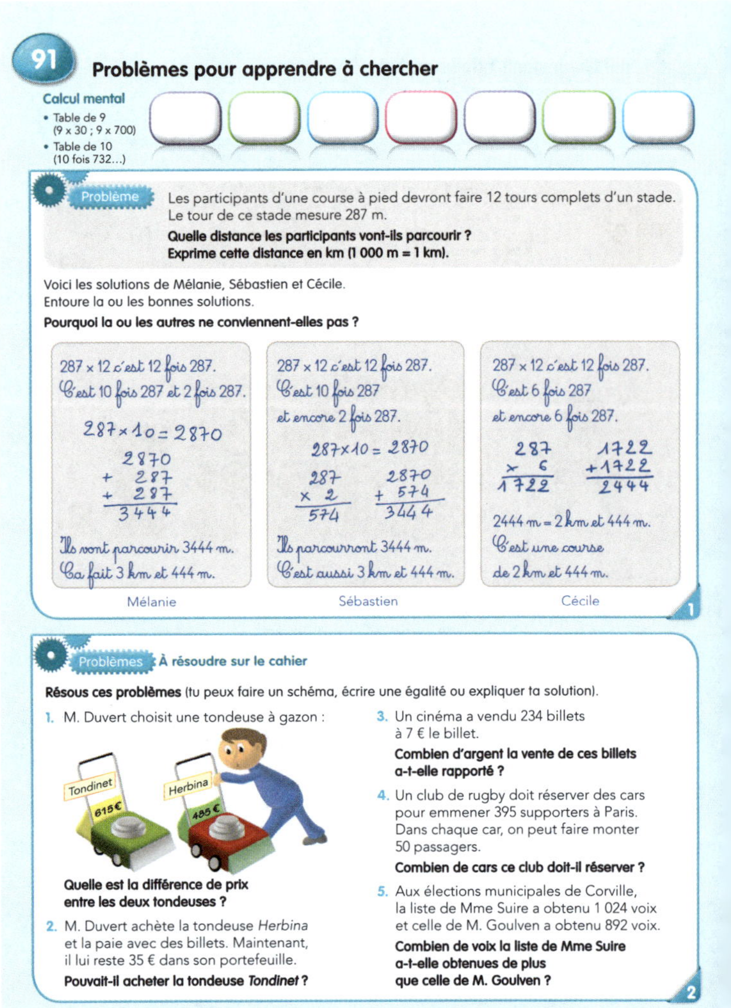

91 Problèmes pour apprendre à chercher

Calcul mental
- Table de 9 (9 x 30 ; 9 x 700)
- Table de 10 (10 fois 732...)

Problème Les participants d'une course à pied devront faire 12 tours complets d'un stade. Le tour de ce stade mesure 287 m.
Quelle distance les participants vont-ils parcourir ?
Exprime cette distance en km (1 000 m = 1 km).

Voici les solutions de Mélanie, Sébastien et Cécile.
Entoure la ou les bonnes solutions.
Pourquoi la ou les autres ne conviennent-elles pas ?

Mélanie	Sébastien	Cécile
287 x 12 c'est 12 fois 287. C'est 10 fois 287 et 2 fois 287. 287 x 10 = 2870; 2870 + 287 + 287 = 3444. Ils vont parcourir 3444 m. Ça fait 3 km et 444 m.	287 x 12 c'est 12 fois 287. C'est 10 fois 287 et encore 2 fois 287. 287 x 10 = 2870; 287 x 2 = 574; 2870 + 574 = 3444. Ils parcourront 3444 m. C'est aussi 3 km et 444 m.	287 x 12 c'est 12 fois 287. C'est 6 fois 287 et encore 6 fois 287. 287 x 6 = 1722; 1722 + 1722 = 2444. 2444 m = 2 km et 444 m. C'est une course de 2 km et 444 m.

1

Problèmes À résoudre sur le cahier

Résous ces problèmes (tu peux faire un schéma, écrire une égalité ou expliquer ta solution).

1. M. Duvert choisit une tondeuse à gazon :
Tondinet 615 € — Herbina 485 €
Quelle est la différence de prix entre les deux tondeuses ?
2. M. Duvert achète la tondeuse *Herbina* et la paie avec des billets. Maintenant, il lui reste 35 € dans son portefeuille.
Pouvait-il acheter la tondeuse *Tondinet* ?
3. Un cinéma a vendu 234 billets à 7 € le billet.
Combien d'argent la vente de ces billets a-t-elle rapporté ?
4. Un club de rugby doit réserver des cars pour emmener 395 supporters à Paris. Dans chaque car, on peut faire monter 50 passagers.
Combien de cars ce club doit-il réserver ?
5. Aux élections municipales de Corville, la liste de Mme Suire a obtenu 1 024 voix et celle de M. Goulven a obtenu 892 voix.
Combien de voix la liste de Mme Suire a-t-elle obtenues de plus que celle de M. Goulven ?

2

3. Problème de multiplication qui conduit à se représenter 234 fois 7 alors que le calcul facile est celui de 7 fois 234.

4. Problème de quotition nécessitant de répondre par le quotient + 1 (les supporters restants montent aussi dans un car !).

5. Calcul d'une différence entre deux effectifs.

Activités Séquence 92

Table de 10 (10 fois 732...)

Idem sq 91.

Doubles de 37, 58...

Les cas sont ceux de la sq 53. Le nombre est écrit au tableau. Il s'agit de préparer le calcul mental d'une multiplication par 20 (sq 93).

1. Rédiger plusieurs questions

La situation conduit à plusieurs questions (*De combien de comprimés a-t-elle besoin chaque jour ? et pour les 15 jours ?*), questions qui conduisent à s'interroger sur le nombre de boites qu'il convient d'acheter.

2. Utiliser un tableau de tarifs

Il s'agit d'un tableau où les tarifs changent par paliers et non de manière proportionnelle. Habituellement, ce genre de tableau se présente autrement. Ainsi, pour les tarifs postaux, sur la ligne

92 **Problèmes pour apprendre à chercher**

Calcul mental
- Table de 10 (10 fois 732...)
- Doubles de 37, 58...

Écris une ou plusieurs questions pour ce problème.
Réponds à ces questions (si tu as besoin, tu peux calculer ou faire des schémas sur ton cahier).

Agnès est très malade. Le médecin lui dit de prendre 3 comprimés de Guérissol le matin, 3 le midi et 3 le soir, pendant 15 jours. Ces comprimés sont vendus par boite de 25.

Question(s) : ....

Réponse(s) : ....

1

Madame Vermillon doit expédier des colis pour son entreprise. Elle va à la poste. Elle pèse chaque colis et consulte le tableau des tarifs postaux.

LA POSTE

Tarifs Colissimo avril 2010

Poids	jusqu'à 500 g	de 501 g à 1 000 g	de 1 001 g à 2 000 g	de 2 001 g à 3 000 g	de 3 001 g à 5 000 g	de 5 001 g à 7 000 g	de 7 001 g à 10 000 g
Tarif colis	5,50 €	6,70 €	7,65 €	8,60 €	10,50 €	12,40 €	15,25 €

a Vérifie que le prix à payer pour l'envoi du premier colis est exact. Indique les autres prix.

Colis à Mme Feldman, 500 g : 5,50 €
Colis à M. Beaufort, 2 kg 340 g : ....
Colis à Mme Flamant, 780 g : ....
Colis à M. Kombé, 1 kg 990 g : ....
Colis à Mme Rabah, 5 kg 10 g : ....
Colis à M. Morin, 4 kg 530 g : ....
Colis à M. Gallant, 1 kg : ....
Colis à Mme Paoli, 375 g : ....

b Combien Mme Vermillon doit-elle payer pour expédier tous ces colis ?

....

2

des poids, on ne donne que la limite supérieure jusqu'à laquelle un tarif donné est applicable :

Jusqu'à...	250 g	500 g	1 000 g	2 000 g	3 000 g
Tarif :	3,40 €	5,50 €	6,70 €	7,65 €	8,60 €

Mais souvent, les élèves le lisent comme si chaque tarif était associé au seul poids indiqué. Pour un poids donné, 700 g par exemple, comme ce nombre ne figure pas sur la première ligne, soit ils concluent que le tableau est lacunaire (on n'a pas indiqué tous les poids) et affirment qu'on ne peut pas connaitre le tarif, soit ils répondent que le prix sera compris entre celui pour 500 g et celui pour 1 000 g, c'est-à-dire plus de 5,50 €, mais moins de 6,70 €. Pour les aider à comprendre ce système, nous proposons un tableau plus explicite : chaque tarif est associé à une plage donnée (de 501 g à 1 000 g : 6,70 €).
Cette situation exige aussi d'effectuer des conversions pour repérer le prix d'un envoi donné en kg et g alors que le tarif est donné en g.

Quand les élèves ont compris le principe d'un tel tableau, il leur est plus facile de s'approprier la présentation habituelle. Si l'on a pu se procurer dans un bureau de poste des exemplaires d'un tarif, on fera observer, à la fin de l'activité, les différences avec celui du fichier : on ne donne que le poids à partir duquel on change de prix ; pour savoir combien coute un envoi de 700 g, il faut chercher quel est le poids immédiatement supérieur à 700 g (1 000 g). On pourra alors interroger oralement sur le prix de divers envois.

☛ *Suite de la présentation de la sq 90*

Le prolongement proposé (calcul de 9 x 30 ; 9 x 700) est important parce qu'il permettra, après la sq 91, de prendre conscience que 9 x 30 se calcule comme 187 x 30. On mène le calcul comme s'il n'y avait pas de 0 et on écrit un 0 à droite du résultat. Si cela s'avère nécessaire, on rappellera que 9 fois 30, c'est 9 fois 3 dizaines, c'est-à-dire 27 dizaines, 270 ; de même 9 fois 700, c'est 9 fois 7 centaines, 63 centaines, 6 300.

1. Multiplier des nombres à 3 chiffres par 10

Activité collective préliminaire :

L'enseignant écrit au tableau 235 x 10 et annonce qu'il s'agit d'apprendre à calculer des multiplications comme celle-là : multiplier par 10 un nombre qui a 3 chiffres. On sait multiplier 235 par 2, 3, 4... 8 ou 9, mais pas par 10. Il laisse un temps de recherche personnelle aux élèves.
Les élèves savent que dans une multiplication comme 235 x 6, il vaut mieux additionner 6 fois 235 que 235 fois 6 et, qu'en général, il vaut mieux additionner le grand nombre car cela fait une addition plus courte. Ils tiendront vraisemblablement le même raisonnement pour 235 x 10. Cela peut amener certains élèves à calculer 5 fois 235 puis à doubler le résultat ou encore à calculer 9 fois 235 et à ajouter 235. Dans tous les cas, cela conduit à un calcul très long. Il est possible également que des élèves évoquent la « règle du 0 », mais l'enseignant leur demande alors d'en expliquer les raisons, ce qu'ils seront évidemment dans l'incapacité de faire.
L'enseignant indique qu'il existe effectivement un calcul simple, celui de 235 fois 10, mais que, dans un premier temps, il leur demande d'observer le schéma d'une caisse de mille qu'il vient de dessiner au tableau. Combien ce millier contient-il de dizaines ? La caisse contient 10 valises qui elles-mêmes contiennent 10 boites ; il y a donc 100 dizaines dans un millier. L'enseignant écrit au tableau ce qui vient d'être découvert : 100 dizaines = 1 000 ; 100 fois 10 = 1 000. L'enseignant poursuit : « Maintenant, calculez 235 x 10 en cherchant 235 fois 10. »
– avec 100 fois 10, on forme 1 millier ;
– avec 100 fois 10 de plus, on forme un 2e millier ;
– il y a encore 35 fois 10, c'est 350, en tout 2 350.
Parallèlement à ces commentaires, on peut représenter les produits partiels ainsi :

100 fois 10 → 1 000
100 fois 10 → 1 000
35 fois 10 → 350
235 fois 10 → 2 350

Le résultat 235 x 10 = 2 350 est écrit.
L'enseignant indique alors que, sur le fichier, l'écureuil et Léo ont fait le même calcul.

Activité sur le fichier

Sur leur fichier, les élèves observent que l'écureuil calcule 10 fois 235. L'intervention de Léo est commentée : Picbille a calculé 235 fois 10 comme on vient de le faire. Les autres multiplications (148 x 10, etc.) sont calculées en utilisant le même raisonnement et en représentant les produits partiels comme ci-dessus. Finalement, la règle du *J'ai appris* est explicitée.

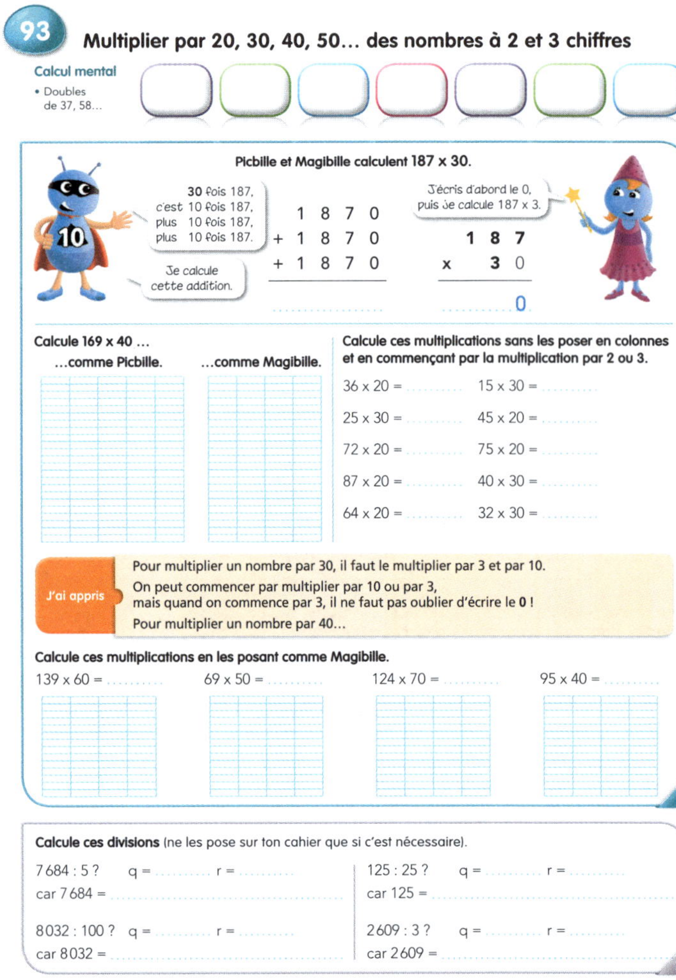

93 **Multiplier par 20, 30, 40, 50… des nombres à 2 et 3 chiffres**

Calcul mental
- Doubles de 37, 58…

Picbille et Magibille calculent 187 x 30.

30 fois 187, c'est 10 fois 187, plus 10 fois 187, plus 10 fois 187.

Je calcule cette addition.

```
  1 8 7 0
+ 1 8 7 0
+ 1 8 7 0
---------
.........
```

J'écris d'abord le 0, puis je calcule 187 x 3.

```
    1 8 7
x     3 0
---------
........0
```

Calcule 169 x 40 …
…comme Picbille. **…comme Magibille.**

Calcule ces multiplications sans les poser en colonnes et en commençant par la multiplication par 2 ou 3.

36 x 20 = ……… 15 x 30 = ………
25 x 30 = ……… 45 x 20 = ………
72 x 20 = ……… 75 x 20 = ………
87 x 20 = ……… 40 x 30 = ………
64 x 20 = ……… 32 x 30 = ………

J'ai appris
Pour multiplier un nombre par 30, il faut le multiplier par 3 et par 10.
On peut commencer par multiplier par 10 ou par 3, mais quand on commence par 3, il ne faut pas oublier d'écrire le **0** !
Pour multiplier un nombre par 40…

Calcule ces multiplications en les posant comme Magibille.

139 x 60 = ……… 69 x 50 = ……… 124 x 70 = ……… 95 x 40 = ………

1

Calcule ces divisions (ne les pose sur ton cahier que si c'est nécessaire).

7 684 : 5 ? q = ……… r = ………
car 7 684 = ………

125 : 25 ? q = ……… r = ………
car 125 = ………

8 032 : 100 ? q = ……… r = ………
car 8 032 = ………

2 609 : 3 ? q = ……… r = ………
car 2 609 = ………

2

Objectifs

La progression concernant l'apprentissage de la multiplication en colonnes par un nombre à 2 chiffres commence dans ces séquences 93 et 94, elle se poursuivra dans les séquences suivantes qui permettront aux élèves d'exercer la technique apprise ici, celle qu'on a appelée « technique développée » de la multiplication, et elle s'achèvera enfin dans la première séquence de la période violette, la sq 98, avec l'apprentissage de la technique classique.
Pourquoi enseigner une technique dite « développée » avant la technique traditionnelle ? La propriété qui est à la base de cette dernière est le fait que 158 x 43, par exemple, s'obtient comme la somme de 158 x 40 et de 158 x 3. Les mathématiciens appellent cette propriété la *distributivité de la multiplication sur l'addition*, mais ce lexique savant ne doit pas masquer son caractère intuitif lorsqu'on s'exprime avec un langage quotidien : 43 fois 158, c'est 40 fois 158 et encore 3 fois 158. On remarquera d'ailleurs que les élèves ont utilisé cette propriété à de nombreuses reprises lors des leçons précédentes (20 fois…, c'est 10 fois… et encore 10 fois…) ou dans des PAC (sq 83, sq 91).

Le problème avec la technique traditionnelle réside dans le fait que cette propriété fondamentale y est masquée par la forme condensée de la technique. Observons en effet la façon traditionnelle de poser la multiplication :

```
    1 5 8
x     4 3
---------
    4 7 4
  6 3 2 0
---------
  6 7 9 4
```

– Les deux multiplications, celle par 40 et celle par 3, n'apparaissent pas explicitement : on remarquera d'ailleurs qu'on écrit un seul signe « x », et non deux.
– On commence par calculer 3 fois 158 alors qu'une utilisation intuitive de la distributivité conduit à commencer par le calcul de 40 fois 158 pour deux raisons au moins : premièrement, c'est ce calcul qui donne l'ordre de grandeur du résultat et, deuxièmement, c'est lorsqu'on commence ainsi que l'on calcule conformément au sens où l'on entend les nombres à l'oral (quarante-trois fois… c'est quarante fois… et encore trois fois…).
Le choix d'enseigner d'abord une technique développée correspond donc à celui de rendre la plus explicite possible la propriété fondamentale qui justifie la technique.

Dès lors, la progression va de soi : sq 93, les élèves apprennent à multiplier par 20, 30, 40… et, sq 94, ils apprennent à poser deux multiplications et une addition pour multiplier par 27, 37, 47…

Remarquons aussi que c'est intentionnellement que, sq 93, les multiplications du type 187 x 30 sont posées en colonnes alors que si elles étaient écrites en ligne, elles conduiraient au même calcul : il s'agit d'emblée de se rapprocher de la disposition finale de la technique traditionnelle. Pour autant, le calcul mental de multiplications simples telles que 34 x 20, 64 x 20… n'est pas négligé : à de nombreuses reprises, on demande aux élèves de ne poser les multiplications que si cela est nécessaire, et le calcul mental de ce type de multiplications est travaillé en haut de page sq 94.
Remarquons enfin que toutes les multiplications proposées dans ces séquences et les suivantes ont leur résultat < 10 000, l'étude des nombres au-delà ne faisant pas partie du programme du cycle 2. L'enseignant qui propose d'autres valeurs numériques que celles du fichier devra y être attentif.

Activités Séquence 93

Doubles de 37, 58…

Les cas sont ceux de la sq 53 (nombre de départ < 100). Le nombre est écrit au tableau. Il s'agit de préparer le calcul mental d'une multiplication par 20 (sq 95).

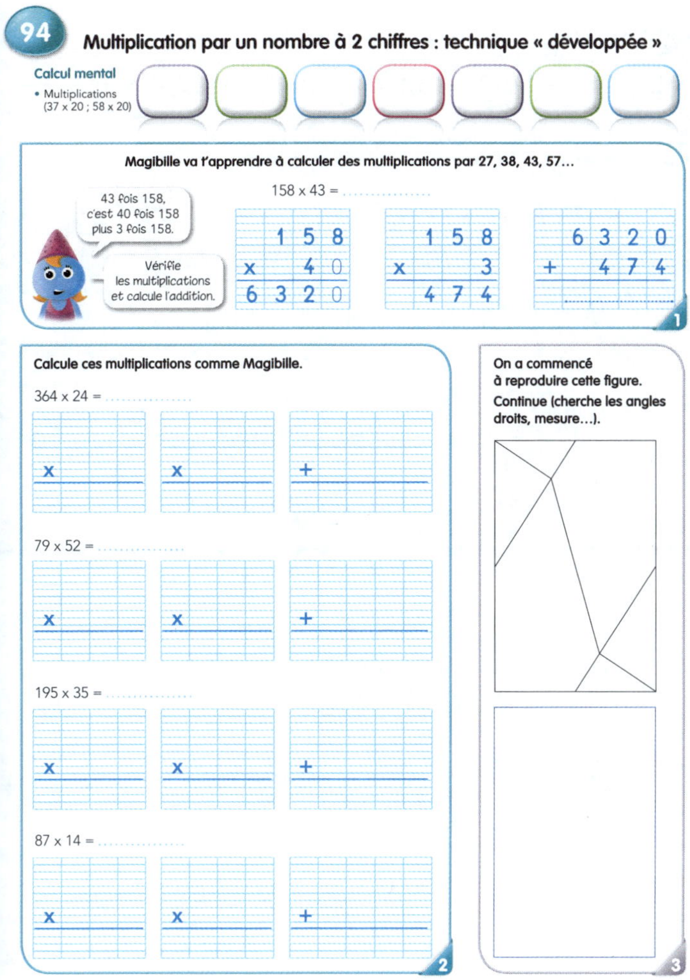

94 Multiplication par un nombre à 2 chiffres : technique « développée »

Calcul mental
• Multiplications (37 x 20 ; 58 x 20)

Magibille va t'apprendre à calculer des multiplications par 27, 38, 43, 57…

158 x 43 = ...

43 fois 158, c'est 40 fois 158 plus 3 fois 158.

Vérifie les multiplications et calcule l'addition.

1 5 8 × 4 0 = 6 3 2 0 ; 1 5 8 × 3 = 4 7 4 ; 6 3 2 0 + 4 7 4

Calcule ces multiplications comme Magibille.

364 x 24 = ...

79 x 52 = ...

195 x 35 = ...

87 x 14 = ...

On a commencé à reproduire cette figure. Continue (cherche les angles droits, mesure…).

1. Multiplier par 20, 30, 40, 50… des nombres à 2 et 3 chiffres

Activité collective préliminaire :

L'enseignant écrit au tableau 187 x 30 et annonce qu'il s'agit d'apprendre à calculer des multiplications comme celle-là : multiplier par 20, 30, 40, 50… un nombre qui a 2 ou 3 chiffres. On sait multiplier 187 par 10, mais pas par 30. Il laisse un temps de recherche personnelle aux élèves.

Des élèves utiliseront vraisemblablement le fait que 30 fois 187, c'est 10 fois 187, encore 10 fois 187 et encore 10 fois 187, et ils calculeront l'addition en colonnes (ou la multiplication par 3) correspondante.

Activité sur le fichier

L'activité sur le fichier commence elle aussi collectivement. Les élèves observent que Picbille a lui aussi posé l'addition en colonnes, mais ils observent également la façon dont Magibille a posé et calculé une multiplication par 30 : elle a commencé par écrire « 0 », puis elle a calculé une multiplication par 3. Il est essentiel de montrer que le calcul est exactement le même, qu'il soit posé sous la forme d'une addition en colonnes ou sous celle d'une multiplication : on commence par écrire « 0 » avant de calculer « *3 fois 7, 21 : je pose 1 et je retiens 2 ; 3 fois 8…* ». L'identité des modes de calcul conduit à adopter la disposition la plus économique, c'est-à-dire la multiplication plutôt que l'addition (on peut imaginer le cas où l'on multiplierait par 80 plutôt que 30 et où il faudrait donc écrire 8 fois le nombre à multiplier). D'autres cas sont calculés sous les deux formes (recherche personnelle, puis échange collectif) : 238 x 40 ; 97 x 30 ; 43 x 20, par exemple. Ce dernier cas peut-être l'occasion de prendre conscience que le résultat aurait pu être écrit directement, sans poser une quelconque opération. Ce moment collectif s'achève en explorant le *J'ai appris* et en présentant les 3 tâches du fichier que les élèves feront individuellement : calculer 169 x 40 comme Picbille et comme Magibille, calculer sans les poser des multiplications faciles par 20 et par 30 et, enfin, calculer en les posant diverses multiplications par 60, 50, etc.

Activités Séquence 94

Multiplications par 20 (37 x 20 ; 58 x 20)

Le nombre est écrit au tableau. La stratégie est rappelée : pour multiplier par 20, il faut multiplier par 2 et multiplier encore par 10. Pour la multiplication par 2, les cas sont ceux de la sq 53 (nombre de départ < 100).

1 et 2. Multiplication par un nombre à 2 chiffres : technique « développée »

Activité collective préliminaire :

L'enseignant écrit au tableau 158 x 43 et annonce qu'il s'agit d'apprendre à calculer des multiplications comme celle-là : multiplier par 28, 34, 45, 59… un nombre quelconque qui a 2 ou 3 chiffres. On sait multiplier 158 par 40, mais pas par 43. Il laisse un temps de recherche personnelle aux élèves.

Des élèves utiliseront vraisemblablement le fait que 43 fois 158, c'est 40 fois 158 et encore 3 fois 158 ; ils calculeront chacune de ces multiplications et poseront l'addition de leurs résultats. Dans tous les cas, cette stratégie est explicitée au tableau.

Activité sur le fichier

Sur leur fichier, les élèves observent que Magibille a calculé 158 x 43 de cette façon. Les élèves calculent la première des multiplications proposées (364 x 24) ; un échange collectif permet de s'assurer de leur compréhension de la stratégie avant qu'ils exécutent les autres calculs individuellement.

Activité complémentaire

Le compte est bon !

D'autres exemples possibles (jeu introduit sq 43).

Cible	Nombres	Solution
96	3, 4, 7, 10	{(3 + 7) x 10} – 4
162	2, 6, 10, 25	(25 x 6) + 10 + 2
191	3, 5, 9, 25	{(3 + 5) x 25} – 9
202	4, 6, 8, 50	(50 x 4) + (8 – 6)

Objectifs

Cette séquence se situe dans le prolongement de la sq 85. Les élèves vont approfondir ici l'apprentissage des nombres à 4 chiffres. En effet, ceux-ci sont analysés dans le contexte des unités de longueur : si l'on considère le mm comme l'unité, le dm est la centaine et le m apparait comme le millier.

Le mode d'organisation des longueurs attaché au personnage de M. Millimètre permet de mettre en scène ces différents groupements : lorsqu'il a 10 dm (ou 10 centaines de mm), il trace un « ressort » de 1 m. En laissant apparaitre les unités (on voit tous les mm) et en individualisant les dm, ce mode d'organisation facilite la coordination des divers groupements au sein du nouveau groupement de 1 000 : 1 000 mm ou 1 m, c'est 10 groupes de 100 mm ou 10 dm. Les élèves peuvent alors s'appuyer sur ces équivalences pour exprimer une même longueur (2 386 mm par exemple) dans les trois sortes d'unités (mm, dm et m) :
– c'est évidemment 2 m et 386 mm ou 2 fois 1 000 mm et 386 mm (décomposition portée par le langage) ;
– mais c'est aussi 23 dm et 86 mm (10 dm dans le premier millier de mm, encore 10 dans le deuxième et 3 dm isolés) ; autrement dit, 2 386 mm, c'est 23 fois 100 mm et 86 mm.
Ces équivalences sont utilisées pour faire des comparaisons entre longueurs exprimées dans des unités différentes (activité 2). Cette approche est préférable à l'usage d'un tableau de conversion (voir remarque du PAC, sq 111).

Notons enfin qu'il aurait été difficile de mettre l'accent sur les cm dans la même séquence. C'est pourquoi une autre leçon est consacrée à l'articulation entre m et cm ; elle se trouve en 5e période (sq 101).

Activités Séquence 95

Table de 6 (6 x 30 ; 6 x 700)

Idem sq 90 avec la table de 6. Rappelons-en le déroulement. Les élèves disposent de leur carton avec les tables incomplètes (tables jaunes). L'activité commence par un jeu du furet en avançant et en reculant avec l'ensemble de la table (rappelons que chaque enfant dit l'ensemble du « fait numérique » : « *6 fois 7, 42* », par exemple, et non le résultat, « *42* », seulement). L'activité se poursuit par une interrogation : « *36 partagé en 6 ? ; 54 partagé en 6 ? ; 24 partagé en 6 ?* », et se termine par une interrogation sur la table dans le désordre en rappelant la stratégie concernant les résultats de la 2e partie de table : « 6 fois 9 est tout de suite avant 6 fois 10 : avant 60, c'est 54 (60 – 6) ».

Le prolongement proposé (calcul de 6 x 30 ; 6 x 700) est important parce qu'il permet de prendre conscience que 6 x 30 se calcule comme 187 x 30 : on mène le calcul comme s'il n'y avait pas

95 Le mètre, le décimètre et le millimètre

Calcul mental
• Table de 6 (6 x 30 ; 6 x 700)

Quand M. Millimètre a 10 dm, il trace un « ressort » de 1 mètre (1 m).

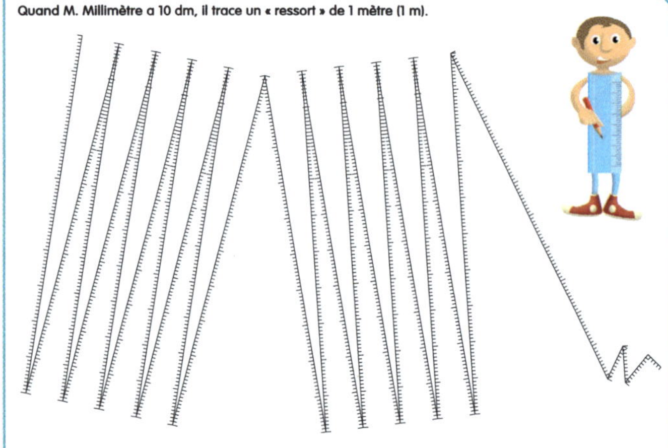

Cette ligne brisée mesure .... mm.

• *C'est aussi .... m et .... mm.* • *C'est aussi .... dm et .... mm.*

Imagine que tu dessines une ligne brisée comme M. Millimètre de 3 456 mm. Décris-la.

• Exprime cette longueur en m et mm : *3 456 mm = ... m et .... mm*
• Exprime-la en dm et mm : *3 456 mm = ... dm et .... mm*

J'ai appris
Pour tracer une ligne de 3 000 mm,
M. Millimètre trace 3 grands « ressorts » de **1 mètre (1 m)** ou **1 millier de mm.**
1 m = 10 dm **1 m = 1 000 mm**

1

Imagine que M. Millimètre trace des traits aux longueurs suivantes.
Compare ces longueurs en utilisant les signes >, < ou =.

1 980 mm .... 2 m	1 m .... 1 020 mm	9 m .... 9 000 mm
2 m .... 20 dm	2 050 mm .... 2 m	31 dm .... 3 050 mm
998 mm .... 1 m	5 m .... 40 dm	3 400 mm .... 4 m

2

de 0 et on écrit un 0 à droite du résultat. Si cela s'avère nécessaire, on rappellera que 6 fois 30, c'est 6 fois 3 dizaines, c'est-à-dire 18 dizaines, 180 ; de même 6 fois 700, c'est 6 fois 7 centaines, 42 centaines, 4 200.

1. Le mètre, le dm et le mm

Avant l'activité sur le fichier, l'enseignant fait d'abord rappeler le système de M. Millimètre. Par exemple : comment tracerait-il des longueurs de 35 mm (3 traits de 1 cm et 1 trait de 5 mm), 429 mm (4 traits de 1 dm, 2 traits de 1 cm et 1 trait de 9 mm), 999 mm… On peut même faire tracer la ligne brisée de 429 mm. Pour 999 mm, on imagine ce qui se passerait si on ajoutait 1 mm : certes, on aurait alors 1 000 mm, mais comment serait tracée la ligne brisée correspondante ? Il y aurait une dizaine de mm de plus, soit 1 cm, ce qui permettrait de former un dm de plus, mais comme il y en a déjà 9, on devrait tracer une ligne brisée formée de 10 dm.

Les élèves ouvrent leur fichier et découvrent la grande ligne brisée tracée par M. Millimètre. Celle-ci est analysée : on voit deux ressorts formés avec des dm. *Combien y a-t-il de dm dans chaque ressort ? Combien de mm dans chaque ressort ? Les voit-on ?* On comprend qu'avec 10 dm ou 10 centaines de mm, M. Millimètre forme 1 ressort de 1 000 mm, et que 1 000 mm, c'est 1 mètre. Toutes ces équivalences sont écrites au tableau :

1 m = 10 dm 1 m = 100 cm 1 m = 1 000 mm

Sur le mètre collectif, l'enseignant demande à des élèves

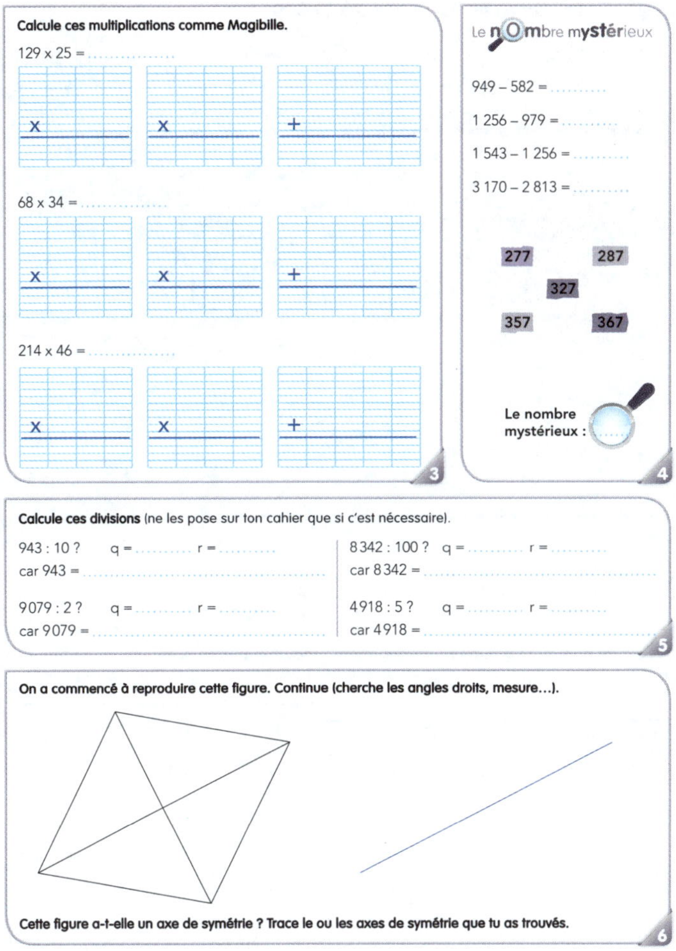
Calcule ces multiplications comme Magibille.

129 x 25 = ...

68 x 34 = ...

214 x 46 = ...

3

Le nOmbre mystérieux

949 – 582 = ...

1 256 – 979 = ...

1 543 – 1 256 = ...

3 170 – 2 813 = ...

277 287 327 357 367

Le nombre mystérieux : .....

4

Calcule ces divisions (ne les pose sur ton cahier que si c'est nécessaire).

943 : 10 ? q = ... r = ...
car 943 = ...

8 342 : 100 ? q = ... r = ...
car 8 342 = ...

9079 : 2 ? q = ... r = ...
car 9079 = ...

4918 : 5 ? q = ... r = ...
car 4918 = ...

5

On a commencé à reproduire cette figure. Continue (cherche les angles droits, mesure…).

Cette figure a-t-elle un axe de symétrie ? Trace le ou les axes de symétrie que tu as trouvés.

6

de montrer entre deux doigts 100 mm, 3 dm, 500 mm, 7 dm, 1 000 mm, 10 dm. Si les élèves disposent de mètres à ruban, cette tâche peut être réalisée par groupes, voire individuellement. Les élèves anticipent ou remarquent que certaines longueurs exprimées de deux façons sont égales. On fait alors exprimer de deux manières différentes une longueur de 1 248 mm, par exemple : en m et mm et en dm et mm. Ce sera aussi l'occasion de relier la décomposition en dm et mm au langage plus général de la numération décimale :
1 248 mm = 12 dm et 48 mm, parce que 1 248 mm, c'est 12 centaines de mm et 48 mm.

Lorsque les élèves ont déterminé la longueur de la ligne brisée du fichier et traité les 2 conversions demandées, ils abordent la même tâche avec 3 456 mm. À chaque fois, une reprise collective permet de valider les deux façons d'exprimer cette longueur.

2. Comparaisons de longueurs

Remarque préliminaire

Les élèves vont devoir comparer 1 900 mm et 2 m, 2 m et 20 dm, 998 mm et 1 m, etc.
Il ne s'agit pas de mettre à leur disposition des procédures systématiques pour effectuer les conversions qui permettent de trancher, quelles que soient les longueurs comparées : ce sera un enjeu important du CM. Mais au CE2, un objectif crucial (et préalable) est que les élèves se familiarisent avec chaque unité et se donnent une bonne intuition des longueurs qui s'expriment avec ces unités. À la fin de l'année, un élève de CE2 doit pouvoir répondre à des questions telles que : « *C'est grand comment 1 mm, 5 mm, 10 mm, 50 mm ?* » ; « *C'est grand comment 1 m, 5 m, 10 m, 50 m ?* », etc. Et c'est cette intuition des longueurs exprimées par les diverses unités qui va lui permettre de dégager progressivement les premières équivalences (1 dm = 10 cm, 1 dm = 100 mm, 1 m = 1 000 mm, etc.). L'élève peut en effet raisonner ainsi : 1 dm c'est 10 cm parce que c'est la même longueur. C'est au CM qu'il sera conduit à comprendre le système métrique (les unités sont systématiquement organisées dans un rapport décimal) et à utiliser d'autres procédures fondées sur ces relations décimales.

C'est pourquoi nous proposons ici des comparaisons dans des cas où chaque longueur exprimée reste dans une zone contrôlable par l'intuition. Et c'est aussi la raison pour laquelle nous incitons les élèves à utiliser un support figuratif : l'organisation des lignes brisées comme M. Millimètre. Son évocation pour se représenter chacune des longueurs comparées est à ce moment un moyen privilégié pour effectuer ces comparaisons et construire ainsi progressivement les premières équivalences.

Activité sur le fichier

Pour effectuer les comparaisons demandées, les élèves peuvent utiliser diverses méthodes. Pour un cas comme « 5 m … 40 dm », on peut procéder de trois façons :
– 1 m, c'est 10 dm, 5 m c'est 5 fois 10 dm, 50 dm ;
– 40 dm, c'est 4 fois 10 dm, c'est-à-dire 4 fois 1 m ;
– 5 m, c'est 5 000 mm alors que 40 dm, c'est 40 fois 100 mm, c'est 4000 mm.
Mais, quelle que soit la stratégie employée, comme nous venons de le dire, c'est le support de la ligne brisée tracée sur le fichier qui constituera le moyen que les élèves emploieront le plus souvent pour appuyer ces raisonnements. Et c'est à cette organisation, qui rend visible toutes les unités utilisées dans les comparaisons, qu'il convient de se référer en cas de difficulté ou de doute. Ainsi, lors de la validation, on s'appuiera sur la façon dont les lignes brisées correspondantes seraient tracées par M. Millimètre.

Activité complémentaire

Le compte est bon !

D'autres exemples possibles (jeu introduit sq 43).

127

2	4	7	20

[(4 + 2) x 20] + 7

118

3	5	6	20

(20 x 5) + (6 x 3)

485

6	9	10	50

(10 x 50) – (9 + 6)

309

3	9	15	25

[(15 – 3) x 25] + 9

4e période

Objectifs

Dans la sq 96, les élèves sont amenés à ranger des nombres < 10 000 dans l'ordre croissant. L'un des enjeux des activités proposées est d'expliciter une méthode adaptée au rangement des nombres : on cherche d'abord le plus petit de ceux qui sont proposés, on le place en début de la liste ordonnée et on le repère dans la liste initiale (en le soulignant par exemple) ; on cherche ensuite le plus petit des nombres restants et on fait de même, etc. Pour donner du sens à la tâche, celle-ci est introduite dans le contexte d'un rangement croissant de longueurs. Nous ne présentons pas les activités de la sq 97 qui constituent un support pour un bilan des acquis des élèves en fin de quatrième période. Les tâches proposées ont déjà été présentées dans les séquences précédentes.

Activités — Séquence 96

Table de 7 (7 x 30 ; 7 x 900)

Idem sq 90 avec la table de 7.

1, 2 et 3. Ordonner des nombres

Activités sur le fichier

1. Rangement de longueurs (distances aériennes entre Paris et d'autres villes)

L'activité commence directement sur le fichier par la découverte de l'image du planisphère. Il est évidemment intéressant de préciser certaines informations : New York est une grande ville sur la côte ouest des États-Unis (ce n'en est pas la capitale), Paris et Nice sont les deux seules villes situées en France, etc. On s'interroge sur ce que représentent les nombres écrits sous les noms de villes : il s'agit des distances aériennes entre chacune d'elles et Paris (par la route, Nice est à plus de 1 000 km).
La suite de l'activité est individuelle (on a demandé aux élèves de reporter les distances, d'une part, pour s'assurer de leur bonne compréhension de la situation, et, d'autre part, pour qu'il soit plus facile de parcourir l'ensemble des nombres).

2 et 3. Rangement de nombres, découverte de règles

Rappelons que pour ranger des nombres par ordre croissant, la méthode la plus fiable est celle de l'activité 1 : chercher le plus petit nombre, puis le plus petit de ceux qui restent, etc. Dans l'activité 2, cette méthode reste valable pour les deux exercices, mais, dans le second, la présence de nombres déjà rangés peut laisser croire qu'une autre méthode, celle qui consiste à ranger les nombres dans l'ordre où ils sont proposés, conduit facilement à la solution. Or 2 713, par exemple, ne peut être placé exactement que lorsque le nombre 3 207 a été pris en compte.

96 **Ordre sur les nombres jusqu'à 10 000**

Calcul mental
• Table de 7 (7 x 30 ; 7 x 900)

Observe. Qu'est-ce qu'indiquent les nombres de la carte ? Reporte ces distances sous l'image.

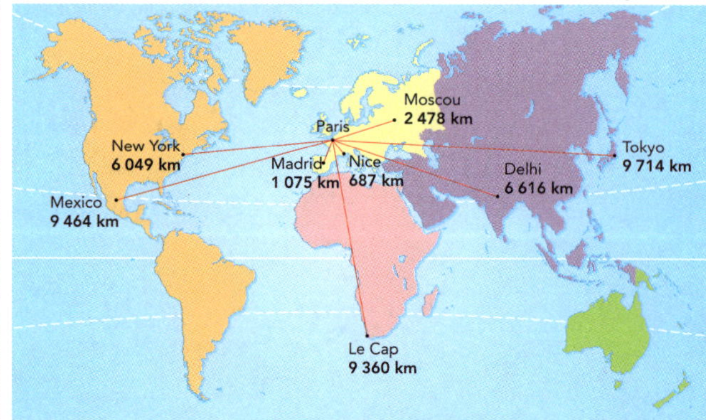

Paris → Tokyo : .... km
Paris → New York ....
Paris → Le Cap : ....
Paris → Nice : ....
Paris → Mexico : ....
Paris → Madrid : ....
Paris → Delhi : ....
Paris → Moscou : ....

Range ces distances de la plus petite à la plus grande en recopiant les nombres dans l'ordre :

1

Range ces nombres du plus petit au plus grand.

7 201 — 9 015 — 2 078 — 9 150 — 2 503 — 7 009

Les 3 nombres ci-dessous ont été rangés du plus petit au plus grand, mais il reste des cases vides :

		3 218			5 407		7 520	

Continue à remplir les cases en plaçant les nombres : 4 371, 2 713, 8 005, 5 039, 5 920 et 3 207.

2

97 **Bilan terminal de la quatrième période**

Calcul mental
• Tables de 6, 7, 8 et 9

Pose et calcule cette addition… … et ces soustractions :

8765 + 849 = ... 3543 – 1728 = ... 6128 – 2342 = ...

1

Ne pose ces multiplications que si c'est nécessaire.

78 x 20 = ... 437 x 4 = ... 608 x 5 = ... 389 x 3 = ...

2

Calcule ces divisions (ne les pose que si c'est nécessaire).

732 : 10 ? q = ... r = ...
car 732 = ...

9 207 : 2 ? q = ... r = ...
car 9 207 = ...

2 581 : 3 ? q = ... r = ...
car 2 581 = ...

4 581 : 100 ? q = ... r = ...
car 4 581 = ...

3

Trouve la règle et continue à droite comme on a commencé.

3 974	3 979	3 984	....	....	....	....	....	....	....

Trouve la règle et continue à gauche et à droite comme on a commencé.

....	....	....	....	5 242	5 342	5 442	....	....	....

Même exercice.

....	....	....	....	4 003	5 004	6 005	....	....	....

3

Calcule ces multiplications comme Magibille.

397 x 23 = ...

x   x   +

92 x 65 = ...

x   x   +

239 x 41 = ...

x   x   +

4

Le nombre mystérieux

9 298 – 3 815 = ...

6 204 – 901 = ...

6 392 – 989 = ...

5 421 – 78 = ...

5 303   5 343   5 403   5 443   5 483

Le nombre mystérieux : ......

5

Le compte est bon !

236				390				307			
4	8	9	25	2	4	10	50	4	7	8	25

6

Dessine les aiguilles et réponds (c'est le matin).

Il est 10 h 05 min. — *Dans 37 min, il sera ...... h ...... min.*

Il est 10 h 59 min. — *Dans 33 min, il sera ...... h ...... min.*

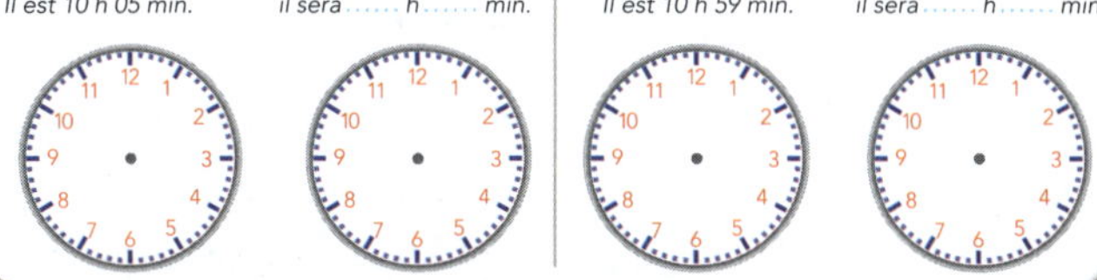

4

Complète cette figure pour que le trait rouge soit un axe de symétrie.

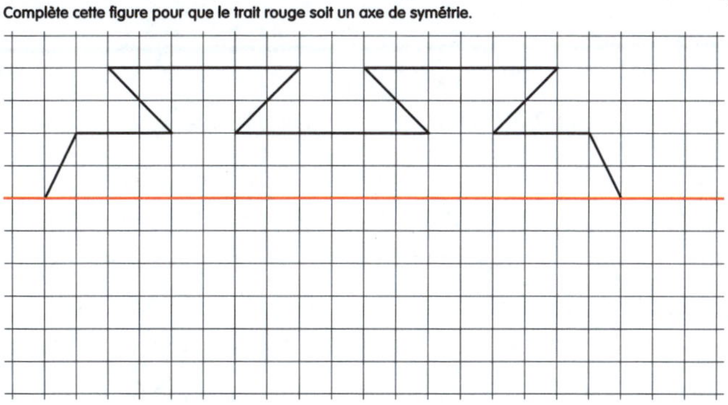

Cette figure a-t-elle un autre axe de symétrie ? Si c'est le cas, trace-le.

5

Problèmes À résoudre sur le cahier

Résous ces problèmes (tu peux faire un schéma, écrire une égalité ou expliquer ta solution).

1. Loïc se pèse avec son chien dans les bras : la balance indique 52 kg. Puis il se pèse sans son chien : la balance indique 37 kg.
Quel est le poids du chien de Loïc ?

2. 206 équipes de 3 boulistes participent à un tournoi de pétanque.
Combien de boulistes participent à ce tournoi ?

3. La SNCF doit charger 231 troncs d'arbres sur des wagons. Sur chaque wagon, on peut mettre 25 troncs d'arbres.
Combien de wagons faut-il utiliser pour transporter tous les troncs d'arbres ?

4. Aïcha achète 4 images de sportifs. En tout, elle paie 1,48 €.
Combien coute une image ?

6

Activité complémentaire

On a commencé à reproduire cette figure. Continue.
(Cherche les angles droits, mesure…)

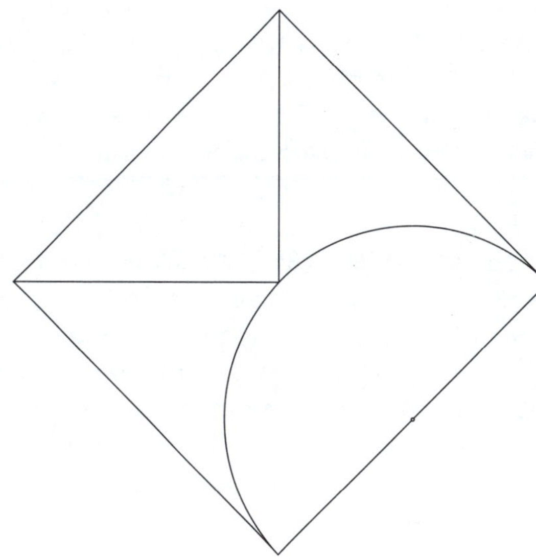

Objectifs

Les élèves apprennent ici à calculer une multiplication d'un nombre à 2 ou 3 chiffres par un nombre à 2 chiffres lorsque cette opération est posée en colonnes.

L'apprentissage de ce que nous avons appelé la « technique développée » a préparé l'introduction de cette technique en mettant l'accent sur le fait que 158 x 43, par exemple, s'obtient comme la somme de 158 x 40 et de 158 x 3 (distributivité de la multiplication sur l'addition). Par ailleurs, dans divers PAC (par exemple, sq 83, 91), les élèves ont eu l'occasion de s'approprier cette propriété avec 11 ou 12, c'est-à-dire des nombres qui rendent les calculs plus faciles : pour multiplier 34 par 11, il suffit de calculer 10 fois 34 (340) et d'ajouter 1 fois 34, pour multiplier 28 par 12 par exemple, il suffit de calculer 10 fois 28 (280) et d'ajouter 2 fois 28 (56) ; etc. Afin d'être sûr que tous les élèves ont effectivement accès à cette propriété, la séquence commence ici par le calcul de multiplications par 11 et 12 (calcul en haut de page).

Puis, dans une activité préliminaire, l'enseignant montre comment le même type de calcul (une multiplication par 12) se dispose en colonnes. Les élèves constateront alors les différences entre le calcul en lignes et le calcul à l'aide de la « technique développée », d'une part, et la technique en colonnes, de l'autre :

– dans cette dernière, on commence par le calcul des unités ;

– dans une multiplication en colonnes par un nombre à 2 chiffres, on ne sépare pas les deux multiplications et l'addition finale.

Cette même disposition est ensuite découverte dans des cas quelconques (du type 157 x 43).

Pour faciliter le contrôle du plan général de calcul à partir de l'expérience antérieure, il est demandé aux élèves de préparer préalablement chaque calcul en notant par des flèches la nature du produit partiel qu'ils vont déterminer sur chaque ligne. L'enseignant ne dispensera les élèves de cette préparation qu'à mesure de leurs progrès dans la maitrise de la technique.

La séquence se termine en examinant un cas particulier qui est souvent source d'erreurs : celui où le début du calcul de la deuxième multiplication (le calcul de 4 x 50, par exemple, dans 134 x 57) conduit à un nombre se terminant par deux zéros, l'un provenant du calcul de 4 x 5 et l'autre du fait que l'on cherche un nombre de dizaines. Comme les élèves écrivent d'emblée un zéro dans la colonne des dizaines, certains peuvent penser qu'un zéro étant déjà noté, il n'est pas nécessaire d'en noter un autre (*cf.* activité 2).

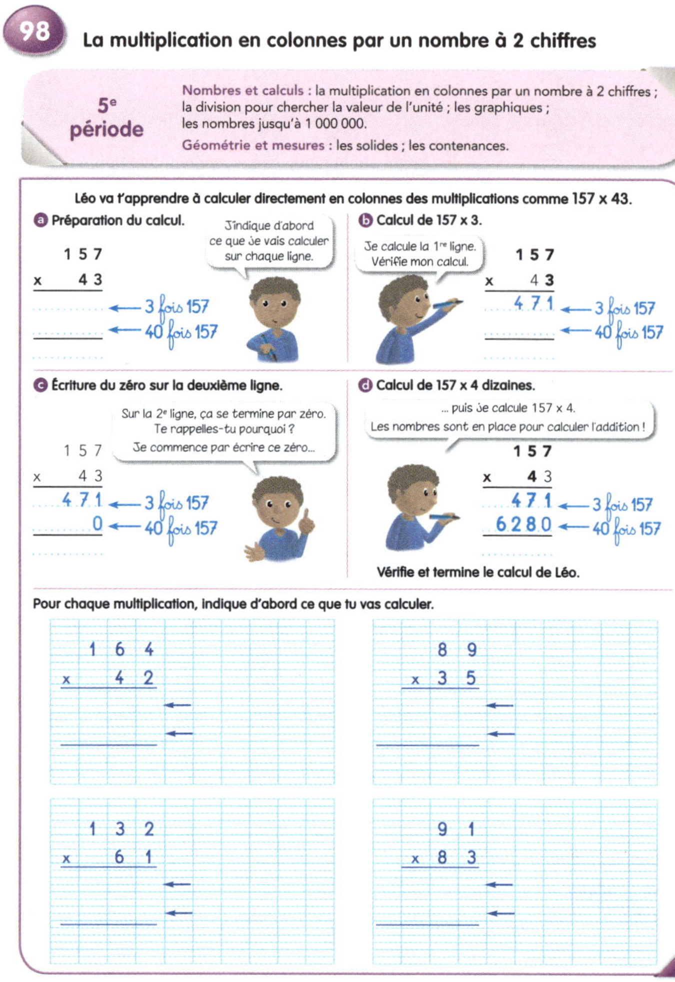
98 La multiplication en colonnes par un nombre à 2 chiffres

5e période
Nombres et calculs : la multiplication en colonnes par un nombre à 2 chiffres ; la division pour chercher la valeur de l'unité ; les graphiques ; les nombres jusqu'à 1 000 000.
Géométrie et mesures : les solides ; les contenances.

Léo va t'apprendre à calculer directement en colonnes des multiplications comme 157 x 43.

a Préparation du calcul.

b Calcul de 157 x 3.

c Écriture du zéro sur la deuxième ligne.

d Calcul de 157 x 4 dizaines.

Vérifie et termine le calcul de Léo.

Pour chaque multiplication, indique d'abord ce que tu vas calculer.

Activités Séquence 98

Multiplications par 11 et par 12

Le calcul, 34 x 12 par exemple, est écrit en ligne au tableau. On commence par quelques cas sur ardoise. Sur leur fichier les élèves écrivent « = 340 + 68 » (10 fois 34 plus 2 fois 34) et ils calculent de tête le résultat (le premier nombre est < 100).

1. Comprendre la disposition de la multiplication en colonnes

Il s'agit d'amener les élèves à reconnaitre, dans la disposition en colonnes, les produits partiels qu'ils ont déjà calculés en lignes dans l'activité de calcul mental précédente et dans la technique développée. D'où les deux cas proposés (une multiplication par 12 et une autre par 21) : les nombres choisis éliminent toute difficulté de calcul. La seule différence réside dans l'ordre des calculs : en colonnes, on commence par les unités. C'est ce qu'on établit dans l'activité préliminaire décrite ci-dessous en commençant par écrire en colonnes les produits partiels dans l'ordre habituel. Les élèves sont amenés à comprendre que le fait de les calculer dans l'ordre traditionnel ne change pas le résultat.

Activité préliminaire

L'enseignant a écrit au tableau deux multiplications, par exemple 23 x 12 = … et 45 x 21 = …, et annonce aux élèves qu'ils vont

Multiplications par 11 et 12

L'écureuil s'est trompé en calculant cette multiplication. Quelle est son erreur ?

Voici un conseil pour éviter cette erreur. Observe et vérifie le calcul de Nina.

Pose et calcule ces multiplications (utilise le conseil que donne Nina).

145 x 27 238 x 34 195 x 45

Imagine la question, complète en posant et en calculant la division (fais la preuve sur ton cahier).

On a 7 731 arbres à planter et on les répartit également des 2 côtés d'une route.

On a 2 489 images et on remplit des sachets de 3 images.

apprendre à calculer ces multiplications en colonnes. Les nombres sont alors écrits selon cette disposition :

		2	3			4	5
x		1	2	x		2	1

On s'intéresse d'abord à la première multiplication. L'enseignant indique que l'on va écrire les différents calculs, mais en colonnes, dans la même opération. On aboutit à :

		2	3		
x		1	2		
	2	3	0	←	*10 fois 23*
		4	6	←	*2 fois 23*
	2	7	6	←	*12 fois 23*

L'enseignant fait constater que cette méthode « marche », et il insiste sur le fait que, dans la multiplication en colonnes, comme dans l'addition et la soustraction, on commence toujours par les unités. Le calcul est repris à côté :

		2	3		
x		1	2		
		4	6	←	*2 fois 23*
	2	3	0	←	*10 fois 23*
	2	7	6	←	*12 fois 23*

Le résultat est-il le même ? On reprend cette démarche pour 45 x 21.

Activités sur le fichier

L'enseignant annonce aux élèves qu'ils vont apprendre maintenant à calculer directement en colonnes. La multiplication du fichier (157 x 43) est écrite au tableau. Il fait anticiper comment on va la calculer : si l'on devait calculer 43 fois 157 avec la technique développée, ce serait 40 fois 157 et encore 3 fois 157. Avec une seule opération et en colonnes, que va-t-on calculer ? On note donc tout de suite les calculs qu'on va faire à droite de la multiplication (d'où les deux lignes avec des flèches « 3 fois 157 » et « 40 fois 157 » qu'on voit sur le fichier et qui sont reprises au tableau).
Un élève vient effectuer le calcul de 3 fois 157 au tableau, les autres élèves le faisant sur le fichier. On reconnait la multiplication en colonnes de 157 par 3. Pour qu'elle apparaisse mieux, l'enseignant cache le 4 de 43, avec un carton par exemple (sur le fichier, le 3 est épaissi).
Pour 40 fois 157, il est important de se rappeler que pour multiplier par 40, on multiplie par 4 et par 10 (on fait référence à 157 colonnes de 4 dizaines). 157 x 40, c'est 4 fois 157 dizaines : il n'y aura pas d'unités, ça se terminera donc par zéro (celui-ci est écrit) et on peut maintenant calculer 157 x 4 ou 4 fois 157. Un élève vient terminer ce calcul au tableau. Maintenant, c'est le chiffre 3 que l'on cache par un carton. Cela aide à comprendre qu'après avoir écrit le zéro pour multiplier par 10, on se ramène à 157 x 4 ou 4 fois 157 en colonnes.
Avant les exercices individuels de l'activité 3, on traite deux autres cas, par exemple : 169 x 23 et 241 x 33. Là encore, on commence par préparer le calcul.

2. Le problème du « double zéro » sur la 2e ligne

ERRATUM : Dans l'édition 2009 du fichier, le conseil qui est donné aux élèves, afin d'éviter de se tromper, consiste à écrire le premier zéro sous la forme d'un « tout petit zéro », se rapprochant du point qu'à terme de nombreux élèves utilisent. À l'usage, il s'avère que cela trouble plus certains élèves que ça ne les aide. On pourra donc réserver ce conseil pour les classes ultérieures.

L'enseignant fait observer et interpréter l'erreur de l'écureuil en partant d'une reprise du calcul au tableau jusqu'à la deuxième ligne (calcul de 50 fois 134) : sur la deuxième ligne, il a commencé par écrire le zéro qui dit qu'on va trouver des dizaines (on écrit ce zéro au tableau). Jusque-là, pas d'erreur ! Puis il a continué le calcul, avec 5 fois 134. Or, pour 5 fois 4, on trouve 20 et il faut écrire un autre zéro… L'écureuil a cru qu'il l'avait déjà écrit. Il confond le zéro du calcul sur les dizaines et celui de 4 fois 5, 20. On observe le conseil de Nina et on refait l'ensemble du calcul au tableau avec cette méthode. La suite du travail est individuelle.

Objectifs

Dans la sq 99, les élèves vont comparer les différentes procédures permettant de calculer le quotient et le reste d'une division élémentaire par 6, 7, 8 et 9. Rappelons que nous avons choisi d'enseigner sur une assez longue durée les divisions élémentaires par 2, 3, 4 et 5 avant d'enseigner celles par 6, 7, 8 et 9 (dans cette séquence). Cette progressivité s'explique ainsi :

– Lorsqu'il s'agit de calculer 19 : 3 ?, par exemple, on peut adopter une stratégie de partage équitable en imaginant 3 personnes et en se demandant : « 3 fois un nombre fait-il 19 ? ». La réponse est négative, mais on peut s'appuyer sur la connaissance de la table de 3 pour accéder au fait que « 3 fois 6, 18 et il reste 1 ». La partition conduit donc assez directement au résultat.

– Lorsqu'il s'agit de calculer 19 : 6 ?, comme ce sera le cas dans cette séquence, la partition peut là encore être utilisée (on se demande : « 6 fois un nombre fait-il 19 ? »). L'usage de cette stratégie nécessite de connaitre par cœur la table de 6, connaissance qui est recommandée. Mais on peut aussi se demander : « en 19, combien de fois 6 ? », En effet, cela conduit très rapidement au résultat. Plus généralement, lorsque dans une division élémentaire le diviseur est 6, 7, 8 ou 9 et lorsque le « nombre de fois est petit », la quotition conduit assez directement au résultat. La démarche à suivre consistera donc à comparer les deux stratégies : l'écureuil incarne la stratégie où l'on imagine le partage de 19 en 6 parts égales et Léo celle où l'on cherche « En 19, combien de fois 6 ? ». On conclura sur le fait que les 2 stratégies conduisent au résultat, mais qu'une bonne connaissance des tables est souhaitable parce qu'elle permet un usage systématique de la partition, l'autre stratégie permettant alors de contrôler son résultat.

Dans la sq 100, les élèves apprennent à lire et dessiner l'affichage d'une balance graduée en kg et 1/10 de kg, alors que seules les graduations en kg sont chiffrées. Les élèves ont abordé les masses, le g et le kg dans la sq 89 où ils ont appris que 1 kg = 1 000 g. Par ailleurs, ils ont appris dans la sq 85 que 1 000, c'est 10 fois 100. Ces deux connaissances sont mises en relation dans cette séquence. Face à l'échelle des 1/10, en effet, les élèves doivent se demander ce que représentent les graduations non chiffrées : des g, des dizaines de g, des centaines de g ou autre chose encore ? Ce problème peut se reformuler ainsi : « 10 fois combien font 1 000 g ? ». La réponse résulte de la relation : « 10 fois 100 font 1 000 ». Ce premier problème résolu, on peut alors demander de situer des pesées de 500 g, de 700 g, etc., puis des pesées de 50 g, 150 g, 750 g, 1 650 g, etc.

99 **Calculer les divisions élémentaires par 6, 7, 8 et 9**

Calcul mental
• Multiplications par 11 et 12

= .... + ...
= ....

= .... + ...
= ....

= .... + ...
= ....

= .... + ...
= ....

L'écureuil et Léo calculent 19 : 6 ? (19 partagé en 6 ou encore : en 19 combien de fois 6 ?).

Table de 6
6 fois 1, 6
6 fois 2, 12
6 fois 3, 18
6 fois 4, 24
6 fois 5, 30
6 fois 6, 36
6 fois 7, 42
6 fois 8, 48
6 fois 9, 54
6 fois 10, 60

J'imagine le partage de 19 en 6 parts égales :
« 6 fois un nombre fait-il 19 ? »
Non, mais dans la table de 6, il y a « 6 fois 3, 18 ».
Le quotient est 3 !

Rappelle-toi, l'écureuil : on peut aussi chercher « un nombre de fois ».
Je cherche : « en 19, combien de fois 6 ? »
3 fois 6, 18 et il reste 1.

19 : 6 ? q = ... r = ... car ....

Imagine les tables ou cherche « un nombre de fois ».

30 : 9 ? q = ... r = ... car 30 = ...

25 : 6 ? q = ... r = ... car 25 = ...

49 : 7 ? q = ... r = ... car 49 = ...

6 : 8 ? q = ... r = ... car 6 = ...

85 : 9 ? q = ... r = ... car 85 = ...

53 : 6 ? q = ... r = ... car 53 = ...

20 : 7 ? q = ... r = ... car 20 = ...

50 : 8 ? q = ... r = ... car 50 = ...

41 : 9 ? q = ... r = ... car 41 = ...

42 : 6 ? q = ... r = ... car 42 = ...

1

Pose et calcule ces multiplications (utilise le conseil de Nina).

218 x 44 172 x 53 369 x 23

2

Activités Séquence 99

Multiplications par 11 et par 12

Idem sq 98.

1. Calculer les divisions élémentaires par 6, 7, 8 et 9 en utilisant les tables

Les élèves savent que, de manière générale, pour calculer une division *a* : *b* ?, on peut soit se référer à un scénario de partage (*b* fois combien font *a* ?), soit à un scénario de groupement (En *a*, combien de fois *b* ?).

L'activité commence directement sur le fichier avec la comparaison des 2 modes de calcul de la division 19 : 6 ?. L'écureuil pense à la calculer en partageant 19 en 6 parts égales. Il utilise à cet effet une table de multiplication par 6. Léo lui rappelle qu'on peut aussi chercher « En 19, combien de fois 6 ? ». *Quel est le calcul le plus facile* ? On enchaine immédiatement avec une série de calculs du même type (diviseur = 6, 7, 8 ou 9, $q < 10$) sur ardoise (validation collective immédiatement après), avant que les élèves abordent de manière individuelle les calculs du fichier. Comment animer l'échange sur les différentes procédures utilisées ?

La réponse à la question *Quel est le calcul le plus facile ?* dépend de la connaissance que les élèves ont des tables. Dans le cas de 19 : 6 ?, la stratégie de partition (6 fois combien font 19 ?) utilise le début de la table de 6 alors que la stratégie de quotition (En 19, combien de fois 6 ?) conduit à compter de 6 en 6 pour

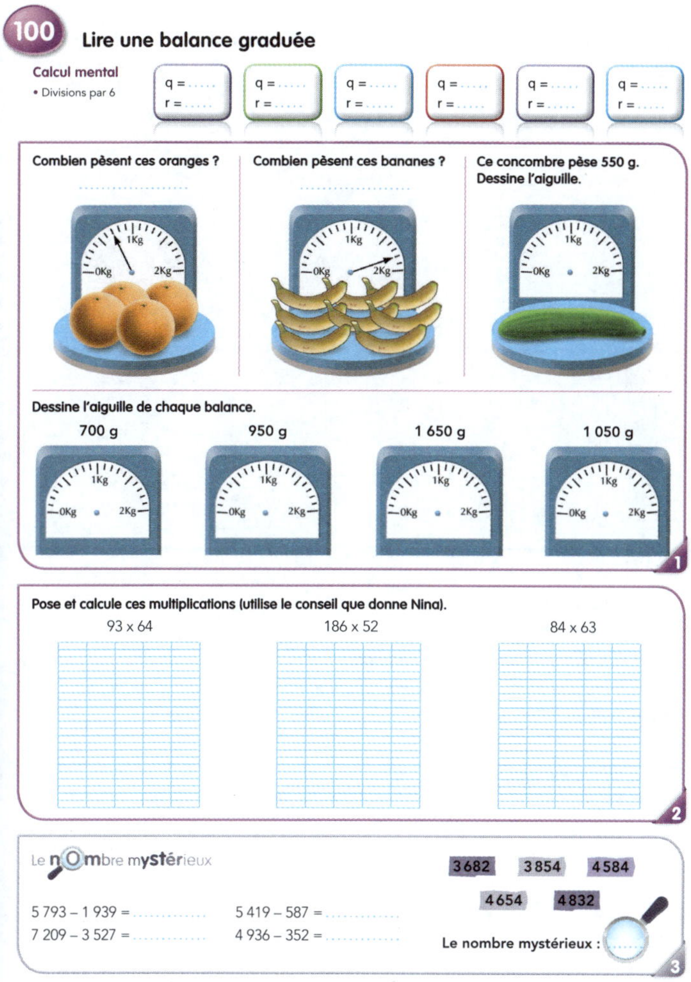

100 Lire une balance graduée

Calcul mental
• Divisions par 6

q = ... r = ...	q = ... r = ...	q = ... r = ...	q = ... r = ...	q = ... r = ...	q = ... r = ...

Combien pèsent ces oranges ? ....

Combien pèsent ces bananes ? ....

Ce concombre pèse 550 g. Dessine l'aiguille.

Dessine l'aiguille de chaque balance.

700 g — 950 g — 1 650 g — 1 050 g

1

Pose et calcule ces multiplications (utilise le conseil que donne Nina).

93 x 64 — 186 x 52 — 84 x 63

2

Le nOmbre mystérieux

5 793 – 1 939 = ...

7 209 – 3 527 = ...

5 419 – 587 = ...

4 936 – 352 = ...

3682 3854 4584 4654 4832

Le nombre mystérieux :

3

encadrer 19 par deux multiples successifs de 6. Ainsi, la première stratégie conduit à utiliser les tables de multiplication alors que la seconde conduit plutôt à utiliser une table de multiples : 1 fois 6, 2 fois 6, 3 fois 6…

Par conséquent, le fait de disposer des tables de multiplication complètes (celles dont les entêtes sont mauves) est une incitation importante à l'usage de la stratégie de partition. Le résultat s'obtient alors facilement de la manière suivante :

1°) Avec la stratégie de partition, on sait d'emblée dans quelle table chercher le résultat : quand il s'agit d'une division par 6, on cherche dans la table de 6.

2°) Comme les résultats des tables sont disponibles, il est facile d'encadrer le nombre à diviser entre deux résultats successifs.

Remarquons par ailleurs que dans le cas de 51 : 6 ?, c'est-à-dire dans le cas d'une division par un nombre > 5 et dont le quotient est lui-même > 5, aucune stratégie n'est plus facile que l'autre.

Ainsi, avec une bonne connaissance des tables, l'usage de la stratégie générale (stratégie de partition, celle qui fait usage de la table de multiplication) permet de couvrir l'ensemble des besoins et il est souhaitable que l'enseignant fasse émerger cela. Une façon de le faire consiste, dans un 1er temps, à interroger les élèves alors qu'ils disposent de leurs tables complètes (4 ou 5 calculs), puis, dans un 2nd temps, alors qu'ils n'en disposent plus, d'en tirer les conclusions :

1°) On a intérêt à connaitre ses tables parce qu'on peut utiliser systématiquement la partition.

2°) La stratégie de quotition permet une vérification lorsqu'on n'est pas sûr de son résultat.

Activités — Séquence 100

Divisions par 6

L'activité commence par un jeu du furet de la table de multiplication par 6 en avançant jusqu'à « 6 fois 10, 60 », puis en reculant. Rappelons que chaque élève, lorsqu'il est interrogé, dit l'intégralité de la ligne correspondante de la table de multiplication. Ainsi, le premier élève interrogé dit : « 6 fois 1, 6 » ; le suivant : « 6 fois 2, 12 » ; le suivant : « 6 fois 3, 18 »…

L'enseignant interroge ensuite sur des divisions élémentaires par 6 en alternant les cas où le quotient est ≤ 5 et ceux où il est > 5. La stratégie privilégiée est la stratégie de partition, celle qui conduit à faire usage de la table de 6. Dans le cas de 45 : 6 ?, par exemple, on s'interroge : « 6 fois combien font 45 ? ». Quand le quotient est ≤ 5, on peut utiliser la stratégie de quotition pour vérifier le résultat.

Après le jeu du furet, selon le niveau des élèves, on leur recommandera soit de n'utiliser aucune de leurs tables cartonnées, soit leur table incomplète, soit leur table complète.

1 et 2. Lire une balance graduée

Activité préliminaire

L'activité commence en reproduisant au tableau une balance comme celle qui figure sur le fichier des élèves. L'enseignant a également amené 3 bouteilles d'eau minérale de 1/2 l, 1 l et 1 l 1/2 ainsi qu'un verre doseur. L'interrogation sera menée comme suit. Faire d'abord expliciter qu'on voit ce genre de balance chez les commerçants, qu'on y distingue le cadran, l'aiguille mobile et un plateau sur lequel on pose la marchandise. Quand le plateau est vide, qu'indique l'aiguille ? L'enseignant la dessine au tableau. Prendre ensuite la bouteille de 1 l et dire : « Si je mets cette bouteille de 1 l d'eau sur la balance, jusqu'où ira l'aiguille ? ». Rappelons qu'on a vu sq 87 qu'un litre d'eau pèse 1 kg ou encore 1 000 g. L'enseignant écrit 1 000 g sous l'indication 1 kg de la balance. « Et si je mets sur la balance 2 bouteilles de 1 l d'eau ? »

Prendre ensuite la bouteille de 1/2 l et dire : « Si j'utilise cette bouteille pour mettre 1/2 l d'eau sur la balance, jusqu'où ira l'aiguille ? ». On explicitera qu'un demi-litre d'eau pèse un demi-kilogramme ou encore 500 g (500 g est la moitié de 1 000 g). L'enseignant écrit 500 g en face de la graduation correspondante sur le schéma du tableau. « Et si je mets sur la balance à la fois la bouteille de 1 l d'eau et la bouteille de 1/2 l d'eau ? »

L'enseignant remplit ensuite le verre doseur avec 10 cl (1/10 de litre). Il annonce : « Ceci est un verre doseur et j'ai versé dedans une quantité 10 fois plus petite qu'un litre d'eau. Il faudrait que je verse 10 fois cela pour mettre 1 l d'eau dans cette bouteille et 5 fois cela pour mettre 1/2 litre d'eau dans celle-là. Si je mets cette quantité d'eau sur le plateau, jusqu'où ira l'aiguille ? ». C'est comme si on avait partagé les 500 g (respectivement les 1 000 g) en 5 parts égales (en 10 parts) : 5 fois combien (10 fois combien) font 500 (font 1 000) ? Les graduations vont de 100 g en 100 g.

Activités sur le fichier

Préciser d'abord qu'il faut trouver combien les oranges (les bananes) pèsent *en tout*. Ensuite, travail individuel.

Objectifs

Le litre et le mètre sont des unités qu'on utilise pour mesurer des grandeurs qui, bien qu'étant de nature différente (capacités et longueurs, respectivement), ont en commun d'avoir un système de sous-multiples (dl, cl, ml dans un cas et dm, cm, mm dans l'autre) tel que deux unités successives sont dans un rapport 10 (cela n'est plus le cas lorsqu'on compare le m^2 et le dm^2 ou encore le m3 et le dm3, par exemple). Le fait de travailler ces deux systèmes d'unités dans la même séquence va permettre aux élèves de s'appuyer sur les connaissances qu'ils ont déjà concernant les longueurs pour développer leur intuition des unités de capacité, celle du cl notamment : savoir que 1 cm est 100 fois plus petit qu'un mètre aide à mémoriser que 1 cl, c'est 100 fois plus petit qu'un litre parce que cela donne accès à la signification du préfixe *centi*.

Dans la sq 85, le mètre et le décimètre étaient principalement conçus comme des ensembles de mm. Pour favoriser l'appropriation de la relation 1 m = 100 cm, on introduit ici un personnage que les élèves ont déjà rencontré au CE1 : madame Dixcentimètres. Celle-ci trace ses lignes brisées comme monsieur Millimètre, mais elle s'intéresse plus aux centimètres qu'aux millimètres. Dans chaque décimètre, il y a 10 cm ; dans 1 m (10 dm), il y a donc 10 fois 10 cm, c'est-à-dire 100 cm.

Après l'étude d'une ligne brisée tracée comme madame Dixcentimètres, des activités de conversion et de comparaison sont proposées dans lesquelles une longueur exprimée sous forme complexe (2 m 78 cm, par exemple) doit être exprimée à l'aide de la plus petite unité (278 cm) ou, réciproquement, de cette dernière forme vers la première. Les cas délicats sont évidemment ceux du type 208 cm, quand le chiffre des dizaines est 0. Sous forme complexe, nous avons fait le choix d'écrire une telle longueur 2 m 08 cm plutôt que 2 m 8 cm parce que cet usage du zéro est extrêmement fréquent. Même à l'oral, on dit souvent : « deux mètres zéro huit ». Pour autant, l'enseignant peut choisir de confronter es élèves avec cette difficulté de manière plus directe, en leur proposant une activité complémentaire dans laquelle il dicte des longueurs sous la forme : « 3 m et 6 cm » ; les élèves doivent l'écrire en cm (306 cm).

La partie de la séquence consacrée aux contenances a été construite par analogie avec celle concernant les longueurs : un système de verres doseurs de 1 litre et 10 cl joue le rôle de la ligne brisée de madame Dixcentimètres et les activités proposées sont analogues.

101 **Les contenances : litre et centilitre (l et cl) ; analogie avec le mètre**

Calcul mental
• Divisions par 6

q = ... r = ...	q = ... r = ...	q = ... r = ...	q = ... r = ...	q = ... r = ...	q = ... r = ...

a **Madame Dixcentimètres trace ses lignes brisées comme monsieur Millimètre, mais elle ne s'intéresse qu'aux centimètres… Complète.**

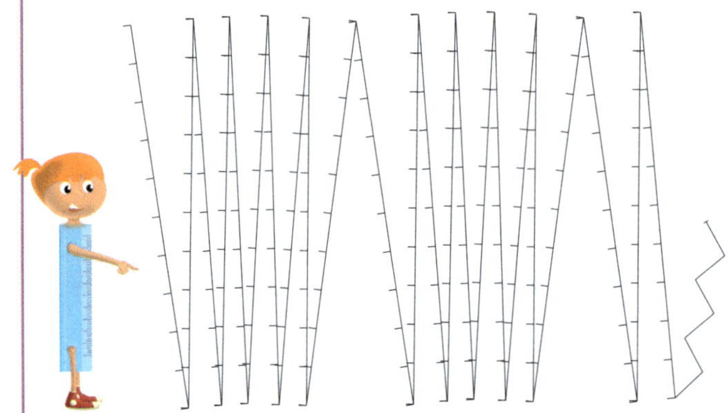

Ce trait mesure ...... m et .... cm. Il mesure .... cm en tout.

Est-il plus long ou moins long que ta table ? ....

b **Compare ces différentes longueurs. Utilise les signes >, < ou =.**

2 m 60 cm ...... 260 cm   2 m 30 cm ...... 360 cm   308 cm ...... 3 m

c **Écris ces longueurs en cm.**

1 m 35 cm = ... cm   2 m 40 cm = ... cm   4 m 07 cm = ... cm

d **Écris ces longueurs en m et cm.**

320 cm = ... m .... cm   503 cm = ... m .... cm   240 cm = ... m .... cm

e Problème

Nina mesure 1 m 38 cm ; elle est montée sur un tabouret qui a 45 cm de hauteur.
Le plafond est à 235 cm du sol.

À quelle distance du plafond se trouve la tête de Nina ?

....

....

1

Activités — Séquence 101

Divisions par 6

Idem sq 100.

1. Le mètre

L'activité commence directement sur le fichier : Mme Dixcentimètres a tracé une ligne brisée. On fait vérifier que chacun des grands traits mesure 10 cm et chacun des petits 1 cm : c'est pour cela que Mme Dixcentimètres porte un tel nom. De la même manière que Picbille groupe les jetons par 10, Mme Dixcentimètres groupe les cm par 10. Quelle est la longueur totale de sa ligne brisée en cm ?

L'enseignant organise un échange sur les différentes stratégies possibles, y compris celles qu'il vaut mieux éviter parce qu'elles sont très peu économiques. On pourrait évidemment compter les cm de 10 en 10 : « dix, vingt, trente,… », mais ce serait long. On pourrait aussi compter les traits de 10 cm : « un, deux, trois,… » (ce n'est plus un comptage de 10 en 10, mais un comptage des groupes de 10). Il y a 23 traits de 10 cm (230 cm) et encore 6 traits de 1 cm.

La stratégie la plus sure consiste à remarquer que la ligne brisée est formée de 2 « ressorts » de 10 traits de 10 cm (2 fois 100 cm ou encore 2 m), 3 traits de 10 cm (30 cm) et encore 6 cm. Le trait de Mme Dixcentimètres mesure donc 2 m 36 cm ou encore 236 cm. Un mètre, c'est 100 cm exactement,

et le centimètre (m et cm)

ⓐ **On a vidé ce seau de plage en versant l'eau dans les verres doseurs. Complète.**

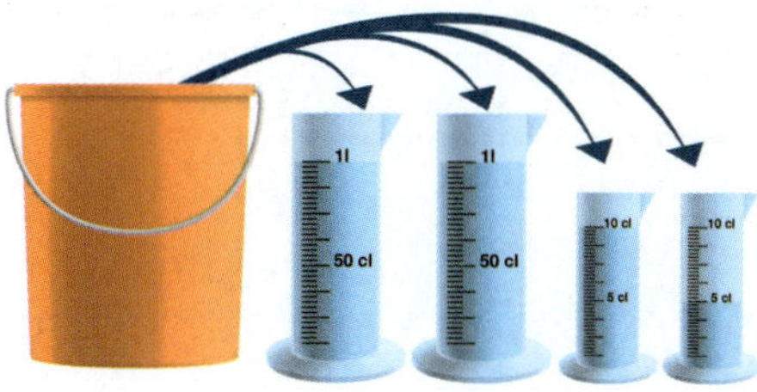

Ce seau contient ...... l *et* .... cl. *Il contient* .... cl *en tout.*

Contient-il plus ou moins qu'un lavabo ? ....

ⓑ **Compare ces différentes contenances. Utilise les signes >, < ou =.**

2 l 30 cl ...... 230 cl   3 l 10 cl ...... 300 cl   406 cl ...... 4 l

ⓒ **Écris ces contenances en cl.**

1 l 65 cl = ... cl   2 l 04 cl = ... cl   4 l 37 cl = ... cl

ⓓ **Écris ces contenances en l et cl.**

280 cl = ... l cl   342 cl = ... l cl   409 cl = ... l cl

ⓔ Problème

Un vase contient 1 l 49 cl d'eau et une bouteille contient 33 cl d'eau.
On verse le contenu du vase et de la bouteille dans un seau qui peut contenir 207 cl.

Combien d'eau peut-on encore verser dans le seau sans que l'eau déborde ?

....

....

J'ai appris — 1 m = 100 cm ; 1 l = 100 cl — On raisonne de la même manière avec les litres et les centilitres qu'avec les mètres et les centimètres.

2

Calcule ces divisions (ne les pose sur ton cahier que si c'est nécessaire).

1515 : 100 ? q = ... r = ...
car 1515 = ...

9762 : 6 ? q = ... r = ...
car 9762 = ...

5632 : 6 ? q = ... r = ...
car 5632 = ...

203 : 25 ? q = ... r = ...
car 203 = ...

3

c'est-à-dire une centaine de cm (le mot « centaine » étant employé au sens de la numération décimale).

Pour convertir des cm (432 cm, par exemple) en m et cm, il suffit de chercher combien il y a de centaines de cm dans le nombre de départ (4). Quelques conversions, dans les 2 sens et sans oublier les cas du type 308 cm et ceux du type 1 234 cm, sont faites sur ardoise : une conversion est proposée, elle est faite individuellement et corrigée immédiatement après, une autre conversion est proposée, etc. Les élèves peuvent ensuite procéder aux conversions du fichier de façon autonome.

Le problème proposé en ⓔ nécessite d'additionner deux mesures en m et cm et d'en comparer deux autres. On peut soit raisonner en tenant compte du fait qu'1 m c'est une centaine (100) de cm, soit tout convertir en cm avant de procéder à l'addition et à la comparaison.

2. Les contenances

Le verre doseur de 1 l ou bien de 1/2 l a été découvert lors de la séquence précédente (sq 100), mais un autre verre doseur apparait ici : le verre doseur de 10 cl. On pourra expliquer pourquoi la même quantité de liquide (10 cl) fait monter le niveau de l'eau beaucoup moins haut lorsqu'on la met dans le grand verre doseur que quand on la met dans le petit. L'analyse de cette situation donne accès à la propriété utilisée ensuite : pour convertir des cl (432 cl, par exemple) en l et cl, il suffit de chercher combien il y a de centaines de cl dans le nombre de départ (4).

Activité complémentaire

Rédiger le plan d'une construction

Pour faciliter l'expression des élèves, on fait rédiger le plan de construction d'une figure qui est tracée à l'intérieur d'un rectangle dont certains points sont déjà repérés avec des lettres (un exemple de rectangle ainsi que quatre autres activités sont proposés p. 208).

Activité préliminaire

Dans l'activité décrite ci-dessous, l'enseignant va effectuer la reproduction sous la dictée des enfants et il va leur demander de rédiger le plan de construction au fur et à mesure. Il est en effet plus naturel de décrire une action avec précision quand c'est quelqu'un d'autre qui doit la réaliser que quand on la réalise soi-même.

L'enseignant a tracé au tableau une construction dans un rectangle comportant des repères notés A, B, C, etc., comme dans l'exemple ci-dessous. Il le présente comme un modèle à reproduire dans un autre rectangle (« vide ») comportant les mêmes repères :

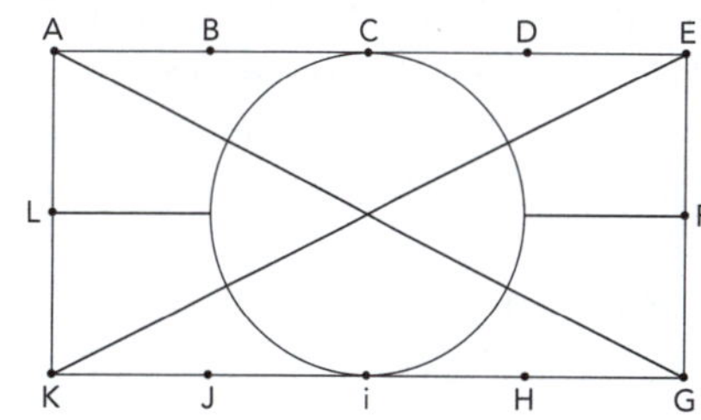

On se demande par quoi on doit commencer : le cercle, les traits AG et KE ou autre chose encore ? L'enseignant peut simuler ce qui se passerait si on commençait par le cercle : on ne sait pas où poser la pointe du compas. Ce problème résolu, on engage la construction, mais l'enseignant demande de formuler chaque consigne précisément avant d'effectuer le tracé correspondant. Sous la dictée des enfants, il écrit les consignes au tableau. Pour chacune, il écrit tout d'abord la formule proposée par les élèves, même si elle est insuffisamment claire. Au moment d'effectuer le tracé correspondant, il interprète la consigne au tableau en exploitant la moindre ambigüité, de telle sorte que le tracé corresponde le moins possible aux attentes des enfants. Par exemple, si les enfants se sont contentés de : « Tu traces un cercle en plaçant la pointe du compas sur le croisement des traits AG et KE », l'enseignant peut tracer un cercle plus petit que celui du modèle et demander si cela convient… Les élèves sont ainsi conduits à préciser la consigne, celle-ci est écrite au tableau et le tracé correspondant effectué.

Les élèves sont ensuite invités à reproduire la figure suivante, tout en rédigeant son plan de construction.

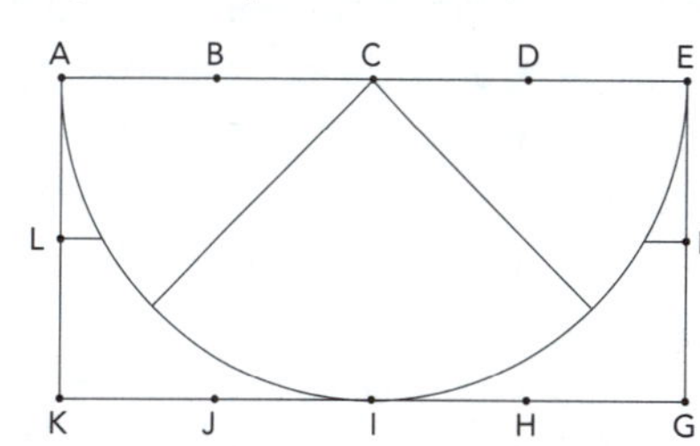

5e période

L'enseignant trouvera au début du Guide pédagogique des indications générales sur l'animation des PAC.

Activités Séquence 102

Divisions par 7

L'activité commence par un jeu du furet de la table de multiplication par 7 en avançant jusqu'à « 7 fois 10, 70 », puis en reculant. Rappelons que chaque élève, lorsqu'il est interrogé, dit l'intégralité de la ligne correspondante de la table de multiplication. Ainsi, le premier élève interrogé dit : « 7 fois 1, 7 » ; le suivant : « 7 fois 2, 14 » ; le suivant : « 7 fois 3, 21 »...

L'enseignant interroge ensuite sur des divisions élémentaires par 7 en alternant les cas où le quotient est ≤ 5 et ceux où il est > 5. La stratégie privilégiée est la stratégie de partition, celle qui conduit à faire usage de la table de 7. Dans le cas de 45 : 7 ?, par exemple, on s'interroge : « 7 fois combien font 45 ? ». Quand le quotient est ≤ 5, on peut utiliser la stratégie de quotition pour vérifier le résultat. Après le jeu du furet, selon le niveau des élèves, on leur recommandera soit de n'utiliser aucune de leurs tables cartonnées, soit leur table incomplète, soit leur table complète.

1. Apprendre à se représenter une situation et à la schématiser pour résoudre un problème

On propose, pour la première fois, un problème de partage équitable où l'on est conduit à partager le reste en fractionnant une unité. Les élèves seront donc amenés à analyser et comprendre des expressions du type « 1 tiers », « 1 quart », « 1 demi » et « 4 tiers », où les mots « demi », « tiers » et « quart » relèvent du langage quotidien (voir notre remarque ci-après).

Remarque

L'enseignant peut ne pas écrire les fractions utilisées ici (1 demi, 1 quart, 1 tiers, 4 tiers) en utilisant la barre de fraction (1/2, 1/4, 1/3, 4/3). En effet, de même que l'écriture mathématique *a* x *b* est le symbole de l'équivalence entre « *a* fois *b* » et « *b* fois *a* », de même que l'écriture mathématique *a* – *b* est le symbole de l'équivalence entre « ce qu'il reste quand on a retiré *b* de *a* » et « ce qu'il faut ajouter à *b* pour avoir *a* », de même que l'écriture mathématique *a* : *b* ? est le symbole de l'équivalence entre la quotition et la partition, de même l'écriture mathématique *a*/*b* est le symbole de l'équivalence entre « *a* divisé par *b* » (on partage *a* en *b* parts égales) et « *a béième* » (on partage l'unité en *b béièmes* et on prend *a* de ces parts). On notera d'ailleurs que le problème des « 4 pizzas partagées entre 3 personnes » est un exemple de cette équivalence : c'est bien 4 divisé par 3 (*a* partagé en *b* parts, avec la solution de Mélanie) et c'est bien aussi 4 tiers (*a béième*, avec la solution de Cécile). Mais l'écriture *a*/*b* doit servir à symboliser cette équivalence de façon générale. Ce sera un enjeu crucial du CM.

De préférence, on utilisera donc ici l'écriture littérale (1 demi, 1 tiers, 1 quart, etc.). Si des élèves utilisaient la notation chiffrée, l'enseignant validera leur production sans insister dessus.

102 Problèmes pour apprendre à chercher

Calcul mental
• Divisions par 7

q = ...	q = ...	q = ...	q = ...	q = ...	q = ...
r = ...	r = ...	r = ...	r = ...	r = ...	r = ...

Problème Trois personnes se partagent équitablement 4 pizzas.
Quelle sera la part de chaque personne ?

Voici les solutions de Mélanie, Sébastien et Cécile.
Entoure la ou les bonnes solutions.
Pourquoi la ou les autres ne conviennent-elles pas ?

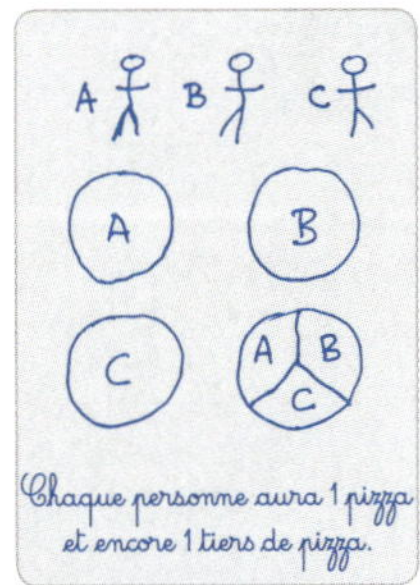

Mélanie

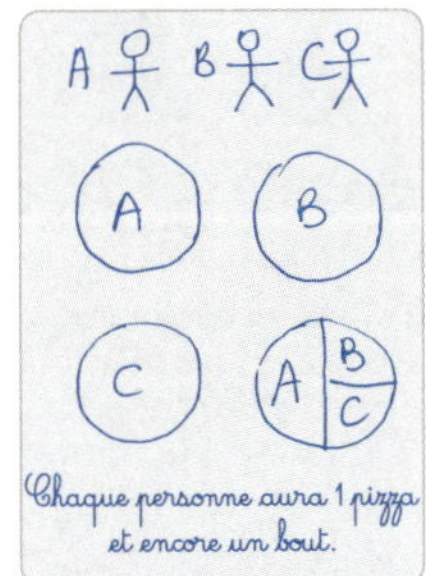

Sébastien

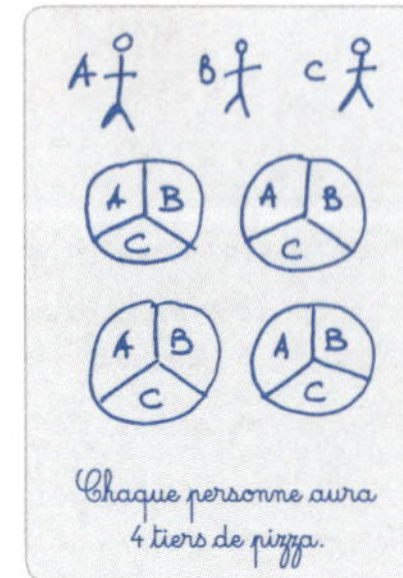

Cécile

1

Problèmes **À résoudre sur le cahier**

Résous ces problèmes (tu peux faire un schéma, écrire une égalité ou expliquer ta solution).

1. 27 élèves d'un CM1 vont partir en Grèce.
   Voici le budget que l'école a prévu :
   – avion : 105 € par élève ;
   – frais de séjour : 80 € par élève ;
   – visites : 605 € pour tout le groupe.
   Quel est le coût total de ce voyage ?
2. Deux enfants se partagent 3 crêpes en parts égales.
   Quelle sera la part de chaque enfant ?
3. Un champ a la forme d'un quadrilatère.
   Voici les mesures de ses quatre côtés : 449 m, 813 m, 587 m et 794 m.
   Quel est le périmètre de ce champ ?
4. Pour carreler un mur de salle d'eau, Mme Giron doit acheter 218 carreaux. Ceux-ci sont vendus par paquets de 5.
   Combien de paquets de 5 carreaux Mme Giron doit-elle acheter ?
5. Dans un élevage de poules pondeuses on a rempli 178 plateaux de 24 œufs.
   Combien cela fait-il d'œufs ?
6. Pour peindre un appartement, M. Dulongchemin a acheté 7 pots de 1 ℓ 50 cℓ de peinture.
   À la fin, il lui reste 2 ℓ 30 cℓ de peinture.
   Combien a-t-il utilisé de peinture ?

2

Activité collective préliminaire : déterminer la question d'un énoncé

Alors que le fichier est fermé, l'enseignant écrit au tableau le début de l'énoncé du cadre 1 : « Trois personnes se partagent équitablement 4 pizzas.»

Il invite les enfants à déterminer individuellement ce qu'on peut chercher. Après échange, la question portant sur ce que sera la part de chaque personne est écrite. L'enseignant peut faciliter la représentation de cette situation en dessinant 3 silhouettes et 4 pizzas au tableau. Il laisse un temps de recherche individuelle avant d'échanger à nouveau sur les différentes réponses.

Si les stratégies utilisées par les élèves de la classe sont celles utilisées par les élèves fictifs du fichier (Mélanie, Sébastien et Cécile), la discussion sera d'emblée très proche de celle décrite ci-dessous à partir des productions des élèves fictifs.

Activités sur le fichier

• Lorsqu'on reprend au tableau la dynamique du partage réalisé par Mélanie, on s'aperçoit qu'elle a attribué une pizza à A, une à B, une à C avant de constater qu'il reste une pizza. Que doit-on en faire ? Si on ne la partage pas, elle est perdue ! On observe que Mélanie a partagé la dernière pizza en 3 parts et qu'elle dénomme une telle part « un tiers de pizza ». Quelqu'un sait-il ce qu'on appelle « un tiers de pizza » ? Si c'était une image, une bille ou une fleur, est-ce qu'on pourrait la partager ? Dans quelles situations peut-on aussi partager le reste ? Cette question conduira à envisager des partages d'objets sécables comme des gâteaux, des fruits, des tablettes de chocolat, des liquides, etc. À ce moment de l'échange, il serait prématuré d'insister

103 Problèmes pour apprendre à chercher

Calcul mental
• Divisions par 7

q = ... r = ... | q = ... r = ... | q = ... r = ... | q = ... r = ... | q = ... r = ... | q = ... r = ...

Écris une ou plusieurs questions pour ce problème.
Réponds à ces questions (si tu as besoin, tu peux calculer ou faire des schémas sur ton cahier).

Amélie a des rubans qui ont tous la même longueur.
Quand elle met 4 rubans bout à bout, la longueur totale est de 1 m.
Quand elle met 6 rubans bout à bout, c'est plus long que sa taille : elle mesure 8 cm de moins.

Question(s) : ....

Réponse(s) : ....

1

En 1996, lors de la course Québec-Saint-Malo,
Loïk Peyron a établi le record de l'épreuve en 7 jours et 20 heures.
Combien d'heures a-t-il navigué ? ....

Sans remplir le tableau (mais tu peux calculer sur ton cahier), réponds aux différentes questions.

1 jour	24 h
2 jours	....
3 jours	....
4 jours	....
5 jours	....
6 jours	....
7 jours	....
8 jours	....
9 jours	....
10 jours	....

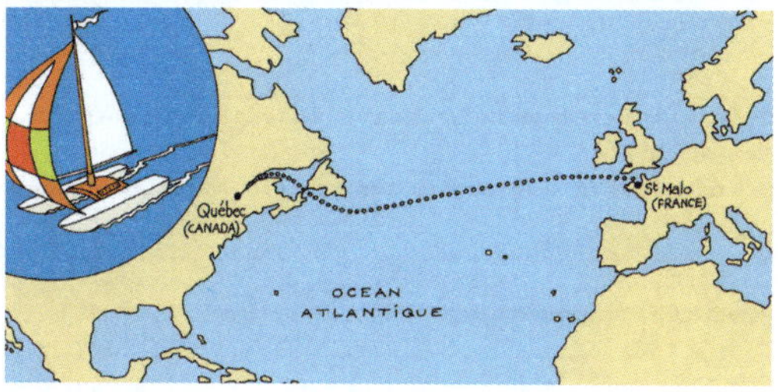

Combien y a-t-il d'heures dans 7 jours ? ....
Combien d'heures Loïk Perron a-t-il navigué ? ....
Combien y a-t-il d'heures dans 9 jours ? ....
Combien y a-t-il d'heures dans 1 mois de 30 jours ? ....
Combien y a-t-il d'heures dans 1 mois de 31 jours ? ....

Remplis le tableau et utilise-le pour vérifier tes réponses aux 1re et 3e questions.

2

sur les conditions permettant de s'assurer que les trois parts découpées dans la dernière pizza sont égales et correspondent donc réellement à un tiers.

• Sébastien a commencé son partage comme Mélanie : les personnes A, B et C ont chacune reçue une pizza entière, mais la personne A est favorisée par Sébastien car elle reçoit plus de pizza que B et C, elle reçoit une pizza et demie alors que B et C reçoivent chacun une pizza et un quart de pizza. Cela conduira à rappeler ce qu'est un partage équitable, en utilisant des expressions synonymes : « juste », « pour que tous aient pareil » (ou « la même chose »), « en parts égales », etc. Les parts faites par Sébastien ne sont pas égales. Il n'a peut-être pas su découper une pizza en 3 parties égales, en 3 tiers.

• La solution de Cécile doit d'abord être analysée pour elle-même. La dynamique du schéma de Cécile est reprise au tableau : elle partage la première pizza en 3 parts égales ou 3 tiers, fait de même avec la deuxième pizza, etc. Les personnes A, B et C reçoivent-elles la même quantité de pizza ? On compare alors cette solution à celle de Mélanie, comparaison qui doit provoquer un débat : leur partage est bien fait, chaque personne a bien la même chose, mais les deux schémas ne se ressemblent pas et elles ne répondent pas la même chose (« 1 et 1 tiers » dans un cas, « 4 tiers » dans l'autre) ! Pour assoir la conviction que les deux partages sont équivalents, on peut dessiner la part qu'une personne a avec Mélanie et celle qu'elle a avec Cécile :

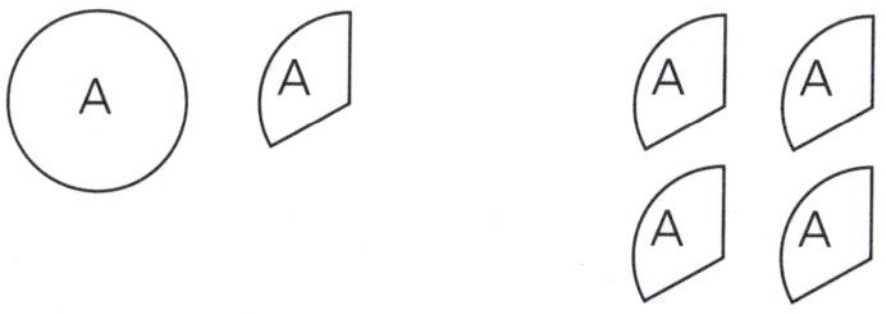

Avec Mélanie — Avec Cécile

On se rend compte que 4 tiers c'est la même quantité de pizza que 1 pizza et 1 tiers de pizza. Si on a 3 tiers de pizza, on a la même quantité de pizza qu'avec 1 pizza entière. Au besoin, on redécoupe la pizza A de Mélanie en 3 tiers pour mettre en évidence l'équivalence :

Avec Mélanie — Avec Cécile

2. Problèmes divers

Le problème n°2 décrit, en plus simple, une situation analogue à celle de l'activité précédente.

Activités Séquence 103

Division par 7

Idem sq 102.

1. Rédiger plusieurs questions

2. Vers les conversions jours ↔ heures

Le tableau qui figure ici met en relation un nombre de jours et le nombre d'heures correspondant. Dans sa structure, cette activité a déjà été pratiquée à d'autres moments dans les PAC (voir séquences 83 et 92). Il s'agit toujours de faire fonctionner des propriétés mathématiques (distributivité…) qui sont utilisées notamment dans la multiplication par un nombre à deux chiffres (31 fois 24 h, c'est 30 fois 24 h et 1 fois 24 h). Cette tâche constitue une première approche de la conversion j ↔ h et amène à établir la table des multiples de 24.

Avant de remplir le tableau, on pourra repérer, sur un planisphère ou un globe terrestre, les deux villes qui donnent leur nom à cette course.

Si des élèves étaient en difficulté pour répondre aux questions 3 et suivantes, on les aiderait en s'inspirant des conseils donnés dans les séquences 83 et 92 pour des difficultés similaires.

Remarque

Pour remplir le tableau, la procédure normale à ce moment de la scolarité consiste à ajouter 24 à la ligne précédente. Mais, pour le nombre d'heures correspondant à 10 jours par exemple, des élèves penseront à utiliser directement la multiplication 24 x 10 = 240. Ils utilisent alors de façon implicite la multiplication dans un sens nouveau et particulièrement abstrait : la grandeur de départ n'est pas augmentée, elle est seulement exprimée d'une autre façon. Ce sens de la multiplication, mobilisé dans les conversions, sera abordé au CM.

Objectifs

La sq 104 est la première d'un groupe de trois séquences sur les solides (les séquences 106 et 107 sont en grande partie construites sur le même modèle). Celle-ci porte sur les cylindres. L'objectif essentiel est de faciliter une catégorisation reposant sur des propriétés structurales : un cylindre est toujours formé d'un « tube » et de deux disques qu'on peut appeler « bases » (parce que, posé sur l'une d'elles, le cylindre ne « roule » plus). Pour cela, on commence par faire construire aux élèves une « boite » de forme cylindrique à partir de trois pièces en carton prédécoupé : un rectangle qu'ils devront courber pour former un tube et deux disques.

On amène ensuite les élèves à différencier divers cylindres par la longueur du tube (la hauteur) et la taille des disques (les bases). Ces tâches permettent de repérer les paramètres qui expliquent les variations de la forme : les cylindres ne se distinguent les uns des autres que par les dimensions de leur hauteur et de leurs bases. On s'efforce ainsi d'amener les élèves à dépasser la catégorisation perceptive des solides : un cylindre peut être très plat, comme une pièce de monnaie, ou longiligne, comme une baguette de bois ronde.

Dans la sq 81, les élèves ont complété un histogramme à partir d'un tableau de nombres. Dans la sq 105, ils sont confrontés à la tâche inverse : compléter un tableau de nombres à partir d'un histogramme.

104 Les solides (1) : les cylindres

Calcul mental
- Divisions par 8

q = ...	q = ...	q = ...	q = ...	q = ...	q = ...
r = ...	r = ...	r = ...	r = ...	r = ...	r = ...

a Avec le matériel en carton (à la fin de ton fichier), construis le cylindre.

b Observe ces solides. Ce sont tous des cylindres.

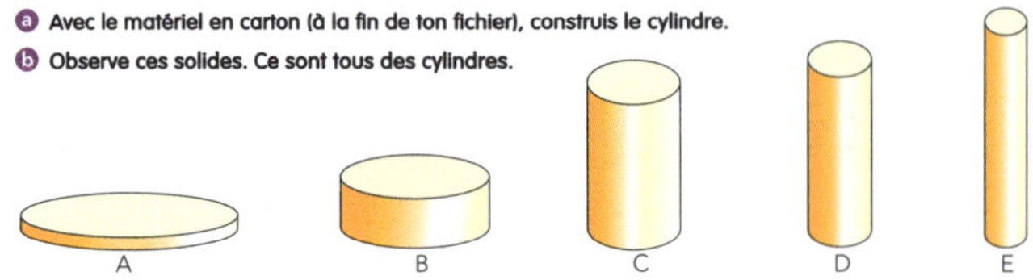

c Auquel de ces cylindres celui que tu as construit ressemble-t-il le plus ? .... Pourquoi ?

....

d Qu'ont de pareil tous ces cylindres ? Qu'ont-ils de différent ?
Trouve autour de toi des objets qui ont une forme de cylindre.

1

Voici d'autres cylindres :

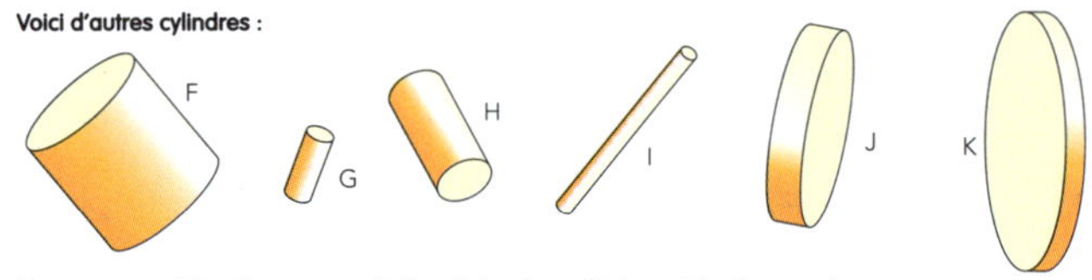

On a commencé à ordonner ces cylindres de la plus petite base à la plus grande.
Continue : I, ...
On a commencé à ordonner ces cylindres de la plus petite hauteur à la plus grande.
Continue : K, ...

2

Pose et calcule ces multiplications (utilise le conseil de Nina).

93 x 76 — 128 x 74 — 116 x 57

3

Activités — Séquence 104

Divisions par 8

Idem sq 102, mais avec le nombre 8. Après un jeu du furet, on alterne les cas où le quotient est ≤ 5 et ceux où il est > 5.

1 et 2. Solides (1) : les cylindres

Montage des cylindres (matériel individuel)

L'enseignant a préparé le matériel des élèves : les 3 faces prédécoupées incluses dans le fichier et du ruban adhésif, si possible, repositionnable. Il a également apporté une boite de forme cylindrique (une petite boite de conserve ou une boite à sel, par exemple). Il la montre en disant que cette boite a une forme de cylindre (le mot est écrit au tableau), et qu'avec le rectangle et les deux disques jaunes les élèves pourront fabriquer un objet qui aura aussi la forme d'un cylindre. Comme la hauteur de ce cylindre n'est pas prototypique (ce cylindre est assez plat), au début les élèves peuvent être perplexes : comment peut-on construire une boite de forme cylindrique en utilisant la bande de carton de forme rectangulaire ? De premières manipulations permettront toutefois d'anticiper comment y parvenir : il faudra faire une sorte de couronne qui sera fermée par les deux disques. Les élèves se mettent par deux pour monter leur cylindre. L'enseignant peut les guider avec un matériel similaire : plutôt que de commencer par former la « couronne », il faut d'abord fixer cinq ou six morceaux d'adhésif « à cheval » sur un grand côté du rectangle. On colle ensuite un disque avec un des

105 **Construire, lire et interpréter des histogrammes (2)**

Calcul mental
• Divisions par 9

q = ... r = ... | q = ... r = ... | q = ... r = ... | q = ... r = ... | q = ... r = ... | q = ... r = ...

a Un marchand de vêtements a représenté ses ventes de pull-overs dans le graphique ci-dessous.
Vérifie que, pour janvier et février, le graphique et le tableau représentent les mêmes nombres, puis complète le tableau.

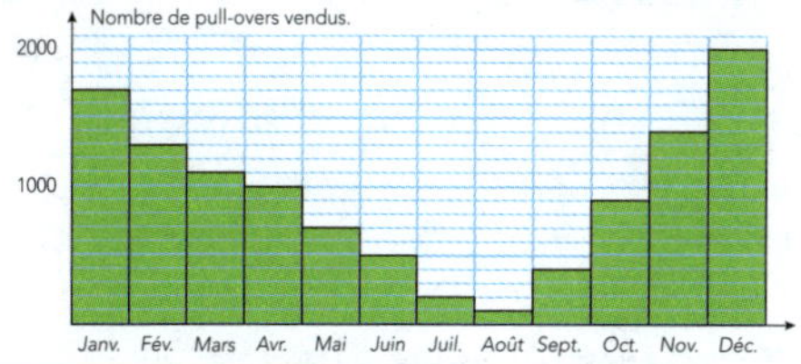

Mois	Janv.	Fév.	Mars	Avr.	Mai	Juin	Juil.	Août	Sept.	Oct.	Nov.	Déc.
Pull-overs	1 700	1 300	......	......	......	......	......	......	......	......	......	......

Durant quel mois a-t-il vendu le moins de pull-overs ? ....
Pourquoi a-t-il vendu très peu de pull-overs durant ce mois ? ....
Durant quel mois a-t-il vendu le plus de pull-overs ? ....
Pourquoi a-t-il vendu beaucoup de pull-overs durant ce mois ? ....

b Que peut représenter ce graphique ? Barre les solutions improbables.

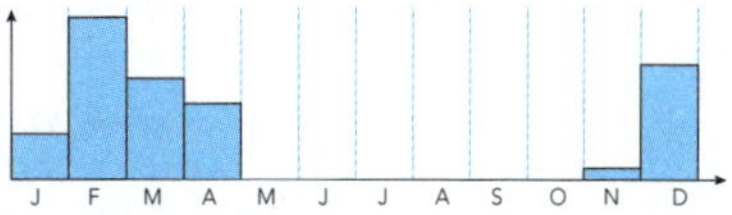

Nombre d'entrées dans une piscine.
Nombre de voyageurs avec la SNCF.
Nombre d'utilisateurs d'un téléski.
Nombre d'entrées dans un cinéma.

1

Pose et calcule ces multiplications (utilise le conseil de Nina).

260 x 29 | 169 x 37 | 195 x 46

2

adhésifs. On courbe le rectangle pour former un tube très plat (ou une couronne) et on fixe au fur et à mesure les autres adhésifs. On peut alors joindre et fixer les deux petits côtés du rectangle. Il reste à fixer l'autre disque : on met cinq morceaux d'adhésif sur le tube, on ajuste le disque et on fixe les morceaux d'adhésif. On fait remarquer que cet objet roule quand on le pose sur sa face courbe.

Activités sur le fichier

Dans l'activité 1, les élèves décrivent les raisons qui leur font apparier le cylindre B et celui qu'ils ont construit. On aboutira à des formulations comme : « A est plus plat ; C, D et E sont plus longs ». On parle alors de la « hauteur » des cylindres et on mesure celle du cylindre qui a été construit (3 cm). On fait formuler que les cylindres sont rangés selon leur hauteur : de A à E, elle est de plus en plus grande. On s'intéresse aussi aux disques : de A à E, ils sont de plus en plus petits car leur diamètre diminue (on pourra faire mesurer le diamètre du cylindre construit par les élèves). On les appelle les « bases », car ce sont les faces sur lesquelles on peut poser un cylindre de façon stable. On fait enfin expliciter « ce que tous les cylindres ont de pareil » : ce sont tous des tubes fermés par 2 disques ; parfois, ces tubes ressemblent à des couronnes (ce qui amène à concevoir une couronne comme un tube de très grand diamètre et de petite hauteur).

Pour conclure, l'enseignant montre divers objets qu'il a apportés : certains sont des cylindres (boite de fromage, pièce de monnaie, tube d'aspirine, baguette, clou coupé aux deux extrémités, jeton, etc.), d'autres n'en sont pas (sphère, cône, anneau, pavé, pyramide, etc.). Il demande aux élèves de réunir tous ceux qui ont une forme de cylindre. Pour chaque objet, on fait expliciter pourquoi il a une forme de cylindre ou pourquoi ce n'est pas le cas.

Dans l'activité 2, les élèves travaillent individuellement.

Remarque

Les cylindres construits par les élèves seront réutilisés au début des séquences 106 et 107.

Activités — Séquence 105

Divisions par 9

Idem sq 102, mais avec le nombre 9. Après un jeu du furet, on alterne les cas où le quotient est ≤ 5 et ceux où il est > 5.

1. Lire un histogramme et compléter le tableau de nombres correspondant

La graduation de l'ordonnée ne permet de déterminer les nombres que de façon approximative, autour du repère 100. Il convient d'amener les élèves à prendre conscience de cette limitation : pour janvier par exemple, le bord supérieur du tube apparait sur la graduation 1 700, mais il est impossible de savoir combien de pulls cela représente à l'unité près. Où tracerait-on le haut du tube si les ventes de pulls étaient de 1 650, 1 675, 1 750, 1 725 ? Et où, si les ventes étaient de 1 695, 1 696,... 1 701, 1 702,... 1 705 ? La discussion conduit à convenir que le nombre de pulls vendus chaque mois sera un nombre exact de centaines.

En outre, comme l'allure globale de cet histogramme est l'inverse de celui de la sq 81, leur comparaison, à la fin de l'activité, permettra de mieux saisir l'intérêt des graphiques : on voit immédiatement que les ventes de T-shirts suivent l'évolution des températures au cours de l'année, tandis que celles des pulls augmentent quand le temps se refroidit et diminuent quand il se réchauffe. Si un marchand veut vendre des vêtements toute l'année, il a intérêt à vendre des pulls et des T-shirts.

Les élèves font individuellement la tâche b. Un échange collectif permettra ensuite d'expliciter pourquoi on retient plutôt un graphique représentant l'évolution du nombre d'utilisateurs d'un téléski.

Objectifs

Dans la sq 106, on poursuit l'apprentissage des propriétés des solides avec l'étude des prismes triangulaires*. Après avoir construit un prisme triangulaire, les élèves déterminent les propriétés principales de ces solides, notamment en les comparant avec les cylindres. Ils sont alors amenés à dégager la notion de sommet (ces prismes en ont 6, les cylindres n'en ont pas) et à s'intéresser au nombre et à la forme des faces et des arêtes et à des propriétés physiques comme la « stabilité » (les cylindres roulent et non les prismes). De ce fait, la notion de face prend un sens assez général : elle peut être un triangle ou un rectangle comme ici, un disque ou un tube comme avec les cylindres. De même, il y a des arêtes rectilignes ou courbes. À travers la compréhension des concepts correspondants, on cherche aussi à favoriser la prise de conscience des spécificités du langage géométrique : une face n'est pas toujours plate et n'est pas toujours « de face », une base n'est pas toujours « en bas », un sommet n'est pas toujours « en haut »... Par ailleurs, on demande aux élèves de comparer les longueurs des arêtes et de repérer les angles droits sur chacune des faces, ce qui aide à concevoir les polyèdres comme des compositions de polygones.

* *Un prisme est un solide engendré par la translation rectiligne d'un polygone.*

Dans la sq 107 les élèves sont amenés à dégager les propriétés de base des pavés droits et à comprendre pourquoi ils sont qualifiés de « droits » : tous les angles des faces sont droits. Ils sont enfin conduits à ranger les cubes dans la même catégorie que les pavés droits, ce qui est une nouvelle occasion de concevoir les carrés comme des rectangles particuliers (cf. sq 70).

Activités — Séquence 106

Divisions par 9

Idem sq 105.

Activité 1

Les élèves doivent d'abord construire la boite en forme de prisme (matériel en fin de fichier). Avant qu'ils ne le détachent de son support, on rappelle la construction du cylindre lors de la séquence 104, et on fait anticiper quel type de solide ils vont construire (les élèves parlent souvent d'une pyramide) et comment vont se joindre les différentes parties. La fabrication elle-même est très facile (les élèves utilisent des morceaux de ruban adhésif).

L'enseignant fait alors décrire brièvement ce solide, il le nomme (l'expression « prisme triangulaire » est écrite au tableau). Si le terme « pyramide » a été utilisé par des élèves, l'enseignant indique qu'une pyramide est formée d'un polygone (triangle,

106 Les solides (2) : les prismes triangulaires

Calcul mental
• Divisions par 9

q = ... r = ...	q = ... r = ...	q = ... r = ...	q = ... r = ...	q = ... r = ...	q = ... r = ...

a Avec le matériel en carton (à la fin de ton fichier), construis le prisme triangulaire.

b Observe les schémas de solides ci-dessous. Ce sont tous des prismes triangulaires.
Auquel de ces prismes celui que tu as construit ressemble-t-il le plus ? .... Pourquoi ?

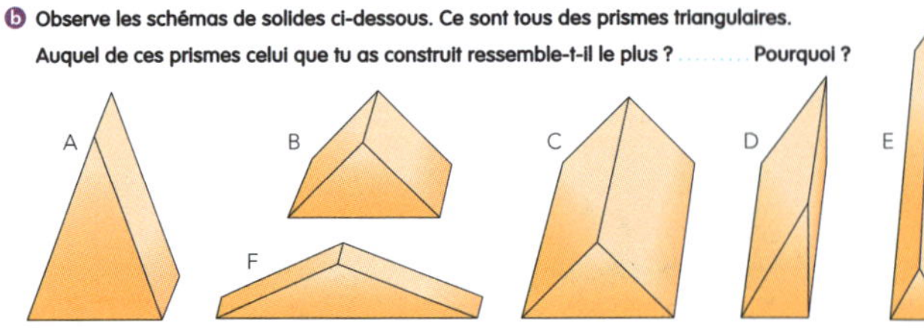

c Quelles sont les différences entre un cylindre et un prisme triangulaire ?
....
....

1

a Pose sur ta table le prisme que tu as construit, dans cette position :

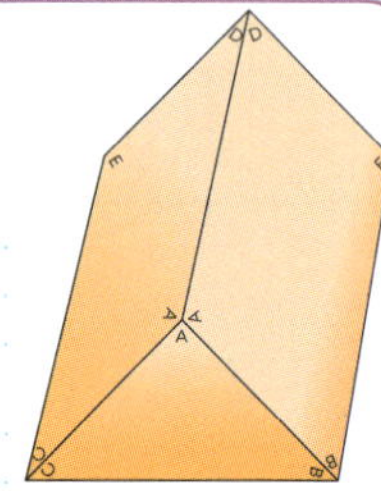

b **Ses 6** sommets **sont notés par les lettres A, B, C, D, E et F.**
Montre chacun de ces sommets.

c Montre les faces ABC et ADEC. Quelles sont les autres faces ?
....
Combien le prisme triangulaire a-t-il de faces ? ....
Quelle est leur forme ? ....

d **Le trait AB s'appelle une** arête **du prisme.**
Quelles sont les autres arêtes ? ....
.... Combien a-t-il d'arêtes ? ....

e Mesure la longueur des arêtes du prisme triangulaire que tu as construit et complète le tableau.

Arêtes	AB	AC	BC	DF	DE	EF	EC	AD	FB
Longueur en cm	.....	.....	.....	.....	.....	.....	.....	.....	.....

Quatre arêtes ont la même longueur. Lesquelles ? ....
Trois autres arêtes ont la même longueur. Lesquelles ? ....
Deux autres arêtes ont la même longueur. Lesquelles ? ....

f Cherche les angles droits et note-les sur ton prisme triangulaire comme ceci :

Il y a .... angles droits. En tout, il y a .... angles.

2

quadrilatère, pentagone, etc.) qui constitue sa base et que toutes ses autres faces sont des triangles. Est-ce le cas ici ? Évidemment, si on dispose de tels solides dans une collection, on les fait observer et comparer au prisme.

Les élèves ouvrent alors leur fichier. D'autres prismes y sont représentés. Pourquoi peut-on dire que ce sont aussi des prismes ? Cela amène à caractériser ces solides : 2 faces triangulaires et 3 faces rectangulaires. L'un d'entre eux ressemble à celui des élèves. Lequel ? On sollicite des arguments (forme des faces triangulaires et des faces rectangulaires).

À la fin de l'activité, on organise une phase de recherche (par petits groupes par exemple) où il faut comparer prismes et cylindres. On distribue les cylindres construits lors de la séquence 104. La consigne est ouverte : quelles sont les différences entre les deux sortes de solides ? Elle peut même paraitre incongrue, tant les différences semblent plus marquées que les points communs. Cela permet de dégager collectivement des notions générales comme « face », « sommet », « arête », « base ». On recense finalement au tableau les différences qui ont été trouvées :

- Les cylindres ont 3 faces, 2 faces en forme de disques et 1 face en forme de tube ; les prismes ont 5 faces, 2 faces triangulaires et 3 faces rectangulaires : on les fait nommer en utilisant les lettres (« ADB », « ADC », etc.) et compter (les élèves peuvent les numéroter).
- On peut dire aussi que les cylindres ont deux bases sur lesquelles on peut les poser, alors que les prismes en ont 5 (on essaye ces 5 façons de poser le prisme).
- Les « bords » des cylindres sont « ronds », ceux des prismes sont droits : on introduit alors le terme « arêtes », on les fait

107 **Les solides (3) : les pavés, les pavés droits et le cube**

Calcul mental
• Ajouter 9, 19, 29...

ⓐ **Construis le pavé droit dont le patron se trouve à la fin de ton fichier. Compare-le au cylindre et au prisme triangulaire que tu as construits.**

ⓑ **Sur ton pavé droit, mesure les 3 dimensions demandées ci-dessous :**

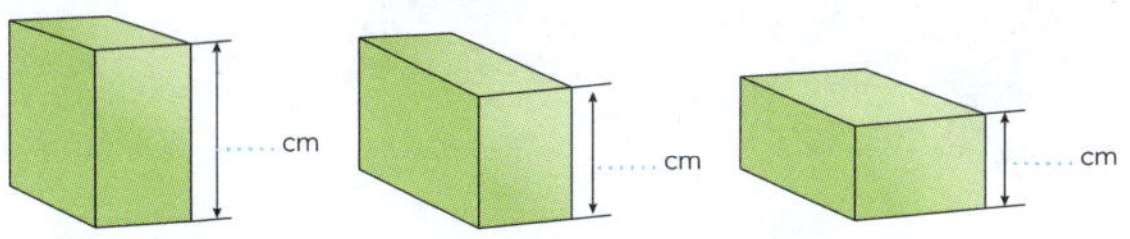

ⓒ **Tu viens de mesurer 3 arêtes. Elles sont de longueurs différentes. Peux-tu trouver une arête qui aurait une autre longueur que ces trois-là ?** ....

ⓓ **Cherche les angles droits et note-les sur ton pavé droit comme ceci :**

Il y a ...... angles droits. En tout, il y a ...... angles.

ⓔ **Observe et réponds :**

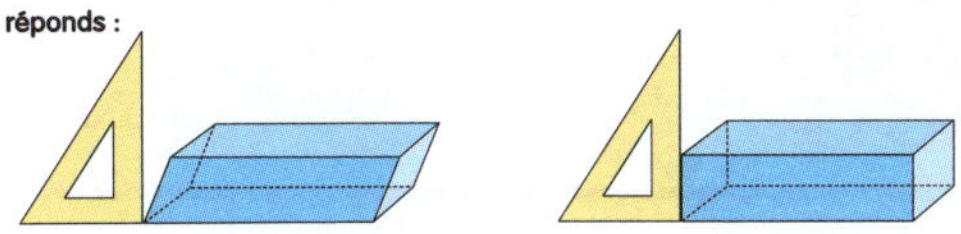

Ce solide est un pavé, mais **ce n'est pas un pavé droit**. — Ce solide est **un pavé droit**.

Pourquoi le solide représenté sur l'image de gauche n'est-il pas un « pavé droit » ?

....

....

1

Calcule ces divisions (fais la preuve sur ton cahier).

9 559 : 7 ? q = ... r = ...

7 392 : 9 ? q = ... r = ...

2

suivre du doigt et on fait nommer les arêtes du prisme en carton (« AC », « AB », etc.) ;

• Les prismes ont des « pointes », pas les cylindres : on introduit le mot « sommet », on les fait désigner du doigt, dénommer et compter sur le prisme.

Pour résumer, l'enseignant amorce un glossaire imagé au tableau. Il dessine les schémas d'un cylindre et d'un prisme prototypiques. Il note entre les deux schémas les termes *faces, arêtes, sommets* et demande à trois élèves de venir relier par des flèches chaque mot à des éléments correspondants sur les deux schémas.

Activité 2

L'activité est individuelle. On conservera les prismes construits par les élèves (et les cylindres) pour la séquence 107.

Activités Séquence 107

Ajouter 9, 19, 29...

Les additions sont données oralement.

1. Solides (3) : les parallélépipèdes

Les élèves construisent la « boite » en forme de pavé droit (matériel en fin de fichier). Auparavant, on leur fait anticiper quelle sorte de solide ils obtiendront. Des élèves parlent par exemple de « boite un peu carrée ». L'enseignant confirme cette anticipation quant à la forme, mais introduit d'emblée l'expression « pavé droit » : c'est le terme géométrique et on saura mieux tout à l'heure pourquoi il s'appelle ainsi.

Les cylindres et prismes en carton sont distribués et les élèves comparent les 3 sortes de solides. Après cette recherche (par exemple par petits groupes), on dégage collectivement les spécificités du pavé droit en vérifiant la généralité de chaque propriété sur divers objets de même forme (boites diverses, règle à section carrée, règle plate, cube, boitier de CD, etc.) :

• Le pavé droit ne roule pas.

• Il a 6 faces, qui sont toutes des rectangles. L'enseignant pourra faire remarquer que les faces opposées sont superposables (c'est aussi le cas des deux faces circulaires du cylindre).

• Il a 8 sommets. On les nomme avec des lettres comme sur le prisme, ce qui permet de désigner sans ambigüité ces sommets, mais aussi les faces et les arêtes.

• Il a 12 arêtes droites (celles du cylindre sont courbes).

Après les activités ⓑ et ⓒ sur le fichier, on amène les élèves à comprendre qu'il est impossible de trouver une arête de longueur différente des trois qui ont été trouvées : si on considère les arêtes « en tournant » autour du pavé droit, celles qui sont rencontrées lors d'un même « tour » sont toutes de même longueur ; or, il n'y a que 3 façons de « tourner » autour de ce solide, qu'on pourra matérialiser sur une boite par 3 traits de couleur. Mais on relie aussi cette observation à ce qu'on sait des rectangles : les 2 côtés opposés ont même longueur.

Le fait que les faces sont toutes des rectangles permettrait d'anticiper une autre caractéristique : les 3 angles de chaque sommet sont droits, soit en tout 24 angles droits. Mais on privilégie ici une autre démarche : on fait d'abord dégager ces propriétés par chaque élève (*cf.* consignes ⓓ et ⓔ), et c'est dans un échange collectif que l'enseignant amène les élèves à relier ces observations à la forme des 6 faces. Ceux-ci ont alors une première compréhension du nom de ce solide.

L'activité suivante et l'image permettront une compréhension plus complète de ce nom. L'analyse de l'image du pavé quelconque permet en effet de remarquer que la face qu'on voit en premier plan n'est pas un rectangle et que ses 4 angles ne sont donc pas droits. On peut dessiner au tableau le patron du parallélépipède quelconque représenté sur le fichier par déformation du dessin du patron utilisé par les élèves. On conclura que le pavé droit est un pavé particulier qui a 6 faces rectangulaires et dont tous les angles sont droits.

Objectifs

Dans la sq 108, on aborde un type de problème de division-partage particulier, celui où l'on cherche la valeur de l'unité. Par exemple : « 4 bols identiques pèsent en tout 968 g. Combien de g pèse un bol ? ». Ce type de problème est proche d'un problème de partage, mais il n'est pas naturel de le résoudre en simulant la distribution des grammes un à un entre les 4 bols, comme on le ferait si l'on partageait 968 objets entre 4 personnes dans la procédure de base. Dans tous les problèmes de ce type, on ne calcule pas une division avec reste, mais ce que nous appelons au CM une « division-fraction ». Le fait que le quotient soit entier (comme ici) est en fait un cas particulier. C'est pourquoi, au CE2, nous avons fait en sorte que le reste de la division euclidienne soit nul.

Les élèves ont déjà rencontré des problèmes similaires dans les PAC, mais ceux-ci n'ont pas nécessairement été mis en relation avec la division. C'est l'objectif de cette séquence. Pour cela, on amène les élèves à reformuler le problème sous la forme : « 4 fois combien font 968 g ? », et à prendre conscience qu'on le résout ainsi comme un problème de partage, comme si on répartissait équitablement les 968 g entre les 4 objets.

L'objectif essentiel de la sq 109 est de s'assurer que les élèves savent utiliser une calculatrice. Dans ce *Guide pédagogique*, l'usage de cet outil n'a pas été fréquemment recommandé et il se peut que certains enseignants aient plus souvent sollicité son emploi qu'il ne l'a été ici. De manière évidente, l'usage de la calculatrice entre en concurrence avec celui des techniques de calcul mental et écrit. Il faut y faire particulièrement attention concernant le calcul mental parce qu'à l'entrée au CE2, les compétences en calcul mental sont cruciales. Ce sont celles qui permettent le mieux de prédire le niveau des élèves à l'entrée en 6e, non seulement en calcul, mais aussi en résolution de problèmes. En CE2, face à un élève faible en calcul mental, le premier objectif de l'enseignant doit donc être de développer ses compétences dans ce domaine et non de lui apprendre l'usage d'une calculatrice ; la pire des situations serait évidemment qu'un tel élève masque ses difficultés en calcul mental en utilisant la calculatrice comme « prothèse électronique ».

On connait le principal argument en faveur de l'usage de la calculette : dans le contexte d'une résolution de problèmes, l'usage de la calculatrice permettrait de s'intéresser essentiellement au raisonnement du fait que le calcul est pris en charge par la machine. Et ceci serait particulièrement intéressant lorsque les problèmes contiennent des grands nombres.

Cette représentation de la calculette comme outil rendant les calculs faciles est effectivement celle qu'ont les élèves, mais cela n'a pas que des avantages en contexte de résolution de problèmes, notamment en ce qui concerne les élèves les plus faibles. Considérons par exemple ce problème : « *Dans un train il y a 237 passagers. D'autres personnes montent et après il y a 413 passagers dans le train. Combien de personnes sont montées ?* ».

L'élève qui ne le reconnait pas d'emblée comme un problème de soustraction, s'il pense que la calculatrice doit lui donner directement le résultat, sera fortement incité à choisir l'une des opérations et à utiliser la machine de façon traditionnelle. Ici, il choisira vraisemblablement l'addition (le train se remplit , il a des passagers en plus) et l'élève fera l'erreur de calculer 237 + 413.

Bien sûr, cet élève pourrait utiliser la calculette pour tester différents nombres de personnes susceptibles d'être montées dans le train : 237 + 150 ce n'est pas assez, 237 + 180 c'est trop, etc. Mais ce n'est pas si simple : il faut noter de manière scrupuleuse les calculs intermédiaires pour gérer les essais et toute erreur de manipulation rend la tâche extrêmement complexe. Il est plus facile de gérer cela dans le contexte d'un calcul à la main qui, lui, conduit nécessairement à des traces écrites. Pour autant, il faut se garder de tout dogmatisme et il est clair que les élèves doivent apprendre à utiliser une calculette. D'où cette séquence.

108 Chercher la valeur de l'unité

Calcul mental
- Ajouter 9, 19, 29…

Comment trouver ce que pèse un objet quand on sait ce que pèsent 4 objets ?

968 g, c'est ce que pèsent 4 bols. Combien pèse 1 bol ?

Ces 4 bols sont identiques. Combien pèse 1 bol ? ……………

Comment trouver le prix d'un objet quand on connait celui de 3 objets ?

417 € c'est le prix de 3 fauteuils. Je cherche le prix de 1 fauteuil…

Combien coute 1 fauteuil ? ……………

J'ai appris
- Si 5 objets identiques pèsent 875 g, pour connaitre ce que pèse 1 objet, il faut « partager » les 875 g entre les 5 objets, il faut calculer ……………
- Si 7 objets identiques coutent 651 €, pour connaitre le prix de 1 objet, il faut « partager » les 651 € entre les 7 objets, il faut calculer ……………

Résous ces problèmes sur ton cahier.

1. Une école a acheté 25 dictionnaires identiques au prix total de 175 €.
   Quel est le prix d'un dictionnaire ?
2. Quand Marie-Jo fait 7 fois le tour du stade de son lycée, elle parcourt 1 911 m.
   Quel est le périmètre de ce stade ?
3. Un transporteur charge 6 vélos identiques. En tout, ces 6 vélos pèsent 102 kg.
   Combien pèse un vélo ?
4. Un marin emporte 10 bidons identiques, qui contiennent en tout 130 litres d'eau.
   Combien de litres contient chaque bidon ?

1

Le nombre mystérieux

8 043 – 2 281 = ……………
6 351 – 989 = ……………
9 007 – 3 625 = ……………
37 x 156 = ……………
79 x 68 = ……………
208 x 29 = ……………

5 362 5 372 5 382 5 762 5 772 5 792 6 032

Le nombre mystérieux : ……

2

109 **La calculatrice**

Calcul mental
• Multiplications par 11 et 12

a **Calcule ces opérations « à la main », puis vérifie tes calculs avec la calculette.**

	5 396 + 4 654	1 976 + 5 327	1 043 x 7	8 393 – 4 857
Mes résultats « à la main »				
Ceux de la calculette				

b **Mets-toi avec un(e) camarade. L'un(e) calcule avec la machine, l'autre sans. Qui va le plus vite pour effectuer ces calculs ?**

60 x 3 = ... 20 + 30 + 50 + 70 = ... 6 + 4 + 8 + 2 = ...
50 + 50 + 10 + 9 + 1 + 7 = ... 203 x 3 = ... 916 – 500 = ...

Même activité en échangeant les rôles.

3 x 80 = ... 7 + 3 + 1 + 9 = ... 309 x 2 = ...
8 + 2 + 10 + 5 + 5 + 6 = ... 40 + 60 + 100 + 32 = ... 946 – 400 = ...

1

Complète le tableau.

	pavé droit	cube	cylindre
Nombre de faces	....	....	....
Nombre de sommets	....	....	....
Nombre d'arêtes	....	....	....
Forme des faces planes	*Ce sont des*	*Ce sont des*	*Ce sont des*

2

Calcule (ne pose les divisions sur ton cahier que si c'est nécessaire).

7 836 : 100 ? q = ... r = ...
car 7 836 = ...

9 654 : 9 ? q = ... r = ...
car 9 654 = ...

7 845 : 8 ? q = ... r = ...
car 7 845 = ...

1 047 : 250 ? q = ... r = ...
car 1 047 = ...

3

Activités Séquence 108

Ajouter 9, 19, 29...

Les additions sont données oralement.

1. Chercher la valeur de l'unité

L'activité commence, fichier fermé, avec le premier problème (celui des bols), représenté au tableau (on insiste sur le fait que les 4 bols sont identiques et pèsent donc le même poids). L'enseignant laisse les élèves chercher. Il se peut que certains utilisent la division. La plupart essayent des multiplications (la connaissance de 250 x 4 = 1 000 peut être le point de départ de certains raisonnements). C'est seulement ensuite, dans une mise en commun, qu'on cherche à faire le lien entre les deux procédures.
On commence par s'intéresser à la résolution par des essais de multiplications, qu'on peut justifier en écrivant 968 = ... x 4 et en disant qu'on cherche « 4 fois combien de g font 968 g ? ». On valide l'approche à partir de 250 x 4 = 1 000 et, finalement, le résultat : chaque bol pèse 242 g car 968 = 242 x 4.

Il est temps alors d'explorer le calcul de la division 968 : 4 ?. Si des enfants ont utilisé cette opération, l'un d'entre eux vient au tableau montrer comment il s'y est pris et dire pourquoi il a utilisé une division. Si aucun enfant n'a utilisé cette procédure, l'enseignant demande aux élèves de calculer 968 : 4 ?. Le quotient est aussi 242 et le reste zéro. Peut-on expliquer pourquoi on pouvait aussi calculer une division ? On se réfère à la situation : on cherche en fait « 4 fois combien font 968 ? », comme quand on résout un problème de partage. Comme les 4 bols pèsent tous le même nombre de grammes, c'est comme si on avait partagé les 968 g entre les 4 bols. On utilisera aussi l'expression « *n* fois moins » : « La masse d'un bol, c'est 4 fois moins que 968 g ».

Le fait d'écrire la preuve de cette division est important. Il permet de relier de nouveau les deux opérations utilisées ici. Il permet aussi de comprendre que le reste de la division est nécessairement égal à zéro. En effet, avec la résolution par une multiplication, celle-ci n'est pas suivie d'une addition (« 4 x 242 donne exactement 968 »). On ouvre alors le fichier et on complète directement la zone de réponse. Après avoir reconnu que le problème sur les prix est analogue, les élèves sont invités à commencer par la division et à calculer la preuve. On commente ce problème de la même façon que celui des bols.
Après avoir complété le *J'ai appris*, les élèves résolvent individuellement les quatre problèmes suivants.

Activités Séquence 109

Multiplications par 11 et par 12

Idem sq 98.

1. Comparer calculs « à la main » et avec la calculette

Si cela s'avère nécessaire, la séance commencera en rappelant comment on allume la calculette, comment on remet son affichage à 0, quelles sont les touches dont on apprendra plus tard l'usage, etc.
Ensuite, il y a deux façons d'animer la première partie de l'activité (calcul d'opérations posées et vérification avec la calculette) :
– Soit les enfants travaillent de façon autonome et gèrent eux-mêmes les cas de discordance entre leur calcul à la main et leur calcul avec la machine.
– Soit l'enseignant choisit de créer deux moments bien distincts : celui des calculs à la main, puis celui des calculs à la machine. Par exemple : il a écrit les opérations à calculer au tableau et il demande aux élèves de faire d'abord tous les calculs à la main, d'en noter les résultats sur le fichier avant de fermer celui-ci. C'est seulement lorsque le fichier est fermé que les élèves calculent avec leur machine en notant les résultats sur leur cahier de brouillon. Quand ils ont terminé, ils comparent. En cas de discordance, que faut-il croire ? On dégagera qu'un des intérêts du calcul à la main est que les différentes étapes apparaissent par écrit, ce qui permet de retrouver le moment où l'on s'est trompé (ce qui n'est pas le cas avec la machine).

La suite de l'activité consiste en un concours de vitesse où les élèves sont alternativement calculateurs sans et avec machine. Lors de l'échange collectif, l'enseignant interrogera divers élèves qui ont « battu la machine » sur leurs stratégies de calcul. Ce qui conduira à la conclusion : on va souvent plus vite en calculant « de tête » qu'en utilisant une machine.

L'enseignant trouvera au début du Guide pédagogique des indications générales sur l'animation des PAC.

Activités Séquence 110

Multiplications par 11 et par 12

Idem sq 98.

1. Apprendre à se représenter une situation pour résoudre un problème

Il s'agit d'un problème du type (*b* x *a*) + (*c* x *a*) où l'on peut mettre a en facteur commun : (*b* x *a*) + (*c* x *a*) = (*b* + *c*) x *a*. Cette possibilité est évidemment difficile à comprendre dans sa généralité. On la fait fonctionner dans une situation facile à se représenter et en comparant la solution de Cécile et celle de Sébastien.

Activité collective préliminaire : déterminer la question d'un énoncé

Alors que le fichier est fermé, l'enseignant écrit au tableau le début de l'énoncé du cadre 1 : « Un centre de loisirs a commandé de quoi équiper 8 enfants pour des sorties à VTT. Pour chaque enfant, il a commandé un VTT à 185 € et un casque à 19 €. »

Il invite les enfants à déterminer individuellement ce qu'on peut chercher. Après échange, la question portant sur le cout total de la commande est écrite au tableau. L'enseignant laisse un temps de recherche individuelle avant d'échanger à nouveau sur les différentes réponses.

Si les stratégies utilisées par les élèves de la classe sont celles utilisées par les élèves fictifs du fichier (Mélanie, Sébastien et Cécile), la discussion sera d'emblée très proche de celle décrite ci-dessous à partir des productions des élèves fictifs.

Activité sur le fichier

- Cécile calcule le prix des 8 VTT, puis celui des 8 casques et fait la somme de ces produits.
- Sébastien calcule le prix pour 1 enfant (1 VTT + 1 casque), puis le produit de cette somme pour 8 enfants.

Quant à la solution de Mélanie, elle serait valable si l'on commandait 8 VTT et 1 casque.

2. Problèmes divers

1. Itération de 31 fois 279. Le nombre 31 doit être inféré. Il facilite l'interprétation de la technique en colonnes (on calcule 1 fois 279 et 30 fois 279).
2. Produit de la somme de deux nombres (problème de même type que celui de l'activité 1).
3. Quotition : en 3 400, combien de fois 8 ?
4. Différence entre deux mesures de masses exprimées en kg et g.
5. Additionner une durée à un horaire de départ. Chacune des données est exprimée en heures et minutes.
6. Problème dont la résolution nécessite de comprendre l'expression « 3 fois moins ».

110 Problèmes pour apprendre à chercher

Calcul mental
- Multiplications par 11 et 12

= .... + ...
= ....

Problème Un centre de loisirs a commandé de quoi équiper 8 enfants pour des sorties à VTT. Pour chaque enfant, il a commandé un VTT à 185 € et un casque à 19 €.
Quel est le coût total de cette commande ?

Voici les solutions de Mélanie, Cécile et Sébastien.
Entoure la ou les bonnes solutions.
Pourquoi la ou les autres ne conviennent-elles pas ?

Mélanie :
Prix de 8 VTT :
185 x 8 = 1 480
Coût total :
1 480 + 19 = 1 499
Le coût total est de 1 499 €.

Cécile :
Prix de 8 VTT :
185 x 8 = 1 480
Prix de 8 casques :
19 x 8 = 152
Coût total :
1 480 + 152 = 1 632
Le coût total est de 1 632 €.

Sébastien :
Je calcule le prix de l'équipement pour 1 enfant :
185 + 19 = 204
Je calcule le prix de l'équipement pour 8 enfants :
204 x 8 = 1 632
Le coût total est de 1 632 €.

1

Problèmes À résoudre sur le cahier

Résous ces problèmes (tu peux faire un schéma, écrire une égalité ou expliquer ta solution).

1. Chaque jour du mois de mars, 279 avions décollent d'un aéroport.
Combien d'avions décollent de cet aéroport durant tout le mois de mars ?
2. 32 enfants font une classe de neige. Pour chaque enfant, il faut louer une paire de skis à 24 € et une paire de chaussures à 16 €.
À combien cela revient-il pour les 32 enfants ?
3. Une cuve contient 3 400 ℓ.
Si on utilise un seau de 8 ℓ pour la remplir, combien de seaux faut-il verser dans la cuve ?
4. Il y a un an, Nina pesait 28 kg 400 g. Aujourd'hui, elle pèse 32 kg 350 g.
De combien a-t-elle grossi ?
5. Une émission de télévision commence à 15 h 35 min. Elle va durer 1 h 42 min.
À quelle heure l'émission va-t-elle se terminer ?
6. Dans un cinéma, il y a deux salles. La plus grande a 315 places. La plus petite a 3 fois moins de places.
Combien de places y a-t-il dans la petite salle ? Combien de places y a-t-il en tout dans ce cinéma ?

2

Remarques

- Lors de la mise en commun, après cette activité, on pourra faire formuler l'analogie entre le problème n° 2 et celui de l'activité 1. Cette explicitation est d'autant plus intéressante qu'en cherchant d'abord le prix pour un enfant, on obtient le nombre 40 (24 + 16) et que l'on peut ainsi calculer mentalement le prix total : 32 x 40. On multiplie d'abord 32 par 4 (128) puis par 10 (1 280).
- Le problème 3, qui est un problème de quotition, se résout rapidement en posant la division. Celle-ci a un reste nul.
- Le problème 4 peut se résoudre par approximation : si Nina avait grossi de 4 kg, elle pèserait 32 kg 400 g. Or, elle pèse 32 kg 350 g. Elle a grossi de 4 kg – 50 g = 3 kg 950 g. Une procédure plus générale consiste à raisonner en grammes et à calculer la différence. Comme la conversion conduit à des nombres supérieurs à 10 000, cette situation pourra servir d'introduction à l'étude de ces nombres.

Activités Séquence 111

Retrancher 9, 19, 29...

La soustraction est donnée oralement : « soixante-quatre moins vingt-neuf ». La stratégie consistant à retirer 30 avant d'ajouter 1 est explicitée et entrainée (le nombre de départ peut avoir 3 chiffres).

1. Rédiger plusieurs questions

Ce problème serait difficile s'il était proposé en interrogeant d'emblée, sans question intermédiaire, sur la somme que paie

111 **Problèmes pour apprendre à chercher**

Calcul mental
• Retrancher 9, 19, 29…

Écris une ou plusieurs questions pour ce problème.
Réponds à ces questions (si tu as besoin, tu peux calculer ou faire des schémas sur ton cahier).

Au supermarché, les stylos sont vendus 1,25 € l'unité.
Léo achète 1 stylo et 1 trousse. En tout, il paie 3 €.
Nina achète 3 stylos et 2 trousses.

Question(s) : ……

Réponse(s) : ……

1

a **Observe les horloges. Écris l'heure indiquée par les premières en heures, minutes et secondes. Combien de temps s'est écoulé entre ces deux moments ? Dessine les trois aiguilles des horloges vides.**

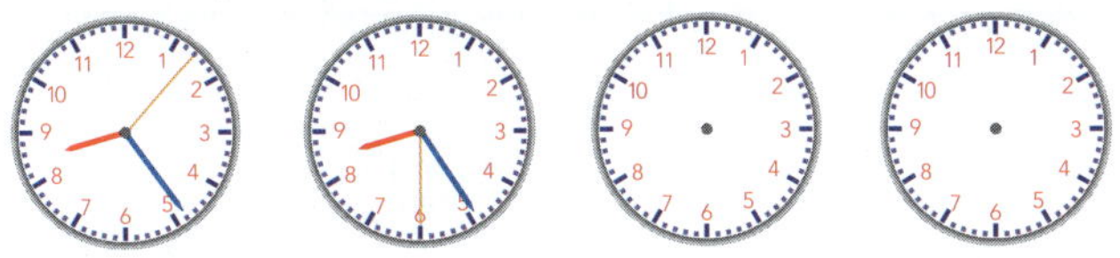

…h…min…s   …h…min…s   *Il est 9 h 7 min 32 s*   *Il est 11 h 31 min 58 s*

b **Imagine que tu complètes le tableau de droite et calcule combien il y a de secondes dans 10 min.**

10 min = ……

c **Vérifie ce résultat en complétant le tableau.**

d **Combien y a-t-il de secondes dans une demi-heure ?**

……

e **Combien y a-t-il de secondes dans une heure ?**

……

1 min = 60 s
2 min = 2 x 60 s = 120 s
3 min = ……
4 min = ……
5 min = ……
6 min = ……
7 min = ……
8 min = ……
9 min = ……
10 min = ……

2

Nina pour acheter 3 stylos et 2 trousses : en effet, le prix d'une trousse est connu mais celui d'un stylo doit se déduire du fait que l'on connait le prix de 1 stylo et 1 trousse. Il s'agirait donc de ce que l'on appelle un problème « à étapes » où la valeur numérique cherchée s'obtient en utilisant une ou plusieurs données numériques qui, au départ, sont elles-mêmes inconnues.

Dans le contexte d'une tâche où l'on demande aux élèves d'inventer le plus grand nombre possible de questions, la difficulté est moindre parce que les différentes étapes de la résolution apparaissent naturellement comme des réponses à ces questions. Ainsi, dans le contexte de cette tâche, il est naturel de s'interroger sur le prix d'une trousse, le prix de 3 stylos et le prix de 2 trousses.

2. Vers les conversions minutes ↔ secondes

Le tableau qui figure ici met en relation un nombre de minutes et le nombre de secondes correspondant. Cette tâche constitue une première approche de la conversion minutes ↔ secondes et amène à établir la table des multiples de 60.

L'activité commence par une découverte d'horloges qui possèdent une aiguille des secondes. Entre 8 h 24 min 7 s et 8 h 24 min 30 s, il s'est écoulé 23 s. On remarque que l'aiguille des minutes est maintenant située entre 2 graduations : elle a bougé, elle a peu bougé mais elle a bougé.

Concernant les deux horloges suivantes, l'aiguille des minutes de la première horloge est entre les graduations 7 et 8 et celle de la seconde est sur 32 (58 s, c'est presque 60 s !).

Remarques

1°) Pour remplir le tableau, la procédure normale à ce moment de la scolarité consiste à ajouter 60 à la ligne précédente. Mais, pour le nombre d'heures correspondant à 10 jours par exemple, des élèves penseront à utiliser directement la multiplication 24 x 10 = 240. Ils utilisent alors de façon implicite la multiplication dans un sens nouveau et particulièrement abstrait : la grandeur de départ n'est pas augmentée, elle est seulement exprimée d'une autre façon. Ce sens de la multiplication, mobilisé dans les conversions, sera abordé au CM.

2°) Les raisonnements sollicités ici sont ceux de la proportionnalité. Pour la question **d**, par exemple, on sait qu'il y a 600 s dans 10 mn et on s'interroge sur le nombre de secondes dans 30 mn. Un raisonnement de proportionnalité serait le suivant : « 10 min, c'est 600 s ; 30 min, c'est 3 fois plus, 1800 s. » Dans ce cas facile, les élèves comprennent mieux que 30 min, c'est 10 min + 10 min + 10 min, c'est-à-dire 600 s + 600 s + 600 s = 1800 s. Le deuxième raisonnement est plus facile parce qu'il simule le déroulement du temps.

Le passage de la demi-heure à l'heure se traite de la même façon.

Activité complémentaire

Le compte est bon !

444
7	8	20	25

(25 x 20) – (7 x 8)

243
3	5	10	50

(50 x 5) – 10 + 3

153
2	7	20	25

(25 x 7) – 20 – 2

632
4	8	12	50

(50 x 12) + (4 x 8)

953
3	5	21	45

(45 x 21) + 5 + 3

422
8	10	12	35

(12 x 35) + 10 – 8

309
3	9	15	25

[(15 – 3) x 25] + 9

485
6	9	10	50

(10 x 50) – (9 + 6)

Objectifs

Il s'agit ici de chercher combien on peut engendrer de polyèdres différents dont toutes les faces sont des triangles équilatéraux.

En se limitant aux polyèdres convexes, il est possible de suivre une méthode simple de recensement exhaustif. On essaie d'abord de former un sommet. Pour cela, il faut au moins 3 faces. À partir de ce sommet, on peut réaliser deux solides. L'un a 4 faces, c'est une pyramide à base triangulaire ; l'autre en a 6, il ressemble à deux pyramides accolées. On continue en partant d'un sommet de 4 faces à partir duquel on peut construire deux autres solides, l'un qui a 8 faces, l'autre qui en a 16. En partant d'un sommet de 5 faces, on peut former encore deux autres solides, l'un qui a 10 faces et l'autre qui en a 20. Avec 6 triangles équilatéraux... on obtient une face hexagonale, en quelque sorte un solide « plat » !

À l'occasion de ces recherches, les élèves vont donc revoir les notions de face, sommet et arête et apprendre que le triangle régulier s'appelle un triangle équilatéral.

Activités — Séquence 112

Retrancher 9, 19, 29...

Idem sq 111.

1. Construction de solides réguliers

Activité préliminaire

Principe

Les élèves explorent d'abord librement les possibilités de construction. Après un premier bilan, on formule le problème de manière plus explicite et l'on relance la recherche avec une méthode de recensement exhaustif.

Matériel

Chaque élève dispose des 28 triangles prédécoupés, de couleur verte, répartis sur différentes planches cartonnées de la fin du fichier. Il faut aussi se munir de ruban adhésif (dans l'idéal, de l'adhésif repositionnable).

Déroulement

1°) L'enseignant fait d'abord observer que les triangles sont tous identiques et que les 3 côtés ont la même longueur (45 mm). On peut parler de « triangle régulier ». Le terme savant « équilatéral » est interprété à l'aide du préfixe « équi- », déjà utilisé dans « équitablement », et de « latéral », dont on retrouve la racine dans « quadrilatère ». On s'interroge aussi sur les angles : eux aussi sont égaux (on peut le vérifier en traçant le contour d'un des angles sur le cahier et en y plaçant les deux autres angles).

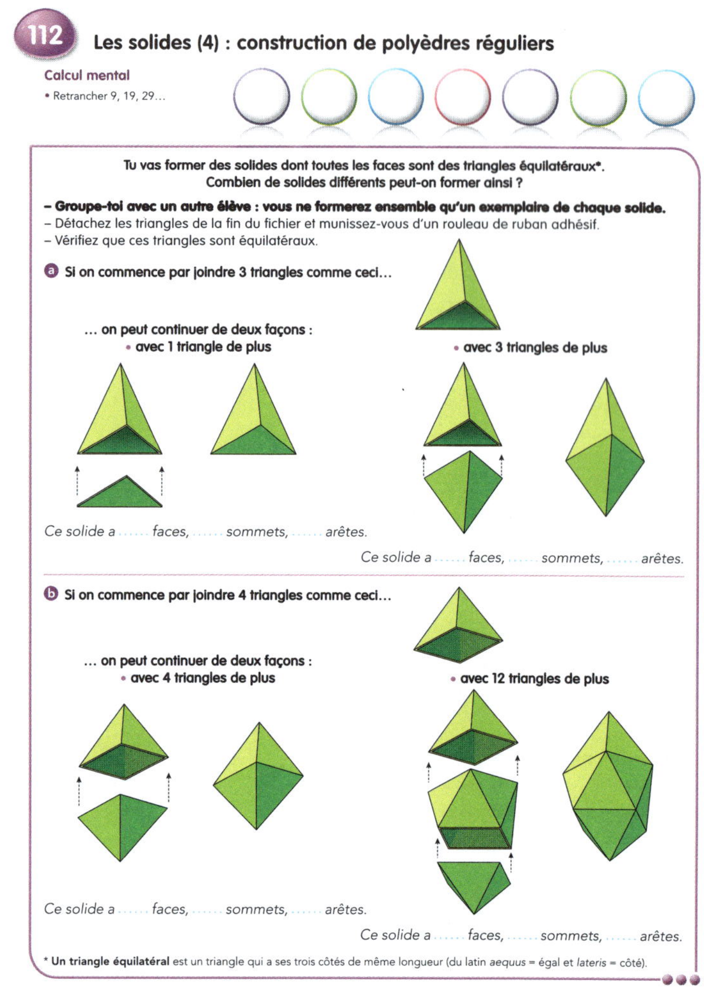
112 Les solides (4) : construction de polyèdres réguliers

Calcul mental
• Retrancher 9, 19, 29...

Tu vas former des solides dont toutes les faces sont des triangles équilatéraux*.
Combien de solides différents peut-on former ainsi ?

– Groupe-toi avec un autre élève : vous ne formerez ensemble qu'un exemplaire de chaque solide.
– Détachez les triangles de la fin du fichier et munissez-vous d'un rouleau de ruban adhésif.
– Vérifiez que ces triangles sont équilatéraux.

a Si on commence par joindre 3 triangles comme ceci...

... on peut continuer de deux façons :
• avec 1 triangle de plus
Ce solide a ...... faces, ... sommets, ... arêtes.
• avec 3 triangles de plus
Ce solide a ...... faces, ... sommets, ... arêtes.

b Si on commence par joindre 4 triangles comme ceci...

... on peut continuer de deux façons :
• avec 4 triangles de plus
Ce solide a ...... faces, ... sommets, ... arêtes.
• avec 12 triangles de plus
Ce solide a ...... faces, ... sommets, ... arêtes.

* **Un triangle équilatéral** est un triangle qui a ses trois côtés de même longueur (du latin *aequus* = égal et *lateris* = côté).

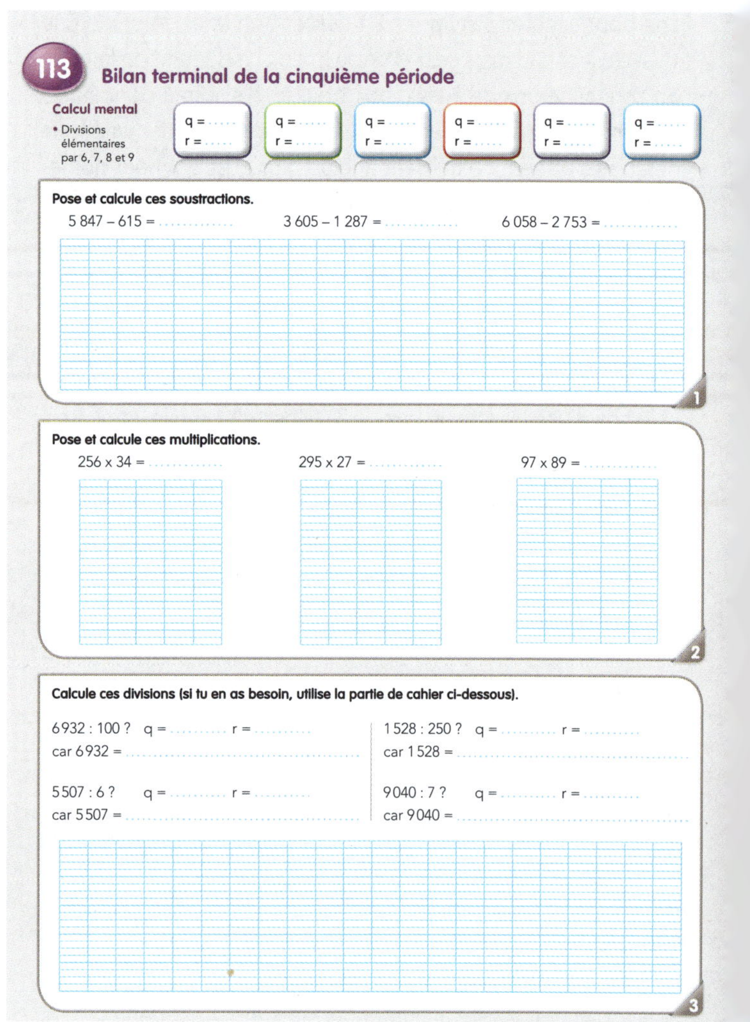
113 Bilan terminal de la cinquième période

Calcul mental
• Divisions élémentaires par 6, 7, 8 et 9

q = ... r = ... (×6)

Pose et calcule ces soustractions. 1
5 847 – 615 = ...
3 605 – 1 287 = ...
6 058 – 2 753 = ...

Pose et calcule ces multiplications. 2
256 x 34 = ...
295 x 27 = ...
97 x 89 = ...

Calcule ces divisions (si tu en as besoin, utilise la partie de cahier ci-dessous). 3
6932 : 100 ? q = ... r = ...
car 6932 = ...
1 528 : 250 ? q = ... r = ...
car 1 528 = ...
5507 : 6 ? q = ... r = ...
car 5507 = ...
9040 : 7 ? q = ... r = ...
car 9040 = ...

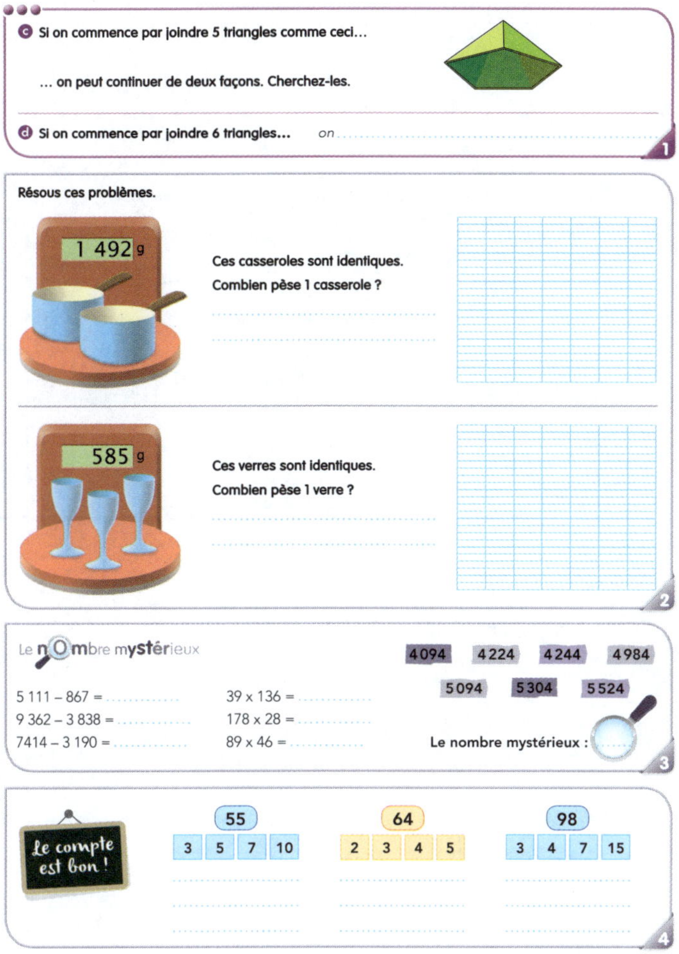
c Si on commence par joindre 5 triangles comme ceci...

... on peut continuer de deux façons. Cherchez-les.

d Si on commence par joindre 6 triangles... on

1

Résous ces problèmes.

1 492 g

Ces casseroles sont identiques.
Combien pèse 1 casserole ?

585 g

Ces verres sont identiques.
Combien pèse 1 verre ?

2

Le nOmbre mystérieux

4094 4224 4244 4984
5094 5304 5524

5 111 – 867 =
9 362 – 3 838 =
7414 – 3 190 =

39 x 136 =
178 x 28 =
89 x 46 =

Le nombre mystérieux :

3

Le compte est bon !

55 : 3 5 7 10
64 : 2 3 4 5
98 : 3 4 7 15

4

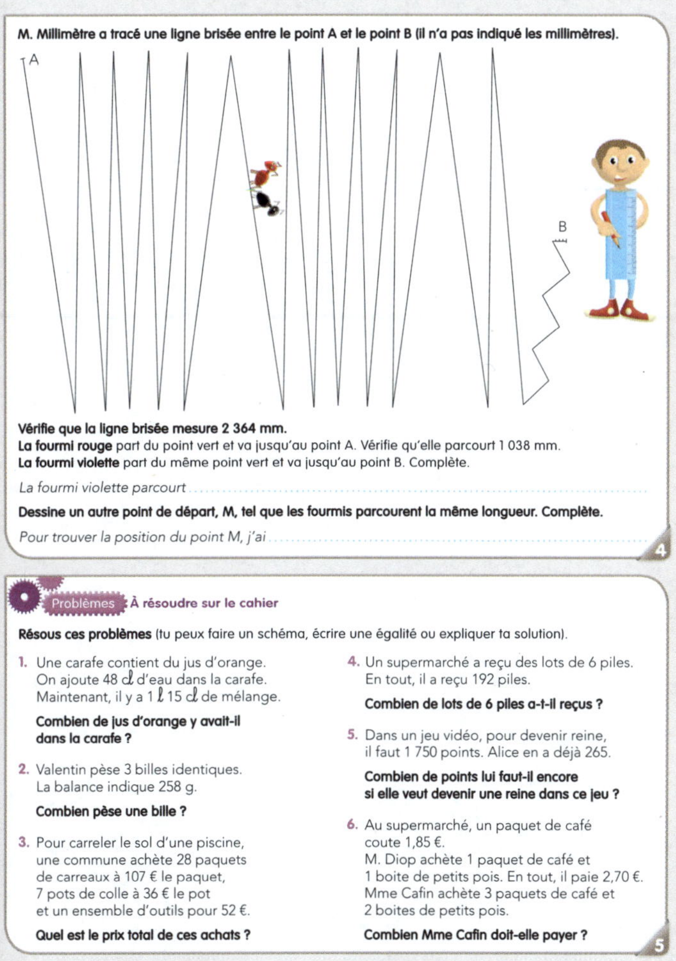
M. Millimètre a tracé une ligne brisée entre le point A et le point B (il n'a pas indiqué les millimètres).

A B

Vérifie que la ligne brisée mesure 2 364 mm.
La fourmi rouge part du point vert et va jusqu'au point A. Vérifie qu'elle parcourt 1 038 mm.
La fourmi violette part du même point vert et va jusqu'au point B. Complète.
La fourmi violette parcourt
Dessine un autre point de départ, M, tel que les fourmis parcourent la même longueur. Complète.
Pour trouver la position du point M, j'ai

4

Problèmes À résoudre sur le cahier

Résous ces problèmes (tu peux faire un schéma, écrire une égalité ou expliquer ta solution).

1. Une carafe contient du jus d'orange. On ajoute 48 cl d'eau dans la carafe. Maintenant, il y a 1 l 15 cl de mélange.
Combien de jus d'orange y avait-il dans la carafe ?
2. Valentin pèse 3 billes identiques. La balance indique 258 g.
Combien pèse une bille ?
3. Pour carreler le sol d'une piscine, une commune achète 28 paquets de carreaux à 107 € le paquet, 7 pots de colle à 36 € le pot et un ensemble d'outils pour 52 €.
Quel est le prix total de ces achats ?
4. Un supermarché a reçu des lots de 6 piles. En tout, il a reçu 192 piles.
Combien de lots de 6 piles a-t-il reçus ?
5. Dans un jeu vidéo, pour devenir reine, il faut 1 750 points. Alice en a déjà 265.
Combien de points lui faut-il encore si elle veut devenir une reine dans ce jeu ?
6. Au supermarché, un paquet de café coute 1,85 €. M. Diop achète 1 paquet de café et 1 boite de petits pois. En tout, il paie 2,70 €. Mme Cafin achète 3 paquets de café et 2 boites de petits pois.
Combien Mme Cafin doit-elle payer ?

5

2°) Les élèves cherchent d'abord par groupes de 3. Chaque groupe doit réaliser des solides différents formés seulement avec des faces triangulaires (les faces doivent toutes rester planes). Les enfants doivent donc s'organiser pour éviter de construire deux fois le même solide. Ce travail en groupe a un autre intérêt : pour assembler deux triangles, il est souvent utile de se mettre à deux. Durant cette phase, les élèves vont parfois construire des solides qui ne figurent pas sur le fichier : soit il s'agit de polyèdres dont les faces sont formées par l'assemblage de deux ou plusieurs triangles dans un même plan (de ce fait, ces faces sont des parallélogrammes ou des trapèzes) ; soit il s'agit de solides concaves. C'est dans la phase suivante que ces solides concaves feront l'objet d'une discussion.

3°) On recense les divers solides produits en les rangeant selon le nombre de faces. On constate que beaucoup de groupes ont formé des solides identiques. Finalement, la variété n'est pas si grande qu'on aurait pu le croire au départ : personne n'a fabriqué de solides qui ont 5, 7, 9, 11 faces, etc. ; éventuellement, on élimine ceux qui ne respectent pas la consigne, comme ceux dont les faces sont des parallélogrammes ou des trapèzes. S'il y a des polyèdres concaves, on les compare aux convexes : les uns (les concaves) forment des « creux » ou des « vallées ». On peut y poser et y faire tenir un crayon par exemple, ce qui n'est pas possible avec les autres solides. On décide de se limiter aux solides sans « creux ». Le terme « concave » pourra être mis en relation avec les mots « cavité », « caverne » et « cave » qui expriment tous l'idée de quelque chose de creux.

4°) On se demande alors si l'on a envisagé tous les solides possibles qui n'ont que des faces triangulaires. D'où la méthode : on envisage tous les cas avec un sommet de 2 triangles, puis 3, puis 4, etc. Avec 2 triangles, on remarque aussitôt que l'on n'obtient aucun solide. Avec 3 triangles, on a une sorte de pyramide, mais ce n'est pas un solide car il n'est pas fermé. Comment peut-on le fermer ? Les deux possibilités sont envisagées. On poursuit ainsi jusqu'au sommet initial de 5 triangles. Au fur et à mesure, on tient un compte au tableau :

Départ :	*Solides obtenus :*
3 triangles	4 faces (le « tétraèdre régulier »)
	6 faces
4 triangles	8 faces
	16 faces
5 triangles	10 faces
	20 faces

Et avec 6 triangles ? On peut « creuser » l'hexagone, comme pour former une « cocotte », mais on obtient alors le sommet d'un solide concave.

Activité sur le fichier

Chaque élève peut dénombrer les sommets et arêtes sur les solides construits par les groupes.

4. *Le compte est bon !*

(7 x 10) – (3 x 5) ; (2 x 4) x (3 + 5) ; (7 x 15) – (4 + 3).

Activité complémentaire

Rédiger le plan d'une construction

Voici quatre autres exemples de modèles à reproduire en rédigeant le plan de construction correspondant.

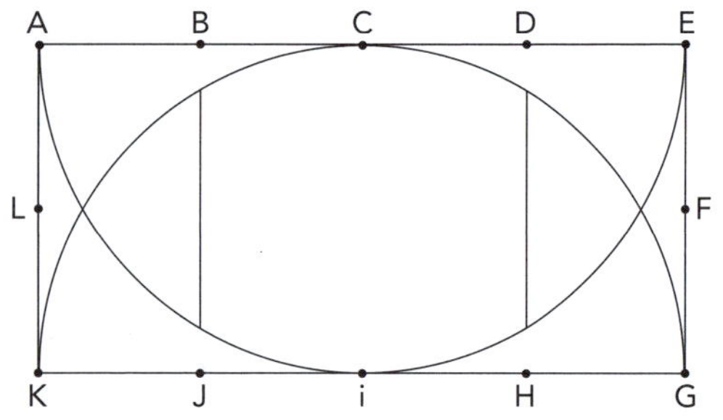

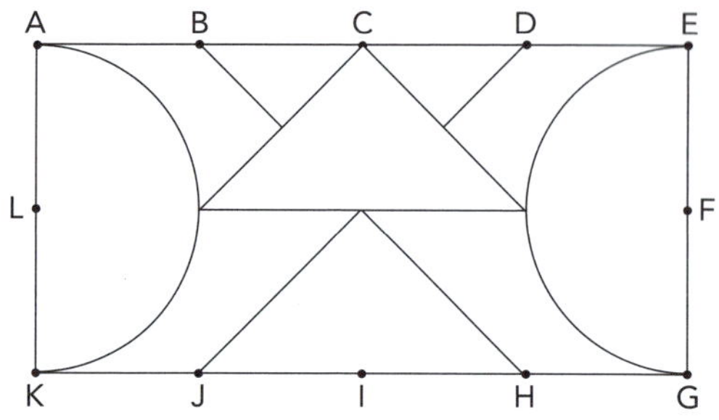

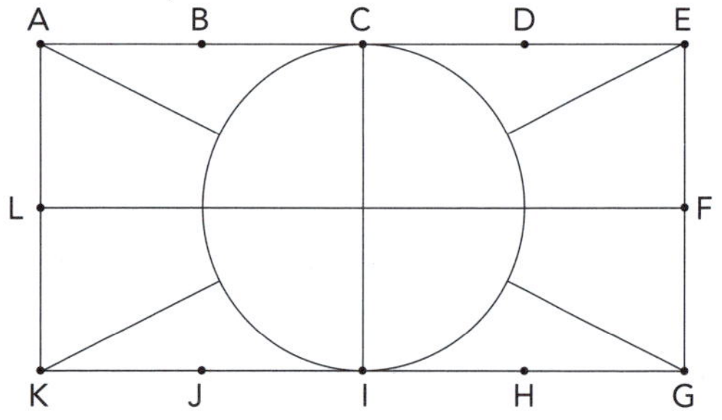

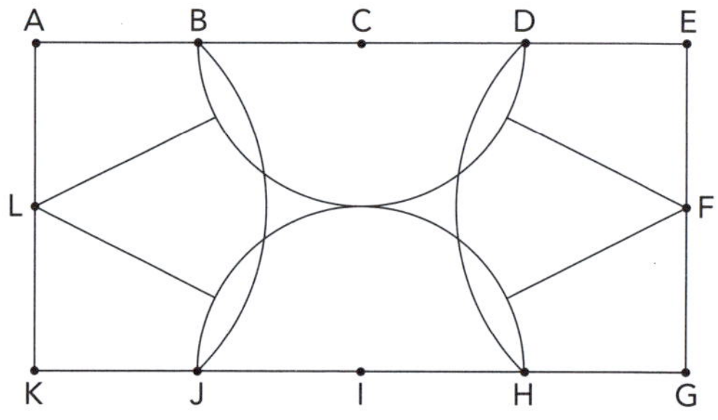

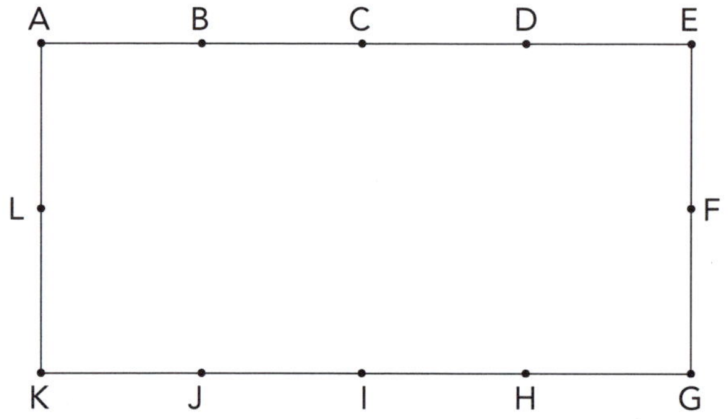

Bilan terminal de la première période

Dictée de nombres

Calcule (écris les résultats en chiffres).

trente-quatre + sept = ……… *trente + soixante-dix =* ……… *soixante-sept + vingt =* ………

cinquante-trois + six = ……… *quatre-vingts + soixante =* ……… *cinquante + quatre-vingt-dix =* ………

Calcule.

13 – 5 = ……… 34 – 5 = ……… 50 – 7 = ……… 80 – 71 = ……… 120 – 25 = ………

30 – 27 = ……… 53 – 49 = ……… 81 – 62 = ……… 103 – 9 = ……… 48 – 10 = ………

Calcule.

2 x 6 = ……… 31 x 2 = ……… 10 x 45 = ……… 5 x 15 = ……… 25 x 3 = ………

7 x 1 = ……… 8 x 100 = ……… 0 x 9 = ……… 16 x 10 = ……… 5 x 7 = ………

Calcule.

78 + 137 = ……… 242 + 168 = ……… 135 + 173 + 48 = ………

135 + 157 = ……… 143 + 89 = ……… 103 + 85 + 57 = ………

1

Complète le tableau.

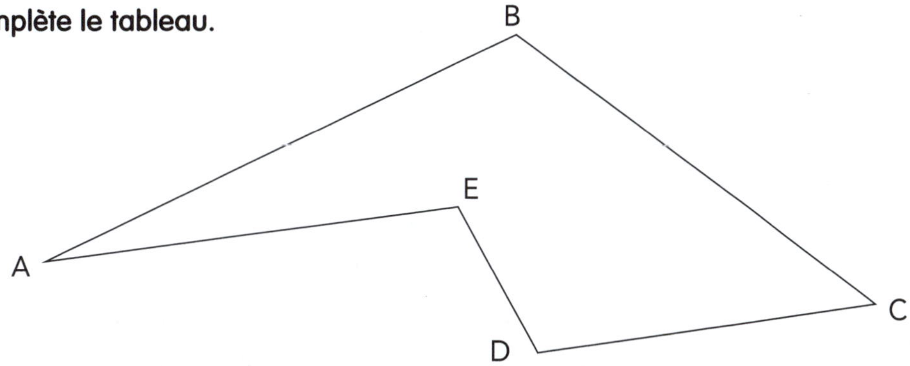

Traits	Longueur
BC	………
DE	………
………	7 cm
CD	………
………	56 mm

Mets les signes >, < ou =.

2 cm …… 18 mm 62 mm …… 6 cm 4 cm …… 40 mm 128 mm …… 12 cm 139 mm …… 14 cm

2

Problèmes **À résoudre sur le cahier**

Résous ces problèmes (tu peux faire un schéma, écrire une égalité ou expliquer ta solution).

1. Pour sa machine à café, Mme Talbot a acheté 16 paquets de 10 dosettes individuelles.
   Combien de tasses de café peut-elle préparer ?

2. Pour habiller ses 12 poupées, Samira n'a que 7 robes.
   Combien lui manque-t-il de robes pour habiller ses poupées ?

3. Un club de cyclisme commande des roues neuves pour équiper 107 vélos.
   Combien faut-il de roues de vélo ?

4. Dans son jardin, Tom a 158 tulipes, 35 roses, 23 tournesols et 4 sapins.
   Combien a-t-il de fleurs en tout ?

3

Dictée : nombres à 3 chiffres dont certains se terminent par un nombre compris entre 69 et 99 et d'autres ont un zéro aux dizaines.

57 Bilan terminal de la deuxième période

Tables de 2 à 5
et début des tables de 6 à 10

Complète. (1)

Multiple de 50 ou non ?

140 → oui, 140 = 50 x .... / non.

250 → oui, 250 = 50 x 5 / non.

400 → oui, 400 = 50 x 8 / non.

Multiple de 10 ou non ?

80 → oui, 80 = 10 x .... / non.

140 → oui, 140 = 10 x .... / non.

970 → oui, 970 = 10 x .... / non.

Multiple de 25 ou non ?

200 → oui, 200 = 25 x .... / non.

145 → oui, 145 = 25 x .... / non.

275 → oui, 275 = 25 x .... / non.

Calcule. (2)

203 x 4 = ...
203 x 4 = ...
203 x 4 = ...

96 x 2 = ...
96 x 2 = ...
96 x 2 = ...

497 x 2 = ...
497 x 2 = ...
497 x 2 = ...

170 x 5 = ...
170 x 5 = ...
170 x 5 = ...

Calcule. (3)

La moitié de 70, c'est ....
160 partagé en 2, c'est ....
La moitié de 150, c'est ....

24 partagé en 3, c'est ....
45 partagé en 5, c'est ....
28 partagé en 4, c'est ....

Le double de 45, c'est ....
Le double de 74, c'est ....
Le double de 89, c'est ....

Pose et calcule. (4)

868 – 325 = 543 973 – 148 = 825 743 – 375 = 368 406 – 218 = 188

Utilise ton compas ou une bande de papier pour comparer les longueurs parcourues par chaque fourmi.

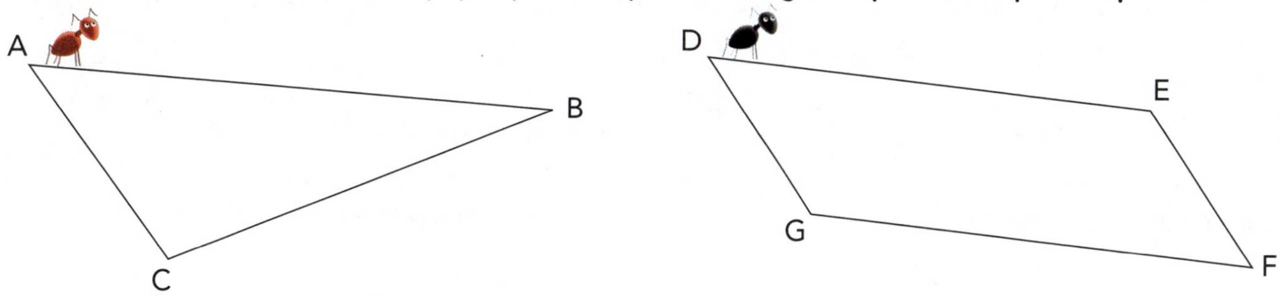

En ligne droite, la fourmi rouge parcourt :

En ligne droite, la fourmi noire parcourt :

Complète avec =, < ou > : *parcours de la fourmi rouge* .... *parcours de la fourmi noire*

5

Utilise ton compas pour reproduire cette figure.

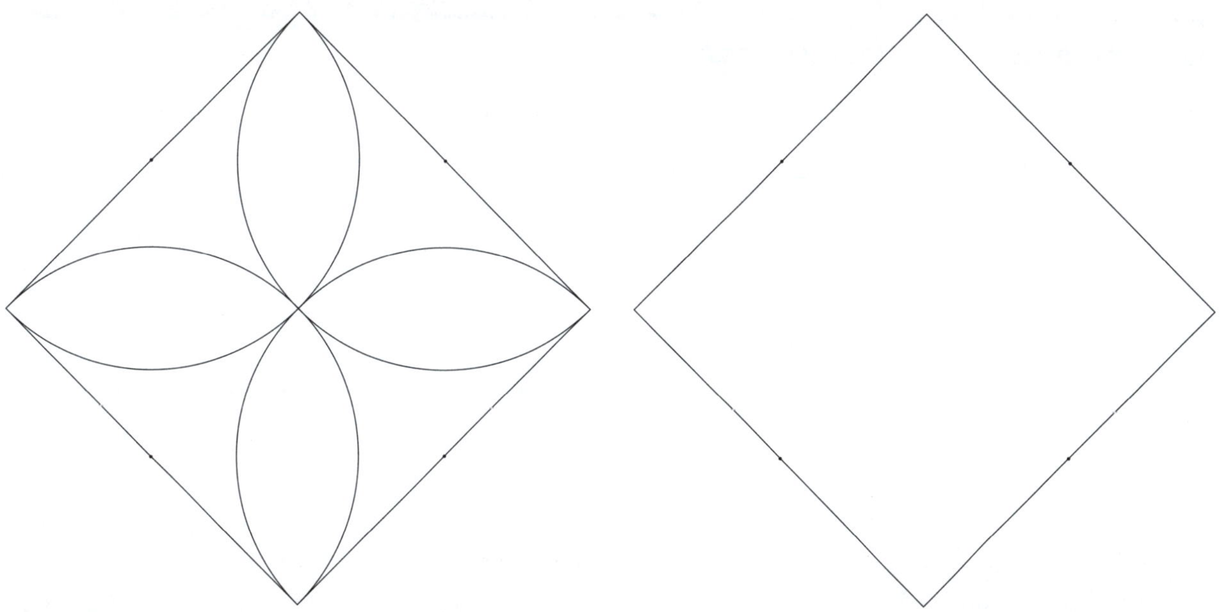

6

Problèmes **À résoudre sur le cahier**

Résous ces problèmes (tu peux faire un schéma, écrire une égalité ou expliquer ta solution).

1. **Combien d'équipes de 15 joueurs peut-on former avec 60 rugbymen ?**

2. À la rentrée, les 25 élèves d'une classe ont reçu 3 cahiers neufs chacun.
   Combien de cahiers ont été distribués ?

3. 3 pêcheurs se partagent équitablement les 24 truites qu'ils ont pêchées.
   Combien de truites aura chacun ?

4. À la boulangerie, Julia achète :
   - une baguette à 1,10 € ;
   - un croissant à 1,25 € ;
   - un paquet de bonbons à 1,36 € ;
   - une sucette à 0,80 €.

   Elle paie avec un billet de 5 €.
   Combien d'argent la boulangère doit-elle lui rendre ?

7

78 Bilan terminal de la troisième période

Divisions élémentaires par 2, 3, 4 et 5

q = ...	q = ...	q = ...	q = ...	q = ...	q = ...
r = ...	r = ...	r = ...	r = ...	r = ...	r = ...

1

Pose et calcule ces additions… **… et ces soustractions :**

869 + 86 = ... 369 + 478 = ... 982 – 157 = ... 734 – 375 = ...

2

Ne pose ces multiplications que si c'est nécessaire.

284 x 3 = ... 34 x 20 = ... 207 x 4 = ... 178 x 5 = ...

3

Calcule ces divisions.

191 : 25 ? q = ... r = ... car 191 = ...

309 : 50 ? q = ... r = ... car 309 = ...

952 : 100 ? q = ... r = ... car 952 = ...

8 : 10 ? q = ... r = ... car 8 = ...

97 : 10 ? q = ... r = ... car 97 = ...

573 : 10 ? q = ... r = ... car 573 = ...

Imagine la question et complète en calculant la division.

On a 72 images et on les répartit entre 15 enfants pour que chacun ait le même nombre.

....

....

Divisions élémentaires par 2, 3, 4 et 5 : idem sq 74.

Complète.

C'est le matin. | C'est l'après-midi.

Il est .... *h* .... *min.*

Il est .... *h* .... *min.*

Il est .... *h* .... *min.*

Il est .... *h* .... *min.*

4

Jeu du portrait

- Ce n'est pas un quadrilatère.
- Un de ses angles est égal à l'angle droit.
- Un de ses côtés mesure 40 mm.

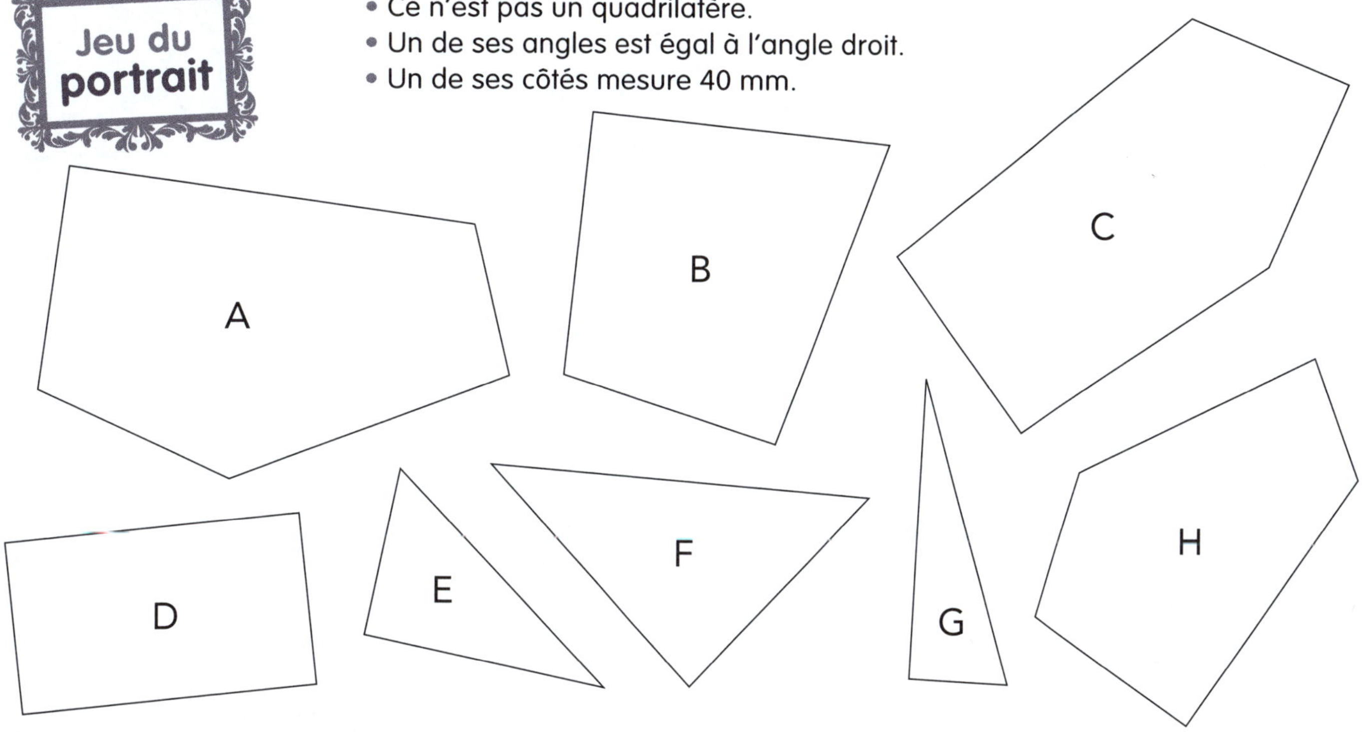

Les figures qui correspondent au portrait sont : ....

5

Problèmes À résoudre sur le cahier

Résous ces problèmes (tu peux faire un schéma, écrire une égalité ou expliquer ta solution).

1. Un train part de Paris à 16 h 37 et arrive à Chartres à 17 h 28.
   Quelle est la durée du voyage ?

2. La grand-mère de Jules lui donne 8 €. Maintenant, Jules a 53 € dans sa tirelire.
   Combien d'argent y avait-il dans sa tirelire avant le cadeau de sa grand-mère ?

3. Un club de foot achète 47 maillots à 5 € le maillot.
   Combien dépense-t-il pour cet achat ?

4. 5 enfants se partagent équitablement 46 images de sportifs.
   Quelle est la part de chaque enfant ? Reste-t-il des images ?

6

97

Bilan terminal de la quatrième période

Tables de 6, 7, 8 et 9

Pose et calcule cette addition… … et ces soustractions :

8 654 + 789 = ...

3 241 – 1 637 = ...

6 226 – 2 259 = ...

1

Ne pose ces multiplications que si c'est nécessaire.

57 x 20 = ...

368 x 4 = ...

706 x 5 = ...

478 x 3 = ...

2

Calcule ces divisions (ne les pose que si c'est nécessaire).

548 : 10 ? q = ... r = ...
car 548 = ...

8 405 : 2 ? q = ... r = ...
car 8 405 = ...

2 476 : 3 ? q = ... r = ...
car 2 476 = ...

4 852 : 100 ? q = ... r = ...
car 4 852= ....

3

Tables de 6, 7, 8 et 9 : les cas sont mélangés en alternant ceux de la première et de la seconde partie des tables.

Dessine les aiguilles et réponds (c'est le matin).

Il est 9 h 08 min.

Dans 27 min, il sera .... h .... min.

Il est 11 h 49 min.

Dans 36 min, il sera .... h .... min.

4

Complète cette figure pour que le trait rouge soit un axe de symétrie.

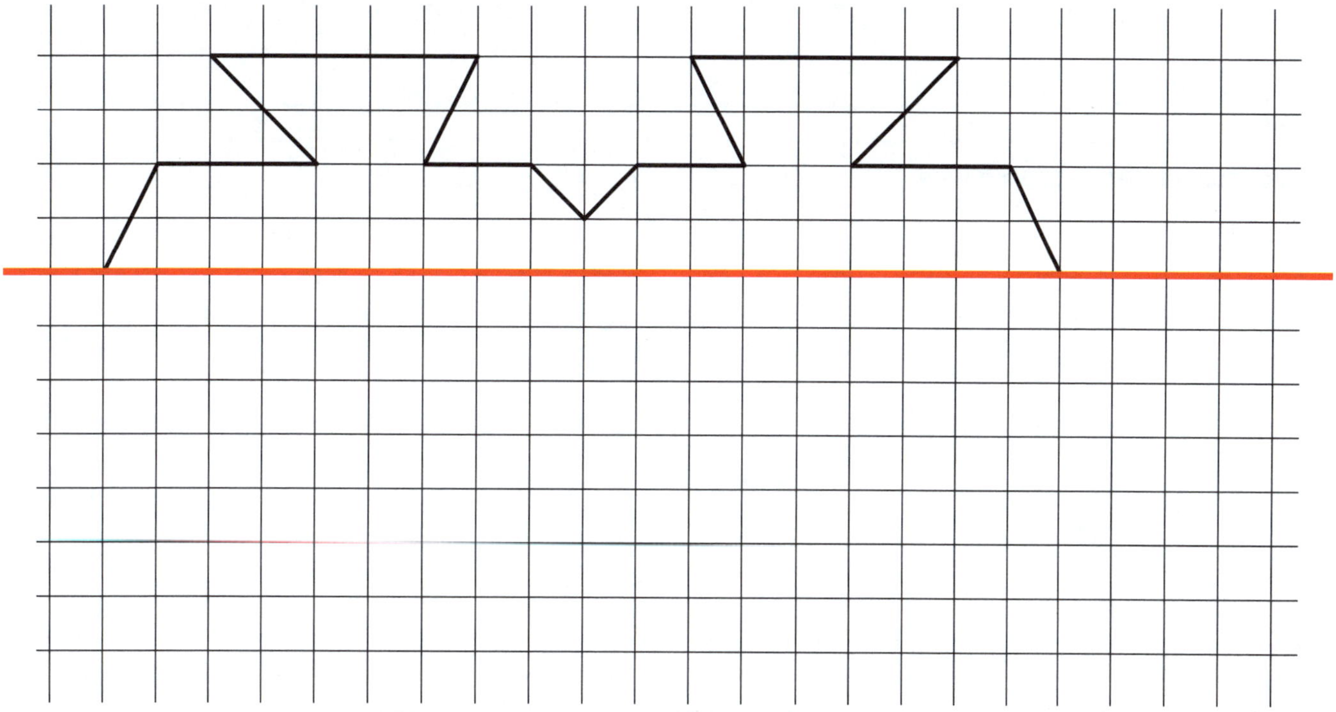

Cette figure a-t-elle un autre axe de symétrie ? Si c'est le cas, trace-le.

5

Problèmes À résoudre sur le cahier

Résous ces problèmes (tu peux faire un schéma, écrire une égalité ou expliquer ta solution).

1. Une pâtissière doit préparer 54 tartes pour un mariage. Elle en a déjà fabriqué 39.
   Combien doit-elle encore en fabriquer ?

2. Les vaches de M. Champier ont donné 190 l de lait.
   Il met ce lait dans des bidons de 25 l.
   Combien de bidons va-t-il remplir ?

3. Les 208 spectateurs d'un film ont payé 4 € pour entrer au cinéma.
   Combien d'argent a reçu le cinéma ?

4. Mme Suire achète 4 timbres.
   En tout, elle paie 2,24 €.
   Combien coute un timbre ?

6

113 Bilan terminal de la cinquième période

Divisions élémentaires par 6, 7, 8 et 9

q = ...	q = ...	q = ...	q = ...	q = ...	q = ...
r = ...	r = ...	r = ...	r = ...	r = ...	r = ...

Pose et calcule ces soustractions.

4752 – 725 = ... 3408 – 1378 = ... 7073 – 3685 = ...

1

Pose et calcule ces multiplications.

234 x 65 = ... 185 x 37 = ... 98 x 79 = ...

2

Calcule ces divisions (si tu en as besoin, utilise la partie de cahier ci-dessous).

8752 : 100 ? q = ... r = ...
car 8752 = ...

4206 : 6 ? q = ... r = ...
car 4206 = ...

1780 : 250 ? q = ... r = ...
car 1780 = ...

8030 : 7 ? q = ... r = ...
car 8030 = ...

3

Divisions élémentaires par 6, 7, 8 et 9 : les cas sont mélangés en alternant ceux où le quotient est ≤ 5 et les autres.

M. Millimètre a tracé une ligne brisée entre le point A et le point B (il n'a pas indiqué les millimètres).

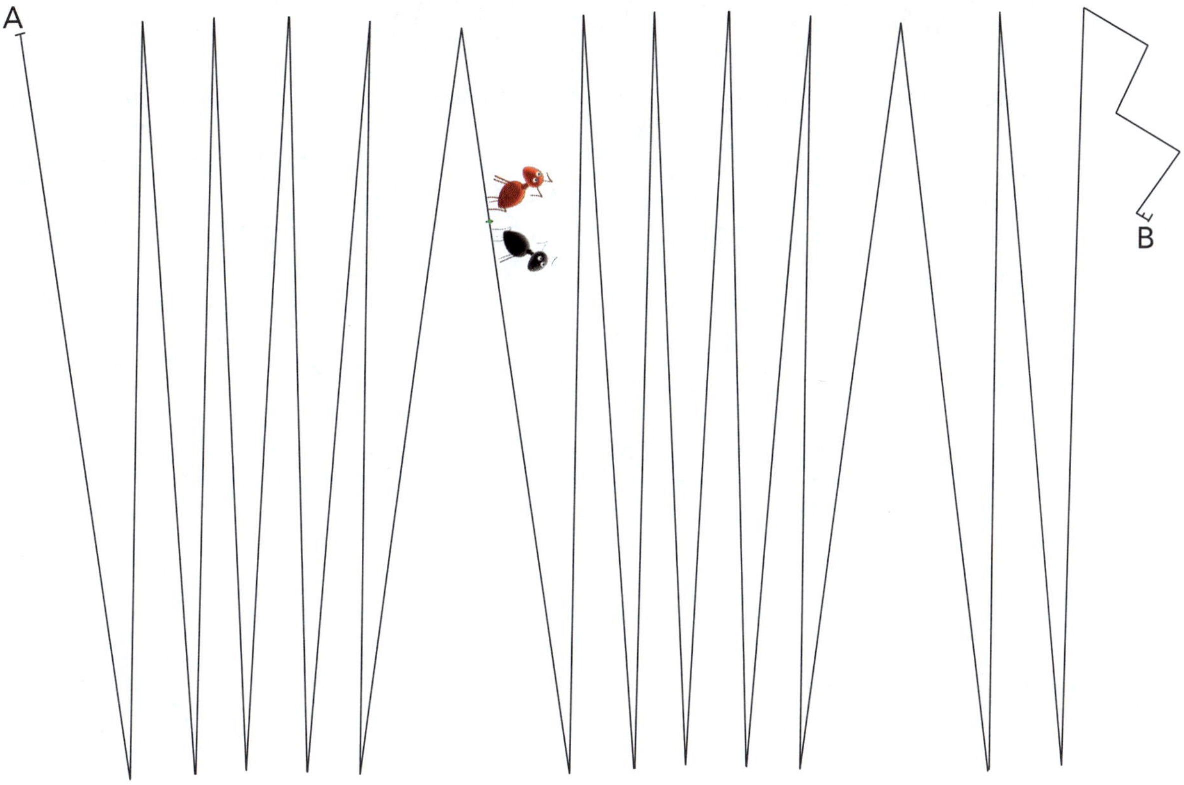

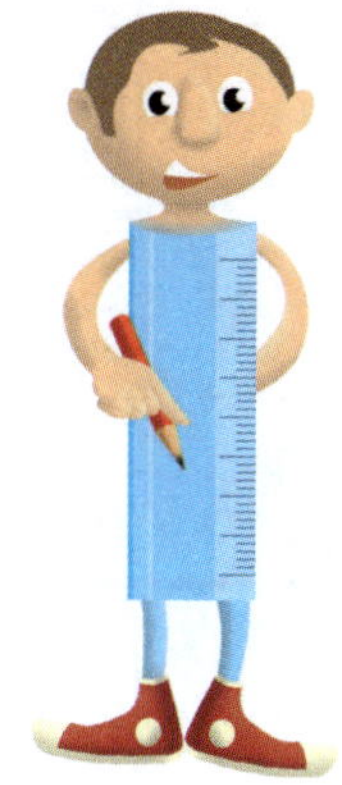

Vérifie que la ligne brisée mesure 2 432 mm.

La fourmi rouge part du point vert et va jusqu'au point A. Vérifie qu'elle parcourt 1 026 mm.

La fourmi noire part du même point vert et va jusqu'au point B. Complète.

La fourmi noire parcourt ....

Dessine un autre point de départ, M, tel que les fourmis parcourent la même longueur. Complète.

Pour trouver la position du point M, j'ai ....

4

Problèmes **À résoudre sur le cahier**

Résous ces problèmes (tu peux faire un schéma, écrire une égalité ou expliquer ta solution).

1. Un vidéo-club est livré de 48 nouveaux films. Maintenant, il a 1 071 films.

   Combien de films ce vidéo-club avait-il avant cette livraison ?

2. Une fermière range les œufs du jour dans des boites de 6 œufs. Ce jour-là, elle a ramassé 258 œufs.

   Combien de boites va-t-elle remplir ?

3. Un maçon charge un camion avec :
   – 23 paquets de 45 kg de ciment,
   – 6 poutres qui pèsent 138 kg chacune,
   – une palette de 320 kg de briques.

   Quel est le poids de ce chargement ?

4. M. Leroc achète 4 pneus neufs pour sa voiture. En tout, il paie 188 €.

   Quel est le prix d'un pneu ?

5. Valentin pèse 3 billes identiques. La balance indique 270 g.

   Combien pèse une bille ?

6. Au supermarché, un paquet de café coute 1,95 €.
   M. Diop achète 1 paquet de café et 1 boite de petits pois. En tout, il paie 2,80 €.
   Mme Cafin achète 3 paquets de café et 2 boites de petits pois.

   Combien Mme Cafin doit-elle payer ?

5

Les carrés magiques

Les carrés magiques vides ci-dessous peuvent servir de supports aux activités complémentaires décrites page 85.

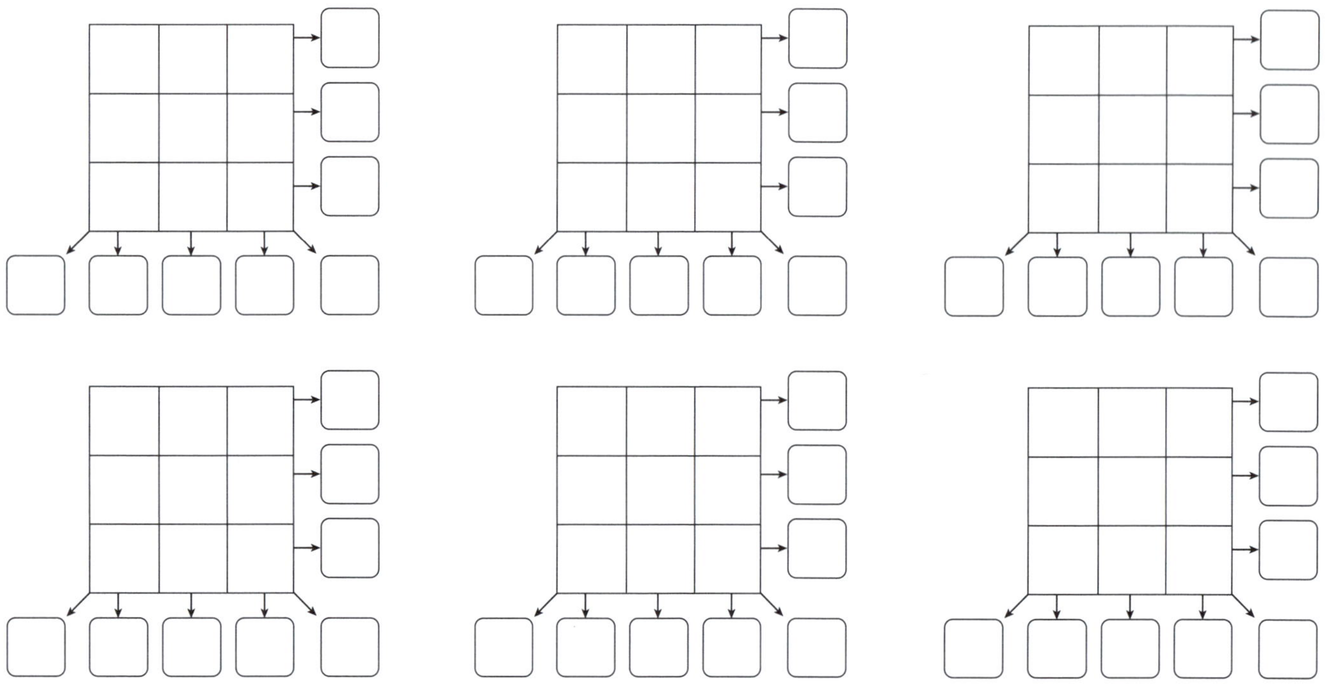

Le jeu des cibles

Ce jeu est décrit page 87. On pourra l'introduire collectivement après la sq 8, où, dans le calcul mental en début de séance, on revoit l'ensemble des calculs $a + b$ pour a et $b < 10$. Par exemple, sur chacune des 4 cibles les nombres sont, du cœur de la cible vers la périphérie, 4, 3 et 2, et les scores à atteindre sur les 4 cibles sont successivement : 9, 10, 7 et 8 points. C'est l'enseignant qui complète le nombre de points à atteindre au-dessus de chaque cible (il l'écrit aussi en dessous, à gauche du signe « = »), et qui écrit les cotes des trois zones.

Les élèves cherchent sur leur cahier d'essai une addition qui convient et font sur la cible les 3 croix correspondant aux 3 nombres utilisés. Ils doivent aussi compléter l'addition en dessous de la cible.

Voici d'autres exemples de cibles :

- 4 cibles cotées 6, 4 et 2 pour atteindre 12, 14, 10 et 10 points (pour les 2 derniers scores, on demande 2 décompositions) ;
- mêmes cotes pour 4 cibles pour atteindre 18, 8, 6 et 16 ;
- 4 cibles cotées 9, 6 et 3 pour atteindre 18, 15, 9 et 12 ;
- 8 cibles cotées 7, 4 et 3 pour atteindre 11, 14, 12, 15, 18, 10, 17 et 13 ;
- 4 cibles cotées 8, 4 et 3 pour atteindre 10, 15, 16 et 14 ;
- 4 cibles cotées 9, 8 et 6 pour atteindre 23, 27, 24 et 18 ;
- mêmes cotes pour 4 cibles pour atteindre 21, 20, 25, 22.

Place 3 flèches
qui feront .... points

= ...... + ... + ...

Place 3 flèches
qui feront .... points

= ...... + ... + ...

Place 3 flèches
qui feront .... points

= ...... + ... + ...

Place 3 flèches
qui feront .... points

= ...... + ... + ...

Le loto des additions

Lors d'une partie, on utilise les cartons d'une seule et même série. En début de partie, chaque élève reçoit l'un des 4 cartons. S'il y a 28 élèves par exemple, il faut donc reproduire à 7 exemplaires la série sélectionnée (4 x 7 = 28). Les cartons sont distribués de façon à ce que deux élèves assis côte à côte n'aient pas le même.

L'enseignant a préparé une liste des résultats de toutes les additions figurant dans une même série de cartons, dans l'ordre où il fera l'interrogation au cours du jeu, c'est-à-dire de façon aléatoire. Par exemple, pour une partie avec la première série, il a écrit la liste de résultats suivants : 2D-41 ; 4B- 73 ; 1C-92 ; 3F-74 ; etc. Le fait de noter, à côté de chaque résultat, le numéro du carton et la ligne auxquels il correspond donne un moyen de contrôler facilement les réponses des élèves (voir ci-après). Pour un jeu avec la première série, par exemple, cette liste comporte donc les 24 résultats des additions de cette série (6 x 4).

L'enseignant fait d'abord constater la particularité de la série sélectionnée : si, par exemple, on joue avec la première, tous les résultats du premier carton se terminent par 2, ceux du deuxième par 1, etc. Mais les élèves sont invités à n'écrire aucun résultat sur ces cartons.

L'enseignant énonce un des résultats de cette série, « 41 » par exemple (cas d'une partie avec la première série et où l'on énonce les premiers résultats dans l'ordre des exemples ci-dessus). Les élèves doivent chercher dans leur carton s'ils ont l'addition qui correspond. Dès qu'un élève a trouvé, il écrit sur son ardoise le n° du carton et la lettre de l'addition correspondante (« 2D » dans l'exemple). Les élèves qui lèvent leur ardoise en donnant la bonne réponse jusqu'à un signal donné par l'enseignant gagnent un point, qui peut être matérialisé par une étiquette marquée par exemple « 1 point ». Il n'obtient ce point que si sa réponse est correcte (il est facile de le vérifier, car ce résultat figure dans la liste de l'enseignant sous la forme « 2D-41 »). L'addition entière est alors répétée : « 35 plus 6 égale 41 ». C'est l'élève qui atteint le premier un nombre de points fixé d'avance (4 par exemple) qui gagne la partie. Pour la partie suivante, on « fait tourner » les cartons.

On pourra de temps en temps proposer des résultats sans rapport avec les additions du jeu.

Variante : les élèves disposent de 2 points en début de partie, et il faudra en avoir par exemple 6 pour gagner ; si un élève écrit sur son ardoise une réponse erronée, 1 point lui est retiré.

Les trois premières séries de 4 cartons correspondent à la mise en œuvre d'une même stratégie de calcul sur les unités pour faire la somme d'un nombre à 2 chiffres et d'un nombre à 1 chiffre :

- Première série : retour aux cinq ;
- Deuxième série : doubles + 1 ;
- Troisième série : passage de la dizaine.

Ces additions sont données sous forme littérale pour que les élèves soient dans des conditions proches du calcul oral. Les cartons de ces trois séries peuvent être utilisés après la sq 6 (les élèves auront revu l'addition d'un nombre à 2 chiffres et d'un nombre à 1 chiffre dans la sq 5 et les nombres compris entre 69 et 100 dans la sq 6).

La quatrième série de 4 cartons comporte des additions d'un nombre à 3 chiffres et d'un nombre à 2 chiffres, comme celles qui sont abordées dans la sq 17. Elles sont données sous forme chiffrée. Pour les lotos organisés après cette sq 17, on peut proposer deux parties, la première avec des cartons d'une des trois premières séries, l'autre avec les cartons de la quatrième série.

Première série : retour au cinq

Carton n° 1					
A	*cinquante-cinq + sept*	B	*quinze + sept*	C	*quatre-vingt-sept + cinq*
D	*soixante-sept + cinq*	E	*soixante-quinze + sept*	F	*quarante-cinq + sept*

Carton n° 2					
A	*soixante-six + cinq*	B	*soixante-seize + cinq*	C	*quinze + six*
D	*trente-cinq + six*	E	*quatre-vingt-cinq + six*	F	*cinquante-six + cinq*

Carton n° 3					
A	*quinze + neuf*	B	*cinquante-neuf + cinq*	C	*vingt-cinq + neuf*
D	*quatre-vingt-cinq + neuf*	E	*soixante-dix-neuf + cinq*	F	*soixante-cinq + neuf*

Carton n° 4					
A	*cinquante-huit + cinq*	B	*soixante-huit + cinq*	C	*quatre-vingt-cinq + huit*
D	*quarante-cinq + huit*	E	*quinze + huit*	F	*soixante-quinze + huit*

Les trois autres séries sont présentées page suivante.

Deuxième série : doubles + 1

N. B. : Le dernier carton reprend des cas du type 75 + 6 figurant déjà dans la première série (retour aux cinq).

Carton n° 1					
A	*cinquante-sept + six*	B	*seize + sept*	C	*quatre-vingt-sept + six*
D	*soixante-sept + six*	E	*soixante-seize + sept*	F	*quarante-six + sept*

Carton n° 2					
A	*dix-huit + neuf*	B	*cinquante-neuf + huit*	C	*vingt-huit + neuf*
D	*quatre-vingt-huit + neuf*	E	*soixante-dix-neuf + huit*	F	*soixante-huit + neuf*

Carton n° 3					
A	*soixante-sept + huit*	B	*soixante-dix-sept + huit*	C	*dix-sept + huit*
D	*trente-huit + sept*	E	*quatre-vingt-huit + sept*	F	*cinquante-sept + huit*

Carton n° 4					
A	*cinquante-six + cinq*	B	*soixante-six + cinq*	C	*quatre-vingt-cinq + six*
D	*quarante-cinq + six*	E	*quinze + six*	F	*soixante-quinze + six*

Troisième série : passage de la dizaine

Carton n° 1					
A	*cinquante-six + neuf*	B	*soixante-huit + sept*	C	*quatre-vingt-sept + huit*
D	*quarante-sept + huit*	E	*seize + neuf*	F	*soixante-seize + neuf*

Carton n° 2					
A	*soixante-sept + six*	B	*soixante-quatorze + neuf*	C	*seize + sept*
D	*trente-cinq + huit*	E	*quatre-vingt-huit + cinq*	F	*cinquante-quatre + neuf*

Carton n° 3					
A	*quinze + neuf*	B	*cinquante-cinq + neuf*	C	*vingt-cinq + neuf*
D	*quatre-vingt-six + huit*	E	*soixante-seize + huit*	F	*soixante-six + huit*

Carton n° 4					
A	*cinquante-sept + quatre*	B	*douze + neuf*	C	*quatre-vingt-quatre + sept*
D	*soixante-trois + huit*	E	*soixante-treize + huit*	F	*quarante-deux + neuf*

Quatrième série : somme d'un nombre à 3 chiffres et d'un nombre à 2 chiffres

Carton n° 1		Carton n° 2		Carton n° 3		Carton n° 4	
A 145 + 27	D 126 + 16	A 136 + 18	D 94 + 80	A 158 + 37	D 117 + 58	A 137 + 56	D 113 + 70
B 138 + 44	E 82 + 50	B 144 + 50	E 117 + 47	B 136 + 29	E 125 + 40	B 73 + 70	E 124 + 49
C 133 + 39	F 132 + 60	C 125 + 59	F 118 + 26	C 70 + 85	F 129 + 16	C 115 + 18	F 127 + 26

Calcule cette division comme Picbille…

.... : 4 ?

MCDU MCDU MCDU MCDU

....

1. Partage des milliers :

2. Partage des centaines :

3. Partage des dizaines :

4. Partage des unités :

5. Expression du résultat et preuve :

.... : 4 ? q = ...

r = ...

car ....

Calcule cette division comme Picbille…

.... : 3 ?

MCDU MCDU MCDU

....

1. Partage des milliers :

2. Partage des centaines :

3. Partage des dizaines :

4. Partage des unités :

5. Expression du résultat et preuve :

.... : 3 ? q = ...

r = ...

car ....

Calcule cette division comme Picbille…

.... : 2 ?

MCDU MCDU

....

1. Partage des milliers :

2. Partage des centaines :

3. Partage des dizaines :

4. Partage des unités :

5. Expression du résultat et preuve :

.... : 2 ? q = ...

r = ...

car ....

Calcule cette division comme Picbille…

.... : 5 ?

MCDU MCDU MCDU MCDU MCDU

....

1. Partage des milliers :

2. Partage des centaines :

3. Partage des dizaines :

4. Partage des unités :

5. Expression du résultat et preuve :

.... : 5 ? q = ...

r = ...

car ....

Jeu du Mémotable

6 fois 6	7 fois 6	8 fois 6
6 fois 7	7 fois 7	8 fois 7
6 fois 8	7 fois 8	8 fois 8
6 fois 9	7 fois 9	8 fois 9
9 fois 6	9 fois 7	9 fois 8
		9 fois 9

On joue à 2 avec ces 16 cartons.

But : Il faut gagner le plus possible de cartons.

Règle : Les cartons sont étalés dans le désordre.
La face visible est celle avec le mot « fois ».
À tour de rôle, chaque joueur choisit un carton et doit dire le résultat en l'énonçant complètement : « six fois sept, quarante-deux », par exemple.
Au début, on peut s'aider des tables incomplètes.

Pour vérifier, le joueur retourne le carton :
– s'il a annoncé le bon résultat, il prend ce carton ;
– sinon, il passe son tour.

Matériel utilisable
à partir de la séquence 80.

48	42	36
56	49	42
64	56	48
72	63	54
72	63	54
81		